Droit de l'aide et de l'action sociales

Droit de l'aide et de l'action sociales

MICHEL BORGETTO
Professeur à la Faculté de droit
et des Sciences sociales de Poitiers

ROBERT LAFORE
Directeur de l'Institut d'Études Politiques
de Bordeaux

3e édition

Montchrestien

31, rue Falguière, 75741 Paris cedex 15
ISBN : 2-7076-1177-8

PRINCIPALES ABRÉVIATIONS

A. : Arrêté
AIJC : Annuaire international de justice constitutionnelle
AJDA : Actualité juridique (Droit administratif)
AJDI : Actualité juridique (Droit immobilier)
AJPI : Actualité juridique (Propriété immobilière)
ALD : Actualité législative Dalloz
ANPE : Agence nationale pour l'emploi
AN : Assemblée nationale
Art. : Article
ASH : Actualités Sociales hebdomadaires
ASSEDIC : Association pour l'emploi dans l'industrie et le commerce
BAS : Bureau d'aide sociale
BIT : Bureau international du travail
BO : Bulletin officiel
Bull. : Bulletin des arrêts de la Cour de cassation
C. civ. : Code civil
C. communes : Code des communes
C. const. et hab. : Code de la construction et de l'habitation
C. famille : Code de la famille et de l'aide sociale
C. gén. coll. terr. : Code général des collectivités territoriales
C. mutualité : Code de la mutualité
C. pén. : Code pénal
C. santé publ. : Code de la santé publique
C. séc. soc. : Code de la sécurité sociale
C. trav. : Code du travail
CAA : Cour administrative d'appel
CAF : Caisse d'allocations familiales
Cah. CTN : Cahiers du Centre technique national d'étude et de recherche sur les handicaps et les inadaptations
Cass. civ. : Chambre civile de la Cour de cassation
Cass. crim. : Chambre criminelle de la Cour de cassation
Cass. soc. : Chambre sociale de la Cour de cassation
CCAS : Centre communal d'action sociale
CC : Conseil constitutionnel
CDES : Commission départementale de l'éducation spéciale
CE : Conseil d'État
CGI : Code général des impôts
Chr. : Chronique
CIAS : Centre intercommunal d'action sociale
Circ. : Circulaire
CJCE : Cour de justice des Communautés européennes

CNAF : Caisse nationale des allocations familiales
CNAM : Caisse nationale de l'ssurance maladie des travailleurs salariés
CNAV : Caisse nationale d'assurance-vieillesse des travailleurs salariés
Comm. : Commentaire
Comm. centr. : Commission centrale d'aide sociale
Concl. : Conclusions
COTOREP : Commission technique d'orientation et de reclassement professionnel
CPAM : Caisse primaire d'assurance maladie
CRAM : Caisse régionale d'assurance maladie
D. : Dalloz
D. : Décret
Dir. : Directive
DDASS : Direction départementale des affaires sanitaires et sociales
Dr. adm. : Droit administratif
Dr. ouvrier : Droit ouvrier
Dr. soc. : Droit social DRASS : Direction régionale des affaires sanitaires et sociales
FNE : Fonds national de l'emploi
FSV : Fonds de solidarité vieillesse
Gaz. Pal. : Gazette du Palais
Géront. et soc. : Gérontologie et société
IGAS : Inspection générale des affaires sociales
IR : Informations rapides (Recueil Dalloz)
JAS : Journal de l'action sociale
JCA : Jurisclasseur administratif
JCP : Jurisclasseur périodique (Semaine juridique)
JO : Journal officiel
Jur. : Jurisprudence
Juriscl. séc. soc. : Jurisclasseur de sécurité sociale
L. : Loi
Leb. : Lebon (Recueil des arrêts du Conseil d'État)
LFSS : Loi de financement de la Sécurité sociale
LPA : Les petites affiches
Mél. : Mélanges
Obs. : Observations
Ord. : Ordonnance
QE : Question écrite
Quest. séc. soc. : Questions de sécurité sociale
Quotid. jurid. : Le Quotidien juridique
RCC : Recueil des décisions du Conseil constitutionnel
RDP : Revue du droit public
RDSS : Revue de droit sanitaire et social
Rép. min. : Réponse ministérielle
Rev. adm. : Revue administrative
Rev. aide soc. : Revue de l'aide sociale
Rev. écon. soc. : Revue de l'économie sociale
Rev. ét. coop. :Revue des études coopératives mutualistes et associatives
Rev. fr. soc. : Revue française de sociologie
Rev. fr. trav. : Revue française du travail
Rev. gériatrie : Revue de gériatrie
Rev. hosp. France : Revue hospitalière de France
Rev. int. séc. soc. : Revue internationale de sécurité sociale
Rev. int. trav. : Revue internationale du travail
Rev. tr. dr. civ. : Revue trimestrielle de droit civil
RFAS : Revue française des affaires sociales
RFDA : Revue française de droit administratif
RFFP : Revue française de finances publiques
RFSP : Revue française de science politique

RIDC : Revue internationale de droit comparé
RJS : Revue de jurisprudence sociale
RMCUE : Revue du Marché commun et de l'Union européenne
RMI : Revenu minimum d'insertion
RPDS : Revue pratique de droit social
RTDH : Revue trimestrielle des droits de l'homme
S. : Sirey
SMIC : Salaire minimum interprofessionnel de croissance
TA : Tribunal administratif
TC : Tribunal des conflits
TGI : Tribunal de grande instance
TI : Tribunal d'instance
TPS : Travail et protection sociale,
TSA : Travail Social Actualités
UNEDIC : Union nationale interprofessionnelle pour l'emploi dans l'industrie et le commerce
URSSAF : Union pour le recouvrement des cotisations de sécurité sociale et d'allocations familiales

PRÉFACE DE LA TROISIÈME ÉDITION

La troisième édition de cet ouvrage, qui paraît un an et demi à peine après la précédente, s'imposait, tant la matière a connu, en quelques mois, d'importantes évolutions.

Bien évidemment, et cette remarque confine à la banalité, le Droit est par nature changeant. En constant rapport dialectique avec le mouvement de la société, il ne peut qu'enregistrer — soit qu'il les précède, soit qu'il les suive — les tensions et les transformations que connaît celle-ci.

Le droit de l'aide et de l'action sociales, qui affronte les problèmes névralgiques que posent les phénomènes de marginalisation et d'exclusion, est en première ligne. Il consacre de multiples réaménagements qui ne font que répondre à l'inévitable instabilité d'un secteur où l'action collective évolue dans un combat permanent entre la fluidité des pratiques et la volonté d'adaptation qui s'inscrit dans le droit. Aussi le présent ouvrage rend-il naturellement compte de toutes les modifications législatives, réglementaires ou jurisprudentielles intervenues dans les institutions et politiques concernées.

Mais il y a plus... Déjà la seconde édition avait dû prendre acte, au-delà de la réforme importante que constituait l'adoption de la Prestation spécifique dépendance, des projets alors en préparation : la loi du 30 juin 1975 relative aux institutions médico-sociales était en discussion ; un texte sur la « cohésion sociale » avait été élaboré sans parvenir au vote parlementaire ; la mise en place d'une « assurance maladie universelle » était annoncée depuis le Plan Juppé relatif à la sécurité sociale. Tous ces chantiers ouverts avaient des effets potentiels qui affectaient la plupart des politiques d'aide et d'action sociales, sans parler de leurs conséquences sur les structures et les organismes. En un cercle plus large, et sous l'emblème de la « réforme de l'État » et du développement de la décentralisation, les administrations de la protection sociale étaient depuis plusieurs années animées par une volonté de changement. Certes, tous ces projets n'ont pas été conduits à leur terme, loin de là, et l'exemple de la révision — toujours à l'ordre du jour — de la loi sur les établissements et services médico-sociaux est à cet égard tout à fait significatif.

Mais plusieurs textes, et non des moindres, ont été adoptés : il n'est que d'évoquer, pour s'en convaincre, la grande loi d'orientation concernant la lutte contre l'exclusion, celle instituant une couverture maladie universelle ou encore celle modifiant l'aide juridictionnelle, laquelle est immergée désormais dans un nouveau montage relatif à l'accès au droit et à la résolution amiable des conflits.

Loin de ne représenter que des ajustements ponctuels, ces textes réorganisent profondément la matière, en rectifiant la répartition des compétences, en renforçant le poids de l'action sociale, en infléchissant un peu plus les dispositifs vers le modèle des stratégies d'insertion, en donnant une prégnance accrue aux droits fondamentaux et à leurs conditions d'accès. Qu'il s'agisse des structures ou des politiques, il est clair que les logiques de transversalité et de partenariat, de prévention, de décloisonnement entre l'économique et le social, de métissage entre l'assistance et l'assurance sont encore davantage à l'œuvre, composant un nouvel équilibre entre les droits aux prestations d'aide sociale et les dispositifs globaux d'action sociale. La présente édition s'efforce d'intégrer toutes ces novations, ce qui a conduit à la refonte de plusieurs chapitres de l'ouvrage et, plus largement, à un renforcement des analyses qui veulent éclairer sur le sens et les enjeux des réformes entreprises.

Et puis, en arrière-plan, courent toujours les questions de fond sur les mutations possibles ou probables du système de protection sociale. Les incertitudes demeurent sur le partage entre assistance fiscalisée et répartition assurancielle, avec en embuscade le spectre de la privatisation de la protection ; les minima sociaux, qui renvoient à la question de leur niveau et de leur rattachement ou non à une activité, font chaque année un retour remarqué dans l'actualité avec le récurrent « mouvement des chômeurs et des précaires » ; les politiques d'insertion restent énigmatiques dans leurs effets, écartelées qu'elles semblent être entre un pur et simple arraisonnement des marges et une dynamique réelle d'intégration.

Autant dire que les conflits portant sur les normes de justice et les principes d'une juste distribution des charges et des avantages dans la société démocratique restent encore pour longtemps l'horizon indépassable des débats collectifs. Dans le sillage des précédentes, cette nouvelle édition n'hésite pas à aborder ces thématiques sous-jacentes à la construction juridique : par là, et avec tous les risques que cela comporte, elle se veut fidèle à une conception ouverte et dynamique du Droit.

Janvier 2000

Michel BORGETTO et Robert LAFORE

INTRODUCTION

1 **a) L'actualité du droit de l'aide et de l'action sociales** — En 1945, lors de la mise en place du système de Sécurité sociale, il n'était pas interdit de penser que la politique traditionnelle d'aide et d'action sociales perdrait peu à peu de son importance et de sa raison d'être. En effet, dans l'esprit de ses promoteurs, ce système était destiné à être étendu à la généralité de la population et devait fournir, compte tenu de la situation de plein emploi et de la croissance économique, une sécurité pour tous d'un niveau satisfaisant.

Moins de dix ans après, on put déjà constater les limites du dispositif institué à la Libération ainsi que le rôle irremplaçable joué par les mécanismes classiques d'assistance (1) : une série de textes vint, en 1953, adapter et moderniser ces derniers, face à l'incapacité de la Sécurité sociale à couvrir la totalité des besoins collectifs.

Aujourd'hui, ce constat est plus que jamais d'actualité : la Sécurité sociale non seulement n'est pas parvenue à atteindre tous les objectifs qu'on lui avait assignés, à savoir fournir une couverture universelle et suffisante, mais encore elle rencontre des difficultés aiguës en ce qui concerne tant son mode d'organisation que son mode de fonctionnement. L'aide et l'action sociales se révèlent donc, dans cette perspective, un complément indispensable du système global de protection en permettant à celui-ci de conserver une relative efficience.

Au-delà, dans ce contexte de crise et de recomposition, les principes constitutifs de l'aide et de l'action sociales retrouvent l'utilité et la légitimité qui étaient les leurs il y a un siècle ou un demi-siècle et conduisent à reposer les questions qui sont au cœur de la construction démocratique : légitimité des droits accordés sans contrepartie, contenu des droits de l'homme et du citoyen, étendue de la sphère de la solidarité, nature du lien politique et social, question de la citoyenneté, place des idées de justice et d'équité, portée du principe d'égalité, renouveau de celui de fraternité... Plaisant clin d'œil de l'Histoire : le système de protection le plus ancien est à la fois à l'origine et au centre des questionnements les plus actuels.

Pour certains, l'aide et l'action sociales sont affectées d'une image très négative : elles renvoient à la représentation du marginal, de l'indigent, du « pauvre », de cette fraction de la population considérée généralement comme une résultante inéluctable

(1) D. n° 53-1186, 29 novembre 1953, D. n° 54-611, 11 juin 1954 et D. n° 54-883, 2 septembre 1954.

de toute vie en société. Pour d'autres, leurs mécanismes n'apparaissent que comme une survivance d'attitudes et de pratiques héritées des temps anciens : la charité, la bienfaisance et la juste « commisération » à l'égard des faibles, des « malheureux » ou à l'égard de ceux qu'on a appelés « les inutiles au monde ». Pour le plus grand nombre, leurs dispositifs sont largement méconnus et incompris en raison d'une part de leur faible visibilité, d'autre part de la complexité et de l'éclatement des institutions qui les mettent en œuvre.

Mais quel que soit le crédit que l'on peut accorder à ces représentations, il reste que l'aide et l'action sociales sont, avec la Sécurité sociale, le socle de notre système collectif de protection ; à ce titre, elles méritent de voir leur importance réévaluée et, au delà, justifient que soient mieux connus les principes et procédures qui les constituent.

2 **b) La place du droit de l'aide et de l'action sociales** — Si l'on considère tout d'abord les principes, force est de prendre acte de la position éminente qu'a occupée, dès l'origine, le droit de chacun à l'aide de la collectivité dans la construction des idées mêmes de démocratie et de citoyenneté : sous la Révolution française, le droit aux secours publics fut formellement consacré par le constituant et fit l'objet d'un certain nombre de textes législatifs destinés à le mettre en œuvre ; un demi-siècle plus tard, lors de l'avènement de la Seconde République, la question de l'assistance associée à la revendication du droit au travail fut de nouveau au centre du débat constitutionnel ; au tournant du siècle, lorsque furent consolidées les institutions républicaines, cette question se vit apporter une réponse dont les caractères essentiels ont perduré jusqu'à nos jours : obligation stricte à la charge de la société assortie d'un droit corrélatif au profit de l'individu. En d'autres termes, ce qu'il convient d'emblée de souligner, c'est la consubstantialité qui a très tôt existé, du moins chez de nombreux théoriciens et hommes politiques, entre l'idée de démocratie et les idées de fraternité et de solidarité : la première ayant été posée comme ne pouvant pas ne pas postuler et impliquer, par définition, les secondes. Ce qui permet, de manière au moins partielle, de comprendre pourquoi et comment le droit de l'aide et de l'action sociales fait partie intégrante du droit public.

Si l'on considère ensuite les procédures, force est également de prendre acte, dans la mesure où ce droit met face à face l'individu et la collectivité, du caractère public des techniques mises en œuvre. Les acteurs ayant vocation à les utiliser ont massivement la qualité de personnes publiques (État, collectivité locales, établissements publics...) : si des personnes privées sont susceptibles d'intervenir, elles ne le font que dans le cadre de règles contraignantes et de sujétions imposées par les pouvoirs publics. Quant aux instruments à leur disposition, ils sont marqués par l'empreinte de la puissance publique (prérogatives exorbitantes du droit commun, actes unilatéraux, contraintes de service public...). En définitive, il est acquis que ce droit doit s'analyser non seulement comme une branche du droit public, mais aussi comme l'un des champs d'action du droit administratif.

La place centrale du droit de l'aide et de l'action sociales au sein du droit public et plus particulièrement du droit administratif a d'ailleurs suscité jadis un grand intérêt de la part des publicistes : elle a débouché sur quantité de thèses ainsi que sur des développements substantiels dans les manuels tant de droit constitutionnel que de droit administratif (2).

Avec l'institution de la Sécurité sociale, qui va être pensée, eu égard à son mode de gestion et de financement, comme relevant disciplinairement du droit du travail — institution accréditant l'idée d'un dépérissement à terme des techniques assistancielles —, les problèmes posés par l'aide sociale conduisirent les auteurs de droit public à ne plus leur accorder qu'une attention toute relative (3) ; en contrepartie, les juristes privatistes furent incités tout naturellement à s'intéresser aux questions soulevées par le fonctionnement du nouveau système assurantiel. L'importance revêtue de nouveau aujourd'hui par l'aide et l'action sociales impose qu'on se penche sur le rôle qu'elles sont amenées à jouer, la position qu'elles sont amenées à occuper et les enjeux qu'elles sont amenées à recouvrir. Mais derrière ces classements disciplinaires qui en eux-mêmes n'ont somme toute qu'une portée mineure, il convient surtout de souligner que la conception de ce droit (qu'il s'agisse de ses fondements, de ses techniques et de ses finalités) peut varier considérablement selon que l'on privilégie l'approche publiciste ou l'approche privatiste.

3 **c) Le champ du droit de l'aide et de l'action sociales** — Si la notion d'aide sociale peut être relativement bien circonscrite et donner lieu, par là même, à une définition assez précise, celle d'action sociale est, elle, beaucoup plus floue et recèle de fortes potentialités d'expansion : ce qui pose inéluctablement un problème de délimitation du champ à prendre en compte.

En ce qui concerne tout d'abord l'aide sociale, celle-ci est généralement définie comme un ensemble de prestations correspondant à des droits subjectifs, spécialisés, à caractère alimentaire et attribués sans contribution préalable des bénéficiaires. Une telle définition induit donc une délimitation précise des droits en question.

En ce qui concerne l'action sociale, la construction juridique dont elle fait l'objet se révèle beaucoup plus fuyante : en effet, elle ne constitue pas, pour ses promoteurs, une obligation mais une simple faculté. De surcroît, l'action sociale recouvre quantité d'interventions revêtant des formes très diverses : aides directes (financement de l'aide ménagère...), aides indirectes (aides à l'emploi...), mise en place d'équipements ou de services collectifs (crèches, foyers-restaurant...), actions d'accompagnement et de suivi social (aide éducative budgétaire...)... En revanche, et ceci est commun à ces interventions et à l'aide sociale, les mesures que l'action sociale met en œuvre sont caractérisées, elles aussi, par une absence de contribution préalable de leurs destinataires.

Par ailleurs, il existe également un certain nombre de prestations qui, au fil du temps et selon la volonté des pouvoirs publics ou des partenaires sociaux, ont vu leur gestion confiée aux organismes de Sécurité sociale alors même qu'elles ne correspondaient à aucune cotisation antérieure : ce sont les prestations dites « non contributives » de la Sécurité sociale (minimum vieillesse, allocation aux adultes

---

(2) J. M. de Gérando (*Institutes du droit administratif français*, 2e éd., 1842-1846) ; T. Ducrocq (*Cours de droit administratif français*, 7e éd., 1897-1905) ; L. Duguit (*Traité de droit constitutionnel*, 3e éd., 1927-1930) ; M. Hauriou (*Principes de droit public*, 2e éd., 1916 ; *Précis de droit administratif*, 4e éd., 1938) ; H. Berthélémy (*Traité élémentaire de droit administratif*, 13e éd., 1933) ; L. Rolland (*Précis de droit administratif*, 8e éd., 1943)...

(3) V. cependant A. de Laubadère, *Traité de droit administratif*, T. IV, 3e éd., 1977-1978 ; sur la question, v. X. Prétot, Droit administratif et droit social, *RDP*, 1998, p. 959.

handicapés...) ; ces prestations, de plus et par voie logique de conséquence, donnent lieu à un financement intégralement étatique.

Enfin, il existe, dans l'orbite là encore des organismes d'assurances sociales, plusieurs prestations qui ont pour caractéristiques d'une part de correspondre à des cotisations non acquittées par leurs principaux bénéficiaires, d'autre part d'être placées sous conditions de ressources (complément familial, allocation pour jeune enfant, allocation parentale d'éducation...).

On observe donc qu'au delà de ce que l'on pourrait appeler le « noyau dur » constitué par l'aide sociale *stricto sensu*, prennent place divers régimes d'aides, d'allocations ou d'interventions qui ont en commun soit d'être dépourvus de tout lien avec l'idée de contrepartie (action sociale et « prestations non contributives de sécurité sociale »), soit de relever d'une politique de « ciblage social » (mise sous conditions de ressources et décharge de cotisations au profit des ayants droit).

Face à ce constat, s'ouvre alors un choix d'ordre épistémologique et méthodologique : on peut, dans une approche étroite, entendre l'aide et l'action sociales de manière traditionnelle et exclure du champ de l'étude toutes les prestations qui sont gérées par les organismes de Sécurité sociale ; on peut également, dans une approche plus large, inclure ces prestations dans ce champ. Cette seconde approche sera celle qui sera privilégiée dans cet ouvrage ; il nous semble en effet, eu égard à la fois à l'absence de contribution préalable et à leur caractère redistributif, que toutes ces prestations relèvent, tant dans leurs fondements que dans leur visée, d'une même logique : la logique de la solidarité. Logique qui a en l'occurrence pour objet et pour résultat d'unir non pas seulement les membres d'un groupe professionnel, mais tous les membres du corps social.

Ce découpage, qui repose finalement, pour l'essentiel, sur le critère de la non contributivité, s'écarte certes des présentations fondées sur une délimitation purement organique : mais il apparaît cependant le plus pertinent car le mieux à même de faire voir les enjeux théoriques et pratiques qui sont aujourd'hui au cœur du Social.

4 **d) Présentation de l'ouvrage** — Compte tenu de cette définition du champ du droit de l'aide et l'action sociales, et dans le souci de mettre en évidence à la fois son architecture générale et ses principales applications, il se révèle nécessaire de regrouper les développements en deux grands ensembles. D'abord sera présenté l'environnement global dans lequel se situe ce droit : c'est-à-dire ses cadres généraux (1re partie) ; ensuite seront exposées ses principales manifestations : c'est-à-dire les politiques qu'il met en œuvre (2e partie).

5 Bibliographie générale

1) sur le droit de l'aide et de l'action sociales

E. ALFANDARI, *Action et aide sociales*, 4e éd., 1989, Dalloz
D. CECCALDI, *Les institutions sanitaires et sociales,* 12e éd., 1997, Foucher
Commission centrale d'aide sociale, *Éléments de jurisprudence*, 1997, La Doc. française
D. COUDRIN, *Guide pratique de l'aide sociale,*1994, Berger-Levrault
C. DOUBLET (Dir.), *Guide social*, 1998, TSA Éditions
P. LIGNEAU *et alii, Droit de la protection sanitaire et sociale,* 1980, Berger-Levrault
A. RAUZY, S. PICQUENARD, *La législation de l'aide sociale*, 1955, Berger-Levrault
A. THÉVENET, *L'aide sociale aujourd'hui après la décentralisation*, 13e éd., 1999, Éd. ESF
A. THÉVENET, *L'aide sociale en France*, 7e éd., 1998, « Que sais-je ? », PUF
A. THÉVENET, *Les institutions sanitaires et sociales de la France*, 4e éd., 1995, « Que sais-je ? », PUF

2) sur le droit de la sécurité sociale
J. P. Chauchard, *Droit de la sécurité sociale*, 2e éd., 1998, LGDJ
G. Dorion, A. Guionnet, *La Sécurité sociale*, « Que sais-je ? », 6e éd., 1997, PUF
J. Doublet, *Sécurité sociale*, 7e éd., 1972, PUF
J. J. Dupeyroux, R. Ruellan, *Droit de la sécurité sociale*, 13e éd., 1998, Dalloz
J. J. Dupeyroux, X. Prétot, *Droit de la sécurité sociale*, 8e éd., 1997, Dalloz
J. J. Dupeyroux, X. Prétot, *Sécurité sociale*, 10e éd., 2000, Sirey
P. Durand, *La politique contemporaine de sécurité sociale*, 1953, Dalloz
F. Netter, *La sécurité sociale et ses principes*, 1959, Sirey
X. Prétot, *Les grands arrêts du droit de la Sécurité sociale*, 2e éd., 1998, Dalloz
Y. Saint-Jours, *Traité de la sécurité sociale*, 2e éd., 1984, Tome 1, LGDJ

3) sur le système de protection sociale
R. et P. Beau, *Lexique de la protection sociale*, 1986, Dalloz
J. M. Belorgey, *La politique sociale : en finir avec les mythes*, 2e éd., 1979, Seghers
J. Bichot, *Économie de la protection sociale*, 1992, A. Colin
J. Bichot, *Les politiques sociales en France au 20e siècle*, 1997, A. Colin
B. Bonnici, *Politiques et protection sociales*, « Que sais-je ? », 1997, PUF
R. Bono, *Sécurité sociale : l'enjeu*, 1983, Syros
F. Chatagner, *La protection sociale*, 1993, Le Monde Éditions, Marabout
J. P. Cendron, *Le monde de la protection sociale*, 1996, Nathan
P. M. Clair, *La protection sociale*, 1984, Masson
J. P. Dumont, *La sécurité sociale toujours en chantier*, 1981, Éd. ouvrières
J. P. Épiter, H. Leteurtre, *La protection sociale et son financement*, 1995, Vuibert
J. Fournier, N. Questiaux, J. M. Delarue, *Traité du social*, 5e éd., 1991, Dalloz
X. Greffe, *La politique sociale*, 1976, PUF
M. Hirsch, *Les enjeux de la protection sociale*, 2e éd., 1994, Coll. Clefs, Montchrestien
G. Huteau, E. Le Bont, *Sécurité sociale et politiques sociales*, 2e éd., 1997, A. Colin
M. T. Join-Lambert *et alii, Politiques sociales*, 2e éd., 1997, Presses FNSP et Dalloz
D. Lamiot, P. J. Lancry, *La protection sociale. Les enjeux de la solidarité*, 1989, Nathan
M. Laroque, *Politiques sociales dans la France contemporaine : le social face à l'avenir*, 2e éd., 1991, Éd. STH
P. Laroque (Dir.), *Les institutions sociales de la France*, 1980, La Doc. française
B. Lory, *La politique d'action sociale*, 1975, Privat
B. Majnoni d'Intignano, *La protection sociale*, 2e éd., 1997, Le livre de poche
M. Meunier-Boffa, *Droit social et politiques sociales*, 1995, Litec
C. Mills (C.), *Économie de la protection sociale*, 1994, Sirey
M. de Montalembert (Dir.), *La protection sociale en France*, 2e éd., 1997, La Doc. française
N. Murard (N.), *La protection sociale*, 2e éd., 1996, La Découverte
S. Paugam (Dir.), *L'exclusion : l'état des savoirs*, 1996, La Découverte
J. C. Ray, J. M. Dupuis, B. Gazier, *Analyse économique des politiques sociales*, 1988, PUF

PREMIÈRE PARTIE
LES CADRES GÉNÉRAUX

6 A l'instar des autres disciplines juridiques, le droit de l'aide et de l'action sociales évolue à l'intérieur d'un certain nombre de cadres généraux qui en éclairent et déterminent à la fois la substance et la mise en œuvre.

Ces cadres généraux peuvent être regroupés, pour l'essentiel, autour de deux grands ensembles se rapportant l'un, aux éléments politiques, théoriques et juridiques qui ont permis à ce dernier de se former et de se renouveler, l'autre aux structures et moyens qui président aujourd'hui à son organisation et à son fonctionnement.

Observation qui conduit logiquement d'abord à identifier les fondements qui soustendent ce droit (Titre I), ensuite à présenter les institutions qui le gouvernent (Titre II).

TITRE I
LES FONDEMENTS

7 L'étude des fondements du droit de l'aide et de l'action sociales suppose en premier lieu que soient exposées les bases générales sur lesquelles ce dernier s'est construit et repose : comment s'est-il développé ? Quelles sont ses justifications théoriques ? Quels sont ses supports juridiques ? Préalable qui pose ici la question des sources dudit droit (Chapitre I).

Mais elle suppose également, dans la mesure où leur définition prête parfois à discussion, que soient précisés et explicités les deux concepts centraux qui forment la matière de celui-ci : en quoi consistent ces concepts ? Quels sont les rapports qu'ils entretiennent ? Quelle est leur place au sein du système global de protection sociale ? Approche qui pose, quant à elle, le problème du contenu exact revêtu et du champ exact recouvert par les notions mêmes d'aide et d'action sociales (Chapitre II).

CHAPITRE I
LES SOURCES

8 On peut envisager ici deux démarches différentes. On peut adopter, en premier lieu, une démarche stricte et étroite consistant à ne retenir parmi les sources du droit de l'aide et de l'action sociales que les seuls éléments de l'ordre juridique positif (constitution, lois, règlements, etc.) qui sont véritablement à l'origine et à la base de celui-ci : démarche qui, pour légitime qu'elle soit, apparaît cependant beaucoup trop restreinte et limitée pour pouvoir être finalement retenue. En effet, on peut aussi adopter — et c'est la position qui sera en l'espèce privilégiée — une autre démarche beaucoup plus large et compréhensive consistant à mettre ce droit en situation, c'est-à-dire à en rechercher les sources non pas seulement à travers l'étude des textes ou de la jurisprudence mais aussi à travers l'examen de son processus d'institutionnalisation ou l'analyse de ses justifications dernières.

Position qui, en s'efforçant de resituer le droit en question dans la totalité multidimensionnelle de son environnement, implique que soient successivement évoqués son évolution historique (Section I), ses justifications théoriques (Section II) et ses bases juridiques (Section III).

SECTION I — L'ÉVOLUTION HISTORIQUE

9 **Bibliographie générale.** M. BORGETTO, *La notion de fraternité en droit public français. Le passé, le présent et l'avenir de la solidarité,*LGDJ, 1993 ; R. CASTEL, *Les métamorphoses de la question sociale. Une chronique du salariat*, Fayard, 1995 ; F. EWALD, *L'État-Providence*, Grasset, 1986 ; A. GUESLIN, F. GUILLAUME, *De la charité médiévale à la sécurité sociale*, Éd. ouvrières, 1992 ; J. IMBERT, *Les hôpitaux en France,*6e éd., 1994, PUF ; L. LALLEMAND, *Histoire de la charité*, 4 vol., 1907-1912 ; H. MONNIER, *Histoire de l'assistance dans les temps anciens et modernes*, 1885 ; M. ROCHAIX, *Essai sur l'évolution des questions hospitalières de la fin de l'Ancien Régime jusqu'à nos jours*, Thèse Dijon, 1959 ; P. SASSIER, *Du bon usage des pauvres. Histoire d'un thème politique (XVIe-XXe s.)*, Fayard, 1990 ; F. SCHALLER, *Un aspect du nouveau courant social : de la charité privée aux droits économiques et sociaux du citoyen*, La Baconnière, 1950.

10 Faisant partie intégrante du paysage juridique français depuis plus d'un siècle, le droit de l'aide et de l'action sociales n'a acquis sa forme et son contenu actuels qu'au terme d'une lente évolution qui, après avoir été longtemps hésitante ainsi qu'en

témoignent les premières applications du principe d'assistance sociale (§ 1), a finalement débouché sur l'enracinement durable de celui-ci dans les institutions et les lois en vigueur (§ 2).

§ 1. LES PREMIÈRES APPLICATIONS DU PRINCIPE D'ASSISTANCE SOCIALE

11 Plusieurs siècles ont été nécessaires pour que l'assistance figure dans les textes comme un droit de l'individu ou une obligation de la société : ce n'est en effet qu'après avoir été peu à peu coupé de ses racines religieuses et donc progressivement sécularisé que le principe même d'une aide aux plus défavorisés est parvenu à bénéficier, de manière il est vrai encore très fragile et éphémère, d'une reconnaissance effective du législateur.

A. LA SÉCULARISATION PROGRESSIVE DU PRINCIPE

12 Ne prenant tout son sens qu'à travers le devoir de charité imposé aux croyants par le christianisme et la prise en charge subséquente par l'Église des œuvres et institutions d'assistance, ce processus de sécularisation ne se développe vraiment qu'au 16ème siècle, époque à partir de laquelle le pouvoir royal intervient de manière croissante dans un domaine dont il se trouvait jusqu'alors très largement exclu.

1° Le christianisme et le rôle de l'Église

13 Certes, l'idée selon laquelle les individus et la société sont tenus de fournir des secours à certaines catégories défavorisées de la population se révèle bien antérieure à l'avènement du christianisme. Dès l'Antiquité, on vit apparaître certaines formes d'organisation embryonnaire du principe d'assistance : que ce soit en Égypte où la puissance publique incarnée par les Pharaons organisait et prenait en charge l'aide aux personnes âgées, aux infirmes et aux orphelins ; en Grèce où les vieillards et pauvres invalides pouvaient être accueillis dans des « Prytanées » et recevoir des oboles en reconnaissance des services rendus ; dans la Rome républicaine sous laquelle les anciens légionnaires étaient récompensés par diverses faveurs prodiguées par l'État et les travailleurs libres pouvaient bénéficier de distributions publiques destinées à garantir leur existence ; ou encore dans la Rome impériale sous laquelle des moyens de subsistance étaient assurés aux plus démunis à titre sinon de dette de la société, du moins de devoir imposé à l'Empereur par la nécessité politique de prévenir les atteintes à l'ordre public.

Mais en n'hésitant pas à affirmer l'égalité de tous devant Dieu, à proclamer l'éminente dignité attachée à la qualité d'homme et à poser l'aide à autrui comme un devoir rigoureux pour le croyant, le christianisme contribua puissamment à donner une impulsion décisive et renouvelée à l'assistance : en effet, l'Église qui se considère comme la gardienne et la dépositaire du dogme et qui demeure après la chute de l'Empire romain la seule institution forte et unitaire face à des pouvoirs éclatés et affaiblis, prend spontanément en charge, au Moyen-Age, l'organisation de celle-ci au point de se voir peu à peu reconnaître par l'autorité temporelle le monopole de son organisation. Grâce à la charité privée dont elle recueille l'essentiel des fonds et qu'elle n'a de cesse d'encourager, grâce encore à ses richesses et à ses revenus propres dont elle affecte une partie (notamment la dîme) au secours des pauvres de la paroisse, elle se trouve à l'origine d'un grand nombre d'institutions ou de pratiques charitables sur lesquelles elle exerce, par le truchement de l'Évêque ou de ses délégués, un contrôle relativement poussé. Sous son impulsion et dans le droit fil de ce qu'elle avait déjà commencé à faire du temps de l'Empire, vont voir le jour de nombreux établissements (hospices, hôtels-Dieu, léproseries) gérés par des personnels variés (religieux mais aussi laïcs) et destinés à accueillir les malades, infirmes, enfants trouvés ou orphelins, lépreux, vieillards, femmes enceintes, pélerins, indigents...

L'aide consentie est alors principalement une aide en nature (des secours en espèces sont cependant dispensés à titre subsidiaire dans certains monastères) se caractérisant à la fois par une dimension confessionnelle très marquée et par une efficacité très inégale selon les époques et les lieux (la charité étant tributaire du seul bon vouloir du croyant).

C'est dire que durant toute cette période, la mise en œuvre du principe d'assistance s'effectue dans ses grandes lignes sous les auspices quasi-exclusifs de l'Église et de ses serviteurs. Mais ce cadre profondément religieux va connaître une évolution sensible dès la Renaissance, époque qui voit la montée en puissance de l'interventionnisme royal.

2° L'interventionnisme croissant du pouvoir royal

14 C'est au XVIe siècle que le processus de sécularisation de l'assistance prend véritablement son essor : face aux conséquences désastreuses engendrées par la guerre de Cent ans (hôpitaux endommagés ou détruits, augmentation du nombre de pauvres, diminution des ressources) et face au laxisme et à la corruption régnant dans de multiples fondations, les pouvoirs publics sont amenés à réagir : qu'il s'agisse des municipalités qui, lorsqu'elles ne créent pas leurs propres institutions charitables, participent activement à la gestion et à la surveillance des établissements. Ou qu'il s'agisse surtout du Roi qui, soucieux de remédier aux lacunes du système et aussi de prévenir les troubles à l'ordre public, va prendre diverses mesures aboutissant à concurrencer directement l'Église dans l'administration de l'assistance : contrôle des hôpitaux par l'intermédiaire du Grand Aumônier du Roi et d'officiers royaux, création dans de nombreuses villes d'un bureau des pauvres chargé notamment de distribuer des secours et de chasser les vagabonds étrangers à la localité (le « Grand Bureau des pauvres » de Paris est institué en 1554), apparition en 1551 d'une taxe communale (le « droit des pauvres ») destinée à financer à la fois les dépenses hospitalières et l'aide à domicile qui commence à se développer, fourniture de travail aux pauvres valides. Autant de mesures qui, si elles ne se révéleront pas toujours d'une grande efficacité et se heurteront, au siècle suivant, à un regain d'autorité de l'Église associé à un certain réveil de la charité religieuse, témoignent cependant de la place éminente que s'attribue désormais le pouvoir royal en la matière.

Ce dispositif sera complété au XVIIe siècle par la création à Paris d'un Hôpital général chargé de renfermer les pauvres mendiants valides et invalides (1656) puis par l'injonction donnée à tous les bourgs et villes du royaume de se doter d'une institution équivalente (1662). De telles initiatives sont alors principalement motivées par des considérations policières : les hôpitaux sont conçus autant comme des lieux de détention que comme des lieux de secours, les personnes valides qui y sont renfermées sont tenues de travailler, la mendicité est interdite et frappée de peines très sévères.

Globalement, cette situation perdurera jusqu'à la Révolution : il faut attendre la fin de l'Ancien régime pour que s'opère, sous l'influence notamment de la philosophie des Lumières, un renouvellement rapide et substantiel des conceptions relatives à l'assistance.

B. LA RECONNAISSANCE INTERMITTENTE DU PRINCIPE

15 Ce n'est que sous la Révolution que les idées développées par les Philosophes font l'objet d'une reconnaissance solennelle. Mais celle-ci sera de courte durée : dès la chute de Robespierre, les solutions retenues par le droit positif seront brutalement rejetées par les nouveaux gouvernants. Les principes libéraux règneront alors sans partage jusqu'à leur vigoureuse mais éphémère remise en cause par les hommes de la Seconde République.

1° La rupture opérée par la Révolution française

16 **a) Le renouvellement des idées à la fin de l'Ancien Régime** — En liaison avec le mouvement général de laïcisation et de réforme qui affecte alors l'ensemble de la pensée philosophique, les idées qui prévalent en matière d'assistance font l'objet, au XVIIIe siècle et en particulier dans les dernières décennies de la Monarchie, de critiques de plus en plus virulentes de la part d'une majorité d'observateurs et de théoriciens sociaux.

C'est tout d'abord l'état déplorable dans lequel se trouvent les hôpitaux et autres fondations qui se trouve mis en cause : condamnant à la fois l'absence criante de toute préoccupation sanitaire chez les responsables hospitaliers, les gaspillages engendrés par le souci constant de respecter la volonté des fondateurs et les spoliations fréquentes commises par certains gestionnaires, les réformateurs en arrivent très vite à préconiser un contrôle plus strict du pouvoir royal sur les établissements, la création d'une Caisse commune redistribuant l'ensemble des ressources des hôpitaux en fonction des besoins locaux ainsi que l'essor d'une formule qu'ils considèrent comme la plus efficace économiquement et la mieux adaptée humainement : la formule des secours à domicile.

Mais c'est aussi et surtout la nature même des principes présidant à l'administration de l'assistance qui se trouve vivement attaquée : pour eux, en effet, il convient de rompre avec les conceptions anciennes et longtemps dominantes selon lesquelles la misère est imputable au seul pauvre ou à la seule fatalité, l'Église a un rôle prépondérant dans la prise en charge de l'aide sociale et l'État n'est tenu en la matière à aucune obligation impérieuse si ce n'est prévenir et réprimer les troubles éventuels à l'ordre public.

Reprenant à leur compte tout en les laïcisant les arguments développés un peu plus tôt par certains prédicateurs chrétiens, ils élaborent au contraire une doctrine de l'assistance sensiblement nouvelle : la misère résulte principalement d'une mauvaise organisation sociale ; la société a une dette certaine et incontestable à l'égard des plus démunis, lesquels ont à son encontre un droit non moins certain et incontestable ; face aux malheurs de la population, l'État ne peut plus se borner à distribuer de manière discrétionnaire et irrégulière des secours par définition incomplets et exceptionnels : il se doit d'intervenir et de prendre lui-même en charge l'organisation de l'assistance ; loin d'incomber en priorité à l'Église et aux croyants, celle-ci doit entrer dans le champ normal de ses attributions et devenir un véritable service public alimenté par l'impôt : pour s'acquitter de sa mission, l'État doit aider ceux qui sont valides en leur fournissant du travail et ceux qui sont dans l'impossibilité de travailler en leur délivrant des secours en nature ou en espèces.

Mais à l'exception de quelques timides tentatives de mise en œuvre émanant du Roi (institution d'ateliers de charité ou encore possibilité donnée aux établissements d'aliéner une partie de leur patrimoine immobilier), les idées des Philosophes demeureront, sous l'Ancien régime, très largement lettre morte. Il en ira tout autrement sous la Révolution : servant de principale référence doctrinale pour l'édification de la législation d'assistance, elles connaîtront alors — ce qui constituera un tournant capital — une éclatante consécration.

17 **b) Le développement de ces idées par la Révolution française** — Bien que la Déclaration de 1789 ne contienne aucune disposition relative aux secours publics, les révolutionnaires manifestent très tôt leur intérêt pour cette question : après s'être engagée, en décidant de nationaliser les biens du clergé, à pourvoir « au soulagement des pauvres », la Constituante mit en place un comité spécial — le Comité de mendicité — chargé de fixer la doctrine et les solutions susceptibles d'être retenues par elle. Menant une réflexion très poussée et très complète, ce comité reprit pour l'essentiel les idées en vogue depuis quelques décennies (affirmation d'un droit de l'individu et d'une obligation de la société, aide accordée à tous ceux qui sont hors d'état de travailler, centralisation de l'assistance au niveau national, institution d'un véritable service public financé par le Budget, priorité donnée aux secours à domicile). Mais ses conclusions, qui étaient d'une réelle modernité, ne seront guère concrétisées par les deux premières assemblées de la Révolution : la Constituante ayant dû se résoudre — même si elle constitutionnalisa le principe des secours publics (1) — à reporter à plus tard l'aliénation du patrimoine hospitalier et la Législative s'étant révélée incapable, nonobstant le vote de quelques lois de circonstance, de remédier aux graves désordres affectant l'organisation de l'assistance.

C'est sous la Convention que ces conclusions recevront une sanction juridique (2) : reconnaissant formellement l'existence d'un droit de l'individu et d'une dette de la société en matière de secours publics (3), cette assemblée adoptera plusieurs lois

(1) V. le titre 1er de la constitution du 3 septembre 1791 (intitulé « Dispositions fondamentales garanties par la constitution ») : « il sera créé un établissement général de secours publics, pour élever les enfants abandonnés, soulager les pauvres infirmes et fournir du travail aux pauvres valides qui n'auraient pu s'en procurer ».

(2) Sur les doctrines développées et la politique suivie par la Constituante, la Législative et la Convention, v. M. BORGETTO, *La notion de fraternité... (op. cit.)*, p. 144-204.

(3) V. l'art. 21 de la déclaration du 24 juin 1793 : « les secours publics sont une dette sacrée. La société doit la subsistance aux citoyens malheureux, soit en leur procurant du travail, soit en assurant les moyens d'exister à ceux qui sont hors d'état de travailler » ; v. aussi l'art. 122 de la constitution.

fondamentales visant à la fois à venir en aide aux différentes catégories concernées (vieillards, enfants trouvés ou orphelins, malades, infirmes, femmes en couches, valides sans emploi, etc.), à punir la mendicité et la pratique de l'aumône (des peines sévères seront prévues) et à confier à l'État la charge suprême de l'assistance (mise en vente des biens hospitaliers) (4).

Mais ces lois qui ne connurent, du fait de l'état désastreux des finances publiques, qu'un début d'application, furent très loin d'obtenir le succès escompté : ne recevant, pour compenser l'aliénation de leur patrimoine immobilier, que des crédits irréguliers et très insuffisants, les hôpitaux ne purent plus subvenir aux besoins de la population indigente, laquelle était par ailleurs beaucoup trop importante pour espérer bénéficier des secours fournis à domicile. Face aux résultats catastrophiques engendrés par ses initiatives, la Convention se résigna, avant de se séparer, à suspendre la vente des biens hospitaliers.

Le Directoire entérinera cette décision en rapportant définitivement la loi d'aliénation ; prenant le contre-pied de la politique suivie par ses prédécesseurs tant sur le plan des principes (négation du droit de l'individu et de la dette de la société) que sur le plan technique (refus de l'idée révolutionnaire de l'assistance nationale et volonté de mettre en œuvre les secours publics à l'échelon communal), il prendra diverses mesures dont certaines connaîtront une remarquable stabilité : création par les communes d'un bureau de bienfaisance dont les membres, nommés par les municipalités, seront chargés de fournir des secours aux indigents (bureaux qui sont les ancêtres des anciens bureaux d'aide sociale réformés en 1953 et devenus, depuis lors, les actuels centres communaux d'action sociale) ; regroupement — au niveau, là encore, de la commune — de toutes les institutions charitables au sein d'un même établissement public ; administré par une commission municipale, celui-ci n'était accessible qu'aux seuls habitants de la localité (principe qui subsistera, dans ses grandes lignes, durant presque tout le XIXe siècle).

S'ouvrira alors, sous les auspices d'un libéralisme bientôt triomphant, une longue période d'immobilisme social marquée par l'adoption de quelques lois peu nombreuses et ponctuelles venant compléter le dispositif mis en place à la fin de la Révolution.

2° La transition effectuée par la Seconde République

18 **a) La négation prolongée des principes révolutionnaires**— Le sort réservé au principe d'assistance durant presque toute la première moitié du XIXe siècle se révèle très en retrait par rapport aux solutions énoncées par la Révolution. Sur le plan doctrinal, le recul opéré par les libéraux peut notamment s'observer à travers leur refus catégorique de reconnaître un droit quelconque de l'individu à l'encontre de la société ou une obligation stricte de celle-ci à l'égard de celui-là : une telle reconnaissance revenant, selon eux, à encourager la paresse, l'imprévoyance et le vice des « classes laborieuses ».

Sur le plan du droit positif, ce recul se manifeste surtout à la fois par un net retour aux principes de l'Ancien régime et par une grande rareté des interventions législatives. C'est ainsi que dès le Consulat et l'Empire, on assiste — même si cette période voit

(4) V. les lois des 19 mars et 28 juin 1793, des 24 vendémiaire, 22 floréal et 23 messidor an II.

se développer une tutelle active de l'État sur les institutions locales d'assistance — à la résurgence de pratiques qui avaient été rejetées quelque temps plus tôt : recomposition du patrimoine hospitalier, réintégration du personnel religieux dans les hôpitaux assortie d'une forte tendance au prosélytisme, caractère discrétionnaire de la décision d'admission à l'aide. A ceci, il convient d'ajouter l'interdiction en 1808 de la mendicité et l'érection en 1810 du vagabondage au rang de délit : c'est dire qu'hormis quelques mesures prises à la fin du régime de Juillet visant à organiser des grands travaux et des ateliers de charité, le seul remède au chômage consiste alors à conduire les individus se trouvant en infraction au dépôt départemental de mendicité, lequel n'était autre qu'une véritable prison recevant aussi bien les repris de justice et vagabonds que les vieillards et infirmes dans le besoin.

La charité privée se voit attribuer une place de premier choix en matière d'assistance ; constamment encouragée par un pouvoir qui considère que la société n'a, à l'égard des pauvres, qu'un simple devoir d'humanité de même nature que celui qui incombe à tout particulier, dotée, dans le domaine hospitalier, d'un droit de regard sur le fonctionnement de ses fondations, elle supplée aux insuffisances de l'initiative publique d'une part en participant au fonctionnement des bureaux de bienfaisance par ses dons et legs, d'autre part en créant de nouveaux hôpitaux et organismes charitables : elle constitue ainsi à la fois le principal foyer de développement de l'entraide sociale et la principale réponse apportée par les libéraux aux problèmes posés tant par l'industrialisation du pays que par la paupérisation d'une fraction croissante de la population.

Quant aux interventions du législateur tendant à faire assumer par l'Administration une mission d'assistance, elles sont limitées à quelques hypothèses particulières mettant spécialement en jeu l'ordre public ou l'intérêt bien compris de la société : les plus notables d'entre elles concernent le décret du 19 janvier 1811 qui confirme solennellement le principe d'une aide à apporter aux enfants trouvés et abandonnés et la loi du 30 juin 1838 qui oblige les départements à mettre en place un service spécialisé destiné à soigner les aliénés et à pourvoir à l'entretien de ceux qui, parmi eux, sont sans ressources.

Malgré les protestations d'un nombre grandissant d'observateurs et de réformateurs sociaux, cette situation se prolongea jusqu'en 1848, année qui vit les principes proclamés par la Révolution connaître un vigoureux mais éphémère regain de faveur.

19 **La réaffirmation éphémère des principes révolutionnaires** — L'avènement de la Seconde République marque, sur le plan social, un infléchissement sensible des idées jusqu'alors en vigueur. Érigeant la fraternité au rang de principe fondamental du nouveau régime, les hommes de 48 prirent d'emblée un certain nombre de positions favorables aux plus démunis : promesse de garantir du travail à tous les citoyens et création subséquente d'ateliers nationaux (25 et 26 février), reconnaissance solennelle par le premier projet de constitution tant du droit au travail que du droit à l'assistance pour les enfants abandonnés, les vieillards et tous ceux qui sont hors d'état de travailler.

Mais la composition conservatrice de l'Assemblée associée aux émeutes de Juin et à la répression sanglante qui s'ensuivit mit un terme à l'enthousiasme initial : repoussant toute idée d'un droit de l'individu à l'encontre de la société, la constitution du 4 novembre 1848 se borna à n'énoncer — ce qui témoignait, il est vrai, d'une conception renouvelée des liens devant exister entre l'État et les citoyens — qu'un simple engagement de la collectivité à fournir du travail sous certaines conditions à ceux qui en manquaient, à encourager la prévoyance individuelle et collective et à secourir tous ceux qui ne pouvaient travailler (5).

Quant à la législation adoptée à l'époque, elle fut dans l'ensemble assez modeste : même si les lois des 18 juin et 15 juillet 1849 relatives à la création d'une Caisse nationale des retraites et à l'institution de sociétés de secours mutuels méritent d'être signalées dans la mesure où elles constituent les deux premières lois françaises d'assurance sociale et annoncent, par là même, l'évolution ultérieure de notre système global de protection, on ne peut guère citer, dans le domaine strict de l'assistance, que la loi du 10 janvier 1849 réorganisant les services spécialisés de la ville de Paris et celle du 7 août 1851 modifiant le fonctionnement des hôpitaux et hospices (lois dont les principales dispositions resteront en vigueur pendant près d'un siècle). Certes, plusieurs textes beaucoup plus ambitieux car visant à jeter les bases d'une nouvelle organisation générale de l'assistance furent bien élaborés : mais, faute d'adoption par le législateur, ils demeurèrent alors à l'état de projets.

Malgré les promesses de renouveau renfermées dans les premières mesures prises par les pouvoirs publics et malgré l'intérêt porté à des principes appelés à un bel avenir, l'œuvre sociale de la Seconde République apparaît donc fort timide. Celle du Second Empire ne sera, en dépit de quelques améliorations mineures, guère plus audacieuse : il faut attendre la Troisième République pour que le principe d'assistance connaisse enfin une véritable consécration et s'enracine durablement dans le paysage juridique français.

20 **Bibliographie.** C. BLOCH, *L'assistance et l'État à la veille de la Révolution*, 1909 ; M. BORGETTO, Le droit aux secours publics dans les déclarations de l'an I, *in Les Déclarations de l'an I*, Pub. Fac. Droit Poitiers, PUF, 1995, p. 145 ; *Le droit au travail et à l'assistance dans le débat constitutionnel de 1848*, in *Droits de l'homme et suffrage universel (1848-1998)*, Colloque international de Grenoble, 1998 (à paraître) ; M. BOUCHET, *L'assistance publique en France pendant la Révolution*, Thèse Paris, 1908 ; L. CHEVALIER, *Classes laborieuses, classes dangereuses*, 1958, Plon ; M. DAVID, *Fraternité et Révolution française*, 1987, Aubier ; *Le printemps de la fraternité. Genèse et vicissitudes (1830-1851)*, 1992, Aubier ; F. DREYFUS, *L'assistance sous la Législative et la Convention (1791-1795)*, 1905 ; *L'assistance sous la Seconde République (1848-1851)*, 1907 ; A. FORREST, *La Révolution et les pauvres*, Perrin, 1986 ; J. IMBERT (Dir.), *La protection sociale sous la Révolution française*, Assoc. étude séc. soc., 1990 ; J. IMBERT, *Le droit hospitalier de l'Ancien Régime*, PUF, 1993 ; *Le droit hospitalier de la Révolution et de l'Empire*, Sirey, 1954 ; B. LASSUDRIE-DUCHÊNE, Un antécédent historique des plans de sécurité sociale : les rapports du Comité de mendicité de l'Assemblée constituante, *Ann. Fac. Droit Toulouse*, T. 8, 1960, p. 3 ; G. PROCACCI, *Gouverner la misère. La question sociale en France (1789-1848)*, Seuil, 1993 ; F. TANGHE, Le libéralisme omniprésent et introuvable : la Révolution française et l'objet des droits sociaux, *Rev. interd. ét. jur.*, n° 10 et 11, 1983, p. 65 et p. 1.

§ 2 L'ENRACINEMENT DURABLE DU PRINCIPE D'ASSISTANCE SOCIALE

21 Ce n'est qu'à la fin du siècle dernier que le principe d'assistance parvient réellement, en étant sanctionné par les lois en vigueur, à s'institutionnaliser.

(5) « La République (...) doit, par une assistance fraternelle, assurer l'existence des citoyens nécessiteux soit en leur procurant du travail dans les limites de ses ressources, soit en donnant, à défaut de la famille, des secours à ceux qui sont hors d'état de travailler » (§ 8 du préambule) ; « La société favorise et encourage le développement du travail par l'enseignement primaire gratuit, l'éducation professionnelle, l'égalité des rapports entre le patron et l'ouvrier, les institutions de prévoyance et de crédit, les institutions agricoles, les associations volontaires, et l'établissement, par l'État, les départements et les communes, de travaux

Mais si, depuis lors, il n'a plus jamais été remis en cause par les gouvernants, il n'en a pas moins vu la place qu'il occupait au sein de notre système global de protection évoluer considérablement du fait de la création, à la Libération, de la sécurité sociale.

A. L'INSTITUTIONNALISATION TARDIVE DU PRINCIPE

22 S'appuyant pour l'essentiel sur les conclusions dégagées par une doctrine alors très en vogue — la doctrine solidariste —, le législateur de la Troisième République accomplit, au tournant du siècle, une véritable révolution juridique : en l'espace d'une vingtaine d'années, il adopte différents textes qui, en assignant à la société une obligation stricte à l'égard des plus défavorisés, consacrent définitivement le principe d'assistance sociale.

1° L'importance de la doctrine solidariste

23 A la fin du XIXe siècle, la France accuse, en matière sociale, un net retard par rapport à ses principaux voisins (6) : en 1893, la moitié seulement des départements se sont librement doté d'un service d'aide médicale gratuite (ce qui couvre environ dix millions d'habitants) ; à la même époque, il n'y a guère que 1 200 communes réparties dans une quarantaine de départements qui disposent d'un hôpital (7) ; quant aux bureaux de bienfaisance, au nombre de 14 500, ils ne sont présents que dans 40 % des communes pour distribuer de maigres secours dans la limite de leurs ressources (8).

Pourtant, les besoins à satisfaire sont immenses ; l'essor de l'industrie, qui a généré un afflux des habitants des campagnes vers les villes, s'est traduit par un déclin de la famille traditionnelle et un relâchement des liens anciens de solidarité : au dénuement et à l'isolement d'une partie de la population rurale s'est alors ajoutée la précarité de classes laborieuses urbaines de plus en plus revendicatives. Prenant en compte tant la montée en puissance du mouvement socialiste et syndicaliste que les potentialités mêmes recélées par le suffrage universel, les pouvoirs publics se convainquent peu à peu de la nécessité de remédier à cette situation désastreuse. Déjà, la tenue à Paris, en 1889, d'un important Congrès international d'assistance les conforte largement dans leur détermination : ce Congrès ayant posé en principe (bien qu'il admît qu'elle

---

publics propres à employer les bras inoccupés ; elle fournit l'assistance aux enfants abandonnés, aux infirmes et aux vieillards sans ressources, et que leurs familles ne peuvent secourir » (art. 8 de la constitution) : sur le débat constitutionnel et la législation sociale de 1848-1851, v. M. BORGETTO, *La notion de fraternité... (op. cit.)*, p. 255-338.

(6) En Angleterre, les plus démunis bénéficient depuis longtemps, grâce à la fameuse « taxe des pauvres » instituée en 1601, d'un système d'aide obligatoire en cas de maladie, d'invalidité ou même de chômage ; en Allemagne, la législation impériale consacre le même principe tout en développant dès 1881 un système ambitieux d'assurances sociales ; dans de nombreux autres États européens, les institutions publiques de secours sont en général fortement développées (assistance obligatoire aux vieillards, aux infirmes, aux malades, parfois aux chômeurs).

(7) L'implantation des établissements était au demeurant anarchique : alors que de nombreuses personnes se voyaient interdire leur accès car résidant dans une commune dépourvue d'une telle institution, on dénombrait en 1886 15 000 lits d'hôpital et 10 000 lits d'hospice demeurés vacants.

(8) V. M. HAURIOU, Des services d'assistance, *Rev. écon. pol.*, 1891, p. 615.

ne soit accordée qu'à défaut de la famille par la collectivité locale la plus proche) que l'assistance publique devait être « rendue obligatoire par la loi en faveur des indigents qui se trouvent, temporairement ou définitivement, dans l'impossibilité physique de pourvoir aux nécessités de l'existence ».

Mais c'est surtout la doctrine développée par l'un des chefs du parti radical, Léon Bourgeois, qui va achever de les convaincre (9) : partant de l'idée que tous les membres de la société sont et doivent rester unis par des liens étroits de solidarité, que les plus favorisés ont une dette à l'égard des plus démunis et que cette dette, en toute justice, doit être impérativement acquittée, Léon Bourgeois en arrive à la conclusion d'une part que l'assistance constitue, pour la collectivité tout entière, non pas une simple obligation morale mais bien plutôt une stricte obligation juridique, d'autre part que cette même collectivité doit mettre en place, par voie de conséquence, toute une série de services publics destinés à réparer les effets néfastes provenant de la survenance d'un certain nombre de risques sociaux (enfance abandonnée, maladie, invalidité, vieillesse, etc.).

Malgré certaines faiblesses de construction, la doctrine solidariste connut aussitôt un grand succès : grâce à elle, les réformateurs républicains disposaient d'un outil théorique capable non seulement de justifier l'intervention de la puissance publique en matière sociale mais aussi et surtout de légitimer l'assistance légale obligatoire, ouvrant ainsi la voie à l'avènement d'une véritable révolution juridique. Désormais, le législateur interviendra non plus tant pour inciter les collectivités locales à instituer tel ou tel service spécialisé que pour mettre à leur charge une obligation stricte en matière d'assistance : les principes développés au temps des Lumières pourront alors, avec près d'un siècle de retard, s'inscrire définitivement dans nos institutions publiques.

2° L'œuvre législative de la IIIe République

24 Les solutions dégagées par la doctrine solidariste exercèrent une influence capitale sur la législation sociale adoptée au tournant du siècle : en moins de deux décennies, le Parlement procéda, en votant toute une série de textes aussi novateurs que décisifs, à une refonte totale du système d'assistance (10).

S'adressant en priorité aux catégories de la population les plus exposées aux aléas de l'existence, ces textes reposaient sur des principes largement similaires : caractère subsidiaire de l'aide (celle-ci n'était due qu'à défaut de la famille) ; distribution des secours dans le ressort territorial le plus proche du bénéficiaire (en l'espèce la commune) (11) ; obligation pour la collectivité désignée par la loi d'organiser et de faire fonctionner les services publics correspondants (l'inertie de celle-ci était sanctionnée par l'inscription d'office au budget local des dépenses nécessaires) ; création

(9) Doctrine qui est énoncée dans un petit livre paru en 1896 et intitulé *« Solidarité »*.

(10) Sur le solidarisme et son influence sur la législation sociale de la IIIe République, v. F. EWALD, *L'État-Providence (op. cit.)*, p. 324-380 et M. BORGETTO, *La notion de fraternité... (op. cit.)*, p. 350-390 et p. 420-462.

(11) Si la commune se voyait reconnaître un rôle essentiel dans l'organisation de l'assistance, ce rôle n'était cependant ni exclusif ni toujours forcément premier : d'une part parce que d'autres collectivités (État et département) étaient tenues à une participation financière ; d'autre part parce que certaines prestations résultaient d'une obligation assignée non pas à la commune mais au seul département (v. par exemple les lois de 1913 portant assistance aux femmes en couches).

objective, au profit de l'assisté, d'un droit opposable à l'instance débitrice (l'aide devait être fournie dès lors que les conditions légales étaient remplies par la personne concernée, laquelle disposait d'une voie de recours pour faire valoir ses intérêts). Pour mener à bien la mission qui leur était confiée, les communes devaient désormais disposer de deux établissements publics présidés par le maire : le bureau d'assistance qui avait pour tâche d'établir la liste des individus pouvant prétendre à l'aide obligatoire et le bureau de bienfaisance qui, institué par le Directoire, avait vocation à fournir des secours facultatifs à tous ceux dont les besoins ne pouvaient être satisfaits dans le cadre précédent.

La première des grandes lois à avoir fait application de ces principes fut — si l'on excepte certains textes ponctuels concernant la protection de l'enfance (12) — la loi du 15 juillet 1893 sur l'assistance médicale gratuite : loi décisive s'il en est puisqu'en mettant à la charge de la collectivité locale tant les soins hospitaliers que les soins à domicile, elle aboutissait à transformer l'assisté en malade payant et donc à faire perdre à l'hôpital son statut d'établissement d'assistance pour lui conférer celui d'établissement de soins.

Puis lui succèderont plusieurs autres textes tout aussi décisifs : lois des 27 et 28 juin 1904 qui réorganisèrent entièrement le service d'assistance à l'enfance ; loi du 14 juillet 1905 relative aux « vieillards, infirmes et incurables » (ces derniers bénéficiaient désormais soit d'une pension variant en fonction de leur pouvoir d'achat, soit d'un placement gratuit dans un établissement d'accueil) ; lois des 17 juin et 14 juillet 1913 qui accordèrent des secours aux femmes en couches privées de ressources ; loi du 14 juillet 1913 versant une aide aux familles nombreuses nécessiteuses : autant de lois qui seront prolongées, après la guerre, par d'autres textes visant soit à compléter le dispositif existant (13), soit à le réformer pour tenir compte de certains de ses dysfonctionnements (14).

Dans le même temps où elle consacrait enfin le principe d'assistance sociale, la Troisième République entreprenait de développer la prévoyance collective : après avoir mis en place plusieurs régimes de protection destinés à des catégories particulières de la population (mineurs, marins, fonctionnaires...), encouragé l'essor de la mutualité (loi du 1er avril 1898) et garanti les travailleurs de l'industrie contre les conséquences des accidents du travail (loi du 9 avril 1898) (15), le législateur institua un régime d'assurance vieillesse obligatoire pour les salariés (loi du 5 avril 1910 sur les retraites

(12) V. la loi du 23 décembre 1874 dite « loi Roussel » relative aux enfants en bas âge ou encore la loi du 24 juillet 1889 relative à la protection des enfants maltraités ou moralement abandonnés.

(13) Parmi ces textes, v. notamment la loi du 7 septembre 1919 relative à l'assistance aux tuberculeux, celle du 22 juillet 1923 (complétée par le décret-loi du 29 juillet 1939) améliorant l'aide aux familles nombreuses, celle du 31 mars 1928 accordant une aide aux familles dont les soutiens indispensables effectuent le service militaire ou encore celle du 16 avril 1930 accordant une majoration pour les assistés ayant besoin d'une tierce personne.

(14) V. à cet égard la loi du 28 février 1934 ainsi que plusieurs décrets-lois du 30 octobre 1935 qui se proposèrent d'une part de confier à des commissions cantonales (et non plus aux bureaux d'assistance des communes) le soin d'établir la liste des personnes admises à l'aide légale, d'autre part de transférer à l'échelon départemental un certain nombre de missions (détermination du domicile de secours notamment) accomplies précédemment à l'échelon communal.

(15) Cette loi qui, en consacrant le principe d'une responsabilité sans faute de l'employeur, incita ce dernier à s'assurer contre le risque d'accident, sera complétée par celle du 31 mars 1905, laquelle fera de l'assureur le débiteur direct de la victime.

ouvrières et paysannes) : mais ce régime, qui était fondé sur un financement tripartite (salariés, employeurs, État), ne déboucha que sur des résultats très limité (16).

Quelques vingt ans plus tard, le législateur intervint de nouveau en faveur de la prévoyance collective ; la loi du 5 avril 1928 et surtout celle du 30 avril 1930 instaurèrent un dispositif d'assurances sociales pour les salariés du commerce et de l'industrie dont la rémunération était inférieure à un plafond : protégeant ces derniers contre plusieurs grands risques sociaux (17), ce système était financé par des cotisations obligatoires des employeurs et des salariés concernés.

Si l'on ajoute à ces différents textes la loi du 11 avril 1932 obligeant les employeurs du commerce et de l'industrie à s'affilier à des caisses spéciales en vue de verser à leurs salariés des allocations familiales à partir du premier enfant (18), on mesurera aisément l'importance de la législation sociale adoptée par la Troisième République ; en consolidant le vieux principe d'assistance tout en prenant soin de renforcer la sécurité des salariés grâce à la technique assurantielle, le législateur républicain accomplit une œuvre considérable qui est à l'origine de notre système actuel de protection : désormais, il s'agira beaucoup moins, pour les pouvoirs publics, de transformer en profondeur les règles régissant l'aide et l'action sociales que de les adapter à l'évolution d'ensemble de la société et, en particulier, à la situation nouvelle créée par l'institution de la sécurité sociale.

25 **Bibliographie.** J. Barthélemy, L'effort charitable de la Troisième République, *RDP*, 1910, p. 334 ; C. Bec, *Assistance et République*, Éd. de l'Atelier/Éd. ouvrières, 1994 ; H. Derouin, A. Gory, F. Worms, *Traité théorique et pratique d'assistance publique*, 1900 ; J. Donzelot, *L'invention du social. Essai sur le déclin des passions politiques*, Fayard, 1984 ; H. Hatzfeld, *Du paupérisme à la sécurité sociale (1850-1940)*, A. Colin, 1971 ; J. J. Lerosier, M. Basle, Les premières lois sociales, *RFAS,* 1981, n° 1, p. 223 ; J. B. Martin, *La fin des mauvais pauvres. De l'assistance à l'assurance*, Champ Vallon, 1983 ; J. F. Niort, La naissance du concept de droit social en France : une problématique de la liberté et de la solidarité, *Rev. rech. jur., Dr. prospectif,* 1994, p. 773 ; D. Renard, Assistance publique et bienfaisance privée, *Politiques et management public*, n° 2, vol. 5, 1987, p. 107.

B. L'ACTUALISATION CONTINUE DU PRINCIPE

26 Si l'institution de la sécurité sociale déboucha sur un développement sensible de notre système global de protection, elle ne mit pas un terme, pour autant, à l'existence d'un régime d'aide et d'action sociales : le législateur ayant été conduit non pas à supprimer progressivement celui-ci mais bien plutôt à l'aménager de telle sorte qu'il complète utilement le nouveau dispositif en place.

1° Le développement de la protection sociale

27 Jusqu'à la Seconde guerre mondiale, la protection sociale mise en place par le législateur républicain se caractérisait principalement par le choix sélectif de la popula-

(16) Outre qu'elle n'accordait que des retraites extrêmement modestes, la loi fut vidée d'une grande partie de sa substance par plusieurs décisions de la Cour de cassation (11 décembre 1911 et 22 juin 1912) concluant au caractère non obligatoire des cotisations ouvrières et patronales.

(17) Les risques couverts visaient la maladie, la maternité, l'invalidité, la vieillesse et le décès.

(18) Cette loi, qui ne faisait que rendre obligatoire une pratique instaurée par le patronat chrétien consistant à verser un sursalaire aux employés chargés de famille, fut étendue quelque temps plus tard aux salariés del'agriculture (décret-loi du 30 octobre 1935), puis à l'ensemble de la population (décret-loi du 29 juillet 1939 portant création du Code de la famille).

tion concernée ; par delà les modalités qu'elle pouvait revêtir (assistance ou assurance), cette protection s'adressait en priorité à tous ceux qui, en étant placés par un contrat de travail dans une situation de subordination vis-à-vis de l'employeur et en constituant ainsi des indigents potentiels, étaient considérés comme plus particulièrement exposés aux aléas de l'existence : à savoir, pour l'essentiel, les membres de la classe ouvrière.

Sans doute, une évolution des conceptions jusqu'alors dominantes commença-t-elle à se faire jour dès les dernières années de la Troisième République : l'octroi de prestations familiales à l'ensemble de la population indépendamment de toute prise en compte de la situation financière et de l'état de salarié des bénéficiaires marquant, de ce point de vue, une certaine rupture par rapport à l'état de droit antérieur.

Mais c'est surtout à la Libération, avec l'institution de la Sécurité sociale, que s'opère une transformation en profondeur de notre système global de protection.

Plusieurs éléments sont à l'origine de cette institution : c'est notamment l'influence exercée par les expériences faites dans certains pays étrangers (Social Security Act aux États-Unis en 1935, système de protection créé en Union soviétique en 1917 et renforcé en 1936-1938, loi néo-zélandaise de 1938) ; c'est encore le fameux rapport Beveridge de 1942 proposant, pour « libérer l'homme du besoin », de verser à l'ensemble de la population des prestations uniformes couvrant les grands risques sociaux. C'est aussi l'inscription de cette réforme dans le programme politique des courants issus de la Résistance ainsi que la volonté alors commune de donner à la démocratie une dimension sociale renouvelée ; c'est également la situation démographique inquiétante dans laquelle se trouvait le pays au sortir de la guerre, situation qui rendait d'autant plus nécessaire l'impulsion d'une politique vigoureuse dans le domaine de la santé et en faveur des familles que l'accès à l'hôpital était devenu, dans le même temps, financièrement insupportable à beaucoup de ceux qui étaient dépourvus de couverture sociale ; c'est enfin l'appauvrissement général du pays qui, en affectant de nombreux épargnants désormais incapables de subvenir seuls à leurs besoins (personnes âgées notamment), acheva de faire prendre conscience que la misère pouvait atteindre tout un chacun et qu'il fallait donc mettre en place un système de protection tendant à couvrir non pas seulement la classe ouvrière ou salariée mais au contraire le plus grand nombre possible d'individus.

L'action conjuguée de ces divers éléments déboucha sur l'ordonnance du 4 octobre 1945 instituant « une organisation de la sécurité sociale destinée à garantir les travailleurs et leurs familles contre les risques de toute nature susceptibles de réduire ou supprimer leur capacité de gain, à couvrir les charges de maternité et les charges de famille qu'elles supportent ». Ce texte fondateur, qui mettait en place le régime général relatif aux salariés du commerce et de l'industrie tout en prévoyant la possibilité d'étendre celui-ci à d'autres catégories de bénéficiaires et de prestations, fut complété par d'autres textes visant, précisément, à généraliser son champ d'application (19).

Mais face notamment aux résistances des professions non salariées, cette généralisation fut lente et assez désordonnée : s'il y eut, pendant une vingtaine d'années, une extension continue de la couverture sociale au point que, dès la fin des années soixante, la quasi-totalité de la population bénéficiait en fait d'une protection, ce mouvement

(19) V. notamment les lois du 22 mai 1946 portant généralisation de la sécurité sociale, du 22 août 1946 sur les prestations familiales, des 13 septembre 1946, 17 janvier 1948 et 10 juillet 1952 sur l'assurance vieillesse ou encore du 30 octobre 1946 sur les accidents du travail.

s'effectua beaucoup moins par incorporation au régime général que par multiplication de régimes autonomes. Ce n'est qu'au cours de la décennie suivante que plusieurs textes importants furent pris en vue d'harmoniser et de simplifier le système (20) : mais même après l'adoption de ces textes, celui-ci conserva une certaine hétérogénéité liée en particulier à la persistance de structures propres aux différentes catégories socio-professionnelles (21).

En ayant pour résultat d'étendre à une population toujours plus nombreuse le bénéfice de ses prestations, l'essor de la sécurité sociale aboutit ainsi à un renforcement sans précédent de notre système global de protection. Mais cette situation ne fut pas sans se répercuter, par voie logique de conséquence, sur le droit et les institutions relevant du vieux principe d'assistance : ce dernier ayant dû subir, au fil du temps, divers réaménagements et améliorations destinés à l'adapter au nouvel ordre en vigueur.

2° L'aménagement de l'aide et de l'action sociales

28 Lorsqu'à la Libération furent adoptés les premiers textes sur la sécurité sociale, il n'était nullement absurde de penser qu'eu égard à la vocation de cette dernière à s'étendre et à se généraliser, la vieille législation d'assistance était condamnée, à terme, à disparaître car devenue peu à peu sans objet. En réalité, il n'en fut rien : dans les années qui suivirent les ordonnances de 1945, force fut de constater que tant la population bénéficiant de cette législation que les dépenses s'y rapportant se révélaient, pour des raisons à la fois de fond et de circonstance, nettement supérieures à ce qu'elles étaient auparavant (22). Prenant acte de cette évolution, les pouvoirs publics entreprirent alors de procéder à une vaste réforme des lois en vigueur tout en poursuivant et en approfondissant la politique traditionnelle d'aide aux plus défavorisés. C'est le décret du 29 novembre 1953 qui mit en œuvre cette réforme. Pris à la suite d'une autorisation expresse du Parlement (23), ce décret répondait à une triple préoccupation : harmoniser les deux systèmes d'assistance et de sécurité sociale ; mettre de l'ordre, en réduisant leur nombre et en clarifiant leur portée, dans la mosaïque de textes qui s'étaient peu à peu accumulés au fil du temps ; faire disparaître aussi bien les comportements abusifs voire frauduleux observés chez certains bénéficiaires que les disparités parfois sensibles constatées d'un département à l'autre du fait de l'interprétation plus ou moins compréhensive, par les collectivités concernées, des textes applicables (24).

---

(20) V. notamment les lois des 3 juillet et 25 octobre 1972, du 27 décembre 1973, du 24 décembre 1974, du 4 juillet 1975, du 12 juillet 1977 et du 2 janvier 1978 (cette dernière loi se proposant de parachever le processus de généralisation).

(21) J. J. Dupeyroux, R. Ruellan, *Droit de la sécurité sociale*, p. 280 et s., 13e éd., 1998, Dalloz.

(22) Raisons qui étaient liées notamment aux lenteurs du processus de généralisation de la sécurité sociale (une partie importante de la population n'était pas assujettie à cette dernière), à la cherté des soins hospitaliers (le budget d'aide médicale étant conduit à prendre en charge non seulement le prix de l'hospitalisation mais aussi celui du ticket modérateur que certains assurés sociaux étaient dans l'impossibilité financière de supporter), à la faiblesse des pensions de vieillesse versées par les Caisses (ce qui entraînait une intervention de la collectivité à titre de complément) ou encore à la nature des conditions exigées pour pouvoir prétendre aux prestations du régime général (assujettissement trop récent, nombre d'heures de travail insuffisant, etc.).

(23) Autorisation qui, figurant dans la loi de finances du 7 février 1953, conféra au décret du 29 novembre valeur législative.

(24) Sur cette réforme, v. E. Rain, La réforme des lois d'assistance, *Rev. adm.*, 1953, p. 350 ou A. Laporte, La réforme de la législation de l'aide sociale, *Dr. soc.*, 1954, p. 102.

Conformément à ces objectifs, le décret de 1953 rénova sur plusieurs points le droit et les institutions en place : outre qu'il substitua au vocable ancien d'assistance celui jugé plus moderne et plus conforme à la dignité de l'individu d'aide sociale, il s'attacha pour l'essentiel d'une part à « toiletter » l'ensemble des dispositions légales et réglementaires existantes, d'autre part à modifier nombre d'entre ces dernières devenues avec les années plus ou moins inefficaces ou inadaptées. Même s'il se révéla beaucoup moins novateur et audacieux qu'on aurait pu l'espérer (25), ce texte n'en apparaît pas moins, avec les lois de décentralisation qui ont modifié la répartition des compétences entre l'État et les collectivités locales sur le plan administratif et financier (26), comme l'un de ceux qui a le plus contribué à donner au droit de l'aide et de l'action sociales son visage actuel : dans son sillage, furent adoptés de nombreux décrets d'application (27) et circulaires qui allaient former, peu de temps après, le Code de la famille et de l'aide sociale (28).

Quant à l'approfondissement continu par les pouvoirs publics de la politique d'aide à l'égard de certaines catégories spécifiques de la population, il ressort de quantité de mesures prises dans des domaines très divers : dans le domaine de l'aide à l'hébergement et à la réadaptation sociale (29), de l'aide ménagère (30), de l'aide aux jeunes effectuant leur service militaire (31), de l'aide médicale (32), de l'aide aux personnes handicapées (33), etc.

C'est dire que loin d'avoir été progressivement marginalisé voire rendu inutile par la généralisation de la sécurité sociale, le droit de l'aide et de l'action sociales est parvenu au contraire à s'inscrire durablement dans le paysage juridique français : non seulement il n'a pas été absorbé par les régimes d'assurance, mais encore il a montré, face aux limites ou insuffisances de ceux-ci, son indépassable nécessité. S'il ne fallait qu'un exemple pour illustrer la place éminente qui continue de lui revenir, il ne serait que d'évoquer ici l'institution du Revenu minimum d'insertion par la loi du 1er décembre 1988 : dispositif qu'il n'aurait bien évidemment pas été indispensable de mettre en place si le système actuel de sécurité sociale n'avait pas présenté des lacunes ou des « trous » laissant sans aucune protection un nombre important d'individus...

Sans doute a-t-on assisté, depuis un demi-siècle, à certaines pratiques mettant en cause l'unité du régime de l'aide sociale : qu'il s'agisse du transfert vers la sécurité sociale de prestations relevant dans leur principe de ce dernier régime (34) ou qu'il s'agisse de l'abandon dans certains cas de la règle de l'obligation alimentaire ou de la récupération sur succession. Mais pour indéniables qu'elles soient, ces évolutions

---

(25) Suite à l'opposition de certains élus locaux inquiets de voir plusieurs de leurs prérogatives entamées, ce texte fondamental sera amendé un peu plus tard (D. n° 55-191, 2 février 1955).

(26) Sur les lois de décentralisation, v. *infra*, n° 105 et s. et 161 et s.

(27) D. n° 54-611, 11 juin 1954, D. n° 54-883, 2 septembre 1954, D. n° 54-1128, 15 novembre 1954.

(28) D. n° 56-149, 24 janvier 1956 et L. n° 58-346, 3 avril 1958.

(29) Ord. n° 60-1246, 25 novembre 1960 et L. n° 74-955, 19 novembre 1974.

(30) D. n° 62-445, 14 avril 1962.

(31) D. n° 64-355, 20 avril 1964 et D. n° 76-303 et 76-304, 2 avril 1976.

(32) Ord. n° 67-709, 21 août 1967 sur l'assurance volontaire ; L. n° 75-17, 17 janvier 1975 sur l'interruption volontaire de grossesse ; L. n° 75-534, 30 juin 1975 instituant une aide médicale aux personnes handicapées ; L. n° 78-2, 2 janvier 1978 sur l'assurance personnelle ; L. n° 85-25, 19 janvier 1983 sur le forfait hospitalier ; L. n° 92-722, 29 juillet 1992 sur l'aide médicale.

(33) L. n° 75-534, 30 juin 1975.

(34) V. l'allocation aux adultes handicapés servie par les caisses d'allocations familiales.

ne sauraient faire oublier l'essentiel : à savoir que l'aide et l'action sociales apparaissent aujourd'hui comme des composantes à part entière de notre système global de protection, composantes qui semblent appelées à l'avenir à jouer un rôle d'autant plus important que la protection assurantielle mise en place à la Libération — protection qui reposait principalement sur l'exercice d'une activité professionnelle — se révèle impuissante à répondre aux problèmes posés par une société comprenant une fraction importante de ses membres durablement et structurellement installée dans le chômage et la précarité.

29 **Bibliographie.** E. ALFANDARI, Les nouveaux développements de l'aide sociale. Le concept d'aide sociale demeure, son image change, *Administration,* 1990, p. 12 ; C. BEC, *L'assistance en démocratie*, 1998, Belin ; Les politiques d'assistance : de l'intégration à la relégation, *Revue de l'IRES*, n° 30, 1999, p. 71 ; R. BERTAUX, *Pauvres et marginaux dans la société française*, 1996, L'Harmattan ; I. DECHAMPS, M. VAN RUMBEKE, *L'aide sociale dans la dynamique du droit*, 1995, De Boeck, Bruxelles ; J. J. DUPEYROUX, Quelques réflexions sur le droit à la sécurité sociale, *Dr. soc.*, 1960, p. 288 ; L'évolution des systèmes et la théorie générale de la sécurité sociale, *Dr. soc.*, 1966, p. 110 ; H. C. GALANT, *Histoire politique de la sécurité sociale française (1945-1952)*, A. Colin, 1955 ; O. KUHNMUNCH, Bilan des politiques de sécurité sociale : les enjeux pour le troisième millénaire, *JCP*, 3915, 1996, p. 127 ; P. LAROQUE, De l'assurance sociale à la sécurité sociale : l'expérience française, *Rev. int. trav.,* 1948, p. 621 ; Le Plan français de sécurité sociale, *Rev. fr. trav.*, 1946, p. 9 ; 40 ans de sécurité sociale, *RFAS*, n° 3, 1985, p. 7 ; B. PALIER, Les évolutions des systèmes de protection sociale en France et en Europe, *Pouvoirs*, 1997, n° 82, p. 147 ; G. PERRIN, Pour une théorie sociologique de la sécurité sociale dans les sociétés industrielles, *Rev. fr. soc.*, 1967, p. 299 ; P. ROSANVALLON, *La crise de l'État-Providence*, Seuil, 1981.

SECTION II LES JUSTIFICATIONS THÉORIQUES

30 Les justifications théoriques de l'aide et de l'action sociales ont fortement varié avec le temps : si nombre d'entre elles apparaissent, à l'analyse, très largement insuffisantes et inadaptées (§ 1), celle qui est aujourd'hui nettement dominante et qui renvoie à l'idée de solidarité sociale n'apparaît pas dépourvue, en revanche, de toute pertinence (§ 2).

§ 1. L'INSUFFISANCE DE CERTAINES JUSTIFICATIONS

31 Deux justifications ou séries de justifications peuvent entrer dans cette catégorie : une justification ancienne, tout d'abord, qui — *via*les idées d'ordre public, d'utilité collective ou d'intérêt général — met l'accent sur la défense de la société ; une justification isolée ou marginale, ensuite, qui met l'accent, elle, sur le seul intérêt de l'individu.

A. UNE JUSTIFICATION ANCIENNE : LA DÉFENSE DE LA SOCIÉTÉ

32 Aussi loin que l'on remonte dans le temps, le thème de la défense de la société ou de l'ordre établi a toujours été utilisé comme argument pour justifier l'aide sociale.

Ce thème connaît, en l'occurrence, plusieurs variantes. Une première variante consiste à dire que l'aide sociale est imposée par la nécessité de prévenir les atteintes à l'ordre public : la société ayant alors vocation à intervenir, faute de quoi elle s'exposerait à des désordres, des conflits voire des révolutions (35). Une seconde variante consiste à dire que l'aide sociale est imposée par l'intérêt général ou l'utilité collective : la société étant alors tenue d'agir non seulement parce qu'elle contribue de la sorte à diminuer la délinquance consécutive à l'indigence mais encore parce qu'elle tire profit de l'aide qu'elle distribue. Ainsi, l'aide à l'enfance abandonnée se révèle-t-elle utile dans la mesure où elle représente pour l'ensemble de la collectivité un placement à long terme ; de même pour l'aide médicale dans la mesure où elle permet de réparer la force de travail et donc de réinsérer un certain nombre d'individus dans le circuit productif ; de même encore — et l'on pourrait décliner ici toutes les formes revêtues par l'aide et l'action sociales — pour l'aide aux personnes âgées ou handicapées dans la mesure où elle distribue à ces dernières du pouvoir d'achat qui se révèle bénéfique pour le fonctionnement de l'économie (36).

Sans doute, ces diverses considérations ne doivent-elles pas être négligées : outre qu'en soi elles sont loin d'être inexactes, il est clair qu'elles ont été constamment à l'œuvre de l'Antiquité à nos jours, inspirant ainsi largement l'action des pouvoirs publics. Néanmoins, elles n'apparaissent pas, en tant que justifications théoriques de l'aide et de l'action sociales, pleinement satisfaisantes et opératoires.

A ceci, deux raisons principales ; la première raison est que l'institution des notions d'ordre public, d'intérêt général ou d'utilité collective comme fondements ou justifications théoriques principaux de l'aide et de l'action sociales conduirait à faire reposer ces dernières sur des bases pour le moins très fragiles : en effet, s'il était établi, à supposer que cela soit possible, que l'aide aux personnes âgées est plus coûteuse que profitable, l'aide en question se trouverait privée, du même coup, de toute justification. Pourtant, chacun sent bien que si une telle éventualité était vérifiée, cette aide continuerait d'être fournie aux personnes concernées : ce qui montre clairement d'une part que d'autres considérations sont à l'œuvre et contribuent elles aussi à justifier l'aide sociale, d'autre part — et ceci découle de cela — que l'un des défauts majeurs de ce « fondement » est en définitive d'ignorer totalement les liens étroits existant entre le développement du Droit et les progrès et contraintes (surtout en Démocratie) de la conscience politique et sociale...

Quant à la seconde raison — peut-être la plus importante —, elle tient au fait qu'une telle institution reviendrait à confondre l'élément qui caractérise, conditionne ou motive l'intervention des pouvoirs publics en matière d'aide sociale et l'élément qui justifie et fonde théoriquement cette même intervention. Certes, il se peut fort bien que le législateur soit guidé, lorsqu'il crée ou réforme une prestation, par le

---

(35) Pour une formulation synthétique de cet argument, v. notamment H. BERTHÉLÉMY, Préface à H. DEROUIN, A. GORY, F. WORMS, *Traité théorique et pratique d'assistance publique*, p. IX, 1900 : « l'indigence est la source ordinaire du vice (...). Les impôts que nous payons pour que l'assistance soit efficacement distribuée sont le prix que nous gagnons en supprimant, pour quelques malheureux au moins, l'excuse du crime ».

(36) En ce sens, v. par exemple H. BERTHELÉMY, *op. cit.*, p. VII-VIII : « l'État n'a pas à être vertueux, ni pitoyable, ni compatissant, ni miséricordieux. L'intérêt général doit être son seul guide ; tout acte qui est utile à la collectivité rentre dans ses attributions. Est-il avantageux pour la collectivité que l'assistance soit organisée administrativement ? C'est la véritable question et la solution qu'elle comporte ne saurait faire doute : l'assistance publique est une nécessité sociale ».

souci de prévenir d'éventuelles atteintes à l'ordre public : mais il est clair, alors, que ce souci doit s'analyser non pas tant comme le principe ou l'affirmation première susceptibles de légitimer son action que comme une simple motivation ou finalité plus ou moins décisive permettant d'étayer la nécessité pratique de cette dernière. Constat qui pourrait être aisément élargi, en l'espèce, aux notions d'intérêt général ou d'utilité collective : si ces notions peuvent probablement s'analyser soit comme un motif ou un but de l'intervention, soit encore comme une condition de la légitimité de celle-ci, soit enfin comme l'un des principaux critériums de l'efficacité de l'action administrative, il reste que pour l'essentiel elles fonctionnent et doivent se saisir beaucoup moins comme *l'idée justificative* du principe d'aide sociale que comme un *caractère* essentiel de ce même principe.

Toutes proportions gardées, c'est à une conclusion semblable que l'on aboutit lorsqu'on aborde une autre justification de l'aide et de l'action sociales : la protection de l'intérêt de l'individu.

B. UNE JUSTIFICATION ISOLÉE : LA PROTECTION DE L'INTÉRÊT DE L'INDIVIDU

33 Cette justification, qui est à l'heure actuelle très isolée, revient en substance à dire que c'est dans l'intérêt de l'individu que réside le véritable fondement de l'aide sociale : toute autre justification devant être considérée, dans cette perspective, comme secondaire par rapport à cet élément fondamental (37).

De prime abord assez séduisante car privilégiant non le point de vue du groupe mais bien plutôt — ce qui est conforme au postulat individualiste à l'origine de la société occidentale moderne — celui de la personne, une telle interprétation ne s'en révèle pas moins assez peu convaincante. Non pas, bien évidemment, qu'elle soit en tous points inexacte et invérifiée : la prise en compte de l'intérêt de l'individu occupant logiquement et nécessairement — dans la mesure où la consécration du principe d'aide et d'action sociales n'est que la traduction juridique de droits individuels énoncés par la constitution — une place éminente voire prioritaire dans les préoccupations des pouvoirs publics. Mais bien plutôt parce qu'on ne voit pas très bien en quoi et pourquoi l'intérêt de l'individu pourrait théoriquement justifier, à lui seul, ce même principe. Sans doute, comprenons-nous qu'il puisse constituer, à l'instar de ce que l'on a déjà observé à propos des notions d'intérêt général ou d'utilité collective, un objectif guidant l'action du législateur, une considération conditionnant la légitimité de celle-ci ou encore un critère commandant un certain nombre de mesures en faveur des futurs bénéficiaires : mais on voit bien que l'on se trouve là en présence d'éléments davantage susceptibles d'expliquer le dispositif légal que de rendre compte du principe même de l'intervention publique.

Objectera-t-on alors que c'est précisément parce que l'individu dispose d'un droit véritable à l'encontre de la société, en l'espèce dispose d'un droit à l'existence, que celle-ci consacre l'aide et l'action sociales ? Une telle analyse, laquelle permettrait de soutenir que c'est la volonté de satisfaire ce droit ou cet intérêt qui justifierait

(37) V. par exemple E. ALFANDARI, *Action et aide sociales*, p. 75, 4e éd., 1989, Dalloz.

l'intervention de la société, a été parfois formulée (38). Mais elle n'apparaît ni suffisante ni vraiment opératoire ; la raison en est simple : c'est qu'elle aboutit beaucoup plus à déplacer le problème qu'à le résoudre : puisque aussi bien resterait-il toujours à se demander pourquoi et au nom de quoi l'individu se verrait reconnaître un droit à l'encontre de la société, droit dont il suffit de rappeler qu'il a été contesté et nié pendant des siècles, notamment tout au long du XIXe siècle, pour observer qu'il est loin d'aller de soi...

C'est dire qu'en affirmant que le fondement de l'aide sociale se trouve dans le droit de l'individu, on ne fait que procéder à un constat ; en aucun cas, on ne parvient à avancer, sur le plan théorique, une justification pleinement satisfaisante : cette affirmation ne revenant à rien d'autre, en définitive, qu'à supposer résolu le problème qu'il s'agit précisément de résoudre ou, ce qui est la même chose, qu'à répondre à la question par la question... C'est dire encore que pour rendre compte du fondement théorique exact de l'aide et de l'action sociales, il apparaît tout à la fois possible et nécessaire de s'affranchir des catégories du droit privé, en particulier des catégories du droit civil (39) : nécessaire, parce que toute autre attitude se révèle largement incapable de mettre au jour les principes politiques et idéologiques qui, à l'instar par exemple de celui de solidarité, sont à l'œuvre dans le développement de ce droit ; et possible, parce qu'il n'est à l'évidence nullement indispensable, pour donner à celui-ci des bases solides, de mettre en avant une notion qui, censée être fiable car se présentant comme une notion technique corrélée à l'idée d'un droit individuel (l'intérêt de l'individu), n'explique en réalité pas grand chose hormis certains caractères de ce droit : une telle attitude ayant pour inconvénient majeur de nier ou de méconnaître la portée réelle de ces mêmes principes politiques et idéologiques, c'est-à-dire, finalement, d'ignorer le rôle éminent joué par le principe de solidarité dans le processus contemporain de justification et de légitimation de l'aide et de l'action sociales.

§ 2. LA PERTINENCE DE LA JUSTIFICATION ACTUELLEMENT DOMINANTE

34 A l'heure actuelle, le principe de solidarité apparaît comme la justification la plus couramment admise de l'aide et de l'action sociales : la situation privilégiée dont il bénéficie résultant aussi bien de sa réelle pertinence sur le plan théorique que de sa pleine efficience sur le plan juridique.

---

(38) V. E. ALFANDARI, Aide sociale, n° 18, *Répertoire de droit social et du travail, Encycl. jur.*, 1960, T. I, Dalloz : « il faut se résoudre à ne pas rechercher le fondement de l'aide sociale en dehors de l'individu lui-même : la raison d'être de cette institution est le droit qu'a tout individu de ne pas mourir de faim ; l'État, à défaut de la famille, se trouve tenu de lui fournir les aliments qui lui sont nécessaires, parce que, dans un régime civilisé, il ne peut en être autrement (...). A l'origine de tout, il y a le droit de l'individu, autour duquel est construit tout le droit moderne de l'aide sociale ».

(39) V. à cet égard le lien très étroit établi par E. ALFANDARI entre les idées de droit subjectif, de droit alimentaire et d'intérêt de l'individu (cette dernière idée ayant été privilégiée par cet auteur parce qu'elle constitue « le fondement qui correspond le mieux à la notion de droit alimentaire », *Action et aide sociales*, p. 75).

A. LA PERTINENCE THÉORIQUE DU PRINCIPE DE SOLIDARITÉ SOCIALE

35 Sans doute, la thèse selon laquelle c'est dans les liens de solidarité qui unissent et doivent unir tous les membres de la société qu'il faut rechercher le fondement véritable de l'aide et de l'action sociales se voit-elle encore adresser certaines critiques.

Pour autant, cette thèse n'en mérite pas moins d'être privilégiée. Non pas seulement parce que ces critiques se révèlent dans l'ensemble assez peu convaincantes : qu'il s'agisse de celle consistant à s'appuyer sur le fait que la solidarité peut revêtir plusieurs formes (locale, nationale, professionnelle...) pour contester sa valeur opératoire (40) ; qu'il s'agisse de celle consistant à faire valoir que « la solidarité suppose que chacun peut être appelé à bénéficier de l'assistance (et) que chacun doit contribuer à ses charges », ce qui serait démenti par les faits dans la mesure où, le plus souvent, ce sont « les économiquement forts » qui donnent et « les économiquement faibles, les vieillards et les enfants inactifs » qui reçoivent (41) ; ou qu'il s'agisse de celle consistant à soutenir qu'en mettant l'accent sur l'intérêt du groupe plutôt que sur celui de l'individu, la thèse de la solidarité pourrait légitimer le refus de fournir l'assistance à ceux (les « asociaux ») qui auraient ignoré ou nié la société ou à ceux (les « antisociaux ») qui auraient commis une faute contre celle-ci (42).

Mais bien plutôt parce que cette thèse apparaît, sur le plan théorique, comme étant de loin la plus pertinente. En effet, elle présente, par rapport à toutes les autres justifications susceptibles d'être avancées, un atout majeur : celui de rendre compte dans sa globalité du processus de légitimation du droit de l'aide et de l'action sociales.

A cet égard, on pourrait faire observer, tout d'abord, qu'en renvoyant à l'existence d'un fait objectif (le fait général d'interdépendance), l'idée de solidarité intègre par là même, sans pour autant s'y réduire, un certain nombre de considérations qui jouent un rôle dans ce processus : par exemple le souci de prévenir les atteintes à l'ordre public (lesquelles affectent le corps social tout entier) ou encore le souci de maximiser,

---

(40) Dans cette perspective, il suffira par exemple de constater que le principe de solidarité nationale ou locale est infirmé par les textes — lesquels attribuent une aide aux étrangers et aux personnes sans domicile fixe — pour conclure à l'absence totale de validité du principe général de solidarité (en ce sens, v. E. ALFANDARI, Les nouveaux développements de l'aide sociale. Le concept d'aide sociale change, son image demeure, *Administration*, p. 14-15, janvier 1992). Or, il est clair que cette objection — laquelle tient tout entière dans la nature du qualificatif accolé à ce principe — tombe d'elle-même dès lors que c'est la solidarité *sociale* qui est posée comme le fondement véritable de l'aide et non telle ou telle autre forme prise par cette même notion...

(41) E. ALFANDARI, Aide sociale, n° 17, *Répertoire de droit social... (op. cit.*). Cette objection — laquelle tient tout entière dans l'idée que la solidarité postule une égalité parfaite dans la réciprocité des prestations effectivement fournies — tombe là encore d'elle-même pour peu que l'on rejette une conception aussi stricte et que l'on considère, au contraire, que le propre de la solidarité ne réside pas tant dans cette égalité que dans l'engagement *mutuel* (donc sans contrepartie autre, précisément, que cette réciprocité potentielle) de venir en aide à quiconque est dans le besoin.

(42) V. E. ALFANDARI, *Action et aide sociales*, p. 74-75. Cette objection — laquelle tient tout entière dans l'idée que c'est seule l'appartenance au groupe ou seule l'adhésion au moins tacite à ce dernier qui fonde l'aide sociale — tombe là aussi d'elle-même dès lors que l'on ne partage pas ce présupposé et que l'on considère par exemple que la solidarité a créé entre tous les membres du groupe un réseau très dense de droits et de devoirs susceptibles de n'être réalisés qu'en aidant tous ceux qui en ont besoin (conception qui n'est autre que celle développée au tournant du siècle par les solidaristes, lesquels prirent grand soin, contrairement à ce qu'avaient fait certaines lois étrangères, de n'exclure personne — ni vagabonds, ni repris de justice, ni individus prodigues... — du bénéfice de l'assistance).

dans le respect des droits individuels, l'intérêt général (l'aide apportée aux enfants ou aux malades étant sans conteste bénéfique pour l'ensemble de la collectivité). Mais là n'est pas l'essentiel. On fera observer, surtout, que si l'idée de solidarité renvoie à un fait, c'est-à-dire à une situation, elle renvoie aussi à un principe ou à un devoir, c'est-à-dire à une prescription. Or, c'est bien évidemment à ce dernier titre, en l'occurrence en sa qualité de principe devant guider et inspirer l'action des pouvoirs publics, que la solidarité prend toute sa valeur : c'est parce que celle-ci constitue un principe de base de la société que ceux-là décident d'intervenir ou, ce qui revient au même, c'est parce que le principe de solidarité exige que la société accorde une aide à tous ceux qui en ont besoin que sont instituées et initiées un certain nombre de prestations et d'actions en matière sociale. Dès lors, la question se déplace d'un cran : pourquoi ou au nom de quoi la solidarité constitue-t-elle un principe de base de la société ? La réponse doit être cherchée sinon forcément dans la « théorie pure » de la Démocratie à supposer qu'elle existe, du moins dans l'idée démocratique telle que celle-ci est ressortie de plusieurs siècles de luttes et telle qu'elle prévaut à l'heure actuelle : à savoir qu'il ne saurait y avoir accomplissement véritable de cette idée sans mise en œuvre corrélative du principe de solidarité ou sans adjonction à la démocratie politique de toutes les conséquences impliquées par la démocratie sociale. C'est dire, en d'autres termes, que cette mise en œuvre apparaît aujourd'hui comme consubstantielle à la Démocratie dans la mesure même où elle est à la fois postulée et impliquée par elle (43).

Peut-être, certains pourront-ils objecter qu'une telle analyse aboutit finalement à fragiliser quelque peu les bases du droit social : l'existence et le développement de ce dernier se voyant étroitement subordonnés, dans cette perspective, à l'état dans lequel se trouve la conscience politique et juridique à un moment donné et donc se voyant étroitement subordonnés au contingent et à l'idéologique. Mais une telle objection n'aurait cependant guère de sens : car sauf à admettre que le Droit n'est pas une science sociale et ne reflète en rien l'état de la société qu'il prétend régir, il est clair que l'on pourrait formuler la même observation à propos de toutes les autres disciplines juridiques...

Mieux vaut, par conséquent, s'en tenir à ce fondement qui, s'il est sans doute subjectif et fluctuant, n'en revêt pas moins plusieurs avantages. L'avantage, tout d'abord, de répondre pleinement à la question posée : celle-ci portant en effet sur la *justification théorique* du droit de l'aide et de l'action sociales, il ne peut y être répondu, en toute rigueur, qu'en faisant état non pas des considérations qui peuvent être prises en compte par le législateur lorsqu'il intervient mais au contraire des principes en vertu desquels ou au nom desquels, précisément, il décide d'intervenir. L'avantage, ensuite, de bien marquer le caractère foncièrement *politique* dudit droit ; caractère qui, résultant non pas seulement de l'origine de celui-ci (origine étatique) mais aussi du principe qui le fonde, détermine et renvoie logiquement à un certain

(43) Cette analyse se révèle donc fort différente de celle qui pose l'intérêt de l'individu comme le fondement de l'aide sociale ; néanmoins, elle n'est nullement incompatible avec elle : le fait que l'on soutienne que c'est au nom et en vertu du principe de solidarité que le législateur n'a cessé d'intervenir depuis un siècle pouvant fort bien se concilier avec l'affirmation selon laquelle ce même législateur a pris de plus en plus en considération, au cours de cette période, l'intérêt de l'individu...

nombre de questionnements (nature du lien social, citoyenneté dans la Démocratie, etc.) qui figurent parmi les questionnements traditionnels et centraux du *droit public*. Et l'avantage enfin de se révéler, sur le plan juridique, aussi sûr, fiable et efficient que n'importe quel autre fondement susceptible d'être proposé.

B. L'EFFICIENCE JURIDIQUE DU PRINCIPE DE SOLIDARITÉ SOCIALE

36 Même si certains persistent à ne voir, dans le principe de solidarité, qu'un simple mécanisme d'organisation de la protection sociale ou qu'un simple mécanisme de prise en charge de certaines prestations, il est clair que l'idée de solidarité a été utilisée jadis et continue encore à être utilisée et à fonctionner aujourd'hui (44) comme un principe tout à fait capable de justifier et de légitimer tant l'intervention même du législateur qu'un certain nombre de droits individuels ou d'obligations collectives.

Certes, en proclamant dans son préambule plusieurs droits sociaux parmi lesquels le droit d'obtenir de la société des moyens convenables d'existence, la constitution de 1946 a pu faire douter de l'effectivité du rôle joué par le principe de solidarité : certains pouvant être tentés de soutenir que c'est précisément parce que l'individu est titulaire de tels droits que la société est amenée à développer les services d'assistance et donc, par là même, tentés de récuser la position de fondement occupée par ce principe... En réalité, ce dernier non seulement a gardé toute sa valeur explicative mais encore est amené à jouer dans l'élaboration du droit de l'aide et de l'action sociales un rôle décisif.

Cette valeur et ce rôle peuvent être situés à deux niveaux distincts. Au niveau tout d'abord du processus même qui a conduit à revendiquer puis à faire consacrer par la constitution le droit de l'individu : rien n'interdisant de penser, bien au contraire, que c'est en partant de l'idée que les hommes sont et doivent être unis, dans l'état social et en particulier dans une véritable Démocratie, par des liens étroits de solidarité que l'on en est arrivé à conceptualiser puis à constitutionnaliser ce droit. Analyse qui, prenant largement appui sur plus de deux siècles d'histoire politique, sociale et intellectuelle de notre pays, apparaît d'autant plus probante que la solidarité constitue l'une des principales traductions juridiques du dernier terme de la devise républicaine — la Fraternité —, laquelle figure à l'article 2 de la Loi fondamentale. Mais cette valeur et ce rôle peuvent être situés aussi au niveau du processus de concrétisation du droit individuel : en effet, de même qu'il ne suffit pas de constater que la mise en place d'un système d'assistance correspond à l'affirmation constitutionnelle de droits individuels pour en avoir terminé avec la question des fondements (45), de même il ne suffit pas de constater que tel droit est énoncé dans le texte suprême pour qu'il soit aussitôt concrétisé et mis en œuvre par le législateur. Encore faut-il que celui-ci décide d'intervenir, décision qui a toutes chances d'être prise au nom et en vertu du principe de solidarité. L'adoption de la loi du 1er décembre 1988 instituant le RMI constitue à cet égard une excellente illustration du présent propos ;

---

(44) Sur le rôle joué et la place occupée par le principe de solidarité dans les lois d'aide et d'assistance sociales, v. M. BORGETTO, *La notion de fraternité... (op. cit.)*, p. 425 et s. et p. 570 et s.

(45) Encore faut-il savoir pourquoi et au nom de quoi l'individu s'est vu reconnaître ces droits...

bien que le droit d'obtenir des moyens convenables d'existence ait été inscrit dans la constitution dès 1946, il a fallu néanmoins attendre plus de quarante ans pour que le Parlement se décide à le faire pénétrer dans nos institutions positives : décision qui n'eut alors d'autre fondement, aux dires mêmes de ses principaux initiateurs, que le principe de... solidarité.

Sans doute, l'analyse tant des travaux ayant présidé à l'élaboration de cette loi que du contenu même de son dispositif fait-elle ressortir une évolution récente des esprits à l'égard de l'idée de solidarité. Conscients des limites et insuffisances inévitables de celle-ci — laquelle apparaît le plus souvent, lorsqu'elle est réduite à elle-même, à la fois bureaucratique, desséchante et déshumanisante —, les pouvoirs publics ont en effet peu à peu redécouvert et, au-delà, de nouveau invoqué les vertus d'un concept qui avait été au cœur du débat sur les droits de l'homme tout au long de la Révolution et de la première moitié du XIXe siècle, à savoir le concept de fraternité (46) : ce dernier constituant un instrument idéal pour donner à la solidarité ce qui lui fait fréquemment défaut, en l'espèce un supplément d'âme, de la chaleur dans les relations humaines, de l'humanité, de la considération et de la sensibilité dans les relations sociales (47).

Mais si cette évolution traduit et reflète assez bien la crise dans laquelle se trouve aujourd'hui notre système global de protection ainsi que, par là même, le besoin urgent de « recréer du lien social » en respectant davantage l'éminente dignité de chacun, elle ne doit pas faire oublier le rôle décisif joué en la matière par l'idée de solidarité. En particulier, elle ne doit pas faire oublier — outre qu'elle constitue en elle-même l'une des principales applications juridiques du principe constitutionnel de fraternité (48) —, que cette idée se révèle non seulement tout à fait capable, en tant que fondement de l'aide et de l'action sociales, de déboucher sur la reconnaissance de droits véritables au profit de l'individu, mais encore tout à fait en mesure — ce que l'examen des travaux parlementaires confirme amplement — à la fois d'initier et de justifier l'intervention subséquente du législateur.

37 **Bibliographie.** V. les ouvrages précités de BORGETTO, CASTEL, DONZELOT, EWALD, ROSANVALLON ; *adde* M. BORGETTO, Principes et violence dans le devenir du Social, *Droit et société*, n° 28, 1994, p. 719 ; Prévenir et protéger : les limites, *Crises*, n° 1, 1994, p. 67 ; *La devise « Liberté, Egalité, Fraternité »*, 1997, Que sais-je ?, PUF ; CURAPP, *La solidarité : un sentiment républicain ?*, 1992, PUF ; M. DAVID, *La solidarité comme contrat et comme éthique*, 1982, Berger-Levrault ; *Les fondements du social (De la IIIe République à l'heure actuelle)*, 1994, Anthropos ; DIVERS, *Liberté, Égalité, Fraternité. Actualités en droit social*, 1990, Univ. Bordeaux ; B. KOUCHNER (Dir.), *Les nouvelles solidarités*, 1989, PUF ; A. LAURENT, *Solidaire, si je le veux*, 1991, Belles Lettres ; J. M. PONTIER, De la solidarité nationale, *RDP*, 1983, p. 899 ; P. ROSANVALLON, *La nouvelle question sociale*, 1995, Seuil ; C. RUBY, La solidarité et la République, *Regards sur l'actualité*, n° 154, 1989, p. 44 ; *La solidarité*, 1997, Ellipses.

---

(46) En ce sens, v. par exemple C. ÉVIN, *JOAN, Déb. parl.*, séance du 4 octobre 1988, p. 633-634 : « l'exigence de solidarité s'impose à nous : exigence politique et morale, exigence économique également (...). Depuis quarante-deux ans, l'exigence de solidarité à l'égard des exclus est posée dans notre Constitution sans qu'on en ait tiré les conséquences. (Aujourd'hui), c'est à vous que revient l'honneur de faire passer cette exigence de la pétition de principe à la réalisation concrète ».

(47) Sur ce point et en ce sens, v. M. BORGETTO, *La notion de fraternité... (op. cit.)*, p. 585 et s ; *La devise « Liberté, Égalité, Fraternité »*, p. 106 et s., 1997, Que sais-je ?, PUF.

(48) Sur ce concept, v. notamment M. DAVID, *Fraternité et Révolution française*, 1987, Aubier ; *Le printemps de la fraternité. Genèse et vicissitudes (1830-1851)*, 1992, Aubier.

SECTION III LES BASES JURIDIQUES

38 Bien que le droit de l'aide et de l'action sociales trouve dans plusieurs documents internationaux (§ 1) et en particulier communautaires (§ 2) matière à justifier à la fois son existence et son essor, c'est néanmoins des normes posées au sein de l'ordre juridique interne qu'il tire l'essentiel de sa force (§ 3).

§ 1. LE DROIT INTERNATIONAL

39 Il convient de distinguer, compte tenu de l'influence croissante de la construction européenne sur notre droit positif, d'une part le droit international général produit par diverses conventions, d'autre part le droit applicable à certains États européens.

A. L'AIDE ET L'ACTION SOCIALES DANS LES CONVENTIONS INTERNATIONALES

40 S'il n'existe pas d'organisme international d'aide sociale aux individus (49), il existe en revanche plusieurs conventions qui, pour avoir énoncé un certain nombre de principes essentiels devant régir la protection sociale des États, méritent une attention particulière.

Il faut remonter à la Seconde guerre mondiale pour trouver trace des premiers textes internationaux affirmant la nécessité, pour les gouvernants, d'assurer à chaque individu un minimum de protection sociale : ainsi de la Charte de l'Atlantique signée le 12 août 1941 par Roosevelt et Churchill ou encore de la fameuse Déclaration de Philadelphie du 10 mai 1944 appelée à devenir la nouvelle charte de l'Organisation internationale du travail (50). Dans les années qui suivent la fin du conflit, le mouvement s'accélère : sont alors adoptés plusieurs textes reconnaissant expressément un droit individuel en la matière. Tel est le cas de la Déclaration universelle des droits de l'homme du 10 décembre 1948 : ce texte affirmant notamment, dans ses articles 22 et 25, que « toute personne, en tant que membre de la société, (...) est fondée à obtenir la satisfaction des droits économiques, sociaux et culturels indispensables à sa dignité et au libre développement de sa personnalité (et) a droit à un niveau de vie suffisant pour assurer sa santé, son bien-être et ceux de sa famille... » ; tel est encore le cas — pour ne s'en tenir ici qu'à quelques exemples de textes ayant fait expressément référence à cette question (51) — du Pacte international relatif aux droits économiques, sociaux et culturels du 16 décembre 1966 : texte qui, reprenant de manière plus complète les différents droits énoncés dans la Déclaration de 1948,

(49) Dans les faits, la principale difficulté à laquelle se trouvent confrontés les États en la matière est relative au sort qui doit être réservé, s'agissant des prestations d'assistance, aux non-nationaux.

(50) Sur ces documents — lesquels font référence, d'ailleurs, non pas tant aux notions d'aide et d'action sociales qu'à celle de sécurité sociale —, v. P. DURAND, *La politique contemporaine de sécurité sociale*, p. 114 et s., 1953, Dalloz.

(51) V. aussi la Charte des Nations Unies (26 juin 1945), les Constitutions de l'UNESCO (16 novembre 1945) et de l'OMS (12 mars 1946) ou la Convention n° 102 de l'OIT (1952).

s'est efforcé de mettre des obligations juridiques strictes à la charge des États signataires (52).

En dehors de ces textes généraux élaborés sous l'égide d'organismes internationaux (ONU, OIT...), il existe d'autres conventions plus spécifiques qu'il convient d'évoquer : les conventions, bilatérales ou multilatérales, qui visent non pas à reconnaître l'existence d'un droit de l'individu à la protection sociale mais bien plutôt à fixer les règles d'assistance applicables, dans un État signataire, aux ressortissants d'un autre État signataire. Ces conventions, dont les plus anciennes ont été adoptées au lendemain de la Première guerre mondiale, reposent — sauf exceptions (53) — sur un principe de réciprocité. Leur contenu est variable : tantôt elles prévoient que la charge de l'assistance sera supportée par l'État où se trouve l'étranger ; tantôt elles disposent que le coût des prestations sera remboursé par l'État auquel ressortit ce dernier (54).

B. L'IMPACT DU DROIT INTERNATIONAL SUR LE DROIT INTERNE

41 Sans doute, la portée dernière de ces documents doit-elle ici être relativisée : outre que leur force contraignante se révèle en définitive assez aléatoire (55), il est clair que leur objet n'était pas tant d'énoncer un droit à l'aide et à l'action sociales au sens strict que d'énoncer un droit beaucoup plus général à la protection sociale voire à la sécurité sociale au sens large (56). Il reste qu'en affirmant la nécessité pour les États de protéger leurs membres contre l'insécurité et de les secourir en cas de besoin, ces textes ont fortement contribué à promouvoir le droit à l'aide sociale au rang à la fois de droit de l'homme et de principe fondamental devant être consacré, dans la mesure du possible, par chaque État. Par ailleurs, on soulignera encore que ceux, parmi ces textes, qui ont été régulièrement ratifiés et publiés (par exemple les Pactes de 1966 sur les droits civils et politiques et sur les droits économiques, sociaux et culturels) peuvent avoir une efficience juridique non négligeable dans la mesure où le Conseil d'État n'hésite pas, en vertu de l'article 55 de la constitution affirmant la primauté des traités ou accords internationaux sur la loi interne, à contrôler la compatibilité de celle-ci (même si elle leur est postérieure) (57) et de ceux-là (58). Dès lors,

(52) V. J. Dhommeaux, La contribution du Comité des droits économiques, sociaux et culturels des Nations Unies à la protection des droits économiques, sociaux et culturels, *AFDI*, 1994, p. 633.

(53) L'exception la plus notable est liée à l'existence des réfugiés (Convention de Genève du 28 juillet 1951, modifiée le 31 janvier 1967) et apatrides (Convention de New York du 28 septembre 1954) : aux termes de ces conventions, ces derniers se sont vu unilatéralement reconnaître les mêmes droits que les nationaux (Comm. centr., 18 novembre 1987, Dép. Paris, req. n° 6/87).

(54) Il convient ici de noter que les ressortissants des pays membres de l'ancienne Union française et d'États membres de l'ancienne Communauté peuvent bénéficier, sous certaines conditions, des mêmes droits que les Français indépendamment de toute convention internationale.

(55) En effet, ces textes se révèlent en pratique très largement dépourvus de sanction.

(56) Ainsi qu'il l'a été maintes fois souligné, la conception de la « sécurité sociale » qui se dégage des divers textes internationaux apparaît d'ailleurs ambivalente : tantôt elle renvoie à la protection due à ceux qui exercent une activité professionnelle et suggère alors un système d'assurances et de cotisations préalables, tantôt elle renvoie à la protection due à quiconque est dans le besoin et suggère alors un système d'aide sociale fonctionnant sans versement antérieur de cotisations.

(57) CE, 20 octobre 1989, Nicolo, *Leb.*, p. 190 : pour commentaire, v. J. F. Lachaume, *Grandes décisions de la jurisprudence. Droit administratif*, p. 60 et s., 12e éd., 1999, PUF.

(58) CE, 21 décembre 1990, Conf. nat. assoc. famil. cathol., *Leb.*, p. 369, concl. B. Stirn.

et pour autant que le juge considère que leurs dispositions sont directement applicables — ce qui, il est vrai, se révèle souvent problématique (59) —, ces textes peuvent fort bien être utilisés, le cas échéant, pour censurer ou écarter un acte ou une règle qui leur seraient contraires (60) : par exemple, une inégalité de traitement injustifiée entre nationaux et étrangers sur la base de la clause de non-discrimination contenue notamment dans les Conventions n° 97 et 118 de l'OIT ou encore dans le Pacte international sur les droits économiques, sociaux et culturels (61)...

42 **Bibliographie.** J. J. DUPEYROUX, Le droit à la sécurité sociale dans les déclarations et pactes internationaux, *Dr. soc.*, 1960, p. 365 ; P. Y. GREBER, *Les principes fondamentaux du droit international de la sécurité sociale*, 1984, Lausanne ; G. LYON-CAEN, A. LYON-CAEN, *Droit social international et européen*, 8e éd., 1993, Dalloz ; G. PERRIN, La sécurité sociale au passé et au présent, *RFAS*, 1979, p. 87 ; Les fondements du droit international de la sécurité sociale, *Dr. soc.*, 1974, p. 479 ; Les origines du droit international de la sécurité sociale, *RFAS*, 1981, n° 1, p. 161 ; K. VASAK (Dir.), *Les dimensions internationales des droits de l'homme*, 1980, UNESCO.

§ 2. LE DROIT EUROPÉEN

43 Il convient de distinguer ici les textes et/ou politiques qui concernent la majorité des pays qui appartiennent à l'Europe de ceux qui concernent plus spécifiquement les pays membres de l'Union européenne.

A. L'AIDE ET L'ACTION SOCIALES EN DROIT EUROPÉEN

44 Au niveau européen, on retrouve en effet plusieurs types de conventions concernant l'aide et l'action sociales qui lient de manière plus ou moins étroite les autorités françaises.

Il existe ainsi des conventions ayant pour objet prioritaire sinon forcément de reconnaître l'existence d'un droit de l'individu à la protection sociale, du moins d'assigner aux États contractants l'obligation de tout mettre en œuvre pour sanctionner ce droit. Tel est le cas de la Convention européenne d'assistance sociale et médicale du 11 décembre 1953 qui met à la charge de l'État signataire l'assistance accordée au ressortissant d'un autre État signataire résidant sur son sol (62).

Tel est aussi le cas de la Charte sociale européenne adoptée le 18 octobre 1961 qui élargit le champ d'application de la convention précédente (63). Élaboré dans le

(59) CE, Sect., 29 janvier 1993, Bouilliez, *Leb.*, p. 15 ; *AJDA*, 1993, p. 364, note G. BURDEAU ; *RFDA*, 1993, concl. J. F. SCANVIC, note D. RUZIÉ ; *RGDIP*, 1993, p. 801, note D. ALLAND ; Cass. civ., 10 mars 1993, *Bull. civ.*, I, n° 103 ; Cass. soc., 13 juillet 1994, *Bull. civ.*, V, n° 236 ; *D* ., 1995, p. 91, note J. MASSIP ; CE, 15 mai 1995, Raut, *RJS*, 10/95, n° 1056 ; CE, Sect., 23 avril 1997, GISTI, *RFDA*, 1997, p. 585, concl. R. ABRAHAM.

(60) CA Paris, 17 septembre 1993, *Dr. ouvrier*, 1994, p. 66, note S. LAUSSINOTTE.

(61) Sur la position du Conseil d'État à l'égard de ce pacte, v. CE, Avis, 15 avril 1996, Mme Doukouré, *Leb.*, p. 125 ; *RFDA*, 1996, p. 808, concl. P. MARTIN et p. 1239, note J. DHOMMEAUX ; *AJDA*, 1996, p. 565, chr. D. CHAUVAUX, T. GIRARDOT.

(62) Encore faut-il que soit remplie par ailleurs la condition légale d'insuffisance des ressources (Comm. centr., 25 mars 1987, Dép. Var, req. n° 24/86 ; Comm. centr. 30 novembre 1988, Dép. Bas-Rhin, req. n° 7/86 ; Comm. centr., 30 novembre 1988, Dép. Loir-et-Cher, req. n° 7/87).

(63) Outre qu'elle déborde le champ strict de l'assistance sociale et médicale, la Charte de 1961 a eu pour effet d'étendre le principe de réciprocité à plusieurs États extérieurs à la Communauté.

cadre du Conseil de l'Europe, ce texte qui se présente à la fois comme une synthèse des règles posées par l'OIT et comme une réplique, dans le domaine des droits sociaux, de la Convention européenne des droits de l'homme, reconnaît en effet un certain nombre de droits parmi lesquels figurent notamment — outre celui à la sécurité sociale (64) — le droit à l'aide et à l'action sociales (65) : mais dans la mesure où le contrôle de son application repose non pas sur des voies de recours en justice mais seulement sur l'envoi de rapports périodiques par les gouvernements concernés, son efficacité est demeurée, jusqu'à ces dernières années en tout cas, relativement limitée. Néanmoins, le texte initial s'est vu complété, depuis 1961, par trois protocoles qui en ont étendu la portée : le protocole du 5 mai 1988 qui a élargi la liste des droits garantis ; le protocole du 21 octobre 1991 (protocole de Turin) qui a renforcé l'efficacité des mécanismes de contrôle (66) ; le protocole du 9 novembre 1995 qui a établi une procédure de réclamations collectives. Autant de compléments qui, ratifiés par la France (67), sont bel et bien de nature à favoriser le développement de la dimension sociale de l'Europe (68).

Par ailleurs, dans le domaine de la protection sociale bénéficiant dans chaque pays concerné aux étrangers, il convient de signaler — outre la Convention européenne des droits de l'homme qui a posé à son tour le principe d'une égalité de traitement entre nationaux et non-nationaux en matière de droits sociaux — la jurisprudence, riche de promesses, de la Cour européenne des droits de l'homme : cette dernière ayant notamment estimé qu'une allocation d'aide urgente constituait un « droit patrimonial » devant être accordé sans considération de nationalité et ce, même si les étrangers sont ressortissants d'un État n'ayant conclu aucun accord international avec l'Union européenne (69).

45 **Bibliographie.** R. Bonnet, N. Catala, *Droit social européen*, 1991, Litec ; M. Carraud, *Droit social européen*, 1994, Publisud ; Divers, Le Conseil de l'Europe, *Echanges santé-social*, n° 94, 1999 ; S. Leibfried, P. Pierson (Dir.), *Politiques sociales européennes. Entre intégration et fragmentation*, 1998, MIRE/L'Harmattan ; C. Pettiti, La charte sociale européenne révisée, *RTDH*, 1997, p. 3 ; L. Pettiti, Pauvreté et Convention européenne des droits de l'homme, *Dr. soc.*, 1991, p. 84 ; X. Prétot, La protection sociale est-elle soluble dans le droit de propriété ?, *in Mélanges E. Alfandari*, p. 163, 1999, Dalloz ; J. M. Verdier, Les droits économiques et sociaux : relance au Conseil de l'Europe, *Dr. soc.*, 1992, p. 415 ; F. Sudre, La perméabilité de la Convention européenne des droits de l'homme aux droits sociaux, 1998, p. 467, *Mél. J. Mourgeon*, Bruylant, Bruxelles.

(64) A noter qu'en matière de sécurité sociale, le Conseil de l'Europe a également adopté une convention baptisée « Code européen de sécurité sociale » (16 avril 1964) et élaborée sur le modèle de la convention n° 102 de l'OIT.

(65) Parmi les droits à l'aide et à l'action sociales, figurent le droit à l'assistance sociale et médicale, le droit au bénéfice des services sociaux, le droit des personnes physiquement ou mentalement diminuées à la formation et à la réadaptation professionnelles ou encore le droit de la famille, de la femme et de l'enfant à une protection sociale et économique.

(66) J. M. Verdier, Les droits économiques et sociaux : relance au Conseil de l'Europe ?, *Dr. soc.*, 1992, p. 415.

(67) L. n° 99-173 et 174, 10 mars 1999.

(68) X. Coyer, La Charte sociale européenne, un instrument au service de la cohésion sociale en Europe, *Échanges santé-social*, n° 94, 1999, p. 34.

(69) CEDH, 16 septembre 1996, Gaygusuz c/ Autriche, aff. n° 39/1995/545/631, *D.*, 1998, p. 438, note J. P. Marguénaud, J. Mouly ; sur cette question, v. F. Sudre, La portée du droit à la non-discrimination : de l'avis de l'assemblée du Conseil d'État du 15 avril 1996, Mme Doukouré, à l'arrêt de la CEDH du 16 septembre 1996 Gaygusuz/Autriche, *RFDA*, 1997, p. 966 ; v. aussi S. J. Priso Essawe, Les droits sociaux et l'égalité de traitement dans la jurisprudence de la CEDH (à propos des arrêts Van Raalte c/ Pays-Bas et Pétrovic c/ Autriche), *RTDH*, 1998, p. 721.

B. L'AIDE ET L'ACTION SOCIALES EN DROIT COMMUNAUTAIRE

46 Pour la commodité de l'analyse, une distinction sera opérée ici — même si ces deux points sont bien évidemment connexes — entre ce qui relève d'une part des traités et de la jurisprudence et ce qui relève d'autre part des politiques élaborées et mises en œuvre au niveau de l'Union.

1° Le droit communautaire

47 **a) Les textes** — Il convient ici de faire état de la Charte des droits sociaux fondamentaux adoptée les 8 et 9 décembre 1989 par onze États de la CEE sur douze (la Grande-Bretagne n'étant pas signataire). Contrairement à celle de 1961 qui constitue une véritable convention génératrice d'obligations pour les États, la charte de 1989 n'est qu'une simple déclaration d'intention : élaborée pour tenter de compenser le silence presque total observé par l'Acte unique (70) sur les questions sociales, cette charte a entendu réaffirmer les droits sociaux fondamentaux devant être protégés dans l'Union. Mais, là encore, son efficience s'est jusqu'à présent révélée assez faible : la Charte (art. 27 à 30) ayant laissé à la Commission européenne le soin de préparer et de proposer les mesures destinées à appliquer les droits qu'elle proclame et ayant confié aux États membres la charge de garantir dans leur cadre de compétence ces mêmes droits (au demeurant, aucun recours et aucune sanction ne sont prévus)...

Il convient également d'évoquer la prise en compte des problèmes de pauvreté et d'exclusion sociale au niveau des traités ; ainsi, le « Protocole social » annexé au Traité de Maastricht a ajouté à la liste des domaines dans lesquels les instances communautaires peuvent soutenir et compléter l'action des États membres, « l'intégration des personnes exclues du marché du travail » ; ce protocole social a été inséré dans le dispositif même du Traité CEE par le Traité d'Amsterdam (art. 136) : ce qui accroît donc les capacités d'action de ces instances dans un secteur (l'accès à l'emploi) de plus en plus central dans les politiques d'action sociale. Il faut encore souligner l'introduction dans le Traité CEE par ce même Traité d'Amsterdam d'un nouveau titre relatif à l'emploi (art. 125 à 130), ce qui fait de ce dernier un nouveau champ de coopération entre les États membres à l'initiative des organes communautaires (71). De plus, depuis l'Acte Unique Européen de 1986, l'objectif de promotion d'une « cohésion économique et sociale » au sein de la Communauté a été inséré dans le traité (art. 158 à 162) ; cet objectif, qui ne formait en 1986 qu'une politique d'accompagnement de la création du « Grand marché intérieur », a été posé par le Traité de l'Union Européenne comme l'un des trois objectifs généraux de l'Union (72). Ces textes constituent le fondement juridique de l'ensemble des interventions structurelles de l'Union, dont les instruments ne sont autres que les fonds structurels (73) ; en

(70) Traité passé entre les douze États de la Communauté (17-28 février 1986).

(71) Sur les droits des chômeurs au sein de l'Union, v. P. MAVRIDIS, Y a-t-il une libre circulation des chômeurs ?, *Dr. soc.*, 1998, p. 472.

(72) Art. B et G insérant un art. 2 nouveau dans le Traité CEE.

(73) Fonds social européen, Fonds de développement régional, Fonds européen d'orientation et de garantie agricole, Fonds de cohésion, Banque européenne d'investissement.

complétant ainsi ses compétences réglementaires, l'objectif de « cohésion économique et sociale » a conduit à doter la Communauté d'une capacité élargie pour mener des actions de redistribution de ressources dans une logique de solidarité entre États et régions.

48 **b) La jurisprudence** — On doit faire état ici de certains aspects de la jurisprudence sociale de la Cour de justice des communautés européennes, en particulier de plusieurs décisions rendues à propos des travailleurs et de leur famille qui se déplacent à l'intérieur de la Communauté. Amenée à définir, pour juger de l'applicabilité ou non d'un règlement de 1971 coordonnant les régimes européens de sécurité sociale (74), ce qui relevait de cette dernière et ce qui relevait de l'aide sociale (75), la Cour a adopté une conception très large de la notion de sécurité sociale qui n'est pas sans incidence sur le droit français de l'aide et de l'action sociales : elle a en effet considéré que certaines prestations non contributives versées par la sécurité sociale relevaient de cette dernière et non pas de l'aide sociale — laquelle se caractérise par « l'appréciation individuelle des besoins » — bien qu'elles fussent assorties d'une condition de ressources et réservées par la législation interne d'un État à ses seuls nationaux (76). En étendant ainsi de manière sensible le champ d'application du règlement de 1971, cette jurisprudence a donc eu pour conséquence directe de permettre aux ressortissants de l'Union de bénéficier de certaines prestations dites non contributives de la sécurité sociale lorsqu'ils résident sur notre territoire.

Depuis lors, il est vrai, le règlement de 1971 a été modifié par les règlements n° 1247, 1248, 1249/92 du 30 avril 1992 aux termes desquels certaines prestations non contributives de sécurité sociale doivent désormais s'analyser comme des « prestations sociales à caractère non contributif » ; mais si elle a eu pour effet à la fois de requalifier de manière plus conforme à leur nature ces prestations et d'interdire leur « exportation », cette modification n'en a pas moins abouti — et là est l'essentiel — à les maintenir dans le champ d'application du règlement de 1971 avec tout ce que ceci implique au niveau juridique (77) : solution qui, au regard des droits dont disposent

(74) Il s'agit du règlement n° 1408/71 du 14 juin 1971 pris en application de l'art. 51 du Traité de Rome. Édicté par la Commission européenne et s'imposant directement aux États membres, ce règlement vise à permettre aux travailleurs qui se déplacent dans la Communauté de continuer à bénéficier d'une couverture sociale appropriée (égalité de traitement, totalisation des périodes de mobilité...). Initialement réservé aux seuls salariés, il a été étendu par la suite aux travailleurs non salariés (règlements n° 1390/81 du 17 septembre 1981 et n° 3795/81 du 8 décembre 1981).

(75) En effet, ce règlement excluait de son champ d'application les prestations d'assistance.

(76) CJCE, 22 juin 1972, Frilli, *Dr. soc.*, 1973, p. 58, note G. LYON-CAEN (affaire relative au « minimex » belge) ; CJCE, 9 octobre 1974, Biason, *RDSS*, 1975, p. 459, obs. R. BONNET ; CJCE, 17 juin 1975, Fracas, *Dr. soc.*, 1975, p. 343 ; CJCE, 24 février 1987, Giletti, *Dr. soc.*, 1987, p. 476, note X. PRÉTOT et *RDSS*, 1987, p. 528, note P. CHENILLET : sur ce point, v. X. PRÉTOT, *Les grands arrêts du droit de la sécurité sociale*, p. 675 et s., 1998, Dalloz ; P. CHENILLET, Le paiement de l'allocation supplémentaire du Fonds national de solidarité aux ressortissants de la CEE résidant hors de France, *RDSS*, 1991, p. 138 ; H. VERSCHUEREN, Les prestations spéciales à caractère non contributif et le règlement communautaire 1408/71, *Dr. soc.*, 1995, p. 921.

(77) Sont ainsi concernées l'allocation supplémentaire du FSV, l'allocation spéciale de vieillesse, l'allocation aux mères de famille, l'allocation aux vieux travailleurs salariés et non salariés ou encore l'allocation aux adultes handicapés : sur les nouveaux règlements de 1992, v. P. CHENILLET, L'« exportation » du Fonds national de solidarité au sein de la Communauté européenne : suite et fin ?, *RDSS*, 1992, p. 745 ; sur la question de l'exportation éventuelle de certains minima sociaux, v. CJCE 27 novembre 1997, Meints, *Dr. ouvrier*, 1998, p. 504, obs. J. P. LHERNOULD.

les non nationaux en général, se révèle d'autant plus décisive que le juge n'a pas hésité à l'étendre, nonobstant les restrictions contenues dans les législations nationales, aux ressortissants d'États (Algérie, Tunisie, Maroc, Turquie) ayant passé des accords de coopération avec l'Union européenne (78).

Dans un autre ordre d'idées, on doit encore évoquer, dans un sens plus énigmatique parce que pouvant conduire à la remise en cause de la spécificité des organismes gérant la protection sociale (mutuelles, institutions de prévoyance), la jurisprudence de la CJCE en matière de droit de la concurrence. A l'occasion de saisines diverses, la Cour a dû en effet s'attacher à délimiter le champ d'application des dispositions du traité relatives à la libre concurrence qui se sont traduites notamment, à proximité des dispositifs de protection sociale, par l'adoption de directives libéralisant les assurances. Le problème tient à ce que les organismes de protection sociale, bénéficiant souvent de situations de monopole, liées notamment à des obligations de cotiser, sont donc en contradiction avec le principe de libre concurrence et de liberté de prestation de services sur l'ensemble du territoire de l'Union. Autrement dit, est-ce que ces organismes constituent, au sens du droit communautaire, des « entreprises », et par là même sont soumis aux règles de la concurrence, ou sont-ils des structures spécifiques échappant de ce fait à ces règles ? On saisit l'importance de l'enjeu sous-jacent à ces questions : un basculement des structures et/ou des activités de protection sociale dans le champ des entreprises aurait comme effet de détruire toutes les institutions mise en place, tant en matière de protection complémentaire qu'à terme pour la protection de base. La jurisprudence de la Cour semble s'orienter vers la non-remise en cause de la spécificité et par là des régimes dérogatoires en matière de liberté de prestation de service et de libre concurrence sur lesquels sont fondées les institutions de protection sociale (79). Cependant, des ambiguïtés demeurent, le raisonnement de la CJCE se révélant évolutif dans les critères qui déterminent la spécificité des institutions de la protection sociale : si dans un premier temps, elle paraissait confondre le contenu (le régime de protection) et le contenant (l'organisme), elle semble s'orienter vers une prise en compte des activités et non plus des structures, n'hésitant pas à considérer que, alors qu'un organisme de protection sociale échappe globalement au droit de la concurrence, certaines de ses prestations peuvent au contraire y être soumises (80). Il y a donc là une série de questions de grande importance dans un contexte de privatisation de nombre d'activités, qui devront être résolues pour que les institutions de la protection sociale s'organisent dans un cadre juridique clair et surtout adapté à la spécificité de leurs fonctions.

(78) Cette solution a été clairement affirmée par le juge communautaire (CJCE, 12 juillet 1990, Commission c/ Rép. française ; CJCE, 5 avril 1995, Krid c/ CNAVTS, *D.* 1996, J., p. 105, note B. Chauvet ; CJCE, 15 janvier 1998, Henia Babahanini c/ État belge, *LPA*, n° 93, 1998, p. 25, note J. L. CLERGERIE). Ce même juge est d'ailleurs allé récemment jusqu'à étendre cette solution aux allocations familiales auxquelles peut prétendre un ressortissant turc : CJCE, 4 mai 1999, Sema Surul, aff. C-262/96 ; sur la jurisprudence des tribunaux français, v. *infra*, n° 59 et s.

(79) Ainsi, la Cour a écarté la qualification d'entreprise au sens des articles 81 et 82 (nouvelle numérotation) du Traité pour des organismes de protection sociale en s'appuyant sur le fait qu'ils poursuivent un objectif social et obéissent au principe de solidarité (CJCE, 17 février 1993, Poucet et AGF c/ Camulrac, Pistre c/ Cancava, *Rec. CJCE*, p. I-637 ; *D.*, 1993, somm., p. 277, obs. X. PRÉTOT ; *Dr. soc.*, 1993, p. 488, note P. LAIGRE, obs. J. J. DUPEYROUX ; *RJS*, 3/93, n° 336.

(80) CJCE, 16 novembre 1995, Féd. franç. sociétés d'assurance et autres (Coreva), *Rec. CJCE*, p. I-4013, concl. G. TESAURO ; *AJDA*, 1996, p. 273, chr. H. CHAVRIER, E. HONNORAT, G. DE BERGUES ; *Dr. soc.*, 1996, p. 82, note P. LAIGRE ; *RJS*, 12/95, n° 1306 ; v. aussi X. PRÉTOT, La Cour de justice des Communautés européennes et les fonds de pension néerlandais, *Dr. soc.*, 2000, p. 106.

2° Les politiques communautaires

49 Avant même l'introduction dans les traités d'une référence aux droits sociaux fondamentaux, la Communauté avait mis sur pied dès 1975 un programme « pauvreté » (« pauvreté » 1), suivi de deux autres (« pauvreté » 2 et 3) visant à renforcer les soutiens qu'offrent ces programmes à des projets novateurs de lutte contre l'exclusion sociale ; de même, dans le cadre d'« initiatives communautaires » concourant à l'objectif 3 défini pour les interventions structurelles (actions en faveur des populations en difficulté concernant l'emploi, actions d'intégration sociale et professionnelle des personnes souffrant d'exclusion sociale), les actions « Emploi-intégra », « Horizon/défavorisés » ou « Urban » permettent d'attribuer des aides du Fonds social européen et du Fonds européen de développement régional pour soutenir des projets émanant d'autorités locales ou régionales.

Depuis lors et jusqu'au Traité d'Amsterdam, plusieurs initiatives ont été prises qui traduisent l'intérêt manifesté progressivement par l'Union aux phénomènes d'exclusion : résolution du Conseil « affaires sociales » en 1989 qui introduit pour la première fois dans un texte communautaire la notion d'« exclusion sociale » ; recommandation adoptée en 1992 par le Conseil sur « le droit à des ressources suffisantes » ; adoption la même année par la Commission d'une communication intitulée « Vers une Europe des solidarités » ; rencontre annuelle des ministres du logement depuis 1996 sur « le logement pour les victimes de l'exclusion sociale » (81)...

Certes, les États restent maîtres, pour l'essentiel, de la politique sociale ; certes, encore, les compétences communautaires en matière sociale restent plutôt centrées sur la situation des travailleurs car s'efforçant surtout d'initier une coordination des systèmes nationaux, une coopération inter-étatique ainsi qu'une convergence des législations du travail ; il n'en demeure pas moins que l'Union européenne se voit peu à peu reconnaître, au travers des actions structurelles et des programmes spécifiques de lutte contre l'exclusion sociale, une réelle capacité d'intervention dans le champ de l'action sociale : si bien que l'on peut raisonnablement envisager, si cette évolution se renforce, que l'intégration économique poussera inéluctablement à une plus grande intégration des politiques d'action sociale.

50 **Bibliographie.** J. M. BELORGEY, La protection sociale dans une union de citoyens, *Dr. soc.*, 1998, p. 159 ; M. BONNECHÈRE, Le droit européen peut-il poser les bases d'un droit commun social ?, *Dr. ouvrier*, 1999, p. 390 ; Y. CHASSARD, Pour une convergence des politiques des États membres de la CEE dans le domaine de la protection sociale, *Dr. soc.*, 1991, p. 157 ; La construction européenne et la protection sociale à la veille de l'élargissement de l'Union, *Dr. soc.*, 1999, p. 268 ; DIVERS, *La protection sociale en Europe*, 1997, JO, Pub. CEE ; Europe, mode d'emploi, *Espace social européen*, 14 mai 1999 (n° spécial) ; *L'affirmation des droits fondamentaux dans l'Union européenne*, Comm. européenne, 1999 ; G. GUERY, *Vivre l'Europe sociale*, 1994, Dunod ; M. LAROQUE, L'impact du droit communautaire sur les concepts de la protection sociale française, *Dr. soc.*, 1997, p. 961 ; D. LENOIR, *L'Europe sociale*, 1994, La Découverte ; A. LE ROY, La cohésion économique et sociale : un nouveau modèle de politique communautaire, *RMCUE*, n° 429, 1999, p. 383 ; B. MAGLIULO, *L'Europe sociale*, 1991, Nathan ; A. MALLET, M. C. MILLIAT, *Introduction à l'Europe sociale*, 1997, ENSP ; F. MEYER, Le progrès social est encore un des objectifs du droit communautaire, *Dr. ouvrier*, n° 1, 1999,

---

(81) Sur les interventions structurelles et les programmes relatifs à l'exclusion sociale en Europe, v. M. BADEL, *Union européenne et exclusion sociale* et R. LAFORE, *La cohésion économique et sociale*, *in* P. AUVERGNON (Dir.), *Union européenne et cohésion sociale*, 1998, MSHA ; v. aussi L. POVIE, Le défi communautaire de la lutte contre l'exclusion sociale, *RDSS*, 1997, p. 715 ; A. BARRAU, *Pour l'emploi*, Rapport d'information n° 1182, JOAN, 1998.

p. 10 ; M. A. MOREAU, Tendances du droit social communautaire : des droits sociaux en quête de reconnaissance, *Dr. soc.*, 1994, p. 612 ; C. PETTITI, La Charte communautaire des droits sociaux des travailleurs : un progrès ?, *Dr. soc.*, 1990, p. 387 ; X. PRÉTOT, La sécurité sociale et l'Europe, *Dr. soc.*, 1987, p. 70 ; *Le droit social européen*, 2e éd., 1993, PUF ; O. QUINTIN, B. FAVAREL-DAPAS, *L'Europe sociale. Enjeux et réalités*, 1999, La Doc. française ; S. ROBIN-OLIVIER, La référence aux droits sociaux fondamentaux dans le Traité d'Amsterdam, *Dr. soc.*, 1999, p. 609 ; P. RODIÈRE, *Droit social de l'Union européenne*, 1998, LGDJ ; G. SINTES, *La politique sociale de l'Union européenne*, 1996, Presses interuniversitaires européennes, Bruxelles.

§ 3. LE DROIT INTERNE

51 Si le droit de l'aide et de l'action sociales s'est trouvé sensiblement renforcé, dans l'ordre juridique interne, par la constitutionnalisation progressive dont il a fait l'objet — ce qui a conduit, d'ailleurs, à reconnaître aux étrangers un certain nombre de droits en matière sociale —, il n'en présente pas moins certains risques de dilution du fait de la multiplicité et surtout de la relative faiblesse normative des autorités en charge de son élaboration.

A. LA CONSTITUTIONNALISATION DU DROIT DE L'AIDE ET DE L'ACTION SOCIALES

52 Reposant sur la consécration, par le préambule de la constitution du 27 octobre 1946, d'un certain nombre de droits sociaux fondamentaux, cette constitutionnalisation résulte de la jurisprudence dans l'ensemble assez protectrice du juge, en particulier du juge constitutionnel.

53 **Bibliographie.** J. P. CHAUCHARD, La Sécurité sociale et les droits de l'Homme, *Dr. soc.*, 1997, p. 48 ; Y. CHAUVY, La portée constitutionnelle de la Sécurité sociale, *Dr. ouvrier*, 1995, p. 425 ; Les normes supérieures du droit de la Sécurité sociale, *RDP*, 1996, p. 991 ; M. CLAPIÉ, *De la consécration des principes politiques, économiques et sociaux particulièrement nécessaires à notre temps. Étude de droit public*, Thèse Droit Montpellier, 1992 ; M. P. DESWARTE, Droits sociaux et État de droit, *RDP*, 1995, p. 951 ; J. DOUBLET, Droits de l'homme et sécurité sociale, *Rev. int. séc. soc.*, 1968, p. 511 ; J. B. de FOUCAULD, Droits de l'homme et droits sociaux, *Revue du MAUSS*, nº 13, 1999, p. 280 ; P. H. IMBERT, Droits des pauvres, pauvre(s) droit(s), *RDP*, 1989, p. 739 ; P. LAROQUE, Droits de l'homme, travail social et politique sociale, *Dr. soc.*, 1968, p. 625 ; X. PRÉTOT, Les bases constitutionnelles du droit social, *Dr. soc.*, 1991, p. 187 ; Droit constitutionnel social, *JCA*, fasc. 1443 ; J. RIVERO, Sécurité sociale et droits de l'homme, *RFAS*, juil/sept. 1985, p. 37 ; J. RIVERO, G. VEDEL, Les principes économiques et sociaux de la constitution du 27 octobre 1946 : le Préambule, *Coll. Dr. social*, 31, 1947, p. 13.

1° La consécration constitutionnelle

54 Contrairement à son prédécesseur de la Troisième République, lequel s'était abstenu de faire précéder les lois constitutionnelles de 1875 d'une Déclaration ou d'un Préambule recognitifs de droits, le constituant de 1946 a renoué, on le sait, avec la pratique suivie par les hommes de la Révolution et de la Seconde République : dans un préambule placé en tête de la constitution, il a non seulement fait référence expresse aux droits et libertés figurant dans la Déclaration de 1789 ainsi qu'aux principes

fondamentaux reconnus par les lois de la République mais encore a proclamé un certain nombre de principes politiques, économiques et sociaux « particulièrement nécessaires à notre temps ».

Les principes sociaux qui se sont vu apporter une consécration constitutionnelle et qui, en tant qu'ils reconnaissent l'existence d'une créance contre la collectivité, renvoient tout naturellement sinon exclusivement au droit de l'aide et de l'action sociales (82), sont disséminés dans plusieurs alinéas.

Un premier alinéa — l'alinéa 5 — dispose notamment que « chacun a le devoir de travailler et le droit d'obtenir un emploi ». Même si elle comporte certaines limites spécifiques (83), cette formule ne s'en révèle pas moins tout à fait capitale : outre que se trouve ainsi consacré, près d'un siècle après la Seconde République, l'un des droits qui avaient été au cœur des revendications quarante-huitardes, force est d'observer que si le constituant n'a pas entendu faire de la politique de plein emploi une obligation à ce point stricte et impérieuse qu'elle ne devrait jamais céder devant aucune autre nécessité (l'individu n'ayant pas les moyens d'exiger en toute hypothèse un emploi), il a en revanche assorti l'affirmation du droit au travail d'une sanction rigoureuse figurant expressément dans le texte suprême : en l'occurrence l'obligation pour l'État — et l'on rencontre ici les autres dispositions qui servent de base au droit de l'aide et de l'action sociales — de fournir à celui qui a perdu son emploi ou ne peut en obtenir une allocation compensatrice de chômage.

Annoncées par l'alinéa 10 du préambule qui précise que « la Nation assure à l'individu et à la famille les conditions nécessaires à son développement », ces dispositions sont développées à l'alinéa 11 : « elle (la Nation) garantit à tous, notamment à l'enfant, à la mère et aux vieux travailleurs, la protection de la santé, la sécurité matérielle, le repos et les loisirs. Tout être humain qui, en raison de son âge, de son état physique ou mental, de la situation économique, se trouve dans l'incapacité de travailler a le droit d'obtenir de la collectivité des moyens convenables d'existence ». Sans doute, cette proclamation voit-elle son efficacité juridique affectée par une limite inhérente à tous les droits qui traduisent une créance à l'encontre de la collectivité : à savoir que ceux-ci ont besoin, pour prendre corps, d'une intervention directe du législateur. Il reste qu'en ayant pris soin de mentionner, de manière à la fois détaillée et compréhensive, les principaux risques ou charges susceptibles d'atteindre tout un chacun au cours de sa vie (enfance, famille, vieillesse, maladie, invalidité, maternité, chômage), le constituant a bel et bien abouti à fonder en droit tant le système de la sécurité sociale que le système de l'aide et de l'action sociales (84).

Constatation qui, pour importante qu'elle soit au niveau des principes, ne revêtirait probablement pas, sur le plan juridique, un intérêt décisif si le juge constitutionnel n'avait pas intégré le préambule de 1946 dans ce qu'il est convenu d'appeler le bloc

(82) En effet, loin d'avoir imposé au législateur le choix des moyens destinés à mettre en œuvre les principes qu'il proclamait, le constituant s'est borné à n'énoncer que la nécessité de reconnaître à l'individu certains droits et de le protéger contre certains risques, laissant ainsi toute latitude aux gouvernants quant aux formules de gestion (sécurité sociale et/ou aide sociale) à privilégier.

(83) Sur ces limites, v. *infra*, n° 383.

(84) Il convient de noter que d'autres alinéas du préambule renvoient également à l'existence de droits-créances et sont donc eux aussi susceptibles d'avoir des incidences sur ces deux systèmes. Il s'agit de l'alinéa 12 qui proclame « l'égalité et la solidarité de tous les Français devant les charges qui résultent des calamités nationales » et de l'alinéa 13 qui concerne l'instruction, la formation professionnelle et la culture.

de constitutionnalité, c'est-à-dire dans la catégorie des normes qui lui servent de référence pour l'exercice de son contrôle.

2° La protection juridictionnelle

55 **a) Une protection effective** — L'effectivité de cette protection est due pour l'essentiel à la jurisprudence élaborée par le juge constitutionnel depuis une vingtaine d'années. Après avoir reconnu la juridicité du préambule de la constitution de 1958 et accepté de vérifier la constitutionnalité d'un texte de loi aux dispositions du préambule de 1946 (85), ce juge a rendu en effet un certain nombre de décisions qui ont considérablement renforcé les bases juridiques de l'aide et de l'action sociales.

Plusieurs observations de nature à faire ressortir les grandes lignes de force de cette jurisprudence peuvent à cet égard être formulées. Une première observation réside dans le fait que, contrairement à ce que l'on aurait pu penser, le juge s'est soigneusement gardé, en accordant valeur constitutionnelle à l'ensemble des « principes particulièrement nécessaires à notre temps » (86), d'opérer une discrimination entre eux en fonction de leur plus ou moins grande précision supposée ou de leur caractère davantage « programmatique » que positif ; se sont vu ainsi accorder une telle valeur la quasi-totalité des alinéas du préambule, en particulier l'alinéa 5 relatif au droit au travail (87) et l'alinéa 11 relatif au droit très large de la protection sociale (88) : étant entendu que le juge n'a pas hésité à indiquer, chaque fois qu'il en avait l'occasion, non seulement que ces alinéas s'imposaient et devaient être respectés par le législateur mais encore qu'il « incombait » à ce dernier ainsi qu'au pouvoir réglementaire de les mettre en œuvre (89).

Une autre observation concerne deux limites non négligeables que le juge a assignées en la matière au législateur et aux autorités administratives, limites que ceux-ci ne sauraient franchir sans courir le risque, du même coup, d'être censurés.

Une première limite tient au fait que si les gouvernants bénéficient, lorsqu'ils concrétisent les droits sociaux affirmés par le préambule, d'une liberté d'action assez large et étendue, celle-ci ne saurait néanmoins aboutir, en dernière analyse, à nier ou à méconnaître la substance même de ces droits (90).

---

(85) Décisions n° 71-44 DC du 16 juillet 1971 et n° 75-54 DC du 15 janvier 1975 : pour un commentaire de ces deux décisions, v. L. Favoreu, L. Philip, *Les grandes décisions du Conseil constitutionnel (GDCC)*, 10e éd., 1999, p. 252 et p. 313, Sirey.

(86) On doit par ailleurs souligner qu'eu égard aux conditions dans lesquelles ils furent adoptés par le constituant de 1946, les « principes fondamentaux reconnus par les lois de la République » (lesquels forment, avec la Constitution, la Déclaration de 1789, le préambule de 1946 et les principes et règles de valeur constitutionnelle, le bloc de constitutionnalité) pourraient fort bien, le cas échéant, constituer pour le juge une base lui permettant de protéger les droits sociaux.

(87) En ce sens, v. les décisions n° 81-134 DC du 5 janvier 1982, n° 83-156 DC du 28 mai 1983 ou encore n° 85-200 DC du 16 janvier 1986 : sur cet alinéa, v. *infra*, n° 383.

(88) En ce sens, v. notamment les décisions n° 75-54 DC du 15 janvier 1975, n° 80-117 DC du 22 juillet 1980, n° 86-225 DC du 23 janvier 1987, n° 89-269 DC du 22 janvier 1990, n° 90-287 DC du 16 janvier 1991, n° 91-296 DC du 29 juillet 1991, n° 93-325 DC du 13 août 1993, n° 93-330 DC du 29 décembre 1993, n° 96-387 DC du 21 janvier 1997, n° 97-388 DC du 20 mars 1997...

(89) V. la décision n° 86-225 DC du 23 janvier 1987 (*Dr. soc.*, 1987, p. 345, note X. Prétot ; *Rev. adm.*, 1987, p. 139, note M. de Villiers) et n° 89-269 DC du 22 janvier 1990 (*Dr. soc.*, 1990, p. 352, note X. Prétot ; *RDSS*, 1990, p. 437, note X. Prétot ; *AJDA*, 1990, p. 471, note F. Benoit-Rohmer ; *RFDA*, 1990, p. 406, note B. Genevois ; *RFDC*, 1990, p. 330, comm. L. Favoreu).

(90) Pour exemple, v. la décision 86-225 DC du 23 janvier 1987 (précitée).

Une seconde limite résulte de plusieurs décisions ayant consacré ce qu'il est convenu d'appeler les services publics constitutionnels. Ces derniers, que l'on peut définir, pour reprendre la formule du juge, comme des « service(s) public(s) dont l'existence et le fonctionnement seraient exigés par la constitution » (91) présentent en effet, au regard des droits sociaux affirmés par le préambule, l'intérêt d'assigner au législateur et à l'autorité administrative des bornes strictes s'agissant de leur éventuelle suppression : le fait que ces services (parmi lesquels figure celui d'aide sociale) voient leur existence découler ou leur création exigée par des principes ou règles de valeur constitutionnelle impliquant, en toute logique, qu'ils ne sauraient être supprimés sans qu'intervienne au préalable une révision corrélative de la constitution. Une telle solution, on le voit, se révèle donc assez largement protectrice des droits sociaux affirmés dans le préambule : sous réserve qu'elle soit déférée devant le juge, il ne fait guère de doute qu'une loi qui se proposerait de supprimer un service public constitutionnel s'exposerait au risque d'être considérée par ce juge comme étant non conforme au texte suprême (92).

Au demeurant, cette solution ne saurait véritablement étonner : elle ne fait que s'inscrire dans le droit fil d'une autre jurisprudence adoptée par le Conseil : celle prévalant en matière d'abrogation des lois antérieures. Cette jurisprudence, dite du « cliquet anti-retour » (93), a en effet posé en principe que s'il « est à tout moment loisible au législateur statuant dans le domaine qui lui est réservé par l'article 34 de la constitution de modifier des textes anciens ou d'abroger ceux-ci en leur substituant, le cas échéant, d'autres dispositions (...), l'exercice de ce pouvoir ne saurait aboutir à priver de garanties légales des exigences de caractère constitutionnel » (94). Or, même si certains auteurs persistent à considérer que cette jurisprudence n'est pas appliquée et ne doit pas être applicable, en matière sociale, aux droits de créance (95), il reste que le juge n'a pas hésité à l'étendre expressément, ainsi que le reconnaissent d'ailleurs nombre d'auteurs (96), auxdits droits : qu'il s'agisse du droit à la protection de la santé (97), du « droit au logement » (98) ou encore du droit au développement et à la protection de la famille (99). Solution qui revêt, au regard des dispositions du préambule de 1946, une importance tout à fait réelle puisque, à défaut d'obliger

---

(91) Décision n° 86-207 DC des 25-26 juin 1986 (*AJDA*, 1986, p. 575, note J. RIVERO ; v. aussi *GDCC*, p. 667) ; dans le même sens, v. les décisions n° 86-217 DC du 18 septembre 1986 (*AJDA*, 1987, p. 102, note P. WACHSMANN ; *Dr. soc.*, 1986, p. 606, note Y. GUYON) et n° 88-232 DC du 7 janvier 1988 (*RCC*, p. 17).

(92) Ceci ne signifie pas, bien évidemment, que les autorités compétentes ne puissent « aménager » le service existant en fonction de l'intérêt général : ceci signifie seulement qu'un tel « aménagement » ne saurait en aucun cas aboutir, s'il devait se produire, à une suppression pure et simple du service...

(93) Prenant sa source dans une décision n° 83-165 DC du 20 janvier 1984, cette jurisprudence a été depuis lors maintes fois confirmée (v. cependant la décision n° 86-225 DC du 23 janvier 1987).

(94) Décision n° 86-210 DC du 29 juillet 1986, *AJDA*, 1986, p. 527, note G. PÉPY.

(95) V. par exemple B. MATHIEU, obs. sous décision n° 96-383 DC du 6 novembre 1996, *LPA*, 1997, n° 88, p. 28 ; B. MATHIEU, M. VERPEAUX, obs. sous décision n° 96-387 DC du 21 janvier 1997, *LPA*, 1997, n° 125, p. 12 ; X. PRÉTOT, Les bases constitutionnelles du droit social, *Dr. soc.*, 1991, p. 196 ; J.-E. SCHOETTL, note sous décision n° 99-416 DC du 23 juillet 1999, *AJDA*, 1999, p. 704.

(96) V. par exemple T. RENOUX, M. DE VILLIERS, *Code constitutionnel*, p. 146-147 et p. 198, 1994, Litec ou L. FAVOREU, L. PHILIP, *Les grandes décisions— (op. cit.)*, p. 595 et s.

(97) Décision n° 90-287 DC, 16 janvier 1991, *RFDC*, 1991, p. 294, obs. L. FAVOREU.

(98) Décision n° 94-359 DC, 19 janvier 1995, *AJDA*, 1995, p. 455, note B. JORION ; *RFDC*, 1995, pp. 404 et 582, note P. GAÏA ; *RDP*, 1996, p. 62, chr. D. ROUSSEAU.

(99) Décision n° 97-393 DC du 18 décembre 1997 : sur cette décision, v. L. FAVOREU, L. PHILIP, *Les grandes décisions... (op. cit.)*, p. 911 et s.

le législateur à mettre en place un régime de prestations exigé par ce dernier, elle peut à tout le moins « s'opposer à ce que le législateur supprime un tel régime sans le remplacer par un système au moins équivalent » (100).

Autant de constats qui, s'ils permettent d'établir en quoi et pourquoi les bases constitutionnelles du droit de l'aide et de l'action sociales sont finalement beaucoup plus solides qu'on a tendance à le dire, ne signifient nullement, pour autant, que la protection dont celui-ci fait l'objet soit en tous points satisfaisante et complète.

56 **b) Une protection incomplète** — Pour importante qu'elle soit, la protection juridictionnelle des droits sociaux énoncés par le préambule de 1946 n'en connaît pas moins un certain nombre de limites ou de faiblesses dont il convient de faire état.

Une première faiblesse réside dans le fait que, contrairement à ce qu'ont prévu certaines constitutions étrangères, le droit français n'a prévu, quant à lui, aucun dispositif permettant de sanctionner l'inertie du législateur. Sans doute, celui-ci a-t-il vu son champ d'action, on vient de le souligner, progressivement encadré par le juge. Mais quelle que soit l'importance des garde-fous mis en place par ce dernier, l'essentiel demeure : à savoir que si le juge peut de toute évidence empêcher le législateur de faire, il ne dispose en revanche d'aucun moyen ou d'aucune procédure permettant de contraindre celui-ci à agir. Ce qui, en d'autres termes, revient à dire que le législateur a tout loisir de laisser lettre morte des droits que chacun, pourtant, s'accorde à considérer comme étant le prolongement naturel et nécessaire des droits de faire reconnus à tout individu et que le juge lui-même, de surcroît, a posés comme ayant à la fois une valeur constitutionnelle pleine et entière et un caractère strictement contraignant pour le législateur...

Une seconde limite réside dans la marge de manœuvre considérable dont bénéficie ce dernier lorsqu'il entreprend de concrétiser les droits-créances affirmés en 1946 : marge de manœuvre qui s'explique notamment d'une part par le caractère le plus souvent très large et très général des principes ayant consacré l'exigence constitutionnelle de solidarité (la possibilité dont dispose le juge pour censurer l'action du législateur se trouvant, de ce fait, relativement faible et limitée) (101) ; d'autre part, par la volonté constante manifestée par ce même juge de ménager la liberté d'appréciation des parlementaires (102).

Enfin, une dernière limite réside dans la jurisprudence même développée par les tribunaux ordinaires, en particulier par les tribunaux de l'ordre administratif, en matière de droits sociaux. Sans doute, est-il vrai que le juge administratif non seulement n'hésite plus à se fonder sur des dispositions du préambule pour forger des principes généraux du droit (103), mais encore se montre de moins en moins réticent à évoquer

(100) F. LUCHAIRE, La sureté : droit de l'homme ou sabre de M. Prudhomme ?, *RDP*, 1989, p. 622.

(101) Et ce, d'autant plus que le juge est souvent amené, lorsqu'il rend ses décisions, à opérer une conciliation entre des principes contradictoires dotés d'une même valeur constitutionnelle.

(102) Volonté dont témoigne clairement la pétition de principe énoncée à maintes reprises par le Conseil selon laquelle « l'article 61 de la constitution ne (lui) confère pas un pouvoir général d'appréciation et de décision identique à celui du Parlement mais lui donne seulement compétence pour se prononcer sur la conformité à la constitution des lois déférées à son examen » (décision n° 74-54 DC du 15 janvier 1975, précitée).

(103) V. par exemple CE, 8 décembre 1978, GISTI, *Leb.*, p. 493 ou CE, 6 juin 1986, Fédération des fonctionnaires et agents publics de la fonction publique, *Leb.*, p. 158.

directement ces dispositions à l'appui de ses décisions (104). Mais outre qu'elle n'est pas sans susciter certaines réserves (105), cette attitude constructive ne s'en heurte pas moins à deux difficultés. La première a trait à la distinction constante établie par le juge entre les dispositions du préambule qu'il considère comme étant d'application immédiate (c'est-à-dire sans intervention préalable du législateur) et celles qu'ils considère comme n'étant applicables qu'à la suite d'une intervention préalable de ce même législateur : distinction en l'occurrence tout à fait décisive puisque ainsi le juge refuse de faire droit à une requête se fondant sur les droits de créance proclamés par le préambule pour obtenir l'octroi de prestations non prévues par la loi (106). Quant à la seconde difficulté, elle a trait à l'hypothèse où une loi fait « écran » entre l'acte administratif attaqué devant les tribunaux et la disposition constitutionnelle excipée par le requérant : dans cette hypothèse, en effet, la marge de manœuvre du juge se trouve réduite à néant dans la mesure où, faute de pouvoir se prononcer sur la constitutionnalité de la loi, celui-ci rejette systématiquement les moyens tirés d'une violation éventuelle de la disposition en cause (107).

Tous éléments qui conduisent certes à relativiser l'efficacité réelle de la protection juridictionnelle dont bénéficie le droit de l'aide et de l'action sociales, mais qui ne doivent pas faire perdre de vue, cependant, le phénomène majeur qui a affecté ce droit depuis plusieurs décennies et qui désormais le caractérise (108) : à savoir sa constitutionnalisation. Phénomène majeur s'il en est, puisqu'en tirant désormais sa validité et ses principes constitutifs de la norme fondamentale, ce droit se voit par là même sinon assuré d'une stabilité à toute épreuve, du moins doté de bases juridiques très solides.

57 **Bibliographie.** P. H. ANTONMATTEI, Le Préambule de 1946 et la Cour de cassation, *Rev. adm.*, 1997, p. 290 ; M. BONNECHÈRE, La reconnaissance des droits fondamentaux comme condition du progrès social, *Dr. ouvrier*, 1998, p. 249 ; M. CLAPIÉ, Le Conseil d'État et le Préambule de la Constitution de 1946, *Rev. adm.*, 1997, p. 278 ; M. DEBÈNE, Le CC et « les principes particulièrement nécessaires à notre temps », *AJDA*, 1978, p. 531 ; C. DEVÈS, Le CC et la République sociale, *Quot. jurid.*, n° 120, 1988, p. 3 ; P. ESPUGLAS, *CC et service public*, 1994, LGDJ ; L. FAVOREU, L'application des normes constitutionnelles et des décisions du CC par le juge administratif, *RFDA*, 1989, p. 142 ; L. FAVOREU, L. PHILIP, *Les grandes décisions du CC*, 10e éd., 1999, Dalloz ; J. F. FLAUSS, Les droits sociaux dans la jurisprudence du CC, *Dr. soc.*, 1982, p. 645 ; B. GENEVOIS, *La jurisprudence du CC*, STH, 1988 ; F. LUCHAIRE, *La protection constitutionnelle des droits et des libertés*, 2e éd., 1997, Economica ; La sûreté : droit de l'homme ou sabre de M. Prudhomme ?, *RDP*, 1989, p. 609 ; N. MOLFESSIS, *Le CC et le droit privé*, 1997, LGDJ ; T. RENOUX, M. de VILLIERS, *Code constitutionnel*, 1994, Litec ; D. ROUSSEAU, *Droit du contentieux constitutionnel*, 1995, 4e éd., Montchrestien ; Le CC et le Préambule de 1946, *Rev. adm.*, 1997, p. 160 ; V. SAINT-JAMMES, Le droit à la santé dans la jurisprudence du CC, *RDP*, 1997, p. 457 ; P. TERNEYRE, Droit constitutionnel social. Inventaire en guise d'ouverture, *RFDC*, 1990, p. 239 ; Le Conseil d'État et la valeur juridique des droits sociaux

(104) V. par exemple CE, 27 avril 1987, Traversac, *RFDA*, 1989, p. 153 ou encore CE, 16 octobre 1987, Genesseaux, *RFDA*, 1989, p. 154.

(105) Réserves qui tiennent au fait, précisément, que plutôt que de se fonder directement et systématiquement sur la disposition constitutionnelle, le juge opère encore, de temps à autre, un détour par la notion de principe général du droit : la règle qu'il applique n'étant plus, alors, celle figurant dans le préambule, mais — ce qui est différent — celle qu'il a lui-même accepté de forger...

(106) CE, 10 décembre 1962, Sté indoch. constr. élect. et mécan., *Leb.*, p. 676 et CE, 29 novembre 1968, Tallagrand, *D.*, 1969, p. 386, note V. SILVÉRA ; *RDP*, 1969, p. 686, note M. WALINE.

(107) Pour exemple, v. CE, 28 janvier 1972, Conseil transitoire de la Fac. des Lettres et des Sc. hum. de Paris, *JCP*, 1973, II, 17296, note J. CHEVALLIER et CE, 27 avril 1987, Traversac (précité).

(108) Sur la question, v. M. BORGETTO, *La notion de fraternité... (op. cit.)*, p. 510-548.

proclamés dans le préambule de la Constitution du 27 octobre 1946, *RFDC*, 1991, p. 317 ; D. TURPIN, *Contentieux constitutionnel*, 1994, 2e éd., PUF.

B. LES DROITS SOCIAUX DES ÉTRANGERS

58 En dehors des textes et de la jurisprudence communautaires qui ont eu à maintes reprises l'occasion de se prononcer sur l'existence et la portée de ces droits, le sort réservé aux étrangers en matière d'aide et d'action sociales se trouve directement déterminé non seulement par la loi et la jurisprudence ordinaire mais aussi et surtout par la constitution et le juge chargé d'en contrôler le respect.

1° Le statut constitutionnel des étrangers

59 La nature et la portée des droits dont bénéficient les étrangers dans le domaine social ont été peu à peu précisées par le juge chargé de contrôler la constitutionnalité des lois lequel, s'appuyant notamment sur les dispositions du préambule de 1946, est parvenu, au fil du temps, à élaborer un véritable « statut constitutionnel des étrangers » (109).

Au demeurant, ce statut n'a nullement été dégagé à partir d'une application littérale de ces dispositions ou d'une interprétation stricte du principe d'universalité implicitement consacré par celles-ci : car si tel avait été le cas, il eût été logique — dans la mesure où les dispositions en question accordent à « chacun », à « tous » ou à « tout être humain », sans distinction ni condition, le droit d'obtenir un emploi, de bénéficier des éléments nécessaires au développement de l'individu et de la famille ou encore d'être protégé dans sa santé ainsi que contre les risques et aléas de l'existence — que soit prohibée toute différence de traitement entre nationaux et étrangers et, au-delà, que la possibilité pour ces derniers de jouir des droits qui leur ont été reconnus ne soit assortie d'aucune condition...

Or, telle n'est évidemment pas la situation qui prévaut aujourd'hui en droit positif ; c'est dire que ce statut a été tout entier construit autour d'un autre principe qui, s'il n'est certes pas dépourvu de tout lien avec le précédent, ne saurait cependant se confondre avec lui : à savoir le principe d'égalité. Par rapport aux autres principes susceptibles d'être mobilisés en faveur des droits sociaux des étrangers, celui d'égalité présente en effet, pour le juge, un double avantage ; celui, tout d'abord, de la souplesse puisqu'il n'implique pas forcément, on le sait, que tous les individus soient toujours traités de manière identique : ce même juge ayant souligné à de nombreuses reprises que le principe d'égalité « ne s'oppose ni à ce que le législateur règle de façons différentes des situations différentes, ni à ce qu'il déroge à l'égalité pour des raisons d'intérêt général, pourvu que, dans l'un et l'autre cas, la différence de traitement qui en résulte soit en rapport avec l'objet de la loi qu'il établit » (110). Et celui, ensuite, de la fermeté puisqu'il implique à tout le moins la prohibition de toutes les discriminations qui apparaissent injustifiables ou injustifiées.

(109) L. FAVOREU, L. PHILIP, *Les grandes décisions... (op. cit.)*, p. 862.
(110) Décision 87-232 DC du 7 janvier 1988, *RCC*, p. 48.

De fait, telle est bien dans cette voie que s'est engagé le juge, contribuant de la sorte à forger un véritable statut constitutionnel des étrangers en matière de droits sociaux.

Ainsi, s'agissant des ressortissants de pays ayant passé des accords internationaux avec la Communauté européenne, le Conseil constitutionnel a fait une application stricte de ce principe puisqu'il a estimé que les prestations dites « non contributives de sécurité sociale » devaient être versées auxdits ressortissants nonobstant les dispositions contraires figurant dans les textes de droit interne : appelé en 1990 à se prononcer sur une modification législative apportée à l'allocation supplémentaire du FSV, il a en effet considéré que si « le législateur peut prendre à l'égard des étrangers des mesures spécifiques à la condition de respecter (...) les libertés et droits fondamentaux de valeur constitutionnelle reconnus à tous ceux qui résident sur le territoire de la République (...), l'exclusion des étrangers résidant régulièrement en France du bénéfice de l'allocation supplémentaire, dès lors qu'ils ne peuvent se prévaloir d'engagements internationaux ou de règlements pris sur leur fondement, méconnaît le principe constitutionnel d'égalité » (111). En d'autres termes, s'il peut certes y avoir des différences de traitement entre nationaux et étrangers, celles-ci doivent néanmoins être autorisées par des dispositions constitutionnelles ou des engagements internationaux ou justifiées par des différences de situation ou des considérations d'intérêt général en rapport avec l'objet de la loi car l'égalité entre ceux-ci et ceux-là n'a pas à être établie : elle est de droit.

Trois ans plus tard, le juge a confirmé sa position tout en lui apportant plusieurs précisions : après avoir admis qu'il pouvait y avoir des différences de traitement non seulement entre étrangers et nationaux mais encore au sein même de la catégorie des étrangers selon que ceux-ci se trouvent ou non en situation régulière, il a en effet considéré que « les étrangers jouissent des droits à la protection sociale, dès lors qu'ils résident de manière stable et régulière sur le territoire français » (112). *A priori*, cette solution semble plus restrictive que la précédente puisqu'elle paraît ne réserver le bénéfice des droits sociaux qu'aux seuls étrangers en situation à la fois stable et régulière ; en réalité, sa portée dernière mérite d'être nuancée : d'une part, parce que le juge a admis par ailleurs que le législateur pouvait étendre le bénéfice des droits sociaux aux étrangers ne remplissant que l'une voire aucune des deux conditions énoncées ; d'autre part, parce qu'il a considéré que c'est parce que le ministre compétent pouvait déroger à chacune de ces deux conditions que les dispositions litigieuses n'étaient pas contraires à la constitution...

Au regard des principes de valeur constitutionnelle, la situation des étrangers en matière de droits sociaux peut donc se résumer de la manière suivante : le principe d'égalité s'applique ici entre étrangers et nationaux ; certes, il peut y avoir, à la fois au sein de la catégorie des étrangers et entre ceux-ci et les nationaux, des différences de traitement : mais toute discrimination qui ne se trouve pas fondée sur des textes (constitution, traités) ou justifiée par des différences de situation ou des raisons d'intérêt

(111) Décision n° 89-269 DC du 22 janvier 1990, *Dr. soc.*, 1990, p. 352, note X. Prétot ; *RDSS*, 1990, p. 437, note X. Prétot ; *AJDA*, 1990, p. 471, note F. Benoit-Rohmer ; *RFDA*, 1990, p. 406, note B. Genevois ; *RFDC*, 1990, p. 330, comm. L. Favoreu ; pour une application directe de cette solution par les juridictions judiciaires, v. CA Riom, 29 janvier 1996, Drissi c/ CAF Puy-de-Dôme, *Dr. soc.*, 1996, p. 987, obs. X. Prétot.

(112) Décision 93-325 DC des 12-13 août 1993, *GDCC*, p. 849.

général doit être regardée comme strictement contraire au principe constitutionnel d'égalité.

2° Le statut légal des étrangers

60 Dans le prolongement direct de ces solutions, les tribunaux ordinaires ont condamné à maintes reprises l'exclusion des étrangers du bénéfice de certaines prestations sociales pratiquée par le droit positif français. Jusqu'à la loi du 11 mai 1998 qui a réaménagé les règles applicables à ces derniers dans le domaine social, c'est surtout sur la question de l'attribution des prestations non contributives de sécurité sociale que s'est focalisé l'essentiel du débat. Prenant acte à la fois des règlements communautaires, des engagements internationaux de la France et de la jurisprudence tant de la CJCE (113) que du Conseil constitutionnel, les tribunaux n'ont pas hésité à écarter l'application des lois internes subordonnant pour les étrangers le bénéfice de ces prestations à l'existence d'une convention de réciprocité passée entre leur pays et la France : pour les tribunaux, les étrangers devaient percevoir ces prestations dans les mêmes conditions que les nationaux dès lors qu'ils étaient ressortissants d'un État ayant passé un accord de coopération avec l'Union européenne (114) ou résidaient en France de manière stable et régulière (115).

C'est dire que l'application des lois françaises excluant les étrangers (à l'exception des ressortissants d'un État ayant signé un accord international) du bénéfice d'un grand nombre de prestations dites « non contributives de sécurité sociale » se révélait — compte tenu notamment de cette jurisprudence — des plus contestables (116) : outre qu'elle était source d'insécurité juridique pour les intéressés (117), elle se trouvait en effet en totale contradiction avec le principe constitutionnel d'égalité et les engagements internationaux de la France. C'est pourquoi, après consigne donnée par l'Admi-

---

(113) Sur ce point, v. *supra*, n° 44 et s.

(114) Ainsi, le juge judiciaire a-t-il estimé qu'un ressortissant algérien résidant en France avait droit à l'AAH dans les mêmes conditions que les ressortissants français au motif que cette dernière figure parmi les prestations sociales à caractère non contributif comprises dans le champ du règlement européen n° 1408/71 du 14 juin 1971 : v. Cass. soc., 17 octobre 1996, CPAM de Grenoble et CAF du Gard, 3 arrêts (*Bull. civ.*, V, n° 330, 331 et 335 ; *TPS*, 1996, comm. 509) ; concernant l'allocation supplémentaire du FSV, v. Cass. soc., 7 mai 1991, Mazari, *Bull. civ.*, V, n° 231 ; *RDSS*, 1992, p. 98, concl. Y. Chauvy ; Cass. soc., 3 juillet 1997, Boulhazar, *RDSS*, 1998, p. 196 ; concernant l'allocation spéciale de vieillesse, v. Cass. Soc., 20 mai 1999, CDC c/ Ounassa Bouzouad, *Dr. soc.*, 1999, p. 754, note J. P. Lhernould.

(115) Cass. soc., 14 janvier 1999, DRASS Rhône-Alpes c/ Gokce, *Dr. soc.*, 1999, p. 219, obs. J. Favard ; *JCP*, 1999, II, 10082, note F. Sudre ; *D.*, 1999, p. 334, note J. P. Marguenaud, J. Mouly (un ressortissant turc doit bénéficier, en application de l'art. 14 de la CEDH qui interdit toute discrimination fondée sur l'origine nationale, de l'allocation supplémentaire du FSV). Aux termes de cette décision, la Cour de cassation reconnaît donc expressément à la CEDH un « effet direct » en la matière, ce que le juge administratif répugne encore largement à faire : v. J. Andriantsimbazovina, L'autorité des arrêts de la CEDH vue par le Conseil d'État, *RFDA*, 1998, p. 978.

(116) V. par exemple H. Gacon-Estrada, Étrangers : la Sécurité sociale se moque de la justice, *Dr. soc.*, 1996, p. 709 ou D. Lochak, Quand l'Administration fait de la résistance. Les prestations non contributives et les étrangers, *Mélanges E. Alfandari*, p. 405, 1999, Dalloz.

(117) En effet, sans compter que la Cour de cassation maintenait une jurisprudence restrictive à l'égard de certains étrangers (sur un refus d'octroi de l'AAH à un ressortissant ivoirien, v. Cass. soc. 22 janvier 1998 Poiriez c/ CAF Seine-Saint-Denis, *JCP* 1998 II. 10111, note Y. Dagorne-Labbée), les juridictions inférieures avaient adopté en la matière une position hésitante : certains tribunaux acceptant d'octroyer les prestations en question aux personnes concernées (CA Paris, 18 novembre 1994, Rebouli ; CA Paris, 28 juin 1995, Hélaili) alors que d'autres préféraient adopter une attitude inverse (CA Nîmes, 23 septembre 1994 ; CA Douai, 30 septembre 1994, Benaissa et 30 novembre 1994, Lakehal ; CA Dijon, 6 février 1996, Khabaoui)...

nistration aux organismes de sécurité sociale compétents de procéder « dès maintenant » à la liquidation des demandes de prestations non contributives présentées par les ressortissants algériens, marocains et tunisiens remplissant les critères dégagés par la CJCE (118), le législateur a décidé en 1998 d'intervenir afin d'harmoniser les solutions en vigueur.

Aux termes de la loi du 11 mai 1998 (119), doivent désormais bénéficier de certaines prestations non contributives de sécurité sociale les étrangers qui justifient de la régularité de leur séjour effectif en France sans qu'aucune autre condition soit exigée (120) : cette exigence de régularité n'étant cependant pas applicable aux ressortissants de l'Union européenne et de l'Espace économique européen (EEE).

De manière plus générale, le droit applicable aux étrangers en matière de protection sociale s'organise actuellement autour des principes suivants. S'agissant des prestations d'aide sociale, les étrangers doivent résider en France (121) sauf s'ils sont ressortissants d'un État ayant signé avec celle-ci une convention d'assistance sociale et médicale : étant entendu que si cette condition s'applique également aux ressortissants membres de l'Union européenne et de l'EEE, il y est cependant systématiquement dérogé par l'État français. De plus, ces prestations sont en principe soumises à une condition de régularité de séjour sauf, pour des raisons d'ordre sanitaire et/ou humanitaire, certaines d'entre elles (122) : prestations d'aide sociale à l'enfance, d'aide sociale à l'hébergement (admission dans un CHRS), allocations aux personnes âgées et handicapées (pourvu que l'étranger justifie d'un résidence ininterrompue en France métropolitaine de 15 ans avant l'âge de 70 ans), prestations d'aide médicale d'État (123) auxquelles s'ajoute le RMI. Concernant les prestations de chômage, qu'il s'agisse du régime d'assurance ou du régime de solidarité, les étrangers peuvent y prétendre dès lors qu'ils justifient d'un titre de séjour les autorisant à travailler (124). Quant aux autres formes d'aide sociale, les étrangers peuvent en bénéficier dès lors qu'ils justifient d'un titre de séjour régulier ; dans ce cas, aucune condition de durée de résidence n'est exigée pour certaines prestations : CMU (125), aide sociale aux personnes âgées et handicapées (aide à domicile, aide à l'hébergement, aide à l'accueil familial à titre onéreux) ; en revanche, une condition de durée de résidence est exigée pour d'autres

(118) Circ. Min. Emploi et Solidarité, 6 février 1998, *TSA*, n° 979, 1998, p. 7.

(119) L. n° 98-349, 11 mai 1998 ; D. n° 98-1172, 22 décembre 1998 ; Circ. DSS n° 98-678, 17 novembre 1998, *BO Solid.-santé* n° 98-48, p. 251 ; Circ. CNAV n° 22-99, 24 février 1999 ; Circ. DAS n° 99-60, 2 février 1999, *BO Solid.-santé* n° 99 8, p. 291.

(120) Il s'agit de l'allocation spéciale vieillesse, de l'allocation supplémentaire du FSV, de l'allocation supplémentaire du fonds spécial d'invalidité, de l'AAH, de l'AVTS et de l'AVTNS et de l'allocation aux mères de famille.

(121) *C. famille*, art. 124 ; en principe (à l'exception des ressortissants communautaires et de l'EEE), ceci exclut donc du bénéfice de l'aide sociale les étrangers qui sont de passage (tourisme, visite à un proche...) sur le territoire national, c'est-à-dire qui y demeurent « dans des conditions qui sont purement occasionnelles et ne présentant pas un minimum de stabilité » (Comm. centr., 5 mai 1987, Dép. Var, req. n° 5/87 ; v. aussi Comm. centr., 7 juin 1985, Dép. Haut-Rhin, req. n° 5/84 ; Comm. centr. 9 décembre 1987, Dép. Haut-Rhin, req. n° 28/87 ; CE, 18 décembre 1996, CHU de Montpellier, *Dr. adm.*, 1997, comm. n° 100).

(122) *C. famille*, art. 186.

(123) Ceci concerne les soins et prescriptions délivrés par un établissement hospitalier ; pour les soins de ville et les soins à domicile, une résidence ininterrompue en France depuis au moins 3 ans est en principe exigée...

(124) *C. travail*, art. R. 311-3-1 ; pour exemple de contentieux relatif à l'exercice du droit au travail par les étrangers, v. CE, 13 mai 1992, Ndoumbe Eboa, *LPA*, 1993, n° 78, p. 38.

(125) En principe, une durée de résidence d'au moins 3 mois est exigée : mais cette condition n'est pas requise dans certains cas (v. *infra*, n° 518 et s.).

en sus de la régularité du séjour : cas de la prestation spécifique dépendance (résidence ininterrompue en métropole de 15 ans avant l'âge de 70 ans) (126).

S'agissant enfin des prestations d'action sociale, sont considérées par une jurisprudence constante comme contraires au principe d'égalité et donc comme illégales toutes mesures tendant à établir entre usagers du service public une discrimination entre étrangers et nationaux fondée sur le critère de la nationalité (127).

61 **Bibliographie.** V. BAUDET-CAILLE, *Le droit des étrangers*, 1995, TSA éd. ; I. DAUGAREILH, Les prestations sociales non contributives et les étrangers non communautaires, *RDSS*, 1997, p. 189 ; La loi du 11 mai 1998 sur l'entrée et le séjour des étrangers en France. Les modifications apportées en droit de la protection sociale, *RDSS*, 1998, p. 634 ; DIVERS, Immigration et protection sociale, *RDSS*, 1990 (n° spécial), 2e éd. ; Droits des étrangers, *Informations sociales*, n° 78, 1999 ; J. J. DUPEYROUX, X. PRÉTOT, Le droit de l'étranger à la protection sociale, *Dr. soc.*, 1994, p. 69 ; H. GACON-ESTRADA, Étrangers : la Sécurité sociale se moque de la justice, *Dr. soc.*, 1996, p. 709 ; B. GENEVOIS, Un statut constitutionnel pour les étrangers, *RFDA*, 1993, p. 871 ; GISTI, *Le guide de la protection sociale des étrangers en France*, 1997, Syros ; N. GUIMEZANES, La loi du 11 mai 1998 relative à l'entrée et au séjour des étrangers en France et au droit d'asile, *JCP* 1998, I, 2047 ; J. F. LHERNOULD, Minima sociaux et résidence sur le territoire français, *Dr. soc.*, 1999, p. 366 ; D. LOCHAK, Quand l'Administration fait de la résistance. Les prestations non contributives et les étrangers, *Mélanges E. Alfandari*, p. 405, 1999, Dalloz ; G. VACHET, Étrangers, protection sociale, *JCP*, 1994, p. 355.

C. L'ÉLABORATION DU DROIT DE L'AIDE ET DE L'ACTION SOCIALES

62 Si on l'aborde sous l'angle des bases juridiques qui sous-tendent le droit de l'aide et de l'action sociales, cette élaboration renvoie à deux séries de questions : la question de la délimitation des compétences entre la loi et le règlement et la question des modalités d'exercice de ces mêmes compétences.

1° La délimitation des compétences

63 En établissant une distinction entre les matières qui relèvent de la loi aux termes de son article 34 (matières dont le législateur fixe les règles ou en détermine les principes fondamentaux) et les autres qui relèvent du règlement aux termes de son article 37, la constitution de 1958 n'a pas réservé au droit de l'aide sociale un sort très enviable : s'il a précisé que la loi déterminait les « principes fondamentaux » de la sécurité sociale, l'article 34 est resté totalement silencieux sur les autorités compétentes pour élaborer ce droit...

(126) Pour les prestations d'aide sociale pour lesquelles la régularité du séjour est exigée, les ressortissants communautaires doivent également justifier, après 3 mois de séjour, de la régularité de celui-ci : sur le droit aux prestations sociales accordé à cette catégorie d'étrangers, v. D. n° 94-821, 21 septembre 1994 ; Circ. DSS n° 96-409, 1er juillet 1996, *BOAS* n° 96-30, p. 265 ; Circ. DAS n° 95-16, 8 mai 1995, *BOAS* n° 95-22, p. 77 ; Circ. DIRMI n° 95-47, 17 mai 1995, *BOAS* n° 95-28, p. 221.

(127) Ainsi par exemple d'une allocation parentale d'éducation (CE, 30 juin 1989, Ville de Paris et BAS de Paris/Lévy, *RFDA*, 1990, p. 575 ; *Dr. soc.*, 1989, p. 767, note X. PRÉTOT) ou d'une allocation municipale de naissance (TA Marseille, 7 avril 1998, Préfet des Bouches-du-Rhône, *D.*, 1998, p. 571, note H. MOUTOUH) dont la création a été annulée par le juge.

A l'heure actuelle, la question de savoir si la notion de « principe fondamental de la sécurité sociale » peut ou non s'étendre à l'aide sociale demeure toujours — même si elle a été, il est vrai, quelque peu précisée au fil des ans — relativement énigmatique : outre qu'il n'a guère pris la peine, jusqu'à présent tout au moins, de répondre clairement à cette question, le juge constitutionnel n'hésite pas le cas échéant à préférer s'appuyer, pour délimiter les domaines de compétence en la matière, sur les dispositions de l'article 34 attribuant à la loi la fixation des règles relatives aux successions et libéralités ou encore la détermination des principes fondamentaux de la libre administration des collectivités locales et du régime des obligations civiles plutôt que sur celles concernant les principes fondamentaux de la sécurité sociale (128)...

Néanmoins, on peut tirer, tant de la jurisprudence développée par les juges que de l'attitude adoptée par les pouvoirs publics, plusieurs enseignements.

En ce qui concerne tout d'abord la jurisprudence, il faut souligner que la notion de « sécurité sociale » a été entendue de manière très large : c'est ainsi que le Conseil constitutionnel a estimé que la détermination des principes fondamentaux de celle-ci englobait l'allocation du Fonds national de solidarité (129) ou encore l'allocation spéciale vieillesse (130) bien que ces dernières soient financées par l'impôt et revêtent un caractère d'assistance très marqué. De manière plus générale, ce juge considère que la fixation d'un lien entre le droit à prestations et le versement de cotisations relève de la compétence exclusive du législateur ; en d'autres termes, c'est à ce dernier seul qu'incombe la tache d'exiger ou non l'existence d'un tel lien : position qui, au regard du droit de l'aide et de l'action sociales, est loin d'être négligeable puisqu'elle signifie que l'intervention du législateur est requise aussi bien pour créer que pour supprimer les prestations dites « non contributives de la sécurité sociale » (131). On notera encore, dans un ordre d'idées voisin qui n'est pas sans rapport avec l'élaboration de ce droit, que « la mission de promouvoir l'action sanitaire et sociale qui est impartie aux organismes de la sécurité sociale constitue un des principes fondamentaux de la sécurité sociale » (132) : position dont la portée, là aussi, n'est pas négligeable lorsqu'on connaît le rôle important que jouent, en cette matière, lesdits organismes. En dehors de ces quelques solutions auxquelles il convient d'ajouter la règle constamment réaffirmée par le juge selon laquelle si la détermination de ces principes fondamentaux relève de la seule compétence législative, c'est au pouvoir réglementaire qu'il incombe de les mettre en œuvre sous réserve de ne pas les dénaturer ou de les mettre en cause (133), les éléments jurisprudentiels permettant d'établir avec certitude la réparti-

(128) Décision n° 96-387 DC du 21 janvier 1997, *RDSS*, 1997, p. 681, obs. X. PRÉTOT ; *RFDC*, 1997, p. 323, obs. F. MÉLIN-SOUCRAMANIEN ; *LPA*, 1997, n° 19, p. 9, note J. C. ZARKA : *LPA*, 1997, n° 125, p. 10, chr. B. MATHIEU, M. VERPEAUX.

(129) Décision n° 61-11 L, 20 janvier 1961, *S.*, 1962, II, p. 64, note L. HAMON ; solution confirmée par la CJCE (affaires Biason et Giletti, v. *supra*, n° 48) et à laquelle s'est ralliée depuis lors la Cour de cassation (Cass. soc., 20 janvier 1988, *Bull.* V, n° 52 ; Cass. soc., 4 mai 1988, *Bull.* V, n° 266).

(130) Décision n° 90-163 L, 6 mars 1990, *RCC*, p. 48.

(131) Cette solution connaît certaines atténuations concernant les DOM-TOM : v. sur ce point CE, 6 juin 1986, Fédération des fonctionnaires et agents publics de la fonction publique (précité).

(132) Décision n° 60-5 L du 7 avril 1960, *D.*, 1960, II, p. 668, note L. HAMON ; *RDP*, 1960, p. 1017, note M. WALINE ; *S.*, 1961, II, p. 104, note L. HAMON.

(133) CC, décision n° 61-17 L, 22 décembre 1961, *S.*, 1963, II, p. 279, note L. HAMON ; CC, décision n° 63-26 L du 30 juillet 1963, *D.*, 1964, II, p. 311, note L. HAMON ; CE, 8 juillet 1966, CGT, *Leb.*, p. 456 ; ainsi le juge a-t-il considéré, à propos des prestations de sécurité sociale, que si le législateur est compétent pour déterminer des catégories de prestations, il appartient cependant au pouvoir réglementaire d'en préciser le contenu (CC, décision n° 60-5 L, 7 avril 1960, précitée) ; de même a-t-il considéré que si l'existence même desdites prestations, la détermination des catégories de personnes appelées à en bénéficier ainsi que

tion exacte des compétences entre les pouvoirs législatif et réglementaire en matière d'aide sociale font défaut : tout au plus peut-on déduire, par analogie avec les solutions prévalant dans le domaine strict de la sécurité sociale, que c'est à la loi seule qu'il revient de déterminer les conditions d'existence du droit à l'aide sociale, les principes fondamentaux relatifs à l'organisation du contentieux, la répartition des charges ou les transferts de compétences entre collectivités, certaines dispositions techniques (création ou suppression d'une forme d'aide, subsidiarité de l'aide (134), etc.) caractéristiques de la matière (135) ainsi que, de manière plus générale, les principes fondamentaux de l'aide sociale (136).

En ce qui concerne ensuite l'attitude adoptée par les pouvoirs publics, il suffira de rappeler la relative désinvolture avec laquelle ceux-ci procédèrent, au début de la Vème République, au réaménagement du Code de la famille et de l'aide sociale : estimant que certaines dispositions législatives ne relevaient plus que du domaine du règlement depuis l'entrée en vigueur de la nouvelle constitution, le Gouvernement entreprit de modifier celles-ci par décrets (137) : modification qui — outre qu'elle eut pour conséquence de retirer à ces textes ainsi « dégradés » leur valeur législative (138) — s'effectua à l'époque de manière empirique, sans véritable plan d'ensemble, et ne permit donc pas d'informer sur les critères de délimitation des compétences résultant des articles 34 et 37 du texte suprême.

La conjugaison à la fois de cette incertitude juridique, de la place éminente qu'occupe en toute hypothèse le pouvoir réglementaire dans l'exercice de ces compétences ainsi que de certaines solutions retenues par les autorités ne saurait manquer d'influer, dès lors, sur l'architecture générale du droit de l'aide et de l'action sociales.

2° L'exercice des compétences

64 S'il est ressorti considérablement renforcé de la constitutionnalisation dont il a fait l'objet, le droit de l'aide et de l'action sociales n'en apparaît pas moins, compte tenu à la fois de la multiplicité des autorités compétentes pour l'élaborer et de la diversité des règles qui le régissent, comme un droit aux ramifications multiples, dans l'ensemble assez difficile à appréhender et rendu souvent inutilement compliqué par le pouvoir normatif.

---

la nature des conditions que doivent remplir les bénéficiaires relèvent du domaine de la loi, il appartient néanmoins au seul pouvoir réglementaire de fixer le montant desdites prestations (CC, décision n° 72-74 L, 8 novembre 1972, *RCC*, p. 34 ; CE, Ass., 14 février 1964, Haberstroh, *Leb.*, p. 105) et de définir les conditions d'âge (CC, décision n° 85-139 L ; 8 août 1985, *RCC*, p. 94 ; CE, 11 juin 1969, Mlle Husson, *Leb.*, p. 298) ou d'incapacité (CC, décision n° 76-93 L, 6 octobre 1976, *RCC*, p. 63) y ouvrant droit.

(134) En ce sens, v. la décision n° 96-387 DC du 21 janvier 1997 (précitée) : le juge ayant estimé, à propos de la PSD et de l'ACTP accordée aux personnes handicapées, que « relèvent du domaine de la loi, outre l'institution de ces formes d'aide sociale, des règles essentielles relatives à leur régime juridique dont notamment la nature des conditions exigées pour leur attribution et la détermination des catégories de prestations ».

(135) En tant qu'elles touchent aux principes fondamentaux des obligations civiles, il n'est ici guère douteux que les dispositions relatives à l'obligation alimentaire relèvent du domaine de la loi (v. Conseil d'État, *Aide sociale, obligation alimentaire et patrimoine*, p. 9, 1999, La Doc. française).

(136) En ce sens, v. CE, 12 juin 1998, Féd. aveugles et handicapés de France, req. n° 188737.

(137) V. notamment D. n° 59-101 et n° 59-143, 7 janvier 1959, D. n° 61-495, n° 61-496 et n° 61-498, 15 mai 1961 et D. n° 61-1305, 5 décembre 1961.

(138) Ce qui permettait au pouvoir réglementaire de modifier lui-même ces textes ultérieurement...

Ainsi doit-on tout d'abord souligner — quel que soit par ailleurs le rôle joué tant par le juge constitutionnel que par le législateur — la part prépondérante qui revient aux autorités administratives dans le développement de ce droit ; en effet, la circonstance qu'il incombe à celles-ci d'intervenir dans tous les cas où l'adoption d'une loi n'est pas requise par la constitution, notamment chaque fois qu'il s'agit de mettre en œuvre les principes déterminés par cette même loi, n'est pas sans se répercuter sur la nature des textes qui encadrent la matière : s'ils prennent parfois la forme de décrets en Conseil d'État, ces textes prennent le plus souvent la forme de décrets simples, d'arrêtés ministériels ou interministériels et surtout — et ceci constitue l'une des caractéristiques du mode de fonctionnement du droit en question — de circulaires, d'instructions ou de directives émanant des divers organismes compétents (ministères, directions d'administration centrale, caisses de sécurité sociale, etc.). Or, ces circulaires et directives, lesquelles ne donnent pas toutes lieu à publication (139), sont fort nombreuses : ayant pour but soit de fournir aux services l'interprétation officielle des normes applicables (cas des circulaires interprétatives), soit de créer des droits et obligations pour les tiers (140) (cas des circulaires réglementaires), soit encore d'indiquer les orientations générales selon lesquelles l'autorité administrative disposant dans certains domaines d'un pouvoir discrétionnaire exercera ledit pouvoir (cas des directives), elles contribuent sans aucun doute — même si ce constat n'est pas l'apanage, il est vrai, du droit de l'aide et de l'action sociales — à rendre quelque peu malaisée l'approche de celui-ci.

Outre cette première difficulté, il existe d'autres facteurs qui contribuent eux aussi, en diversifiant et en multipliant les sources juridiques, à la complexité sinon à l'opacité de la matière. On citera les lois de décentralisation de 1982, 1983 et 1986 : lois qui, si elles ont certes clarifié la répartition des compétences entre l'État et les collectivités locales, n'en ont pas moins abouti — eu égard à la relative marge de manœuvre accordée aux conseils généraux dans l'élaboration du règlement départemental d'aide sociale — à faire varier le contenu et donc à accroître globalement le nombre des textes applicables. On citera aussi le caractère très incomplet de la codification opérée par les pouvoirs publics : cette incomplétude résultant notamment de ce que certaines dispositions d'aide sociale n'ont pas été codifiées et ne figurent donc pas dans le corps même du Code de la famille et de l'aide sociale (141). On citera également, dans un ordre d'idées voisin, l'éparpillement d'autres dispositions de même nature dans des codes différents : par exemple dans le code de la sécurité sociale pour les prestations non contributives (lesquelles constituent une forme dérogatoire d'aide sociale) ; dans le code du travail pour les règles concernant le régime de solidarité

(139) En effet, si la loi n° 78-753 du 17 juillet 1978 précise que « les directives, instructions, circulaires, notes et réponses ministérielles qui comportent une interprétation du droit positif ou une description des procédures administratives doivent être publiées » (art. 9), il convient de souligner — outre que ne sont visées que les seules circulaires dites interprétatives (sur l'incidence de cette disposition sur les voies de recours offertes aux usagers, v. D. n° 83-1205, 28 novembre 1986, art. 1er ; v. aussi CE, 21 janvier 1991, Syndicat national autonome des médecins de la santé publique, *AJDA*, 1991, p. 802, note M. DEGUERGUE) — que cette obligation n'est assortie d'aucune sanction.

(140) Dans cette hypothèse, encore faut-il, sous peine de voir la circulaire annulée en tout ou partie, que son auteur détienne le pouvoir réglementaire et respecte les normes supérieures : sur les problèmes posés en matière sociale par les circulaires et directives, v. X. PRÉTOT, *Les grands arrêts... (op. cit.)*, p. 46 et s. ; De l'esprit des circulaires et instructions..., *RJS*, 1997, n° 6, p. 415.

(141) V. par exemple la loi n° 75-534, 30 juin 1975 en faveur des personnes handicapées.

en cas de chômage ; dans le code de la santé publique pour telle ou telle règle concernant les personnes handicapées mentales (142)...

A ces différents facteurs de complexité s'ajoutent enfin d'autres éléments qui ne sont pas sans « atomiser » ou alourdir encore un peu plus le droit de l'aide et de l'action sociales. Ainsi de la tendance déjà évoquée consistant à multiplier le nombre de prestations d'aide sociale prises en charge par des organismes de sécurité sociale : tendance qui, en ayant pour résultat d'une part d'accroître les formes d'aide sociale dérogatoires au détriment des formes d'aide sociale de droit commun, d'autre part de brouiller la frontière classique établie entre ce qui relève de l'assurance et ce qui relève de la solidarité, ne se révèle guère de nature, à son tour, à clarifier le fond du droit. Ainsi également — pour ne s'en tenir ici qu'à l'essentiel — de l'attitude des pouvoirs publics lorsqu'ils entreprennent d'instituer ou de réformer telle ou telle prestation : le fait que ces derniers laissent souvent subsister, notamment pour ne pas porter atteinte aux droits acquis, les anciennes prestations à côté des nouvelles et donc acceptent que le droit de l'aide sociale se développe en grande partie par sédimentation (les réformes s'empilant les unes sur les autres) n'étant pas étranger, là encore, au caractère parfois obscur et composite que présente ce droit.

Sans doute, parmi ces facteurs de complexité, certains sont-ils inévitables : mais il en est d'autres, à l'évidence, dont on pourrait faire aisément l'économie. C'est dire qu'une réforme du mode d'organisation et de fonctionnement de l'aide et de l'action sociales apparaît aujourd'hui strictement indispensable. Réforme qui supposerait à tout le moins que les gouvernants poursuivent, dans le droit fil de ce qu'ils avaient tenté de faire en 1953-1954 et de ce que le législateur avait invité à faire en 1975 (143), une vaste entreprise de « nettoyage » et de simplification du droit existant : ce qui passe notamment par le renforcement de la codification et l'élagage d'un certain nombre de dispositions devenues au fil du temps inadaptées ou anachroniques, seuls moyens de rendre plus compréhensible et maniable le corpus juridique en vigueur (144). Car il en va ici à la fois de crédibilité et de l'efficacité même du système : tant il est clair que si celui-ci devient non seulement illisible pour ses bénéficiaires mais encore de plus en plus complexe et difficilement appréhendable par ceux-là mêmes qui sont chargés de le gérer, les droits reconnus à chacun risquent bien de ne devenir que de simples pétitions de principe dépouillées d'une grande partie de leur substance...

65 **Bibliographie.** L. DESSAINT, P. LIGNEAU, La spécificité du champ de la santé et de l'action sociale à l'épreuve de la codification, *LPA*, 1997, n° 152, p. 4 ; J. F. LACHAUME, La délimitation des domaines respectifs de la loi et du règlement dans le droit de l'aide sociale, *Rev. aide soc.*, 1962, p. 1 ; X. PRÉTOT, La délimitation des compétences législative et réglementaire, *Dr. soc.*, 1986, p. 258.

(142) On pourrait encore citer — bien que ces exceptions ne soient pas propres au droit de l'aide sociale — l'application de règles particulières dans certaines collectivités (Paris, Lyon Marseille ; départements du Bas-Rhin, du Haut-Rhin et de la Moselle ; départements d'outre-mer).

(143) L. n° 75-535, 30 juin 1975 relative aux institutions sociales et médico-sociales, art. 35.

(144) Cette entreprise de codification est aujourd'hui à l'œuvre ; pour autant, il n'est pas sûr que les résultats soient véritablement à la hauteur des enjeux (v. L. DESSAINT, P. LIGNEAU, La spécificité du champ de la santé et de l'action sociale à l'épreuve de la codification, *LPA*, 1997, n° 152, p. 4).

CHAPITRE II
LES NOTIONS

66 Pour permettre une meilleure approche du droit de l'aide et de l'action sociales, il convient, après avoir exposé son évolution historique, ses fondements théoriques et ses bases juridiques, de s'interroger sur les deux notions qui le constituent. Que doit-on entendre par aide sociale et action sociale ? Quels sont leurs rapports ? Comment se situent-elles dans l'ensemble plus vaste que constitue la protection sociale ?

L'aide et l'action sociales ne sont en effet que l'une des composantes d'un dispositif complexe de prestations monétaires et de prises en charge matérielles qui tentent d'assurer à des individus ou à des groupes la satisfaction de besoins vitaux ainsi que la protection contre divers risques sociaux. Partant, il apparaît nécessaire d'une part de situer l'aide et l'action sociales dans le dispositif global de protection sociale (Section I), d'autre part de mettre en évidence la spécificité de leur construction juridique (Section II).

67 **Bibliographie.** V. n° 9, 25, 29 et 37 ; *adde* M. AGLIETTA, A. BRENDER, *Les métamorphoses de la société salariale*, 1984, Calmann-Lévy ; P. AUVERGNON, P. MARTIN et *alii* (Dir.), *L'État à l'épreuve du social*, 1998, Éd. Syllepse ; R. CASTEL, *La gestion des risques*, 1981, Éd. de Minuit ; DIVERS, *État-Providence. Arguments pour une réforme*, Le Débat-Folio, 1996, Gallimard ; *Comparer les systèmes de protection sociale en Europe* (Rencontres d'Oxford, 1995, de Berlin, 1996, de Florence, 1997), Min. Aff. soc., MIRE ; A. MADEC, N. MURARD, *Citoyenneté et politiques sociales*, 1995, Flammarion ; P. ROSANVALLON, *L'État en France*, Seuil, 1990 ; B. THÉRET (Dir.), *L'État, la finance, le social*, 1995, La Découverte.

SECTION I L'AIDE ET L'ACTION SOCIALES DANS LA PROTECTION SOCIALE

68 Fondé sur le principe de solidarité sociale, le système de protection sociale français comporte un ensemble de dispositifs d'intervention relativement autonomes tant dans leurs finalités que dans leur construction juridique et leur fonctionnement. L'aide et l'action sociales sont, dans leur forme moderne, les héritières du système assistanciel mis en place dans ses principes à la Révolution et dans ses conséquences pratiques essentiellement à la fin du XIXe siècle. Parallèlement ou ulté-

rieurement, d'autres dispositifs de solidarité collective se sont développés : tout d'abord la prévoyance sociale, puis, par étapes, la sécurité sociale (1).

C'est dire qu'il convient, si l'on veut définir la place que l'aide et l'action sociales ont acquise au sein du système de protection sociale (§ 2), d'exposer au préalable l'architecture générale de celui-ci (§ 1).

§ 1. L'ARCHITECTURE DU SYSTÈME DE PROTECTION SOCIALE

69 Loin de s'être constitué en un ensemble homogène, le système de protection sociale français est au résultat d'un processus de sédimentation dans lequel, à diverses époques, des mécanismes nouveaux sont venus se surajouter aux dispositifs anciens, ces derniers s'y adaptant sans toutefois perdre leurs caractéristiques essentielles. Si l'on tente de mettre en évidence cette logique de construction, on constate d'une part que l'aide et l'action sociales se sont maintenues dans leur rôle spécifique malgré les mutations de la protection sociale dues à l'avènement de la sécurité sociale ; d'autre part qu'au fil du temps, il y a eu complexification croissante de ce système du fait d'une superposition et d'une interpénétration des logiques de protection.

A. LE MAINTIEN DE LA PLURALITE DES LOGIQUES DE PROTECTION SOCIALE

70 Les applications des principes de fraternité, puis de solidarité, qui sont constitutifs des grands pans de la politique sociale, peuvent, schématiquement, se répartir en trois traditions (2) : d'une part, les dispositifs d'assistance publique, appelés « secours publics » au temps de la Révolution, qui mobilisent l'État en tant que débiteur d'un certain nombre de prestations et de prises en charge à l'égard des indigents et/ou invalides inaptes à subvenir par eux-mêmes à leurs besoins. D'autre part, la prévoyance qui, sous le visage de la mutualité et lorsque la question du paupérisme ouvrier se substitue au problème de la seule indigence, s'efforce par le truchement de l'association d'offrir une sécurité économique au monde du salariat. Enfin, l'assurance sociale qui, loin de n'être qu'une simple extension de la prévoyance, offre, avec les premières lois sociales au tournant du XXe siècle, une conception renouvelée de la protection sociale et plus largement des droits et obligations qui solidarisent une société salariale.

Se situant dans la ligne du plan Beveridge qui proposait l'établissement d'un système complet de protection à l'égard de toute situation pouvant porter atteinte soit à la santé, soit au revenu de toute personne ou de toute famille (3), les fondateurs de la sécurité sociale entendaient donner à celle-ci un caractère universel. Dans cette perspective, les deux autres modèles de protection que sont d'une part l'assistance, d'autre

(1) V. *supra*, n° 16 et s.

(2) V. *supra*, n° 21 et s. ; v. aussi P. ROSANVALLON, *L'État en France*, p. 139 et s., 1990, Seuil.

(3) D. PÉPY, Un projet anglais, le plan Beveridge, *Dr. soc.*, 1945, p. 154 ; N. KERSCHEN, L'influence du rapport Beveridge sur la plan français de sécurité sociale, *in Comparer les systèmes de protection sociale en Europe*, MIRE, 1995, p. 127 ; B. PALIER, G. BONOLI, Entre Bismarck et Beveridge, « crises » de la sécurité sociale et politique(s), *RFSP*, 1995, p. 668 et s.

part les institutions de prévoyance spécifiques à diverses groupes socio-professionnels devaient disparaître ou ne plus jouer qu'un rôle marginal pour la première, et être absorbées pour les secondes. S'agissant des dispositifs assistanciels, la généralisation de la sécurité sociale à l'ensemble de la population, quelle que soit sa situation à l'égard du salariat, devait invalider les diverses prestations d'assistance réservées aux personnes sans ressources et sans créances à l'égard de tiers puisque toute personne devait à terme se voir reconnaître un droit objectif à des prestations en nature ainsi qu'à une garantie de ressources (4). De même, les mécanismes de solidarité dans le cadre de la mutualité devaient disparaître ou se marginaliser du fait de la volonté d'apporter par la sécurité sociale un niveau de protection toujours plus élevé qui rendrait sans objet les assurances complémentaires (5). En 1945, lors de la fondation de la sécurité sociale, l'ambition affirmée était donc simple : la sécurité sociale avait vocation à se généraliser progressivement pour couvrir l'ensemble des risques sociaux.

Dans une certaine mesure, l'ambition d'une couverture sociale pour toute la population a été à peu près réalisée, mais par des voies fort différentes de la seule généralisation de la sécurité sociale envisagée en 1945 (6). D'une part, le système assistanciel, d'ailleurs réformé en 1953 (7) pour le moderniser et l'adapter au cadre nouveau de la protection sociale (8), n'a pas régressé et s'est au contraire maintenu sous l'appellation « d'aide sociale » en substitution de la notion « d'assistance ». Positionnée par rapport à la sécurité sociale, l'aide sociale s'est alors stabilisée comme un dispositif destiné en fait à pallier l'absence de généralisation de la sécurité sociale en offrant un ensemble de prestations substitutives ou complémentaires pour les personnes insuffisamment ou non prises en charge par elle. Ainsi, l'aide sociale, héritière de la logique assistancielle, loin d'être un résidu confiné à la marge, reste un élément structurant du système de protection sociale. Autour de l'aide sociale, l'action sociale, qu'elle soit l'héritière des formes d'assistance caritative du passé ou qu'elle se présente comme un effort d'innovation pour compléter les mécanismes de protection là où ils se révèlent inopérants ou insuffisants, s'est de même fortement développée.

D'autre part, les institutions mutualistes de prévoyance, loin de voir leur champ d'action se réduire, se sont au contraire développées et organisées, notamment en introduisant le principe d'affiliation obligatoire, pour proposer aux divers groupes socio-professionnels une amélioration différenciée des prestations de la sécurité sociale ; de surcroît, la protection complémentaire facultative s'est maintenue et s'étend, marquant même dans certains domaines un retour en force de la prévoyance individuelle.

Les trois traditions de protection sociale, la tradition assistancielle, assurantielle et la sécurité sociale, se sont donc maintenues, certes avec adaptation à la nouvelle donne qu'a constitué, sans contestation possible, la création de la sécurité sociale.

(4) D. Renard, Les rapports entre assistance et assurance dans la constitution du système de protection sociale français, *in Comparer les systèmes de protection... (op. cit.)*, p. 105.

(5) J. N. Chopart, B. Gibaud, *Concurrences, solidarités, la protection sociale complémentaire depuis 1945*, Lab. d'études et de recherches sociales, 1989 ; B. Gibaud, *De la mutualité à la Sécurité sociale, conflits et convergences*, 1986, Éd. Ouvrières ; La mutualité française entre État et marché, naissance d'une identité (1850-1914), *in Comparer les systèmes de protection... (op. cit.)*, p. 189.

(6) J. M. Belorgey, La généralisation de la Sécurité sociale est-elle de nature à garantir au « Quart-monde » un droit à la sécurité sociale ?, *Dr. soc.*, n° 9-10, 1978, p. 23.

(7) D. n° 53-1186, 29 novembre 1953, mod. D. n° 54-611, 11 juin 1954 et 54-883, 2 septembre 1954 ; sur les attendus de la réforme, v. Rapport de la Cour des comptes, 1952 (v. aussi *supra*, n° 28).

(8) V. A. Laporte, Aspects actuels de la législation française d'aide sociale, *Rev. adm. publ.*, n° 1, 1955 ; E. Rain, La réforme des lois d'assistance, *Rev. adm.*, 1953, p. 350.

B. LA COMPLEXITÉ DU SYSTÈME DE PROTECTION SOCIALE

71 Mais au delà d'une simple cohabitation avec aménagement des rapports mutuels, ces trois traditions ont eu tendance à se superposer pour constituer une architecture de la protection sociale plus complexe et plus nuancée.

Tout d'abord, la logique assistancielle, loin de s'enfermer dans l'aide et l'action sociales, s'est insérée dans la sécurité sociale avec l'apparition de prestations non-contributives, qui fonctionnent en fait comme des minima sociaux versés à des personnes sans ressources ; de plus, l'institution du RMI en 1988 a flanqué l'aide sociale d'un dispositif nouveau, distinct à la fois dans sa conception (notamment avec l'introduction du volet insertion) et dans ses modalités d'organisation et qui joue le rôle de dernier filet de protection pour tous ceux qui passent au travers de la protection de droit commun. Ensuite, la sécurité sociale au sens strict est restée éclatée avec le maintien, à côté du régime général des salariés, de régimes autonomes et spéciaux ; par ailleurs, elle a vu sa logique s'étendre aux institutions de prévoyance à partir du moment où ces dispositifs sont devenus obligatoires pour certains d'entre eux et se sont organisés comme des systèmes ayant pour but une amélioration généralisée des prestations de sécurité sociale. Enfin, le retour, dans un passé récent, de la prévoyance facultative, voire de l'assurance privée, fait renouer notre protection sociale avec des principes et des mécanismes que l'on pensait durablement affaiblis du fait de l'existence de la sécurité sociale (9).

On a donc assisté à une superposition et à une interpénétration des logiques fondant les diverses traditions de la protection sociale : à une extrémité du prisme, des mécanismes facultatifs ont été rendus obligatoires pour compléter des prestations insuffisantes ; dans le même temps, la logique initiée en 1945 a échoué à unifier la protection assurée dans le cadre de la sécurité sociale et cette dernière reste segmentée en de multiples régimes fondés sur des solidarités socio-professionnelles ; de plus, on a introduit dans la sécurité sociale, fondée sur le principe de contributions préalables, des prestations qui ressortent en fait de l'assistance ; quand à l'aide sociale, elle s'est scindée en deux, le RMI venant constituer un dispositif ultime de protection à côté des prestations légales anciennes qui demeurent. Ainsi du pôle clairement assistanciel constitué par le RMI et l'aide sociale jusqu'aux mécanismes assurantiels les plus proches de l'assurance privée, le système de protection sociale se présente comme un dégradé de dispositifs, autonomes institutionnellement, mais liés par une logique de complémentarité et de substitution réciproque.

72 **Bibliographie.** V. n° 67 ; *adde* E. ALFANDARI, L'aide sociale et l'exclusion, paradoxes et espérances, *Dr. soc.*, 1974, p. 90 ; D. BLANCHET, La référence assurantielle en matière de protection sociale, *Écon. et stat.*, 1996, n° 291-292, p. 33 ; DIVERS (n° spéciaux) La protection sociale en perspectives, *RFSP*, n° 4, 1995 ; Protection sociale : au politique de trancher, *Projet*, n° 242, 1995 ; Les 50 ans de la Sécurité sociale, *RFAS*, n° 4, 1995 ; Le cinquantenaire de la Sécurité sociale, *Dr. ouvrier*, n° 563-564, 1995 ; La protection sociale demain, *Dr. soc.*, n° 9-10, 1995 ; Le Plan Juppé I, II et III, *Dr. soc.*, n° 3 et 9-10, 1996 et n° 9-10, 1997 ; La protection sociale en cause, *RDSS*, n° 4, 1996 ; Protection sociale : l'heure des choix, *Alternatives économiques*, n° 31, 1997 ; R. LAFORE, Variations sur les frontières du social, *Mélanges E. Alfandari*, p. 353, 1999, Dalloz ; D. OLIVENNES, La société des

(9) V. L. n° 97-277, 25 mars 1997 créant les plans d'épargne retraite et CC, décision n° 97-388 DC, 20 mars 1997, *RFDC*, n° 30, 1997, p. 328, chr. L. FAVOREU.

transferts, *Le Débat*, nº 69, 1992, p. 110 ; F. SELLIER, De la propriété individuelle à la sécurité sociale, *Économie et Humanisme*, 1959, nº 121, p. 70.

§ 2. LA PLACE DE L'AIDE ET DE L'ACTION SOCIALES DANS LE SYSTÈME DE PROTECTION SOCIALE

73 Après avoir fait état des diverses traditions qui fondent notre système de protection sociale et montré leur évolution, il convient de situer de façon plus précise la place que l'aide et l'action sociales occupent dans cet ensemble : seront tour à tour envisagés les caractéristiques de l'aide et de l'action sociales, puis les rapports qu'elles entretiennent avec les autres dispositifs de protection sociale.

A. LES CARACTÉRISTIQUES DE L'AIDE ET DE L'ACTION SOCIALES

74 Pour situer la place de l'aide et de l'action sociales dans la protection sociale, on serait tenté *a priori* de s'appuyer sur une définition de l'une et de l'autre. Or, force est de constater qu'il n'y a pas de définition notamment légale de ces deux types d'intervention.

L'aide sociale ne peut se singulariser que par référence à sa construction juridique, en particulier au fait qu'il s'agit d'un ensemble de prestations en nature ou monétaires constituant une obligation mise à la charge des collectivités publiques par la loi et qui sont destinées à faire face à un état de besoin pour des bénéficiaires dans l'impossibilité d'y pourvoir. Les textes, et notamment le Code de la famille et de l'aide sociale, emploient le vocable sans qu'il en soit donné une quelconque définition juridique.

L'action sociale n'a pas reçu non plus de définition légale ou réglementaire. L'expression apparaît de plus en plus souvent dans les textes (10), mais parfois dans un sens qui semble synonyme de celui « d'aide sociale » (11) ; il n'y a guère que dans les documents relatifs au budget du ministère des Affaires sociales que l'on trouve une distinction entre le chapitre « aide sociale » et le chapitre « action sociale » : ce qui marque une différence de nature entre ces deux types d'action et peut permettre au moins de dresser une liste des interventions relevant de l'une et de l'autre. En fait, il s'agit d'une notion empirique qui recouvre une diversité d'actions (aides financières temporaires ou parfois régulières, hébergement, actions d'aide et de conseil, service à domicile, assistance...) que l'on ne peut situer qu'en tentant de mettre en évidence ses caractères les plus spécifiques.

Comme indiqué précédemment, l'aide et l'action sociales sont deux formes d'intervention qui trouvent leur origine dans l'émergence et la stabilisation d'un modèle d'intervention sociale fondé sur l'idée d'assistance puis d'aide. De cette commune

(10) Ainsi, le CFAS comporte-t-il un Titre II intitulé « Action sociale en faveur de l'enfance et de la famille » ; la loi du 22 juillet 1983 comporte aussi une Section IV du Titre II intitulée « De l'action sociale et de la santé » ; de même, c'est ce dernier texte qui légalise le « Service départemental d'action sociale » (L. nº 83-663, 22 juillet 1983, art. 32 et 37).

(11) Ainsi, l'ancien Bureau d'aide sociale (BAS) a-t-il été rebaptisé Centre communal d'action sociale (CCAS) sans que l'on puisse noter une évolution significative de ses missions.

origine, elles tirent l'une et l'autre un premier caractère : ce sont des actions ou des prestations qui se délivrent sans contrepartie requise de leur bénéficiaire, selon un principe de solidarité nationale médiatisée par la puissance publique, à la différence des dispositifs de prévoyance et d'assurance sociales qui, eux, reposent sur une contribution des assurés. Il s'agit donc clairement d'interventions ayant pour but de venir en aide à des personnes sans que ces dernières ne se soient ouvert préalablement des droits aux aides ainsi délivrées.

Elles ont ensuite des caractéristiques spécifiques. Avec le tournant conceptuel opéré par la Révolution, l'aide sociale s'établit sur des principes propres qui vont contribuer justement à la distinguer de l'action sociale. La caractéristique fondamentale de l'aide sociale réside dans l'articulation entre un droit sans contrepartie pour son bénéficiaire et une obligation pour les collectivités publiques : l'aide sociale est un ensemble d'aides légales auxquelles les personnes ont droit lorsqu'elles se trouvent dans le besoin et dont la délivrance revêt un caractère obligatoire pour les personnes publiques.

En revanche, l'action sociale repose sur l'idée de libre initiative de ses promoteurs, qu'ils soient publics, semi-publics ou privés : l'action sociale est donc un ensemble d'interventions, librement ou au moins discrétionnairement mises en œuvre par divers acteurs, qui soit viennent pallier les carences des autres formes d'aide, notamment l'aide sociale, soit se proposent de compléter ou d'élargir les autres formes d'aide. L'action sociale se construit ainsi en plusieurs types d'interventions qui en font une notion à la fois héritière des plus anciennes interventions sociales et novatrice dans d'autres applications. Il s'agit tout d'abord d'un ensemble d'actions individuelles, dont le prototype est fourni par l'action caritative qui prend en charge ponctuellement des individus et qui, ayant largement précédé l'action publique, perdure pour en combler les insuffisances (12). Il s'agit ensuite d'interventions qui s'adressent à des catégories mal prises en charge par les dispositifs de droit commun, comme l'aide sociale mais aussi la sécurité sociale, et qui tentent de mettre en œuvre une politique d'ensemble en complétant et en coordonnant les aides légales ; c'est ainsi que l'action sociale permet une action plus cohérente à destination des personnes âgées, des personnes sans domicile, de l'enfance inadaptée... en complétant les prestations obligatoires, en finançant des actions nouvelles, en engageant des actions collectives (13) (aide aux immigrés, action sociale en faveur des personnes âgées, jeunes, dans le domaine du logement), en aménageant un soutien individualisé et un suivi des personnes qui pallient l'effet ponctuel de la simple prestation (14). Il s'agit enfin, recouvertes par le vocable « d'action sociale globale », d'interventions qui, abandonnant la logique individuelle et prestataire, se proposent d'agir sur l'ensemble de la vie sociale d'une population, par exemple à l'échelle d'un quartier : la politique des équipements collec-

(12) Il suffit ici d'évoquer le rôle joué par les grandes associations caritatives (Secours populaire, Secours catholique, Armée du Salut, « Restos du cœur »...) dans la prise en charge de la précarité. De même, les plans « pauvreté-précarité » mis en place par les pouvoirs publics chaque hiver pour l'accueil et l'hébergement des exclus relèvent de l'action sociale.

(13) On peut trouver un exemple de cette logique dans l'intégration de l'insertion par l'économique à l'aide sociale à l'hébergement : ce qui dépasse ainsi la simple prise en charge en lui attachant une activité professionnelle pour réinsérer les bénéficiaires dans et par le travail (R. LAFORE, L'insertion par l'économique dans l'aide à l'hébergement et à la réadaptation sociale, *RDSS*, 1995, p. 74).

(14) Ainsi, l'intervention des travailleurs sociaux qui précède et accompagne les prestations monétaires ou en nature sont-elles en fait des prestations d'action sociale.

tifs en a constitué une application ; de même que les clubs et équipes de prévention, et leur élargissement au « développement social des quartiers ».

Dernière caractéristique : l'aide sociale repose toujours sur des collectivités publiques, même si celles-ci peuvent associer divers acteurs, notamment privés. L'action sociale est, elle, pluri-institutionnelle puisqu'elle peut être le fait de l'État, de collectivités locales, d'établissements publics, des organismes de sécurité sociale et de personnes privées.

L'aide et l'action sociales sont donc, par leurs caractères spécifiques, à la fois distinctes et proches. Distinctes, parce que la première s'inscrit tout entière dans le champ de l'obligation pour la collectivité et du droit pour le bénéficiaire et dans la logique de la prestation individualisée, la seconde revêtant un caractère discrétionnaire avec des finalités et un champ plus larges et indéterminés. L'aide sociale, que l'on peut de ce fait qualifier de « légale », est couverte par des crédits qui sont obligatoirement inscrits au budget des collectivités publiques débitrices ; l'action sociale, au contraire, est définie librement par les collectivités ou organismes para-publics et privés, les conditions d'accès et la nature de l'aide étant fixées discrétionnairement par eux sous réserve du respect de la légalité (15).

Mais proches sur le plan fonctionnel, parce que la seconde vient à tout le moins pallier les carences de la première, souvent la compléter dans l'intérêt des personnes prises en charge, parfois l'inscrire dans un conception élargie, préventive et collective de l'intervention publique. On peut même prétendre que l'action sociale, à côté de la sécurité sociale, participe de façon croissante à des politiques plus larges qui englobent les prestations légales dans un ensemble d'interventions constituant les diverses politiques sociales (personnes âgées, enfance et famille, insertion professionnelle et sociale).

B. LES RAPPORTS ENTRE AIDE ET ACTION SOCIALES ET LES AUTRES DISPOSITIFS DE PROTECTION SOCIALE

75 A la fin du XIXe siècle, l'assistance d'un côté et les assurances sociales de l'autre apparaissent comme une alternative. Le débat sur les retraites ouvrières à partir de 1905 le montre puisqu'il oppose, avec une relative domination des premiers, les tenants d'un dispositif assistanciel aux partisans de la logique assurantielle. Les deux techniques jouissent donc au départ d'une identique légitimité et paraissent largement interchangeables. Cette situation va évoluer, les assurances sociales construisant peu à peu leur hégémonie sans pour autant conduire à la disparition de l'assistance. Ce n'est que dans la conjoncture la plus récente, et du fait des difficultés de la protection socio-professionnelle, que l'assistance semble opérer un retour en force, notamment sous la forme modernisée des minima de ressources : aussi convient-il tout d'abord de prendre la mesure des évolutions antérieures pour ensuite pouvoir situer les enjeux des débats contemporains sur les formes de solidarité.

(15) CE, 30 juin 1989, Ville de Paris et BAS de Paris c/ Lévy (précité) : v. *supra*, n° 60.

1° L'évolution des équilibres entre assistance et assurance

76 **a) Le déclin initial de l'aide et de l'action sociales** — Ce qui caractérise et spécifie l'aide et l'action sociales par rapport aux autres formes de protection sociale tient à ce que ces deux notions renvoient à des prestations matérielles ou monétaires allouées sans contrepartie du bénéficiaire. Elles sont fondées sur un principe de solidarité dont le fondement réside dans l'idée d'appartenance soit au genre humain (c'est le fait d'être homme qui impose l'obligation de prise en charge), soit à une collectivité nationale (c'est le fait d'être citoyen qui impose la même obligation) (16). Ce cadre conceptuel, on le sait, s'est imposé dans le modèle assistanciel en englobant les dispositifs antérieurs, notamment caritatifs. A l'inverse, en raison de leur lien avec l'extension du salariat, les deux autres dispositifs de protection sociale, la prévoyance collective et les assurances sociales, reposent sur une exigence de contrepartie : les droits ne sont ouverts qu'à la condition qu'une contribution préalable ait été acquittée sous la forme de cotisations, la solidarité reposant ici sur un mécanisme d'échange à l'intérieur d'un groupe, de nature socio-professionnelle essentiellement. Certes, bien que ce ne soit pas ici le lieu d'en détailler les principes, il convient de rappeler que, dans la sécurité sociale, le lien s'est distendu entre la cotisation et les prestations, à la suite d'une part de l'abandon du principe assurantiel de proportionnalité entre couverture et cotisation, d'autre part de l'extension des ayants droit très au delà du seul assuré.

Ces deux logiques, d'un côté la solidarité d'appartenance qui repose sur le simple fait d'être membre de la collectivité et qu'actualisent aide et action sociales, et de l'autre la solidarité de participation qui suppose l'inscription dans un groupe socio-professionnel par un apport conditionnant la prise en charge et que réalisent les assurances sociales et la prévoyance collective, se sont donc maintenues dans notre système de protection sociale. Mais leurs rapports ont profondément évolué (17).

Dans un premier temps, avec l'extension des assurances sociales et surtout leur épanouissement dans la sécurité sociale, l'aide et l'action sociales sont apparues comme des dispositifs complémentaires et subsidiaires, appelés peu à peu à disparaître au fur et à mesure de la généralisation de la sécurité sociale liée à l'inscription massive de la population active dans le salariat. Dans une telle perspective, l'aide sociale ne concernait que les exclus du salariat, cette marge de la population provisoirement ou durablement dans l'incapacité de subvenir à ses besoins élémentaires soit par son travail, soit par son rattachement à un assuré social. L'action sociale ne se concevait, elle, que sous deux types de finalités : le maintien de formes anciennes d'assistance pour compléter ou pallier les carences de l'aide sociale en direction des exclus des assurances sociales ; l'amélioration des prestations de sécurité sociale, notamment par la couverture de populations intersticielles ou par la mise en cohérence de dispositifs segmentés en divers risques.

Ces potentialités d'évolution de notre système de protection sociale ne se sont pas réalisées. Non seulement l'aide et l'action sociales n'ont pas régressé vers des fonctions uniquement palliatives, mais se maintenant, voire se développant, elles ont acquis

(16) V. *supra*, nº 35 et 36.

(17) D. Renard, Les rapports entre assistance et assurance dans la constitution du système de protection sociale français, *in Comparer les systèmes de protection... (op. cit.)*, p. 105.

une place renouvelée. Cette situation résulte pour l'essentiel de ce que la solidarité de participation, d'essence socio-professionnelle et fondée sur une contrepartie préalable aux prestations, n'a pu se généraliser et absorber dans ses mécanismes toute la protection sociale ; au delà même, dans les années 1980, son impuissance à faire face à des problèmes sociaux nouveaux tenant à l'extension des phénomènes d'exclusion sociale et sa remise en cause dans le contexte de crise financière de l'État-providence, ont réactualisé la solidarité d'appartenance qu'aide et action sociales mettent en œuvre.

77 **b) Le retour en force de l'aide et de l'action sociales** — En ce qui concerne l'aide sociale, plusieurs constats permettent de réévaluer sa place. D'abord, les prestations d'aide sociale légale, rénovées, constituent des compléments indispensables dans la protection sociale de personnes ou de groupes, comme dans le champ de l'intervention auprès des personnes âgées, des personnes handicapées ou dans celui de la protection de l'enfance en danger ; sur ce terrain, toute une part des évolutions contemporaines de la prise en charge (maintien à domicile des personnes âgées, formation et insertion professionnelle des handicapés, accès aux soins pour tous) n'ont été possibles que grâce à la modernisation et à l'adaptation de l'aide sociale légale. Ensuite, la logique de solidarité fondant l'aide sociale (solidarité d'appartenance) a été introduite à l'intérieur de la sécurité sociale sous la double forme de prestations soumises à conditions de ressources (18) ou surtout de minima sociaux comme l'allocation de parent isolé (API), l'allocation adulte handicapé (AAH) ou l'allocation supplémentaire du FSV ; institutionnellement intégrées dans la sécurité sociale, ces aides n'en constituent pas moins un retour en force des principes fondateurs de l'aide sociale pour la prise en charge de groupes importants. Enfin, et pour faire face au problème inédit de l'exclusion sociale s'entendant notamment pour beaucoup comme le non accès à la protection sociale, a été institué le RMI ; prestation novatrice, située en dehors des principes de la sécurité sociale mais aussi non intégrée à l'aide sociale légale, articulant une prestation monétaire et un ensemble de prestations matérielles d'insertion, le RMI réintroduit en force, en les adaptant, les principes de solidarité fondant les politiques d'assistance, c'est-à-dire la solidarité d'appartenance.

S'agissant de l'action sociale, si elle se maintient parfois dans ses formes traditionnelles de complément des actions d'assistance pour faire face à des situations d'urgence (19), elle acquiert un rôle beaucoup plus fondamental dans la recomposition des politiques sociales autour de la finalité d'insertion. Elle inclut ainsi l'ensemble des aides et prestations dans des logiques globales, intersectorielles et interpartenariales qui prennent deux formes : celle d'actions globales d'aménagement de territoires dont les politiques de développement urbain lancées dans les années 1981-1982 (20) ont

(18) Aux prestations déjà nombreuses versées sous conditions de ressources (allocation pour jeune enfant, complément familial, allocation de rentrée scolaire, allocation de soutien familial...), on a voulu ajouter les allocations familiales. Elles ont été effectivement mises sous conditions de ressources par la loi de financement de la Sécurité sociale pour 1998 (art. 23). Cette disposition avait été annoncée comme provisoire, dans l'attente d'une réforme du quotient familial pris en compte dans le calcul de l'impôt sur le revenu (v. L. 19 décembre 1997 ; CC, décision n° 97-393 DC, 18 décembre 1997, *Dr. soc.*, 1998, p. 164, obs. X. PRÉTOT). De fait, la mesure a été rapportée dans la loi de financement de la Sécurité sociale pour 1999 (v. aussi *infra*, n° 231).

(19) Ainsi en est-il des « Fonds d'urgence sociale » mis en place chaque année par l'État pour faire face à des situations de détresse.

(20) Trois rapports convergents dans les propositions de méthodes d'action sont à l'origine des politiques territorialisées de développement économique et social : les rapports DUBEDOUT, *Ensemble refaire la ville* (1981, La Doc. française), BONNEMAISON, *Face à la délinquance : prévention, répression, solidarité* (1982, La Doc. française) et SCHWARTZ, *L'insertion professionnelle des jeunes* (1982, La Doc. française) ; v. aussi

jeté les fondements et qui ont été élargies en une action beaucoup plus ambitieuse dénommée « politique de la ville », récemment réorganisée par le « pacte de relance de la ville » (21) ; celle d'actions d'insertion d'individus portant simultanément sur la formation, l'insertion professionnelle, le logement, l'accès aux soins. Ainsi, non seulement l'action sociale se voit attribuer une fonction englobante des dispositifs prestataires individualisés, mais elle se situe aujourd'hui au cœur d'une recomposition de la politique sociale : à l'instar du RMI qui en constitue une sorte de préfiguration, la protection sociale s'entend de plus en plus comme l'articulation et la mise en cohérence de diverses prestations monétaires et matérielles, spécifiquement adaptées à chaque individu ou groupe, dont le but ultime est d'assurer l'intégration sociale.

2° Les formes de solidarité en débat

78 En arrière fond de ces évolutions qui voient d'un côté la logique assistancielle s'affirmer de nouveau, de l'autre des politiques d'insertion émerger peu à peu, des interrogations fondamentales sur notre système de protection sociale voient le jour. Sur fond de crise financière et organisationnelle, trois plans peuvent être distingués.

79 **a) L'insertion** — Avec la notion d'insertion, c'est d'abord la conception même du « droit social » qui est mise en question (22). Conçu surtout jusque là comme une prestation individuelle, en nature ou monétaire, ouverte à un ayant droit par une administration spécialisée au terme d'une procédure réglementaire, le « droit social » se construit de plus en plus comme un dispositif complexe alliant aides publiques et engagements des bénéficiaires, combinant divers aspects (santé, logement, accès à la formation), adapté à chaque cas, mis en œuvre de façon souple et partenariale dans des espaces territoriaux singuliers et ayant pour objectif l'intégration sociale. Le véritable « droit social », qui fait face à de « nouveaux risques » (23) liés à l'exclusion, est un droit à l'intégration de chacun, qui se décline d'une part en un ensemble d'aides matérielles et de prestations sérialisées, d'autre part en des engagements des bénéficiaires. Certes, les diverses allocations monétaires et prestations en nature du système de protection sociale ne disparaissent pas ; mais elles s'intègrent tendanciellement dans un processus ouvert et négocié par lequel la collectivité essaye de fournir à chacun les moyens de participation au fonctionnement social autour d'une norme de justice qui veut revivifier le principe d'égalité des chances (24).

P. Janin, L'espace saisi par le droit dans la loi d'orientation pour la ville, *in* M. Gaillard (Dir.), *Institutions et territoire*, 1993, p. 61, PUL ; S. Wuhl, *Insertion, les politiques en crise*, 1996, PUF.

(21) Sur les fondements juridiques de la politique de la ville, v. D. n° 88-1015, 28 octobre 1988 ; L. n° 91-662, 13 juillet 1991 ; L. n° 96-987, 14 novembre 1996.

(22) P. Rosanvallon, *La nouvelle question sociale (op. cit.)*, p. 163 et s ; L'État au tournant, *RFAP*, 1992, n° 61, p. 119 ; F. X. Merrien, Modèles de solidarité, solidarités modèles, *Informations sociales*, 1995, n° 48, p. 34.

(23) M. T. Join-Lambert, Les « nouveaux risques », *Dr. soc*, 1995, p. 779.

(24) R. Lafore, La loi et le consensus, le droit des politiques publiques, *Rev. actions et recherches sociales*, 1992, n° 2, p. 55 ; L'ordre consensuel, le droit des politiques sociales, *Rev. interrég. des CREAHI*, 1995, n° 37, p. 3 ; Réflexions sur la construction juridique de la contrepartie, *RFAS*, 1996, n° 3, p. 11 ; Services publics sociaux et cohésion sociale, *in* S. Decreton (Dir.), *Services publics et lien social*, p. 369, 1999, L'Harmattan.

80 **b) Le débat assurance/assistance** — Ensuite, face au constat de l'interpénétration des dispositifs contributifs (solidarité de participation) et non contributifs (solidarité d'appartenance) et, au-delà, des difficultés de gestion de cet ensemble, se pose la question de savoir s'il ne faudrait pas établir une distinction radicale entre « logique d'assurance » et « logique de solidarité » (25). La protection sociale évoluerait ainsi vers un schéma d'organisation à trois paliers : la garantie de prestations minima financées par l'impôt ; des assurances obligatoires de base fondées sur des cotisations ; une protection supplémentaire libre et privée. Le grand risque d'un tel découpage de la protection tient à ce qu'il peut générer une segmentation dans les populations visées qui se verraient durablement enfermées dans un des sous-systèmes ; la société serait ainsi dualisée en un groupe de productifs capables d'entrer dans les dispositifs contributifs et un groupe de « faiblement productifs » ou « d'inemployables » condamnés à subsister de la solidarité fiscalisée. A terme, d'ailleurs, comment éviter — dans la mesure où la fiscalité rencontre des limites tenant à ce qu'elle repose essentiellement sur les actifs — que le niveau de couverture fondé sur l'impôt ne régresse parce que contesté constamment par ceux qui, bien que le payant, n'en tireront aucun profit ? On ne peut raisonnablement éviter une telle dérive qu'en concevant un système unifié de protection, fondé sur une égalité relative des droits et des contributions, qui garantissent à tous une citoyenneté sociale sinon uniforme (c'est impossible), en tout cas similaire. Cela passe probablement par le fait de mêler les types de financement (impôt, cotisations) dans un au moins des sous-systèmes de la protection sociale, ce qui évite ainsi de « cliver » les bénéficiaires en ensembles fermés : en d'autres termes, il apparaît à la fois souhaitable et nécessaire d'articuler solidarité assurantielle et solidarité par l'impôt plutôt que de les distinguer (26)...

81 **c) Le « ciblage » des prestations** — Enfin, ce débat rebondit avec une troisième proposition qui consisterait, devant les difficultés financières de la protection sociale, à cibler les dispositifs vers les populations défavorisées. On invoque, dans ce sens, un nouveau concept fondateur, le concept d'équité, nouveau maître mot qui devrait se substituer à la notion d'égalité (27). Il apparaît à première vue assez logique, du fait de la raréfaction des moyens, de concentrer les aides sur « ceux-qui-en-ont-réellement-besoin » (28) en généralisant les prestations servies sous conditions de

---

(25) Sur la question, v. J. M. Belorgey, Logique d'assurance, logique de solidarité, *Dr. soc.*, 1995, p. 731 ; N. Dufourcq, Sécurité sociale : le mythe de l'assurance, *Dr. soc.*, 1994, p. 291 ; L. Caussat, Sécurité sociale : pour l'assurance, *Dr. soc.*, 1994, p. 902 ; M. Lagrave, Assurance et solidarité dans la Sécurité sociale, *Dr. soc.*, 1996, p. 502 ; P. Concialdi, Entre l'assistance et l'assurance : la solidarité, *Sociétés et représentations*, CREDHESS, n° 5, 1997, p. 67). On ajoutera par ailleurs que les mécanismes de solidarité sont de plus en plus présents dans les prestations qui relèvent de la logique de l'assurance (par exemple, pour le régime des retraites, prise en compte de périodes non cotisées, bonifications consenties en fonction du nombre d'enfants, validation gratuite de certaines périodes...). Mais si l'on doit soigneusement éviter de pousser jusqu'à leur terme les deux logiques d'assurance et de solidarité, il n'apparaît pas inutile, en revanche, de chercher à clarifier le mode de financement du système global de protection en faisant participer davantage l'impôt à la prise en charge de certaines prestations qui relèvent de la seconde logique : la transparence y gagnerait, en même temps que la justice sociale...

(26) Sur ce point, v. M. Borgetto, Sécurité sociale et Démocratie sociale : état des lieux, *RFFP*, n° 64, 1998, p. 20 et s.

(27) V. *La France de l'an 2000* (Rapport de la commission présidée par A. Minc), Commissariat général du Plan, 1994, p. 11 et s., Éd. O. Jacob/La Doc. française ; L. Matray, Le rapport Minc sur la France de l'an 2000, *Regards sur l'actualité*, 1995, n° 207, p. 29.

(28) P. Volovitch, Faut-il cibler la protection sociale sur « eux-qui-en-ont-réellement-besoin » ?, *Dr. soc.*, 1995 (n° spécial), p. 739.

ressources ou en les modulant en fonction des revenus. Le danger majeur d'une telle évolution consistant à substituer l'équité à l'égalité réside là encore dans les risques de segmentation profonde de la société entre ceux qui peuvent faire face par eux-mêmes à leurs besoins du fait de leur capacité à s'intégrer dans le jeu social et ceux qui, pour survivre, ne peuvent que s'en remettre à l'aide et au soutien de la collectivité. Le principe de base qui a fondé la constitution de la protection sociale, et plus largement même de la collectivité démocratique, est celui de l'égalité juridique qui veut que chacun, quelles que soient ses ressources, est couvert de façon similaire contre les risques et aléas de l'existence (29) et bénéficie, dans des conditions relativement identiques, de services et biens collectifs. Concentrer les dispositifs de solidarité sur les plus démunis, au nom de l'équité, ne peut manquer de mettre en cause le principe d'égalité qui, dans un système où tous sont des « semblables », tente d'aménager une justice distributive ; c'est remettre en cause la généralité de la règle en consacrant des distinctions sociales et en fondant des différences de statuts. Un tel mouvement de segmentation des statuts et de parcellisation des droits, sous couvert de discriminations positives favorables aux plus pauvres, peut pervertir l'idée même de justice sociale en l'émiettant dans des conflits et des rapports de force catégoriels et rendre ainsi impossible la recherche de la vraie justice entendue comme l'établissement et la pratique, dans une société, de normes communes (30). Jusque-là, l'égalité en droit et la solidarité qui aménage des aides et des protections pour tenir compte des inégalités de fait, ont été conçues comme complémentaires, notamment dans l'organisation de la protection sociale ; si, au nom de « l'équité », on en vient maintenant à les opposer en les considérant comme contradictoires, il y a non seulement négation de cela même qui a toujours été, en France en tout cas, au cœur de l'idée républicaine, mais aussi, au-delà, risque majeur de régression et d'affaissement de la communauté démocratique elle-même (31)...

3° L'avenir de la protection sociale

82 **a) Les orientations à éviter** — Ces questions complexes, relatives tout à la fois au financement de la protection sociale (partage entre assurance et assistance), à ses finalités (ciblage ou non des prestations) et, au-delà, aux fondements même de la justice dans une société démocratique, ont connu un regain d'actualité à partir de 1997, et les mêmes questions demeurent encore aujourd'hui. D'une part, le gouvernement de M. Jospin, dès sa prise de fonctions, avait décidé la mise sous conditions de ressources des allocations familiales, dernière grande prestation non encore concernée par ce type de restriction et ce, alors même qu'elle représente à elle seule près de 40 % de la masse des prestations de la branche famille ; c'était là s'engager dans une logique de ciblage systématique de la redistribution opérée par les prestations familiales, ce

(29) M. Borgetto, Égalité, solidarité... équité ?, p. 239 et s., in *Le Préambule de la constitution de 1946. Antinomies juridiques et contradictions politiques*, CURAPP, 1996, PUF.

(30) R. Lafore, Article « Justice », *in* J. Y. Barreyre, B. Bouquet, A. Chantreau, P. Lassus (dir.), *Dictionnaire critique d'action sociale*, 1996, Bayard-Éditions.

(31) En ce sens et sur ce point, v. M. Borgetto, *Égalité, solidarité... équité ? (op. cit.)*, p. 271 et s. ; La réforme de la sécurité sociale : continuité ou déclin du modèle républicain ?, *Dr. soc.* (n° spécial), 1997, p. 877 et s. ; *La devise « Liberté, Égalité, Fraternité »*, p. 104 et s., 1997, PUF ; Sécurité sociale et Démocratie sociale : état des lieux *(op. cit.)*, p. 23 et s. ; v. aussi N. Burgi-Golub, Égalité, Équité, *Politix*, n° 34, 1996, p. 47 et s.

qui avait sans doute le mérite d'en clarifier les fonctions, mais rompait néanmoins définitivement avec la logique inscrite au départ dans cette branche de la Sécurité sociale. D'autre part, le « mouvement des chômeurs » lancé à l'hiver 97-98 et devenu récurrent depuis, demande un relèvement sensible des allocations chômage perçues en fin de droits ainsi que de l'ensemble des minima sociaux, notamment du RMI. Ces deux événements, en ramenant la question de la protection sociale au cœur du débat politique, conduisent à se réinterroger sur ces deux problèmes liés que sont d'un côté la logique d'établissement de discriminations positives au profit des populations les moins favorisées (ce que réalisent les mises sous conditions de ressources), et de l'autre l'essor et le renforcement des mécanismes assistanciels visant à aider les « exclus » (ce que produirait un relèvement des minima sociaux, inévitablement financés par le prélèvement fiscal). Au fond, au nom du souci que l'on doit avoir des plus pauvres, au nom des droits nés de leur appartenance à la collectivité citoyenne, faut-il consolider la logique d'assistance incarnée jusqu'alors dans l'aide et l'action sociales et de complément des assurances attachées à la participation au travail pour en faire un dispositif autonome concentré sur les groupes et les personnes inadaptés aux évolutions de la société ? Les politiques sociales ne seraient-elles pas ainsi engagées dans un travail de deuil — le deuil de l'idéal égalitaire construisant une société de semblables —, qui marquerait l'émergence d'une société durablement inégalitaire où il ne s'agirait plus que d'établir un plancher pour stopper la chute de ceux qui sont rejetés par la compétition sociale ?

Les réponses à ces questions sont d'autant plus difficiles qu'elles prennent souvent l'apparence d'un bon sens évident et s'avancent à fronts renversés : ne s'agit-il pas de « donner plus à ceux qui ont moins, en faisant contribuer ceux qui ont beaucoup » selon l'expression consacrée, ce qui semble frappé au sceau de la justice la plus élémentaire ? Et puis les minima sociaux n'ouvriraient-ils pas, à condition de les relever sensiblement, sur une société nouvelle enfin délivrée du travail, société dans laquelle chacun serait reconnu dans sa dignité par le versement d'une allocation de citoyenneté inconditionnelle ? (32) Autrement dit, l'assistance, transmuée en droit de l'homme et reposant sur un partage véritable des richesses, serait-elle donc l'avenir incontournable de la solidarité collective ?

Il y a tout lieu d'espérer que non. Loin de participer à une plus grande égalisation des chances en faveur des plus démunis, il est probable que ces inflexions assistancielles construites sur des minima de ressources et des prestations ciblées conduiraient au contraire à une plus forte fragmentation sociale en divisant la collectivité en un groupe de performants capables d'entrer dans l'échange social et d'alimenter une protection construite sur des assurances sociales et des régimes complémentaires obligatoires ou facultatifs, et un groupe condamné à dépendre de la générosité fiscalisée des premiers. Plutôt que de s'en remettre à une hypertrophie du politique avec la construction d'une redistribution centrée sur le seul État et fondée uniquement sur des droits individuels à caractère incantatoire, sans doute vaudrait-il mieux conserver l'héritage : une protection sociale qui ne décroche pas le « social-politique » de l'économique et qui articule statut politique (des droits et des devoirs) et statut économique (un emploi et des revenus). Car vouloir établir un mécanisme démocratique d'inclusion par le recours à des redistributions « équitables » opérées par l'impôt et par des discriminations dans

(32) Sur cette question, v. aussi *infra*, n° 441 et s.

l'accès aux prestations sans lier ledit mécanisme aux logiques productives qui génèrent des différenciations et de l'exclusion, c'est courir le risque d'une autonomisation du social qui deviendrait le lieu de réparation ou d'entretien des victimes du marché (33).

83 **b) Les orientations à privilégier** — Si des inflexions dans le dispositif de protection sociale sont probablement inévitables, deux séries de principes devraient les guider. Il faudrait tout d'abord que la logique assurantielle, fondée sur le collectif des actifs et procédant par conflit-consensus au cœur même de la production des richesses, ne soit pas autonomisée par rapport aux dispositifs fiscalisés ; tout au contraire, il doit y avoir mixité des logiques : le travail doit toujours, autant que possible, prendre en charge la protection du « hors-travail » car les groupes concernés pâtissent des contraintes imposées par le système productif ; ainsi, l'inaptitude au travail (sauf causes objectivables par des handicaps physiques ou mentaux lourds) trouve généralement sa source dans les exigences de la production, de même qu'une part importante de la formation ou de la requalification des travailleurs est liée aux évolutions technologiques. Tout le problème est donc de tracer la limite de ce que les activités productives doivent prendre en charge : ce qui ne relève pas d'un constat objectif mais du conflit socio-politique (34). Et il faudrait ensuite que l'aide et l'action sociales, qui doivent donc garder leur dimension de complément pour les populations les plus en difficultés, puissent trouver un regain de dynamisme en devenant le centre de gravité de politiques actives d'intégration sociale pour les personnes les plus marginalisées ; c'est dire que, loin de devoir s'infléchir vers de simples dispositifs de redistribution monétaire ou matérielle, qui sont certes nécessaires mais pas suffisants, aide et action sociales doivent faire droit à des objectifs ambitieux d'insertion sociale et professionnelle. Certes, comme le montre la difficulté à mettre en œuvre efficacement le « I » du RMI, la réalisation d'actions de développement personnel et collectif est problématique ; mais dans des sociétés plus fluides et plus ouvertes, dans lesquelles les compétences requises des acteurs sociaux sont évolutives, il convient que les plus faibles reçoivent constamment de la collectivité des biens et des services qui ne sont pas uniquement monétaires ; la distribution de ressources, dans une vision étroitement économique, est insuffisante et conduit le plus souvent à l'enfermement ; une action sociale conduisant à une authentique participation sociale, autant au niveau symbolique que matériel, est indispensable.

En s'articulant ainsi au socle de la protection sociale de droit commun qui est construite au travers d'une régulation politique des rapports de production, qui est fondée sur le principe d'égalité et qu'il convient de préserver, l'aide et l'action sociales doivent pouvoir constituer pour les plus faibles un moyen d'intégration sociale, dans une perspective dynamique consistant inlassablement à les réintégrer dans le cadre commun des droits et des devoirs collectifs. Le triomphe d'une politique assistancielle formée uniquement de transferts monétaires, même revalorisés, mais concentrés sur les 10 ou 15 % durablement marginalisés de la population serait une régression : elle

(33) Sur ce point, v. M. BORGETTO, Équité, égalité des chances et politique de lutte contre les exclusions, *Dr. soc.*, 1999, p. 221 et s.

(34) Il est vrai, et c'est probablement ce qu'il convient de contrecarrer aujourd'hui, que la tendance dominante depuis une quinzaine d'années a bien été à une « externalisation » par les activités productives des coûts sociaux qu'elles génèrent : sur ce point, v. B. FRIOT, *Puissances du salariat. Emploi et protection sociale à la française*, 1998, La Dispute ; *Et la cotisation sociale créera l'emploi*, 1999, La Dispute ; P. VOLOVITCH, Qui doit rémunérer le travail ?, *Dr. soc.*, 1999, p. 326.

enfermerait ses bénéficiaires et justifierait parallèlement un affaissement des assurances sociales obligatoires et une dérive vers les logiques purement financières de l'assurance privée, sans parler de ses effets dépressifs sur les conditions d'emploi des actifs. Mieux vaut donc que l'aide et l'action sociales conservent leurs caractéristiques fondamentales et demeurent ce qu'elles doivent être : un dispositif de discriminations positives en direction des plus défavorisés qui complète la protection de droit commun lorsque celle-ci ne peut jouer pour les plus faibles, et qui veut, envers et contre tout, permettre au plus grand nombre de s'y réinscrire.

84 **Bibliographie.** V. n° 67 et 72 ; *adde* M. BORGETTO, Égalité, solidarité... équité ?, p. 239, in *Le Préambule de la constitution de 1946. Antinomies juridiques et contradictions politiques* (CURAPP), 1996, PUF ; La réforme de la sécurité sociale : continuité ou déclin du modèle républicain ?, *Dr. soc.* (n° spécial), 1997, p. 877 ; Sécurité sociale et Démocratie sociale : état des lieux, *RFFP*, n° 64, 1998, p. 7 ; Equité, égalité des chances et politique de lutte contre les exclusions, *Dr. soc.*, 1999, p. 221 ; N. BURGI-GOLUB, Égalité, Équité, *Politix*, n° 34, 1996, p. 47 ; DIVERS, L'État-Providence, quel avenir ? Approches des politiques sociales, *Vie sociale*, n° 6, 1995 ; D. KESSLER, L'avenir de la protection sociale, *Commentaire*, n° 87, 1999, p. 619 ; R. LAFORE, Article « Justice », *in* J. Y. BARREYRE, B. BOUQUET, A. CHANTREAU, P. LASSUS (dir.), *Dictionnaire critique d'action sociale*, 1996, Bayard-Éditions ; La loi et le consensus, le droit des politiques publiques, *Rev. actions et recherches sociales*, 1992, n° 2, p. 55 ; L'ordre consensuel, le droit des politiques sociales, *Rev. interrég. des CREAHI*, 1995, n° 37, p. 3 ; Réflexions sur la construction juridique de la contrepartie, *RFAS*, 1996, n° 3, p. 11 ; T. LAMBERT et *alii*, *Égalité et Équité. Antagonisme ou complémentarité ?*, 1999, Economica ; J. M. MONNIER (Dir.), *Dynamiques économiques de l'équité*, 1999, Economica ; P. VOLOVITCH, Faut-il cibler la protection sociale sur « ceux-qui-en-ont-réellement-besoin » ?, *Dr. soc.*, 1995 (n° spécial), p. 739 ; Qui doit rémunérer le travail ?, *Dr. soc.*, 1999, p. 326.

SECTION II — LA CONSTRUCTION JURIDIQUE DE L'AIDE ET DE L'ACTION SOCIALES

85 L'aide et l'action sociales sont fondées sur un principe fondamental, celui de prestations attribuées sans contrepartie de la part de leurs bénéficiaires ; mais elles se différencient grâce à un critère, celui de l'obligation : l'aide sociale a un caractère obligatoire alors que l'action sociale procède d'une relative liberté d'initiative des prestataires publics et privés. Cette différence détermine pour chacune une logique de construction juridique spécifique : l'aide sociale, du fait de son caractère obligatoire, est enserrée dans un cadre juridique étroit (§ 1) ; l'action sociale, du fait de son caractère facultatif, s'établit dans un cadre diversifié et généralement plus lâche (§ 2).

§ 1. LE CADRE JURIDIQUE DE L'AIDE SOCIALE

86 Comment se construit juridiquement l'aide sociale ? Il faut partir de cela même qui la spécifie dans l'héritage révolutionnaire et qui n'a jamais été remis en cause dans ses évolutions successives : à savoir que l'aide sociale est une obligation pour la collectivité publique et un droit pour l'individu. Ce principe est énoncé expressément par l'article 124 du Code de la famille et de l'aide sociale :

« toute personne résidant en France bénéficie, si elle remplit les conditions légales d'attribution, des formes de l'aide sociale telles qu'elles sont définies par le présent code ». Reste alors à mettre en évidence à la fois la nature et la portée de ce droit à l'aide sociale, ce que d'ailleurs sous-entend l'article 124 puisqu'il se réfère à la fois aux « conditions légales d'attributions » ainsi qu'aux « formes » de l'aide sociale. Il renvoie ainsi implicitement à un ensemble de caractères propres à ce droit que l'on peut ramener à trois propositions successives : le droit à l'aide sociale est tout d'abord un droit alimentaire ; c'est ensuite un droit subjectif ; c'est enfin un droit subsidiaire.

A. L'AIDE SOCIALE, UN DROIT ALIMENTAIRE

87 Tout droit se construit en référence à la fois à une cause et à un objet. Pour ce qui est de l'aide sociale, la cause en est le besoin, et son objet réside dans un ensemble de prestations construites pour satisfaire divers besoins. Le rattachement de l'aide sociale à la notion de besoin la constitue, dans la théorie juridique, comme un droit alimentaire.

La notion de « besoin », notion complexe s'il en est, peut se définir juridiquement comme un état de fait, comme un manque qui produit des effets de droit : bénéficier de prestations visant à faire cesser le manque. Puisqu'il se rattache à l'idée de besoin, le droit alimentaire ne constitue ni une indemnité (réparation d'un préjudice préalable), ni une libéralité (don à titre gratuit). Il présente ce caractère spécifique d'être dû d'une part en dehors de toute idée d'échange (la prestation n'est en aucun cas la contrepartie dans une relation synallagmatique), d'autre part de toute intervention de la libre volonté du débiteur d'aliments (ce que sous-tend l'idée de libéralité). Le droit alimentaire est en fait lié à un impératif fort : faire vivre son titulaire, ce qui explique qu'il s'impose de façon absolue au débiteur, qu'il est doté de protections juridiques rigoureuses et qu'il perdure tant que l'état de besoin n'a pas été écarté.

Ce rattachement à la catégorie des droits alimentaires s'explique par le fait que l'aide sociale est en réalité un prolongement et un substitut, mis à la charge de la collectivité publique, des diverses formes de solidarité notamment familiales qui sont constituées en droits alimentaires. A l'instar des autres droits alimentaires, c'est la loi qui en impose la dette à la puissance publique, lorsque, dans le besoin, une personne ne peut y subvenir elle-même et ne peut faire valoir des créances alimentaires à l'encontre d'autres personnes.

Mais dans son objet, cependant, l'aide sociale ne se construit pas comme un droit alimentaire général, qui correspondrait à la prise en compte d'une insuffisance globale de ressources ; une telle conception ne peut conduire qu'à l'instauration d'une prestation de revenu minimum en deçà d'un certain revenu plancher, ce qui n'est pas sans poser problème comme l'a montré l'institution du RMI par la loi du 1er décembre 1988 (35).

(35) Dans une société où le principe selon lequel tout individu doit d'abord subvenir à ses besoins par son travail demeure (ce que certains courants contestent aujourd'hui avec l'idée d'un revenu de citoyenneté ou de subsistance garanti), l'attribution d'une prestation universelle en deçà d'un seuil de ressources suppose ou de renoncer à l'impératif du travail, ou de n'attribuer la prestation qu'à ceux qui sont effectivement dans l'incapacité de travailler (ce qui fait reposer le problème sur les instances appelées à le déterminer...), ou de lier la perception de la prestation à une certaine contrepartie, ou de limiter suffisamment la prestation pour qu'elle n'incite pas trop à s'en contenter ; or, le RMI français combine plusieurs de ces limitations pour se maintenir dans le cadre d'une société où le travail est le mode normal d'accès aux ressources collectives.

Pour des raisons autant théoriques (maintenir l'aide sociale comme palliatif à l'incapacité d'une personne à se prendre en charge) qu'historiques (l'aide sociale se construit à l'origine dans les établissements hospitaliers qui délivrent des prestations spécialisées) et pratiques (la mise en œuvre en est facilitée), l'aide sociale prend en compte un ensemble de besoins spécifiques et distincts et y répond par des prestations spécialisées. Il s'agit, au sens de l'article 124 du Code de la famille, des diverses formes d'aide sociale qui répondent chacune à un besoin déterminé et s'organisent chacune dans un statut distinct. C'est là ce qu'on nomme la spécialisation des formes d'aide sociale.

L'aide sociale prend donc en compte une pluralité de besoins auxquels elle répond par une pluralité de prestations. Des prestations en nature tout d'abord : l'aide sociale permettant soit des hospitalisations et des soins ambulatoires (aide médicale/CMU), soit des placements (mineurs, handicapés, personnes âgées, personnes sans ressources), soit des aides à domicile (handicapés, personnes âgées), soit des interventions concrètes diverses (soutien social ou éducatif, prise en charge des frais de justice avec l'aide juridique). L'aide sociale délivre aussi des prestations en espèces, le plus souvent affectées à un besoin particulier (logement, aide matérielle, éducation) et pour beaucoup, notamment en ce qui concerne les handicapés et les personnes âgées, liées à une aide principale.

La spécialité des formes d'aide sociale a plusieurs conséquences : le demandeur doit solliciter une aide spécifique et mettre en évidence son état de besoin en référence à l'aide sollicitée ; l'aide doit être utilisée pour la satisfaction du besoin visé à l'exclusion de toute autre fin (les aides en nature sont de ce point de vue une garantie, mais ont l'inconvénient de maintenir le bénéficiaire en tutelle étroite...) ; enfin, chaque forme d'aide sociale (aide médicale/CMU, aide aux personnes âgées, à l'enfance, aux handicapés, à l'hébergement et à la réadaptation sociale...) est enfermée dans un statut et un régime juridique spécifique, même si plusieurs de ces formes sont réglées par des cadres procéduraux communs (36).

B. L'AIDE SOCIALE, UN DROIT SUBJECTIF

88 Outre le fait d'être juridiquement construite comme un droit alimentaire, l'aide sociale est aussi référée par la plupart des auteurs à la notion de droit subjectif (37).

Cette idée de droit subjectif comporte trois aspects distincts : d'une part, un droit subjectif est une prérogative individuelle reconnue aux personnes de droit par l'ensemble des lois et règlements que l'on appelle le « droit objectif » ; d'autre part, le droit subjectif est un droit propre à un sujet de droit, ce dernier pouvant l'exercer et le faire valoir face aux tiers qui doivent le respecter ; enfin, il y a droit subjectif lorsque les caractéristiques propres au sujet de droit doivent être prises en compte pour l'attribuer. L'aide sociale est un droit subjectif à ce triple point de vue, ce qui la constitue en une construction juridique nuancée, chacun de ces aspects venant atténuer la portée potentielle des deux autres.

---

(36) Sur cette question, v. E. ALFANDARI, *Le droit aux aliments en droit privé et en droit public*, Thèse Droit Poitiers, 1958 ; v. aussi *infra*, n° 166 et s.

(37) Sur la notion, très controversée, de « droit subjectif », v. J. DABIN, *Le droit subjectif*, 1952, Dalloz ; P. ROUBIER, *Droits subjectifs et situations juridiques*, 1963, Dalloz.

Tout d'abord, l'aide sociale est bien un droit subjectif entendu comme une prérogative, un pouvoir reconnu à une personne par la loi, garanti par elle et devant s'exercer dans les conditions fixées par la loi. C'est d'ailleurs ce qu'indique clairement l'article 124 du Code de la famille qui précise que toute personne bénéficie des formes d'aide sociale telles que prévues par la réglementation « si elle remplit les conditions légales d'attribution ». Ceci revient très clairement à dire que le droit subjectif à l'aide sociale ne peut s'exercer que conformément au droit objectif qui en définit les conditions et les modalités d'accès ainsi que les garanties dont il fait l'objet, notamment sur le plan contentieux.

Ensuite, le droit à l'aide sociale est bien une prérogative ou un pouvoir reconnu aux personnes qu'elles peuvent faire valoir à l'encontre de la puissance publique : cette dernière étant tenue d'y faire droit. Même si aucun texte ne reconnaît explicitement que les diverses prestations d'aide sociale sont des droits en ce sens, il est indéniable qu'implicitement la réglementation construit bien les diverses prestations comme des droits subjectifs : chaque forme d'aide est définie, un débiteur est désigné, un statut objectif désigne les créanciers potentiels, des moyens sont prévus pour la satisfaire, des protections et des garanties sont aménagées au profit du créancier pour faire valoir son droit.

Enfin, le droit à l'aide sociale est bien « subjectif » dans la mesure où il est attaché aux caractéristiques du sujet qui en est le titulaire : il faut que le demandeur fasse la preuve de son état de besoin, et les instances d'admission disposent d'un pouvoir pour apprécier ce besoin et l'absence de moyens alternatifs d'y pourvoir. En ce sens, loin d'être un avantage pour le demandeur, la notion de droit subjectif s'oppose au « droit objectif » entendu comme le fait pour une prestation de n'être conditionnée que par la réunion de critères réglementaires ne mettant pas en cause la situation personnelle de l'individu, à l'instar des prestations de sécurité sociale. Certes, en ce qui concerne l'aide sociale, l'appréciation du besoin ne doit pas faire entrer autre chose qu'une prise en compte d'éléments factuels relatifs au constat du besoin et à l'impossibilité d'y faire face (et non des considérations morales relatives par exemple à la conduite du demandeur...). Il n'en reste pas moins vrai que l'aide sociale est un droit subjectif en ce sens qu'il est apprécié au cas par cas, *in concreto*, et non défini de façon universelle.

Combinant en fait ces trois définitions, l'aide sociale est donc bien un droit subjectif, c'est-à-dire d'une part un droit pour le bénéficiaire qui peut le mettre en œuvre à l'encontre de la puissance publique, celle-ci étant tenue de le satisfaire ; d'autre part un droit qui n'est ni absolu puisque encadré par la loi et le règlement dans tous ses aspects, ni général puisque soumis à la prise en compte de la situation de besoin du demandeur.

C. L'AIDE SOCIALE, UN DROIT SUBSIDIAIRE

89 Enfin, dernier élément de sa mise en forme juridique, le droit à l'aide sociale est un droit subsidiaire. Cet aspect dérive du caractère alimentaire de l'aide sociale : étant rattaché à une finalité de satisfaction des besoins individuels de survie, sa nature, son étendue et les conditions de sa mise en œuvre s'insèrent logiquement dans la conception prévalente quant à la satisfaction des besoins de chacun dans notre société.

Or, sur ce point, il est clair qu'il existe une hiérarchie dans les formes de prise en charge et d'entretien des personnes, hiérarchie qui s'inscrit dans le droit par l'aménagement des obligations alimentaires et notamment, parmi ces dernières, de l'aide sociale.

Le principe dont il convient de partir est que c'est par lui-même qu'un individu doit subvenir à ses besoins, soit par son travail, soit par la possession d'un patrimoine ; c'est bien pourquoi le bénéfice des prestations d'aide sociale est conditionné par l'absence de ressources personnelles provenant soit de son activité, soit de ses biens. De même (puisque prolongeant l'activité), les droits que l'on peut s'ouvrir dans les divers régimes d'assurances sociales doivent jouer prioritairement, l'aide sociale n'intervenant qu'une fois épuisés les droits à la sécurité sociale ou qu'en l'absence de tels droits. Enfin, le droit civil organise une solidarité familiale qui se traduit pour chacun par l'existence de droits alimentaires familiaux ; même si ce principe supporte de plus en plus d'exceptions, l'aide sociale n'intervient traditionnellement qu'en complément ou qu'à défaut de créances alimentaires à l'encontre des ascendants ou descendants. L'aide sociale a donc bien un caractère subsidiaire puisqu'on ne peut y recourir qu'à la condition que, par ses propres moyens ou par la mise en jeu de droits sociaux ou de créances d'aliments, le demandeur ne puisse satisfaire le besoin au titre duquel elle est sollicitée (38).

§ 2. LE CADRE JURIDIQUE DE L'ACTION SOCIALE

90 L'action sociale recouvre un ensemble très diversifié d'interventions et de prestations dont le caractère dominant, par lequel elle se distingue de l'aide sociale, tient à la dimension essentiellement discrétionnaire qu'elle revêt pour ses promoteurs, soit au regard de son principe, soit — au minimum — au regard de ses modalités d'organisation. Cela rejaillit logiquement sur sa construction juridique qui ne s'établit pas, comme l'aide sociale, sur un droit de nature alimentaire, subjectif et subsidiaire.

Elle ne constitue donc pas un ensemble homogène d'interventions ou de prestations, ni même de services, à la différence de l'aide sociale ou de la sécurité sociale. Elle n'est pas non plus enfermée dans une définition précise : au contraire, dans le but de compléter, de coordonner et d'élargir les dispositifs prestataires légaux que sont l'aide et la sécurité sociales, l'action sociale se construit en divers dispositifs à l'initiative des collectivités locales, de l'État, des organismes de sécurité sociale ou d'institutions privées. Chaque initiative relève de dispositions et réglementations spécifiques, de niveaux différents, et il se révèle impossible, à la différence de ce qu'il en est pour l'aide sociale, d'en présenter les caractéristiques générales. Tout au plus peut-on indiquer quelques-uns de ses principes d'organisation. La distinction fondamentale que l'on peut introduire tient à l'existence, en matière d'action sociale, de deux types d'actions : celles qui sont totalement facultatives et celles qui sont partiellement déterminées dans leur existence par la réglementation.

(38) Sur cette question, v. F. GÉA, Solidarité familiale et solidarité sociale. Sur l'application du principe de subsidiarité dans le droit de l'aide sociale, *Ann. Fac. Droit Strasbourg*, n° 2, 1998, p. 107 ; F. KESSLER, F. GÉA, Le principe de subsidiarité dans le droit de l'aide sociale : quelques éléments de réflexion, *Mélanges E. Alfandari*, p. 303, 1999, Dalloz ; v. aussi *infra*, n° 167 et s.

A. L'ACTION SOCIALE FACULTATIVE

91 On rencontre tout d'abord, en matière d'action sociale, un ensemble d'initiatives librement prises, soit par des personnes publiques et para-publiques, soit par des personnes privées. Bien que libres par définition, ces initiatives n'en demeurent pas moins soumises à un cadre juridique dont il convient de rappeler ici les fondements principaux.

Les collectivités locales ont un pouvoir d'initiative en matière d'action sociale qui repose sur le principe de libre administration (de valeur constitutionnelle) ainsi que, pour la commune et le département, sur la clause dite de compétence générale qui permet à ces deux collectivités de prendre en charge les problèmes d'intérêt public local notamment en matière sociale (39). Ces collectivités peuvent développer diverses interventions, depuis des aides matérielles ou des subventions à des acteurs privés jusqu'à des prestations matérielles dans le cadre du service public local. Mais en contrepartie ces initiatives sont soumises, en vertu de l'article 72 de la constitution et du contrôle de légalité qui en est le prolongement, à un contrôle confié au représentant de l'État dans le département et au juge administratif : ceci, afin de s'assurer que les règles de compétence et de fond qui organisent l'action locale ainsi que les principes généraux du droit n'ont pas été violés (40). Notamment, si une collectivité locale institue des prestations d'action sociale (aides, allocations) ou organise un service public social local quel qu'en soit l'objet, les conditions d'octroi ou d'accès à ces dispositifs doivent respecter le principe d'égalité des citoyens devant le service public : principe que par nature l'action sociale conduit à aménager puisqu'elle institue souvent des discrimination positives, c'est-à-dire des aides ou des services réservés à certaines catégories ou dont l'accès est différencié selon les catégories. Au terme de la jurisprudence tant du juge administratif que du juge constitutionnel, les différences de traitement entre usagers sont légales dès lors qu'elles sont fondées sur des différences de situation de nature à les justifier ou sur une nécessité d'intérêt général en rapport avec l'objet du service (41) : le législateur ayant pour sa part formellement admis,

(39) L'étendue des compétences locales pour répondre à un besoin d'intérêt public local a été définie progressivement par la jurisprudence : CE, 20 novembre 1964, Ville de Nanterre, *Leb.*, p. 563, *AJDA*, 1964, p. 686, chr. PUYBASSET et PUISSOCHET ; *Rev. adm.*, 1965, p. 31, note G. LIET-VEAUX (création de services médicaux) ; CE, 26 octobre 1966, Cne de Pantin, *Leb.*, p. 884 (attribution d'une subvention en matière d'action sociale) ; CE, Sect., 28 juillet 1995, Cne de Villeneuve d'Ascq, *AJDA*, 1995, p. 834, concl. SCHWARTZ (octroi d'une bourse à des étudiants).

(40) Ainsi, si rien n'interdit à une commune de créer une « allocation municipale d'habitation » destinée à permettre aux familles modestes de faire face à leurs dépenses de logement, cette aide ne saurait être assortie de l'obligation pour les intéressés de participer à des activités locales d'intérêt général : le juge ayant considéré que cette démarche reviendrait à instituer une politique d'insertion alors même qu'aucun texte de loi n'a donné compétence aux communes pour conduire de telles actions qui ne présentent pas le caractère d'affaires communales (CAA Nancy, 13 novembre 1997, Cne de Mons-en-Baroeul, *Dr. adm.*, 1998, comm. 78).

(41) Ainsi, des prestations de subsistance ont pu à bon droit être réservées à des rapatriés du fait de leur situation (CE, 19 octobre 1966, Albet, *Leb.*, p. 549), de l'énergie électrique a pu être gratuitement fournie à certains résidents d'une commune (CE, 29 janvier 1971, Cne de Lescun, *Leb.*, p. 78), une aide au logement a pu être subordonnée à une condition de ressources (CE, 21 janvier 1983, CGC, *Leb.*, p. 605) ou encore les tarifs d'un certain nombre de services publics locaux facultatifs à caractère administratif (crèches, cantines scolaires, centres de loisirs, écoles de musique) ont pu être légalement établis en fonction des revenus des usagers et de leur famille (CE, Sect., 29 décembre 1997, Cnes de Gennevilliers et de Nanterre, *AJDA*, 1998, p. 102, chr., T. X. GIRARDOT, F. RAYNAUD ; *RDP*, 1998, note M. BORGETTO, p. 899 ; *RFDA*, 1998, p. 539, concl. P. H. STAHL ; *LPA*, 1998, n° 59, p. 12, note S. ALLOITEAU ; *Rev. adm.*, 1998, p. 406, note J. M. PONTIER) ; en revanche, est illégale la création d'un « revenu minimum étudiant » établissant une discrimination fondée sur la qualité de contribuable local (CE, 11 décembre 1996, CCAS de Saint-André-les-Vergers, *LPA*, 1997, n° 36, p. 7, concl. J. C. BONICHOT) : sur ce point, v. aussi *supra*, n° 60.

dans le cadre de la politique de lutte contre les exclusions, la possibilité pour les collectivités locales d'instaurer des discriminations tarifaires fondées sur les ressources des usagers ainsi que sur le nombre de personnes vivant au foyer lorsque sont en cause des services publics administratifs à caractère facultatif (42).

Les organismes de sécurité sociale développent eux aussi des interventions facultatives en matière sociale. Fondée sur les articles L. 262-1 et 263-1 du Code de la sécurité sociale, cette action sociale est encadrée doublement : par les autorités de l'État qui exercent une tutelle sur ces organismes puisque la part des cotisations qui vont à l'action sociale des caisses est déterminée par arrêté ministériel ; par les trois caisses nationales qui disposent d'un fonds d'action sanitaire et sociale et qui fixent les grandes orientations de cette action en fonction de leur politique sociale d'ensemble. Ce sont aussi les caisses nationales qui déterminent les dotations à disposition des caisses locales pour constituer leur budget d'action sociale. L'action sociale des caisses de sécurité sociale se traduit par des aides et allocations diverses venant compléter les prestations légales, et surtout par la mise en oeuvre d'un ensemble de services sanitaires sociaux.

Enfin, de multiples institutions privées prennent des initiatives en matière d'action sociale, dans tous les domaines et en direction de tous types de personnes ou de groupes. Les contraintes légales et réglementaires qui s'imposent à elles sont doubles : d'une part, les législations dans le cadre desquelles elles fonctionnent encadrent leurs conditions de création et de fonctionnement ; d'autre part, selon les champs d'intervention qui sont les leurs, des réglementations spécifiques peuvent s'appliquer (en matière d'accueil d'enfants, d'activités socio-éducatives, d'action caritative ou d'insertion sociale et professionnelle).

B. L'ACTION SOCIALE SOUS CONTRAINTES LÉGALES

92 A côté de l'action sociale facultative, figurent certaines interventions qui, bien que ne relevant ni de l'aide sociale légale ni de la sécurité sociale, sont prévues et encadrées par la réglementation et mises à la charge de collectivités publiques. La contrainte légale est plus ou moins étendue selon les cas, la marge de latitude des collectivités étant de ce fait variable. Plusieurs exemples illustrent cette situation dans laquelle, en fait, l'État fait supporter par des collectivités locales diverses interventions.

Ainsi, tout d'abord, la législation peut imposer à des collectivités l'institution de services : on en a une première illustration à l'article 185-1 du Code de la famille et de l'aide sociale qui impose au département la mise en place d'un service social chargé d'exercer une action médico-sociale en faveur des personnes se livrant à la prostitution ; de même, la loi du 30 juin 1975, reprise sur ce point par la loi du 6 janvier 1986 (43), a introduit l'obligation, pour le département, d'organiser un service social départemental ; dans le même sens, le département doit aussi disposer d'un

(42) L. d'orientation n° 98-657 du 29 juillet 1998 relative à la lutte contre les exclusions, art. 147.

(43) L. n° 75-535, 30 juin 1975 relative aux institutions sociales et médico-sociales ; L. n° 86-17, 6 janvier 1986 adaptant la législation sanitaire et sociale aux transferts de compétences en matière d'aide sociale et de santé.

service départemental de protection maternelle et infantile (PMI) (44) ainsi que d'un service départemental d'aide sociale à l'enfance (45). Or ces services, s'ils peuvent pour certains concourir directement à la mise en œuvre de prestations relevant de l'aide sociale (aide sociale à l'enfance par exemple), mènent aussi une action sociale par des interventions de prévention (PMI), de suivi individuel et d'accompagnement social (service social départemental) et participent largement à l'action sociale globale. D'un point de vue juridique, si ces services sont de création obligatoire, toute leur activité, hors aide sociale légale, reste donc librement déterminée par la collectivité publique qui dispose ainsi d'un très large pouvoir pour définir leurs objectifs et organiser leur action.

Il existe ensuite, en matière d'action sociale, des dispositions qui imposent à des collectivités, le plus souvent le département, de participer à des interventions sociales de prévention, d'insertion et de développement social. Un premier exemple en est fourni par l'article 45 du Code de la famille et de l'aide sociale qui indique que « dans les lieux où se manifestent des risques d'inadaptation sociale, le département participe aux actions visant à prévenir la marginalisation et à faciliter l'insertion ou la promotion sociale des jeunes et des familles » : est définie ici une obligation de mise en place d'une action sociale de prévention en faveur des jeunes, dont les modalités concrètes sont laissées au libre choix des autorités locales. De même, la loi du 1er décembre 1988 relative au RMI a fait obligation à chaque collectivité départementale de participer, avec un ratio financier, à la mise en œuvre des actions d'insertion pour les bénéficiaires : sont ainsi définies des obligations de participation à une action sociale globale (prévention en faveur des jeunes, développement social des quartiers) ou individualisée (dispositif d'insertion du RMI), les collectivités devant déterminer le contenu effectif de l'action avec les autres partenaires que sont l'État, les autres collectivités locales, les organismes sociaux publics et privés.

On trouve enfin des domaines de l'action sociale dans lesquels des participations financières sont imposées, liées alors bien évidemment à une co-responsabilité dans la mise en œuvre des dispositifs : c'est le cas en matière de RMI, puisque la collectivité départementale est tenue d'abonder au financement de l'insertion à raison de 17 % au moins de la somme consacrée par l'État à la prestation. De même, dans le cadre de l'action sociale pour le logement des personnes défavorisées (46), le nouveau fonds créé pour prendre en charge des actions de mobilisation-réhabilitation de logements, d'aide aux familles pour y accéder, de suivi social de ces familles (Fonds de solidarité pour le logement), doit être alimenté par l'État et les collectivités locales (47). Dans le champ de l'action sociale en faveur de l'insertion des jeunes (48), un fonds a aussi été créé (Fonds d'aide à l'insertion des jeunes) et est financé à parité par l'État et les départements. On se trouve là en présence de dispositifs d'action sociale qui incluent, de façon obligatoire, les collectivités départementales dans leur financement,

(44) L. nº 89-899, 18 décembre 1989 relative à la protection et à la promotion de la santé, de la famille et de l'enfance.

(45) *C. famille*, art. 77 à 82.

(46) L. nº 90-449, 31 mai 1990.

(47) Le Conseil constitutionnel, saisi sur la question de savoir si le fait d'imposer une telle charge financière aux départements ne violait pas le principe de libre administration des collectivités locales, a considéré que cette obligation financière n'était pas contraire à la Constitution (décision nº 90-274 DC, 29 mai 1990, *RDSS*, 1990, p. 711, note X. Prétot).

(48) L. nº 89-905, 19 décembre 1989.

ce qui les institue nécessairement en partenaires obligés dans la définition d'interventions concrètes construites en considération des données locales.

On observe donc, en ce qui concerne la construction juridique de l'action sociale, des solutions diversifiées : elle peut être totalement libre dans la définition des objectifs, dans l'affectation des moyens et dans la mise en œuvre ; mais elle est aussi, et probablement de plus en plus, directement ou indirectement encadrée par la législation émanant de l'État, dans un dosage subtil entre obligation pour les acteurs locaux de s'impliquer (services obligatoires, participation obligatoire, financement contraint) et maintien à leur profit d'une latitude d'action dont le but est de garantir au mieux l'adéquation entre les actions conduites et les situations concrètes rencontrées. On peut noter ainsi que la tendance est à l'intégration plus ou moins forcée des initiatives des acteurs publics ou privés locaux dans des grandes politiques d'action sociale étatiques. Situation qui s'explique d'une part par des contraintes financières : obligés de participer à des dispositifs de plus en plus lourds financièrement comme la politique de la ville, l'insertion sociale et professionnelle, le logement, les acteurs locaux ont d'autant moins de moyens pour développer des actions propres ; d'autre part, par la nécessaire globalisation de l'action sociale : la dispersion et le cloisonnement des initiatives pouvant en effet être très néfastes en la matière.

93 **Bibliographie.** E. ALFANDARI, Réflexions sur le droit dit social, *RDSS*, 1967, p. 101 ; L. ASSIER-ANDRIEU, Réflexions sur le droit du « social », *Revue Cités*, n° 1, 2000, p. 9 ; D. CECCALDI, Aide sociale, action sociale et planification sociale, *Rev. aide soc.*, 1963, p. 129 ; P. M. CLAIR, Aux frontières de la sécurité sociale : aide sociale ou action sociale ?, *Dr. soc.*, 1980, p. 558 ; S. DION-LOYE, Le pauvre appréhendé par le Droit, *Rev. rech. jur. Droit prospectif*, 1995, n° 2, p. 433 ; *Les pauvres et le droit*, 1997, PUF ; B. LORY, Définition de l'action sociale, *RDSS*, 1965, p. 15 ; *La politique d'action sociale*, 1975, Privat ; P. MONDOLFO, *Repenser l'action sociale*, 1997, Dunod ; J. SIBILEAU, Les relations de la sécurité sociale et des services sociaux : la place de l'aide sociale, *Rev. aide soc.*, 1964, p. 12.

TITRE II
LES INSTITUTIONS

94 Comme toutes les politiques publiques, celles menées en matière d'aide et d'action sociales ont nécessité la mise en place d'un ensemble institutionnel chargé à la fois d'en définir les grandes orientations, d'en assurer la mise en œuvre et d'en contrôler le fonctionnement.

Pour rendre compte de cet ensemble, deux approches — organisationnelle et fonctionnelle — seront privilégiées. L'approche organisationnelle visera à identifier les diverses instances publiques ou para-publiques qui structurent et gèrent ces politiques ainsi que les professions spécifiques qui sont progressivement apparues pour les appliquer ou collaborer à leur exécution. L'approche fonctionnelle visera pour sa part à mettre en lumière la manière dont assume sa mission et dont est régulé ledit ensemble : ce qui conduira à évoquer à la fois les compétences attribuées aux divers intervenants et les moyens de recours dont disposent tous les intéressés, en particulier les usagers du service public, pour défendre et faire valoir leurs droits.

En d'autres termes, il s'agira de présenter, dans un premier temps, les acteurs (Chapitre I) puis, dans un second temps, le système (Chapitre II).

CHAPITRE I
LES ACTEURS

95 Les politiques d'aide et d'action sociales sont mises en œuvre par un ensemble d'acteurs que l'on peut répartir dans deux catégories : tout d'abord des organes institués, personnes de droit public ou privé, qui sont dotés d'un ensemble d'attributions et de moyens (Section I) ; ensuite, des personnels sociaux, généralement rangés sous le vocable de « travailleurs sociaux », qui sont en charge de responsabilités professionnelles spécifiques et de ce fait sont enserrés dans des statuts particuliers (Section II).

SECTION I LES ORGANES

96 **Bibliographie générale.** V. n° 5 ; *adde* M. JAEGER, *Guide du secteur social et médico-social*, 1994, Dunod ; P. LEGRAND, *Le secteur médico-social*, 1994, Berger-Levrault ; P. LIGNEAU, Les institutions sociales et médico-sociales : inventaire et modalités de coordination, fasc. n° 170 et 171, *in* J. M. AUBY (Dir.), *Traité de droit médical et hospitalier*, Litec ; J. P. NÉGRIN, Aide sociale, *JCA*, fasc. n° 225 à 226-2.

97 On peut sans conteste prétendre que le domaine de l'aide et de l'action sociales est, dans l'ensemble des politiques publiques, celui dans lequel les structures organiques sont les plus diverses et les plus complexes. Elles revêtent en effet une très grande variété de formes juridiques, d'objets et de domaines d'action tant sur lc plan spatial que sur le plan fonctionnel. On y trouve tout d'abord des personnes morales de droit public comme l'État et les collectivités territoriales ; ces personnes peuvent avoir créé des services publics dotés de la personnalité morale (établissements publics administratifs, groupements d'intérêt public) ou avoir confié des attributions à des services sociaux non personnalisés (services sociaux départementaux, services de PMI). On trouve ensuite des personnes morales de droit privé ; certaines peuvent être à but lucratif, surtout dans le champ sanitaire, mais la plupart, dans le domaine qui nous occupe, sont des institutions privées sans but lucratif ; elles peuvent être constituées en associations de la loi de 1901 (ce qui est le cadre juridique le plus habituel), en fondations ou en mutuelles, sans oublier le maintien dans certains secteurs de congrégations ou encore l'intervention en matière d'action sociale des syndicats professionnels et des comités d'entreprise. Il faut enfin évoquer la présence d'institutions parfois

qualifiées de « semi-publiques » : c'est le cas des organismes de sécurité sociale qui, bien que formellement publics pour certains et privés pour d'autres, sont tous, néanmoins, chargés de missions de service public, dotés de prérogatives de puissance publique, soumis à des tutelles étatiques étroites, et de ce fait mêlent règles de droit public et de droit privé.

Pour rendre compte de cet ensemble organique du point de vue à la fois des différents statuts juridiques et des attributions de chacune des instances, le plus simple est de distinguer d'un côté les administrations publiques qui, sans être dépourvues de tâches de mise en œuvre de l'aide et de l'action sociales, se caractérisent par un centrage sur des fonctions de conception-contrôle (§ 1), et de l'autre les institutions sociales qui sont plutôt ordonnées à des missions de prise en charge directe des bénéficiaires (§ 2).

§ 1. LES ADMINISTRATIONS PUBLIQUES

98 Les politiques d'aide et d'action sociales sont conçues par les instances politiques et administratives qui dépendent à la fois de l'État (A) et des collectivités territoriales (B).

A. LES ADMINISTRATIONS DE L'ÉTAT

99 Sur l'espace national, l'État intervient à deux niveaux : tout d'abord, par les services centraux que sont les instances ministérielles, il prend en compte l'ensemble du territoire ; ensuite, dans le cadre des diverses circonscriptions administratives que sont les régions et les départements, il agit par ses services déconcentrés.

1° Les instances ministérielles

100 Plusieurs traits caractérisent les instances ministérielles centrales : en premier lieu, l'organisation du ou des ministères en charge de l'aide et de l'action sociales est éminemment variable ; cependant et en second lieu, la structure générale des services administratifs en charge de ce domaine est beaucoup plus stable ; en troisième lieu, il convient de souligner que des ministères autres que celui directement compétent en matière sociale sont néanmoins amenés à intervenir dans ces questions ; enfin, différents organismes ont été mis en place en marge de l'administration centrale pour concourir à la définition des politiques d'aide et d'action sociales.

101 **a) Les ministères sociaux** — Une approche historique de la manière dont l'État a assumé au niveau central les problèmes sociaux et, parmi ces derniers, l'aide et l'action sociales montre que ces champs d'intervention publique ont relevé au fil du temps de structures ministérielles diverses, tant dans la définition de leur domaine d'action que du point de vue de leur dénomination (1). Le premier ministère à vocation

(1) M. Bergeton, A. Ziegler, Historique des ministères du Travail, de la Santé publique, des Affaires sociales, *RFAS*, 1971, p. 59 ; *RFAS*, n° 4, 1980 ; J. Bordeloup, Instabilité des ministères sociaux : un symbole inquiétant de la crise de la protection sociale, *Dr. soc.* 1996, p. 66 ; B. Friot, Les ministères sociaux et leurs services centraux depuis 1946, *RFAS*, 1996, p. 141.

sociale apparaît en 1906 avec le Ministère du travail qui prend en charge des domaines confiés auparavant au Ministère de l'Intérieur. En 1920, est créé le Ministère de l'hygiène, de l'assistance et de la prévoyance sociale, là encore en autonomisant des directions d'administration centrale jusqu'alors regroupées dans des directions du Ministère de l'Intérieur (Assistance et Hygiène publique) et du Ministère du Travail (Prévoyance sociale) (2).

Avec ce ministère créé en 1920, et en lui ajoutant le Ministère du Travail plus ancien, on assiste en fait à l'émergence des quatre pôles fondamentaux qui, il est vrai non sans évolution dans leur conception, vont structurer les politiques sociales de l'État jusqu'à aujourd'hui : le pôle « travail » qui, concernant à l'origine uniquement l'application des lois sociales sur la durée du travail et les accidents du travail, va, par élargissements progressifs, recouvrir l'ensemble travail-emploi-formation professionnelle ; le pôle « prévoyance sociale » dans son appellation originaire, qui va concerner bientôt l'ensemble de la réglementation et de la tutelle de la sécurité sociale ; le pôle intitulé au départ « hygiène publique » qui deviendra progressivement « santé publique », puis simplement « santé » par suite de l'intervention croissante de l'État dans les questions sanitaires, laquelle l'a fait passer d'une action résiduelle (quelques politiques de santé publique) à un rôle de producteur central des biens et services en la matière ; enfin, le pôle « assistance publique » qui correspond, dans les conceptions modernes, à l'ensemble « aide et action sociales ». On peut ainsi considérer que cette structuration des problèmes sociaux va perdurer autour de ces quatre grands domaines d'action publique à la fois distincts et complémentaires : travail-emploi, sécurité sociale, santé, aide-action sociales. Si l'on y ajoute le domaine de la « population », qui n'est que rarement apparu sous forme d'instance ministérielle, mais qui a justifié longtemps l'existence de services déconcentrés départementaux et qui recouvre aujourd'hui les problèmes d'immigration, on dispose ainsi de l'ensemble du prisme constituant les politiques sociales.

L'histoire des ministères sociaux peut se ramener, au fond, d'une part à la transformation progressive de chacun de ces grands domaines du fait des mutations pratiques et théoriques subies par les problèmes sociaux auxquels ils renvoient, d'autre part à la répartition dans une ou plusieurs entités ministérielles de ces quatre ensembles. Ainsi, à chaque nouveau gouvernement, on constate des partages ou au contraire des regroupements de ces derniers pour constituer un ou plusieurs ministères. Ainsi a-t-on pu assister, en trois occasions, à la constitution d'un « grand ministère des Affaires sociales » englobant l'ensemble des politiques allant du travail-emploi à l'action sociale en passant par la sécurité sociale et la santé (1956-1957, 1966-1969 et 1982-1988). En dehors de ces expériences somme toute limitées, c'est le plus souvent la partition en plusieurs ministères, sous-divisés en secrétariats d'État, qui a prévalu, en autonomisant le secteur « travail-emploi-formation professionnelle » dans un Ministère du Travail et en regroupant, dans un Ministère des Affaires sociales comportant un ou plusieurs secrétariats d'État, « Santé », « Sécurité sociale » et « Action sociale ». C'est ce dernier découpage qui l'a emporté, avec quelques adaptations, tant dans le gouvernement de M. Rocard en 1988 (Ministère du Travail, de l'Emploi et de la Formation professionnelle d'un côté, et de l'autre Ministère de la Solidarité, de la Santé et de la Protection sociale) que dans le gouvernement d'E. Balladur en 1993 (Ministère du

(2) J. A. TOURNERIE, *Le Ministère du Travail (Origines et premiers développements)*, 1971, Cujas.

Travail d'une part et Ministère des Affaires sociales, de la Santé et de la Ville d'autre part).

A l'instar de la constitution de tous les ensembles ministériels des différents gouvernements qui se succèdent, ces découpages de l'action publique obéissent à trois ordres de considérations dont il est d'ailleurs difficile d'apprécier le poids spécifique.

A un premier niveau, il y a tout d'abord la conception que l'on se fait à tel moment des problèmes donnant lieu à des interventions publiques : dans le domaine social, l'apparition des assurances sociales, puis l'institution de la Sécurité sociale, ont profondément influé sur les politiques publiques de protection sociale ; ces évolutions ont eu naturellement d'importantes conséquences sur l'idée que l'on pouvait avoir des « secours publics », devenus « assistance publique » puis « aide sociale » ; ce dernier champ d'action publique a dû lui-même prendre en compte les nouveaux problèmes posés par les phénomènes d'exclusion qui ont généré les politiques d'insertion sociale ou de développement urbain. La conception que l'on se fait des politiques publiques (fondements, buts et moyens légitimes d'action) — et les interventions sociales n'échappent pas à cette règle — évolue donc constamment sous la pression des mutations socio-économiques et idéologiques qui leur sont liées ; cela ne manque pas de se répercuter sur les structures ministérielles et administratives qui les enregistrent de manières diverses : ainsi s'explique l'apparition de nouvelles dénominations ou structures ministérielles, telles que les Secrétariats d'État aux handicapés, à l'intégration des immigrés ou encore le Ministère de la Ville (3).

A un second niveau, la formation d'un gouvernement, qu'elle suive des élections ou non, entend généralement manifester un projet politique, c'est-à-dire un certain nombre de priorités. Cela se traduit, lors des découpages ministériels, par la constitution variable de chaque ensemble et par la création de nouveaux ensembles : les dirigeants politiques entendent par là à la fois signifier leurs priorités et se donner les moyens politiques et administratifs de les mettre en œuvre. D'où le recours à de nouvelles dénominations (solidarité, intégration, action humanitaire, ville, quartiers en difficulté...) ainsi que la formation soit de regroupements, soit de ministères autonomes et de secrétariats d'État.

A un troisième niveau enfin, la configuration des ministères ne manque pas d'être influencée par les équilibres politiques au sein du gouvernement et surtout au sein de la majorité qui le soutient. Ainsi, la création de grands ministères est souvent liée à la volonté de bien doter un responsable politique important ; de même la multiplication des entités ministérielles distinctes ou des secrétariats d'État répond à un souci de dosages quantitatifs des responsabilités gouvernementales entre les différents partis majoritaires.

Ce sont ces trois logiques croisées qui ont présidé à la formation des deux gouvernements successifs de M. Alain Juppé : le pôle social fut, dans la première mouture, totalement éclaté dans une configuration inédite avec un ministère de la Santé publique et de l'Assurance maladie, un ministère de la Solidarité entre les générations, un ministère de l'Intégration et de la lutte contre l'exclusion et deux secrétariats d'État chargés pour l'un des Quartiers en difficulté et pour l'autre de l'Action humanitaire

(3) Sur l'essor des politiques publiques, v. Y. Meny, J. C. Thoenig, *Les politiques publiques*, p. 129-150, 1989, PUF ; B. Jobert, P. Muller, *L'État en action*, p. 87 et s., 1987, PUF.

d'urgence (4) ; dans le second gouvernement, en revanche, c'est le parti inverse qui fut choisi puisque non seulement l'ensemble santé-action sociale fut ressoudé mais, au-delà, c'est un grand ministère du Travail et des Affaires sociales qui fut confié à M. Jacques Barrot (5).

Le changement de majorité, le 1er juin 1997, et la formation du gouvernement de M. Lionel Jospin plaça le nouveau ministre en charge du « social », Mme Martine Aubry, à la tête d'un ensemble ministériel tout aussi conséquent que celui de son prédécesseur immédiat puisqu'il intègre à nouveau la totalité des composantes allant du Travail à l'Action sociale, en passant par l'Emploi, la Santé et la Sécurité sociale. Mme Aubry est numéro deux du gouvernement, ce qui manifeste tout à la fois son poids politique et l'importance des domaines qui lui sont confiés pour l'action gouvernementale (6). La Ministre de l'emploi et de la solidarité est assistée d'un Secrétaire d'État, poste d'abord occupé par M. Bernard Kouchner, puis confié à Mme Nicole Pery.

102 **b) Les services centraux de l'État** — Si les découpages ministériels sont affectés d'une très grande plasticité en fonction des diverses contraintes qui pèsent sur la formation de chacun des gouvernements, on constate en revanche que les grandes directions ministérielles, quel que soit le nombre des responsables politiques qui les ont en responsabilité, expriment une très forte stabilité. Ainsi, à côté des directions du ministère du Travail, qui n'a qu'à de très rares reprises été institutionnellement regroupé avec les Affaires sociales au sein d'une même structure ministérielle, l'ensemble des interventions de l'État en matière de santé, de sécurité sociale et d'action sociale (à laquelle on peut adjoindre le terme de « solidarité » apparu en 1981) est pris en charge par plusieurs directions qui constituent la structure générale des services centraux de l'État (7).

* Il existe tout d'abord des services communs à l'ensemble des ministères sociaux. Pour l'ensemble « Affaires sociales », des services communs ont été institués : Direction de l'administration générale, du personnel et du budget (DAGPB), Service des statistiques, des études et des systèmes d'information (SESI), Division des relations internationales (DRI). Un organisme de coordination de la politique de recherche a été créé, la Mission interministérielle Recherche Expérimentation (MIRE) et elle a récemment fusionné avec la DARES, organisme de recherche dans le secteur « emploi », pour constituer une direction unique en charge de la production de la recherche et de l'expertise pour l'ensemble des politiques sociales (DREES) ; de même, de la réunion des diverses inspections ministérielles en matière de santé, de sécurité sociale ou d'emploi est né en 1967 un service de contrôle, d'étude et d'évaluation de l'ensemble des ministère sociaux : l'Inspection générale des Affaires sociales (IGAS) (8).

---

(4) D. 18 mai 1995 relatif à la composition du gouvernement ; v. aussi D. nº 95-749, 753 et 755 et 757, 1er juin 1995 relatifs aux attributions des ministères.

(5) D. 7 novembre 1995 relatif à la composition du gouvernement.

(6) D. 4 juin 1997 relatif à la composition du gouvernement.

(7) La structure générale des ministères est fixée par décret en Conseil d'État et l'organisation des directions et services ministériels par arrêté conjoint du Premier ministre et du ministre compétent (pour le ministère du Travail, v. D. nº 75-507, 25 juin 1975, mod. D. nº 90-665, 30 juillet 1990 ; pour l'organisation du ministère des Affaires sociales, v. D. nº 66-486, 6 juillet 1966, mod. D. nº 90-665, 30 juillet 1990).

(8) D. 2 mai 1990 ; A. 30 octobre 1992 ; sur cet organisme, v. DIVERS, L'IGAS (1967-1997), *RFAS*, nº 2, 1998 ; D. CECCALDI, La fonction d'inspection dans le secteur social, *TPS*, 1998, nº 2, p. 4.

* Viennent ensuite les services centraux en charge de la Santé, de la Sécurité sociale et de l'Action sociale.

Si les services ministériels de la Santé n'ont pas lieu d'être analysés ici (9), il convient en revanche d'expliciter les services de la Solidarité et de l'Action Sociale qui ont en charge l'ensemble des politiques d'aide et d'action sociales : il s'agit en effet des services centraux qui couvrent d'une part le champ d'action des grandes institutions de protection sociale (Sécurité sociale, régimes complémentaires, mutualité, aide sociale), d'autre part les actions de protection de groupes ou d'individus, famille, enfance, handicapés, personnes âgées, personnes en difficulté. Ces services sont répartis en trois grandes directions.

La Direction de la Sécurité sociale (DSS). La mission générale de cette direction ministérielle est de mettre en œuvre la législation de la Sécurité sociale. Pour ce faire elle doit préparer les décisions gouvernementales en matière de Sécurité sociale, dans un contexte aujourd'hui difficile où l'inflation de la demande de soins se conjugue avec un tassement des ressources. Elle veille, également, au fonctionnement des organismes de Sécurité sociale en ayant en responsabilité l'exercice de la tutelle de l'État (10).

La Direction de l'Action sociale (DAS) qui — même si toutes les interventions publiques en matière d'action sociale n'y sont pas intégrées — cumule l'essentiel des responsabilités en la matière. C'est à cette direction en effet qu'a été confiée la plus grande part des attributions ministérielles concernant l'aide et l'action sociales (11) et ce, bien qu'un mouvement très fort de développement d'interventions interministérielles (RMI, logement par exemple) ainsi que les transferts de compétences dus à la décentralisation aient affaibli le contrôle qu'elle exerçait antérieurement sur les politiques d'action sociale. Trois sous-directions composent la DAS : la sous-direction du développement social, de la famille et de l'enfance ; la sous-direction de la réadaptation, de la vieillesse et de l'aide sociale ; la sous-direction du travail social et des institutions sociales.

La Direction de la population et des migrations (DPM). Ce service assume l'héritage des préoccupations les plus anciennes de la puissance publique en matière d'immigration, à savoir les questions démographiques et d'emploi de la main d'œuvre d'origine étrangère. Mais les questions nouvelles posées par l'intégration sociale des immigrés ont nécessité une réorientation des politiques publiques en la matière vers des problèmes d'insertion des individus, des familles et plus largement des communautés migrantes (12).

---

(9) Ces services comportent deux directions : la Direction générale de la Santé (DGS) et la Direction des Hôpitaux (DH).

(10) Cette direction a une structure interne stable, dans la mesure où est reprise la division en branches du régime général de la Sécurité sociale. C'est pourquoi trois sous-directions ont été instituées (sous-directions de l'assurance maladie, de l'assurance vieillesse et de la famille, des accidents du travail, du handicap et de la mutualité) auxquelles il convient d'ajouter une sous-direction transversale (affaires administratives et financières).

(11) La dernière réforme dans l'organisation de la DAS a été réalisée par les arrêtés du 4 septembre 1991.

(12) Ces deux aspects de l'action publique sont assumés par deux sous-directions : la sous-direction de la démographie, des mouvements de population et des questions internationales. Ce service a en charge l'ensemble des problèmes posés par l'immigration (accès et séjour des travailleurs étrangers sur le territoire, regroupement familial). Deux établissements publics concourent à l'établissement de la politique publique en ces domaines : l'Institut national des études démographiques (INED) qui élabore les connaissances de base ; l'Office des migrations internationales (OMI) qui centralise toutes les études en la matière. Et la sous-direction des communautés immigrées, laquelle a en charge la préparation de la politique d'accueil et

Souvent rattachées aux ministères en charge des affaires sociales ou encore aux services du Premier ministre (sauf lorsque se crée un ministère ou un secrétariat spécifiques), il faut mentionner l'existence de structures interministérielles qui se sont vu confier des moyens d'action importants : il s'agit de services destinés à promouvoir des politiques nouvelles et fortement médiatisées, comme celles finalisées à l'insertion sociale et au développement urbain. On peut les ranger sous la dénomination générique « administrations de mission » (effectif réduit, agents issus d'administrations diverses et du secteur privé, fonctions d'animation et d'incitation et non de gestion de services, démarche de « projet », méthodes souples d'action)... On trouve ainsi, dans le champ social, la Délégation interministérielle au RMI (DIRMI) qui, en charge du suivi de la mise en œuvre de la loi du 1er décembre 1988 relative au RMI, a mission de coordonner les services ministériels concernés, de donner des directives aux préfets, d'orienter l'action des divers acteurs des dispositifs locaux (13). De même, pour faire face aux problèmes rencontrés dans certains espaces socialement dégradés, on a institué la Délégation interministérielle à la Ville et au Développement social urbain (14) qui, de 1989 à 1993, a dépendu d'une structure ministérielle inédite (le secrétariat d'État à la Ville) et a été pensée comme l'instrument d'action d'un Comité interministériel de même objet ; il s'agit là encore d'une structure souple, à vocation incitative, chargée d'impulser une politique nationale tout en coordonnant, intégrant et soutenant des initiatives locales multiples (15). Ces structures de l'administration centrale ne sont pas intangibles et dans le cadre de la « réforme de l'État » (16), des projets ont été avancés (17) ; à défaut de parvenir à des mutations d'ampleur, ce mouvement a imposé un recentrage des missions des administrations ministérielles autour des fonctions de conception, d'impulsion et de contrôle en laissant le soin aux structures déconcentrées de mettre en œuvre les diverses politiques ; c'est ainsi que les missions des services centraux de l'administration sociale ont été redéfinies (18).

103 **c) Les attributions sociales des autres ministères** — En dehors de l'ensemble « santé-sécurité sociale-action sociale », les politiques sociales concernent d'autres ministères pour certaines de leurs attributions : tant il est vrai que les cloisonnements fonctionnels sont arbitraires et souvent inadaptés aux évolutions que connaissent les politiques publiques en la matière.

---

de protection sociale des immigrés et de leurs familles. Elle est assistée dans cette mission par un établissement public, le Fonds d'action sociale pour les travailleurs immigrés et leur famille (FAS) qui, alimenté par une contribution des régimes d'allocations familiales, finance des actions d'insertion sociale et professionnelle en faveur des populations immigrées (logement, formation, accueil des arrivants, participation à la politique de la ville...).

(13) La DIRMI a été réaménagée récemment, le Directeur de l'Action sociale exerçant dorénavant la fonction de Délégué interministériel au RMI (D. 1er août 1996).

(14) D. nº 88-1015, 28 octobre 1988.

(15) D'autres organismes interministériels peuvent encore être évoqués : la Délégation interministérielle à l'insertion des jeunes en difficulté, la Délégation interministérielle aux personnes handicapées, la Délégation générale à l'innovation sociale et à l'économie sociale, le Comité interministériel de lutte contre la drogue et la toxicomanie.

(16) J. Chevallier, La réforme de l'État et la conception française du service public, *RFAP*, nº 177, 1996, p. 189 et s. ; P. Warin, *Quelle modernisation des services publics, Les usagers au cœur des réformes*, 1997, La Découverte.

(17) C. Rollet, *Rapport d'orientation sur la réforme de l'administration centrale des affaires sociales et de la santé*, non publié, 1998 (*TSA*, nº 695, 1998, p.13).

(18) Circ. 3 juin 1998 (*JO*, 9 juin 1998).

Il convient tout d'abord de rappeler que, en dehors des hypothèses de constitution d'un « grand ministère » des Affaires sociales, le ministère en charge du Travail, de l'Emploi et de la Formation professionnelle développe des activités qui entrent clairement dans le champ des politiques sociales (insertion professionnelle de diverses populations en difficulté, travail des personnes handicapées) ou qui se situent à son immédiate proximité.

On peut évoquer ensuite le ministère de la Justice lequel, en sus des services sociaux qui lui sont propres et qui sont en charge des populations carcérales et de leurs familles, intervient directement dans l'aide sociale et l'action sociales au travers de deux missions : d'une part, la protection de l'enfance en danger qui repose au final sur une juridiction spécialisée, le juge des enfants, et met en œuvre des interventions à finalité rééducative par le biais de la Direction de la protection judiciaire de la jeunesse ; d'autre part, les services de l'aide juridictionnelle qui gèrent cette forme d'assistance publique spécifique destinée à permettre un accès égal pour tous à la justice. De façon générale, par l'aménagement et le contrôle du statut des personnes et des droits et obligations qui solidarisent les membres de la société, le ministère de la Justice joue un rôle fondamental dans l'intégration sociale.

On peut évoquer encore le ministère de l'Éducation nationale qui, à la périphérie de sa fonction fondamentale d'éducation et par là d'insertion sociale de tous, assume des missions très clairement comprises dans le champ de l'action sociale : organisation des services de santé scolaire, attribution et gestion des bourses d'enseignement, tutelle des œuvres universitaires et scolaires (CNOUS et CROUS), mise en place de services concourant à l'éducation spéciale des enfants handicapés. Le ministère de la Jeunesse et des Sports assume aussi diverses missions à vocation sociale au travers de l'organisation et de la tutelle d'actions socio-éducatives (centres de vacances) : rôle qui s'est nettement accru du fait de sa participation aux nouvelles politiques spatiales (quartiers en difficulté, ville) ; de même que le ministère de l'Agriculture qui a en charge la mise en œuvre des lois sociales en direction des agriculteurs et qui exerce une tutelle sur la Mutualité sociale agricole, organisme assurant la protection sociale de ces derniers.

104 **d) Les organismes sociaux au niveau national** — Placés sous l'autorité ou sous la tutelle des ministères en charge de l'action sociale, une série d'organismes se sont vu confier soit des compétences consultatives, soit des attributions spécifiques.

Au titre du premier type de missions, on doit faire état de divers conseils ou comités nationaux qui, même si l'un d'entre eux excède cette fonction, ont tous des attributions d'étude et de conseil au profit des autorités ministérielles :

— *le Conseil supérieur de l'aide sociale* (19) : il est chargé de l'étude et de l'examen de toutes les questions qui lui sont soumises par le ministre et qui concernent l'organisation et le fonctionnement de l'aide sociale. Au-delà de cette mission d'essence consultative, il dispose d'une compétence contentieuse dévolue à l'une de ses formations (la section permanente) qui, réformée et dénommée « Commission nationale de la tarification sanitaire et sociale » (20), est compétente pour connaître des recours

(19) *C. famille*, art. 199 et s.
(20) *C. famille*, art. 190, 200, 201-1 ; D. n° 90-359, 11 avril 1990 ; v. aussi *infra*, n° 192.

contre les arrêtés ou décisions établissant le financement des établissements publics ou privés (21) ;

— le *Conseil supérieur de travail social* (22) : cet organe peut être consulté par le ministre sur tous problèmes touchant à la formation en vue des professions sociales et à l'emploi dans le travail social. Sa particularité tient à ce que, se substituant à une série de comités définis profession par profession, il prend en compte l'ensemble des professions sociales (23) et affirme ainsi une vocation transversale. Composé de représentants des pouvoirs publics, de représentants des organisations syndicales du secteur social, de représentants des organismes de formation et de personnalités compétentes, le Conseil supérieur de travail social se veut un instrument de réflexion large sur l'évolution de l'action sociale et des professions qui la mettent en œuvre ;

— *le Conseil national consultatif des personnes handicapées* (24) : prévu à l'article 1er de la loi du 30 juin 1975 (25), il assure la participation des personnes handicapées à l'élaboration et à l'application de la politique les concernant. Il peut être consulté par les ministres compétents sur tout projet, programme ou étude intéressant les personnes handicapées ; il réalise de plus chaque année un rapport sur l'application de cette politique ;

— *le Comité national des retraités et des personnes âgées* (26) : autre instance purement consultative, le Comité est saisi par les ministres compétents sur toute question concernant les personnes âgées ; il peut de plus examiner de sa propre initiative tout problème relatif à la politique menée à destination du troisième âge. Le Comité national se voit relayé, au niveau local, par les Comités départementaux des retraités et personnes âgées ;

— *le Conseil national des politiques de lutte contre la pauvreté et l'exclusion sociale* (27) : institué par l'article 43-1 de la loi du 1er décembre 1988 relative au RMI, ce conseil a été modifié par la loi n° 98-657 du 29 juillet 1998 relative à la lutte contre les exclusions (28). Sa composition est maintenue à l'identique et y siègent l'ensemble des ministres concernés par les problèmes d'exclusion sociale (action sociale, ville, logement, plan) avec à leur côté deux parlementaires, des élus locaux désignés par les associations nationales, des représentants des organismes œuvrant dans le champ de l'insertion sociale et professionnelle, et enfin des personnes qualifiées. Ses missions ont été redéfinies dans la mesure où il est désormais chargé de réaliser ou de faire réaliser toutes études sur les situations et phénomènes de précarité et d'exclusion. Le Conseil national est complété par une nouvelle structure instituée par

(21) Le Conseil supérieur comprend trois formations : une assemblée plénière composée de membres de droit (parlementaires, élus locaux, représentants des ministères), de membres désignés par le ministre sur proposition d'organismes (Sécurité sociale, Mutualité, etc.) et de personnalités choisies par le ministre en raison de leurs compétences en matière d'aide sociale ; une section permanente qui comprend des membres siégeant à l'assemblée plénière et qui cumule fonctions consultatives et compétence contentieuse ; des commissions constituées par l'assemblée plénière et chargées de l'étude des questions soumises au Conseil supérieur.

(22) D. 17 juillet 1984, A. 26 novembre 1984, A. 11 janvier 1993 : pour un bilan de l'action du dernier CSTS (renouvelé depuis lors), v. *TSA*, 1996, n° 604, p. 19.

(23) A l'exception toutefois des animateurs qui relèvent d'une structure nationale spécifique, la Commission nationale pour la formation à l'animation (CNAFA).

(24) D. n° 84-203, 22 mars 1984.

(25) L. n° 75-534, 30 juin 1975 d'orientation en faveur des personnes handicapées.

(26) D. n° 82-697, 4 août 1982 et n° 88-160, 17 février 1988.

(27) D. n° 93-650, 26 mars 1993.

(28) L. n° 98-657, 29 juillet 1998, art. 153, mod. L. n° 88-1088, 1er décembre 1988, art. 43-1.

la loi du 29 juillet 1998, *l'Observatoire national de la pauvreté et de l'exclusion sociale* (29) : son rôle est de rassembler, d'analyser et de diffuser les informations et données relatives aux situations de précarité et de pauvreté ; de faire réaliser des études et travaux de recherche et d'évaluation sur ces problèmes ; de contribuer au développement de la connaissance et des systèmes d'information dans ces domaines ; d'élaborer chaque année un rapport au Premier ministre et au Parlement sur les phénomènes de pauvreté et sur les politiques menées à leur encontre. Enfin, un *Comité interministériel de lutte contre les exclusions* (30) a été créé, et il est chargé de définir et de coordonner la politique du gouvernement dans le domaine de la prévention et de la lutte contre les exclusions.

Au titre du second type de missions confiées aux principaux organismes nationaux concourant à la définition de la politique d'action sociale, on rencontre des structures ayant des compétences fonctionnelles spécifiques, que ce soit en matière de formation, de recherche ou d'animation de l'un des secteurs de l'action sociale :

— *l'École nationale de la santé publique* (31) : il s'agit d'un établissement public national à caractère administratif sous tutelle du ministère. Elle est chargée de la formation initiale et continue des personnels d'encadrement de l'État, des collectivités locales et autres institutions publiques ou privées sanitaires ou sociales (inspecteurs des affaires sanitaires et sociales, directeurs d'hôpitaux et d'établissements sanitaires et sociaux, médecins et pharmaciens de santé publique, ingénieurs du génie sanitaire) (32) ;

— *le Centre technique national d'études et de recherches sur les handicaps et les inadaptations* (CTNERHI) : créé sous la forme juridique d'une association de la loi de 1901, le Centre a une mission de recherche, d'étude et de conseil au profit des services ministériels pour ce qui concerne les besoins et leur évolution ainsi que les méthodes de soins, d'éducation, de réinsertion et de prévention dans le champ du handicap. Liée à un réseau dense de centres régionaux (les CREAI), cette structure a pour particularité d'offrir une instance scientifique commune aux pouvoirs publics et au monde associatif ;

— *l'Institut de l'enfance et de la famille* (IDEF) (33) : établissement public administratif, l'Institut a pour mission d'étendre, d'approfondir et de diffuser la connaissance relative aux réalités de l'enfance et de la famille. Pour ce faire, il rassemble toutes les informations disponibles et fait procéder, autant que de besoin, à des études ; il tient à jour un service de documentation et en assure la diffusion par ses propres publications ;

— *la Délégation interministérielle à la famille* et le *Comité interministériel à la famille* : conformément à des décisions prises en 1998 dans le cadre de la Conférence annuelle de la famille, ces deux instances ont été instituées (34), la seconde pour arrêter les orientations générales de la politique du gouvernement en la matière en

(29) L. n° 98-657, 29 juillet 1998, art. 153-1.
(30) D. n° 99-104, 12 février 1999.
(31) L. n° 60-732, 28 juillet 1960 ; D. n° 93-703, 27 mars 1993.
(32) Il faut rappeler que la formation des personnels d'encadrement des organismes de la Sécurité sociale relève d'un autre établissement public à caractère administratif, le Centre national d'études supérieures de Sécurité sociale (CNSS).
(33) D. n° 84-124, 22 février 1984.
(34) D. n° 98-646, 28 juillet 1998.

réunissant tous les ministres concernés, la première pour animer et coordonner la mise en œuvre de cette politique.

2° Les instances déconcentrées

105 **a) L'évolution des services extérieurs de l'État** — A l'instar de la plupart des ministères qui définissent, mettent en œuvre et contrôlent une politique publique, les ministères en charge de l'aide et de l'action sociales disposent de services extérieurs. Les services sanitaires et sociaux déconcentrés se situent d'une part au niveau de la circonscription régionale, d'autre part au niveau de la circonscription départementale.

Ces services extérieurs ont subi diverses transformations au cours des dernières décennies. Pour l'essentiel, deux mouvements les ont affectés : tout d'abord, dans les années 1960, une réorganisation d'ensemble de l'État au niveau local dans un but de rationalisation et de modernisation a conduit, dans le domaine des politiques sociales, à constituer un service départemental unifié ainsi qu'à instituer progressivement des services régionaux. Ensuite, pour assumer les effets de la décentralisation administrative initiée à partir de 1982, il a été procédé, par touches successives, à une réforme de ces services.

La structure générale d'organisation de l'État au niveau local s'établit, pour les services extérieurs, dans la décennie 1960-1970 (35). En ce qui concerne les affaires sanitaires et sociales, elles s'insèrent parfaitement dans le mouvement d'ensemble :

— unification des services départementaux et création des services régionaux : les décrets des 14 mars et 30 juillet 1964 ont regroupé divers services locaux de l'État, constituant ainsi les Directions départementales de l'action sanitaire et sociale (DDASS) ; dans le même temps, et de façon progressive, un mouvement de régionalisation aboutit, après l'étape des Service régionaux de l'action sanitaire et sociale (SRASS), à la création par le décret du 22 avril 1977 des Directions régionales de l'action sanitaire et sociale (DRASS) ;

— la partition des DDASS : faisant suite à la loi du 2 mars 1982 qui pose les nouveaux principes de la décentralisation, les lois des 7 janvier et 22 juillet 1983 ont procédé, dans un grand nombre de domaines, à un partage des compétences allant dans le sens d'un important renforcement des attributions des collectivités locales. Ce fut le cas en matière d'action sanitaire et sociale (36). Pour faire droit à cette nouvelle répartition, les DDASS créées en 1964 furent donc scindées, en ce qui concerne tant les services que les personnels et les moyens, en deux ensembles (37) : d'un côté, une Direction départementale des affaires sanitaires et sociales maintenue (le plus souvent dite « DDASS-État »), placée sous l'autorité du préfet et constituant le service extérieur des ministères sociaux, en charge des attributions restées à l'État ; de l'autre, un ou plusieurs services départementaux, placés sous l'autorité du président

(35) J. Rigaud, X. Delcros, *Les institutions administratives françaises*, 1985, FNSP-Dalloz.
(36) V. *infra*, n° 151 et s.
(37) Après une période de transition courant jusqu'en 1985, le partage des personnels, des matériels et des locaux s'est effectué dans le cadre d'une convention signée par le préfet, représentant de l'État dans le département, et par le président du conseil général au nom de la collectivité départementale ; cette convention a dû faire l'objet d'une approbation des ministres de l'Intérieur et des Affaires sociales. Les modalités de ce partage ont fait l'objet du décret n° 84-931 du 19 octobre 1984 et d'une circulaire du même jour.

du conseil général, dénommés et organisés par la collectivité locale départementale, en charge des compétences confiées au département ;

— la redéfinition des attributions des DRASS et des DDASS : en conséquence du renforcement de la décentralisation qui a profondément affaibli l'échelon départemental, mais aussi des mutations dans les politiques d'action sociale (développement de nouvelles politiques sociales transversales, notamment d'insertion sociale) qui ont mis en cause les missions de l'État au niveau local, on a dû procéder à une redéfinition des missions des services déconcentrés ainsi que de leur répartition entre le niveau régional et le niveau départemental. A la suite de l'expérimentation des DRISS dans trois régions (38), un décret (39) a défini les missions et attributions à la fois des DRASS et des DDASS. Reprécisant les missions spécifiques de chacun des deux niveaux d'administration déconcentrée, ce texte fixe les modalités de coordination, sous responsabilité du Préfet de région, entre les deux niveaux d'administration dans un but d'harmonisation des actions et de gestion optimale des moyens. Le texte opère un décloisonnement tant vertical (attribution de fonctions de coordination à la DRASS) qu'horizontal (harmonisation de l'action des différentes DDASS dans une même région). Cette réforme veut donc, tout en ne touchant pas à la structure héritée (les échelons régional et départemental étant maintenus), réaliser une intégration de l'action de l'État en dotant la région d'une fonction de mise en cohérence.

Enfin, si les attributions des DRASS et des DDASS ont été stabilisées récemment, il convient de noter que les services régionaux ont connu une nouvelle évolution de leurs compétences du fait de la création des Agences régionales de l'hospitalisation (ARH) créées dans le cadre du « Plan Juppé » relatif à la Sécurité sociale (40). Ainsi, tout ce qui concerne l'analyse des besoins, la planification et la programmation des établissements de santé ainsi que l'allocation des ressources affectées aux dépenses sanitaires et médico-sociales a été confié à cette nouvelle instance, constituée sous la forme d'un groupement d'intérêt public réunissant l'État et les organismes d'assurance maladie.

106 **b) L'État au niveau régional : la DRASS** — Le décret du 6 décembre 1994 relatif aux missions et attributions des directions régionales et départementales des affaires sanitaires et sociales avait confié aux services régionaux plusieurs types de missions : observation et planification en matière sanitaire, affectation des ressources aux établissements et services sanitaires et médico-sociaux, contrôle de l'application de la législation, attributions techniques diverses et enfin coordination des politiques sociales conduites dans la région par l'ensemble des services de l'État.

L'ordonnance du 24 avril 1996 portant réforme de l'hospitalisation publique et privée a créé un nouvel organe — les Agences régionales de l'hospitalisation — chargé de définir et de mettre en œuvre la politique régionale d'offre de soins hospitaliers, d'analyser et de coordonner l'activité des établissements de santé publics et privés et de déterminer leurs ressources. La création de ces Agences a eu un double effet sur les directions régionales : d'une part, en ce qui concerne leurs compétences,

(38) Directions régionales et interdépartementales de la Santé et de la Solidarité (D. n° 91-1046, 26 septembre 1991).

(39) D. n° 94-1046, 6 décembre 1994.

(40) *C. santé publ.*, art. L. 710-7 et D. n° 96-1039, 29 novembre 1996 ; sur ce point, v. M. GHÉBALI-BAILLY, Les agences régionales de l'hospitalisation ou l'État éclaté, *RDSS*, 1997, p. 571.

toutes les attributions concernant le secteur hospitalier leur échappent puisque ce sont maintenant les Agences qui ont en charge les compétences de planification et d'autorisation d'établissements ou services ainsi que l'allocation des ressources aux établissements de santé ; d'autre part, les personnels et services des DRASS (comme, d'ailleurs, des DDASS) nécessaires à la mise en œuvre de ces attributions dans le secteur sanitaire sont mis à disposition des Agences régionales et placés sous l'autorité du directeur de l'Agence (41).

Il en résulte donc un net recul des directions régionales lesquelles, réduites en moyens et en personnels, n'exercent plus en fait que trois séries d'attributions. Il s'agit tout d'abord du contrôle de l'application de la législation sociale qui concerne soit la protection sociale, soit la gestion des organismes de sécurité sociale. Il s'agit ensuite d'un ensemble de compétences techniques dont essentiellement le contrôle des établissements de formation aux professions sanitaires et sociales ainsi que l'organisation des concours et examens donnant accès à ces professions. Il s'agit enfin, en matière d'aide et d'action sociales, d'une mission de coordination de l'ensemble des actions conduites par les services de l'État, notamment par les directions départementales ; cette dernière attribution, novatrice dans le décret de 1994 par rapport à la conception antérieure de l'organisation de l'État au niveau régional et départemental, correspond à une volonté de réaménager l'action locale de ce dernier pour tenir compte de l'affaiblissement de ses services locaux résultant tant de la création des Agences régionales qui affecte l'échelon régional que de la décentralisation qui a profondément touché l'échelon départemental (42).

Sur le plan structurel, il convient d'indiquer — par delà la création des Agences régionales qui a soumis certains services de la DRASS à l'autorité du directeur de l'Agence — que dans le mouvement de déconcentration de l'État conçu à la fois comme la conséquence et le contrepoids nécessaire de la décentralisation (43), le décret du 6 décembre 1994 a placé le directeur régional des affaires sanitaires et sociales « sous l'autorité du préfet de région ». Ce mouvement de réforme des services régionaux de l'État n'est d'ailleurs pas clos, puisqu'il est actuellement envisagé, dans une perspective de renforcement de la déconcentration, d'accroître les pouvoirs préfectoraux en matière d'organisation des services : ce qui se traduirait notamment par la possibilité d'aménager la coopération entre services (création de délégations interservices, réalisation de fusions totales ou partielles de services) (44). En contrepartie de cette logique de territorialisation de l'action publique, les services ministériels ont engagé une politique d'encadrement plus strict de l'action des services déconcentrés

(41) Les litiges occasionnés par la mise en place des ARH relèvent de la compétence des tribunaux administratifs dans le ressort desquels siège l'organisme (CE, 14 janvier 1998, Synd. nat. personnels aff. sanit. et soc. FO, *LPA*, 1998, n° 151, p. 20, concl. J. C. Bonichot ; *AJDA*, 1999, p. 164, note J. Petit) ; pour un exemple de contentieux des autorisations d'installations sanitaires, v. CAA Paris, 17 novembre 1998, Min. Emploi c/ Clinique Caron, *AJDA*, 1999, p. 226, obs. M. Heers.

(42) D. n° 86-565, 14 mars 1986 relatif aux attributions des DRASS et des DDASS ; dans leurs missions antérieures, les DRASS avaient essentiellement des missions de programmation, d'affectation des ressources des établissements de santé et de contrôle technique, les DASS ayant une mission d'intervention plus directe sur le terrain.

(43) Loi d'orientation n° 92-125 du 6 février 1992 relative à l'administration territoriale de la République : v. aussi D. n° 92-604, 1er juillet 1992 portant charte de la déconcentration.

(44) *TSA*, n° 756, 1999, p. 13.

d'une part en définissant plus clairement leurs missions (45), d'autre part en adoptant des objectifs annuels d'action pour ses services (46).

107 **c) L'État au niveau départemental : la DDASS** — En 1985, et après que le partage négocié des services départementaux entre l'État et le département a été réalisé en application de la nouvelle répartition des compétences voulue par la loi du 22 juillet 1983, les Directions départementales des affaires sanitaires et sociales ont été fortement amoindries tant du point de vue de leurs attributions que du point de vue de leurs moyens : près de 70 % des effectifs et de 50 % des cadres ont été intégrés dans les nouveaux services du département. Cette situation n'a pas manqué d'avoir des effets sur la place et le rôle des services départementaux de l'État, la compétence de principe en matière d'aide sociale appartenant dorénavant au département ; c'est là que la nécessité de réforme des services extérieurs de l'État trouve son origine : réforme inscrite dans le décret du 6 décembre 1994 faisant suite aux expériences des DRISS (Directions régionales et interdépartementales des affaires sanitaires et sociales).

C'est encore ce même décret qui, à l'instar des mesures qu'il introduit pour les DRASS, redéfinit les missions des DDASS. Responsables de l'application, dans le département, des politiques sanitaires, médico-sociales et sociales arrêtées par les pouvoirs publics, les missions des DDASS consistent à mettre en œuvre des politiques d'intégration, d'insertion, de solidarité et de développement social, des actions de promotion et de prévention en matière de santé publique et de lutte contre les épidémies et endémies, de protection sanitaire de l'environnement et de contrôle des règles d'hygiène, de tutelle et de contrôle des établissements sanitaires, médico-sociaux et sociaux.

Le texte délimite ainsi trois axes d'action pour les services départementaux de l'État : les interventions d'aide et d'action sociales, l'action sanitaire et enfin le contrôle des établissements sanitaires et sociaux. Cela reprend pratiquement les missions telles qu'elles étaient présentées de façon détaillée par le décret du 14 mars 1986 (47) : en matière d'aide et d'action sociales, la DDASS a tout d'abord en charge les prestations d'aide sociale restées à la charge de l'État après les transferts d'attributions au département (48) ; elle intervient ensuite dans les actions globales et multipartenariales de lutte contre l'exclusion et de développement social (RMI, politiques en faveur de la famille ou développement urbain, politiques de lutte contre les exclusions redéfinies récemment par la loi du 29 juillet 1998) ; elle mène une action sociale spécifique, en liaison avec les autres personnes publiques, notamment le département, en faveur des personnes âgées, des handicapés, des immigrés... En matière d'action sanitaire, la DDASS assume plusieurs fonctions : une protection sanitaire générale avec le

(45) Circ. Min. emploi et solidarité, 27 janvier 1997, TSA, *Bull. lég.*, n° 32, 1997, p. 11.

(46) Circ. DAGPB, 28 janvier 1998 (*TSA, Bull. lég.*, n° 44, 1998, p. 15) ; circ. n° 99/15, 28 janvier 1999 (*TSA*, n° 725, 1999, p. 6).

(47) D. n° 86-565 (précité) abrogé par D. n° 94-1046, 6 décembre 1994 (précité), art. 12.

(48) La compétence de droit commun ayant été attribuée au département, il s'agit des exceptions prévues par la loi du 22 juillet 1983, art. 35 (allocation aux familles dont les soutiens accomplissent le service national, allocation simple aux personnes âgées, frais d'IVG, frais d'hébergement et de formation des personnes handicapées, frais de fonctionnement des CAT, dépenses d'aide sociale pour les « sans domicile fixe », aide sociale en matière d'hébergement et de réadaptation sociale) : sur ces diverses compétences, v. *infra*, n° 160 et s.

contrôle administratif et technique des règles d'hygiène, la surveillance du milieu, la lutte contre les épidémies, la mise en place des divers plans de secours d'urgence ; une participation à l'élaboration de systèmes de prévention et de soins, comme la transfusion sanguine, les alternatives à l'hospitalisation ou les centres de santé ; la réalisation d'actions spécifiques contre certains fléaux sociaux ou maladies (sida, toxicomanie, alcoolisme, actions de santé mentale) (49). Enfin, les DDASS assument les missions de tutelle et de contrôle des établissements sanitaires qui exercent les attributions d'aide et d'action sociales sous compétence de l'État ainsi que des établissements du service public hospitalier (allocation des ressources et des moyens, contrôle du fonctionnement, suivi de la gestion et de l'administration). Du fait du développement d'une contractualisation massive entre l'État et les organismes sanitaires et sociaux pour la mise en œuvre des politiques de santé et d'action sociale, les fonctions d'inspection et d'évaluation acquièrent désormais une importance particulière (50).

L'insertion de la DDASS dans la hiérarchie administrative de l'État a elle aussi fait l'objet de modifications à la suite des réformes d'ensemble des services déconcentrés consacrées par la loi du 6 février 1992 et de la charte de la déconcentration du 1er juillet 1992. En conséquence, le décret du 6 décembre 1994 place clairement les directeurs départementaux des affaires sanitaires et sociales sous l'autorité du préfet de département et les évolutions probables dans un sens de renforcement des compétences préfectorales en matière d'organisation leur sont tout aussi applicables qu'aux DRASS.

108 **d) La coordination des services régionaux et départementaux de l'État** — Les services déconcentrés de l'État (DRASS et DDASS) ont donc été fortement affectés d'une part par la décentralisation qui a confié au département l'essentiel des attributions en matière d'action sanitaire et sociale, d'autre part par les réformes en matière de santé et de protection sociale qui ont confié aux Agences régionales de l'hospitalisation les compétences de gestion et de contrôle des établissements et services sanitaires. Face à cet affaiblissement des services, plusieurs voies ont été évoquées en vue de les réaménager dont notamment leur fusion avec d'autres services extérieurs de l'État. Finalement, suite à l'expérience (limitée à trois régions) des Directions régionales et interdépartementales au terme de laquelle était proposée la fusion des DDASS et des DRASS en une seule entité régionale, c'est la voie du maintien des structures départementales et de la structure régionale qui a été retenue mais avec des réformes centrées sur l'idée d'une coordination fonctionnelle tant verticale qu'horizontale entre ces services. La seule mutation structurelle projetée réside dans un regroupement progressif de la direction régionale et de la direction départementale du chef-lieu de région (51).

Cette intégration se fonde tout d'abord sur les nouvelles attributions confiées au préfet de région par un décret de 1994 (52). C'est le préfet de région qui fixe les orientations en matière de développement social et de santé, et qui les notifie aux

(49) Dans ce sens, les fonctions des médecins inspecteurs de santé publique qui œuvrent dans les services départementaux de l'État ont été redéfinies (Circ. DGS/DAGB nº 99/339, 11 juin 1999).

(50) Note d'orientation nº 99-173, 18 mars 1999, *BO Solid.-santé*, nº 99/17, p. 39.

(51) Circ. DAGPB nº 97-53, 27 janvier 1997, *BOAS*, nº 97-9, 12 avril 1997.

(52) D. nº 94-1046, 6 décembre 1994 (précité), art. 4 et s.

divers préfets de département ; leurs décisions en la matière doivent y être conformes ; surtout, l'allocation des ressources des établissements sanitaires, médico-sociaux et sociaux est fixée par le préfet de région après consultation de la Conférence administrative régionale ; c'est de même, sur proposition du préfet, la Conférence administrative régionale qui examine l'organisation et le fonctionnement des services régionaux (DRASS) et départementaux (DDASS) dans le double but d'harmoniser la gestion des moyens et de mettre en œuvre des actions communes. On voit donc que, par ses attributions d'orientation de l'action, d'allocation de ressources et d'organisation des services, la préfecture de région doit être le pôle fort d'intégration de l'ensemble des services de l'État, régionaux et départementaux, tant du point de vue de leur action que de leur organisation.

Cette volonté d'intégration se manifeste ensuite par le rôle dévolu au Directeur régional des affaires sanitaires et sociales. Ce dernier, dont nous avons vu qu'il était placé sous l'autorité hiérarchique du préfet de région, prépare et applique, une fois arrêtées, les mesures relatives aux ressources des établissements et à l'organisation des services extérieurs ; dans ce cadre, il a une mission de coordination des actions menées par les diverses directions départementales comprises dans la région, d'organisation des moyens tant régionaux que départementaux, d'animation d'actions communes à plusieurs directions ; le Directeur régional préside enfin une nouvelle instance, le comité technique régional et interdépartemental qui réunit autour de lui les directeurs départementaux.

Ajoutons enfin que le décret de 1994 introduit une obligation de coordination de l'action des services extérieurs de l'État avec les collectivités locales, les organismes de protection sociale ainsi que tous les autres acteurs intervenant dans le champ de l'action sanitaire et sociale ; ces services peuvent être associés à toutes les actions publiques pouvant avoir des incidences en matière d'action sanitaire et sociale (aménagement du territoire, urbanisme, logement, éducation...). Se traduit ici une volonté de rupture avec une organisation cloisonnée des services déconcentrés de l'État afin de promouvoir, autour du pôle régional, une action ouverte et multipartenariale tant sur le plan vertical qu'horizontal.

Ce cadre, qui définit une intégration des services sous l'autorité du préfet de région et des préfets départementaux au travers d'une ligne hiérarchique renforcée entre directeur régional et directeurs départementaux, repose sur une volonté de mutualisation des moyens et ressources et de mise en cohérence globale des actions tant sur le plan vertical (entre niveau régional et niveaux départementaux) que sur le plan horizontal (entre les directions départementales). Dans ce sens, un arrêté du 6 décembre 1995 relatif aux missions et attributions des DDASS et des DRASS, suivi d'une « Charte de modernisation » puis de la circulaire du 27 janvier 1997 ont posé les bases, à structures et législation constantes, des missions communes à l'ensemble de ces services, missions qu'ils doivent ensuite mettre en œuvre de façon cohérente en articulant leurs interventions. De la sorte, si l'essentiel des missions de régulation et de contrôle des établissements sanitaires est désormais confié aux Agences régionales de l'hospitalisation, il revient à ces services de construire au niveau régional et d'appliquer au niveau départemental des politiques de santé publique (risques sanitaires, grands problèmes de santé publique) et d'action sociale : le niveau départemental devant notamment constituer un « pôle social départemental » à même d'impulser, d'animer et de réguler la politique publique dans le domaine de l'action sociale.

B. LES COLLECTIVITÉS TERRITORIALES

109 Si l'État a pris peu à peu le contrôle de l'ensemble des politiques d'aide et d'action sociales, les collectivités locales ont conservé un rôle central en la matière. En forme de justification minimale à ce constat, sans doute peut-on invoquer un impératif de proximité dans la prise en charge des phénomènes de pauvreté, d'inadaptation et d'exclusion sociales. Deux collectivités locales ont ainsi toujours occupé une place primordiale dans les politiques sociales : il s'agit de la commune et du département.

Bien que n'ayant pas reçu de compétences propres en matière d'aide et d'action sociales, il convient d'évoquer le rôle que peut jouer la région dans le secteur sanitaire et social. En charge du développement économique et social, la région peut tout d'abord avoir une action en matière de création d'infrastructures sanitaires et sociales et de développement des services publics ; ensuite, au travers de l'aide aux entreprises ou encore de son intervention dans la politique de la ville, son impact sur l'action sociale est important ; de même, son intervention dans le fonctionnement de diverses structures d'observations et de planification (observatoires régionaux de l'emploi et de la formation, observatoires régionaux de la santé, comités régionaux de la formation professionnelle, de la promotion sociale et de l'emploi) ou encore le fait qu'elle soit dotée d'un Comité économique et social lui donnent des moyens pour intervenir dans les débats sur la politique sociale ; surtout, compte tenu à la fois de la compétence que lui a confiée la loi en matière de formation professionnelle (53) et du rôle central que jouent formation professionnelle et apprentissage dans les politiques d'insertion, la région constitue un acteur non négligeable dans la définition et la mise en œuvre des politiques sociales au niveau local (54).

1° Les services sanitaires et sociaux du département

110 **a) La place du département en matière d'aide et d'action sociales** — Jusqu'aux lois de décentralisation des 2 mars 1982, 7 janvier et 22 juillet 1983, les services sociaux départementaux étaient englobés dans les DDASS dont les moyens étaient fournis tout à la fois par l'État et le département et dont le financement reposait sur des crédits votés par le conseil général mais largement remboursés par l'État. L'important tient à ce que, du fait de ces lois, le département a reçu la compétence de droit commun en matière d'aide sociale, l'État n'ayant plus qu'une compétence d'attribution recouvrant les prestations en nombre limité dont il garde la responsabilité d'application (55). Ce partage nouveau de responsabilité est lié à une double logique affichée au moment où s'est initié le processus décentralisateur : d'une part, on a voulu créer des « blocs de compétence » fondés sur le principe « qui paie décide » : ce qui devait conduire, pour l'ensemble des politiques publiques, à attribuer une sorte de compétence de principe à l'une ou l'autre des collectivités ; d'autre part, en matière d'administration sanitaire et sociale, les attributions du département ont toujours été importantes, même

(53) L. 7 janvier 1983, art. 82 (« la région assure la mise en œuvre des actions d'apprentissage et de formation professionnelle continue ») ; v. aussi la loi quinquennale n° 93-113 du 20 décembre 1993 dont l'art. 42 fait entrer dans la compétence régionale le soin d'améliorer l'élaboration et le suivi des parcours individuels d'insertion professionnelle et de qualification.

(54) P. LIGNEAU, Les régions, nouveaux acteurs dans le secteur social et la santé, *RDSS*, 1996, p. 485.

(55) L. n° 83-663, 22 juillet 1983 (précitée), art. 32 et 35.

si elles étaient maîtrisées par l'État : ceci a conduit à donner la prééminence au département, en lui attribuant, en matière d'aide sociale, l'essentiel des compétences au nom de la « solidarité de proximité » et en ne laissant à l'État que quelques prestations résiduelles relevant de la « solidarité nationale » (56).

Le département a donc été promu au rang d'acteur central en matière d'aide et d'action sociales, sous réserve des attributions restées à l'État en matière de réglementation, de programmation et de contrôle de légalité (57), et des compétences maintenues aux communes. Ceci se traduit d'ailleurs par le fait que les dépenses sociales représentent de très loin la charge la plus importante des budgets des départements, les services en charge de l'aide et de l'action sociales étant aussi les plus nombreux et les plus diversifiés (58).

111 **b) Les services sociaux du département** — Le département a donc été, en matière d'aide et d'actions sociales, le bénéficiaire d'un important transfert de pouvoirs et de moyens. Les autorités départementales ont été dotées de nouvelles compétences : participation accrue au pouvoir réglementaire, à côté de l'État qui conserve cependant les attributions essentielles ; compétence en matière de programmation des équipements (schéma départemental des établissements et services sociaux et médico-sociaux) ; pouvoirs attribués au président du conseil général en matière de police des établissements et services ainsi que pour la direction et la gestion des services départementaux ; responsabilité financière exclusive dans son champ d'attributions. De plus, le département a été intégré par les politiques nouvelles d'insertion dans des programmes en collaboration avec l'État, qui sont cogérés et cofinancés et font souvent contribuer ses services sociaux.

Pour exercer ces compétences, le département dispose de plusieurs services. Les autorités départementales sont libres d'organiser leurs services sociaux et notamment de les articuler entre eux et à l'égard d'autres structures comme elles l'entendent. De même, leur dénomination est variable selon les départements. Cependant, deux contraintes pèsent sur le département quant à l'organisation de l'aide et de l'action sociales : d'une part, ce dernier ne peut s'exonérer de la mise en place de ces services, il y est tenu par la loi ; d'autre part, leur aménagement peut être largement déterminé par celle-ci.

Tout d'abord, le département est tenu d'organiser et de faire fonctionner un Service social départemental. La consécration législative de ce service a été réalisée par la loi du 30 juin 1975 (59) ; la loi du 6 janvier 1986 en a réaffirmé l'existence en indiquant que « le service public départemental d'action sociale a pour mission générale

---

(56) L'expérience a vite montré que la logique des « blocs de compétences » était formelle et se heurtait concrètement à diverses difficultés de mise en œuvre : des compétences conjointes ont dû être aménagées du fait d'impossibles partages ou de collaborations inévitables (domaines mitoyens s'agissant par exemple des établissements pour handicapés), d'une dualité de financements s'agissant des personnes âgées ou de l'apparition de nouvelles politiques partenariales (RMI, logement pour les personnes défavorisées, aide aux jeunes...).

(57) V. *infra*, n° 153 et s.

(58) C. Padieu et J. L. Sanchez, *L'action sociale, dix ans de décentralisation, 1984-1994*, p. 71 et s., 1995, Odas Éditeur.

(59) L. n° 75-535, 30 juin 1975 relative aux institutions sociales et médico-sociales, *D.* et *BLD*, 1975, p. 215 (v. M. Levy, Commentaire, *RDSS*, 1975, p. 522).

d'aider les personnes en difficulté à retrouver ou à développer leur autonomie de vie » (60).

Ce service social départemental est au résultat de toute une évolution qui va déboucher sur la mise en place, au niveau territorial et à côté des services sociaux spécialisés (PMI, ASE), d'un maillage de travailleurs sociaux généralistes que l'on a dénommé « le travail social polyvalent de secteur ». La première définition en est donnée en 1959 (61) : « la polyvalence tend à mettre à la disposition des usagers des assistantes sociales capables d'avoir une vue d'ensemble de leurs problèmes sanitaires, sociaux, économiques, avec le concours, le cas échéant, des services spécialisés pour des situations particulières ». Après que divers textes (62) ont organisé le découpage du département en secteurs (chacun des secteurs étant pris en charge par un assistant social polyvalent de secteur pour répondre aux demandes diverses de la population), c'est donc la loi du 30 juin 1975 qui a officialisé l'existence de ce service. Il incombe ainsi au département d'offrir, pour répondre en première ligne aux problèmes sociaux rencontrés par les individus ou les familles, un service social généraliste qui se définit non en termes de catégories de population (enfance, famille, personnes âgées, agriculteurs...), mais par un découpage spatial en secteurs puis, plus récemment, en circonscriptions d'action sociale (63). Depuis les lois de décentralisation, l'organisation de ce service d'action sociale est de la responsabilité du département, et ce sont les autorités départementales qui en assurent la direction sur le plan fonctionnel. Cependant, peuvent être associés à son action d'autres intervenants (tels que la MSA ou la CAF), ceci se réalisant dans le cadre de conventions entre département et autres institutions ; de même, ce service social doit prendre en charge, à la demande de l'État, un certain nombre d'interventions et d'enquêtes dans le cadre de compétences relevant de ce dernier (64) ; ce sont, là encore, des conventions entre État et département qui règlent ces collaborations imposées. Le département doit aussi mettre en place et faire fonctionner un Service départemental de protection maternelle et infantile (PMI) (65), service non personnalisé placé sous l'autorité d'un médecin. Il doit de même disposer obligatoirement d'un Service départemental de l'aide sociale à l'enfance (ASE) (66).

Le département s'étant vu confier la compétence de droit commun en matière d'aide sociale par les lois de décentralisation, il doit donc être doté de services dont la mission est d'organiser l'attribution des prestations légales d'aide sociale. Notamment, c'est le département qui assure le fonctionnement des commissions d'admission à l'aide sociale. Au-delà, ces services départementaux mettent en œuvre l'action sociale en direction des handicapés et des personnes âgées (hébergement), des bénéficiaires du RMI (actions d'insertion), des jeunes, des familles défavorisées (logement, aides diverses).

(60) L. n° 86-17, 6 janvier 1986 adaptant la législation sanitaire et sociale aux transferts de compétences en matière d'aide sociale et de santé, *D.* et *ALD*, 1986, p. 181 (sur cette loi, v. P. Ligneau, La réforme de l'aide sociale dans la loi du 6 janvier 1986, *RDSS*, 1986, p. 467).

(61) Circ. 22 octobre 1959.

(62) Notamment la loi du 4 avril 1950 relative à la coordination et à la liaison des services sociaux qui indique que « le service social polyvalent de secteur exerce à l'intérieur d'une aire géographique déterminée et pour l'ensemble de la population toutes activités que n'assument pas les services sociaux spécialisés ».

(63) V. *La polyvalence de secteur, quelles reconnaissances ?* (Colloque Association nationale des assistants de Service social), novembre 1988.

(64) L. n° 91-1406, 31 décembre 1991, art. 3-II et D. n° 95-686, 9 mai 1995.

(65) L. n° 98-899, 18 décembre 1989 et D. n° 92-785, 6 août 1992 (v. *infra*, n° 205 et s.).

(66) *C. famille*, art. 40 et s. (v. *infra*, n° 215 et s.).

Enfin, bien que ces attributions relèvent essentiellement des services déconcentrés de l'État (DDASS), le département dispose de services de prévention sanitaire : dispensaires départementaux de prévention et de soins pour la prévention ou le traitement des maladies sexuellement transmissibles, de la tuberculose ou le dépistage du cancer ; en matière d'hygiène publique, ces services participent aux actions de vaccination des populations ou de protection de l'hygiène du milieu.

112 **c) La projection territoriale des services départementaux** — L'aide et l'action sociales requièrent l'organisation de services au contact direct de la population ; au-delà, du fait de la spécialisation et de la multiplication des intervenants sociaux, se sont rapidement posés des problèmes de coordination de l'action sociale : une pluralité de prises en charge pouvant se concentrer sur les mêmes individus ou les mêmes familles.

Le premier impératif de contact au plus près des bénéficiaires de l'action sociale s'est traduit par la sectorisation (67) qui découpe l'espace départemental en zones comprenant une population de 3 000 à 5 000 habitants, chaque secteur étant confié à un assistant social polyvalent. L'impératif de coordination des services sociaux, qu'ils soient polyvalents ou spécialisés, a conduit à un second type d'unité territoriale : les circonscriptions d'action sociale. Pour répondre à la multiplicité et à l'accumulation des interventions sociales (État, département, organismes de sécurité sociale, acteurs privés...), deux circulaires, en 1966, puis en 1975 ont institué ces instances qui, réunissant l'ensemble des travailleurs sociaux agissant sur une zone de 40 à 50 000 habitants, veulent constituer des espaces d'échange d'informations, de coordination et de détermination d'objectifs communs.

Depuis 1990, confrontés à la fois à des difficultés financières et organisationnelles et à l'impact des politiques d'insertion sociale et professionnelle (RMI, logement, insertion des jeunes...), la plupart des départements se sont engagés dans des restructurations de leurs services qui vont essentiellement dans le sens d'une « territorialisation » de leur action (68). Cette évolution s'effectue dans deux directions : d'un côté, on substitue à la logique de « service » qui prévalait jusqu'alors une logique de « projet » qui tente de faire correspondre les interventions sociales à des besoins et des dynamiques impulsées à partir de l'environnement réel des personnes et des groupes concernés ; dans le même temps, on procède à une recomposition transversale des moyens de façon à mettre en cohérence sur un même espace à la fois les pouvoirs de décision (déconcentration de la décision au plus près de la mise en œuvre), les moyens du département (redéploiement des travailleurs sociaux sur l'insertion et le développement social, rationalisation des modes d'action) et les interventions des autres acteurs (mise en place d'un partenariat local entre les diverses institutions). Ainsi, aux secteurs d'action sociale et aux circonscriptions antérieurs qui procédaient de découpages fondés sur une approche quantitative de la population, sont substituées des « unités territoriales d'action sociale » (UTAS) conçues davantage en considération des caractéristiques des problèmes économiques et sociaux à affronter (69) ; la plupart des départe-

(67) Circ. 22 octobre 1959, 26 janvier 1962 et 26 mars 1965.

(68) J. L. SANCHEZ, *Action sociale, la décentralisation face à la crise*, 1996, Odas éditeur ; G. GONTCHAROFF, A la recherche des territoires, *Économie et humanisme*, n° 338, 1996, p. 21 ; DIVERS, Politiques sociales et territoires, *RFAS* (n° hors-série), 1996.

(69) DIVERS, *Pouvoirs locaux : vers une nouvelle réponse sociale*, 1997, Odas éditeur.

ments ont ainsi engagé des réformes dans leur organisation territoriale qui, malgré la diversité des solutions adoptées, tentent peu ou prou de concilier une certaine déconcentration du pouvoir de décision en matière d'aides et d'interventions, une intégration dans ces structures de base de l'ensemble des activités (polyvalence de secteur, ASE, activités d'insertion, services médico-sociaux) et des mutations dans le fonctionnement (projets de services, articulation avec les autres opérateurs, désectorisation) (70).

113 **Bibliographie.** E. ALFANDARI, Les nouvelles compétences dans le domaine de l'action sanitaire et sociale, p. 125 et s., *in Les nouvelles compétences locales*, 1985, Economica ; J. F. AUBY, Les transferts de services : l'exemple des directions départementales des affaires sanitaires et sociales, p. 154, *in Les nouvelles compétences locales (op. cit.)* ; J. S. CAYLA, Action sanitaire et médico-sociale en faveur de la famille, de l'enfance et de la jeunesse, *RDSS*, 1990, p. 297 ; P. LIGNEAU, L'organisation dans les départements des circonscriptions d'action sociale, *RDSS*, 1975, p. 221 ; La partition des directions départementales de l'action sanitaire et sociale, *RDSS*, 1986, p. 87 ; La disparition du conseil départemental de développement social, *RDSS*, 1987, p. 91 ; La réforme de l'aide sociale dans la loi du 6 janvier 1986, *RDSS*, 1986, p. 467 ; Le rôle des médecins de PMI dans la prévention sanitaire décentralisée, *RDSS*, 1989, p. 432 ; B. MARROT, Le pôle social dans l'action régionale de l'État, *RFAS*, 1996, nº 1, p. 173 ; X. PRÉTOT, Les relations entre l'État et les collectivités territoriales : l'exemple de l'action sanitaire et sociale, *Le courrier jurid. des Finances*, 1998, nº 93 (nº spécial), p. 14.

2° Les services sanitaires et sociaux de la commune

114 **a) La place de la commune dans l'action sanitaire et sociale** — Historiquement, les communes ont longtemps joué le premier rôle en matière de distribution de secours publics et de prise en charge des indigents (hôpitaux, hospices). La modernisation des politiques sociales a conduit à leur recomposition autour de l'État, puis des départements. Il reste néanmoins que les compétences municipales demeurent importantes en matière d'aide et d'action sociales, et plus résiduelles en matière sanitaire. A cette remarque globale, il convient d'ajouter que, à compétences identiques, les communes se différencient cependant fortement en fonction de leur taille : les petites communes ne peuvent faire face qu'à leurs missions légales et donc obligatoires (transmission des demandes d'aide sociale par exemple) ; à l'inverse, les communes plus importantes et, à plus forte raison, les agglomérations ont développé des politiques locales d'action sociale souvent novatrices et interviennent fortement dans les nouvelles actions d'insertion et de développement social urbain.

En matière sanitaire, la commune dispose d'un ensemble de compétences, obligatoires ou facultatives. Au titre des premières et dans le cadre de ses compétences de police administrative générale, le maire peut intervenir en matière d'hygiène publique ; il bénéficie aussi de compétences propres prévues par diverses réglementations (désinfection, eau potable, assainissement, salubrité) (71). Au titre des secondes, les municipalités peuvent organiser des dispensaires, des centres de PMI, généralement en liaison avec le département et l'État et dans le cadre de conventions leur déléguant ces

(70) V. Travail social, l'envolée du collectif, *JAS*, dossier, septembre 1999, p. 19.
(71) Ces compétences figurent pour l'essentiel au Titre I, Livre I du Code de la santé publique.

attributions. Facultativement (72), la commune peut instituer un Service communal d'hygiène et de santé (73) dont la mission est de mettre en application la législation sanitaire confiée au maire.

Dans le domaine de l'aide et de l'action sociales, la commune a tout d'abord un rôle important dans la mise en œuvre des prestations d'aide sociale : c'est elle, en effet, qui instruit les demandes d'aide sociale. Ensuite, et au-delà de l'aide sociale légale, les communes interviennent fortement en direction des personnes âgées (maisons de retraite, services de maintien à domicile), de l'enfance (services de garde de la petite enfance), des jeunes et de l'ensemble de la population (centres sociaux, maisons de quartiers). Enfin, et dans le cours des années 80, en s'appuyant sur les premières expériences d'animation sociale des quartiers ou de prévention de la délinquance, les communes se sont fortement impliquées dans le développement social urbain (développement social des quartiers, contrats de villes) et dans les actions d'insertion (insertions des jeunes, actions d'insertion du RMI) (74). La commune gère ses compétences en matière sociale soit au travers de services publics qu'elle organise librement (en gestion directe ou déléguée), soit au travers d'une structure spécifique obligatoire dotée a minima de la compétence d'établissement des demandes d'aide sociale, le Centre communal d'action sociale (CCAS) (75).

115 **b) Le Centre communal d'action sociale** — Il s'agit de l'opérateur des communes en matière d'aide et d'action sociales. Cette structure, dont la dénomination actuelle de CCAS est récente — apparue en 1978, elle n'a été consacrée que par la loi du 6 janvier 1986 —, est le produit d'une évolution qui a vu d'abord s'organiser au niveau communal les bureaux de bienfaisance, puis les bureaux d'assistance distribuant l'aide sociale légale telle qu'organisée à partir de la loi de 1893, enfin les bureaux d'aide sociale (BAS) institués dans le cadre de la réforme des lois d'assistance par le décret du 23 novembre 1953. La loi n° 86-17 du 6 janvier 1986 a introduit dans le Code de la famille et de l'aide sociale (76) de nouveaux articles définissant les missions ainsi que le statut et l'organisation des CCAS. Un décret de 1995 (77), attendu de longue date et portant application de ces textes, apporte un grand nombre de précisions sur les attributions et les conditions de fonctionnement de cette structure.

Les CCAS ont trois types de missions (78) : mission globale de prévention et de développement social dans la commune ; participation à l'instruction des demandes

---

(72) Selon la loi du 15 février 1902, les communes de plus de 20 000 habitants devaient créer un bureau municipal d'hygiène ; seules les grandes villes ont pu se doter d'une telle structure.

(73) *C. santé pub.*, art. L. 772 ; v. L. 22 juillet 1983 (précitée), art. 41, L. 6 janvier 1986 (précitée), art. 68 et s. et Circ. 18 février 1986.

(74) Mais si les communes peuvent œuvrer en vue de l'insertion des plus défavorisés, elles ne peuvent le faire que si leur action se rattache soit à la notion d'affaires communales, soit à une compétence attribuée par la loi ; en cas contraire, leur action est alors illégale (une « allocation municipale d'habitation » destinée à permettre aux familles modestes de faire face à leurs dépenses de logement et assortie de l'obligation pour les intéressés de participer à des activités locales d'intérêt général excède le champ de compétence d'une commune car une telle action ni n'a été autorisée par un texte de loi, ni ne présente le caractère d'affaires communales : CAA Nancy, 13 novembre 1997, Cne de Mons-en-Baroeul, *Dr. adm.*, 1998, comm. 78).

(75) ODAS, *Villes et insertion*, Les cahiers de l'Odas, 1995.

(76) *C. famille*, art. 136 à 140.

(77) D. n° 95-562, 6 mai 1995 ; sur ce décret, v. F. MISCHLICH, La réforme des CCAS par le décret du 6 mai 1995 : un décret très attendu pour quelques clarifications, *RDSS*, 1996, p. 82.

(78) P. LIGNEAU, Le transfert par le département à la commune de ses compétences en matière sociale, *Cah. CFPC*, 1987, n° 23, p. 33.

d'aide sociale légale ; exercice de compétences déléguées à la commune par le département.

La mission de développement social global de la commune recouvre en fait l'action sociale communale : distribution de secours en nature ou en espèces à toute personne dans le besoin, à défaut ou au-delà de l'aide sociale légale (79) ; organisation de services publics sociaux qui se sont développés en véritables réseaux (services de maintien à domicile, maisons de retraites, centres sociaux, crèches, haltes-garderies, œuvres de vacances, dispensaires et centres de santé, ateliers et centres d'aide par le travail...) ; enfin, le CCAS peut devenir l'instrument prépondérant de la politique sociale communale en assurant un rôle d'initiative et de coordination en liaison avec les autres acteurs publics ou privés.

Dans la mise en œuvre de l'aide sociale légale, il doit recueillir les demandes d'admission, établir les dossiers et participer à leur instruction ; ce n'est là qu'une mission purement instrumentale puisque le centre ne peut en rien procéder à une appréciation quant au bien fondé de la demande ; ainsi est-il notamment compétent, même s'il n'en a pas le monopole, pour recevoir les demandes d'admission au RMI (80).

De plus, la loi du 29 juillet 1998 relative à la lutte contre les exclusions attribue explicitement aux CCAS et aux CIAS un rôle dans la prévention et la suppression des situations pouvant engendrer des phénomènes d'exclusion sociale (81). Ce rôle, et c'est là une nouveauté, se traduit notamment par l'intervention du CCAS dans l'accès au logement des personnes défavorisées, puisqu'il bénéficie maintenant de l'aide aux structures pratiquant la sous-location ou la gestion immobilière ainsi que de l'aide pour loger à titre transitoire des personnes défavorisées (82) : compétences qui permettent d'affirmer et de renforcer la place de l'échelon communal dans la lutte contre la grande pauvreté (83).

Enfin, la loi du 18 décembre 1998 relative à l'accès au droit et à la résolution amiable des conflits qui réaménage l'ancienne aide juridique en une « aide à l'accès au droit » ouverte vers les procédures non-contentieuses, donne la possibilité aux CCAS, au travers de conventions avec les Conseils départementaux de l'accès au droit, de constituer une des voies d'accès au dispositif pour ses bénéficiaires (84).

Le décret du 6 mai 1995, tout en réaffirmant les missions des CCAS, leur impose un certain nombre d'obligations : procéder chaque année à une analyse des besoins sociaux des populations et en rendre compte dans un rapport, de façon à mettre en œuvre une action sociale générale et des actions spécifiques ; ils constituent et mettent à jour un fichier des personnes bénéficiaires de prestations d'aide ou d'action sociales. Le décret réaffirme qu'ils peuvent créer tout établissement ou service à caractère social ou médico-social. Il leur enjoint enfin d'exercer leur action « en liaison étroite avec les services et institutions publics ou privés de caractère social » en recourant, pour ce faire, à des moyens ou des structures de concertation ou de coordination.

(79) Les litiges relatifs à l'attribution de ces aides relèvent de la compétence des tribunaux administratifs (CE, 12 janvier 1983, req. n° 43000 et 45167).
(80) L. 1er décembre 1988, art. 12.
(81) L. n° 98-657, 29 juillet 1998, art. 1.
(82) D. n° 98-1029, 13 novembre 1998 ; circ. UHC/IUH/31 n° 98-105, 20 novembre 1998, *Mon. TP*, n° 4962, 1er janvier 1999.
(83) *Gaz. communes*, Trois questions à Patrick KANNER, n° 44, 23 novembre 1998, p. 13.
(84) L. n° 98-1163, 18 décembre 1998, art. 10 (*RDSS*, 1999, p. 583, chr. M. GHEBALI-BAILLY).

Le CCAS est un établissement public communal ou intercommunal jouissant de ce fait d'une autonomie juridique et fonctionnelle (85). Le CCAS communal est dirigé par un conseil d'administration dont le président est le maire de la commune et qui comprend en nombre égal des membres élus au sein du conseil municipal au scrutin proportionnel (86) et des membres nommés par le maire (87) ; le CCAS intercommunal est administré par un « organe délibérant » dont la composition et le mode de désignation obéissent aux règles applicables pour les établissements publics de coopération intercommunale (88). Le décret du 6 mai 1995 introduit ensuite un ensemble de dispositions concernant le fonctionnement des CCAS (89). Le directeur est nommé par le président du conseil d'administration et il a sous son autorité un personnel composé d'administratifs et de travailleurs sociaux.

En arrière fond de ces réformes réglementaires concernant les CCAS, on doit faire état des évolutions très importantes qui ont touché l'action sociale communale et donc directement ces structures. Cantonnés à l'origine dans une tâche administrative d'instruction des demandes d'aide sociale et de prestations d'action sociale individuelle, les anciens bureaux d'aide sociale (BAS) ont dû étendre leur activité vers une action sociale beaucoup plus large liée à l'urbanisation et aux mutations des modes de vie : garde des enfants, animation sociale et culturelle, prise en charge du troisième âge... Cela n'a pas manqué de poser le problème de leur fonctionnement interne et de leur place par rapport aux autres services communaux. Puis, devenus CCAS, ces structures ont dû faire face à la fois à la redistribution des compétences dues à la décentralisation ainsi qu'au recentrage de l'action sociale sur les thèmes pauvreté-précarité et vieillesse-dépendance : ce sont alors et leurs rapports avec les autres acteurs sociaux (notamment départements) et leurs modalités d'intervention avec les questions de personnel et de méthodes, qui posent problème et conduisent à une réflexion sur leurs priorités et leurs stratégies (90).

116 **Bibliographie.** F. BAJON, Regards sur l'évolution des bureaux d'aide sociale, *RDSS*, 1985, p. 77 ; Le centre communal d'action sociale : une naissance difficile, *RDSS*, 1986, p. 114 ; Du BAS au CCAS, *Cah. CFPC*, n° 23, 1987 ; M. A. BARTHE, V. MIZHRAHI-TCHERNONOG, La politique sociale des communes : le rôle du bureau d'aide sociale, *Rev. écon. soc.*, 1987, p. 85 ; A. DARLES, *Le centre communal d'action sociale : le bureau d'aide sociale dans la décentralisation*, Thèse Droit Tours, 1989 ; La disgrâce de l'échelon communal et des CCAS s'accentue au profit du jacobinisme départemental, *RDSS*, 1993, p. 115 ; M. GAUCI, Le CCAS, animateur ou gestionnaire de services sociaux, *RDSS*, 1986, p. 644 ; A. LAPORTE, Les bureaux d'aide sociale, *Dr. soc.*, 1954, p. 628 ; C. LEJEUNE, Le CCAS et l'intercommunalité, *Bull. CCAS*, 1990, n° 243 ; P. LIGNEAU, Le transfert par le département à la commune de ses compétences en matière sociale, *Cah. CFPC*, 1987, n° 23, p. 34 ; Les difficultés de la décentralisation sociale au deuxième degré : CCAS, intercommunalité et liaison avec le départe-

(85) Le mouvement de création de CCAS intercommunaux est resté très faible : v. C. LEJEUNE, Le CCAS et l'intercommunalité, *Bull. CCAS*, 1990, n° 243.

(86) Ce mode de scrutin (L. 6 janvier 1986, art. 55) a pour effet d'éviter que les minorités au conseil municipal soient non représentées au sein du conseil d'administration du CCAS ; c'est là un des points novateurs qui nécessitait l'intervention du décret d'application du 6 mai 1995.

(87) Sur la composition des CCAS et des CIAS, v. D. n° 2000-6, 4 janvier 2000.

(88) *C. communes*, art. L. 163-1 et s.

(89) Dispositions qui visent le nombre de séances du conseil d'administration, les modalités de convocation, de délibération et de vote au sein de cet organe, le règlement intérieur, les délégations de compétences, la définition des recettes d'exploitation et de fonctionnement.

(90) A. DARLES, La disgrâce de l'échelon communal des CCAS s'accentue au profit des départements, *RDSS*, 1993, p. 115 ; ODAS, *Les mutations de l'action sociale communale*, 1993, Les cahiers de l'Odas.

ment, *RDSS*, 1991, p. 96 ; F. MISCHLICH, La réforme des CCAS par le décret du 6 mai 1995 : un décret très attendu pour quelques clarifications, *RDSS*, 1996, p. 82 ; V. MIZRAHI-TCHERNONOG, Enquête auprès des bureaux d'aide sociale, *Cah. CFPC*, 1987, nº 23, p. 54 ; ODAS, *Les mutations de l'action sociale communale*, Les cahiers de l'Odas, 1993 ; *Villes, personnes âgées et emplois de proximité*, Les cahiers de l'Odas, 1994 ; *Villes et insertion*, Les cahiers de l'Odas, 1995 ; J. POCHAT, Les nouvelles missions des CCAS, *Gazette des communes*, 10 décembre 1990, p. 20.

§ 2. LES INSTITUTIONS SOCIALES

117 A côté des administrations publiques de l'État et des collectivités territoriales, l'aide et l'action sociales sont mises en œuvre par quantité d'organes qui concourent, généralement au plus près des usagers, à l'application directe des actions. Certes, les administrations publiques ne sont pas dépourvues de services ou d'organismes — le plus souvent non personnalisés (Service social départemental, PMI, ASE), parfois dotés de la personnalité juridique (CCAS) — qui prennent directement en charge des prestations matérielles ou distribuent des aides monétaires. Mais une des caractéristiques de l'aide et de l'action sociales tient à l'intervention massive d'un grand nombre d'institutions dotées tantôt d'un statut public ou para-public, tantôt d'un statut de droit privé : même s'il y a des variations selon les secteurs en cause, l'État et les collectivités territoriales n'assurent qu'une part limitée des fonctions de gestion directe d'établissements et de services sociaux (91).

A. LES INSTITUTIONS SOCIALES ET MÉDICO-SOCIALES DU SECTEUR PUBLIC ET PARA-PUBLIC

118 Si l'État et les collectivités territoriales gèrent directement des services sociaux et médico-sociaux, soit qu'ils le choisissent (création de maisons de retraites, de foyers d'hébergement, de structures d'accueil pour la famille et l'enfance...), soit que la loi les y oblige (service de l'aide sociale à l'enfance, de protection maternelle et infantile), ils peuvent aussi créer des personnes morales de droit public spécialisées, dotées d'une autonomie juridique. Ceci constitue un véritable secteur public au sens strict, composé de services publics dotés de la personnalité morale. Par ailleurs, les caisses de sécurité sociale et d'allocations familiales peuvent, au-delà des prestations légales dont elles ont la charge, prolonger leur action par des interventions directes auprès de leurs assurés : elles ont été ainsi conduites à créer des services et des équipements sociaux et médico-sociaux qu'elles peuvent gérer directement ou au contraire confier à des structures autonomes.

1° Les services publics personnalisés

119 En faisant abstraction des CCAS qui, comme établissements publics, existent de plein droit sans que la commune puisse les créer par une décision spéciale (sauf dans l'hypothèse d'un regroupement des communes dans un CCAS intercommunal), toutes

(91) On trouvera des indications chiffrées qui, en proportion, n'ont guère changé *in* IGAS, *La politique sociale et les associations*, rapport 1983-1984, La Doc. française, 1985.

les personnes publiques, État et collectivités locales, ont donc la possibilité de doter telle ou telle de leurs activités dans le domaine social de la personnalité morale de droit public.

Cette latitude de création rencontre cependant un certain nombre de limites qu'il convient de rappeler brièvement. Pour les services publics nationaux, la compétence de création de l'État est presque totale, sous réserve du respect d'une part du partage des compétences entre pouvoir législatif et pouvoir exécutif (92), d'autre part des principes constitutionnels. Le département peut lui aussi créer des établissements et services et leur donner la personnalité juridique, à condition de se situer dans le cadre de ses compétences ; toutefois, il ne peut le faire pour ses services sociaux de base que sont le Service départemental d'action sociale, l'Aide sociale à l'enfance (qui doit comporter des structures d'accueil de l'enfance) (93) et le service départemental de protection maternelle et infantile, qui doivent être gérés en régie. Les communes tiennent enfin de l'article L. 126-26 du Code des communes la possibilité de créer des établissements et services juridiquement autonomes en matière sociale ; mais ces initiatives doivent ou bien être rattachées à des activités communales prévues par la loi et prolonger ainsi des services publics classiques ou bien, à défaut, répondre à un intérêt public local qui ne se trouve pas satisfait par l'initiative privée en termes de qualité ou de prix (94).

Lorsqu'ils entendent conférer la personnalité juridique à un service ou à un établissement social ou médico-social, l'État et les collectivités locales peuvent avoir recours à deux formes de personnes morales de droit public : l'établissement public ou le groupement d'intérêt public (GIP).

120 **a) L'établissement public à caractère social** — Cette structure constitue la forme juridique la plus habituelle pour doter un service ou un établissement de la personnalité morale. La loi du 30 juin 1975 relative aux institutions sociales et médico-sociales indique en effet que « les interventions à but social et médico-social des personnes morales de droit public sont assurées soit par des services non personnalisés, soit par des établissements publics communaux, intercommunaux, départementaux, interdépartementaux ou nationaux » (95).

Une telle formulation pourrait laisser entendre que les collectivités publiques ont une liberté totale de choix pour ériger en établissement public tout service ou établissement à caractère social ou, au contraire, pour en conserver la gestion. En fait, il n'en est rien puisqu'à l'article suivant, le même texte impose soit d'ériger en établissement

(92) L'article 34 de la Constitution indique, en ce qui concerne la création d'établissements publics, que relève de la compétence législative « la création de catégories d'établissements publics » : ce qui remet au pouvoir exécutif la compétence de création des divers établissements publics entrant dans chaque catégorie légalement définie. Ce principe, simple en apparence, s'est révélé cependant complexe à mettre en œuvre, dans la mesure où il a fallu définir ce qu'est une « catégorie » et quels sont ses éléments constitutifs ; c'est la jurisprudence du Conseil constitutionnel qui a permis de dégager cette définition (décision n° 79-108 DC du 25 juillet 1979, *RCC*, p. 45 ; *D.*, 1980, note L. HAMON ; *RDP*, 1979, p. 1666, comm. L. FAVOREU).

(93) *C. famille*, art. 77.

(94) Dans le cadre de ses attributions, la commune dispose d'une compétence générale pour répondre à tout besoin d'intérêt public ; encore faut-il que ces initiatives ne portent pas atteinte au principe de liberté du commerce et de l'industrie (les collectivités locales ne peuvent concurrencer les activités privées) et que cette intervention publique soit justifiée par des circonstances de temps et de lieu (CE, 20 novembre 1964, Ville de Nanterre, *Leb.*, p. 563).

(95) L. n° 75-535, 30 juin 1975 (précitée), art. 18, mod. L. n° 86-17, 6 janvier 1986, art. 12.

public, soit de rattacher à un établissement public existant certaines structures : établissements médico-éducatifs pour jeunes handicapés ou d'hébergement pour adultes handicapés, centres d'aide par le travail, centres d'hébergement et de réadaptation sociale, maisons d'enfants à caractère social. Cette obligation ne pèse que sur les structures dépassant un certain seuil d'effectifs (96) et bénéficie d'un délai de mise en œuvre pour celles existantes non érigées en établissement public (97). En outre, pour tenir compte des nécessaires recompositions dans le secteur hospitalier public suite au Plan Juppé et à la création des Agences régionales de l'hospitalisation (transformation des hospices et de certains établissements de santé en établissements sociaux), la loi du 24 janvier 1997 instituant la prestation spécifique dépendance supprime cette obligation pour les établissements d'hébergement des personnes âgées en deçà d'un seuil de capacité d'accueil (98).

Du fait des réformes de décentralisation et de la disparition de la tutelle, la création des établissements publics locaux ne nécessite qu'une délibération de l'assemblée de la collectivité concernée sans pouvoir de contrôle *a priori* du préfet. Les modalités d'organisation et de fonctionnement des établissements sociaux et médico-sociaux sont définies par la loi du 30 juin 1975, modifiée par la loi du 6 janvier 1986 (99).

121 **b) Le groupement d'intérêt public** — C'est une formule novatrice introduite, à partir de la loi du 15 juillet 1982 pour l'orientation et la programmation de la recherche, par une série de textes législatifs successifs (100). Face à cette création totalement conjoncturelle et pragmatique, et en l'absence de toute qualification textuelle, le Conseil d'État a suggéré cette appellation de « groupement d'intérêt public » (101) pour ces nouvelles structures destinées à servir de cadre à la coopération entre des personnes privées et des personnes publiques dans divers domaines d'action : recherche, enseignement supérieur, formation continue, éducation sportive, développement de la montagne... En matière d'action sanitaire et sociale, plusieurs textes prévoient un recours possible au GIP : tout d'abord, la loi du 23 juillet 1987 relative au mécénat autorise expressément un tel recours dans le domaine social et médico-social pour offrir une structure d'accueil à des actions co-financées ou co-organisées par des personnes publiques et privées ; de même, le décret du 14 janvier 1988 relatif à l'insertion professionnelle des jeunes le prévoit (102) ; la loi du 10 juillet 1991 qui organise les conseils départementaux de l'aide juridique ouvre aussi la possibilité de constituer des GIP ; enfin, la loi du 31 mai 1990 relative à la mise en œuvre du droit au logement indique que de tels groupements peuvent être créés entre personnes publiques et/ou privées pour gérer les fonds de solidarité logement.

---

(96) L. n° 75-535 (précitée), art. 19, al. 3, mod. L. n° 78-11, 4 janvier 1978.

(97) L. n° 75-535 (précitée), art. 19, mod. L. n° 91-748, 31 juillet 1991, art. 35.

(98) L. n° 75-535 (précitée), art. 19, mod. L. n° 97-60, 24 janvier 1997, art. 30 ; D. n° 97-229, 13 mars 1997 et Circ. n° 97-133, 20 février 1997 : sur ce point, v. J. M. L'Huillier, Statut des établissements sociaux et médico-sociaux, *RDSS*, 1997, p. 622.

(99) L. n° 75-535 (précitée), art. 20 et s. ; v. A. Thevenet, *Créer, gérer, contrôler un équipement social ou médico-social*, p. 54 et s., 1990, ESF.

(100) V. loi sur l'enseignement supérieur du 26 janvier 1984 (art. 45), loi du 16 juillet 1984 relative à l'organisation et à la promotion des activités physiques et sportives (art. 50), loi du 23 juillet 1987 relative au développement du mécénat (art. 22), loi d'orientation sur l'éducation du 10 juillet 1989 (art. 19)...

(101) Conseil d'État, *EDCE*, 1982-1983, n° 34, p. 169.

(102) J. L. Gousseau, Le choix du statut de GIP proposé aux missions locales pour l'insertion sociale et professionnelle des jeunes, *LPA*, 1989, n° 49, p. 4, n° 50, p. 4.

Interrogé sur le mode de création des GIP, le Conseil d'État a indiqué, alors que la solution n'était pas évidente, que ces derniers sont des personnes publiques et « qu'il y a lieu d'admettre en conséquence que les groupements d'intérêt public forment une catégorie de personnes morales de droit public » (103). Cette structure reste cependant pour l'heure essentiellement empirique : les statuts étant à la fois différents selon les divers textes fondateurs et problématiques en raison des incertitudes existant quant au droit applicable en matière de fonctionnement, de contrats et de modes de gestion. Une clarification tendant à adopter un statut homogène pour l'ensemble de ces organismes semble donc s'imposer (104).

Le régime général de création, d'organisation et de gestion des GIP dans le domaine de l'action sanitaire et sociale a été défini par le décret du 7 novembre 1988 (105).

2° Les établissements et services des caisses de sécurité sociale

122 Sur le terrain juridique, les caisses de sécurité sociale ont un statut hybride qui conduit souvent à les qualifier d'institutions « semi-publiques ». Relevant formellement du droit privé, à l'exception des caisses nationales du régime général qui ont le statut d'établissements publics, ces organismes n'en sont pas moins chargés de la gestion d'un service public, disposent de prérogatives de puissance publique (affiliation obligatoire, recouvrement forcé des cotisations, exercice d'un pouvoir réglementaire) et sont soumis à une tutelle de même nature que celle pesant sur les diverses collectivités publiques (collectivités locales ou établissements publics).

Au-delà de leur mission principale qui est de gérer la protection sociale face à un ensemble de risques (maladie, invalidité, vieillesse...) et de charges (famille), les caisses de sécurité sociale ont toujours consacré une part de leur ressources à des interventions d'action sociale visant à mieux répondre aux besoins des assurés sociaux (106).

Cette action est juridiquement fondée sur les articles L. 262-1 et L. 263-1 du Code de la sécurité sociale (107). Chacune des trois caisses nationales du régime général dispose d'un fonds d'action sanitaire et sociale alimenté essentiellement par des prélèvements sur les cotisations dont le taux est fixé par arrêté ministériel. Le ministre arrête chaque année, sur proposition de chaque caisse nationale, un programme en la matière. Selon des modalités particulières à chaque branche (maladie, prestations familiales, vieillesse), ces fonds sont répartis entre la caisse nationale qui doit développer des actions propres et les caisses locales ; chaque caisse locale (régionale et primaire d'assurance maladie, caisse d'allocations familiales) établit, avec la dotation

(103) CE, avis du 15 octobre 1985, *EDCE*, 1986, n° 37, p. 189.

(104) CONSEIL D'ÉTAT, *Les groupements d'intérêt public*, 1997, La Doc. française.

(105) D. n° 88-1034, 7 novembre 1988 ; v. aussi Ministère de la Solidarité, note d'information du 22 juin 1990, *BOAS*, n° 91-18.

(106) Les litiges individuels se rapportant à ces interventions relèvent de la compétence des juridictions du contentieux général de la Sécurité sociale (TC, 10 mars 1997, Lair c/ CNAV, *Dr. soc.* 1997, p. 633, concl. J. SAINTE-ROSE) : sur ce point, v. *infra*, n° 187.

(107) Sur le régime juridique de l'action sanitaire et sociale des différentes branches, v. *C. séc. soc.*, art. R. 261-1 et s. Les régimes spéciaux et les régimes des non-salariés disposent aussi de la possibilité d'organiser une action sanitaire et sociale au bénéfice de leurs assurés.

qui lui est attribuée, un budget d'action sanitaire et sociale, soumis au contrôle de la caisse nationale compétente (108).

Cette action sanitaire et sociale peut prendre trois formes. Deux d'entre elles n'ont pas de prolongement en matière d'institutions sociales et médico-sociales : il s'agit de l'organisation de services sociaux dans les caisses locales (assistants de service social ou autres travailleurs sociaux) qui sont chargés d'apporter une aide aux assurés et d'attribuer des aides financières individuelles (prestations non contributives pour les familles, les personnes âgées ou handicapés en difficulté, prêts et secours exceptionnels).

En revanche, et c'est le troisième type d'intervention, les caisses peuvent créer et gérer elles-mêmes des établissements et services sociaux et médico-sociaux ou apporter à certaines de ces structures des aides à la création ou au fonctionnement. Ainsi, les budgets d'action sociale des caisses peuvent avoir pour objet « l'acquisition, la construction, la prise à bail, l'aménagement et la gestion d'établissements sanitaires et sociaux... ». De même, s'agissant des caisses locales, elles peuvent « soit créer toute œuvre ou institution, soit les gérer, soit participer à leur gestion » (109). C'est ainsi que, concrètement, les caisses ont créé et gèrent nombre d'établissements sanitaires sociaux : maisons d'enfants à caractère social, dispensaires, centres de PMI, centres de rééducation fonctionnelle pour les caisses d'assurance maladie ; crèches, haltes-garderies, maisons d'enfants, établissements de vacances, centres sociaux pour les CAF. De plus, bien que ne les ayant pas créées et ne les gérant pas, les caisses apportent des aides importantes à nombre d'institutions sociales publiques ou privées à but non lucratif ; cela se traduit par des aides à l'investissement (prêts, subventions) ou par des aides au fonctionnement qui peuvent être financières (subventions) ou en nature (prestations de services par mise à disposition de personnel).

B. LES INSTITUTIONS SOCIALES ET MÉDICO-SOCIALES DU SECTEUR PRIVÉ

123 En matière d'action sanitaire et sociale, et spécialement dans le domaine de l'aide et de l'action sociales, l'intervention massive de l'initiative privée est une très ancienne tradition. Loin de faiblir, les institutions privées occupent aujourd'hui une place éminente dans la création et la gestion d'établissements et de services. Certes, elles ont été peu à peu étroitement encadrées et contrôlées par les pouvoirs publics et ce, d'autant plus que, dans le champ de l'aide et de l'action sociales, ceux-ci en sont devenus l'incontournable financeur ; mais, dans le même temps, leur rôle ne cesse de s'affirmer dans la mesure où elles sont fortement associées à l'action publique, notamment dans les formes les plus novatrices d'action sociale comme les politiques d'insertion ou de développement local.

1° La place de l'initiative privée

124 Bien qu'il n'existe pas de recensement exhaustif, on peut néanmoins évaluer le nombre d'institutions privées intervenant en matière d'action sanitaire et sociale à

(108) V. notamment Circ. CNAMTS n° 3/96, 11 avril 1996 (*Liaisons sociales*, n° 7514, 16 août 1996) ou encore Circ. CNAV n° 34/97, 3 avril 1997 (*TSA*, n° 640, 1997).

(109) *C. séc. soc.*, art. L. 262-1, 263-1, 264-1 et R. 262-4.

environ 90 000 associations de toutes natures et à plus de 7 000 gestionnaires d'établissements (110).

Il existe un certain nombre de ces institutions qui poursuivent un but lucratif là où existe une demande solvable. En conséquence, elles sont relativement rares dans le secteur de l'aide et de l'action sociales (quelques institutions d'accueil d'enfants handicapés et surtout des maisons de retraite à caractère commercial) mais se rencontrent en revanche massivement dans le secteur sanitaire (cliniques et maisons de santé) ; soumises au droit commercial et au droit civil, elles ne peuvent alors se prévaloir des avantages fiscaux propres au secteur privé sans but lucratif et ne peuvent bénéficier des aides publiques.

L'énorme majorité des établissements et services sont, dans le domaine de l'action sanitaire et sociale, gérés par des institutions privées à but non lucratif.

Comment peut s'expliquer le rôle important joué par les institutions privées dans l'action sanitaire et sociale ? On évoque traditionnellement le poids de l'histoire, tant il est vrai que dans bien des domaines, ce sont des initiatives privées qui se sont manifestées avant que la puissance publique ne songe à intervenir : ce fut le cas des institutions caritatives ; plus récemment, c'est encore l'action d'associations de parents d'enfants handicapés qui a largement précédé et entraîné les initiatives publiques... Aussi, le plus souvent, les pouvoirs publics n'interviennent pas dans des espaces vierges, mais au contraire doivent compter et composer avec des innovateurs privés qui les ont précédés.

Mais au-delà de cet héritage, d'autres facteurs poussent au recours à l'initiative privée : cette dernière mobilise tout d'abord certains moyens (patrimoines, concours financiers) et énergies (militants, bénévoles, notables) qui constituent des allégements de coûts pour la puissance publique et, plus positivement, apportent des appuis irremplaçables pour le bon déroulement de l'action ; les structures privées offrent ensuite une souplesse d'organisation et de gestion (application du droit privé du travail, des règles de la comptabilité privée) qui est souvent indispensable en matière d'action sociale où les logiques d'action publique peuvent se montrer lourdes et inefficaces ; dans le même sens, l'institution privée recèle une grande capacité d'adaptation aux évolutions des contextes d'action et peuvent alors plus facilement développer des expérimentations ou des innovations. Au fond, en termes de légitimité, de coûts et de souplesse technique et fonctionnelle, les structures privées précèdent souvent, puis relaient efficacement la puissance publique qui peut alors, plutôt que tenter de les supplanter, vouloir simplement les associer et les contrôler.

Enfin, on doit constater que les associations et, plus largement, les groupements privés ont été, ces dernières années, largement confortés dans leur rôle en matière d'action sociale. A compter de la loi relative au RMI du 1er décembre 1988 jusqu'au récent texte relatif à la lutte contre les exclusions du 29 juillet 1998, l'ensemble des dispositifs répondant à la logique de « l'insertion » attribuent une place centrale aux structures associatives et les dotent d'instruments et de moyens : ainsi, que ce soit dans le domaine de l'accès au logement, de la prise en charge de la dépendance, de

(110) Chiffres avancés par le Centre national de la vie associative qui publie, chaque année, à la Documentation française, un bilan pour la totalité du secteur associatif.

l'accès au droit, à la santé ou à la citoyenneté, l'initiative et l'intervention privées connaissent un retour en force manifeste (111).

2° Les formes juridiques

125 A condition de respecter les finalités générales affectées à chaque type de structure par le législateur, les promoteurs utilisent en pratique un grand nombre de formes juridiques lorsqu'ils interviennent en matière sanitaire et sociale. Le choix de la structure gestionnaire est libre, mais il convient d'insister sur le fait que l'ouverture, l'organisation et le fonctionnement des établissements et services divers dépendant de ces structures sont, eux, largement déterminés par une réglementation spécifique (112).

L'*association* de la loi du 1er juillet 1901 est le support juridique le plus habituel des institutions sanitaires et sociales privées. L'association ordinaire se constitue librement et revêt la personnalité morale par simple déclaration préalable à la préfecture. Mais pour obtenir la « grande capacité », qui permet de recevoir des dons et des legs, l'association doit être reconnue d'utilité publique par décret en Conseil d'État ; cependant, sur la base de la loi du 14 janvier 1933, réactualisée par la loi de juillet 1987 sur le mécénat (113), les associations ordinaires peuvent, avec autorisation, recevoir des dons, libéralités ou recourir à la générosité publique, ce qui dispense alors d'une reconnaissance d'utilité publique. La formule associative, qui est par nature diversifiée, décentralisée et multiforme, a nécessité des tentatives de regroupements et de structurations qui ont procédé selon deux logiques ; une logique descendante, puisque de grandes associations nationales ont créé sur tout le territoire un ensemble de structures soit en gestion directe, soit autonomes ; c'est le cas de la Croix-Rouge française, du Secours catholique, du Secours populaire, du Mouvement Aide-à-toute-détresse. Une logique ascendante ensuite, puisque des associations locales se regroupent dans des fédérations à statut associatif : ainsi des structures interfédérales qui ont vocation à regrouper l'ensemble d'une branche d'activité comme l'Union nationale interfédérale des œuvres privées sanitaires et sociales (UNIOPSS), des fédérations spécialisées d'œuvres (association nationale des centres sociaux, fédération nationale des associations d'accueil et de réadaptation sociale), des groupements professionnels (associations par profession comme l'Association nationale des assistants de service social ou l'Union nationale des instituts de formation en travail social et éducatif) ont été créées. Enfin, bien que situées dans le champ associatif, les associations familiales sont enserrées dans un statut spécifique qui les organise en Unions départementales et nationale, les soumet à des conditions particulières de création et de fonctionnement et les dote de missions spécifiques de représentation et d'action en faveur des familles (114).

La *fondation* est un second cadre juridique s'offrant aux promoteurs de l'action sanitaire et sociale. La loi du 23 juillet 1987 sur le mécénat a voulu relancer cette

(111) E. ALFANDARI, Du nouveau pour les associations dans la loi du 29 juillet 1998 d'orientation relative à la lutte contre l'exclusion, *RDSS*, 1998, p. 869 ; S. HENNION-MOREAU, La mobilisation des institutions sociales, *RDSS*, 1999, p. 342.

(112) Il s'agit là de la police spéciale s'appliquant aux établissements et services et fondée sur la loi du 30 juin 1975 : v. *infra*, n° 174 et s.

(113) L. n° 87-571, 23 juillet 1987 (précitée).

(114) *C. famille*, art. 1 à 16.

technique et l'a définie comme « l'acte par lequel une ou plusieurs personnes physiques ou morales décident l'affectation irrévocable de biens, droits ou ressources à la réalisation d'une œuvre d'intérêt général à but non lucratif ». La fondation ne procédant pas d'une association volontaire de personnes (comme l'association) mais étant un patrimoine affecté à un but, elle ne comporte pas d'assemblée générale et est gérée par un conseil d'administration ; sa constitution est moins souple puisqu'elle requiert une reconnaissance d'utilité publique par décret en Conseil d'État.

Dans le champ des institutions privées, on rencontre enfin un ensemble d'autres intervenants de statut privé :

- les *mutuelles* dont le but est d'organiser des actions de prévoyance, de solidarité et d'entraide au profit de leurs cotisants. Le Code de la mutualité leur permet, dans cette perspective, de créer des établissements et services à caractère sanitaire, médico-social, social ou culturel (115) ;
- les *comités d'entreprises* qui assurent « la gestion de toutes les activités sociales et culturelles établies dans l'entreprise au bénéfice des salariés ou de leurs familles ou participent à cette gestion quel qu'en soit le financement » (116). Ils sont dotés de la personnalité morale et sont obligatoires dans les entreprises qui occupent au moins 50 salariés, cette règle concernant aussi les organismes de sécurité sociale, les établissements publics à caractère industriel et commercial et les associations. En pratique, les comités d'entreprise organisent de nombreux services : cantines et restaurants d'entreprise, crèches et garderies, activités de loisirs, gestion de logements, jardins ouvriers, groupements d'achats et coopératives de consommation (117)...

126 **Bibliographie.** APCG, *Les collectivités territoriales et les associations loi de 1901, mode d'emploi*, Éd. de l'APCG, 1996 ; R. BRICHET, Le rôle des associations privées dans la vie administrative, *AJDA*, 1980, p. 123 ; J. CHAUVET, L'action sanitaire et sociale de la Caisse nationale d'assurance vieillesse, *Dr. soc.*, 1975, p. 322 ; J. CHEVALLIER, L'association entre privé et public, *RDP*, 1981, p. 877 ; J. DAVID, L. DESSAINT, L'aménagement du statut des établissements publics locaux à caractère social ou médico-social, *RDSS*, 1990, p. 176 ; DIVERS, *Les associations dans l'action sociale*, 1997 (Toulouse), 1999 (Dijon), Éd. ENSP ; J. M. de FORGES, Remarques sur certains aspects des relations entre le secteur public et le secteur privé dans le secteur sanitaire et social, *Mél. Charlier*, 1981, p. 423 ; M. LEVY, Vers de nouvelles régulations dans le secteur social et médico-social : décision unilatérale ou contrat ?, *RDSS*, 1998, p. 715 ; P. LIGNEAU, La coopération entre établissements publics et privés à l'épreuve, *RDSS*, 1990, p. 537 ; Vers une réforme de la loi du 30 juin 1975 sur les institutions sociales et médico-sociales : la place nécessaire du citoyen, *RDSS*, 1997, p. 137 ; A. MORIVAL, L'action sociale des Caisses d'allocations familiales, *Dr. soc.*, 1975, p. 49 ; J. P. NÉGRIN, L'action sociale privée, *JCA.*, n° 228, 1993 ; C. PRIEUR, L'action sanitaire et sociale du régime général d'assurance maladie, *Dr. soc.*, 1976, p. 311 ; L. RICHET (Dir.), *L'activité désintéressée, réalité ou fiction juridique ?*, 1983, Economica ; A. TRIOMPHE, J. BOUMENDIL, La place des associations dans la gestion des établissements sociaux, *Rev. études coop. et mut.*, 1996, p. 16.

(115) *C. mutualité*, art. L. 411 et s.

(116) *C. trav.*, art. L. 432-8.

(117) N. CATALA, *Rôle du comité d'entreprise dans le fonctionnement des œuvres sociales*, *in* Traité de droit du travail (Dir. G. CAMERLYNCK), Dalloz, 1980, p. 907, T. IV ; Y. CHALARON, Les œuvres sociales dans l'entreprise, *Dr. soc.*, 1978, p. 1 ; J. SAVATIER, *L'action sociale et culturelle des comités d'entreprise*, 1992, Éd. Liaisons ; T. LAMARCHE, Le comité d'entreprise, nouvel acteur de l'action sociale, *RDSS*, 1997, p. 239.

SECTION II LES PERSONNELS SOCIAUX

127 Mises en œuvre dans des institutions, administrations de l'État, collectivités locales et institutions sociales, l'aide et l'action sociales mobilisent aussi, à l'intérieur de celles-ci, un ensemble de personnels. Ces derniers sont très variés tant du point de vue de leurs fonctions que de leurs statuts. Il n'est donc ici ni possible ni même souhaitable de prétendre à l'exhaustivité en présentant tous les salariés, sans oublier les bénévoles qui agissent dans les structures de l'action sanitaire et sociale. On peut alors, de façon schématique, introduire une distinction dans cet ensemble : s'il existe des personnels d'encadrement, administratifs et d'entretien qui, à l'exception d'une catégorie de cadres (118), ne présentent aucune spécificité ni fonctionnelle ni statutaire par rapport aux autres salariés des secteurs public, semi-public ou privé, l'aide et l'action sociales mobilisent en revanche des professionnels spécifiques à ce champ d'action collective, réunis sous le vocable de « travailleurs sociaux » dont il convient d'analyser les missions et les statuts.

§ 1. LES MISSIONS DES TRAVAILLEURS SOCIAUX

128 Les travailleurs sociaux constituent, dans le champ de l'aide et de l'action sociales, une catégorie particulière de professionnels : ceux qui œuvrent dans le « travail social ». S'ils ont en commun un ensemble de finalités générales, ils relèvent cependant d'un grand nombre de professions distinctes tant par leur histoire que par leurs pratiques.

A. L'IDENTITÉ DU TRAVAIL SOCIAL

129 **a) Les origines** — Les notions de « travail social » et de « travailleurs sociaux » sont relativement énigmatiques. Ce sont des dénominations récentes qui apparaissent dans les années 60, parallèlement à une expansion très forte de chacune des professions sociales et surtout en liaison avec l'apparition de nouveaux groupes professionnels.

---

(118) Il s'agit des directeurs d'établissement social qui font l'objet depuis 1985 d'une réglementation par catégorie d'établissements et doivent passer par une formation spécifique aboutissant à un diplôme : le Certificat d'aptitude aux fonctions de directeur d'établissement délivré au nom du ministre des Affaires sociales (D. n° 89-601, 28 août 1989, A. 16 juin 1992 ; v. aussi Circ. DAS/TS n° 96-243, 10 avril 1996 qui redéfinit les conditions d'accès à la formation, in *BOAS*, 25 juin 1996, p. 137). Il convient en outre d'indiquer qu'a été créé un corps des directeurs d'établissement sanitaire et social qui se substitue aux directeurs d'hôpitaux de 4e classe et qui a vocation à diriger les établissements publics de santé, les hospices publics et les maisons de retraite publique, ces structures d'accueil devant comporter moins de 150 lits (D. n° 96-113, 13 février 1996 ; A. 9 octobre 1998, *JO*, 22 octobre, p. 16008). Enfin, deux diplômes professionnels de cadres de l'action sociale existent : le diplôme supérieur en travail social (DSTS) créé en 1978 et récemment réformé (D. n° 98-162, 12 mars 1998 ; A. 23 mars 1998) et le diplôme d'État de directeur de projet d'animation et de développement (DEDPAD) créé en 1997 : v. Les cadres dans le secteur social, *Informations sociales*, n° 61, 1997 ; E. DUGUÉ, *Fonctions d'encadrement et formations supérieures dans le secteur social*, Rapport DAS, CNAM, 1998.

On tente ainsi, non sans débats (119), de réunir sous une même qualification un ensemble d'activités professionnelles qui ont émergé progressivement et de façon pragmatique au gré de la multiplication des interventions collectives en matière d'aide et d'assistance à des individus ou des groupes. Avant la seconde guerre mondiale, on ne connaissait que le « service social », activité spécifique du groupe professionnel le plus ancien : les assistantes sociales.

Les « travailleurs sociaux » sont apparus dans la seconde moitié du XIXe siècle et ont concouru à construire peu à peu l'image de l'assistante sociale (120). Se présentant tout d'abord sous la forme de la « visiteuse » dans les hôpitaux et hospices, les premières activités de service social se déplacent ensuite vers l'entreprise, avec les « surintendantes » d'usine en charge de l'hygiène des travailleurs puis de leurs problèmes de logement et de vie quotidienne (121). La révolution industrielle et la montée du paupérisme vont conduire à quitter le cadre limité de l'entreprise et à développer des interventions dans le milieu de vie des classes populaires ; très centré à l'origine sur des préoccupations hygiénistes (122), ce travail social naissant va s'élargir ainsi à une prise en charge multiforme des familles en difficulté pour leur apporter aides et secours (123).

Après 1945, des formes nouvelles d'intervention sociale se développent, dans un mouvement constant de technicisation et de rationalisation, sous la poussée des sciences médico-psychologiques. La protection de l'enfance, qui ouvre l'espace de « l'enfance inadaptée » (délinquance juvénile, enfance en danger), la prise en compte des « handicaps » des jeunes et des adultes, la politique familiale qui s'élabore avec l'essor des prestations familiales et plus largement des assurances sociales concourent non seulement à infléchir l'action des assistants sociaux qui œuvrent alors de plus en plus dans les « services sociaux spécialisés », mais surtout à justifier la naissance de nouvelles professions sociales : éducateurs spécialisés, animateurs, monitrices d'enseignement ménager...

L'appellation de « travailleurs sociaux » et la notion de « travail social » sont apparues ainsi pour recouvrir des professions diverses, formées dans des contextes et avec des missions disparates. S'agit-il de vocables commodes mais sans signification précise, ou renvoient-ils à des missions et des caractéristiques communes ? On doit d'abord constater qu'aucune définition n'en a été donnée. Dans les textes officiels, le recours à ces termes a été très tardif. On parlait plutôt, dans les années 60, de « techniciens de l'action sanitaire et sociale » ; il faut attendre la loi du 30 juin 1975 relative aux institutions sociales et médico-sociales pour voir utilisée l'expression dans le chapi-

---

(119) On peut se reporter à un numéro spécial de la revue *Esprit* qui transcrit bien les termes du débat sur la nature du travail social et les spécificités des travailleurs sociaux : *Normalisation et contrôle social, pourquoi le travail social ?* (*Esprit*, n° 4-5, avril-mai 1972). De plus, on a connu un contentieux qui montre que l'accord est loin d'être établi sur ces notions : les assistants de service social ont attaqué devant la juridiction administrative un décret qui rangeait sous les vocables confondus de « travail socio-éducatif » et de « service social » des assistants de service social et des éducateurs (CE, 18 mars 1988, *RDSS*, 1989, p. 103, concl. B. STIRN).

(120) *Vie sociale* (n° spécial), 1993, n° 4, Pour une histoire du service social, jalons et perspectives ; S. ARON, Un regard historique sur le service social, *Rev. écon. soc.*, 1988, p. 456 ; J. VERDES-LEROUX, *Le travail social*, 1978, Éd. de Minuit.

(121) P. GRADYOHL, Autour de l'histoire des surintendantes, *Vie sociale*, 1993, p. 447.

(122) L. MURARD, L'idée de service social dans la pensée hygiéniste, *Vie sociale*, 1993, p. 463.

(123) C. RATER-GARCETTE, *La professionnalisation du travail social, action sociale, syndicalisme, formation (1880-1920)*, 1996, L'Harmattan.

tre VII sur les établissements de formation des travailleurs sociaux. De même — l'organe supposant consécration de la notion —, on crée en 1984 le Conseil supérieur de travail social (124), ce qui exprime la communauté de missions des diverses professions sociales. Dans le domaine de la formation, si les filières spécifiques à chaque profession se maintiennent, on tente, avec la création des Instituts régionaux du travail social (125), de mettre en place des structures qui relativisent les cloisonnements et favorisent la constitution d'une culture professionnelle commune. Dans le même sens, la création d'un diplôme supérieur en travail social (126), ouvert à tous les professionnels et visant à former l'encadrement des services sociaux, veut aussi favoriser une certaine convergence des professions sociales.

130 **b) Les traits communs** — Malgré les caractères particuliers et les héritages spécifiques de ces métiers, les notions de « travailleurs sociaux » et de « travail social » ont des traits communs, qui d'ailleurs vont en s'accusant. Si l'on se situe d'abord au niveau des finalités de l'action professionnelle et par delà la diversité des publics, des techniques et des cadres juridiques, les travailleurs sociaux ont pour mission d'apporter des remèdes à des situations de crise ou à des difficultés matérielles, relationnelles ou psychologiques vécues par des individus ou des groupes. Ainsi définie, cette finalité n'a pas manqué de susciter des débats, notamment dans les années 70 où le travail social était analysé en termes de « contrôle social » (127). Mais quelle que soit la cause ultime du travail social (contrôle social, protection-promotion des populations défavorisées, intégration sociale), il ne fait pas de doute qu'au niveau des pratiques concrètes, c'est bien la résolution des difficultés des personnes puis, plus largement, la restauration de leur autonomie qui est visée : ceci est commun à tous les travailleurs sociaux, même si chaque corps professionnel dispose de cadres d'analyse et de techniques d'action spécifiques.

Il est, en second lieu, une autre caractéristique commune aux professions sociales. Elle tient à la place spécifique qu'occupent les travailleurs sociaux dans l'ensemble des moyens d'intervention sociale à destination des personnes, des familles ou des groupes. Bien que le plus souvent salariés d'institutions diverses, et de ce point de vue insérés dans les relations de travail de droit commun (subordination hiérarchique), ils occupent cependant une position singulière : s'il représente son employeur en vue des objectifs et dans le cadre des moyens définis par ce dernier, le travailleur social n'en est pas moins conduit, dans tous les cas, à prendre en compte les intérêts spécifiques des usagers ou clients de son action (128) et, dans une certains mesure, à devenir leur représentant auprès des institutions ; il a donc une fonction de médiation,

(124) V. *supra*, n° 104.
(125) A. 22 août 1986.
(126) A. 14 novembre 1978, mod. A. 19 avril 1985.
(127) Les théories du « contrôle social » ont voulu mettre en évidence que, par delà les objectifs bienveillants affirmés, les interventions sociales entendaient conduire à une emprise forte de l'État sur les classes populaires, supposées dangereuses pour l'ordre social ; on retrouve ces thèses dans les écrits se situant dans la ligne de l'œuvre de M. FOUCAULT (*Histoire de la folie à l'âge classique*, 1981, Gallimard ; *Surveiller et punir*, 1978, Gallimard) : J. DONZELOT, *La police des familles*, 1977, Éd. de Minuit ; P. MEYER, *L'enfant et la raison d'État*, Seuil, 1977 ; C. LISCIA, *Familles hors-la-loi*, 1978, Maspéro ; ce fut aussi le cas du courant néo-marxiste : P. GREVET, *Besoins populaires et financement public*, 1978, Éd. Sociales ; M. DECAILLOT, E. PRETECEILLE, J. P. TERRAIL, *Besoins et modes de production*, 1977, Éd. Sociales ; M. BUTLER, P. NOISETTE, *Le logement social en France*, 1983, La Découverte.
(128) C'est bien pourquoi le vocabulaire n'est guère stabilisé : on parle aussi bien « d'usager », de « client », de « bénéficiaire », « d'ayant-droit » ou encore « d'allocataire », chaque terme renvoyant en fait à une certaine conception de l'action et de la place des travailleurs sociaux.

qui le situe en fait à mi-chemin entre la profession libérale et le salarié et qui fait de lui bien plus qu'un simple exécutant (129). Ceci d'autant que, seul en relation avec les personnes prises en charge et disposant de techniques professionnelles propres, le travailleur social est à même de préserver généralement une assez large autonomie professionnelle (130). Cette singularité de position est un trait commun à l'ensemble des professions sociales et fait ressortir, au-delà des aspects purement organisationnels, une mission fondamentale : œuvrer à créer des liens sociaux, à infléchir les logiques institutionnelles vers la prise en compte des bénéficiaires, à défendre les droits des personnes face à l'emprise du collectif ; de plus, avec la finalité d'insertion sociale et professionnelle, il s'agit même de permettre aux personnes et aux groupes de reconstruire les compétences sociales leur permettant d'agir en acteurs reconnus dans leur milieu (131). On peut alors parler d'une véritable mission sociale spécifique qui, pour être problématique, n'en est pas moins réelle.

Réunis au fond par des finalités générales identiques et une position institutionnelle qu'ils partagent par delà les singularités corporatistes, les travailleurs sociaux sont aujourd'hui affectés par des évolutions qui ne peuvent que renforcer leur identité commune. En effet (et ceci n'est pas sans créer chez eux un certain malaise) (132), les missions « historiques » du travail social connaissent, en raison des nouvelles conceptions de la politique sociale, une inflexion sensible. Les logiques d'insertion et de lutte contre l'exclusion sociale, les politiques d'intégration des minorités, les politiques spatiales de développement social contribuent à bousculer les pratiques anciennes et à réadapter les fonctions de chaque groupe professionnel (133). Les fonctions de médiation se renforcent et se modifient avec le passage à « l'accompagnement social » individuel ou collectif (134) qui, utilisant ou non l'instrument contractuel, doit être beaucoup plus centré sur l'instauration d'un rapport égalitaire avec l'usager fondé sur la définition de droits et d'obligations réciproques et la construction de projets individualisés ; les fonctions liées au développement social supposent la participation au montage, à la négociation et à l'application de projets territorialisés liant populations et partenaires institutionnels (135). Cela s'accompagne nécessairement de la mise en

---

(129) J. ION, Travailleurs sociaux, sans frontières ?, p. 100, *in* F. BAILLEAU et *alii, Lectures sociologiques du travail social*, 1985, Éd. Ouvrières.

(130) C. BACHMAN, J. SIMONIN, Changer au quotidien, *Études Vivantes*, 1981, p. 195 ; on peut aussi évoquer le concept de « marginal sécant » issu de la sociologie des « organisations » (M. CROZIER, E. FRIEDBERG, *L'acteur et le système*, 1981, Seuil ; P. BERNOUX, *La sociologie des organisations*, 1985, Seuil).

(131) R. LAFORE, Les contrôles d'ordre social préalables à l'attribution des prestations familiales, logique protectrice et logique intégratrice, *RDSS*, 1994 (n° spécial), p. 641 ; J. M. DUTRÉNIT, *La compétence sociale, diagnostic et développement*, 1997, L'Harmattan.

(132) E. ALFANDARI, F. PINTIAU, Le travailleur social, identité et avenir, *RDSS*, 1993 (n° spécial), p. 605 ; M. AUTES, Le travail social redéfini et F. ABALLÉA, Crise du travail social, malaise des travailleurs sociaux, *Recherches et prévisions*, n° 44, juin 1996, p. 1 et p. 11.

(133) M. C. LALIRE, Les nouvelles fonctions des travailleurs sociaux, *RDSS*, 1993, p. 621.

(134) V. le dispositif « d'appui social individualisé » (ASI) mis en place par la circulaire du 30 mars 1992 et étendu ensuite à tous les publics en difficulté (Circ. 5 mai 1995, *TSA*, 1996, n° 580). Dans le prolongement de la loi du 29 juillet 1998 sur les exclusions, l'ASI a été redéployé avec des moyens renforcés pour se constituer en une fonction « d'accompagnement global à l'insertion » (v. circ. 11 décembre 1998, *TSA*, n° 720, 1999, p. 4).

(135) J. ION, *Le travail social à l'épreuve du territoire*, 1992, p. 87 et s., Privat ; R. LAFORE, Insertion et collectivités locales : le territoire de l'insertion, *in Insertions et solitudes*, Maison des sciences de l'homme d'Aquitaine/Comptrasec, 1993, p. 203 ; E. DUGUÉ, Métier, qualification, compétence : définition et enjeux, *Cahiers du travail social* (IRTS de Franche-Comté), septembre 1996 ; J. M. DUTRENIT, *Travail social, description et évolution des métiers*, 1996, La Doc. française.

œuvre de nouvelles compétences : création de structures d'insertion, de services de proximité qui requièrent une aptitude à la gestion, à l'ingénierie sociale, à l'évaluation (136). Cela concourt aussi à réorienter et à relativiser les compétences et techniques professionnelles classiques en ouvrant à tous les travailleurs sociaux, quelle que soit leur origine professionnelle, des champs d'action transversaux et en les mobilisant sur des savoirs et des savoir-faire communs. Mais dans le même temps, ces évolutions fragilisent les anciennes professions et ce, d'autant plus que de nouvelles « professions », proches du travail social, apparaissent (« agent de développement local », « médiateur », « chef de projet », etc.). Les métiers du social connaissent donc une certaine remise en cause : ce dont témoignent diverses études et réflexions visant à en redéfinir les éventuelles spécificités et, par là, les missions (137).

B. LES PROFESSIONS DU TRAVAIL SOCIAL

131 Malgré cette convergence vers des missions globales qui leur sont communes et qui tendent ainsi à définir l'identité du travail social, les professions sociales se présentent néanmoins comme un ensemble de métiers distincts.

Le territoire des professions sociales comporte en fait trois espaces différents légués par l'histoire : celui de l'assistance (le plus ancien) qui mobilise des professionnels œuvrant pour l'accès à des aides et secours variés ou apportant des savoirs et des conseils de natures diverses ; celui de l'éducation spécialisée qui requiert surtout des compétences fondées sur les savoirs médico-psychologiques ; enfin, celui de l'animation sociale, contemporain du développement des politiques d'équipements collectifs, puis du développement social. Dans chacun de ces espaces, une ou plusieurs professions se sont développées : chacune étant caractérisée par des modes d'action, des techniques et des discours spécifiques (138).

132 **a) Les professions d'aide, de conseil et de soutien** — Il s'agit de professions ayant pour mission d'une part, de recevoir les demandes d'individus ou de groupes familiaux, de dépister et de signaler un certain nombre de dysfonctionnements ; d'autre part, de fournir informations, conseils, assistance et aides diverses pour résoudre les problèmes rencontrés. La première de ces professions, qui couvre en pratique tout le spectre de cette mission, est celle d'assistant de service social. Formant l'ossature des services sociaux polyvalents, les assistants de service social exercent aussi leurs missions au profit de catégories spécifiques dans les services spécialisés (professions agricoles, jeunes et familles de l'aide sociale à l'enfance, milieu scolaire ou universitaire...).

(136) V. *Revue Pour*, L'ingénierie à l'assaut du travail social, n° 119, 1988.

(137) L. Demailly, Les métiers relationnels de service public : approche gestionnaire, approche politique, *Lien social et politique*, n° 40, 1998, p. 17 ; M. Autes, La relation de service identitaire ou la relation de service sans service, *Lien social et politique (op. cit.)*, p. 47 ; C. Dubar, La catégorisation des métiers du social, *MIRE Info*, n° 40, 1998, p. 66.

(138) En 1994, le Service statistique du ministère des affaires sociales (SESI) recensait 434 840 emplois sociaux et éducatifs dont 36 000 assistants de service social, 14 600 aides médico-pédagogiques, 42 400 éducateurs spécialisés, 18 300 moniteurs-éducateurs, 12 300 éducateurs techniques spécialisés, 3 200 conseillers en économie sociale et familiale et 2 400 animateurs ; les assistantes maternelles étaient au nombre de 64 684 : v. SESI, *Les professions sociales et éducatives en 1994*, Doc. stat., n° 263, 1996 ; sur les formations aux professions sociales, v. SESI, *Les formations sociales*, Doc. stat., n° 291, 1997.

On peut aussi faire état, dans ce domaine d'action, du conseiller en économie sociale familiale. Selon la définition officielle, celui-ci est « un travailleur social qui concourt à l'information et à la formation des individus ou des groupes pour les aider à résoudre les problèmes de la vie quotidienne » (139). Issue de l'ancien enseignement ménager, centrée par là même sur les activités domestiques et les problèmes plus vastes de gestion économique de la famille, cette profession s'est peu à peu élargie à une dimension de conseil et de soutien, soit en institutions (structures d'accueil diverses), soit dans le milieu ordinaire de vie (aide et éducation budgétaire, conseils matériels, soutiens éducatifs, relationnels...).

En aval des interventions des deux professions qui précèdent, un certain nombre d'autres professions, centrées sur la prise en charge de problèmes plus limités, sont apparues. Les délégués à la tutelle aux prestations sociales qui, sur mandat judiciaire, interviennent dans des ménages allocataires de prestations familiales en proie à des difficultés financières (140) ; les travailleuses familiales, ancienne dénomination d'une profession devenue celle des « techniciens de l'intervention sociale et familiale » (141) qui accomplissent à domicile des activités ménagères, soit en aide ou en suppléance de mères de famille (maternité, maladie, hospitalisation), soit auprès de personnes âgées dépendantes pour favoriser leur maintien à domicile ; les assistantes maternelles qui accueillent à leur foyer, pour en assurer la garde, des enfants soit dans le cadre de crèches ou de garde à domicile, soit dans le cadre de l'aide sociale à l'enfance pour des enfants retirés de leur milieu familial et placés en « famille d'accueil ». Tous ces métiers, qu'ils s'adressent à des personnes âgées, des handicapés, des familles ou des enfants, constituent un ensemble d'activités — les « services d'aides aux personnes » — qu'il conviendrait sans nul doute de rationaliser et de réorganiser (142).

133 **b) Les professions de l'éducation spécialisée** — Un ensemble de professions sociales s'est fortement développé du fait de la création du secteur de l'enfance inadaptée, puis du handicap (143). Ces professions sont chargées de missions éducatives ou rééducatives auprès de jeunes et de leur famille ou auprès d'adultes handicapés pour leur assurer la meilleure intégration possible dans la société. On rencontre dans ce champ d'action publique plusieurs groupes professionnels.

Tout d'abord, les éducateurs spécialisés ainsi que les moniteurs-éducateurs, lesquels ne se différencient que par leur niveau de qualification. Ils ont en commun d'œuvrer soit dans des institutions accueillant des enfants ou des adultes handicapés (établissements médico-éducatifs, foyers d'hébergement, maisons d'accueil spécialisées...) ou encore des enfants et adolescents en rupture avec leur milieu familial ou menacés par ce même milieu (foyers de l'enfance, établissements de placements de mineurs délinquants...) ; soit en milieu ouvert (clubs de prévention, structures de placement professionnel pour handicapés...) (144).

---

(139) A. interm. (Affaires sociales, Éducation nationale), 23 mars 1978.

(140) Sur ce point, v. notamment T. Fossier, La place de la tutelle aux prestations sociales dans la protection de l'enfant et de l'adulte, *Sauvegarde de l'enfance*, 1996, p. 28.

(141) D. nº 99-779, 9 septembre 1999 relatif à la formation et à l'emploi de techniciens de l'intervention sociale et familiale (*TSA*, *Bull. lég.*, nº 60, 1999, p. 23) ; A. 23 septembre 1999 relatif à la formation du diplôme d'État de technicien de l'intervention sociale et familiale (*TSA, Bull. lég.*, nº 61, 1999, p. 19).

(142) V. Hespel, M. Thierry, *Synthèse des constats et propositions de la mission sur les services d'aide aux personnes*, Rapport au ministre de la solidarité et de l'emploi, non publié (*TSA*, nº 710, 1998, p. 15).

(143) M. Chauvière, *L'héritage de Vichy, l'enfance inadaptée*, 1980, Éd. Ouvrières.

(144) Le Ministère de la Justice (Direction de la protection judiciaire de la jeunesse) emploie dans ses établissements et services un corps d'éducateurs spécifiques formés par ses soins.

Ensuite, diverses professions liées à l'éducation spéciale des jeunes handicapés ont été créées : les éducateurs techniques spécialisés qui assurent la formation professionnelle ou l'encadrement d'activités professionnelles d'handicapés ou d'inadaptés ; les aides médico-psychologiques (AMP) qui, ayant au départ une fonction de « maternage » d'handicapés lourds, ont vu leurs fonctions récemment élargies pour fournir une aide individualisée et un accompagnement à des personnes handicapées ou des personnes âgées dépendantes ; les professeurs d'enseignement des déficients sensoriels qui, à côté des enseignants relevant de l'éducation nationale, interviennent auprès des déficients visuels et auditifs.

On doit enfin évoquer une dernière profession appartenant au champ éducatif, même si elle ne s'adresse pas à des jeunes inadaptés ou handicapés : il s'agit des éducateurs de jeunes enfants (EJE) dont la mission est d'agir dans les établissements ou services d'accueil de la petite enfance (jardins d'enfants, garderies et haltes-garderies, services hospitaliers de pédiatrie, maisons d'enfants à caractère social).

134 **c) Les professions de l'animation socio-éducative** — La politique massive de développement d'équipements collectifs dans les années 60 (centres sociaux, centres culturels, centres de loisirs, foyers socio-éducatifs, foyers de jeunes travailleurs...) a suscité l'apparition d'un travailleur social spécialisé ayant vocation à assurer l'animation et le fonctionnement de ces structures, lesquelles sont appelées à jouer un rôle d'éducation et d'animation dans les quartiers ou les zones posant des problèmes sociaux. Il s'agit des animateurs sociaux qui, à l'instar des autres professions, disposent d'une formation conduisant à un titre professionnel spécifique. Cette politique d'équipements s'inscrit aujourd'hui dans une conception élargie du développement social local, notamment autour de la politique de la ville qui requiert des professionnels aptes, au-delà de l'organisation d'activités éducatives, à gérer des opérations globales (« opérations été » pour les jeunes des quartiers en difficulté, développement social des quartiers, contrats de ville).

135 **Bibliographie.** C. ALLARD, *Éducateur, un p'tit boulot sans histoire*, 1997, L'Harmattan ; C. BACHMAN, J. SIMONIN, Changer au quotidien, une introduction au travail social, *Études vivantes*, 1981 ; F. BAILLEAU et *alii*, *Lectures sociologiques du travail social*, 1985, Éd. ouvrières ; B. BOUQUET, Assistants de service social, quelles orientations pour la décennie 1990 ?, *Cah. du CTN*, avril-juin 1990 ; CEDIAS, Le service social polyvalent de secteur, vers l'éclatement du modèle, *Vie sociale*, n° 1-2/93 ; Le social aux prises avec l'histoire, *Vie sociale*, n° 16/89 ; Le travail social en Europe, *Vie sociale*, n° 2-3/1994 ; CNAF, Les professionnels du social, *Informations sociales* (n° spécial), 1/1985 ; DIVERS, A quoi sert le travail social ?, *Esprit* (n° spécial), mars-avril 1998 ; A. DURRLEMAN (Dir.), *Redéfinir le travail social, réorganiser l'action sociale*, Commissariat général du plan, 1994, La Doc. française ; J. M. DUTRENIT, *Gestion et évaluation des services sociaux*, 1989, Economica ; R. H. GUERRAND, M. A. RUPP, *Brève histoire du service social en France (1896-1976)*, 1978, Éd. Privat ; G. HANN, *Les raisons d'être du travail social*, 1983, ESF ; S. HÉNNION-MOREAU, F. PINTIAU (Dir.), Les travailleurs sociaux, *RDSS*, (n° spécial), n° 4, 1993 ; La place des travailleurs sociaux dans les réformes de la protection sociale, *RDSS* (n° spécial), 1996, p. 835 ; J. ION, J. P. TRICART, *Les travailleurs sociaux*, 4e éd., 1998, La Découverte ; F. MENARD, F. ABALLÉA, I. BENJAMIN, *Le métier de conseiller en économie sociale familiale*, 1999, Syros ; J. ROUZEL, *Le travail d'éducateur spécialisé*, 1997, Dunod ; F. SERVOIN, R. DUCHEMIN, *Introduction au travail social*, 1983, ESF ; A. THEVENET, Les travailleurs sociaux, vingt ans après, *RFAS*, 1988, p. 63 ; A. THEVENET, J. DESIGAUX, *Les travailleurs sociaux*, 4e éd., 1999, PUF ; J. VERDES-LEROUX, *Le travail social*, 1978, Éd. de Minuit.

§ 2. LES STATUTS DES TRAVAILLEURS SOCIAUX

136 Appliqués à des professions diverses, les statuts des travailleurs sociaux se caractérisent par leur hétérogénéité. Chaque catégorie est sinon définie, du moins organisée dans ses conditions d'accès par des textes spéciaux. Cependant, on peut identifier, soit qu'ils viennent simplement de leur qualité de salariés, soit qu'ils tiennent aux particularités du travail social, un ensemble de cadres juridiques qui leur sont communs.

A. LES ÉLÉMENTS STATUTAIRES GÉNÉRAUX

137 Même si les professions sociales ne sont pas soumises à un statut commun, il reste que nombre de règles définissant leurs droits et obligations dans l'exercice de leurs activités transcendent les clivages entre professions. Il s'agit d'abord et fondamentalement de leur partition en deux ensembles, à l'instar de tous les autres salariés d'ailleurs : les professionnels régis par le droit commun du travail d'un côté, et ceux qui sont insérés dans les statuts de la fonction publique de l'autre. De plus, il existe des principes déontologiques qui encadrent les pratiques et ce, quelle que soit l'appartenance corporatiste.

1° La nature des statuts

138 Les personnels sociaux se répartissent en deux grandes catégories de statuts : les statuts de droit public et les statuts de droit privé. Pour l'essentiel, l'appartenance à l'un ou l'autre de ces statuts dépend, sauf exceptions, de la qualité de l'employeur. Ainsi, les travailleurs sociaux employés dans les institutions privées sont en principe gouvernés par le droit commun du travail, alors que ceux qui le sont par des collectivités publiques sont attachés aux catégories statutaires de la fonction publique.

139 **a) Les statuts relevant du droit du travail** — Relèvent du droit du travail les travailleurs sociaux des institutions et organismes de droit privé, qu'ils soient à but lucratif ou non lucratif, ce qui inclut notamment les organismes de sécurité sociale.

L'application du droit du travail est fondée sur l'existence d'un contrat de travail qui, formalisé ou non, implique une prestation de travail contre rémunération ainsi qu'un lien de subordination dans l'exécution du travail. L'existence d'un salaire est donc un élément constitutif du contrat de travail et, par là, de l'application du Code du travail (145). Une telle définition conduit à exclure les bénévoles, dont on sait pourtant l'importance dans nombre d'institutions sociales (146), tant dans des activités de gestion (administrateurs) que dans des tâches d'intervention directe auprès d'usagers

---

(145) F. Gaudu, La notion juridique d'emploi en droit privé, *Dr. soc.*, 1993, p. 415.

(146) H. Blaise, Un contrat de travail pour les dirigeants d'associations, *Dr. soc.*, 1988, p. 468 ; J. Savatier, La vieille dame en tutelle et sa fidèle servante ou la vocation d'un contrat de travail en service gratuit, *Dr. soc.*, 1992, p. 665.

(aides à domicile, animateurs, visiteurs...). Bien qu'il accomplisse souvent une véritable activité, régulière et non occasionnelle, ne se distinguant pas toujours de l'activité salariée à laquelle elle est même parfois substituée, le bénévole, faute de rémunération, n'est pas lié à l'institution par un contrat de travail. La loi et la jurisprudence se contentent de soumettre les personnels bénévoles à la législation sur les accidents du travail (147) ainsi qu'aux règles d'hygiène et de sécurité (148).

En principe, dès lors qu'il y a contrat de travail, les personnels sociaux des institutions sociales privées sont soumis aux règles édictées par le Code du travail (149), lequel aménage leurs droits, leurs obligations et les protections dont ils bénéficient tant du point de vue individuel (règles relatives à la formation, à l'exécution et à la cessation du contrat) que du point du vue collectif (règles relatives aux droits à la représentation et à l'expression des salariés, à l'activité syndicale et à la grève). De même, dès qu'il y a contrat de travail, tous les droits et obligations relatifs à la protection sociale (Sécurité sociale avec les régimes de base et les régimes complémentaires, assurance chômage) sont applicables (150).

En complément des règles du Code du travail, les professions sociales s'exercent le plus souvent dans le cadre de conventions collectives dont les plus importantes sont la convention collective du 31 octobre 1951 et la convention collective du 16 mars 1966.

Au-delà du rattachement au droit commun du travail, les travailleurs sociaux sont soumis à un ensemble de dispositions spécifiques en matière de droit du travail qui sont la conséquence de la particularité des organismes qui les emploient (151).

D'une part, les institutions sociales de droit privé sont associées (152) au service public, ce qui implique un aménagement des conditions de travail pour répondre notamment à l'exigence de continuité du service (laquelle concerne surtout les établissements d'accueil ou les services fonctionnant en continu). Cette situation requiert un aménagement du temps de travail qui, sur la base de la durée légale de droit commun, impose des sujétions exigeant une définition claire de ce qui est « temps de travail »,

(147) Cass. soc., 17 avril 1985, *Bull. civ.*, V, n° 238.

(148) Cass. crim., 27 sept. 1989, *RJS*, 1989, n° 846.

(149) Notamment, alors même que les normes et ordres donnés par les autorités de tutelle ont souvent des incidences fortes sur les relations de travail, la Cour de cassation a toujours affirmé la primauté du droit du travail : l'employeur ne peut appliquer directement les instructions des pouvoirs publics, il doit le faire dans le respect du Code du travail (Cass. soc., 7 décembre 1993, *TSA*, 1994, n° 494 ; Cass. soc., 19 juillet 1994, *TSA*, 1995, n° 546 ; v. aussi CE, 9 novembre 1994, ADASEA des Hautes-Alpes, *RJS*, n° 1, 1995, p. 40).

(150) On ajoutera que les institutions sociales, surtout à but non lucratif, sont de grandes utilisatrices des divers contrats aidés (notamment le contrat-emploi-solidarité) qui sont dérogatoires au droit commun du travail et qu'elles utilisent tant pour des activités en direction de leurs usagers que, et c'est plus problématique, pour leurs usagers comme dans le cas des structures développant des services d'insertion par l'économique (R. LAFORE, L'insertion par l'économique dans l'aide à l'hébergement et à la réinsertion sociale, *RDSS*, 1995, p. 74).

(151) S. HENNION-MOREAU, Les spécificités du droit du travail applicables aux travailleurs sociaux, *RDSS*, 1993, p. 640. Un jeu subtil, sur le plan juridique, s'établit entre les prescriptions du droit commun du travail et les prescriptions dérogatoires prévues par les conventions collectives ; on en a eu un exemple récent, en matière de calcul du temps effectif de travail, avec plusieurs décisions de la Cour de cassation qui ont fait prévaloir le droit commun lorsque les conventions collectives invoquées n'ont pas été étendues (Cass. soc., 9 mars 1999, n° 1083 P et n° 13903 P, *TSA*, Bull. lég., n° 55, 1999, p. 23).

(152) J. CHEVALLIER, L'association au service public, *JCP*, 1974, 2667.

une prise en compte de la nécessité de dépasser la durée légale journalière et une fixation des temps de repos compensatoires. Dans le même sens, se pose la question de l'exercice du droit de grève dans les services et équipements sociaux. L'article L. 521-2 du Code du travail a réglementé le droit de grève dans le secteur public pour le concilier, en tant que droit constitutionnel, avec la sauvegarde de l'intérêt général. Cependant, le texte, au-delà des organismes publics, ne vise expressément, lorsqu'ils sont privés, que les structures « chargé(e)s de la gestion d'un service public ». Le débat est ouvert pour savoir si la plupart des établissements sociaux privés « gèrent le service public » ou se contentent de « participer à la gestion du service public », ce qui renvoie à la question de savoir quels sont les éléments de définition du service public (153). La Cour de cassation a admis, pour sa part, l'application de l'article L. 521-2 à des organismes qui participent simplement à la gestion du service public (154). Il s'ensuit que l'organisation d'un service minimum en cas de grève y est parfaitement légal, même si, à la différence de ce qui se passe dans le secteur public, les dirigeants des organismes ne disposent d'aucun droit de réquisition des personnels : ce qui implique que les aménagements du droit de grève soient définis par négociation avec les organisations représentatives. Ajoutons que, à défaut d'appliquer la législation limitative du droit de grève propre aux services publics, les organismes sociaux sont tenus d'assurer la sécurité des personnes : ce qui, de manière tout à fait légale, peut conduire les employeurs à imposer des astreintes de sécurité pour maintenir les prestations indispensables, par exemple lorsqu'il s'agit de personnes handicapées ou âgées (155).

D'autre part, et bien que cela ne concerne que les établissements privés non lucratifs (mais ils sont les plus nombreux), le régime juridique des conventions collectives dans le secteur sanitaire et social est affecté d'une caractéristique spécifique. Le droit conventionnel relevant du Code du travail, elle concerne les conditions d'application de ces conventions. Selon les articles L. 123-1 du Code de la Sécurité sociale et l'article 16 de la loi du 30 juin 1975, les accords collectifs applicables dans les organismes de Sécurité sociale et dans les institutions sanitaires et sociales privées à but non lucratif doivent faire l'objet d'un agrément ministériel préalable (156). Il s'agit d'un acte administratif (157), émanant du Ministre en charge des affaires sociales, qui conditionne l'applicabilité de la convention collective ; à défaut, les salariés ne peuvent se prévaloir des droits ou avantages qu'elle leur ouvre. Ce mécanisme a une finalité purement financière : dans des institutions dont le financement est en presque totalité supporté par les budgets publics, il convient que les accords collectifs n'enga-

---

(153) Trois conditions sont en principe requises : être chargé d'une mission d'intérêt général, être soumis au contrôle des pouvoirs publics, disposer de prérogatives de puissance publique (CE, 28 juin 1963, Narcy, *Leb.*, p. 401) ; au regard de ces conditions, la plupart des institutions sociales privées ne gèrent pas un service public mais sont associées au service public. Mais le juge administratif semble avoir assoupli sa position en admettant qu'une association pouvait être chargée d'une mission de service public bien qu'elle ne disposât d'aucune prérogative de puissance publique (théorie des services publics dits « évidents »).

(154) Cass. soc., 5 juillet 1984, *Dr. soc.*, 1985, p. 774, obs. J. F. LACHAUME.

(155) G. COUTURIER, *Les relations collectives du travail*, p. 380, 1993, PUF.

(156) J. BARTHELEMY, L'agrément des accords collectifs, *Dr. soc.*, 1987, p. 623.

(157) Le Conseil d'État, à propos de l'agrément des conventions collectives applicables au personnel des organismes de sécurité sociale, a indiqué que l'agrément est un acte administratif non réglementaire créateur de droits (CE, avis n° 351-477, *RJS*, 1993, n° 781, p. 450).

gent pas la puissance publique, notamment en matière de rémunérations, sans que cette dernière puisse en maîtriser les effets.

140 **b) Les statuts rattachés au droit de la fonction publique** — De nombreux travailleurs sociaux sont employés par des personnes publiques (notamment État et collectivités locales). Comment se situent-ils au regard des catégories du droit de la fonction publique (158) ? Ces personnes n'étant pas forcément des fonctionnaires, on peut se demander s'il s'agit toujours d'agents publics. Pour ceux d'entre eux qu'un contrat lie à la collectivité employeur, le juge a longtemps exigé que soit vérifiée leur participation directe à la mission de service public, condition d'ailleurs toujours remplie par définition pour des travailleurs sociaux (159) ; cette condition n'est désormais plus requise depuis que le Tribunal des conflits, opérant un revirement jurisprudentiel suivi par le Conseil d'État et la Cour de cassation, a estimé que tous les agents non statutaires travaillant pour le compte d'un service public administratif avaient la qualité d'agents contractuels de droit public (160). A côté du statut d'agent public contractuel, les professionnels du social peuvent être aussi des agents publics non titulaires : c'est le cas (comme dans l'ensemble de la fonction publique) des agents qui effectuent dans un premier temps les périodes de stage avant leur titularisation ou des assistantes maternelles employées par les collectivités locales qui, du fait de la loi (161), sont des agents non titulaires de ces dernières.

Par ailleurs, il convient d'envisager le cas des travailleurs sociaux ayant statut de fonctionnaire. On le sait, la fonction publique se divise en trois grands groupes d'agents, certes soumis à des dispositions statutaires communes (162), mais dépendant aussi chacun de règles spécifiques : la fonction publique de l'État (163), la fonction publique territoriale (164) et la fonction publique hospitalière (165). Les travailleurs sociaux se répartissent entre ces trois groupes selon la collectivité publique qui les emploie ; existe cependant une particularité dans la répartition entre fonction publique territoriale et fonction publique hospitalière : les professionnels exerçant leurs activités dans certains établissements publics locaux à caractère social relèvent non de la fonction publique territoriale, mais de la fonction publique hospitalière (établissements du service de l'aide sociale à l'enfance, pour mineurs et adultes handicapés, maisons d'enfants à caractère social, CHRS). Enfin, à l'intérieur de chacun de ces secteurs de la fonction publique, les travailleurs sociaux se répartissent en un certain nombre

(158) J. B. Auby, Les travailleurs sociaux dans la fonction publique et la décentralisation, *RDSS*, 1993, p. 661.
(159) La question s'est cependant posée pour les assistantes maternelles, personnes accueillant à leur domicile, contre rémunération, des bénéficiaires de l'aide ou de l'action sociales ; la jurisprudence a reconnu la qualité d'agent public des assistantes maternelles (TC, 10 janvier 1983, Mastrain, *D.*, 1983, p. 101 ; CE, 23 décembre 1987, Féd. des personnels des services départementaux, *Leb.*, p. 591).
(160) TC, 25 mars 1996, Préfet de la région Rhône-Alpes, préfet du Rhône (affaire Berkani), *AJDA*, 1996, chr. Stahl et Chauvaux, p. 355 ; *JCP*, 1996, II, 22644, note P. Moudoulou ; *Act. jur. fonct. pub.*, 1996, n° 2, p. 5, note Boutelet ; *Dr. adm.*, 1996, n° 319, note J. B. A. ; *Dr. soc.*, 1996, p. 735, obs. X. Prétot ; CE, 26 juin 1996, Cne de Céreste (non publié) ; Cass. soc., 18 juin 1996, *RJS*, 1996, p. 619.
(161) *C. famille*, art. 123-10.
(162) Titre I du statut général issu de la loi du 13 juillet 1983.
(163) Titre II du statut général, loi du 11 janvier 1984.
(164) Titre III du statut général, loi du 26 janvier 1984.
(165) Titre IV du statut général, loi du 9 janvier 1986.

de corps ou de cadres d'emploi (166). Relevant d'un ensemble de textes spécifiques (167), ils entrent, selon leurs responsabilités, dans des catégories distinctes (168).

2° La déontologie

141 La déontologie, corps de normes apparu dans les professions libérales pour protéger tout à la fois le client et le professionnel, est une préoccupation très présente dans le travail social (169). En fait, il n'existe pas de Code de déontologie pour les professions sociales. Tout au plus peut-on relever un ensemble de principes et de règles reposant sur des textes divers, lois et règlements dans quelques cas, le plus souvent conventions collectives et interprétations jurisprudentielles lorsque surviennent des conflits. Il est possible de regrouper cet ensemble en deux séries de questions : les obligations professionnelles, et la responsabilité des travailleurs sociaux.

142 **a) Les obligations professionnelles** — La spécificité des travailleurs sociaux réside probablement, ainsi qu'il l'a été souligné, dans le fait qu'ils sont en position de médiateurs entre les personnes concernées par les prestations et interventions sociales d'un côté et les organismes employeurs de l'autre. C'est dire qu'ils sont dans une position de relative autonomie, devant tout à la fois porter les finalités et modalités d'action des institutions qui les emploient et assumer les intérêts de leurs clients (170).

Ceci détermine tout d'abord certaines sujétions à l'égard des personnes prises en charge. Ainsi, une obligation générale de respect de la personne s'impose dans des professions qui s'adressent souvent à des personnes faibles, que ce soit sur le plan physique (problème des mauvais traitements, des sanctions ou des pressions diverses) ou sur le plan moral (respect de la liberté de conscience, d'expression, de la vie privée...) ; une abondante jurisprudence est intervenue dans ces domaines et a tracé les limites entre les conséquences nécessaires de la prise en charge, notamment éducative, et les atteintes à l'intégrité physique et morale des personnes ; les conventions collectives des établissements sanitaires et sociaux (1951) et celles des établissements et services pour personnes handicapées et inadaptées (1966) comportent nombre de dispositions protégeant en ce sens les usagers (171). De même, il existe une

(166) Se distinguant en principe de la notion de corps, la notion de « cadre d'emploi » recouvrirait des personnels gérés localement et sans une répartition fixe des effectifs entre grades au niveau national ; cette distinction est contestée (v. J. M. AUBY et J. B. AUBY, *Droit de la fonction publique*, 2e éd., 1993, Dalloz).

(167) Fonctions publiques d'État (D. n° 91-783 et 91-784, 1er août 1991), territoriale (v. un ensemble de décrets du 28 août 1992), hospitalière (v. un ensemble de décrets du 26 mars 1993).

(168) Les personnels d'encadrement relèvent de la catégorie A (conseillers techniques de service social pour l'État ; conseillers territoriaux socio-éducatifs dans la fonction publique territoriale ; cadres socio-éducatifs dans la fonction hospitalière). La majorité appartient à des corps de la catégorie B (assistants de service social, éducateurs spécialisés du ministère des Affaires sociales pour l'État ; assistants, conseillers en économie sociale familiale, éducateurs spécialisés dans la fonction publique territoriale ; assistants socio-éducatifs, conseillers en économie sociale familiale, animateurs, éducateurs techniques spécialisés, éducateurs de jeunes enfants, moniteurs-éducateurs de la fonction publique hospitalière). Quelques corps relèvent de la catégorie C (aides ménagères, auxiliaires de vie et travailleurs familiaux entrent dans le corps des agents territoriaux ; moniteurs d'atelier dans la fonction publique hospitalière).

(169) Rapport de la Mission déontologie et travail social, *La déontologie au carrefour des libertés des usagers et des professionnels du travail social*, juin 1992, non publié ; A. GARAPON, La déontologie du travailleur social : repère ou repaire, *RDSS*, 1993, p. 725.

(170) Sur l'appréciation jurisprudentielle de ces obligations professionnelles, v. N. CAMPERGUE, Les travailleurs sociaux et la jurisprudence prudhomale, *Dr. soc.*, 1997, p. 699.

(171) S. HENNION-MOREAU, *op. cit.*, p. 642 et s.

obligation générale de discrétion et, au-delà, de secret professionnel (172). Pour certaines professions (principalement assistants de service social et personnes intervenant dans le fonctionnement de l'aide sociale), le secret professionnel défini à l'article 378 du Code pénal est expressément prévu par les textes (173) ; pour les autres, une obligation de confidentialité et de discrétion est requise, prévue d'ailleurs dans les conventions collectives, et dont la jurisprudence a délimité les contours, surtout à l'égard des autorités publiques (problèmes de non révélation de faits ou de situations) ou de l'employeur (problèmes de la limite du droit de celui-ci d'organiser et de contrôler le travail).

Ensuite, le travailleur social subit un certain nombre de sujétions à l'égard de l'institution qui l'emploie : obligation de qualification et de compétence professionnelle qui ne se différencie guère de celle pesant sur tout salarié ; obligation de loyauté qui peut poser des problèmes spécifiques dans des professions où le travail collectif, autour des « projets éducatifs, d'établissement ou de service » prend une importance accrue ; obligation de probité qui s'impose dans le travail et même en dehors (174).

143 **b) La responsabilité** — Les obligations professionnelles ont un envers : la responsabilité des travailleurs sociaux (175). Leur responsabilité pénale est surtout amenée à jouer en raison de la difficile articulation entre le secret professionnel (176) et l'obligation de faire connaître à la justice les crimes et délits et les sévices et privations sur des mineurs, d'empêcher un crime ou un délit contre l'intégrité des personnes ou de porter secours à personne en péril (177). En ces domaines où, derrière l'interprétation de règles juridiques contradictoires, se cachent des enjeux de pouvoir et des divergences de conceptions dans les pratiques, les décisions de justice sont confuses et les opinions doctrinales contrastées (178).

La responsabilité civile des professionnels du social reste attachée à la notion de faute (faute de surveillance surtout). Lorsque la faute personnelle du travailleur social pourra être recherchée, le juge appréciera l'éventuel écart entre ce qui aurait dû être fait, et ce qui l'a été ; ainsi, outre le non respect des règlements, c'est le plus souvent le comportement ou la décision irréfléchis qui seront constitutifs d'une faute personnelle. Sur ce terrain, cependant, c'est la responsabilité de l'établissement qui sera recherchée et, à l'instar de l'évolution qui s'est produite en matière de responsabilité

---

(172) S. Hennion-Moreau, Du secret dans l'exercice de la profession des travailleurs sociaux, *RDSS*, 1991, p. 183.

(173) *C. famille*, art. 81 et 225.

(174) *C. famille*, art. 209 *bis* (proscription des donations ou dispositions testamentaires entre pensionnaires et personnels des établissements sanitaires et sociaux ; v. aussi J. Hauser, La protection par l'incapacité des personnes âgées dépendantes, *RDSS*, 1992, p. 467).

(175) J. M. L'Huillier, L'évolution du droit de la responsabilité civile et administrative à l'égard des travailleurs sociaux, *RDSS*, 1993, p. 694 ; G. Giudicelli-Delage, La responsabilité pénale des travailleurs sociaux au regard du nouveau Code pénal, *RDSS*, 1993, p. 708.

(176) *C. pén.*, art. 378.

(177) *C. pén.*, art. 62 et 63.

(178) Ainsi, le Conseil d'État a-t-il pu considérer comme légale l'autorisation administrative de licenciement d'un moniteur-éducateur, représentant du personnel, au motif que ce dernier avait, sans en référer à sa direction, dénoncé à la gendarmerie des faits délictueux commis par les enfants dont l'institution avait la garde (CE, 12 avril 1995, B. Heniau c/ Fondation « Les apprentis d'Auteuil », *Dr. soc.*, 1996, p. 150, note S. Hennion-Moreau) alors que la Cour de cassation a confirmé les condamnations pénales prises à l'encontre d'une équipe éducative qui n'avait pas porté à la connaissance du juge des enfants des sévices commis sur un mineur par un autre mineur (Cass. crim., 8 octobre 1997, arrêt n° 5339, *TSA*, n° 670, 1997, p. 7).

parentale (179), les établissements (pour l'instant privés seulement) ont vu la responsabilité pour présomption de faute être remplacée par une responsabilité de plein droit (180).

B. LES CADRES STATUTAIRES PROFESSIONNELS

144 A côté de ces règles relatives à l'ensemble des travailleurs sociaux, il convient de faire état des dispositions qui concernent chacune des professions du social et qui tracent, de façon plus ou moins lâche selon les cas, les divers statuts professionnels. A cet égard, on peut observer — outre que les niveaux de formation et de qualification exigés sont très nettement différenciés — que si toutes les professions ne sont pas à proprement parler réglementées, toutes comportent néanmoins diverses conditions d'accès.

1° Les contraintes réglementaires

145 Une seule des professions du travail social est expressément réglementée : il s'agit des assistants de service social ; en effet, « nul ne peut occuper un emploi d'assistant ou d'assistante dans un service social public ou privé, ni prendre le titre d'assistant ou d'assistante de service social, ou tout titre pouvant prêter à confusion avec le titre susvisé, s'il n'est muni d'un diplôme d'État institué par le décret du 12 janvier 1932 » (181).

Cependant, même si la réglementation ne l'exige pas formellement, la totalité des professions sociales est soumise à condition d'accès : posséder un titre professionnel sanctionnant une formation ou obtenir un agrément conditionnant l'exercice de la profession. Tous les titres ne sont pas de même nature ; un agrément délivré par l'autorité administrative est requis pour les assistantes maternelles (182) ; précisant les conditions d'accueil des mineurs (nombre, types de placements), cet agrément sanctionne l'aptitude de l'assistante (une formation est désormais obligatoire (183)) ainsi que les bonnes conditions d'accueil ; de plus, les textes récents ont défini un véritable statut pour ces personnes : contrat de travail, contrat d'accueil, conditions de travail, droits sociaux, statut financier.

L'accès à un certain nombre de professions est lié à l'obtention d'un certificat d'aptitude délivré après une formation. Il en est ainsi tout d'abord pour les travailleuses familiales, travailleurs sociaux qui assurent à domicile des activités ménagères et familiales, dans le cadre d'une action d'ordre social, préventif et éducatif, soit pour

(179) Cass. civ., 19 février 1997, Bertrand c/ Domingues et autres, *TSA*, 1997, n° 660 ; v. aussi C. RADÉ, Le renouveau de la responsabilité du fait d'autrui, *D.*, 1997, chr., p. 279.
(180) Cass. crim., 26 mars 1997 (trois arrêts), *Bull.*, 1997, n° 124, p. 414 ; v. aussi S. HENNION-MOREAU, M. L. MORANÇAIS-DEMEESTER, Responsabilité et assurance dans la gestion des institutions sociales et médico-sociales privées, *RDSS*, 1996, p. 461 ; P. CALLOCH, *La responsabilité des établissements sanitaires et sociaux*, 1997, TSA Éd. ; J. M. L'HUILLIER, *La responsabilité civile, administrative et pénale dans les établissements et services sociaux et médico-sociaux*, 1998, Éd. ENSP.
(181) *C. famille*, art. 218.
(182) *C. famille*, art. 123 à 123-11 ; v. L. n° 92-642, 12 juillet 1992 ; D. n° 92-1051, 29 septembre 1992 et n° 92-1245, 27 novembre 1992.
(183) D. 29 septembre 1992.

des familles, soit pour des personnes âgées ou handicapées (184). Plus largement, pour toutes les professions « d'aide à domicile » avait été créé un certificat d'aptitude d'aide à domicile (CAFAD) (185), récemment modernisé par la mise en place d'une nouvelle formation à l'emploi de « technicien de l'intervention sociale et familiale » (186) ; ce nouveau dispositif, qui conduit à un diplôme d'État, organise une formation théorique et pratique obligatoire pour exercer ces activités. Dans le champ de l'éducation spéciale, diverses professions sont conditionnées par l'obtention d'un certificat d'aptitude : il en est ainsi des moniteurs-éducateurs qui obtiennent ce certificat au terme d'une formation de deux ans (187) ; c'est aussi le cas de l'aide médico-psychologique (AMP) ou encore de l'éducateur technique spécialisé (ETS) (188).

Les professions exerçant des activités de tutelle sont soumises également à conditions d'accès : les délégués à la tutelle aux prestations familiales doivent être titulaires d'un certificat national de compétence et d'un titre de travailleur social (189) ; de même, les tuteurs aux majeurs protégés doivent attester d'une formation préalable pour l'exercice de leur profession (190). Enfin, outre la profession d'assistant de service social dont l'accès est réglementé par le Code de la famille qui impose la possession d'un titre professionnel national sanctionnant une formation, quatre autres professions du travail social requièrent l'obtention d'un diplôme d'État : il s'agit des professions d'animateur, de conseiller en économie sociale et familiale, d'éducateur de jeunes enfants et d'éducateur spécialisé (191). Placés sous la tutelle de divers ministères (Affaires sociales et Éducation nationale dans tous les cas, Jeunesse et sports en sus pour les animateurs), ces diplômes d'État sanctionnent tous une formation post-baccalauréat, d'une durée de trois années et comportant des enseignements théoriques et de longues périodes de stage.

2° Les formations et niveaux de qualification

146 Si toutes les professions sociales sont soumises à conditions d'accès (titre ou agrément professionnel sanctionnant ou accompagnant une formation), une grande diversité règne cependant quant à la nature, au niveau et à l'organisation des cursus.

Ce constat ne fait que traduire la diversité de ces professions. Certaines sont issues d'un effort d'organisation, de technicisation et de contrôle d'activités dont le caractère professionnel n'était pas marqué à l'origine : ainsi des professions d'accueil à domicile (assistante maternelle) ou des professions d'aide matérielle à domicile (aide à domicile, travailleuse familiale) qui sont au départ des activités largement bénévoles, très concrètes, non organisées et plus centrées sur des logiques d'entraide ; de ce fait, ces

(184) D. n° 74-146, 15 février 1974.
(185) A. 30 novembre 1988.
(186) D. n° 99-779, 9 septembre 1999 et A. 23 septembre 1999 (précités).
(187) D. n° 70-240, 9 mars 1970, mod. D. n° 93-117, 7 février 1993.
(188) Pour les AMP, v. A. 30 avril 1992 ; pour les ETS, v. D. n° 76-47, 12 janvier 1976.
(189) D. n° 69-399, 25 avril 1969 et A. 16 juin 1977.
(190) A. 28 octobre 1988.
(191) Pour les animateurs, v. D. n° 88-690, 9 mai 1988 et A. 18 août 1988 ; pour les assistants de service social, v. D. n° 80-334, 6 mai 1980 et n° 91-795, 16 août 1991 et A. 6 décembre 1989 ; pour les conseillers en économie sociale et familiale, v. A. 9 mai 1973 et A. 23 mars 1978 ; pour les éducateurs de jeunes enfants, v. D. n° 73-73, 11 janvier 1973 et A. 20 mars 1993 ; pour les éducateurs spécialisés, v. D. n° 90-574, 6 juillet 1990.

professions sont ouvertes à un public large de faible niveau scolaire, et le contrôle public va s'affirmer peu à peu par l'imposition d'agréments, puis par l'organisation de formations débouchant sur des « certificats d'aptitude ». D'autres ont été pensées comme de véritables métiers, requérant une bonne qualification et donc un bon niveau scolaire préalable, du fait du caractère plus complexe et multiforme des tâches à effectuer ; ce sont les professions encadrées par des formations post-baccalauréat et conduisant à des diplômes d'État reconnus au niveau « bac plus 2 ». Dans le secteur du « handicap », un autre type de mouvement a conduit à la distinction d'une profession généraliste, mettant en jeu des compétences larges et plus complexes, et des professions circonscrites à des activités plus restreintes ou plus techniques ; c'est ce qui explique les distinctions entre la profession d'éducateur spécialisé et les métiers de moniteur-éducateur, d'aide médico-psychologique ou d'éducateur technique. On a donc une hiérarchie qui positionne verticalement ces professions les unes par rapport aux autres, avec au sommet celles qui requièrent le niveau scolaire et universitaire le plus élevé et qui débouchent sur les diplômes d'État, et au dessous, les diverses professions fondées sur des niveaux de formation et de qualification moindres.

A ces premiers facteurs de différenciation, il convient d'ajouter les clivages entre les spécificités techniques revendiquées par chaque profession, spécificités qui peuvent se définir sous le double aspect des publics pris en charge et des savoirs et savoir-faire mobilisés. Ainsi, les professions à dominante éducative (éducateurs, EJE, éducateurs techniques...) se distinguent des professions d'aide et de conseil (assistant social, conseiller en économie sociale, travailleuse familiale...) : ces dernières étant en plus clivées selon les techniques professionnelles dominantes (approche généraliste individualisée, approche par les problèmes économiques et domestiques, approche par les problèmes collectifs et socio-culturels...). C'est ce qui, s'ajoutant aux déterminismes historiques, explique la diversité des contenus de formation et donc des diplômes ou titres requis.

Cette diversité, tant verticale qu'horizontale, a conduit de longue date à poser le problème d'une organisation des formations et des titres qui limite la « balkanisation » des professions sociales et fasse droit à une conception plus homogène autour de la notion de « travail social ». On peut en voir une première manifestation dans la création des Instituts régionaux du travail social, appelés à aménager des liens (tronc commun) entre les diverses professions. Depuis quelques années, les formations vivent à nouveau un malaise dont les causes tiennent aux évolutions du travail social et à divers griefs faits aux actuels dispositifs : nouvelles demandes des décideurs liées à l'émergence des politiques d'insertion, augmentation du volume de travail, qualifications considérées comme inadaptées (192). Une éventuelle articulation avec les universités pour la formation théorique de base, l'aménagement de passerelles entre les divers métiers et de possibilités de promotion ascendante entre niveaux de formation et de qualification a été envisagée (193).

La loi du 29 juillet 1998 relative à la lutte contre l'exclusion comporte, en réponse à ces problèmes, un chapitre relatif aux établissements de formation aux professions sociales (194). Modifiant l'article 29 de la loi du 30 juin 1975 qui constituait jusqu'alors

(192) *Informations sociales*, Nouvelles missions, nouvelles formations, 1994, n° 38.
(193) *TSA*, 1995, n° 544 et n° 549.
(194) L. n° 98-657, 29 juillet 1998, art. 151 mod. L. n° 75-535, 30 juin 1975, art. 29.

le seul cadre légal de ces activités, le nouveau dispositif se propose à la fois de mieux cadrer les missions et conditions de fonctionnement des établissements concernés et de leur garantir un financement plus stable et maîtrisable (195). Dans la première direction, un agrément est institué en préalable à toute activité de formation : le recrutement des personnels de formation se fera à partir d'une liste d'aptitude nationale ; de plus, un schéma national et des schémas régionaux sont établis pour anticiper les besoins en formation et de ce fait rationaliser l'offre (196). Dans la seconde direction, il est institué un contrat devant lier les établissements financés et l'État ; par ailleurs, la loi détermine les critères permettant de fixer le montant des financements (subvention prenant en compte les charges d'emploi des formateurs ainsi que les dépenses d'ordre administratif et pédagogique calculées à partir d'un forfait national par étudiant).

147 **Bibliographie.** ADICOD, *Justice et travail social*, 1997, TSA éd. ; P. CALLOCH, *La responsabilité des établissements sanitaires et sociaux*, 1997, TSA éd. ; B. CATHALA, *Repères juridiques du travail social*, 1999, 2e éd., Éd. ESF ; E. DUGUÉ, Formation en alternance et diplôme professionnel, *RFAS*, 1999, nº 1, p. 105 ; J. M. L'HUILLIER, *La responsabilité civile, administrative et pénale dans les établissements et services sociaux et médico-sociaux*, 1998, Éd. ENSP ; V. PEZET, R. VILLATTE, P. LOGEAY, *De l'usure à l'identité professionnelle, le burn-out des travailleurs sociaux*, 1992, TSA-Éditions ; C. RATER-GARCETTE, *La professionnalisation du travail social, action sociale, syndicalisme, formation, 1880-1920*, 1997, L'Harmattan ; G. de RIDDER, Les professions sociales : du modèle de la qualification au modèle de la compétence ?, *RFAS*, nº 2, 1999, p. 95 ; J. P. ROSENCZVEIG, P. VERDIER, *Le secret professionnel des travailleurs sociaux*, 1996, Éd. Jeunesse et droit ; A. THEVENET, La formation des travailleurs sociaux, *RDSS*, 1986, p. 462.

(195) Le potentiel de formation en matière de travail social est en effet très diversifié et éclaté entre établissements publics (qui sont minoritaires) et établissements privés : l'ensemble présentant en toute hypothèse des configurations extrêmement variées.

(196) A. 11 mai 1999 fixant le cadre d'élaboration du schéma national des formations sociales (*TSA, Bull. lég.*, nº 57, 1999, p. 19).

CHAPITRE II
LE SYSTÈME

148 La mise en œuvre des politiques d'aide et d'action sociales ne requiert pas simplement l'aménagement d'un dispositif d'organismes publics, para-publics et privés. Encore faut-il que ces diverses institutions se voient reconnaître des attributions qui délimitent à la fois les rôles spécifiques à chacune et les relations qu'elles doivent nécessairement nouer entre elles : ce qui, partant, conduit à exposer les compétences qui les fédèrent en un système relativement cohérent (Section I).

De plus, à l'instar de tout ensemble normatif, le droit de l'aide et de l'action sociales prévoit un dispositif dont la mission est de trancher les éventuels litiges survenant dans sa mise en œuvre : il s'agit du contentieux sans lequel un système de compétences ne pourrait fonctionner tant du point de vue de son efficience interne que du point du vue de la protection des droits des bénéficiaires de son action (Section II).

SECTION I LES COMPÉTENCES

149 **Bibliographie générale.** V. n° 113, 116, 126 ; *adde* COUR DES COMPTES (Rapport), *La décentralisation en matière d'aide sociale*, 1995 ; DIVERS, *Institutions sociales et médico-sociales. Textes législatifs et réglementaires*, BO, n° 1450, 1999 ; G. GONTCHAROV, *La décentralisation*, T. 4 et 5, 1986, Syros ; J. THYMEN, *Action sociale et décentralisation*, 1987, Centre d'économie des besoins sociaux, Nantes.

150 Ce sont les collectivités publiques, État et collectivités locales, qui sont au cœur du dispositif d'aide et d'action sociales et, de ce fait, sont en charge de le réguler. Pour ce faire, elles disposent d'un certain nombre de compétences que l'on peut répartir en deux grandes catégories : les compétences normatives qui permettent de poser, par le truchement de la législation et de la réglementation, les cadres juridiques d'action s'imposant aux organismes et ouvrant les droits aux particuliers (§ 1) ; et les compétences de mise en œuvre par lesquelles les droits ouverts aux bénéficiaires de l'action sociale sont effectivement attribués par les établissements et services concernés (§ 2).

§ 1. LES COMPÉTENCES NORMATIVES

151 Les compétences normatives recouvrent deux types de fonctions : d'une part, adopter les lois et règlements qui tracent le cadre général des droits ouverts par l'action sociale et donc des obligations corrélatives des collectivités publiques qui en sont débitrices ; d'autre part, en amont, élaborer divers documents d'orientation dont la portée juridique est variable, mais qui ont en commun d'ouvrir des espaces de négociation entre divers acteurs, de tracer des lignes d'action pour l'avenir et, par là, d'introduire une plus grande rationalité dans l'action publique.

A. LE CADRE LÉGISLATIF ET RÉGLEMENTAIRE

152 Le cadre institutionnel de l'aide et de l'action sociales a été profondément affecté par les lois de décentralisation adoptées à partir de 1982. Néanmoins, il convient de rappeler que la République reste un État unitaire, plus fortement décentralisé que par le passé certes, mais dans lequel la souveraineté politique ne s'exprime qu'en un seul lieu : au sein du dispositif représentatif central. Ceci reste très clairement impliqué par les articles 34 et 72 de la Constitution, dans la lecture qu'en fait le Conseil constitutionnel (1). Il en résulte, selon l'adage connu, que « les collectivités locales n'ont pas la compétence de leurs compétences » ; autrement dit, elles ne disposent pas du pouvoir normatif initial qui seul appartient aux organes centraux de l'État. C'est pourquoi, en matière d'aide et d'action sociales, comme dans les autres domaines de l'action publique, le pouvoir d'édicter les normes juridiques fondamentales revient à l'État. Ceci n'a pas empêché le législateur de confier aux collectivités territoriales un pouvoir normatif dérivé.

1° Les fonctions normatives de l'État

153 **a) Le cadre juridique général** — Il revient donc à l'État, selon un partage entre pouvoir exécutif et pouvoir législatif déjà explicité (2), de tracer dans la loi et le règlement les cadres fondamentaux de l'aide et de l'action sociales. Si l'on voulait trouver à cela un fondement textuel, il suffirait d'évoquer l'article 5 de la loi du 2 mars 1982 qui attribue à l'État la responsabilité de la politique sociale. Ainsi, est-ce l'État qui détermine l'organisation générale de l'aide et de l'action sociales ; ceci le conduit à fixer le partage des compétences entre le niveau central et les échelons locaux décentralisés ; c'est d'ailleurs ce sur quoi ont porté les textes de renforcement de la décentralisation (notamment la loi du 22 juillet 1983) et les textes qui ont suivi (notamment la loi du 6 janvier 1986) ; c'est dans ce cadre que l'État a pu imposer à chaque collectivité locale l'organisation et parfois même le mode de gestion de ses

(1) Le Conseil constitutionnel a maintes fois réaffirmé que si le principe de « libre administration des collectivités locales » a valeur constitutionnelle, il doit être concilié avec les prérogatives d'un État unitaire : v. décision n° 79-104 DC, 23 mai 1979, *RDP*, 1979, p. 1694, chr. L. Favoreu ; *Gaz. Pal.*, 1981, n° 53-55, p. 12, note L. Hamon ; décisions n° 82-137 et 138 DC, 25 février 1982, *GDCC*, n° 32 ; décisions n° 84-182 et 183 DC, 18 janvier 1985, *RCC*, p. 27 et p. 32 ; *RDP*, 1986, p. 395, chr. L. Favoreu ; *D.*, 1986, p. 425, note T. Renoux (v. aussi *RFDA*, 1985, p. 597, art. de P. Delvolvé, J. C. Douence et L. Favoreu) ; décisions n° 85-196 et 197 DC, 8 et 23 août 1985, *GDCC*, n° 38.

(2) V. *supra*, n° 63.

services sociaux (c'est le cas de la Protection maternelle et infantile ou de l'Aide sociale à l'enfance pour les départements, ou du Centre communal d'action sociale pour les communes) ; c'est sur ce fondement aussi que l'État a pu, par certains textes législatifs comme la loi sur le RMI ou la loi sur le logement des personnes défavorisées, revenir quelque peu sur l'autonomie locale octroyée en 1982-1983 et imposer des collaborations et des interventions aux départements.

154 **b) Le cadre financier.** C'est à l'État qu'il incombe également de déterminer les prestations minimales qui sont garanties à tous les résidents en France ; ce point mérite un intérêt particulier car, nous le verrons, les collectivités départementales ont reçu aussi pouvoir de fixation des prestations d'aide sociale ; mais, au nom du principe d'égalité qui a valeur constitutionnelle et qui veut que tout citoyen reçoive, quand il est dans une situation similaire, un traitement identique, des règles minimales d'octroi des prestations sont établies pour l'ensemble du territoire national (3). C'est encore l'État qui, notamment par l'établissement de l'impôt, maîtrise l'assiette et le niveau des ressources publiques, même si une certaine marge de manœuvre a été donnée aux collectivités locales dans l'établissement de leur budget (4) ; ajoutons que, par la maîtrise des diverses dotations qui constituent une part importante des ressources de ces collectivités, l'État dispose là aussi d'un pouvoir considérable d'orientation et de contrôle des politiques locales.

L'ordonnance n° 96-345 du 24 avril 1996 adoptée dans le cadre du « Plan Juppé » et relative à la maîtrise médicalisée des dépenses de soins a institué une nouvelle catégorie de lois : les lois de financement de la sécurité sociale. Celles-ci donnent au législateur le pouvoir de fixer, chaque année, les objectifs prévisionnels de dépenses en matière de santé (5) ; ce dispositif concerne, depuis que la loi de financement de la sécurité sociale pour 1999 l'a explicitement prévu, les dotations financières d'un ensemble d'établissements médico-sociaux : ceux qui, à coté de leurs prestations d'accueil et d'hébergement, assurent une prise en charge médicalisée (IME, MAS, établissements à double tarification, section de cure médicale). Dorénavant, à l'instar de ce qui a été fait dans le cadre de la réforme hospitalière, on a étendu le principe d'opposabilité des enveloppes financières nationales pour le secteur médico-social ; se fondant sur les objectifs annuels définis par le législateur, les ministres chargés de la sécurité sociale, de l'action sociale, de l'économie et du budget établissent un montant national de dépenses pour ces établissements, montant divisé ensuite en dotations régionales, elles-mêmes divisées en dotations départementales par le préfet de région en lien avec le directeur de l'Agence régionale de l'hospitalisation (6).

---

(3) Le Conseil constitutionnel a eu récemment à se prononcer, à propos de l'institution de la prestation spécifique dépendance, sur la compatibilité entre la mise en œuvre de cette nouvelle prestation par les départements et le principe d'égalité des citoyens devant l'aide sociale : v. CC, décision n° 96-387 DC, 21 janvier 1997, *RDSS*, 1997, p. 681, note X. PRÉTOT ; *RFDC*, 1997, p. 323, note F. MÉLIN-SOUCRAMANIEN ; *LPA*, 1997, n° 19, p. 9, note J. C. ZARKA ; *LPA*, 1997, n° 125, p. 10, chr. B. MATHIEU, M. VERPEAUX (v. *infra*, n° 268 et s.).

(4) Les collectivités locales ont une liberté très limitée en fait dans le choix de leurs dépenses ou de leurs ressources : sur ce point, v. A. PAYSANT, *Finances locales*, p. 85 et s., 1993, PUF et M. BOUVIER, *Les finances locales*, 4e éd., 1996, LGDJ.

(5) X. ROQUES, Le Parlement et le contrôle des finances de la sécurité sociale, *Dr. soc.*, n° 3. 1996 (n° spécial, Plan Juppé I), p. 290 ; X. PRÉTOT, Le Parlement et le financement de la sécurité sociale, *Dr. soc.*, n° 9/10, 1996 (n° spécial, Plan Juppé II), p. 762.

(6) J. M. L'HUILLIER, Financement des établissements sociaux et médico-sociaux, *RDSS*, 1999, p. 590 ; M. J. LÉVY, Vers de nouvelles régulations dans le secteur social et médico-social : décision unilatérale ou contrat ?, *RDSS*, 1998, p. 717.

Ainsi, pour toute la partie sanitaire du secteur social, s'impose donc un nouveau cadre financier qui s'articule autour d'une enveloppe nationale globale prédéfinie — cela dans une logique descendante — et non plus, comme antérieurement, autour d'une simple remontée des demandes formalisées à partir des besoins identifiés à la base.

155 **c) Réglementations de police et contrôle de légalité** — L'État détient un pouvoir d'édiction et de modification de diverses polices en matière sanitaire et sociale, lesquelles constituent autant de réglementations qui réagissent sur les pouvoirs locaux ; dans le champ qui nous occupe, ce sont par exemple les réglementations concernant la sécurité et l'hygiène des services et établissements sociaux, dont les effets sur la nature des équipements et leur fonctionnement sont très importants. Enfin, fondé sur l'article 72 de la Constitution qui indique que « dans les départements et les territoires, le délégué du Gouvernement a la charge des intérêts nationaux, du contrôle administratif et du respect des lois », l'État dispose d'un pouvoir de contrôle qui s'incarne dans le « contrôle de légalité » pesant sur les collectivités locales ainsi que dans une tutelle s'exerçant sur nombre d'organismes sanitaires et sociaux, à commencer par les caisses de sécurité sociale. Le contrôle de légalité notamment, qui doit garantir une bonne application des lois et réglementations s'imposant aux acteurs décentralisés, est exercé par le juge administratif, saisi par le préfet représentant l'État (7) ; ce dispositif a pour finalité de garantir une application homogène des principes définis par la réglementation étatique, de façon à ce que la relative autonomie locale ne conduise pas à un éclatement de l'aide et de l'action sociales au gré des orientations locales.

2° La participation départementale au pouvoir réglementaire

156 Si, pour l'essentiel, les compétences normatives restent bien à l'État, les lois de décentralisation ont cependant prévu de faire participer davantage les collectivités locales au pouvoir réglementaire. En matière d'aide et d'action sociales, le bénéficiaire de ce mouvement a été le département, *via* l'adoption du règlement départemental d'aide sociale (8). Cet acte, de nature réglementaire, fixe les conditions d'octroi de toutes les allocations d'aide sociale versées par le département ainsi que les règles applicables au contrôle tant des établissements et services qui délivrent ces prestations que de ceux qui les perçoivent. Le point important est que le département n'est pas totalement maître du contenu dudit règlement. Il doit respecter « les conditions définies par la législation et la réglementation sociale », c'est-à-dire les cadres et principes adoptés au niveau national. De plus, les conditions d'octroi des prestations et leur montant ne peuvent être inférieurs à ceux fixés par les textes de portée nationale ; il ne peut en fait qu'améliorer les planchers établis par la loi et le décret ou assouplir les conditions d'accès (9).

---

(7) Rappelons que ce fut un des apports essentiels de la décentralisation que de substituer à la tutelle, contrôle administratif *a priori*, pesant antérieurement sur les collectivités locales, un contrôle de légalité, contrôle *a posteriori* et exercé non par un fonctionnaire mais par un juge.

(8) L. 22 juillet 1983, art. 34 ; *C. gén. coll. terr.*, art. L. 3214-1.

(9) Comm. centr., 5 mai 1985, *RDSS*, 1988, p. 540, obs. P. Ligneau ; Comm. centr., 11 avril 1988, *RFAS*, 1988, cah. jur., n° 2, p. 40 ; CE, 4 novembre 1994, Dép. de la Dordogne, req. n° 100354.

B. LES INSTRUMENTS D'ORIENTATION

157 Comme pour l'ensemble des politiques publiques, la politique sociale n'échappe pas à la volonté de contrôler les évolutions en tentant de les prévoir et de leur répondre par une rationalisation des interventions et des moyens. Ceci se traduit par la multiplication des instruments de planification et de programmation qui constituent une sorte de « droit prospectif » dont la portée n'est d'ailleurs guère assurée. Dans l'aide et l'action sociales, on trouve de tels instruments à la fois au niveau national et au niveau départemental.

1° Le plan de la nation

158 En ce qui concerne l'État tout d'abord, il élabore, depuis les lendemains de la seconde guerre mondiale, un Plan de développement économique et social dans le cadre d'une institution spécifique, le Commissariat général du plan. Si les premiers plans ont été surtout tournés vers la reconstruction économique, les préoccupations de politique sociale ont été intégrées, à compter du Ve Plan (10), pour promouvoir « une vue moins partielle de l'homme ». On peut même dire que c'est le plan qui a inventé la politique sociale, entendue comme un ensemble de politiques que l'on tente de mettre en cohérence en vue de la promotion sociale des groupes exclus du bénéfice de la croissance économique. Cette politique d'action sociale globale va progressivement s'infléchir — au fur et à mesure, d'ailleurs, de la perte d'efficience de la planification — vers la fixation d'orientations plus circonscrites à l'instar par exemple du « programme périnatalité » qui a dynamisé la PMI (VIe Plan, 1971-1975), du « programme d'action prioritaire 15 » favorisant le maintien à domicile des personnes âgées (VIIe Plan, 1974-1980) ou encore de la promotion des solidarités locales et le développement social des quartiers (IXe Plan, 1984-1988). Le XIe Plan, en cours, voit ses orientations sociales mettre l'accent essentiellement sur les problèmes d'exclusion sociale et de lutte contre la pauvreté. La difficulté essentielle de la planification tient d'une part à la contradiction qu'il y a entre une économie de plus en plus ouverte à la concurrence et aux principes du libéralisme et la volonté d'en encadrer les évolutions ; d'autre part, à l'absence de portée juridique, notamment pour l'État, des engagements pris dans le cadre du plan (11). Il en résulte que, si le Commissariat général du plan reste un lieu de proposition et de débats, le plan lui-même a largement perdu son impact dans l'action publique non seulement en ce qui concerne sa portée pratique, mais même dans sa fonction d'établissement d'un consensus sur les orientations des grandes politiques macro-économiques et sociales.

2° La planification sectorielle

159 La loi du 22 juillet 1983 a annoncé et la loi du 6 janvier 1986 a consacré la possibilité pour les départements d'élaborer un « schéma départemental des établissements et

(10) B. Jobert, *Le social en plan*, 1981, Éd. ouvrières.

(11) H. Jacquot, *Recherche sur le régime juridique des plans français*, thèse, Paris, 1967 ; *Le statut juridique des plans français,* LGDJ, 1973. Il est à souligner que, sans revenir sur la nature juridique du plan qui demeure indicative, une réforme introduite en 1982 a tenté d'en renforcer l'efficacité (v. L. n° 82-653, 29 juillet 1982).

services sociaux et médico-sociaux ». La loi du 11 décembre 1996 a renforcé le mécanisme en rendant l'élaboration de ces schémas obligatoire tout en renforçant leur contenu (12) ; ainsi, pour l'ensemble des populations prises en charge par les départements au travers de services et d'établissements sanitaires et sociaux, ces documents doivent préciser la nature des besoins à satisfaire, envisager les perspectives de développement ou de redéploiement de ces structures, définir les modalités d'évaluation de leur action et indiquer les modalités de coordination et de collaboration entre tous les acteurs concernés. Il s'agit donc d'un instrument d'anticipation de l'évolution des besoins en matière d'aide et d'action sociales, et d'élaboration des réponses en termes de moyens. Le schéma est arrêté par le conseil général et, dans quelques cas, arrêté conjointement entre celui-ci et le représentant de l'État dans le département (établissements et services sous double financement, prenant en charge des mineurs confiés par le juge ou accueillant des adultes handicapés). Il fait l'objet, avant son adoption, d'une consultation dans le cadre d'une commission composée par le département. La loi du 6 janvier 1986, précisée par la circulaire du 18 février 1986, n'accorde au schéma départemental qu'un caractère purement indicatif : il n'est donc juridiquement opposable ni à l'État, ni aux institutions sociales, ni aux départements eux mêmes (13).

La technique du schéma départemental a été reprise par l'État pour programmer les équipements dont il est responsable. Ainsi, dans le domaine de l'accueil des jeunes handicapés (IMP, IMPRO), pour les CHRS, le ministère des Affaires sociales a engagé des démarches de programmation ; de même, celui de la Justice a demandé l'élaboration de schémas pour les établissements et services de la protection judiciaire de la jeunesse (14).

Il convient enfin d'évoquer certains instruments d'orientation apparus dans les nouveaux programmes partenariaux initiés par l'État et incluant souvent le département. Ainsi, la loi du 1er décembre 1988 sur le RMI impose l'élaboration par le Conseil départemental d'insertion et l'adoption par le préfet et le président du conseil général d'un Programme départemental d'insertion (15) qui apparaît, là encore, comme un outil d'évaluation des besoins et d'adaptation, à court et moyen terme, des moyens ; ce texte peut s'appuyer sur des Programmes locaux d'insertion élaborés par les instances

(12) L. nº 96-1076, 11 décembre 1996, art. 1er, mod. L. nº 75-535, 30 juin 1975, art. 2-2.

(13) L. Dessaint et A. Thevenet, Les pouvoirs de l'exécutif départemental à l'égard des établissements et services d'action sociale et de santé, *RDSS*, 1984, p. 433. La non-opposabilité des schémas est l'un des points discutés dans la perspective d'une réforme en profondeur de la loi nº 75-535 du 30 juin 1975 relative aux institutions sociales et médico-sociales (v. Igas, *Bilan d'application de la loi du 30 juin 1975 sur les institutions sociales et médico-sociales*, in *ASH*, nº 1970, 1996, p. 19) ; en revanche, les schémas régionaux de l'organisation sanitaire (SROS) élaborés par les Comités régionaux d'organisation sanitaire et sociale (CROSS) sont désormais opposables à toutes les demandes de création, d'extension, de conversion ou de regroupement d'établissements entrant dans le champ de compétence des Agences régionales de l'hospitalisation (Ord. 24 avril 1996, précitée).

(14) Pour le ministère des Affaires sociales, v. D. nº 89-798, 27 octobre 1989, Circ. nº 91-19, 14 mai 1991 et P. Ligneau, Le nouveau schéma départemental pour les CHRS, *RDSS*, 1991, p. 133 ; pour la Justice, v. Circ. 22 juillet 1990 et C. Renou-Fages, Les schémas départementaux de la protection judiciaire de la jeunesse, *Dr. Enfance-famille*, nº 34, 1992, p. 178 ; pour pallier les difficultés qu'occasionne, en matière de protection de l'enfance, la responsabilité conjointe de la Justice et des services départementaux de l'Aide sociale à l'enfance, les pouvoirs publics poussent les départements et les représentants de l'État et des juridictions à contractualiser leurs relations dans ce domaine, notamment en élaborant conjointement des schémas départementaux des équipements et services (Circ. 12 mars 1996, *TSA*, nº 599, 1996, p. 3).

(15) L. nº 88-1088, 1er décembre 1988, art. 36, mod. L. nº 92-722, 29 juillet 1992.

créées par ce texte (les Commissions locales d'insertion) et dont l'objet est, à une échelle territoriale restreinte, de prévoir une offre d'insertion adaptée. De même, la loi du 31 mai 1990 relative au logement des personnes défavorisées impose l'élaboration d'un Plan départemental (16) déterminant les besoins pour les individus ou ménages en difficultés dans l'accès au logement, en tentant d'y faire correspondre un ensemble de moyens ou d'actions ; dans le même sens, la loi du 21 juillet 1994 relative à l'habitat prévoit l'élaboration d'un Plan départemental d'hébergement d'urgence des personnes sans-abri (17). Se sont ainsi multipliés un ensemble de nouveaux instruments programmatiques, utilisés de façon partenariale sous la double responsabilité de l'État et du département et ayant pour vocation de dégager localement un consensus sur l'utilisation des moyens existants et sur leur évolution : la procédure de mobilisation des acteurs ayant une bien plus grande importance que le résultat, puisque ces documents n'ont aucun caractère d'opposabilité sur le plan juridique.

§ 2. LES COMPÉTENCES DE MISE EN ŒUVRE

160 Dans le cadre juridique que fournissent les lois et textes réglementaires et sur le fondement juridiquement aléatoire des instruments d'orientation et de programmation, les autorités publiques disposent de compétences pour que se réalise la prise en charge des groupes et des individus bénéficiaires de l'aide et de l'action sociales. Ces compétences peuvent se répartir en deux catégories : il y a d'une part celles qui concernent l'accès aux prestations d'aide et d'action sociales ; d'autre part, celles qui concourent à la mise en place et au contrôle de l'ensemble des établissements et services qui les délivrent.

A. L'ACCÈS AUX PRESTATIONS D'AIDE ET D'ACTION SOCIALES

161 L'aide et l'action sociales sont enserrées dans un ensemble de règles qui définissent les conditions générales permettant d'y accéder. L'action sociale au sens strict ne revêt pas un caractère obligatoire puisqu'elle est instituée librement par les collectivités publiques ; cela ne signifie pas qu'elle fonctionne dans un arbitraire total, notamment en ce qui concerne l'accès aux prestations : les principes généraux du droit administratif présidant à la légalité de l'action publique s'imposent tant dans la définition de ces prestations que dans l'aménagement des conditions et des modalités de leur délivrance. Mais la diversité des prestations d'action sociale ainsi que leur variabilité à la fois dans le temps et selon les collectivités concernées ne permet pas, au-delà d'un renvoi aux cadres généraux de l'action administrative, de tracer un régime juridique qui leur soit à la fois commun et spécifique.

Il existe aussi, nous l'avons vu (18), diverses prestations qui, bien qu'obligatoires pour la puissance publique et non contributives, ne relèvent pas institutionnellement de l'aide sociale. Il s'agit tout d'abord de prestations servies par les organismes de

(16) L. n° 90-449, 31 mai 1990 ; D. n° 90-794, 7 septembre 1990 ; Circ. n° 90-89, 7 décembre 1990.
(17) L. n° 94-624, 21 juillet 1994, art. 21 à 30.
(18) Sur ces notions (aide, action, sécurité sociales), les divers champs qu'elles recouvrent et les superpositions et interpénétrations de logiques qu'elles connaissent, v. *supra*, n° 66 et s.

sécurité sociale et qui constituent de véritables revenus de subsistance : allocation aux adultes handicapés, allocation de parent isolé, allocation supplémentaire du Fonds de solidarité vieillesse, allocation spéciale vieillesse ; cela recouvre aussi l'allocation du RMI. Chacun de ces dispositifs est enserré dans un cadre légal et réglementaire particulier qui en définit les conditions et modalités d'accès ; mais là encore, on en fera état dans l'analyse ultérieure des politiques, leur diversité interdisant de dégager des principes communs.

Il n'en est pas de même, en revanche, pour l'aide sociale. S'organisant en un ensemble de prestations précisément définies par la loi et le règlement, celle-ci est enfermée dans un régime juridique spécifique qui pose les conditions dans lesquelles les intéressés peuvent y accéder. Certes, ce régime juridique a connu une double atténuation ; d'une part, ainsi qu'on l'a indiqué, chaque département peut, au travers du règlement départemental, aménager de façon singulière les prestations d'aide sociale : mais cela n'est possible que dans le sens d'une amélioration, pour les bénéficiaires, des dispositions réglementaires nationales. D'autre part et surtout, une tendance à l'éclatement de ce régime s'observe, avec l'apparition notamment de conditions d'accès propres à certaines prestations (accueil dans les centres d'hébergement et de réinsertion sociale et, plus récemment, prestation spécifique dépendance pour les personnes âgées). Cependant, il demeure toujours un socle juridique commun à l'ensemble de l'aide sociale.

L'analyse du régime juridique de l'aide sociale impose tout d'abord d'identifier les collectivités publiques responsables de chacune des prestations, ce qui ne conditionne que partiellement les modalités d'accès, mais qui détermine fortement en revanche la prise en charge financière. Il conviendra ensuite d'en préciser les procédures et conditions d'admission ainsi que les mécanismes de financement.

1° Le partage de la prise en charge des prestations

162 **a) Le cadre général de répartition des compétences.** Les lois de décentralisation ont eu un double objet : institutionnel d'une part, car elles ont profondément modifié les rapports entre État et collectivités locales, notamment à l'égard des modalités de contrôle du premier sur les secondes ; fonctionnel d'autre part, dans la mesure où elles ont réparti différemment, à législation constante, les compétences d'action publique. En matière d'aide et d'action sociales, les effets de la décentralisation sont très importants (19) : en application de la logique dite des « blocs de compétences » ainsi que de la prise en compte des impératifs de « solidarité de proximité », c'est le département qui dispose de la compétence de principe, l'État n'ayant conservé que quelques prestations résiduelles. En effet, l'article 32 de la loi du 22 juillet 1983 indique que « le département prend en charge l'ensemble des prestations légales d'aide sociale, à l'exception des prestations énumérées à l'article 35 de ladite loi ». Le département a donc en charge toutes les prestations légales et réglementaires d'aide

(19) E. Alfandari, La décentralisation dans le domaine de l'action sanitaire et sociale, *ALD*, 1984, p. 41 ; J. C. Bouzely, La décentralisation de l'action sociale, *Gazette des communes*, 1984, 2-15 juillet 1984, p. 36 ; M. L. Pavia, La répartition des compétences dans le domaine de l'action sociale et de la santé, *AJDA*, 1984, p. 487 ; J. Singer, Les nouvelles attributions des collectivités locales pour la santé et l'action sociale, *Rev. adm.*, 1984, p. 182.

sociale, à l'exception de celles, limitativement énumérées par la loi, qui incombent à l'État.

163 **b) Les compétences du département.** Bien qu'aucun texte légal ou réglementaire ne les énonce, on peut préciser, à l'instar de la circulaire du 4 novembre 1983, les prestations entrant dans la compétence du département : il s'agit de l'aide sociale à l'enfance, de l'aide sociale aux familles (sauf les allocations pour soutien de famille), de l'aide aux personnes âgées (aide ménagère et participation aux frais de repas, aide financière au placement familial ou en établissement), de l'aide aux personnes handicapées (aides au maintien à domicile ou au placement en institution et allocation compensatrice pour tierce personne) (20) ; l'aide médicale, qui constituait historiquement le premier développement de l'assistance publique, et qui relevait aussi de la compétence départementale, vient d'être supprimée du fait de l'institution de la Couverture maladie universelle (21). A ces compétences il convient d'ajouter la PSD créée récemment pour les personnes âgées dépendantes (22).

Au sein du département, l'exercice de ces compétences est partagé entre le conseil général et le président de ce conseil. Ce dernier a pour mission principale d'adopter le règlement départemental qui détermine les conditions d'attribution de toutes les allocations d'aide sociale versées par le département (23) ; l'exécutif départemental, dans le cadre dudit règlement, attribue les prestations relevant de la compétence de la collectivité, sous réserve des attributions d'autres autorités : autorité judiciaire pour le placement d'enfants sous mesure de justice, préfet en sa qualité de tuteur des pupilles de l'État, commissions d'admission à l'aide sociale, COTOREP pour les handicapés (24).

164 **c) Les compétences de l'État.** Le département ayant une compétence de droit commun en matière d'aide sociale, l'État ne dispose que d'une compétence résiduelle dont le contenu est limitativement énuméré à l'article 35 de la loi du 22 juillet 1983. La circulaire du 3 novembre 1983 les classe en trois grandes catégories. La première comprend les prestations qui sont automatiquement liées à des prestations de sécurité sociale : ce sont les cotisations d'assurance maladie des adultes handicapés (25). La seconde comprend certaines allocations de subsistance (allocation simple aux personnes âgées (26), allocation différentielle aux adultes handicapés visant à maintenir les droits acquis avant la loi du 30 juin 1975 sur les personnes handicapées (27)). La troisième catégorie comprend des prestations faisant appel à la « solidarité nationale » (28) :

(20) *C. famille*, art. 45 et s., 150 et s., 157 et s., 166 et s. et 187-1 et s.

(21) L. n° 99-641, 27 juillet 1999 (v. *infra*, n° 480 et s.).

(22) L. n° 97-60, 24 janvier 1997, précitée (v. *infra*, n° 268 et s.).

(23) P. Ligneau, Les attributions du conseil général dans l'aide et l'action sociales. Recherches sur les effets de la décentralisation dans l'action sociale locale, *Cah. du droit public*, 1988, p. 9.

(24) J. M. Joussen, Les nouveaux pouvoirs du Président du conseil général en matière d'action sanitaire et sociale, *Cah. du droit public*, 1988, p. 25.

(25) *C. séc. soc.*, art. L. 381-29 ; v. P. Ligneau, Financement de l'aide et de l'action sociales, *RDSS*, 1987, p. 442.

(26) *C. famille*, art. 158.

(27) L. n° 75-534, 30 juin 1975, art. 59.

(28) La notion de « solidarité nationale » dont la responsabilité incombe à l'État, et qui s'opposait, dans les motivations accompagnant les partages de compétences, à la « solidarité de proximité » revenant au département et accessoirement à la commune, est évidemment largement énigmatique : si l'on considère les répartitions effectives qu'elle a recouvertes, on peut dire qu'elle concerne soit des prestations liées directement à des politiques nationales et donc étatiques (formation professionnelle des handicapés, IVG, service national), soit la prise en charge de personnes qui ne peuvent être rattachées, faute de domicile stable, à aucune

allocation aux familles dont les soutiens indispensables accomplissent le service national (29), frais afférents à l'IVG non couverts par l'assurance maladie (30), frais d'hébergement, d'entretien et de formation professionnelle des personnes handicapées dans les établissements de rééducation professionnelle (31), frais de fonctionnement des Centres d'aide par le travail (CAT) puisqu'ils relèvent, non de l'hébergement de ces personnes, mais de la politique étatique d'insertion professionnelle des handicapés, les dépenses d'aide sociale pour les personnes sans domicile de secours (32), et enfin les mesures d'aide sociale en matière de logement, d'hébergement et de réadaptation des personnes inadaptées (33).

165 **Bibliographie.** V. n° 96 et 149 ; *adde* E. ALFANDARI, La décentralisation dans le domaine de l'action sanitaire et sociale, *ALD*, 1984, p. 41 ; J. C. BOUZELY, La gestion de l'aide sociale par les départements, *Rev. adm.*, 1987, p. 477 ; L. DESSAINT, L'action sociale dans la décentralisation, *Vie sociale*, 1985, n° 3, p. 7 ; D. FONTAINE, La répartition des compétences en matière sociale, *LPA*, 1989, n° 140, p. 6 ; P. LIGNEAU, Décentralisation et politique sociale, *AJDA*, 1992, p. 77 ; Le département et l'action sociale, *in* G. GILBERT, A. DELCAMP (Dir.), *La décentralisation dix ans après*, 1993, LGDJ ; Le nouveau schéma départemental des établissements et services sociaux, *RDSS*, 1985, p. 268 ; Vie associative et décentralisation, *RDSS*, 1984, p. 24 ; S. MILANO, Décentralisation : l'aménagement de la législation sanitaire et sociale dans la loi du 6 janvier 1986, *Vie sociale*, 1987, n° 1, p. 3 ; R. MUZELLEC, Le transfert de l'action sanitaire et sociale aux départements, *LPA*, 1986, n° 71, p. 4 ; B. PERRIN, Les lois de décentralisation et l'action sociale départementale, *Rev. adm.*, 1991, p. 224 ; N. REVEL, Esquisse d'un bilan de la décentralisation en matière d'aide sociale, *RFAS*, 1996, n° 1, p. 187 ; J. L. SANCHEZ, *Action sociale, la décentralisation face à la crise*, 1997, ODAS éd.

2° L'admission à l'aide sociale

166 Si l'on exclut les prestations non contributives de la sécurité sociale, l'allocation du RMI ainsi que les diverses aides délivrées par les collectivités publiques dans le cadre de l'action sociale, l'accès aux différentes prestations d'aide sociale est enfermé dans un ensemble de conditions qui définissent à la fois l'aptitude à en bénéficier et les modalités procédurales devant être respectées.

167 **a) Les conditions d'admission** — L'aide sociale étant juridiquement construite comme un droit subjectif, les collectivités publiques ne disposent pas d'un pouvoir discrétionnaire d'admission ou de refus : quiconque remplit les conditions fixées par les textes doit bénéficier d'une des formes déterminées d'aide sociale. Ces conditions se répartissent en deux catégories ; elles concernent les unes, l'aptitude du demandeur à bénéficier de l'aide sociale et les autres, l'état de besoin dans lequel se trouve ce dernier au regard de la prestation sollicitée. Selon l'article 124 du Code de la famille, « toute personne résidant en France bénéficie, si elle remplit les conditions légales d'attribution, des formes de l'aide sociale telles qu'elles sont définies par le présent

---

collectivité, et pour lesquelles serait à craindre le renvoi constant d'une collectivité à une autre : pour une analyse des difficultés de mise en œuvre du partage des compétences en matière d'aide sociale, v. COUR DES COMPTES, *La décentralisation en matière d'aide sociale* (Rapport), 1995, p. 21 et s.

(29) *C. famille*, art. 156.

(30) *C. famille*, art. 182-2.

(31) *C. famille*, art. 168.

(32) V. *infra*, n° 170. S'ajoute également l'aide médicale d'État accordée à certains étrangers (v. *infra*, n° 518).

(33) *C. famille*, art. 184 et s.

code ». Le champ d'application personnel de l'aide sociale doit donc s'entendre comme incluant tous les résidents sur le sol français, quelle que soit leur nationalité. Les étrangers peuvent dès lors en bénéficier, même en l'absence de convention de réciprocité liant la France au pays d'origine. Cependant, la loi du 24 août 1993 a subordonné le bénéfice de la protection sociale des étrangers, et notamment de l'aide sociale, à la régularité du séjour en France (34).

L'aide sociale présente deux caractères qui fondent les conditions d'accès aux prestations : elle est spécialisée, ce qui impose que la situation du demandeur soit appréciée au regard de la cause précise qui justifie la prestation ; elle est subsidiaire, ce qui impose qu'elle n'intervienne qu'à défaut de ressources ou de créances, notamment fondées sur les obligations familiales. Cette condition implique d'une part que la situation du demandeur est appréciée au regard des ressources dont il dispose, lesquelles ne doivent pas excéder un certain montant pour ouvrir droit à la prestation : étant entendu que pour l'appréciation de ces ressources, il est tenu compte de tous les revenus, professionnels ou autres, ainsi que de la valeur en capital des biens non productifs de revenus (35) ; d'autre part, que l'aide sociale n'est perçue qu'à défaut de créances alimentaires du postulant à l'encontre de ses proches, telles que définies par les articles 205 et suivants du Code civil (36). L'obligation alimentaire, qui s'applique aux débiteurs d'aliments étrangers (37) et aux bénéficiaires d'une donation (38), ne saurait donner lieu, de la part des commissions d'aide sociale, à une répartition de sa charge entre les obligés alimentaires (39) : si celles-ci sont compétentes pour évaluer la participation globale de ceux-là, il ne leur appartient pas d'exonérer tel ou tel d'entre eux (40).

Jusqu'à présent en tout cas, il n'a certes pas été question de supprimer en totalité l'obligation alimentaire dans l'appréciation du droit à l'aide sociale ; néanmoins, cette règle s'est trouvée écartée pour plusieurs prestations (41) : frais d'hébergement et d'entretien des personnes handicapées dans les établissements de rééducation et d'aide par le travail ainsi que dans les foyers et foyers-logements, allocation compensatrice pour aide d'une tierce personne, aide ménagère à domicile des personnes âgées ou encore prestation spécifique dépendance. Les personnes tenues à l'obligation alimentaire sont invitées, lors d'une demande d'aide sociale, à indiquer l'aide qu'elles peuvent accorder à leur parent ; elles doivent le cas échéant prouver leur impossibilité de couvrir la totalité des frais (42).

---

(34) Sur ce point, v. *supra*, n° 60.

(35) *C. famille*, art. 141 (sont cependant exclues la retraite du combattant et les pensions attachées aux distinctions honorifiques) : v. Comm. centr., 23 janvier 1989, *RFAS*, 1989, cah. jur., n° 2, p. 41 ; Comm. centr., 24 mai 1989, *RFAS*, 1989, cah. jur., n° 4, p. 38.

(36) *C. famille*, art. 144 ; pour exemple, v. Comm. centr., 12 avril 1988, Dép. Paris, req. n° 36/87 (les parents d'une personne âgée de 33 ans qui a rompu tous liens avec eux demeurent ses obligés alimentaires).

(37) Comm. centr., 17 octobre 1986, *RFAS*, 1987, cah. jur., n° 1, p. 35, concl. J. P. FAUGÈRE.

(38) Comm. centr., 19 décembre 1988, *RFAS*, 1989, cah. jur., n° 1, p. 49.

(39) Comm. centr., 3 juillet 1986, *RFAS*, 1987, n° 2, p. 40 ; Comm. centr., 10 octobre 1988, Dép. Eure-et-Loire, req. n° 12 et 13/87.

(40) Comm. centr., 5 février 1992, Dép. Saône-et-Loire, req. n° 911383 ; sur les dettes alimentaires résultant des contrats, v. *RDSS*, 1984, p. 110, chr. E. ALFANDARI.

(41) En dehors des cas où des textes ont expressément prévu que l'obligation alimentaire ne joue pas, l'art. 144 qui a une portée très générale doit donc s'appliquer : Comm. centr., 22 janvier 1992, Dép. Charente-Maritime, req. n° 911336 (mise en jeu de l'obligation alimentaire pour la prise en charge des frais de repas au titre de l'aide sociale aux personnes âgées).

(42) *C. famille*, art. 144 ; v. aussi CE, 17 mars 1993, Deloye et *alii* (4 espèces), *RDSS*, 1993, p. 493, concl. G. LE CHATELIER.

Des recours peuvent être exercés contre elles : d'une part, le préfet ou le président du conseil général peut, en cas de carence de l'intéressé, demander en son lieu et place à l'autorité judiciaire (43) la fixation de la dette alimentaire ainsi que le versement de son montant au département, à charge pour celui-ci de le reverser au bénéficiaire (44) : étant entendu qu'une fois la dette alimentaire fixée par le juge judiciaire, la commission départementale et la commission centrale d'aide sociale ne sauraient ni la méconnaître ni la mettre en cause (45) ; d'autre part, la collectivité créancière peut, si le débiteur ne s'acquitte pas de son obligation, demander à l'autorité judiciaire de délivrer un titre exécutoire (46) : l'action en recouvrement étant alors exercée par le préfet ou le président du conseil général (47).

Le maintien des solidarités familiales apparaît cependant en crise (48), compte tenu notamment de l'importance des coûts de prise en charge qui nécessitent une socialisation de la dépense dans le cadre d'une solidarité plus vaste. A l'évidence, les modalités de mise en œuvre de l'obligation alimentaire mériteraient d'être modifiées conformément aux propositions formulées par le Conseil d'État lui-même : propositions aux termes desquelles il conviendrait que « la collectivité publique expose les dépenses d'aide sociale sans tenir compte des obligations alimentaires », à charge pour elle d'exercer « auprès du juge aux affaires familiales un recours pour faire déterminer, dans la limite de ses dépenses, le montant des obligations alimentaires » (49).

168 **b) Les procédures d'admission** — Pour l'admission aux prestations légales d'aide sociale, il existe trois catégories de procédures : une procédure normale, des procédures spécifiques à certaines prestations et enfin une procédure d'urgence.

La procédure normale s'applique à l'aide sociale aux personnes âgées, à l'aide sociale aux handicapés (à l'exception de l'allocation compensatrice), à l'aide sociale en matière de logement (et non pour l'aide à l'hébergement et à la réadaptation sociale), à l'aide sociale aux familles (50). Cette procédure s'articule autour de trois instances : une de constitution du dossier, une d'instruction de la demande et une de

---

(43) L'action en fixation de la dette doit être portée désormais non plus devant le tribunal d'instance ou de grande instance mais devant le juge des affaires familiales (*C. famille*, art. 196, mod. D. n° 97-941, 14 octobre 1997).

(44) *C. famille*, art. 145 ; l'action ne peut cependant être intentée que du vivant du bénéficiaire (Cass. civ., 1er décembre 1987, *RDSS*, 1988, p. 309) : sur ce recours, v. P. LIGNEAU, Sur quelques difficultés d'application de l'article 145 du CFAS aujourd'hui, *RDSS*, 1988, p. 543.

(45) Comm. centr., 23 septembre 1992, Dép. Aisne, req. n° 920839.

(46) L'autorité judiciaire est seule compétente en la matière : la collectivité publique ne peut pas, sauf à commettre une illégalité, émettre elle-même un titre exécutoire : v. Cass. civ., 1er décembre 1987 (précité) ; Comm. centr., 26 juin 1991, Dép. Nord, req. n° 902239 ; CE, Avis, 28 juillet 1995, M. Kilou, *RFDA*, 1996, p. 386, concl. C. MAUGÜE.

(47) Sur les recours exercés par les établissements publics de santé, v. *infra*, n° 198 et 309 ; v. aussi J. MASSIP, Les recours exercés contre les débiteurs d'aliments par les services de l'aide sociale ou les hôpitaux et hospices, *Gaz. Pal.*, 1990, 1, p. 253 ; E. ALFANDARI, Le recouvrement des frais hospitaliers sur les débiteurs d'aliments, *Mélanges J. M. Auby*, p. 675, 1992, Dalloz ; P. FRAISSEIX, Le recouvrement de l'obligation alimentaire par voie d'états exécutoires pratiqués par les établissements publics de santé et les maisons de retraite publiques, *LPA*, n° 9, 1994, p. 12.

(48) Pour une critique des modalités actuelles de mise en œuvre de l'obligation alimentaire, v. CONSEIL D'ÉTAT, *Aide sociale, obligation alimentaire et patrimoine*, p. 15 et s., 1999, La Doc. française ; pour un point synthétique sur l'ensemble des procédures de recouvrement des créances liées à des obligations alimentaires, v. *TSA*, n° 688, 1998, p. 7.

(49) CONSEIL D'ÉTAT, *Aide sociale, obligation alimentaire... (op. cit.)*, p. 20.

(50) *C. famille*, art. 124-2 (la réforme de 1953 a donné un pouvoir d'admission directe au préfet, pouvoir que les lois de décentralisation ont partagé entre celui-ci et le président du conseil général).

décision. L'établissement de la demande appartient au CCAS qui constitue le dossier en collationnant les pièces diverses relatives à l'état de besoin du demandeur, à son absence de ressources suffisantes et aux éventuelles créances alimentaires dont il bénéficie ; ce travail est une obligation pour le CCAS ; il doit être réalisé indépendamment de toute appréciation quant au bien-fondé de la demande (51) et ce, bien que cette instance donne un avis ainsi que, le cas échéant, le conseil municipal à la requête du maire ou du CCAS. L'instruction appartient à l'autorité compétente pour délivrer la prestation (État ou département) ; l'autorité saisie instruit le dossier et le transmet à l'instance de décision avec une proposition. La décision d'admission à une des formes d'aide sociale légale appartient (sauf exceptions) à un organe administratif *ad hoc* : la Commission d'admission à l'aide sociale (52). La loi du 6 janvier 1986 qui s'est proposé d'adapter la législation de l'aide sociale à la décentralisation a réformé la composition de la Commission (53) ; celle-ci comprend des membres permanents et des membres siégeant selon la nature de la demande (54). Le conseil général fixe le ressort des commissions et la périodicité de leurs réunions, après avis du préfet (55). Le rôle essentiel de la Commission est donc d'admettre, si les conditions légales et réglementaires sont remplies, une personne au bénéfice d'un droit à l'aide sociale ; elle peut décider l'admission totale, partielle (avec participation du demandeur et/ou de ses débiteurs d'aliments) (56) ou le rejet. Les décisions doivent être motivées et communiquées à l'intéressé pour ouvrir éventuellement les voies de recours devant la Commission départementale.

A côté de la procédure normale, il existe des cas où l'intervention de la Commission d'admission n'est pas requise. Si la phase de constitution et d'instruction du dossier de demande reste à l'identique, ce sont alors soit le préfet, soit le président du conseil général qui disposent du pouvoir d'admission. Le président du conseil général est compétent notamment pour l'admission à l'aide sociale à l'enfance et pour l'attribution de l'allocation compensatrice aux personnes handicapées ; le préfet est quant à lui compétent pour accorder l'allocation aux familles dont les soutiens indispensables effectuent le service national, pour l'accueil dans un CHRS et pour l'attribution de la CMU.

Il existe enfin une procédure d'admission d'urgence prévue par l'article 134 du Code de la famille. Elle intervient notamment en matière de placement ou d'octroi d'une allocation d'aide ménagère pour les personnes âgées ou handicapées. En principe, c'est le maire de la résidence du demandeur qui prononce l'admission d'urgence, sauf s'il y a contestation du domicile de secours, ce qui donne alors pouvoir au

(51) *C. famille*, art. 137.

(52) Jusqu'à la loi du 28 février 1934, l'admission à l'assistance était confiée au maire ; pour mieux garantir les droits des bénéficiaires, il a paru alors souhaitable de donner cette compétence à une instance indépendante des collectivités débitrices de l'aide, tout en assurant une représentation de celles-ci au sein de la nouvelle instance de façon à allier indépendance et gestion efficiente des deniers publics.

(53) *C. famille*, art. 126.

(54) Les membres permanents sont le président (magistrat du siège nommé par le premier président de la Cour d'appel) et des membres représentant la sécurité sociale et un CCAS avec voix consultative (membres permanents). Lorsque la demande vise des prestations relevant du département, siègent le conseiller général du canton, le maire de la commune concernée ; lorsqu'elle porte sur une prestation de la compétence de l'État, deux fonctionnaires de l'État.

(55) *C. famille*, art. 127.

(56) La Commission ne peut imposer une participation aux débiteurs d'aliments : seule l'autorité judiciaire peut le faire (Rép. min. QE, M. Hannoun, *JOAN*, 23 mars 1987, p. 1709).

président du conseil général pour prononcer l'admission. Mais il ne s'agit toujours que d'une décision provisoire, le maire ayant l'obligation de notifier sa décision à la Commission d'admission pour qu'elle la ratifie.

3° Le financement des dépenses d'aide sociale

169 **a) Le partage des charges entre collectivités publiques** — A la différence de la sécurité sociale dont le financement mêle cotisations payées par les assurés sociaux et ressources étatiques, ou encore de l'action sociale qui, facultative, est prise en charge tant par les collectivités publiques que par des personnes privées, le financement de l'aide sociale repose obligatoirement sur les collectivités publiques et sur l'impôt. La répartition de la charge financière des prestations d'aide sociale entre les deux acteurs principaux que sont l'État et le département (sans oublier les communes qui assument encore des charges en la matière) a fortement évolué du fait des lois de décentralisation.

Avant la loi du 3 janvier 1983, les dépenses d'aide sociale étaient réparties entre l'État, le département et la commune selon un principe critiquable dit de « financements croisés ». Les lois des 7 janvier et 22 juillet 1983, après avoir posé le principe selon lequel la charge financière incombe à la collectivité compétente pour délivrer une prestation, ont prévu qu'il y aurait pour les collectivités locales compensation intégrale (57) des charges correspondant aux compétences qui leur étaient transférées. C'est ce qu'indique l'article 192 du Code de la famille et de l'aide sociale qui précise à l'exception des prestations incombant à l'État, les dépenses d'aide sociale sont à la charge du département. Bien que les communes n'aient bénéficié d'aucun transfert de compétences en leur faveur en matière d'aide sociale, la loi du 7 janvier 1983 avait maintenu le principe d'une participation communale aux dépenses d'aide sociale assumées par le département. La loi du 29 juillet 1999 relative à la couverture maladie universelle a purement et simplement supprimé ce « contingent communal d'aide sociale », revenant ainsi à une mise en œuvre plus logique des principes de la décentralisation. Ainsi, c'est encore plus le principe « qui décide, paie » qui prévaut.

La collectivité débitrice étant identifiée, reste ensuite à déterminer quelle est en pratique la collectivité qui devra effectivement prendre en charge la dépense. C'est là qu'intervient la notion de « domicile de secours ».

170 **b) L'imputation de la dépense : le domicile de secours** — Le domicile de secours joue un rôle important dans la détermination de la personne publique, État ou département, qui devra effectivement prendre en charge la dépense d'aide sociale. Cette notion, apparue sous la Révolution (58), correspond d'une part à une très ancienne exigence de rattachement des indigents et des pauvres à un lieu dans un but de police, d'autre part à un souci d'aménagement des solidarités en vue d'identifier la collectivité devant les prendre en charge et d'éviter ainsi que les autorités locales ne se les

(57) L. n° 83-8, 7 janvier 1983, art. 94.

(58) La loi du 24 vendémiaire an II définit le domicile de secours comme « le lieu où l'homme nécessiteux a droit aux secours publics ».

renvoient les unes aux autres (59). De là, dans la conception originelle, l'idée que la possession d'un domicile de secours était une condition pour se voir ouvrir les droits à l'assistance. Cette conception policière du domicile de secours va s'estomper dès la loi du 15 juillet 1893 sur l'assistance médicale gratuite, et surtout à compter du décret-loi du 30 octobre 1935. Depuis lors, le domicile de secours est réduit à un simple rôle fonctionnel : déterminer quelle est la collectivité qui doit assumer une dépense d'aide sociale. La commission centrale d'aide sociale rappelle d'ailleurs régulièrement que le domicile de secours ne sert qu'à désigner la collectivité débitrice de l'aide, mais qu'il n'est en aucun cas une condition d'attribution des prestations (60). D'abord communal dans les lois d'assistance de la fin du XIXe siècle, le domicile de secours est départemental depuis le décret-loi de 1935 (61). C'est ce que maintient l'article 192 du Code de la famille, dans sa rédaction issue de la loi du 6 janvier 1986 : les dépenses d'aide sociale sont à la charge du département dans lequel le bénéficiaire a son domicile de secours. La conséquence essentielle du domicile de secours étant d'obliger un département à prendre en charge un bénéficiaire de l'aide sociale, on comprend alors que les règles d'acquisition et de perte du domicile de secours constituent un enjeu important et qu'elles fassent l'objet d'un contentieux abondant (62).

En ce qui concerne l'acquisition du domicile de secours (63), les principes généraux sont les suivants : celui-ci s'acquiert, après la majorité ou à l'émancipation, par une résidence habituelle de trois mois dans un département ; en revanche, les personnes admises dans des établissements sanitaires et sociaux (64) conservent le domicile de secours qu'elles avaient acquis avant leur entrée dans l'établissement, quelle que soit la durée du séjour (65). Il s'acquiert aussi par la filiation, le mineur non émancipé ayant le domicile de secours de la personne qui exerce l'autorité parentale ou la tutelle ; mais cette règle ne joue pas pour le bénéfice des prestations de l'aide sociale à l'enfance, les dépenses étant alors supportées par le département qui a prononcé l'admission dans ce service ou, lorsqu'il s'agit d'une mesure d'assistance éducative ou fondée sur l'ordonnance de 1945 relative à l'enfance délinquante, par le département où est située la juridiction qui a engagé la procédure judiciaire.

La perte du domicile de secours se réalise soit par l'acquisition d'un autre domicile de secours, soit par une absence ininterrompue de trois mois de la résidence après la majorité ou l'émancipation sauf si cette absence est motivée par un séjour dans un établissement sanitaire ou social ou au domicile d'un particulier agréé ou dans

---

(59) R. Castel, *Les métamorphoses de la question sociale*, p. 103 et s., 1995, Fayard.
(60) Comm. centr., 7 janv. 1980, *RDSS*, 1981, p. 114, chr. E. Alfandari.
(61) L. Sibileau, Faut-il supprimer le domicile de secours ?, *RDSS*, 1965, p. 254.
(62) La connaissance des recours relatifs à la fixation du domicile de secours a été attribuée, en premier et dernier ressort, à la Commission centrale d'aide sociale par l'article 10-IV de la loi n° 92-722 du 29 juillet 1992 (*C. famille*, art. 195) ; le Conseil d'État intervient en cassation de ses jugements (v. *infra*, n° 186 et s.).
(63) *C. famille*, art. 193 (L. n° 86-17, 6 janvier 1986, art. 62).
(64) Les établissements sociaux visés à l'article 193 du CFAS doivent s'entendre comme ceux désignés par la loi du 30 juin 1975 sur les institutions sociales et médico-sociales : si un foyer de travailleurs migrants n'entre pas dans cette catégorie (CE, 12 mai 1997, Département de la Marne, req. n° 163788), en revanche y entre un foyer de travailleurs pour non voyants (CE, 14 juin 1999, Dép. Paris, req. n° 185491).
(65) Comm. centr., 4 juillet et 6 novembre 1986, *RFAS*, 1987, cah. jur., n° 2, p. 37-38 ; TA Versailles, 11 avril 1988, *RDSS*, 1988, p. 742, concl. X. Prétot ; CE, 28 juillet 1989, Dép. Hauts-de-Seine, *RDSS*, 1990, p 132, concl. T. Tuot ; *D.* 1990, p. 187, obs. X. Prétot ; Comm. centr., 28 février 1990, Dép. Gard, req. n° 881375, concl. L. Dessaint ; CE, 11 juin 1990, Dép. de l'Essonne, *AJDA*, 1990, p. 839, obs. X. Pré-tot ; *RFDA*, 1990, p. 678.

un placement familial (66). Logiquement, la perte d'un domicile de secours entraîne, sous délai de trois mois, l'acquisition d'un autre ; mais il peut exister des situations où aucun domicile n'est déterminable aux conditions légales (changements de résidence sans que la durée de séjour dans un département n'atteigne jamais trois mois) : les frais d'aide sociale incombent ici au département où réside le bénéficiaire lors de la demande d'admission.

Enfin, pour les personnes dont la présence sur le territoire français résulte de circonstances exceptionnelles et qui n'ont pu choisir librement leur lieu de résidence (67), ou celles pour lesquelles aucun domicile fixe ne peut être déterminé (68), les frais d'aide sociale sont pris intégralement en charge par l'État (69). On peut élargir cette dernière remarque en considérant que pour ces personnes, auxquelles il convient d'ajouter les bénéficiaires de prestations d'aide sociale incombant à l'État, le domicile de secours est alors national.

171 **c) La récupération des prestations d'aide sociale** — L'aide sociale ayant pour caractéristique d'être un droit subsidiaire, c'est-à-dire un droit n'étant honoré par la collectivité débitrice qu'à défaut de ressources du bénéficiaire ou de droits de ce dernier à tout autre type de solidarité, il est apparu logique, dès les grandes lois d'assistance de la fin du XIXe siècle, de récupérer les prestations soit auprès du bénéficiaire lui-même (succession et retour à meilleure fortune), soit lorsque ce dernier dispose d'un patrimoine qu'il transmet (recours contre le donataire et le légataire). Ces mécanismes de récupération sont prévus à l'article 146 du Code de la famille.

Les prestations assumées par les collectivités publiques peuvent être d'abord récupérées lorsque le bénéficiaire est revenu à meilleure fortune. Cette notion de « retour à meilleure fortune » a été définie par la jurisprudence (70). Deux éléments la caractérisent : d'une part, il doit s'agir d'un événement nouveau, matériel ou non, qui améliore

(66) A l'exception des personnes placées dans un établissement sanitaire et social ou des personnes qui ne résident plus pour des raisons indépendantes de leur choix (détention, etc.). Si l'absence résulte de circonstances excluant toute liberté de choix du lieu de séjour ou d'un traitement dans un établissement hospitalier situé hors du département où réside habituellement le bénéficiaire de l'aide sociale, le délai de 3 mois ne commence à courir que du jour où ces circonstances n'existent plus (*C. famille*, art. 194 ; pour exemple, v. Comm. centr., 28 octobre 1992, Dép. Moselle, req. n° 922167). Pour le Conseil d'État, ces dernières « doivent s'entendre comme des circonstances extérieures à la personne même du bénéficiaire de l'aide sociale » (détention...) et ne sauraient en particulier « résulter de la seule situation de dépendance physique ou psychique de l'intéressé » (CE, 26 février 1996, Dép. Seine-Saint-Denis, req. n° 133293).

(67) *C. famille*, art. 194 ; pour une appréciation jurisprudentielle de ces deux conditions cumulatives, v. CE, 20 juin 1995 (10 espèces), *RDSS*, 1996, p. 182 ; CE, 9 juin 1997, Dép. Marne c/ Zenelag, *RDSS*, 1998, p. 195.

(68) Le fait qu'un individu soit notoirement connu comme vivant de la mendicité dans un département ne prouve pas qu'il y ait disposé, en l'absence de tout abri et adresse fixe, d'une résidence habituelle (Comm. centr., 14 mai 1991, Dép. Var, req. n° 901958) ; en revanche, le fait qu'un individu ait notoirement et habituellement résidé dans une même commune notamment sur un terrain privé suffit à établir, indépendamment des conditions d'habitation, l'existence d'une résidence acquisitive d'un domicile de secours (Comm. centr., 12 mars 1992, Dép. Var, req. n° 910356).

(69) Ces dispositions qui distinguent entre personnes ayant une résidence mais ne remplissant pas la condition de durée de séjour de trois mois et personnes sans domicile fixe, ont été introduites par la loi du 6 janvier 1986, art. 62 (*C. famille*, art. 194) : v. P. LIGNEAU, La compétence réduite de l'État en l'absence de domicile de secours, *RDSS*, 1988, p. 736 ; pour exemple de contentieux, v. Comm. centr., 2 décembre 1987, *RFAS*, 1988, cah. jur., n° 2, p. 30, concl. L. DESSAINT ; Comm. centr., 6 juillet 1988, *RFAS*, 1989, cah. jur., n° 1, p. 51 ; Comm. centr., 30 novembre 1988 et 10 avril 1989, *RFAS*, 1989, cah. jur., n° 2, p. 35 et p. 38.

(70) E. ALFANDARI, Recours contre les bénéficiaires revenus à meilleure fortune. Notion de meilleure fortune. Distinction avec le recours en répétition de l'indu, *RDSS*, 1980, p. 248.

la situation de l'intéressé (mariage, héritage, débiteur du bénéficiaire désormais en mesure de rembourser une créance jusque là irrécouvrable) ; d'autre part, l'amélioration doit s'entendre d'une augmentation du patrimoine en capital ou en revenus, ce qui exclut les substitutions de biens au sein du patrimoine (71) ; de même, et bien qu'il y ait alors augmentation du patrimoine, est exclue la perception, par le bénéficiaire, d'un capital en vue de compenser un handicap physique ou des préjudices matériels et moraux (72) ; enfin, l'amélioration doit être suffisante pour que le bénéficiaire ne reste pas dans une situation de besoin : il doit notamment disposer des ressources suffisantes pour rembourser les prestations perçues.

La récupération peut intervenir aussi à l'encontre de la succession du bénéficiaire de l'aide sociale. Bien qu'exercés en principe contre le patrimoine et non contre les héritiers, ces recours donnent lieu en fait à une appréciation par les commissions d'admission du comportement des héritiers concernant leurs devoirs alimentaires : les recouvrements éventuels sur succession n'ont donc aucun caractère d'automaticité et sont appréciés en équité et au cas par cas (73) ; ainsi, il n'appartient pas à la commission d'admission de décider d'office, lorsqu'elle accorde à un demandeur le bénéfice de l'aide sociale, que les sommes avancées par les collectivités publiques seront récupérées sur la succession du bénéficiaire (74) ou du donataire (75), ni de répartir la somme à récupérer entre les héritiers ou de décider de cette récupération à l'encontre d'un seul ou de plusieurs des héritiers à l'exclusion d'un ou de plusieurs autres (76). De plus, l'exercice du recours est très large : il n'est conditionné ni par un délai, ni par une inscription hypothécaire préalable, ni par une action contre l'obligé alimentaire avant le décès du bénéficiaire (77) ; on tient compte du degré de parenté entre le bénéficiaire et ses héritiers pour fixer le montant des récupérations. Par ailleurs, les textes ont limité le recouvrement sur succession en fixant un seuil de dépenses d'aide sociale à partir duquel certaines d'entre elles sont recouvrées (78) ; ainsi, le recours en récupération contre la succession du bénéficiaire des sommes versées au titre de l'aide sociale à domicile, de la prise en charge du forfait journalier et de la PSD s'exerce sur la part de l'actif net successoral excédant 300 000 F : étant entendu que

(71) La réalisation d'un immeuble dont le bénéficiaire était déjà propriétaire lors de l'admission ne constitue pas un retour à meilleure fortune (Comm. centr., 26 juin 1987, *RFAS*, 1988, cah. jur., n° 2, p. 32, concl. J. P. FAUGÈRE ; *RDSS*, 1988, p. 735, obs. P. LIGNEAU ; Comm. centr., 1er juillet 1988, *RFAS*, 1988, cah. jur., n° 4, p. 29) ; de même, ne sauraient constituer un retour à meilleure fortune le retour à une faculté d'épargne (Comm. centr., 23 mars 1990, *RFAS*, 1990, cah. jur., n° 3, p. 33) ou le fait d'être désormais intégralement pris en charge par la sécurité sociale (Comm. centr., 7 octobre 1965, Dép. Tarn, req. n° 2/65) ; en revanche, le fait d'être en mesure de payer les intérêts d'un emprunt contracté afin d'augmenter son patrimoine immobilier constitue un retour à meilleure fortune (Comm. centr., 24 octobre 1975, Dép. Gard, req. n° 6/75).

(72) Comm. centr., 2 décembre 1987, Dép. du Nord, *RDSS*, 1988, p. 734, obs. P. LIGNEAU.

(73) Comm. centr., 16 octobre 1987, *RFAS*, 1988, cah. jur., n° 1, p. 31 ; Comm. centr., 1er juillet 1988, *RFAS*, 1988, cah. jur., n° 4, p. 29. La récupération n'est possible que sur la succession : ce qui exclut tout recours contre des personnes qui auraient effectivement utilisé voire détourné tout ou partie des prestations d'aide sociale servies à un allocataire (Comm. centr., 17 novembre 1990, Dép. Saône-et-Loire, req. n° 901662) ; par ailleurs, la circonstance que l'héritière ait été abandonnée à sa naissance n'exclut pas la récupération dès lors qu'elle n'a pas refusé la succession (CE, 30 juin 1999, Mme Cabanne, req. n° 194653, *RDSS*, 1999, p. 788).

(74) Comm. centr., 15 mars 1988, *RFAS*, 1989, cah. jur., n° 1, p. 54.

(75) Comm. centr., 10 avril 1996, Dép. Loir-et-Cher, req. n° 951260).

(76) Com. centr., 18 mai 1984, Dép. Var, req. n° 3/84.

(77) Comm. centr., 23 octobre 1989, Dép. Nord, req. n° 882237.

(78) *C. famille*, art. 146.

seules les dépenses supérieures à 5 000 F, et pour la part excédant ce montant, peuvent donner lieu à ce recouvrement (le recours en récupération des sommes versées au titre de l'aide à l'hébergement des personnes âgées ne bénéficie donc pas de ces deux seuils) ; au demeurant, les textes ont même le plus souvent exclu ledit recours en matière d'aide sociale aux handicapés (79).

Enfin, l'article 146 du Code prévoit la possibilité de récupération auprès du légataire et du donataire (80). Dans les deux cas, il s'agit d'éviter le dépouillement de l'assisté au profit de parents ou d'étrangers, dans le premier cas après son décès, dans le second de son vivant, alors même que la collectivité lui aurait accordé son aide sans exiger l'aliénation de ses biens. L'hypothèse de la donation est particulièrement fréquente chez les personnes âgées. Les commissions d'admission gardent là encore un large pouvoir d'appréciation quant à l'opportunité de procéder à la récupération et quant à la fixation de son montant (81).

Pour garantir ces recours, les biens immeubles du bénéficiaire peuvent être grevés d'une hypothèque légale à la requête du préfet ou du président du conseil général selon les cas : il s'agit ici d'une simple faculté qui ne peut être exercée que si la valeur de ces biens est égale ou supérieure à 10 000 F ; toutefois, l'inscription d'hypothèque n'est pas autorisée pour les prestations d'aide sociale à domicile, pour la prestation spécifique dépendance et pour le forfait journalier (82).

172 **Bibliographie.** M. BORGETTO, Vingt ans de jurisprudence en matière d'aide sociale : histoires drôles, drôles d'histoires, *Mélanges E. Alfandari*, p. 3, 1999, Dalloz ; CONSEIL D'ÉTAT, *Aide sociale, obligation alimentaire et patrimoine*, 1999, La Doc. française ; F. GÉA, Solidarité familiale et solidarité sociale. Sur l'application du principe de subsidiarité dans le droit de l'aide sociale, *Ann. Fac. Droit Strasbourg*, n° 2, 1998, p. 107 ; T. HUOT, L'obligation alimentaire, *Bull. UNBAS*, n° 136, 1969 ; P. LIGNEAU, L'absence de domicile de secours depuis les lois sur la décentralisation, *RDSS*, 1985, p. 72 ; B. PERRIN, Le financement de l'aide sociale départementale, résultats et perspectives, *RDSS*, 1988, p. 657 ; J. L. SOURIOUX, Pour une sociologie de l'obligation alimentaire, *Rev. aide soc.*, n° 2, 1962, p. 65.

B. L'ORGANISATION DES ÉTABLISSEMENTS ET SERVICES

173 Si l'aide et l'action sociales se traduisent par un ensemble de prestations délivrées directement à leurs bénéficiaires, elles nécessitent souvent l'intervention d'institutions

(79) Pour les handicapés, il n'y a pas de recours sur succession lorsque les héritiers sont le conjoint, les enfants ou la tierce personne (L. n° 75-534, 30 juin 1975) ou même les petits-enfants de la personne handicapée (Comm. centr., 21 mai 1996, Dép. Hérault, req. n° 950380 ; CE, 9 décembre 1998, Dép. Hérault, req. n° 182623).

(80) Ces recours présentent des difficultés juridiques dans lesquelles on ne peut entrer ici : pour les donations, seules sont visées celles qui interviennent soit postérieurement à la demande d'aide sociale, soit dans les 10 ans qui l'ont précédée ; la récupération est limitée à la valeur du bien donné, calculée au jour de l'introduction de la demande ; le recours ne peut s'exercer contre l'acquéreur à titre onéreux, sauf à considérer que restent ouvertes les possibilités de recours contre des ventes frauduleuses ou lésionnaires ; pour exemples, v. Comm. centr., 15 avril 1988, *RFAS*, 1988, cah. jur., n° 4, p. 31 ou Comm. centr., 13 octobre 1989, *RFAS*, 1989, cah. jur., n° 4, p. 42 ; sur l'ensemble de la question, v. CONSEIL D'ÉTAT, *Aide sociale, obligation alimentaire et patrimoine (op. cit.)*, p. 29 et s.

(81) Comm. centr., 1er juillet 1988, *RFAS*, 1989, cah. jur., n° 1, p. 53 ; CE, 20 juillet 1990, M. Werquin, req. 65823 ; CE, 17 mai 1999, Dép. Loir-et-Cher, req. n° 188870 (*RDSS*, 1999, p. 786).

(82) *C. famille*, art. 146 et 148 et D. n° 54-883, 2 septembre 1954, art. 5 à 8 ; v. par exemple Comm. centr., 15 mai 1986, *RFAS*, 1986, cah. jur., n° 4, p. 30 (une hypothèque ne peut être prise sur les immeubles transmis par un assisté décédé à ses descendants) ou Comm. centr., 9 février 1988, *RFAS*, 1988, cah. jur., n° 3, p. 44 (les commissions d'admission n'ont pas compétence pour requérir l'inscription d'une hypothèque).

qui prennent en charge des individus pour leur assurer diverses prestations d'accueil, d'hébergement et d'aide. Il s'agit des établissements et services sociaux et médico-sociaux. Ces équipements peuvent être organisés et gérés soit par les personnes publiques titulaires des compétences en matière d'aide sociale (État, départements et communes), soit par des personnes publiques autonomes (établissements publics ou GIP), soit enfin par des personnes privées (associations, mutuelles, organismes de Sécurité sociale) (83). Très tôt, la puissance publique a institué des polices administratives contrôlant ces activités, d'abord dans un but de sécurité des personnes accueillies et d'ordre public ; ensuite et peu à peu — l'intervention publique s'accroissant sur le plan financier — dans un but d'organisation et de rationalisation du secteur. C'est pourquoi, aujourd'hui, les structures délivrant des prestations d'aide et d'action sociales sont largement enserrées dans des dispositifs réglementaires qui déterminent les conditions de leur création et de leur fonctionnement. Il convient, pour les analyser et en percevoir la portée, d'exposer les règles concernant la création des établissements et services avant d'aborder les mécanismes de leur financement.

1° La création des établissements et services

174 **a) Les principes** — Il est un premier point sur lequel il convient d'insister : les personnes morales qui prennent en charge l'action sociale et médico-sociale se créent librement, dans le respect des textes encadrant chacune des catégories. La réglementation spécifique au secteur ne concerne que les établissements ou services qu'elles gèrent. C'est ainsi que sont conciliés le respect de la liberté d'initiative (le plus souvent privée et de forme associative) et le nécessaire contrôle de la puissance publique sur ces activités.

Cette réglementation, antérieurement disparate et éclatée, a été totalement redéfinie et unifiée par la loi du 30 juin 1975 dite « loi sociale » (84). De même que dans le secteur sanitaire la grande loi hospitalière de 1970 a voulu mettre en cohérence la cohabitation du secteur public et d'un secteur privé important, de même le secteur sanitaire et social (qui présente structurellement des caractéristiques voisines) a bénéficié d'un effort de rationalisation. C'est ce à quoi s'est employée la loi du 30 juin 1975, intervenue d'ailleurs après des débats dont l'objet était de savoir s'il ne convenait pas d'intégrer dans une même réglementation établissements sanitaires et établissements sociaux.

Si les finalités de mise en cohérence par un effort de planification ainsi qu'une volonté de rationalisation et de maîtrise des coûts s'imposaient dans les deux secteurs, il apparut que les spécificités du secteur social et médico-social ne permettaient pas d'y développer les mêmes mécanismes de contrôle que dans le domaine des établissements et services de soins. Ainsi, bien que symétriques dans leurs intentions, les deux lois (hospitalière et sociale) sont très différentes dans les principes qui les fondent, et cela au moins sur deux points ; d'une part, contrairement à la loi hospitalière, la

(83) V. *supra*, n° 117 et s.

(84) L. n° 75-535, 30 juin 1975 relative aux institutions sociales et médico-sociales, mod. L. n° 86-17, 6 janvier 1986 ; D. n° 76-838, 25 août 1976, abrog. D. n° 95-185, 14 février 1995 (la loi du 6 janvier 1986 ainsi que le décret du 14 février 1995, longtemps attendu, sont intervenus pour adapter les textes antérieurs à la décentralisation).

loi du 30 juin 1975 n'enferme pas les établissements et services qu'elle concerne dans une planification impérative (pas d'équivalent de la « carte sanitaire ») car les problèmes de concurrence ne se posent pas avec la même ampleur pour les institutions sociales qui, loin de devoir être bridées, doivent plutôt recevoir la garantie d'une certaine stabilité dans leur relations avec la puissance publique : aussi l'idée de « coordination » s'est-elle imposée. D'autre part, et en conséquence, les institutions sociales et médico-sociales ne sont pas intégrées par la loi dans un service public comme le sont à l'inverse les structures hospitalières : les initiatives privées y apparaissent plutôt comme des activités aidées par la puissance publique parce qu'en charge d'une mission d'intérêt général, sans que cela entraîne l'application, en ce qui les concerne, du régime juridique du service public (85).

Une réforme profonde de la loi sur les institutions sociales et médico-sociales est envisagée depuis plusieurs années ; un premier projet a été élaboré à la suite d'un rapport de l'IGAS et d'une concertation approfondie avec les acteurs privés et les collectivités locales ; le changement de majorité politique au printemps 1997 a renvoyé cette réforme à une date ultérieure et, bien que régulièrement annoncée, elle n'a à ce jour pas encore abouti (86). Dans un contexte de mutations législatives importantes (réforme du secteur sanitaire et notamment de l'hospitalisation, adoption de la loi relative à la prestation spécifique dépendance pour les personnes âgées et de la loi relative à la lutte contre l'exclusion), il apparaît en effet nécessaire de faire évoluer l'ensemble des modalités de régulation et de contrôle des établissements et services sanitaires et sociaux : il faut tenir compte de l'émergence de nouveaux besoins (accompagnement social, structures d'accueil de jour, lieux de vie), de l'effacement des frontières entre le sanitaire et le social (notamment pour les personnes âgées et les handicapés lourds), des difficultés à établir une planification satisfaisante des structures (en évitant notamment les grandes disparités entre départements et les sur-équipements dans certains domaines), des limites dans l'exercice du contrôle public, enfin de la nécessaire promotion de la place des usagers des services sanitaires et sociaux (87). Pour l'heure, et dans l'attente de la réforme d'ensemble, des adaptations ont été déjà réalisées par des textes ponctuels (en matière de tarification et de financement) ainsi que, surtout, par la loi instituant la prestation spécifique dépendance : cette loi ayant introduit d'une part des modifications pour l'ensemble des institutions et services (abandon de l'obligation d'ériger les services gérés par des collectivités publiques en établissements publics, renforcement du contrôle sur les établissements et services), d'autre part des dispositions nouvelles applicables aux seuls établissements d'accueil pour personnes âgées (droits des usagers et tarification).

---

(85) R. LAFORE, *Recherche sur les interventions publiques en matière sociale*, Thèse Droit, Limoges, 1986, p. 578 et s.

(86) Le dernier projet de réforme connu a été présenté en juin 1998 et comportait quatre novations importantes : le renforcement des droits des usagers, l'opposabilité des schémas départementaux, l'institution d'enveloppes financières fermées pour l'ensemble du secteur social et la mise en place de procédures d'évaluation inspirées du secteur sanitaire (v. *TSA*, n° 698, 1998, p. 21 ; v. aussi, P. GAUTHIER, Réforme de la loi de 1975, *TSA*, n° 721, 1999, p. 15 ; P. LEGRAND, Faut-il encore réformer la loi sociale ?, *TSA*, n° 765, 1999, p. 25).

(87) Rapport IGAS (précité) ; P. LIGNEAU, Vers une réforme de la loi du 30 juin 1975 sur les institutions sociales et médico-sociales : la place nécessaire du citoyen, *RDSS*, 1997, p. 137.

175 **b) Les établissements et services concernés** — En instituant un régime juridique unifié de coordination des institutions sociales et médico-sociales, distinct de la planification des institutions de soins, la loi du 30 juin 1975 se devait de circonscrire son champ d'application en définissant les établissements et services concernés. C'est ce à quoi s'emploie l'article premier du texte qui indique que « sont des institutions sociales et médico-sociales au sens de la présente loi, tous les organismes publics ou privés qui, à titre principal et d'une manière permanente : 1° mènent, avec le concours de travailleurs sociaux, d'équipes pluridisciplinaires, des actions à caractère social ou médico-social, notamment des actions d'information, de prévention, d'orientation, de soutien, de maintien à domicile ; 2° accueillent, hébergent ou placent dans des familles des mineurs ou des adultes qui requièrent une protection particulière ; 3° reçoivent des jeunes travailleurs ; 4° hébergent des personnes âgées ; 5° assurent, en internat, en externat, dans leur cadre ordinaire de vie, l'éducation spéciale, l'adaptation ou la réadaptation professionnelle ou l'aide par le travail aux personnes mineures ou adultes, handicapées ou inadaptées ». Il s'agit donc d'un ensemble d'activités non médicales même si, pour les personnes âgées notamment, des services médicaux, marginaux par rapport aux fonctions d'accueil et d'hébergement, sont possibles ; c'est ce qui constitue alors les sous-ensembles des établissements médico-sociaux. En pratique, cette définition recouvre l'ensemble des établissements et services en direction des personnes âgées (hébergement ou maintien à domicile), des handicapés enfants ou adultes (hébergement, maintien à domicile, aide par le travail), des personnes en difficulté (enfance en danger et délinquante, aide sociale à l'enfance, adultes inadaptés), de la petite enfance et de la famille.

A ce premier ensemble de services et d'établissements, la loi du 29 juillet 1998 a ajouté toutes les activités d'insertion pour les individus ou les familles en difficulté, ce qui étend le champ d'application de la loi du 30 juin 1975 — pour ce qui est des établissements — aux structures d'insertion par l'économique (entreprises d'insertion, entreprises d'intérim d'insertion ou associations intermédiaires) et d'aide par le travail (CAT et ateliers protégés), ainsi que, en matière de services, aux structures d'accueil, de soutien, d'accompagnement social, d'adaptation à la vie active, d'insertion professionnelle et sociale (88).

176 **c) L'impératif de coordination** — Si les institutions sociales et médico-sociales se créent librement, les établissements et services qu'elles gèrent sont soumis à des procédures dont la finalité affirmée est de parvenir à une « coordination des interventions » selon les termes mêmes de l'article 2 de la loi du 30 juin 1975. Finalité dont l'exigence est en deçà de la planification voulue pour les institutions sanitaires, mais qui impose néanmoins de soumettre les établissements et services concernés à des dispositions spécifiques pour les créer et les faire fonctionner.

Deux dispositifs de coordination administrative ont été établis, l'un qualifié de « souple » parce que laissant toute liberté aux promoteurs des initiatives concernées, l'autre défini comme « autoritaire » car s'imposant à certains établissements et services. La coordination souple est prévue à l'article 2 de la loi du 30 juin 1975. Elle concerne toutes les activités sociales et médico-sociales qui, entrant dans le champ d'application

(88) L. n° 98-657, 29 juillet 1998, art. 157, mod. L. n° 75-535, 30 juin 1975, art. 1 et 3.

de la loi, ne sont cependant pas explicitement visées par la liste des structures soumises à coordination autoritaire envisagées ci-après. Laissant aux promoteurs une entière liberté quant au principe même de l'entrée dans un dispositif de coopération entre plusieurs d'entre eux et avec les pouvoirs publics, la législation introduit ensuite un choix entre deux formules de coordination ; la mise en place des activités peut tout d'abord donner lieu à la création d'un groupement susceptible de prendre la forme soit d'une association soumise à la loi de 1901, soit d'un groupement d'intérêt public (loi du 23 juillet 1987) (89) : formules qui permettent d'associer des personnes privées et des personnes publiques, de façon libre, pour créer et gérer divers équipements et actions. Au lieu d'instituer une personne morale spécifique comme dans la première hypothèse, les promoteurs peuvent en second lieu aménager leur coopération entre eux et la puissance publique par le biais de conventions dont la législation indique qu'elles précisent « les objectifs poursuivis, les catégories de bénéficiaires, les moyens mis en œuvre ainsi que les relations de l'organisme intéressé avec les autres organismes à caractère social, médico-social ou sanitaire » (90).

La coordination autoritaire est fondée sur les articles 3 et suivants de la loi du 30 juin 1975. Sans entrer dans la logique très contraignante de la planification impérative, assortie d'une « carte » des structures juridiquement opposables à toute initiative de création, le texte de 1975 a voulu trouver une voie moyenne pour canaliser les promoteurs d'établissements et de services à la fois dans un but de rationalité technique (faire correspondre l'offre aux besoins) et pour des raisons financières (maîtriser les dépenses d'investissement et surtout de fonctionnement qui en résultent, le plus souvent à la charge des personnes publiques). Le point fort du dispositif d'encadrement des établissements et services a tenu dans l'institution d'une autorisation administrative s'imposant pour la création, l'extension ou la transformation de certains d'entre eux (91), essentiellement les structures lourdes qui nécessitent les investissements les plus importants et dont la qualité technique doit faire l'objet d'un contrôle. Cette autorisation poursuit deux types d'objectifs : s'assurer que l'équipement projeté satisfait aux normes techniques quantitatives et qualitatives de fonctionnement selon les populations prises en charge, ce qui ressort des buts classiques de police spéciale des

(89) D. n° 88-1034, 7 novembre 1988, mod. D. n° 89-918, 21 décembre 1989 ; v. A. THEVENET, *Créer, gérer, contrôler un équipement social,* p. 69, 1990, ESF.

(90) L. 30 juin 1975, art. 2, al. 3 ; ainsi par exemple, en ce qui concerne les associations en charge de services de lutte contre les exclusions sociales, la puissance publique a aménagé un dispositif de conventions pluri-annuelles soit au niveau national (conventions d'objectifs entre les grands réseaux caritatifs et la DAS), soit prioritairement au niveau départemental (Circ. Min. Travail et Aff. soc., 29 mai 1997, *TSA*, n° 649, 1997 ; v. aussi *TSA, Bul. législ.*, n° 25, 1996, p. 25) ; de même, pour la mise en œuvre de « l'appui social individualisé », les structures prestataires sont liées à la puissance publique par une convention (v. *infra*, n° 424).

(91) L. n° 75-535, 30 juin 1975, art. 3 à 25. Les catégories d'établissements et de services concernés sont expressément énumérées par la loi de 1975 (art. 3) : 1° établissements recevant habituellement des mineurs relevant du titre II du CFAS, maisons d'enfants à caractère social, centres de placements familiaux et établissements maternels ; 2° établissements médico-éducatifs qui reçoivent en internat, en externat ou en cure ambulatoire des jeunes handicapés ou inadaptés ; 3° établissements d'enseignement qui dispensent à titre principal une éducation spéciale aux jeunes handicapés ; 4° établissements d'éducation surveillée ; 5° établissements qui assurent l'hébergement des personnes âgées ou des adultes handicapés ; 6° établissements d'aide par le travail ; 7° foyers de jeunes travailleurs ; 8° structures d'hébergement en vue de la réadaptation sociale ; 9° services de soins infirmiers à domicile pour personnes âgées ; 10° services concourant au maintien à domicile et à l'intégration scolaire des enfants handicapés.

établissements (92). Ensuite, et c'est là la dimension novatrice du système, l'autorisation veut permettre de vérifier que l'opération envisagée répond aux besoins quantitatifs et qualitatifs de la population.

177 **d) La procédure d'autorisation.** Ce cadre général a justifié la mise en place d'une procédure complexe.

L'équipement projeté doit d'abord recueillir l'avis motivé d'un Comité régional d'organisation sanitaire et sociale (CROSS) ou, pour certains, du Comité national d'organisation sanitaire et sociale (CNOSS) (93) ; le CROSS ou le CNOSS donne son avis en considération de l'opportunité de création ou d'extension ou encore de transformation de l'équipement, compte tenu des besoins quantitatifs et qualitatifs de la population ainsi que des équipements existants ou prévus. Bien qu'ils soient non-opposables juridiquement, les comités peuvent néanmoins s'appuyer, pour cette appréciation, sur les schémas départementaux de l'article 2-2 nouveau de la loi du 30 juin 1975 ou sur les divers schémas réalisés par l'État dans les domaines de sa compétence.

Après la phase consultative, intervient la décision proprement dite, délivrance ou refus d'autorisation. Quoique la loi du 6 janvier 1986 les ait rapprochées, les deux procédures demeurent différentes selon que la demande vise une institution privée ou une institution publique (94). Dans le secteur privé, une autorisation est délivrée par l'autorité compétente dans le domaine considéré — président du conseil général (95), représentant de l'État (96) ou ces deux autorités (autorisation conjointe) — soit parce que l'établissement sert des prestations prises en charge concurremment par l'État et le département ou par le département et la sécurité sociale (97), soit parce qu'il s'agit d'établissements auxquels l'autorité judiciaire confie directement et habituellement des mineurs. Dans le secteur public, la décision de création relève de la collectivité territoriale compétente, mais elle requiert un avis du président du conseil général lorsque l'équipement accueille des bénéficiaires de l'aide sociale départementale et une autorisation de l'État lorsque les personnes visées sont prises en charge par la

(92) Les principales normes techniques figurent encore dans le décret n° 56-284 du 9 mars 1956 qui comporte des annexes dont chacune concerne un type particulier d'établissement ; les normes prévues pour les établissements pour jeunes handicapés des annexes XXIV et suivantes ont été modifiées par le décret n° 89-792 du 27 octobre 1989.

(93) D'abord distinctes pour le secteur sanitaire (commissions de l'hospitalisation) et pour le secteur social et médico-social (commissions régionales et nationale des institutions sociales et médico-sociales), ces instances consultatives ont été regroupées par la loi n° 91-748 du 31 juillet 1991 portant réforme hospitalière. Présidés par un magistrat de l'ordre administratif, ces comités comprennent trois catégories de membres : des représentants de l'État, des collectivités locales et des organismes de sécurité sociale, des représentants des institutions sanitaires et sociales, des représentants des personnels et des usagers (D. n° 91-1410, 31 décembre 1991, mod. D. n° 92-1439, 30 décembre 1992).

(94) Sur le D. n° 95-185, 14 février 1995, v. P. Ligneau, *RDSS*, 1995, chr., p. 586.

(95) L. n° 75-534, 30 juin 1975, art. 9 : le président du conseil général est compétent pour les établissements recevant habituellement des mineurs relevant du Titre II du Code de l'aide sociale, ainsi que pour tous les types d'établissements et services fournissant des prestations d'aide sociale prises en charge par le département.

(96) Établissements médico-éducatifs, d'éducation spéciale recevant des jeunes handicapés ou inadaptés, établissements privés ne recevant que des mineurs confiés à la Protection judiciaire de la jeunesse, CAT, foyers de jeunes travailleurs, centres d'hébergement et de réadaptation sociale, ainsi que tous les établissements dont les prestations relèvent soit de l'aide sociale de l'État, soit de la sécurité sociale.

(97) Par exemple, certains CAT proposent à la fois des activités occupationnelles liées à l'hébergement et relevant alors du département et un travail protégé qui relève, lui, de l'aide sociale de l'État ; de même, les maisons de retraite avec section médicale relèvent de la sécurité sociale pour la partie sanitaire et de l'aide sociale départementale pour la partie hébergement.

sécurité sociale ou l'aide sociale étatique (98). Quelle que soit l'autorité compétente pour la délivrer, l'autorisation est suspendue à deux types de conditions : conformité à des normes quantitatives et qualitatives d'équipement et de fonctionnement définies encore par les annexes du décret du 9 mars 1956 ; prise en compte des besoins de la population visée : étant entendu que l'autorisation peut être subordonnée à l'adhésion à un groupement ou à la conclusion d'une convention avec l'État (par exemple pour les CHRS du fait de l'article 185-3 du Code de la famille et de l'aide sociale).

178 **e) La portée de l'autorisation.** Il faut accorder une attention particulière à la portée de l'autorisation de création d'un établissement ou service (99). Elle vaut en principe tout à la fois autorisation de fonctionner (sous réserve d'un contrôle de conformité des réalisations au projet), autorisation de dispenser des soins remboursables aux assurés sociaux (dans les cas où existe une section médicalisée ou lorsqu'il s'agit de structures délivrant des soins) et habilitation à recevoir les bénéficiaires de l'aide sociale soit départementale, soit de l'État. En effet, au-delà de l'acte autorisant la création d'un équipement, la législation a généralisé l'exigence de l'obtention d'une habilitation qui conditionne la prise en charge des personnes accueillies soit par l'aide sociale, soit par la sécurité sociale (100) ; cet acte administratif unilatéral a pour finalité d'engager la collectivité qui paye les prestations délivrées et, par là, de garantir au gestionnaire de l'équipement un financement ; devant préciser les catégories de bénéficiaires, la capacité d'accueil de la structure, les objectifs poursuivis et les moyens mis en œuvre (ce qui constitue l'équivalent d'un cahier des charges opposable au promoteur), l'habilitation apparaît ainsi comme une véritable investiture, assortie d'un engagement financier de la puissance publique, pour confier une mission d'intérêt général à un établissement ou un service (101). Le lien entre autorisation et habilitation est différent selon qu'il s'agit d'un promoteur privé ou d'un gestionnaire public : dans le secteur privé, l'autorisation vaut habilitation « sauf mention contraire », ce qui établit un lien d'automaticité entre les deux actes et renforce la sécurité du promoteur privé qui sait pouvoir réaliser des investissements avec la certitude d'un financement ultérieur du fonctionnement (102) ; en revanche, dans le secteur public où les promoteurs locaux ont une assez forte autonomie de création de structures puisque l'autorisation leur appartient, ce lien entre autorisation de création et habilitation à portée financière disparaît, ce qui donne à l'État (financement par l'aide sociale étatique ou par la sécurité sociale) et surtout au département (financement par l'aide sociale départementale) un réel pouvoir de décision à l'égard des structures publiques locales (en effet, le président du conseil général ne donne qu'un avis dans la procédure d'autorisation). La loi du 24 janvier 1997 créant la PSD a assorti le processus d'habilita-

---

(98) L. n° 75-535, 30 juin 1975, mod. L. 6 janvier 1986, art. 18 (al. 2). Ces deux restrictions au pouvoir de création des collectivités publiques ont pour finalité essentielle de permettre aux financeurs ultérieurs des équipements (État, sécurité sociale ou département) de bloquer des projets communaux ou intercommunaux, notamment dans le domaine sensible des équipements d'accueil pour personnes âgées.

(99) L. n° 75-535, 30 juin 1975, art. 11.

(100) L. n° 75-535, 30 juin 1975, art. 9, 11 et 18, mod. L. 6 janvier 1986 ; antérieurement à cette dernière loi qui a généralisé l'habilitation, cette notion n'existait pas ; existait soit un système de conventions entre les financeurs de l'aide sociale et les établissements, mais la portée juridique en était peu fiable pour les gestionnaires ; soit une autorisation particulière, souvent dénommée « agrément », accordée par le préfet pour le remboursement des soins aux assurés sociaux dans les structures médico-sociales.

(101) R. LAFORE, *op. cit.*, p. 660 et s.

(102) A. THÉVENET, *op. cit.*, p. 163.

tion d'un instrument complémentaire pour les établissements d'accueil de personnes âgées recevant des bénéficiaires de cette nouvelle prestation : ces établissements doivent passer une convention pluri-annuelle tripartite avec le président du conseil général et l'autorité compétente pour l'assurance maladie ; cette convention définit les conditions de fonctionnement de l'établissement tant au plan financier qu'au regard de la qualité de prise en charge des personnes âgées dépendantes (103). Enfin, selon l'article 11-2 de la loi du 30 juin 1975, et pour l'ensemble des établissements et services, l'habilitation à recevoir des bénéficiaires de l'aide sociale peut être complétée par une convention entre le gestionnaire et l'autorité publique pour introduire des dispositions non prises en compte par cet acte : coordination avec d'autres organismes, modalités de financement spécifiques, évaluation des actions...

179 **f) Le refus ou le retrait de l'autorisation.** Les conditions de refus ou de retrait de l'autorisation ou de l'habilitation (104) ont fait l'objet de dispositions spécifiques précisées et renforcées par la loi du 6 janvier 1986. Outre l'invocation de motifs prévus pour fonder la délivrance de l'autorisation (normes techniques et besoins), un accent particulier a été mis dans la réglementation d'une part sur les problèmes de coûts, d'autre part sur l'évolution des besoins : ainsi, si le coût d'une structure apparaît excessif et, surtout, s'ils exposent les budgets publics à des charges injustifiées ou excessives, les actes en question peuvent être refusés ou retirés ; c'est là donner une arme importante aux financeurs publics pour tenter de faire correspondre besoins et moyens dans le sens de la meilleure efficacité ; au-delà, et ceci complète cela, l'évolution des besoins peut fonder un retrait d'habilitation.

Pour surmonter les limites des contrôles exercés par les autorités publiques sur les établissements et services ainsi que les grandes difficultés constatées pour imposer la fermeture d'établissements non autorisés ou présentant des conditions de fonctionnement insatisfaisantes, la loi sur la PSD a prévu des dispositions nouvelles visant l'ensemble des établissements sociaux et médico-sociaux : tout d'abord, au contrôle exercé par les agents départementaux sur les établissements habilités par le président du conseil général est ajouté un contrôle technique confié aux agents de l'État (105) ; ensuite, des sanctions pénales sont introduites à l'article 15-1 nouveau de la loi de 1975 (emprisonnement, amende, interdiction de direction ou d'exploitation d'un établissement sanitaire et social) ; enfin, le pouvoir d'imposer la fermeture d'un établissement, qui n'était qu'une simple faculté, devient une obligation pour le préfet lorsque les dispositions des conventions tripartites pour les structures percevant la PSD ne sont pas respectées, lorsque les conditions de l'article 14 de la loi de 1975 sont réunies ou encore lorsque les dispositions de l'article 210 du CFAS sont applicables. On attend de ces mesures une plus grande rigueur dans l'application de la législation ainsi qu'une meilleure régulation d'un secteur qui, dans l'intérêt de ses usagers et compte tenu des coûts qu'il occasionne (106), doit atteindre une efficacité maximale.

(103) L. n° 97-60, 24 janvier 1997, art. 23-I, mod. L. n° 75-535, 30 juin 1975, art. 5-1 nouv.

(104) En cas de refus, les actions en responsabilité dirigées contre l'État doivent l'être devant le tribunal administratif dans le ressort duquel se trouve le lieu où est survenu le fait générateur du dommage (CAA Lyon, 22 juillet 1993, Groupement coopératif des aveugles travailleurs, *RDSS*, 1994, p. 128) ; pour exemple de décision de fermeture d'un établissement social, v. CE, 9 juillet 1993, Henri Solana, *RDSS*, 1993, p. 315, note J. M. LHUILLIER.

(105) *C. famille*, art. 198, al. 2.

(106) Sur les coûts des établissements sociaux et médico-sociaux sous compétence de l'État, v. *Infodas*, n° 58, novembre 1996 et *Infodas*, n° 62, octobre 1997.

Par ailleurs, cette même loi du 24 janvier 1997 relative à la prestation dépendance a renforcé l'encadrement des établissements d'accueil des personnes âgées en les soumettant à des obligations particulières destinées à améliorer les droits des usagers : en effet, ces structures d'accueil et de prise en charge doivent élaborer un règlement intérieur garantissant le droit des résidents et le respect de leur intimité ; de plus, un « contrat de séjour » écrit doit être établi entre le résident et l'établissement au moment de l'admission (107).

2° Le financement des établissements et services

180 Si le souci premier de la réglementation issue de la loi du 30 juin 1975 était d'organiser rationnellement les institutions sociales et médico-sociales, notamment en assurant aux promoteurs une sécurité juridique et surtout financière, on constate que dans les évolutions ultérieures telles qu'elles transparaissent dans la loi du 6 janvier 1986, la préoccupation de contrôle des coûts s'est fortement imposée : non pas seulement dans les motifs de refus ou de retrait d'habilitation mais également dans le régime du financement des établissements et services lui-même.

181 **a) La tarification.** Ce financement s'articule à un acte administratif : la tarification (108). A strictement parler, la tarification est l'acte par lequel l'autorité publique fixe le prix des prestations d'aide et d'action sociales qui sont délivrées par les établissements et services à destination des personnes prises en charge. Ce montant peut potentiellement être supporté en tout ou en partie par le bénéficiaire, par ses débiteurs d'aliments ou par les organismes de prise en charge. Prosaïquement, la tarification est donc un mécanisme de fixation administrative des prix dans le secteur social et médico-social, ce qui signifie que les prix n'y sont pas libres. La justification en est double : il s'agit d'une part de contrôler un secteur d'intérêt général où on ne voit pas comment un fonctionnement de marché libre pourrait assurer une allocation correcte des ressources ; d'autre part et surtout, dans la mesure où le plus souvent les bénéficiaires ne sont pas, et pour cause, solvables, de permettre aux collectivités publiques et aux organismes de sécurité sociale, premiers financeurs, de contrôler des dépenses qui en définitive reposent sur eux. Car c'est bien là la portée essentielle de la tarification : en établissant le montant des prestations, les pouvoirs publics déterminent la charge qui résultera du fonctionnement d'un équipement pour les budgets publics. La tarification est annuelle. Elle est arrêtée par le préfet, par le président du conseil général ou conjointement par ces deux autorités dans certains cas. Le partage entre ces autorités s'opère selon les mêmes principes que ceux qui commandent à la délivrance des autorisations et habilitations (109).

182 **b) Les formes de tarification.** Elle peut prendre plusieurs formes. La modalité encore la plus répandue de fixation du montant des prestations reste le « prix de journée » : il s'agit d'un prix de revient moyen de la prestation fournie (hébergement par exemple) censé couvrir le coût réel de l'accueil d'un bénéficiaire pendant une journée ; cette méthode, inspirée du secteur hospitalier dans son organisation financière

(107) L. n° 97-60, 24 janvier 1997, art. 26 (L. n° 75-535, 30 juin 1975, art. 8 *ter* nouveau).
(108) L. 30 juin 1975, art. 26 à 27 *ter*.
(109) L. 30 juin 1975, art. 26.

antérieure, présente de nombreux inconvénients, dont le moindre n'est pas la nécessité où se trouve l'établissement d'avoir un taux satisfaisant de remplissage avec tous les effets pervers que cela induit.

C'est pourquoi, à l'imitation là encore des hôpitaux publics où cela a été introduit en 1983, le financement s'opère dans quelques cas par « dotation globale » ou « budget global » : ce système consiste à octroyer à l'établissement ou au service une enveloppe financière annuelle lui permettant de couvrir l'ensemble de ses coûts de fonctionnement. La méthode implique en principe une forte responsabilisation des gestionnaires qui doivent utiliser au mieux l'autonomie de gestion en découlant. Ce type de tarification a été introduit, dans le secteur social et médico-social, par la loi du 25 juillet 1985 (110) ; ce texte prévoyant l'intervention de décrets pour déterminer les établissements soumis au financement par dotation globale, à ce jour un seul décret (111) est intervenu et il ne concerne que des établissements relevant de l'aide sociale de l'État (CHRS et CAT) (112) et les établissements médico-sociaux financés par l'assurance maladie et conventionnés avec l'aide sociale (113).

Une troisième méthode de tarification est utilisée : la tarification forfaitaire. Elle intervient dans les établissements pour personnes âgées pour les soins donnés dans les sections de cure des maisons de retraite (forfait journalier), pour les soins infirmiers courants dans les structures d'hébergement ou à domicile (services de soins infirmiers à domicile financés par forfait annuel) ou pour les services d'aide ménagère (forfait horaire).

183 **c) La tarification spécifique aux établissements d'hébergement des personnes âgées dépendantes (EHPAD).** La loi du 24 janvier 1997 a apporté une innovation en matière de tarification des établissements accueillant des personnes âgées dépendantes. Le financement antérieur, qui distinguait d'une part le coût d'hébergement fixé par prix de journée (compétence du président du conseil général) et d'autre part un forfait soins pris en charge par l'assurance maladie, a été écarté pour les bénéficiaires de la PSD et, au-delà, pour les établissements recevant des personnes âgées dépendantes ; la nouveauté de cette forme de tarification réside dans le fait, d'abord que c'est l'état de la personne prise en charge et non le statut juridique de l'établissement d'accueil qui en constitue le fondement, ensuite qu'elle est composée désormais de trois tarifs établis en considération de chaque usager (114) : le tarif « hébergement » qui recouvre l'ensemble des prestations d'administration de la structure, d'accueil hôtelier, de restauration et d'animation de la vie sociale de l'établissement ; le tarif « dépendance » qui recouvre les prestations d'aide et de surveillance nécessaires à

(110) L. 30 juin 1975, art. 27, al. 1, mod. L. n° 85-772, 25 juillet 1985.

(111) D. n° 88-279, 24 mars 1988.

(112) A la suite d'une annulation par le Conseil d'État de diverses dispositions (issues des décrets des 31 décembre 1977 et 30 décembre 1985) relatives au budget des CAT, lequel comporte un budget de l'activité sociale (BPAS) et un budget retraçant les activités de production-commercialisation (BAPC), un nouveau décret est intervenu pour fixer les règles budgétaires et comptables de ces centres (v. D. n° 95-714, 9 mai 1995 ; CE, 25 janvier 1993, FEHAP, req. n° 76-180). Les mêmes difficultés existant en ce qui concerne les CHRS, une réforme de la réglementation est à l'étude.

(113) *C. séc. soc.*, art. L. 162-24-1 ; il s'agit en fait d'une part des établissements médico-éducatifs qui reçoivent en internat, en externat ou en cure ambulatoire des jeunes handicapés ou inadaptés, d'autre part des maisons d'accueil spécialisées.

(114) L. n° 97-60, 24 janvier 1997, art. 23-II et III.

l'accomplissement des actes essentiels de la vie et qui ne sont pas liés aux soins proprement dits ; le tarif « soins » qui recouvre les prestations médicales et paramédicales nécessaires à la prise en charge des affections somatiques et psychiques des personnes. Le budget de l'établissement est alors présenté en trois sections, correspondant chacune à ces trois types de dépenses. Pour chaque section est établi un tarif journalier, fixé annuellement en considération de l'ensemble des dépenses imputables à chacune d'entre elles. Ce nouveau dispositif d'évaluation des coûts et, par là, de financement par l'usager et le conseil général (tarif hébergement et tarif dépendance) ainsi que par l'assurance maladie (tarif soins) repose sur la passation d'une convention pluriannuelle entre l'établissement d'un côté, le président du conseil général et l'autorité compétente pour l'assurance maladie de l'autre ; cette convention définit les conditions de fonctionnement de la structure tant au plan financier qu'à celui de la qualité de la prise en charge et des soins (115).

184 **d) Le contrôle financier des établissements et services.** Il convient enfin d'évoquer, en liaison avec le pouvoir de tarification des établissements et services, un ensemble de pouvoirs de tutelle financière accordés à la puissance publique. En premier lieu, un pouvoir d'approbation financière a été confié au préfet et au président du conseil général (116) : ainsi les décisions financières importantes (budgets mais aussi acquisitions et aliénations, acceptations de dons et legs, variations d'effectifs du personnel, emprunts, gros travaux) doivent être approuvées du fait de leur impact direct ou indirect sur le montant du financement public. Ensuite, l'article 16 de la loi du 30 juin 1975 prévoit que les conventions collectives du travail, les conventions d'entreprises ou d'établissement, les accords de retraite applicables aux salariés des institutions sociales et médico-sociales dont les dépenses de fonctionnement sont supportées par la puissance publique ou la sécurité sociale ne prennent effet qu'après un agrément ministériel ; ces conventions et accords ne sont opposables aux autorités qui fixent la tarification qu'à la suite de cet agrément : ce qui, eu égard au montant des charges salariales dans les budgets des organismes sanitaires et sociaux, est une mesure de protection des finances publiques.

185 **Bibliographie.** E. ALFANDARI, S. HENNION-MOREAU, Gestion du personnel associatif et aléa du financement public, *RDSS*, 1997, p. 613 ; P. COUDURIER, M. DENIS-LINDON, D. TABUTEAU, *Dotation globale et prix de journée*, 1990, Berger-Levrault ; J. F. DAVID, Le droit sur la procédure de création des établissements sociaux ou médico-sociaux de statut public, *Échanges-santé*, 1988, nº 1, p. 14 ; J. F. DAVID, L. DESSAINT, L'aménagement du statut des établissements publics locaux à caractère social ou médico-social, *RDSS*, 1990, p. 176 ; L. DESSAINT, A. THEVENET, Les pouvoirs de l'exécutif départemental à l'égard des établissements et services d'action sociale et de santé, *RDSS*, 1984, p. 18 ; H. FELTESSE, B. DELAVAL, Les modalités de régulation en matière d'équipement social précisées par la loi particulière, *RDSS*, 1986, p. 211 ; M. GUILLAUME, Tarification des soins et financement des établissements hospitaliers privés, *RDSS*, 1990, p. 503 ; M. LEVY, Droit des établissements sanitaires et sociaux, droit public ou droit spécifique, *Cah. du CTN*, 1985, nº 32, p. 89 ; P. LIGNEAU, Les conventions des collectivités locales avec le secteur social privé, *AJDA*, 1985, p. 4 ; Vers une réforme de la loi du 30 juin 1975 sur les institutions sociales et médico-sociales : la place nécessaire du citoyen, *RDSS*, 1997, p. 137 ; J. R. LOUBAT, *Élaborer son projet d'établissement social et médico-social*, 1997, Dunod ; J. MOREAU, Les établissements publics sociaux locaux dans le droit de la

(115) D. nº 99-316 et 317, 26 avril 1999 ; A. 26 avril 1999 ; v. aussi *infra*, nº 302 et s.
(116) L. 30 juin 1975, art. 26-1 et 26-2.

décentralisation, *Cah. CFPC*, 1987, n° 23, p. 47 ; A. THÉVENET, *Créer, gérer,contrôler un équipement social ou médico-social*, 3e éd., 1996, ESF.

SECTION II LE CONTENTIEUX

186 Un système juridique appelle nécessairement l'organisation de juridictions habilitées à trancher les litiges nés à l'occasion de sa mise en œuvre. Cette fonction est assurée de façon générale par les juridictions de droit commun, judiciaires ou administratives. Cependant, le droit de l'aide et de l'action sociales présente la particularité — bien que les juridictions de droit commun n'aient pas été totalement écartées — de disposer de juridictions propres pour connaître des difficultés survenues dans son application et ainsi concourir, par leur jurisprudence, à enrichir et préciser les règles qu'il édicte. Pour achever l'analyse du fonctionnement du système institutionnel prenant en charge l'aide et l'action sociales, il convient donc d'une part d'exposer l'organisation et les compétences des juridictions spécialisées en ce domaine (§ 1), d'autre part de mettre en évidence le rôle des juridictions de droit commun (§ 2).

§ 1. LES JURIDICTIONS SPÉCIALISÉES

187 Le règlement des litiges survenant dans l'application du droit de l'aide et de l'action sociales, tout en n'écartant pas totalement les juridictions administratives et judiciaires de droit commun, a été confié à des juridictions spécialisées, qu'il s'agisse d'instances juridictionnelles créées *ad hoc* ou qu'il s'agisse d'instances administratives transformées en juridictions. Les raisons de la création de juridictions spécialisées dans ce domaine de l'action publique tiennent probablement à la fois au caractère technique et très spécifique de ce droit — celui-ci requérant des juges auxquels il est familier — et à l'abondance relative du contentieux en la matière — situation qui risquait, compte tenu de l'engorgement des juridictions de droit commun, de ne pas trouver de réponses assez rapides. Mais de ce fait, la tendance a été à une complexification de ce contentieux, lequel pose des problèmes de délimitation des compétences entre juridictions (117).

(117) Toutes les prestations de sécurité sociale incluses dans notre champ d'étude (prestations non contributives et prestations sous condition de ressources) relèvent du contentieux général de la sécurité sociale : Commission de recours amiable, puis Tribunal des affaires de sécurité sociale, chambre sociale de la Cour d'appel et Cour de cassation (*C. séc. soc.*, art. L. 142-1 et s.). Cette compétence du contentieux général s'applique à tous les litiges à caractère individuel nés de l'application des lois et règlements relatifs à la Sécurité sociale et s'étend à ceux individuels se rapportant aux prestations servies par les caisses dans le cadre de leur mission d'action sanitaire et sociale (TC, 10 mars 1997, Lair c/ CNAV, *Dr. soc.* 1997, p. 633, concl. J. SAINTE-ROSE). De même, s'agissant des décisions des COTOREP concernant les handicapés adultes, les recours doivent être orientés devant une juridiction spécialisée, la Commission départementale des travailleurs handicapés (*C. trav.*, art. L. 323-35 et R. 323-74 et s.) ; l'appel doit être introduit devant les cours administratives d'appel et le recours en cassation devant le Conseil d'État (TC, 14 mars 1988, Préfet Saône-et-Loire, *RDSS*, 1988, p. 604, note M. LEVY ; CE, 4 novembre 1994, *RDSS*, 1995, p. 398) ; de même, les décisions des Commissions départementales d'éducation spéciale sont susceptibles de recours devant des instances du contentieux technique de la sécurité sociale (*C. séc. soc.*, art. L. 143-1 et s. et D. n° 89-854, 21 novembre 1989).

Deux types de juridictions spécialisées ont été institués en matière d'aide et d'action sociales : les juridictions de l'aide sociale et celles de la tarification sanitaire et sociale.

A. LES JURIDICTIONS DE L'AIDE SOCIALE

188 Les juridictions de l'aide sociale sont d'une part les commissions départementales d'aide sociale, d'autre part la Commission centrale d'aide sociale. Il ne s'agissait pas à l'origine d'instances juridictionnelles, mais d'instances administratives en charge tout à la fois de l'admission à l'aide sociale et de l'accueil des litiges nés à l'occasion de ces procédures. C'est en 1931 que le Conseil d'État a reconnu le caractère de juridiction à la Commission centrale (118) et cette dernière, s'instituant en juge d'appel, conféra la qualité de juridiction de premier degré aux commissions départementales. Il s'agit donc bien, au terme de cette évolution que les textes n'ont fait qu'entériner implicitement, de juridictions de l'ordre administratif, dont le Conseil d'État est juge de cassation.

1° Les commissions départementales d'aide sociale

189 L'organisation et le fonctionnement des commissions départementales ont été modifiés récemment à l'occasion des réformes introduites dans la législation d'aide sociale pour l'adapter à la décentralisation. Ce sont les articles 128 et 130 du Code de la famille et de l'aide sociale qui les définissent (119).

La commission départementale d'aide sociale est présidée par le président du tribunal de grande instance du chef-lieu de département ou par un magistrat qu'il désigne. Elle comprend trois conseillers généraux élus par le conseil général et trois fonctionnaires de l'État, en activité ou à la retraite, désignés par le préfet, lequel désigne également un commissaire du gouvernement. Ce dernier est appelé à prononcer des conclusions sur les litiges que lui confie le président de la commission. La fonction de rapporteur est assurée par un secrétaire de la commission, assisté le cas échéant de rapporteurs adjoints désignés par le président et choisis dans une liste de personnes établie conjointement par le préfet et le président du conseil général. Le commissaire du gouvernement, le secrétaire et les rapporteurs adjoints sont choisis parmi les magistrats ou les fonctionnaires en activité ou à la retraite. La commission départementale d'aide sociale siège au chef-lieu de département. Elle ne peut valablement délibérer que si la majorité de ses membres ayant voix délibérative sont présents. En sus des membres de la commission, le secrétaire et les rapporteurs ont voix délibérative, mais uniquement sur les affaires sur lesquelles ils rapportent ; en revanche le commissaire du gouvernement n'a jamais voix délibérative.

2° La Commission centrale d'aide sociale

190 La Commission centrale d'aide sociale est organisée quant à elle par les articles 129 et 130 du Code de la famille et de l'aide sociale (120). Il s'agit d'une véritable

(118) CE, 16 juin 1931, *S.*, 1931, 3, p. 38 et CE, 1er juillet 1932, *S.*, 1932, 3, p. 94.
(119) L. n° 86-17, 6 janv. 1986, art. 53 ; D. n° 90-1124, 17 décembre 1990, art. 7 et 8.
(120) D. n° 90-1124, 17 décembre 1990, art. 1 à 7.

juridiction administrative spécialisée, instance d'appel pour l'ensemble du territoire national, dont l'organisation et le fonctionnement sont fortement encadrés.

Elle est composée de sections dont le nombre est déterminé par décret en Conseil d'État (les sections sont au nombre de six) et de sous-sections créées, au sein d'une ou plusieurs sections, par le président de la Commission. Les affaires soumises à celle-ci sont jugées par une section ou une sous-section. Selon leur nature et les problèmes juridiques posés, le président peut cependant renvoyer des affaires à deux sections réunies ou à l'assemblée plénière des sections. La présidence de la Commission est assurée par une personnalité nommée par le ministre chargé de l'aide sociale, sur proposition du vice-président du Conseil d'État, parmi les membres du Conseil ayant le grade de conseiller d'État, en activité ou honoraire. Le président organise le fonctionnement de la Commission, répartit les affaires entre sections et sous-sections, et préside normalement les sections réunies et l'assemblée plénière (il peut aussi présider chacune des sections).

Chaque section comprend, en nombre égal, d'une part des membres du Conseil d'État, des magistrats de la Cour des comptes ou des magistrats de l'ordre judiciaire, d'autre part des fonctionnaires ou personnes qualifiées désignés par le ministre en charge de l'aide sociale (121). Des commissaires du gouvernement sont nommés par ce ministre parmi les membres du Conseil d'État, de la Cour des comptes et les fonctionnaires du ministère des Affaires sociales. Le commissaire est chargé de prononcer des conclusions sur les affaires que lui confie le président de la commission et il peut, au vu de la nature des problèmes juridiques posés, provoquer le renvoi en sections réunies ou en assemblée plénière (122). Des rapporteurs, nommés par le même ministre soit parmi les membres du Conseil d'État ou les magistrats de la Cour des comptes, soit parmi les fonctionnaires des administrations centrales, soit parmi des personnes qualifiées, instruisent les dossiers.

3° Les compétences des juridictions de l'aide sociale

191 Les compétences des juridictions de l'aide sociale résultent de l'application des articles 124-2 et 128 du Code de la famille et de l'aide sociale (123), dispositions dont la jurisprudence a été amenée à préciser la portée ; ainsi, s'agissant par exemple de la procédure devant être suivie devant les tribunaux, les litiges relatifs au droit d'un demandeur au bénéfice d'une allocation d'aide sociale entrent-ils dans le champ de l'article 6-1 de la Convention européenne des droits de l'homme, ce qui implique notamment que les juridictions siègent en séance publique (124). De façon générale, les juridictions de l'aide sociale sont compétentes pour connaître des recours exercés contre les décisions de la commission d'admission à l'aide sociale ou contre les

(121) Chaque sous-section comprend deux membres (le président ou le vice-président de la section) et un assesseur désigné par le président de la Commission parmi les membres de la section. Les présidents et vice-présidents de chaque section ainsi que le président de chaque sous-section sont désignés par le ministre.

(122) CE, 29 juillet 1994, Mme Schrambach, req. n° 115524 et CE, 3 mars 1995, Hôpital de la Maison de Nanterre, req. n° 116448 (il a été jugé que l'absence de conclusion du commissaire du gouvernement n'entache pas, par elle-même, la décision d'irrégularité).

(123) Articles modifiés par la loi n° 86-17, 6 janvier 1986, art. 53.

(124) CE, 27 mars 1997, Dép. Saône-et-Loire et CCAS de La Rochelle (2 espèces), *RDSS*, 1998, p. 560, concl. A. DAUSSUN.

décisions du préfet ou du président du conseil général lorsque ce pouvoir de décision leur revient (125). Cela concerne donc les décisions individuelles (d'admission, de retrait, de récupération...) pour les formes d'aide sociale de droit commun visées à l'article 124-2 du Code (126).

A l'intérieur de ce champ, ces juridictions ont des compétences très étendues. Y sont inclus, en premier lieu, tous les litiges relatifs à l'attribution des prestations, y compris ceux concernant le versement de ces prestations (127). Elles sont également compétentes pour statuer sur des litiges annexes : litiges relatifs à la récupération sur succession des prestations versées ou sur les personnes tenues à l'obligation alimentaire (128). Il en est de même pour connaître des contestations relatives au recouvrement des sommes indûment perçues, et plus largement de tout litige né à propos du recouvrement de sommes demandées à des particuliers, que ce soit le bénéficiaire lui-même, son légataire ou ses héritiers (129). En revanche, les juridictions d'aide sociale ne sont pas compétentes pour connaître des litiges concernant les procédures d'instruction des demandes d'aide sociale, notamment la détermination des autorités habilitées à procéder à cette instruction, alors que sur le fond, elles sont juges de l'attribution des prestations concernées (130).

On doit enfin faire état d'extensions de compétences récentes au profit des juridictions de l'aide sociale. Tout d'abord, du fait de la loi du 22 juillet 1992 (131), la Commission centrale d'aide sociale s'est vu confier, en premier et dernier ressort, d'une part les litiges opposant les départements entre eux ou avec l'État pour la prise en charge des dépenses d'aide sociale, d'autre part les litiges relatifs à la détermination du domicile de secours. Ensuite, la loi du 1er décembre 1988 instituant le RMI a confié le contentieux relatif à l'allocation de revenu minimum aux commissions départementales de l'aide sociale, le Conseil d'État ayant confirmé que cette compétence ne concerne que l'attribution et le service de l'allocation (132) : ce qui exclut donc le contentieux du contrat d'insertion (133).

---

(125) V. *supra*, no 168.

(126) Ne relèvent pas de la compétence des juridictions de l'aide sociale : les litiges relatifs aux prestations exclues par l'art. 124-2 du champ de compétence de la commission d'admission, ce qui vise surtout les décisions en matière d'aide sociale à l'enfance (TA Versailles, 12 novembre 1987, *Leb.*, tables, p. 592 ; *RDSS*, 1988, p. 311, chr. P. Ligneau) ; les litiges relatifs aux prestations d'action sociale librement instituées par les collectivités locales (CE, 12 janvier 1983, Sipos, *Leb.*, p. 2 ; cependant, cette dernière exclusion ne concerne pas les litiges nés de l'application du règlement départemental qui peut définir des conditions plus favorables dans l'attribution de l'aide sociale légale) ; enfin, les litiges relatifs aux prestations d'aide sociale ne relevant pas du CFAS, à l'instar par exemple de celles accordées aux chômeurs (CE, 21 novembre 1986, Osunsammi, *RDSS*, 1987, p. 535, chr. X. Prétot).

(127) CE, 17 décembre 1954, Patreau, *Leb.*, p. 673 ; CE, 23 janvier 1976, Adell, *Leb.*, p. 52.

(128) CE, 18 novembre 1988, Chaignot, *Leb.*, p. 412 ; *AJDA*, 1989, p. 188, obs. X. Prétot ; CE, sect., 1er décembre 1989, Mlle de Bellegarde, *Leb.*, p. 243 ; *AJDA*, 1990, p. 335, note X. Prétot ; *JCP*, 1990, II, no 21517, concl. M. de Guillenschmidt, note E. Alfandari ; CE, sect., 1er décembre 1989, Gillet et autres, *Leb.*, p. 242 ; *AJDA*, 1990, p. 335, note X. Prétot.

(129) CE, 29 juin 1992, Dép. des Ardennes c/ X, req. no 78052 ; CE, 14 janvier 1994, Moisan et autres, req. no 151874 et 151876.

(130) CE, sect., 26 juillet 1991, Préfet du Val d'Oise c/ Mme Dorkel, *Leb.*, p. 299 ; *AJDA*, 1992, p. 90, obs. X. Prétot ; *RDSS*, 1991, p. 632, concl. M. Pochard.

(131) *C. famille*, art. 194 et 195, mod. L. no 92-722, 22 juillet 1992, art. 10.

(132) CE, 28 juillet 1993, Durmont, *Leb.*, tables, p. 690.

(133) X. Prétot, Quel contentieux ? Pour quels juges ?, *in Le RMI à l'épreuve du droit*, Colloque de l'ADICOD, 27 septembre 1991.

B. LES JURIDICTIONS DE LA TARIFICATION SANITAIRE ET SOCIALE

192 La contestation des décisions de tarification des prestations sanitaires et sociales applicables aux institutions sociales et médico-sociales relevait anciennement d'une instance nationale unique : la section permanente du Conseil supérieur de l'aide sociale. La loi du 6 janvier 1986 a réorganisé ce contentieux d'une part en créant de nouvelles juridictions — les commissions interrégionales de la tarification sanitaire et sociale —, d'autre part en redéfinissant les compétences de la section permanente du Conseil supérieur de l'aide sociale, devenue Commission nationale de la tarification sanitaire et sociale (134).

1° Les commissions interrégionales de la tarification sanitaire et sociale

193 Les articles 201-1 et 201-2 du Code de la famille et de l'aide sociale (135) définissent les conditions d'organisation et de fonctionnement des nouvelles commissions interrégionales de la tarification sanitaire et sociale.

Ces commissions sont au nombre de cinq, à l'instar des cours administratives d'appel créées par la loi du 31 décembre 1987, et elles ont le même ressort (136). Elles sont présidées par un membre du corps des tribunaux administratifs ou des cours administratives d'appel, ou par un conseiller d'État. Le président est nommé par le ou les ministres de la Sécurité sociale, de la Santé et de l'Action sociale. Elles sont composées de deux catégories de membres : des membres des juridictions administratives (tribunaux administratifs ou cours administratives d'appel) d'un côté, des représentants de l'État, des collectivités territoriales, des organismes de protection sociale et des organismes gestionnaires d'établissements sanitaires, sociaux et médico-sociaux de l'autre (137). Outre le président, la commission comprend treize membres. En dehors des divers directeurs des services régionaux de l'État (directeur régional des affaires sanitaires et sociales, directeur régional de la protection judiciaire de la jeunesse...) qui siègent *ès* qualité, les membres des commissions sont désignés pour une durée de six ans. Des magistrats de la Cour administrative d'appel ou des tribunaux administratifs du ressort de la commission interrégionale sont chargés des fonctions de commissaire du gouvernement ; ils sont nommés par le préfet de région du siège de la commission. Les fonctions de rapporteurs devant la commission sont assurées soit par des membres choisis par elle, soit par des magistrats des juridictions administra-

(134) La loi n° 86-17 du 6 janvier 1986 a voulu instituer des commissions régionales de la tarification sanitaire et sociale qui devaient statuer en premier ressort sur les litiges, l'appel devant se faire alors devant la section permanente du Conseil supérieur de l'aide sociale (et en dernier ressort pour les litiges inférieurs à 5 % du montant du tarif contesté) ; une expérimentation fut organisée (Ile-de-France et Aquitaine : D. n° 88-45, 15 janvier 1988), puis intervint la généralisation (L. n° 90-86, 23 janvier 1990 qui créa les commissions interrégionales et transforma la section permanente en Commission nationale) ; ce dispositif a été par la suite précisé (D. n° 90-359, 11 avril 1990).

(135) L. 6 janvier 1986, art. 11 ; D. n° 90-359, 11 avril 1990, art. 10 à 18.

(136) L. n° 87-1127, 31 décembre 1987 portant réforme du contentieux administratif. Comme pour les cours administratives d'appel, les sièges des commissions interrégionales de la tarification sanitaire et sociale sont : Bordeaux, Lyon, Nancy, Nantes, Paris.

(137) Le décret du 11 avril 1990 (art. 13) fixe précisément les personnalités ou représentants qui sont membres des commissions interrégionales.

tives ou encore des fonctionnaires en activité ou honoraires ; il revient encore au préfet de région de nommer les rapporteurs lorsqu'ils sont extérieurs à la commission. Un secrétaire et un secrétaire adjoint de la commission sont désignés parmi les agents des directions régionales des affaires sanitaires et sociales par le préfet de région.

2° La Commission nationale de la tarification sanitaire et sociale

194 Le Conseil supérieur de l'aide sociale visé aux articles 199 et 200 du Code de la famille et de l'aide sociale (138) comprend une section permanente, investie de fonctions consultatives notamment en dehors des sessions plénières du Conseil, mais en charge aussi de fonctions contentieuses. Lorsqu'elle statue au contentieux, la section permanente prend la dénomination de Commission nationale de la tarification sanitaire et sociale (139).

La Commission nationale est présidée par le président de la section sociale du Conseil d'État. Elle comprend, outre son président, deux conseillers d'État, deux conseillers généraux, le président de l'Association des maires de France, le directeur de la Sécurité sociale, celui de l'Action sociale, celui des Hôpitaux, le directeur de la protection judiciaire de la jeunesse, le directeur du budget, deux représentants d'organismes gestionnaires de régimes obligatoires d'assurance maladie, un représentant de la Fédération hospitalière de France et un représentant de l'Union nationale interfédérale des œuvres privées sanitaires et sociales (UNIOPSS) ; les membres sont nommés par les ministres chargés de la Sécurité sociale, de la Santé et de l'Action sociale ; cette nomination est prononcée, en dehors des membres siégeant *ès* qualité, pour une durée de six ans.

Des commissaires du gouvernement près la Commission nationale sont choisis parmi les conseillers d'État, les magistrats de la Cour des comptes, des cours administratives d'appel ou des tribunaux administratifs. Les rapporteurs sont, à l'instar des commissions interrégionales, pris au sein de la Commission ou choisis par les membres du Conseil d'État, de la Cour des comptes ou des juridictions administratives. Le secrétariat de la Commission nationale est assuré par des fonctionnaires du ministère chargé des Affaires sociales et est désigné par le ou les ministres compétents.

3° Les compétences des juridictions de la tarification sanitaire et sociale

195 Aux termes de l'article 201 du Code de la famille et de l'aide sociale, les juridictions de la tarification sanitaire sont compétentes pour connaître de tous les litiges concernant les tarifs applicables aux établissements et services sociaux et médico-sociaux.

Avant les réformes introduites par la loi du 6 janvier 1986, la section permanente du Conseil supérieur de l'aide sociale ne pouvait connaître que des litiges relatifs à la fixation des prix de journée établis en application de la législation hospitalière,

(138) D. n° 54-883, 2 septembre 1954, art. 47 à 69.
(139) *C. famille*, art. 199, 200 et 201-1 et D. 11 avril 1990, art. 1 à 8.

les juridictions administratives de droit commun étant alors compétentes pour les contentieux relatifs aux autres formes de tarification (140).

Les lois des 6 janvier 1986 et 23 janvier 1990 ont généralisé la compétence des juridictions de la tarification puisqu'elles peuvent être saisies pour tous les litiges qui portent sur la tarification quelle que soit sa forme, prix de journée ou dotation globale (141), ceci étant valable tant pour le secteur sanitaire que pour le secteur social et médico-social (142). Aussi, les juridictions de la tarification sont-elles compétentes pour tous les litiges qui concernent la dotation globale des établissements d'hospitalisation publics et privés sans but lucratif (143), la dotation globale des CAT et des CHRS (144), des prix de journée des autres services et établissements sanitaires, sociaux et médico-sociaux, des forfaits de soins applicables à divers services et établissements médico-sociaux comme les services de soins à domicile ou les sections médicalisées de structures d'accueil (145).

§ 2. LES JURIDICTIONS DE DROIT COMMUN

196 L'organisation d'un ensemble de juridictions spécialisées en matière d'aide et d'action sociales n'a pas eu pour effet, s'agissant aussi bien du contentieux de l'admission aux prestations que du contentieux de la tarification des établissements et services, d'exclure toute intervention des juridictions de droit commun : les juridictions de l'ordre administratif et celles de l'ordre judiciaire participent en effet au règlement des litiges que soulève le fonctionnement du système d'aide et d'action sociales.

A. LES JURIDICTIONS ADMINISTRATIVES

197 Il convient tout d'abord de rappeler que les juridictions spécialisées de l'aide et de l'action sociales ont le caractère de juridictions administratives. Il en résulte qu'à leur égard, le Conseil d'État est juridiction de cassation, ce qui constitue une compé-

(140) CE, 28 juin 1985, Assoc. départ. de l'enfance et de l'adolescence de la Loire, *Leb.*, tables, p. 496 ; un texte a fait le point sur la recevabilité des requêtes devant la commission nationale de la tarification selon les divers types de structures et d'hébergement : v. Note d'information DAS/96 n° 667, 28 octobre 1996 (*TSA*, n° 619, 1996, p. 4).

(141) CE, 7 oct. 1988, Association nat. de réadaptation sociale, *Leb.*, tables, p. 949.

(142) Sur la portée des décisions des commissions interrégionales de la tarification sanitaire et sociale, v. par exemple TA Nantes, 9 octobre 1997, Ass. Trajet c/ Préfet de Loire-Atlantique, *RDSS*, 1998, p. 581, concl. J. F. MILLET (la responsabilité pour faute de l'État se trouve engagée en cas d'inexécution — partielle ou totale — d'une décision rendue par cette instance) ; v. encore Commission interrégionale de la tarification sanitaire et sociale de Paris, 10 décembre 1997, *RDSS*, 1998, p. 314, concl. O. DESTICOURT (étendue du contrôle du juge de la tarification dans le cadre du nouveau régime de la dotation globale issu de l'ordonnance du 24 avril 1996).

(143) *C. séc. soc.*, art. L. 174-1.

(144) *C. famille*, art. 167 et 185.

(145) *C. famille*, art. 201 ; v. *supra* n° 180 et s.

tence centrale de la juridiction administrative dans son rôle de mise en cohérence du droit (146).

Outre cette compétence de principe, les juridictions administratives retrouvent une compétence de droit commun pour certains litiges. De façon négative, on peut définir le champ d'action des juridictions administratives de droit commun (tribunal administratif en premier ressort, cour administrative d'appel en appel et Conseil d'État en appel ou en cassation) comme l'ensemble du contentieux de l'aide et de l'action sociales qui ne relève pas des deux juridictions spécialisées conformément aux dispositions législatives les concernant ; il s'agit donc de tout ce qui, hors l'admission aux prestations et la tarification, concerne l'organisation et le fonctionnement de l'aide et de l'action sociales lesquelles, en tant que service public administratif, relèvent naturellement de la juridiction administrative. Cela recouvre principalement les litiges relatifs à la légalité des actes réglementaires édictés par les autorités administratives dans ce domaine (147) ; ceux relatifs aux rapports entre les collectivités publiques et les établissements et services (à l'exception de la tarification), notamment ceux visant la création, l'extension ou la fermeture des établissements et à l'agrément des conventions collectives du travail dans le secteur social et médico-social (148) ; ceux relatifs à l'attribution par les CCAS d'aides facultatives accordées sur la base de l'article 137 du Code de la famille et de l'aide sociale (149) ; enfin, ceux relatifs aux fautes commises dans l'organisation et le fonctionnement des services d'aide et d'action sociales (150).

B. LES JURIDICTIONS JUDICIAIRES

198 Le contentieux de l'aide et de l'action sociales relève donc essentiellement des juridictions administratives, soit spécialisées mais incluses dans l'ordre administratif, soit de droit commun. Les juridictions judiciaires n'ont qu'une compétence résiduelle, dont les fondements sont à rechercher en fait dans les principes qui confient à l'autorité judiciaire le soin de trancher certains types de litiges, soit parce qu'il s'agit d'actions pénales, soit parce qu'ils touchent à l'état ou à la capacité des personnes.

Pour ce qui est tout d'abord du premier type de compétences, c'est logiquement en application des principes fondamentaux de notre droit que les juridictions pénales sont exclusivement compétentes pour connaître des infractions aux réglementations

---

(146) Pour exemple, v. CE, 27 avril 1998, Boukaryata, *RDSS*, 1998, p. 852, concl. J. D. COMBREXELLE (la Commission centrale d'aide sociale doit indiquer les raisons qui fondent son appréciation et motiver sa décision sous peine de voir celle-ci encourir la cassation).

(147) CE, 30 juin 1989, Ville de Paris c/ M. Lévy, *Leb.*, p. 157 ; *Dr. soc.*, 1989, p. 767, note X. PRÉTOT.

(148) CE, 4 mai 1988, Min. Aff. sociales, *Leb.*, p. 179 ; *AJDA*, 1988, p. 558, note X. PRÉTOT ; CE, 21 juillet 1989, Min. Aff. sociales c/ Ass. Accueil automne-hiver, *Leb.*, tables, p. 486 ; CE, sect., 28 février 1986, Synd. nat. des assoc. et instit. sociales et médico-sociales, *Leb.*, p. 51 ; *AJDA*, 1986, p. 255, concl. F. DELON ; *D.*, 1988, somm., p. 77, obs. D. CHELLE et X. PRÉTOT.

(149) CE, 12 janvier 1983, req. n° 43000 et 45167.

(150) Notons que les litiges entre collectivités publiques concernant la détermination de leurs compétences et leurs parts respectives dans la prise en charge relèvent de la Commission centrale d'aide sociale (*C. famille*, art. 194 et 195, mod. L. n° 92-722, 29 juillet 1992, art. 10).

en matière d'aide et d'action sociales lorsque ces dernières ont prévu des peines de police ou des sanctions correctionnelles pour réprimer certains agissements.

En ce qui concerne ensuite le second type de compétences fondé sur le principe de garantie judiciaire de l'état et de la capacité des personnes, il existe plusieurs applications. Il en est ainsi en matière d'obligation alimentaire : tous les litiges se rapportant au principe même de l'obligation alimentaire ainsi qu'à son étendue relèvent de la compétence du juge judiciaire (151) ; ainsi, la mise en jeu de l'obligation alimentaire relève de la juridiction civile (152) et ce, même si les contestations portant sur le recouvrement des sommes demandées à des obligés alimentaires en raison des dépenses exposées par une collectivité publique au titre de l'aide sociale restent de la compétence des juridictions de l'aide sociale (153) ; de même, tous les litiges qui, en matière d'aide sociale à l'enfance, concernent l'état des personnes et notamment les droits et obligations liés à l'autorité parentale ou mettent en cause des décisions prises par le juge des enfants, relèvent de la juridiction judiciaire (154) alors que l'attribution des prestations de l'aide sociale à l'enfance relève des juridictions administratives de droit commun. En ce qui concerne les frais de soins dispensés aux adultes maintenus dans les établissements d'éducation spéciale (amendement « Creton »), ce sont les juges judiciaires qui restent compétents pour apprécier les litiges portant sur la détermination de la personne morale devant les assumer (155).

Il convient enfin d'indiquer qu'en application des principes généraux de répartition des compétences entre juridictions administratives et judiciaires, les établissements et services relevant d'institutions privées, bien que concourant à l'exécution du service public, relèvent des juridictions judiciaires s'agissant des litiges relatifs à leur organisation et à leur fonctionnement (156). Dans l'autre sens, et contrairement à ce qu'une jurisprudence avait pu laisser penser (arrêt Naliato), les établissements sociaux rattachés aux collectivités publiques ne relèvent pas du contentieux judiciaire, alors même qu'ils seraient organisés et fonctionneraient dans les mêmes conditions que les établissements privés similaires (157).

---

(151) Cette règle est de portée générale ; ainsi, à la différence de ceux exercés contre la personne hospitalisée ou contre les organismes débiteurs (sécurité sociale et aide sociale) — recours qui relèvent de la compétence des tribunaux de l'ordre administratif (CE, 30 mars 1984, Hôpital hospice de Mayenne c/ Baras, *Leb.*, p. 141 ; CE, sect., 1er décembre 1989, Mme Gillet, *Leb.*, p. 242 ; *AJDA*, 1990, p. 335, obs. X. PRÉTOT ; *JCP*, 1990, II, 21517, concl. M. DE GUILLENSCHMIDT, note E. ALFANDARI) —, les recours exercés par les établissements publics de santé pour recouvrer leurs créances auprès des obligés alimentaires de l'hospitalisé relèvent de la seule compétence des tribunaux de l'ordre judiciaire (v. *C. santé pub.*, art. L. 714-38 et CE, Avis, 28 juillet 1995, M. Kilou, *RFDA*, 1996, p. 386, concl. C. MAUGÜÉ).

(152) L'art. 196 du CFAS indiquait jusqu'à présent que les recours juridictionnels relatifs à des litiges portant soit sur la récupération des dépenses d'aide sociale (art. 146 du CFAS), soit à la fixation de l'obligation alimentaire (art. 145 du CFAS) devaient être portés devant le Tribunal de grande instance : désormais, c'est le juge des affaires familiales qui est compétent pour ces actions (D. nº 97-941, 14 octobre 1997).

(153) Cass. civ., 1er décembre 1987, DDASS des Hautes-Alpes c/ Chappa, *JCP*, 1988, II, nº 20952, rapp. P. SARGOS ; CE, sect., 1er décembre 1989, Mme Gillet et autres (précité).

(154) CE, 31 janvier 1975, Fichon-Lavaud, *Leb.*, p. 77 ; *RDSS*, 1976, p. 659 ; Cass. civ., 24 nov. 1976, *D.*, 1977, p. 595, note C. LARROUMET.

(155) TC, 25 mai 1998, Préfet Meurthe-et-Moselle c/ TASS de Nancy : v. *infra*, nº 346.

(156) Cass., plén., 29 mars 1991, Assoc. des centres éducatifs du Limousin c/ Blieck ; *JCP*, 1991, II, 21673, concl. DONTENVILLE, note J. GHESTIN.

(157) TC, 29 janvier 1955, Naliato, *Leb.*, p. 614 ; *D.*, 1956, p. 58, note C. EISENMANN ; *RDP*, 1955, p. 716, note M. WALINE : cet arrêt avait conduit à penser qu'émergeait un régime juridique spécifique, à dominante de droit privé, pour les services publics sociaux ; cette jurisprudence est définitivement abandonnée : TC, 4 juillet 1983, Gambini, *Leb.*, p. 540 ; *RDP*, 1983, p. 1381, note J. M. AUBY ; *RDSS*, 1984, p. 553, concl. D. LABETOULLE.

199 **Bibliographie.** M. DEGOFFE, *La juridiction administrative spécialisée*, LGDJ, 1996 ; J. C. DELNATTE, Le contentieux de la tarification sanitaire et sociale, *RDSS*, 1995, p. 805 ; J. C. DELNATTE et J. M. L'HUILLIER, Le contentieux de la tarification sanitaire et sociale, *RDSS*, 1993, p. 134 ; DIVERS, Contentieux, expertise médicale, contentieux technique, *Juriscl. séc. soc.*, fasc. 652-10 ; M. H. DOUCHEZ, Carences du recours administratif dans sa fonction de garantie des droits du citoyen, *Mél. J. Mourgeon*, 1998, p. 607, Bruylant ; M. LÉVY, Le contrôle juridictionnel des décisions de tarification sanitaire et sociale, *AJDA*, 1995, p. 361 ; J. P. NÉGRIN, Contentieux de l'aide sociale, *JCA*, n° 768 ; X. PRÉTOT, La réforme du contentieux de la tarification sanitaire et sociale, *AJDA*, 1991, p. 206 ; *Quels contentieux pour quels juges, le RMI à l'épreuve du droit*, colloque ADICOD, 1991, p. 54.

SECONDE PARTIE
LES POLITIQUES

200 En matière sociale comme en toute autre matière, les institutions ne valent que par la mise en œuvre des politiques dont elles ne sont que l'instrument : l'aide et l'action sociales débouchent donc logiquement sur un vaste ensemble d'interventions et de prises en charge en direction de personnes ou de groupes divers, ensemble dont l'organisation en mécanismes diversifiés et sédimentés constitue l'une des principales caractéristiques.

Certaines de ces interventions s'élaborent selon une logique de cible : une catégorie de personnes est définie selon des critères objectifs (situation au regard de l'emploi, de l'âge, du handicap, des charges de famille...) et se voit alors délivrer des prestations. D'autres interventions s'élaborent, à l'inverse, non plus en fonction d'une population-cible, mais en fonction d'un besoin et de l'accès aux biens et services correspondants : les dispositifs publics se proposent alors de satisfaire celui-là en rendant possible celui-ci.

Les politiques d'aide et d'action sociales s'organisent donc selon deux grands modèles, à la fois distincts et complémentaires : si elles peuvent se construire en considération de leur cible et se constituer en politiques catégorielles (Titre I), elles peuvent aussi se définir en fonction de leur objet et s'organiser en politiques transversales (Titre II).

TITRE I
LES POLITIQUES CATÉGORIELLES

201 L'approche traditionnelle des problèmes sociaux tend à concevoir ceux-ci comme étant propres à un ensemble d'individus réunis par des caractères objectifs communs. Cette approche est d'autant plus logique et prégnante qu'elle se trouve imposée, parfois, par le fonctionnement social lui-même : qu'il s'agisse de problèmes qui se révèlent constants dans l'Histoire à l'instar, par exemple, de ceux posés par les enfants abandonnés ou maltraités ou qu'il s'agisse de problèmes qui apparaissent plus spécifiquement générés par l'essor de la société industrielle à l'instar, par exemple, de ceux posés par le chômage ou le troisième âge, lesquels sont directement liés à l'organisation productive ou au déclin des solidarités familiales impliqué par l'urbanisation et le salariat...

Les politiques sociales tentent alors d'objectiver les phénomènes d'inadaptation : elles en déterminent les modalités de traitement en élaborant une catégorie d'action sociale à partir d'une situation ou d'un caractère spécifiques.

L'enfant et sa prise en charge, l'âge, l'absence de travail ou les difficultés rencontrées pour s'insérer dans l'emploi ou la vie sociale du fait d'un handicap ont ainsi fourni à la fois le cadre et le fondement de grandes politiques catégorielles : en l'occurrence, celles menées en direction de la famille et de l'enfance (Chapitre I), des personnes âgées (Chapitre II), des handicapés (Chapitre III) et des chômeurs (Chapitre IV).

CHAPITRE I
L'AIDE À L'ENFANCE ET À LA FAMILLE

202 Parmi les diverses catégories que découpe la politique sociale — personnes âgées, handicapés, chômeurs... —, il est une cible qui s'est précocement définie : la famille. Dans la seconde moitié du XIXe siècle, plusieurs courants se font jour qui, en liaison avec l'industrialisation et l'urbanisation du pays, vont porter la question familiale dans le débat public. Deux d'entre eux marqueront durablement le débat : le courant nataliste, d'inspiration positiviste et hygiéniste et le courant familialiste issu du catholicisme social (1). En effet, la politique familiale a toujours comporté des institutions les unes plutôt orientées vers une action globale en direction de l'ensemble de la population en vue de favoriser l'accueil, l'entretien et l'éducation des enfants (perspective nataliste) ; et les autres davantage centrées sur les familles ou les ménages en difficulté dans le but de protéger et de promouvoir l'institution familiale en elle-même (perspective familialiste).

En première approximation et dans l'état initial des dispositifs, on peut d'ailleurs soutenir que la branche « famille » de la sécurité sociale s'est davantage inscrite dans la première direction, alors que l'aide sociale restait par nature conçue comme une ensemble d'interventions ciblées sur les populations marginalisées et défavorisées. Mais ce bel ordonnancement n'a pas tenu et la politique familiale, en évolutions successives, s'est construite en un ensemble complexe d'interventions, situées à la fois dans le champ de l'aide sociale légale, dans celui, englobant, de l'action sociale, et dans celui de la sécurité sociale lorsqu'on y a partiellement abandonné la perspective d'aides larges et indifférenciées à destination de toutes les familles pour y introduire, avec les prestations sous conditions de ressources, une logique d'actions centrées sur des groupes familiaux cibles.

---

(1) Création en 1896 de l'Alliance nationale pour l'accroissement de la population française : les promoteurs de cette initiative veulent convaincre l'État d'encourager la natalité afin d'enrayer un déclin démographique jugé inquiétant (v. F. DE SINGLY et *alii, La famille : l'état des savoirs*, 1991, La Découverte, not. Chapitre VI) ; création de la Ligue populaire des pères et mères de familles nombreuses, puis de la Confédération générale des familles. De ce moment jusqu'à aujourd'hui, un ensemble complexe d'institutions familiales va se développer, dont l'importance dans le débat familial et le rôle pratique dans les initiatives ne se démentiront plus (v. *Les cahiers du Groupement pour la recherche sur les mouvements familiaux* (GRMF) qui ont publié une série d'études dont : Les mouvements familiaux, populaires et ruraux, naissance, développement, mutations (1939-1955), cah. n° 1, 1983 ; Vingt ans de luttes ouvrières et familiales (1940-1960), cah. n° 5, 1988 ; La bataille des squatters et l'invention du droit au logement (1945-1955), cah. n° 7, 1992).

Pour rendre compte des interventions en direction de l'enfance et de la famille dans le champ de l'aide et de l'action sociales, on est donc tenu de joindre aux dispositifs qui en relèvent institutionnellement des actions juridiquement situées dans le cadre de la Sécurité sociale. On peut alors considérer que, sur le versant des politiques ciblées à finalité de protection, l'aide et l'action sociales en faveur de l'enfance et de la famille se sont peu à peu organisées en intégrant plusieurs héritages historiquement distincts : héritages qui aujourd'hui s'allient pour construire une politique préventive visant à la protection de l'enfant et au soutien, tout à la fois éducatif et économique, de la cellule familiale (2).

Le premier héritage nous vient de la longue tradition de contrôle et de prise en charge de l'enfance abandonnée ou maltraitée, ce qui va conduire progressivement à structurer un ensemble d'interventions (le secteur de l'enfance inadaptée-handicapée) combinant une prévention médico-sociale en faveur de la jeunesse et une action de protection de l'enfance en danger (Section I). Un second héritage s'est constitué en intégrant d'abord, ajoutées aux anciennes prestations d'aide sociale en faveur de certains groupes familiaux, des prestations familiales orientées vers le soutien économique de familles défavorisées ; et ensuite, un ensemble d'actions qui, répondant à des problèmes sociaux liés à l'évolution des modes de vie (travail des parents, vie urbaine, accès à la culture et aux loisirs), apportent un soutien aux familles pour les aider dans leurs responsabilités éducatives (Section II).

SECTION I — LA PROTECTION DE L'ENFANCE ET DE LA JEUNESSE

203 **Bibliographie.** F. BAILLEAU, *Les jeunes face à la justice pénale*, 1996, Syros ; M. L. BAUER, C. SCHERRER-DARSCH, *De l'enfance à la majorité. Droit de l'enfant, de sa famille, de ses éducateurs,* 1993, ESF ; M. CHAUVIÈRE, P. LENOËL, E. PIERRE, *Protéger l'enfant, raison juridique et pratiques socio-judiciaires (XIXe-XXe siècles),* 1996, PU de Rennes ; CONSEIL D'ÉTAT, *Statut et protection de l'enfant,* 1990, La Doc. française ; DIVERS, *Le droit et l'enfant,* Actes du 91e congrès des notaires de France, 1995, éd. CEE ; La responsabilité des familles, *Informations sociales*, 1999, nº 73-74 ; J. DONZELOT, *La police des familles,* 1977, Éd. Minuit ; F. FENET, *L'aide sociale à l'enfance*, 1989, CTNERHI ; A. GARAPON, D. SALAS, *La justice des mineurs, évolution d'un modèle*, 1995, Bruylant ; R. LAFORE, *Recherche sur les interventions publiques en matière sociale, le secteur de l'enfance inadaptée-handicapée*, Thèse Droit Limoges, 1986 ; J. M. LHUILLIER, *Guide de l'aide sociale à l'enfance,* 1989, Berger-Levrault ; P. MEYER, *L'enfant et la raison d'État,* 1977, Seuil ; A. MASSON, *Mainmise sur l'enfance,* 1980, Payot ; C. PLENCHETTE-BRISSONNET, *Un cadre méthodologique pour l'aide sociale à l'enfance*, 1990, ESF ; J. P. ROSENCSZVEIG, *Le dispositif français de protection de l'enfance*, 1996, Éd. Jeunesse et droit ; P. VERDIER, *L'enfant en miettes,* 1982, Privat ; *Le guide de l'aide sociale à l'enfance*, 1995, Bayard ; *Lexicode de l'aide sociale à l'enfance,* 1995, Bayard.

204 Le premier versant de l'aide et de l'action sociales en direction de l'enfance et de la famille s'est construit autour d'une finalité protectrice de l'enfant. Avec le temps,

(2) Il faut souligner que la notion de « famille » doit être entendue dans le sens large de « ménage » ou « foyer » ; en effet, le droit social a abandonné les critères juridiques (mariage et filiation) pour définir la notion de « famille » ; il ne s'en tient qu'à des situations concrètes, à savoir la cohabitation et la solidarité économique, la première présumant le plus souvent la seconde.

on est passé progressivement d'une logique de protection de l'enfant contre sa famille à un schéma préventif donnant la priorité à la fois au maintien de l'enfant dans son milieu familial et à la promotion de ce même milieu. Et ce n'est qu'à défaut de famille biologique ou en cas de difficultés et de carences éducatives graves que la puissance publique va se substituer à celui-ci, en tentant d'ailleurs le plus possible de reconstituer pour l'enfant un environnement familial de remplacement (famille d'accueil, adoption).

Pour atteindre une telle finalité — protéger l'enfant au travers d'une protection-promotion de son milieu familial —, un dispositif complexe d'interventions et d'institutions s'est mis peu à peu en place en intégrant plusieurs logiques enracinées dans des terreaux historiques différents (3). D'abord, sur le versant judiciaire, une recomposition de l'action publique va s'opérer en se fondant sur l'irresponsabilité du mineur et en privilégiant la perspective rééducative ; ensuite, la montée des sciences médico-psychiatriques va substituer aux traitements asilaires de divers troubles du comportement une approche plus souple à finalité, là encore, éducative ; enfin, l'hygiénisme va entraîner l'essor de politiques sanitaires et sociales préventives pour protéger les enfants au travers d'une promotion de leur milieu de vie. Ainsi, le judiciaire, le psycho-médical et l'action sanitaire vont converger, réunis par une prise en compte du milieu familial et plus largement social, par une volonté de prévention et par une logique rééducative à la fois de l'enfant et de sa famille, constituant ainsi le secteur de la protection de l'enfance et de la jeunesse.

Ces trois évolutions vont se confondre dans la constitution d'un ensemble appelé « enfance inadaptée-handicapée » qui va d'un pôle où les affections physiques ou mentales, médicalement constatables, justifient une prise en charge au titre du handicap, jusqu'à un pôle opposé où les comportements asociaux du mineur ou de ses parents justifient une prise en charge à la fois éducative et juridictionnelle ; entre ces deux pôles, les divers troubles du comportement ou les déficiences, liés tant à la personnalité de l'enfant qu'aux caractéristiques de son milieu, autorisent des interventions et des traitements qui peuvent être tantôt de type médico-psychologique, tantôt de type psycho-sociologique (4). On peut considérer que, en allant du plus médical au plus social, la protection de l'enfance et de la jeunesse prend en charge des enfants handicapés (handicapés physiques et intellectuels), des inadaptés (enfants « caractériels »), des enfants en danger et des mineurs délinquants.

En gardant à l'esprit cette continuité et cette réversibilité entre les populations prises en charge et les institutions, seront successivement exposés les interventions de nature médico-sociale de prévention en direction de l'enfance (§ 1), puis les principes directeurs régissant la protection administrative et judiciaire de « l'enfance en danger » (§ 2).

(3) M. Chauvière, *L'héritage de Vichy, l'enfance inadaptée*, 1980, Éd. Ouvrières.

(4) R. Lafore, *Recherche sur les interventions publiques en matière sociale, le secteur de l'enfance inadaptée-handicapée*, Thèse Droit Limoges, 1986, p. 222 et s.

§ 1. LA PROTECTION MÉDICO-SOCIALE DE L'ENFANCE

205 Centrée initialement sur le recueil des enfants sans famille (5) ainsi que des mineurs menacés par un milieu familial carencé sur le plan éducatif (6), l'assistance publique à l'enfance constituera un ensemble plus large lorsqu'aux simples préoccupations de police s'ajouteront les approches hygiénistes insistant sur le rôle de l'environnement matériel et affectif dans le développement de l'enfant. L'essor de la psychiatrie infanto-juvénile va aussi modifier fortement le regard porté sur les phénomènes d'anormalité comportementale ou de maladie mentale. En liaison avec le maintien et la croissance dans un sens préventif des interventions juridictionnelles et administratives en direction des mineurs et de leur famille, un dispositif institutionnel va se mettre en place pour dépister et aider les enfants qui, du fait d'affections physiques ou mentales et/ou d'une inadaptation de leur milieu familial, doivent faire l'objet d'un suivi, d'un soutien ou d'une prise en charge spécifiques. Ce dispositif, qui est autant social que médical, permet aussi de repérer les carences éducatives des familles et d'en anticiper les effets en autorisant dans certains cas une action des services administratifs de protection de la jeunesse (ASE) (7) ou de la juridiction des mineurs (Protection judiciaire de la jeunesse) : ce qui opère alors un basculement de l'intervention publique dans le champ de la protection de l'enfance en danger.

Une action préventive, large et potentiellement ouverte à toute la population, a donc été instituée pour protéger l'enfance : il s'agit de l'action médico-sociale. Ordonnée à l'origine autour d'objectifs sanitaires (lutte contre la mortalité infantile et promotion de la santé publique), ces interventions se sont élargies, après la seconde guerre mondiale, du fait de la prise en compte de l'ensemble de l'environnement social des jeunes et de leur famille : l'idée ayant dominé étant que l'état sanitaire et les conditions de vie sont liés par une implication réciproque. S'adressant *a priori* à toute la population, cette action médico-sociale se centre aussi sur les familles les plus défavorisées. Deux institutions sont plus particulièrement chargées de l'action médico-sociale : la protection maternelle et infantile d'une part, et le service de santé scolaire d'autre part. De plus, pour faire suite au dépistage et au filtrage opéré par ces deux institutions, diverses actions et structures prennent en charge les enfants inadaptés.

(5) Loi du 27 juin 1904 sur les « enfants assistés » qui confie la tutelle des « pupilles » au préfet et leur prise en charge à l'État.

(6) Loi du 24 juillet 1889 sur l'enfance maltraitée et moralement abandonnée qui permet de retirer les enfants de leur famille.

(7) Cette intégration institutionnelle va d'ailleurs se matérialiser, pendant un temps, avec la création du Service unifié de l'enfance : créé en 1964 et réunissant PMI, santé scolaire et ASE, ce service entendait initier une cohérence et une complémentarité entre toutes les actions de prévention et d'aide à destination de l'enfance et de la famille. La décentralisation, en répartissant ces services entre État et département, a mis fin à cette expérience.

A. LA PROTECTION MATERNELLE ET INFANTILE

206 Héritière de la loi « Roussel » du 23 décembre 1874 (8), la protection maternelle et infantile (PMI) est un service non personnalisé du département (9). Tourné à ses débuts vers la maternité afin de lutter contre la mortalité infantile (consultations de nourrissons et surveillance des nourrices), ce service évolue à partir de 1945 : il prend en charge une mission plus large de protection de la mère et du jeune enfant. Entrant alors dans une logique de prévention non seulement sanitaire mais aussi sociale puisqu'il se propose à la fois de déceler précocement les handicaps et les inadaptations et d'aménager autour de l'enfant le cadre le plus propice à son développement, il entend articuler action sanitaire et action sociale en agissant de façon spécifique, à partir d'interventions en direction de l'ensemble de la population, en faveur des familles défavorisées et en difficulté.

1° Les missions de la PMI

207 La PMI assume une action « médico-sociale » qui se décline en trois missions concrètes : deux d'entre elles, à destination de l'ensemble de la population, s'attachent à encadrer médicalement d'une part la maternité et la naissance, d'autre part les premières années de la vie de l'enfant ; la troisième, en lien avec les précédentes, se concentre sur la protection médicale et sociale de certaines populations défavorisées ou de certains enfants.

En ce qui concerne tout d'abord les missions qui touchent la conception et la maternité, la PMI mène une politique préventive construite autour d'examens obligatoires articulés à des services accessibles à l'ensemble de la population.

En amont, une action d'information et d'éducation sexuelle vise à permettre à la femme de maîtriser sa fécondité (contraception, prévention des avortements, lutte contre la stérilité) (10) : la PMI n'est pas ici un intervenant direct puisque ce sont les établissements hospitaliers et les centres spécialisés qui mènent cette action, mais elle doit jouer un rôle d'information et d'orientation des personnes. La protection prénatale s'organise autour d'obligations légales : déclaration de grossesse et consultations prénatales obligatoires (11). Ces obligations sanitaires s'appuient sur les prestations d'assurance maladie ou les allocations familiales : ces dernières n'étant servies qu'à cette condition. La déclaration de grossesse, qui comporte un certain nombre d'informations (12), est transmise à la PMI qui effectue un tri et s'oriente vers les femmes présentant un risque périnatal pour des raisons pouvant être tout à la fois médicales et sociales. A partir d'un dispositif généralisé — la déclaration de grossesse —, on met ainsi en place une première prévention ciblée, les services de la PMI (sages-femmes de PMI, puéricultrices) ou le service social départemental interve-

(8) Loi qui, modernisée en 1945 (v. Ord. 2 novembre 1945), a été récemment réorganisée (v. L. nº 89-899, 18 décembre 1989 sur la protection et la promotion de la santé, de la famille et de l'enfance ; D. nº 92-785, 6 août 1992 sur la protection maternelle et infantile).

(9) Sur ces centres, v. *C. santé pub.*, art. L. 158 à L. 168.

(10) Jusqu'à la légalisation de la contraception (L. 17 décembre 1967) et de l'interruption volontaire de grossesse (L. 17 janvier 1975), la législation répressive traduisait un objectif nataliste, ce qui n'est plus le cas aujourd'hui.

(11) *C. santé pub.*, art. L. 154 à L. 157 ; D. nº 92-143 et 144, 14 février 1992.

(12) A. 22 octobre 1973.

nant alors auprès de la future mère pour lui fournir aides et conseils. Les consultations prénatales obligatoires, au nombre de sept, ont pour objet premier de dépister un certain nombre d'affections (rubéole, syphilis, infection par le VIH...) pouvant affecter le développement de l'enfant. La PMI intervient directement soit par l'organisation de consultations prénatales de PMI dans les services hospitaliers qui ont alors le statut de consultations externes hospitalières, soit dans les centres ou dispensaires publics ou privés gérés sous sa responsabilité directe et auxquels s'adressent le plus souvent les femmes de milieux défavorisés.

Le deuxième temps de l'action de la PMI se situe dans les trois premières années de la vie de l'enfant. S'appuyant là encore sur des obligations légales (examens, certificats et carnet de santé, visites médicales dans le cycle préscolaire) qui conditionnent la perception des prestations maternité et des allocations familiales, les services de PMI mettent en œuvre une prévention globale, sociale autant que médicale. L'examen médical préventif de l'enfant (13) permet de dépister les anomalies, les infirmités sensorielles, physiques ou mentales pouvant provoquer handicaps ou inadaptations et de réaliser un bilan global et régulier de l'état de santé de chaque enfant. Cet examen est effectué par le médecin de famille ou par le médecin de PMI. Les certificats de santé établis à l'occasion de certains des examens étant adressés au médecin départemental de la PMI, le service peut déceler les enfants qui présentent des risques de handicap physique ou mental ou qui sont dans des conditions générales de vie présentant un danger potentiel pour leur développement (14).

Au-delà des examens médicaux dans les trois premières années, l'action de la PMI a été étendue au milieu scolaire ; ainsi, les enfants scolarisés à l'école maternelle bénéficient à trois et quatre ans d'un bilan de santé (15) dont l'objectif est de promouvoir auprès des familles une éducation pour la santé et de dépister de façon précoce les problèmes psychologiques et comportementaux ainsi que les handicaps.

Ces différents examens et contrôles permettent donc un repérage des enfants et des familles présentant des risques ou connaissant des difficultés particulières dans l'exercice de leur mission éducative. Le service départemental de la PMI doit alors jouer un rôle important de prévention, d'aide et de conseil dans le milieu de vie de l'enfant, ce qui justifie des interventions à domicile de puéricultrices et de sages-femmes ainsi que d'agents du service social départemental. De plus, dans le prolongement de ses responsabilités directes de dépistage, de suivi et d'information des familles, la PMI est chargée du contrôle de tous les établissements ou services accueillant des enfants pour en assurer la garde (crèches, garderies, halte-garderie, jardins d'enfants...) (16) : la responsabilité de ce contrôle ayant été transférée, en 1983, au président du conseil général (17). La PMI a aussi en charge l'agrément et le contrôle des

(13) *C. santé pub.*, art. L. 164 (il y a neuf examens au cours de la première année, trois au cours de la seconde, deux au cours de la troisième).

(14) Ces certificats permettent aussi l'établissement de statistiques exhaustives sur l'état sanitaire en général pour mener des études épidémiologiques ou appréhender à un niveau plus fin les problèmes de santé publique.

(15) Circ. n° 10-82, 15 juin 1982 relative au fonctionnement des services de santé scolaire.

(16) *C. santé pub.*, art. L. 181.

(17) Chaque établissement ou service d'accueil donne lieu à une réglementation spécifique. Mais l'ensemble est très disparate quant aux conditions d'ouverture et de fonctionnement (dispositions désuètes ou inadaptées). Cela ne facilite guère les actions innovantes : aussi est-il question d'engager une réforme d'ensemble qui simplifiera et modernisera ce secteur.

assistantes maternelles, lesquelles accueillent à leur domicile, moyennant rémunération, des enfants pour en assurer la garde journalière ou même permanente lorsqu'il s'agit des assistantes maternelles de l'aide sociale à l'enfance.

La PMI a enfin en charge une protection spécifique de certaines catégories de familles et d'enfants. Cette mission comporte des interventions globales de prévention à destination de ce que les textes appellent des « groupes vulnérables », et des actions plus ponctuelles.

Pour ce qui concerne les « groupes vulnérables », il s'agit d'engager, à partir de données épidémiologiques et socio-démographiques issues d'un traitement systématique des certificats de santé, des actions d'information et de prévention. On constate en effet que les personnes en difficulté (mères isolées, familles dissociées, familles migrantes, familles ayant en garde un handicapé, familles vivant dans de mauvaises conditions de logement...) non seulement peuvent connaître des problèmes de santé, mais souvent n'ont pas accès aux services médicaux et sociaux de droit commun.

Dans le cadre d'actions plus ponctuelles, on doit d'abord noter l'intervention de la PMI dans la prévention des mauvais traitements aux mineurs. Certes, la loi du 10 juillet 1989 a confié cette mission principalement au service de l'ASE (18). Mais la PMI a cependant un rôle capital à jouer dans ce domaine. On doit ensuite faire état d'une action de prévention à l'égard des jeunes enfants handicapés. Les textes prévoient en effet le signalement de tout handicap décelé chez un enfant lors de sa naissance ou lors des visites ultérieures (19) : les centres d'action médico-sociale précoce qui fonctionnent sous le contrôle et l'impulsion de la PMI, ont été institués pour l'accueil de ces enfants de façon à atténuer les effets du handicap (20). Enfin, malgré la disparition du Service unifié de l'enfance (qui regroupait Aide sociale à l'enfance, PMI et Santé scolaire), le service de Protection maternelle et infantile est étroitement associé à la prise en charge éducative des enfants protégés par l'ASE, à leur suivi, notamment si elle s'opère au sein de leur famille ou dans une famille d'accueil.

2° Les moyens de la PMI

208 Ainsi qu'il l'a été indiqué, les moyens d'action propres de la PMI sont encadrés par le Code de la santé publique (21). Ils comportent des médecins (dont un médecin responsable du service), des sages-femmes et des puéricultrices, des assistants sociaux, et enfin du personnel administratif. Ces personnels opérationnels interviennent dans les circonscriptions d'action sociale et sont répartis dans des dispensaires médico-sociaux polyvalents qui assurent les actions de prévention à destination de l'ensemble de la population. Mais au-delà des activités directes qu'elle assume, l'action de la

(18) L. n° 89-847, 10 juillet 1989 sur la prévention des mauvais traitements aux mineurs.
(19) *C. santé pub.*, art. 166.
(20) Ces centres, qui relèvent de la loi du 30 juin 1975 sur les institutions sociales et médico-sociales, sont financés par une dotation globale annuelle à la charge des régimes d'assurance maladie pour 80 % de son montant et du département pour le solde. Quant aux autres mesures de prévention, elles sont financées, selon les cas, par l'État ou par les organismes d'assurance maladie (*C. santé publ.*, art. 185 à 187). La prise en charge s'y effectue sous forme de cure ambulatoire comportant l'intervention d'une équipe pluridisciplinaire.
(21) *C. santé pub.*, art. L. 148 à L. 152.

PMI est relayée par un ensemble de structures diverses ainsi que par des assistantes maternelles.

En effet, il existe tout d'abord un ensemble d'établissements d'accueil et de protection médico-sociale de la petite enfance placés sous la surveillance de la PMI (22), laquelle doit en contrôler le fonctionnement tant du point de vue sanitaire que social. Il s'agit des crèches, qu'elles soient collectives ou familiales, des haltes-garderies, des crèches parentales ou encore des établissements qui accueillent des enfants ne pouvant être pris en charge dans leur famille (pouponnières, centres d'action médico-sociale précoce).

La PMI exerce en outre un contrôle sur les assistantes maternelles (23) : c'est là, d'ailleurs, la fonction originaire de la PMI, qui s'est structurée au siècle dernier pour exercer le contrôle des nourrices... Ces personnes remplissent, pour celles qui constituent un mode de garde de la petite enfance, une fonction très importante, la famille d'accueil étant devenue, avec l'augmentation du nombre de mères au travail, un véritable substitut à la famille ; pour celles qui sont intégrées dans l'action de l'ASE, leur fonction est d'autant plus importante que les enfants sont alors placés pour pallier les difficultés de leur famille naturelle. Les assistantes maternelles n'ont pourtant eu pendant longtemps aucun statut professionnel, ce qui était pour le moins paradoxal eu égard à leur rôle. La loi du 17 mai 1977, puis des textes des 12 juillet 1992 et 27 janvier 1993 (24) ont remédié à cet état de fait. L'essentiel de ce statut tient en deux points ; d'une part, pour exercer ses fonctions, l'assistante maternelle doit avoir reçu un agrément délivré par la PMI sous l'autorité du président du conseil général (25) : cet agrément, qui doit être périodiquement renouvelé et impérativement précédé d'une formation délivrée par des organismes eux-mêmes agréés (26), garantit les conditions matérielles ainsi que la qualité éducative de l'accueil proposé ; d'autre part, l'intéressée a un statut de salarié, sous la juridiction du droit commun du travail, avec toutes les protections et les avantages attachés (salaire minimum, protection sociale (27), congés, délai de préavis en cas de retrait de l'enfant, indemnités de licenciement, droit de signer des conventions collectives...) ; un texte spécifique fixe les modalités de recrutement, le régime des congés et du licenciement et la discipline pour l'assistante maternelle employée par les collectivités publiques (28).

(22) *C. santé pub.*, art. L. 181 et D. n° 92-785, 6 août 1992 (art. 18) relatif à la PMI.

(23) On estime à environ 500 000 le nombre de personnes qui assurent la garde d'enfants. Seule, la moitié a reçu pour cela un agrément des autorités publiques, dont 50 000 sont employées par les services de l'ASE pour accueillir de façon permanente des enfants qui sont soit sans famille, soit placés avec l'accord de leur famille ou sur décision du juge des enfants.

(24) L. n° 92-642, 12 juillet 1992 et n° 93-121, 27 janvier 1993 ; sur le statut des assistantes maternelles, v. *TSA*, 1992, n° 425, n° 426, n° 434, n° 435 et 1993, n° 437.

(25) *C. famille*, art. L. 123-1.

(26) D. n° 92-1245, 27 novembre 1992 et A. 17 janvier 1994.

(27) Depuis 1990 (A. 26 décembre 1990), les employeurs d'assistantes maternelles cotisent sur le salaire réel versé ; c'est pour faire face au surcoût que cela a généré et aussi pour favoriser ce mode de garde de la petite enfance que les pouvoirs publics ont institué une « aide à la famille pour l'emploi d'une assistante maternelle agrée » (AFEAMA) : v. *C. séc. soc.*, art. L. 841 à L. 841-4, L. 843-1 à L. 843-3, L. 757-4 à L. 757-5.

(28) D. n° 94-909, 14 octobre 1994.

B. LE SERVICE DE SANTÉ SCOLAIRE

209 Le service de santé scolaire est une institution liée dès l'origine à l'établissement d'un système d'enseignement public obligatoire. C'est en effet un décret du 18 janvier 1887 qui l'institue, bien qu'il n'ait pu alors être organisé que dans les agglomérations. Aussi, ce n'est qu'avec l'ordonnance du 18 octobre 1945 qu'il est véritablement étendu à tous les établissements d'enseignement, qu'ils soient publics ou privés. Service sanitaire (par là, fonctionnellement lié à la politique de prévention médico-sociale), il est cependant organiquement intégré dans l'Éducation nationale ; cette tension qui lui est spécifique explique en l'occurrence le caractère chaotique de ses rattachements institutionnels (29).

Inséré dans le Service unifié de l'enfance jusqu'en 1984, le service de santé scolaire était avant tout un service médico-social, orienté principalement vers la protection générale de l'enfance (30). Du fait de son rattachement à l'Éducation nationale, et sans abandonner cette dimension, il a été réorienté vers des missions plus directement liées à l'insertion des enfants dans le milieu scolaire : la circulaire du 24 juin 1991 en redéfinit les priorités (31).

La priorité éducative du service est attestée d'abord par le choix de sa dénomination : « Service de promotion de la santé en faveur des élèves » ; ce sont effectivement la bonne insertion des élèves dans le milieu scolaire, leur bon équilibre et leur épanouissement qui, par le biais de la promotion de leur santé, constituent les finalités générales de ce service. Quatre missions précises ont été définies (32) qui appellent un ensemble d'interventions allant d'actions globales en direction de tous les élèves (33) à des actions plus sélectives en direction soit de certains établissements (établissements techniques) ou de certaines zones, soit de publics prioritaires ; à cela s'ajoute une mission générale d'observation sanitaire du milieu scolaire et de recherche épidémiologique. Ces actions s'articulent à une mission impérative : l'organisation de visites médicales en cours de scolarité. Une visite médicale obligatoire pour tous les enfants est prévue au cours de la sixième année, ainsi que des examens périodiques au cours de la scolarité. Après avoir plutôt eu recours à des examens annuels systématiques, les autorités préfèrent aujourd'hui effectuer quelques examens approfondis à des moments importants de la scolarité de l'enfant.

La circulaire du 24 juin 1991 a renforcé le lien entre le service de santé scolaire, devenu « Service de promotion de la santé des élèves », et les autorités de l'Éducation nationale. Ainsi, a été mise en place une intervention finalisée (sous l'autorité du Recteur, assisté d'un médecin et d'une infirmière conseillers techniques) dont l'échelon opérationnel est le département : l'inspecteur d'académie, chargé d'appliquer les orien-

---

(29) Rattaché de 1945 à 1964 au ministère de l'Éducation, il est intégré par le décret du 30 juillet 1964 aux Directions départementales de l'action sanitaire et sociale puis au Service unifié de l'enfance en 1972 ; mais au moment de la décentralisation, il est ramené à l'Éducation nationale (D. n° 84-1194, 21 décembre 1984).

(30) *C. santé pub.*, art. L. 191 et L. 193.

(31) Circ. n° 91-478 EN, 24 juin 1991.

(32) Promouvoir la santé physique et mentale des élèves afin d'assurer leur insertion scolaire et la lutte contre les inégalités face à l'école ; favoriser l'éducation pour la santé ; contribuer à faire de l'école un lieu de vie ; favoriser l'intégration scolaire des jeunes handicapés.

(33) Bilans de santé, initiatives en matière d'éducation à la santé et de prévention, propositions d'adaptation des établissements en matière d'hygiène, de santé et de sécurité...

tations ministérielles et rectorales, dispose pour ce faire d'un service médical et d'un service infirmier.

C. LES ACTIONS DE PRISE EN CHARGE MÉDICO-SOCIALE DE L'ENFANCE

210 La PMI ainsi que le Service de santé scolaire, dont une grande partie de l'action concerne tous les enfants du fait de diverses obligations légales sanctionnées par le risque d'interruption du versement des prestations familiales (examens médicaux, carnet de santé, obligation scolaire), constituent des structures de dépistage et de signalement des troubles physiques, mentaux et psycho-affectifs d'enfants, troubles qui proviennent souvent du milieu familial. Ces services sont donc, au-delà de la prévention générale qu'ils réalisent, une des filières par lesquelles les enfants inadaptés et handicapés (et le cas échéant leur famille) sont pris en charge. Cette protection de l'enfance peut aussi concerner l'Aide sociale à l'enfance et la juridiction des mineurs lorsque les symptômes d'inadaptation ont un caractère plus social que médical, en cas de carence éducative de la famille (enfance en danger) ou en cas de comportements délictueux de mineurs (enfance délinquante).

1° Les finalités des actions de protection médico-sociale de l'enfance

211 Une population composite d'enfants, réunis sous les vocables du handicap et de l'inadaptation, doit se voir offrir des prises en charge alliant prévention et traitement. Le concept « d'inadaptation » qui, forgé aux abords de la 2e guerre mondiale, s'est substitué avec celui de « handicap » aux vieilles notions d'enfance « anormale », « déficiente », « coupable » (34), est en fait une notion floue visant des situations personnelles et familiales et des populations d'enfants très diversifiées. Dans une conception large, cette notion renvoie au constat que certains enfants, manifestant des handicaps physiques et mentaux ou des troubles comportementaux, ne peuvent s'adapter à une vie familiale, scolaire, relationnelle et professionnelle normale et justifient des actions de rééducation à contenu médical, psychologique et éducatif : ce qui recouvre un ensemble de situations allant des affections physiques ou mentales graves, objectivement constatables, jusqu'au « handicap social » (35) qui intègre troubles du comportement et difficultés du milieu.

Les pratiques de prise en charge et le développement des savoirs (psychiatrie, psychologie notamment) ont conduit peu à peu à opérer dans cet ensemble des distinctions qui ont elles-mêmes fondé les spécialisations institutionnelles. On peut ainsi, en partant des affections médicalement objectivables jusqu'aux troubles et difficultés pour lesquels le partage entre facteurs personnels et environnementaux est

---

(34) M. Chauvière, *Recherche sur la rééducation et le secteur enfance inadaptée (1940-1950)*, Cordes, 1978.

(35) Si le handicap « physique » ou « mental » a fait l'objet d'une réglementation spécifique fondée sur la loi du 30 juin 1975 en faveur des personnes handicapées, laquelle assure un statut protecteur aux enfants et adultes handicapés articulant aides financières et prises en charge (v. *infra*, n° 255 et s.), le handicap « social » n'a pas bénéficié d'une reconnaissance de ce type.

difficile, repérer diverses catégories d'inadaptés : les handicapés physiques (handicapés moteurs, déficients visuels ou auditifs) ; les déficients intellectuels dont l'inadaptation se mesure par référence au coefficient intellectuel moyen ; le groupe (aux frontières floues) des enfants « caractériels » qui manifestent des difficultés d'insertion dans leur entourage sans que l'on puisse distinguer toujours ce qui, du milieu ou de leurs caractères propres, en est la cause.

L'orientation qui préside à la prise en charge de l'ensemble de ces enfants dits « inadaptés » est double ; d'une part, une action éducative ou rééducative est organisée dans le but soit d'atténuer les effets de leurs handicaps lorsqu'ils sont irréversibles, soit de les combattre pour leur permettre d'atteindre la situation la plus proche possible de la « normalité » : ceci pousse à les inscrire dans des dispositifs d'éducation spéciale sous forme de prestations médicales ou éducatives spécialisées en fonction des affections dont souffre chaque enfant. D'autre part, il convient, dans toute la mesure du possible, de maintenir ces enfants dans un milieu ordinaire de vie (leur famille tout d'abord, puis aussi un milieu scolaire normal) de façon à ce qu'ils s'insèrent au mieux et que la tolérance de la société à leur égard s'améliore. Ces deux finalités sont en tension, potentiellement contradictoires, puisque l'aménagement d'une « éducation spéciale » met à l'écart et marginalise ses bénéficiaires en les stigmatisant : ce qui va à l'encontre de l'idée d'insertion ; et dans l'autre sens, le maintien en milieu ordinaire de vie peut affaiblir et marquer le handicapé du fait de la confrontation constante avec les « gens normaux »...

2° Les moyens de la protection médico-sociale de l'enfance

212 La protection médico-sociale de l'enfance met en jeu trois filières institutionnelles selon d'une part les circonstances du signalement de l'inadaptation constatée chez un enfant, d'autre part la nature des troubles qui sont les siens. Pour les enfants initialement pris en charge par des institutions médicales ou sanitaires (PMI, Santé scolaire, médecine) et dont les troubles dominants sont médicalisés, c'est la filière de la Santé qui intervient en délivrant des prestations médico-psychologiques (36). En ce qui concerne les enfants dont l'inadaptation se manifeste dans le milieu scolaire par des difficultés dans les acquisitions requises par l'école, il existe des dispositifs de diagnostic et de traitement attachés à l'Éducation nationale. Enfin, lorsque ce sont des difficultés familiales ou des comportements délictueux qui sont à l'origine de l'intervention collective, les structures du ministère des Affaires sociales et/ou de la Justice peuvent agir.

En aval du signalement, diverses structures permettent soit un diagnostic et un traitement lorsque les troubles ne sont pas trop importants, soit une orientation vers des structures de prise en charge spécialisées. Des organismes de consultation existent pour le diagnostic des troubles médico-psychologiques : consultations d'hygiène mentale infantile dépendant soit du service départemental, soit d'un hôpital spécialisé ; centres médico-psycho-pédagogiques dépendant de l'Éducation nationale qui sont des institutions à la fois de diagnostic et de traitement pour les enfants manifestant des

(36) Au-delà d'un certain niveau de handicap, les enfants bénéficient d'une éducation spéciale proposée par la Commission départementale d'éducation spéciale : v. *infra*, n° 334 et s.

difficultés en milieu scolaire ou des troubles psychologiques. S'agissant de troubles du comportement (ou difficultés sociales), il existe des équipes d'observation en milieu ouvert qui font un diagnostic en suivant le mineur dans son milieu ordinaire de vie ; pour les cas plus lourds, des centres d'accueil qui fonctionnent comme des centres d'observation légère pour les mineurs ne pouvant être maintenus dans leur milieu temporairement ; enfin, les centres d'observation reçoivent les enfants sur longue période, de façon à établir un diagnostic approfondi des troubles de leur personnalité et à proposer un traitement éducatif approprié.

Au-delà, un réseau d'organismes d'accueil et de traitement des enfants handicapés-inadaptés s'est constitué (37) ; si quelques services ou établissements sont directement gérés par la puissance publique, l'énorme majorité d'entre eux sont créés et gérés par des personnes privées, le gestionnaire adoptant le plus souvent la forme associative.

Cet ensemble d'institutions est complété par l'existence d'organismes spécifiques, les Centres régionaux pour l'enfance et l'adolescence inadaptées (CREAI), chapeautés par le Centre technique national d'études et de recherches sur les handicaps et les inadaptations (CTNERHI) (38). A l'origine gestionnaires de nombreux établissements dont des écoles de formation d'éducateurs, les CREAI ont dû recentrer leurs activités sur des missions de recherche, de réflexion et de conseil en matière d'inadaptation, leur financement dépendant aujourd'hui plus fortement de leurs capacités d'expertise au bénéfice des pouvoirs publics ou des services et établissements. Ils ont de plus la particularité d'être un lieu de rencontre et d'échange entre acteurs publics et privés (39).

213 **Bibliographie.** V. n° 203 ; *adde* M. CHAUVIÈRE, *L'héritage de Vichy, l'enfance inadaptée*, 1980, Éd. Ouvrières ; B. DESJARDINS, La prévention des handicaps, *Dr. soc.*, 1991, p. 588 ; A. GREVOT, L'enfant, la famille, qui protéger ?, *Recherches et prévisions*, 1995, n° 41 ; T. LAMBERT, Les besoins d'information pour la prévention sociale des handicaps, *Cah. CTN*, 1988, n° 42, p. 1 ; F. MONÉGER, Le respect de la vie familiale pour lutter contre l'exclusion, *RDSS*, 1999, p. 446 ; Y. SAINT-JOURS, La sécurité sociale et la prévention des risques sociaux, *Dr. soc.*, 1994, p. 594 ; I. VACARIE, Examens génétiques et médecine prédictive, *RDSS*, 1993, p. 429.

§ 2. LA PROTECTION DE L'ENFANCE EN DANGER

214 L'autre versant de la protection de l'enfance et de la jeunesse part de symptômes sociaux et non plus, comme dans la protection médico-sociale, d'une approche sanitaire de l'inadaptation. Bien que, ainsi qu'il l'a déjà été souligné, il n'y ait pas de limites tranchées entre le médical et le social, surtout dans cette zone plus indéterminée où l'action publique tente de prendre en compte des « troubles comportementaux » divers qui peuvent relever tout autant d'une approche médico-psychologique que psycho-sociale, il y a néanmoins des enfants ou des jeunes qui, par leur comportement ou leurs difficultés, mettent en évidence les carences ou les insuffisances de leur milieu familial. C'est à ces situations que tente de répondre la puissance publique, en ayant mis peu à peu en place un dispositif institutionnel en

(37) Sur ces centres et organismes, v. *infra*, n° 334 et s.
(38) V. *supra*, n° 104 ; v. aussi A. 22 janvier 1964 et Circ. 13 janvier 1984.
(39) R. LAFORE, *Recherche sur les interventions publiques... (op. cit.)*, p. 413 et s.

charge de la protection de « l'enfance en danger ». Ce dispositif mêle inextricablement d'une part une institution administrative présente dans chaque département sous l'autorité du président du conseil général : le service de l'Aide sociale à l'enfance ; d'autre part, une instance juridictionnelle : le juge des enfants appuyé par les services de la Protection judiciaire de la jeunesse.

Il convient donc, au travers d'un rappel de son évolution historique et de ses finalités générales actuelles, d'abord de resituer cet ensemble institutionnel dans son organisation, ensuite d'en exposer successivement les deux grands types de missions : la prévention générale en direction du milieu familial appelée « protection sociale » ; et les actions de prise en charge d'enfants soit dans leur famille, soit en dehors : la « protection judiciaire ».

A. L'AIDE SOCIALE A L'ENFANCE ET LA PROTECTION JUDICIAIRE DE LA JEUNESSE : ORIGINES ET ÉVOLUTION

215 Dans les sociétés humaines, ce sont les liens familiaux, ensemble de droits et d'obligations solidarisant les membres d'un groupe fondé sur l'alliance et la filiation, qui organisent la prise en charge des enfants : mais il est alors un problème constant posé à la fois par les enfants déliés de tout groupe familial et par les groupes familiaux qui n'assurent pas ou assurent mal leurs fonctions de socialisation des jeunes. Qu'elles se soient situées dans une visée charitable (protéger l'enfant contre la misère et la mort) ou dans une perspective d'ordre public (protéger la société contre des éléments potentiellement dangereux), diverses mesures ont été adoptées dès le Moyen-âge pour prendre en charge les enfants abandonnés et les enfants maltraités : les premiers étant recueillis, nourris et placés tandis que les seconds étaient retirés de leur famille.

C'est au XIXe siècle et au début du XXe que s'établit une législation d'abord de police, puis de protection des mineurs courant un danger du fait des carences éducatives de leur milieu : la loi du 24 juillet 1889 sur la protection des enfants maltraités ou moralement abandonnés et la loi du 19 avril 1898 relative aux violences, voies de fait, actes de cruauté et attentats commis contre les enfants, prolongées par les décrets-lois du 30 octobre 1935, vont jeter les bases d'un contrôle public de la puissance paternelle permettant le retrait et le placement d'enfants avec une potentielle déchéance parentale (40) ; ce sont là les premiers linéaments de l'assistance éducative fondée, depuis la loi du 4 juin 1970, sur les articles 375 et suivants du Code civil. Dans le même temps et faisant suite à une série de textes et d'expériences inaugurées avec le décret du 19 janvier 1811 qui définit la « charte des enfants assistés », la loi du 27 juin 1904 sur les enfants « assistés » stabilise durablement la prise en charge publique des enfants déliés de tout lien familial (pupilles de l'État) ou de ceux qui ont été retirés de leur famille, créant ainsi l'administration qui deviendra l'Aide sociale à l'enfance. Enfin, parallèlement, une recomposition de l'intervention judiciaire à l'égard des mineurs coupables d'infractions pénales (« l'enfance coupable » du XIXe siècle) se fait jour et est consacrée par les lois du 12 avril 1906 et surtout du 22 juillet

(40) P. Meyer, *L'enfant et la raison d'État*, p. 58 et s., 1977, Seuil ; J. Donzelot, *La police des familles*, p. 76 et s., 1977, Éd. Minuit ; M. Chauvière, P. Lenoël, E. Pierre, *Protéger l'enfant, raison juridique et pratiques socio-judiciaires (XIXe-XXe siècles)*, 1996, PU de Rennes.

1912 : donnant aux enfants un statut particulier sur le plan pénal, instituant une juridiction spécialisée pour les mineurs, introduisant une procédure dérogatoire (recours à des enquêtes sociales et des examens médicaux), ces textes imposent une visée préventive et rééducative plutôt que répressive dans l'action pénale à l'encontre les mineurs (41). Ces innovations seront reprises et systématisées par l'ordonnance du 2 février 1945 sur l'enfance délinquante.

Une évolution convergente affecte donc trois types de populations : les enfants déliés de tout lien familial, ceux qui sont victimes de milieux familiaux carencés et les jeunes délinquants. Sous l'emblème de la protection et dans une visée essentiellement éducative, une logique commune de prise en charge va émerger, l'ensemble étant centré sur une instance administrative — l'Aide sociale à l'enfance — et sur une juridiction — le juge des enfants. Ce qui unit cet ensemble, c'est la notion de « danger » pour l'enfant, qui fonde des interventions soit préventives supposant l'accord des parents, soit autoritaires (avec maintien dans le milieu ou retrait de l'enfant) supposant une décision juridictionnelle dans la mesure où elles portent atteinte aux droits attachés à l'autorité parentale.

Les fondements juridiques en sont triples : au niveau préventif, les articles 40 et suivants du Code de la famille assignent au service départemental de l'ASE un ensemble de missions pour la prévention des dangers que peut faire courir aux enfants un milieu familial connaissant des difficultés de toute nature ; en cas d'urgence ou d'actualisation du risque, le juge des enfants peut, sur la base des articles 375 et suivants du Code civil, prendre des mesures d'assistance éducative (action éducative dans la famille, placement de l'enfant) ; enfin, si l'enfant commet des infractions pénales, le même juge des enfants peut, sur la base de l'ordonnance du 2 février 1945, prononcer des mesures éducatives qui sont en fait du même type que les précédentes. Mais il ne faut pas considérer ce dispositif comme un ensemble cloisonné selon les trois bases juridiques évoquées : d'une part, le passage de la prévention (quand il y a « risque » de danger) à l'assistance éducative (quand le danger est actuel) est affaire d'appréciation et s'opère selon une dynamique propre à la situation de chaque enfant et de sa famille ; d'autre part, le juge des enfants, même saisi sur le versant pénal, peut au choix traiter la situation sur le fondement civil (assistance éducative) ou sur le versant pénal (ordonnance de 1945). Le dispositif institutionnel peut donc s'entendre à la fois comme un ensemble lié par une gradation des situations (l'ASE intervient d'abord pour les situations les moins lourdes, le juge n'intervenant qu'ensuite pour les cas les plus difficiles), comme un ensemble d'actions complémentaires (le juge n'intervenant qu'en cas d'insuccès des mesures de prévention ou en tant que ressource d'appel) ou encore comme un ensemble dont les éléments sont l'instrument l'un de l'autre (le juge confiant des enfants à l'Aide sociale pour une prise en charge) (42).

---

(41) P. Lascoumes, *Prévention et contrôle social*, p. 89 et s., 1977, Masson.

(42) Ce dispositif constitue donc un système intégré qui va de la prévention à la sanction, de la prise en charge large du milieu familial à des mesures centrées sur le seul enfant, de la coopération-mobilisation des parents à leur exclusion... L'administratif (ASE) et le judiciaire sont ainsi structurellement liés, même si le juge dispose en outre d'une ressource spécifique — les services de la Protection judiciaire de la jeunesse — qu'il utilise lorsqu'il traite les situations sur le versant pénal : v. R. Lafore, *Recherche sur les interventions... (op. cit.)*, p. 272 et s.

B. LES ACTIONS DE PRÉVENTION : LA PROTECTION SOCIALE

216 Traditionnellement, la protection de l'enfance concernait surtout des enfants dénués de liens familiaux (abandonnés ou retirés de la famille). Ainsi, dans le service de l'ASE, la catégorie des pupilles de l'État a longtemps formé la population majoritaire (43). Depuis les années 1960, cette situation a fortement changé du fait tant de l'introduction de logiques préventives qui justifient des interventions en amont au sein même des milieux familiaux que de l'impératif peu à peu admis de maintenir le plus possible l'enfant dans sa famille naturelle ou, au moins, de lui permettre de conserver des liens avec elle (44).

C'est dire que le centre de gravité des missions de l'ASE s'est déplacé des actions de prise en charge d'enfants dont les liens familiaux sont distendus ou inexistants vers une action de prévention de l'enfance en danger, action que l'on qualifie de « protection sociale ».

1° La notion de protection sociale

217 Ce sont les décrets du 7 janvier 1959, fondateurs en la matière, qui introduisent et définissent la notion de « protection sociale » : il s'agit « d'exercer une action sociale préventive auprès de familles dont les conditions d'existence risquent de mettre en danger la santé, la sécurité, la moralité ou l'éducation de leurs enfants » (45).

Il convient tout d'abord de constater que cette formulation est très proche de celle qui fonde l'assistance éducative, confiée au juge des enfants par l'article 375 du Code civil : « si la santé, la sécurité ou la moralité d'un mineur non émancipé sont en danger, ou si les conditions de son éducation sont gravement compromises, des mesures d'assistance éducative peuvent être ordonnées par la justice ». En fait, protection sociale (décret de 1959) et protection judiciaire (article 375) ont le même objet : la santé, la sécurité, la moralité et les conditions d'éducation des mineurs. Mais elles diffèrent sur trois points, ce qui permet de situer leur place respective : la protection sociale est préventive (elle intervient lorsque les conditions d'existence familiale « risquent de mettre en danger ») ; elle concerne l'ensemble du groupe familial (c'est une « action préventive auprès des familles ») ; enfin, elle requiert l'accord des familles (il s'agit d'une action « auprès des familles », alors que le Code civil indique que des « mesures éducatives peuvent être ordonnées »).

Cette notion recouvre donc un ensemble de missions qui se situent en amont de la protection judiciaire dans le but d'éviter d'y avoir recours ; cette dernière est requise

---

(43) Les pupilles de l'État (pour l'essentiel, les enfants dont la filiation n'est pas établie ou est inconnue ainsi que les enfants orphelins de père et de mère dont la tutelle n'a pu être organisée) ne doivent pas être confondus avec les « pupilles de la Nation » qui bénéficient d'un soutien de la collectivité du fait des services rendus à celle-ci par l'un de leurs parents ; la récente loi portant réforme de l'adoption a modifié le statut des pupilles de l'État, en assouplissant leurs conditions d'admission (L. n° 96-604, 5 juillet 1996) : sur cette catégorie d'enfants, v. aussi *infra,* n° 222.

(44) L'évolution des populations protégées et leur lien avec les principes et méthodes de prise en charge ont été analysés dans deux rapports fondateurs en matière d'aide sociale à l'enfance : le rapport « DUPONT-FAUVILLE » (*L'Aide sociale à l'enfance,* La Doc. française, 1971) et le rapport « BIANCO-LAMY » (*L'aide sociale à l'enfance demain*, La Doc. française, 1980).

(45) D. n° 59-100, 7 janvier 1959, art. 1.

en effet soit face à une situation suffisamment grave pour qu'il n'y ait plus seulement « risque de danger » à terme mais danger effectif (pour la santé, la sécurité, la moralité ou l'éducation ou conflit grave entre le mineur et sa famille), soit en cas d'échec des mesures de protection sociale, ce qui justifie alors une intervention autoritaire de la justice.

2° Les missions de la protection sociale

218 La loi du 6 janvier 1986 (46) a substitué aux textes antérieurs une nouvelle présentation de l'Aide sociale à l'enfance en procédant à une définition des missions et non plus des catégories juridiques d'enfants pris en charge. On constate que parmi les cinq missions prévues par le Code de la famille, il en est trois qui ont en fait une portée préventive : il s'agit de soutenir certaines familles pour les aider à assumer leurs fonctions éducatives et prévenir ainsi des dangers que pourrait courir à terme le mineur.

La première mission doit s'entendre comme une action de prévention large, de nature collective et à destination d'enfants et d'adolescents pris en compte non pas principalement dans leur milieu familial, mais dans leur cadre de vie global. L'article 40 (al. 2) du Code de la famille la définit comme le fait « d'organiser, dans les lieux où se manifestent des risques d'inadaptation sociale, des actions collectives visant à prévenir la marginalisation et à faciliter l'insertion ou la promotion sociale des jeunes et des familles ». L'article 45 renforce cette mission en indiquant que « dans les lieux où se manifestent des risques d'inadaptation sociale, le département participe aux actions visant à prévenir la marginalité, et à faciliter l'insertion ou la promotion sociale des jeunes et des familles ».

La seconde mission est plus centrée sur la famille et tend à prévenir les risques courus par des enfants au sein de celle-ci du fait de difficultés qu'elle connaît et qui ont un impact sur l'éducation du mineur. L'article 40 (al.1er) indique que l'ASE est alors chargée « d'apporter un soutien matériel, éducatif et psychologique aux mineurs, à leur famille, aux mineurs émancipés et aux majeurs protégés de moins de vingt et un ans confrontés à des difficultés sociales susceptibles de compromettre gravement leur équilibre ».

La troisième mission a été énoncée par la loi du 10 juillet 1989 sur la prévention des mauvais traitements à l'égard des mineurs (47) : l'ASE doit « mener, notamment à l'occasion de l'ensemble de ces interventions, des actions de prévention des mauvais traitements à l'égard des mineurs et, sans préjudice des compétences de l'autorité judiciaire, organiser le recueil des informations relatives aux mineurs maltraités et participer à la protection de ceux-ci ».

A cette mission a été ajoutée, par le même texte, l'obligation de « mener en urgence des actions de protection des mineurs ». Il s'agit là d'une prévention d'une toute autre nature que les deux précédentes puisqu'elle a pour objet de soustraire au danger des mineurs immédiatement exposés à des risques graves, ce qui le plus souvent s'accompagne d'une saisine du juge des enfants avec la perspective de mesures plus radicales. Propulsé sur le devant de la scène par diverses affaires retentissantes, s'est imposé

(46) L. n° 86-17, 6 janvier 1986 (*C. famille*, art. 40 et s.).
(47) L. n° 89-487, 10 juillet 1989 (*C. famille*, art. 40, al. 5°).

le problème de la protection des mineurs face aux actes de délinquance sexuelle. C'est ainsi qu'au terme de débats largement consensuels a été adoptée la loi du 4 juin 1998 relative à la prévention et à la répression des infractions sexuelles ainsi qu'à la protection des mineurs (48). Outre le volet pénal qui concerne les auteurs de ces infractions (mesures de suivi socio-judiciaire) (49), le texte prévoit un ensemble de dispositions destinées à protéger les mineurs victimes : allongement des délais de prescription, élargissement des modalités de révélation des infractions, soins et suivis appropriés, aménagement des procédures (50).

3° Les moyens de la protection sociale

219 La protection sociale de l'enfance se construit en deux logiques d'action : une action large visant un milieu (un quartier par exemple ou un groupe déterminé considéré comme « à risques ») et une action ciblée sur tel enfant et telle famille dans laquelle apparaissent des difficultés diverses et cumulées (difficultés d'emploi, de logement, maladie, problèmes psychologiques, instabilité...) qui font craindre un danger pour l'enfant dans sa santé, sa sécurité, sa moralité ou son éducation.

Le premier type de protection, que l'on a aussi appelée « la prévention primaire », se traduit, pour les services sociaux, soit par « des actions tendant à permettre aux intéressés d'assurer leur propre prise en charge et leur insertion sociale », soit par des « actions dites de prévention spécialisée auprès des jeunes et de leurs familles en difficulté ou en rupture avec leur milieu » dont les acteurs principaux sont les clubs et équipes de prévention, soit enfin par « des actions d'animation socio-éducative » (51). Ce sont là des actions qui ne concernent pas uniquement les services de l'Aide sociale à l'enfance, mais aussi le Service social départemental et, au-delà, un ensemble d'acteurs puisque ces missions se superposent aujourd'hui clairement avec celles du développement social des quartiers ou de la politique de la ville. Ainsi, même si le département et singulièrement ses services de protection de l'enfance doivent y participer (notamment au travers des structures comme les clubs et équipes de prévention qui sont financés par le département), ils le font de plus en plus en partenariat avec un ensemble d'autres intervenants dans le cadre de politiques globales concernant un territoire et un espace social dans son ensemble.

Le second type de protection sociale, centré sur des familles bien identifiées, se traduit par un dispositif à double vocation. En amont des services de l'ASE, agissent tous les services sociaux, notamment le Service social départemental organisé en secteurs et circonscriptions. Ces services, par les contacts directs qu'ils entretiennent avec les familles en difficulté, peuvent voir si la dégradation d'une situation familiale est telle que les enfants courent un risque potentiel. Il en est de même pour nombre d'autres acteurs (autorités locales, instituteurs, médecins, services de police) qui peuvent eux aussi avoir connaissance de situations ou de faits attestant des difficultés ou des carences éducatives. S'opère alors un « signalement » au service de protection

(48) L. n° 98-468, 17 juin 1998.
(49) J. Castagnède, Le suivi socio-judiciaire applicable aux délinquants sexuels, ou la dialectique sanction-traitement, *D.*, 1999, p. 23 ; J. S. Cayla, L'injonction de soins dans le suivi socio-judiciaire (loi n° 98-468 du 17 juin 1998), *RDSS*, 1998, p. 751.
(50) *TSA*, n° 696, p. 9 et n° 702, p. 7, 1998.
(51) *C. famille*, art. 45.

de l'enfance ; selon la gravité de la situation, soit le service social polyvalent de secteur assure un suivi de la famille, soit le relais est pris par l'ASE, sans préjudice d'ailleurs d'un recours au juge des enfants si la situation est trop grave : ce qui met alors fin à proprement parler à la « protection sociale ». Sous la réserve qu'un simple contact entre la famille et le service social de secteur ne suffise, le service de l'ASE dispose de divers moyens d'action (52) :

— *aides à domicile* attribuées en nature ou en espèces et qui résident dans l'intervention d'une travailleuse familiale ou d'une aide ménagère et/ou dans l'intervention d'un service d'action éducative (action éducative en milieu ouvert, AEMO) ;

— *aides financières* sous forme de secours exceptionnels ou d'allocations mensuelles (53). Ces moyens ont un but : prévenir la dégradation d'une situation familiale sur le plan matériel et éducatif et préserver ainsi les possibilités de maintien du mineur dans son milieu naturel de vie. Cependant, si la situation l'exige, et avec l'accord des parents (54), l'enfant peut être placé dans une institution d'accueil (établissement ou famille) de façon temporaire lorsqu'il ne peut être maintenu dans son milieu de vie habituel (55).

Il est enfin un troisième type d'action qui concourt à la protection sociale de l'enfance : il s'agit de la prévention de l'abandon d'enfant (56). L'essentiel, ici, réside dans la double volonté d'une part de permettre les abandons dans les meilleures conditions pour l'enfant lorsqu'ils s'avèrent inévitables, d'autre part de décourager cette volonté en offrant un soutien aux mères en difficulté (57). Les textes imposent au service de l'ASE de prendre en charge « les femmes enceintes et les mères isolées avec leurs enfants de moins de trois ans qui ont besoin d'un soutien matériel et psychologique » (58). Il existait obligatoirement, sur la base de la loi du 15 avril 1943, des structures d'accueil spécialisées pour la mère et l'enfant : maisons maternelles (accueil avant et juste après l'accouchement) et hôtels maternels (accueil plus durable de la mère et de l'enfant) ; mais ces structures, souvent encore en fonctionnement,

---

(52) *C. famille*, art. 41 à 44.

(53) Si les prestations en espèces sont soumises à conditions de ressources, celles en nature sont seulement subordonnées à l'existence d'un besoin ; ces prestations peuvent être par ailleurs accordées à des femmes enceintes confrontées à des difficultés ainsi qu'à des mineurs émancipés ou à des majeurs confrontés à des difficultés sociales.

(54) Dans le cadre de la protection sociale, en dehors donc de toute décision judiciaire, les prérogatives parentales restent entières à l'égard des enfants, même provisoirement placés, et leur accord ainsi que leur participation sont requis pour décider de toutes mesures visant l'enfant.

(55) *C. famille*, art. 46-1°.

(56) Rappelons que l'abandon d'enfant n'est pas en tant que tel incriminé par le Code pénal ; ce qui constitue un délit, c'est le fait d'abandonner un enfant sans s'assurer qu'il sera recueilli, ce que l'on appelle « l'exposition » ou le « délaissement » d'enfant (*C. pén.*, art. 349 et s.).

(57) L'équilibre entre ces deux impératifs est délicat. En effet, si le nombre d'abandons à la naissance est très faible (succès des mesures d'accompagnement et d'aide de la future mère), de nombreux enfants font l'objet d'un abandon affectif progressif ; de placements en prises en charge, ils sont dans une situation d'abandon de fait sans être juridiquement adoptables ; c'est pourquoi la loi du 22 décembre 1976 a précisé la notion de « désintérêt » de façon à permettre une adoption des enfants lorsque les parents s'en sont manifestement désintéressé. Ajoutons que, du fait de l'internationalisation de l'adoption (adoption d'enfants nés dans des pays du tiers-monde ou, plus récemment, d'Europe de l'Est), un texte de loi est intervenu pour aménager les procédures d'adoption dans un sens d'assouplissement et de plus grande sécurité, pour encadrer le secret des origines et pour améliorer les aides aux familles adoptantes (L. n° 96-604, 5 juillet 1996 ; v. F. MONÉGER, Regard critique sur la réforme de l'adoption, *RDSS*, 1997, p. 1). De même, la France vient d'approuver la Convention de La Haye du 29 mai 1993 sur la protection des enfants et la coopération en matière d'adoption internationale (L. n° 98-147, 9 mars 1998) ; v. aussi *TSA*, n° 733, 1999, p. 7.

(58) *C. famille*, art. 46-4°.

ne sont plus obligatoires et connaissent une désaffection au profit d'un soutien en milieu ordinaire de vie. Il en est de même depuis la loi du 6 janvier 1986 pour les foyers de l'enfance qui existent toujours dans chaque département : destinés à l'accueil en urgence d'enfants, ils comportent notamment une pouponnière pour les enfants de moins de trois ans. Mais s'ils sont maintenant plus libres quant au choix des moyens pour l'accueil des mères et des jeunes enfants, les départements n'en doivent pas moins prévoir celui-ci et en organiser l'accès et le fonctionnement.

C. LA PROTECTION JUDICIAIRE DE L'ENFANCE

220 Dans les cas de situations familiales particulièrement dégradées qui mettent en danger la santé, la sécurité, la moralité ou les conditions d'éducation d'un mineur, ou lorsque les mesures de prévention organisées dans le cadre de la protection sociale se sont révélées impuissantes à améliorer le sort des enfants par une aide apportée à la famille, le recours au juge des enfants s'impose : en effet, seule l'autorité judiciaire peut décider unilatéralement de mesures qui portent atteinte aux droits attachés à l'exercice de l'autorité parentale. Il convient tout d'abord d'analyser les fondements et l'organisation générale de la protection judiciaire pour voir ensuite quel y est le rôle spécifique du service de l'ASE.

1° Les fondements et l'organisation

221 La justice intervient de trois façons dans la protection de l'enfance.

Au civil, en premier lieu, et au titre de « l'assistance éducative » prévue à l'article 375 du Code civil, le juge des enfants peut ordonner des mesures « si la santé, la sécurité, la moralité d'un mineur non émancipé sont en danger, ou si les conditions de son éducation sont gravement compromises » (59). En vertu du principe selon lequel « chaque fois qu'il est possible, le mineur doit être maintenu dans son milieu actuel », le juge peut ordonner dans ce cadre deux types de mesures (60) ; ou bien « il désigne une personne qualifiée ou un service d'observation, d'éducation ou de rééducation en milieu ouvert, en le chargeant d'apporter aide et conseil à la famille afin de surmonter les difficultés matérielles ou morales qu'elle rencontre » : ces intervenants étant chargés de suivre la famille et d'en faire périodiquement rapport au juge (61) ; ou bien, « s'il est nécessaire de retirer l'enfant de son milieu actuel », le juge peut confier l'enfant soit à une personne physique (autre parent, membre de la famille ou tiers « digne de confiance »), soit à un organisme de santé ou d'éducation (service ou établissement sanitaire ou d'éducation ordinaire ou spécialisé), soit au

---

(59) Il est à noter cependant que « l'assistance éducative » de l'article 375 du Code civil reste encore un dispositif limité dans ses effets sur l'autorité parentale ; il existe aussi une procédure de « délégation des droits de l'autorité parentale » à la demande des parents (art. 376 à 377-3) et une procédure de « déchéance ou de retrait partiel de l'autorité parentale » (art. 378 à 381).

(60) Dans la procédure d'assistance éducative diligentée devant le juge des enfants, le mineur a la possibilité d'agir lui-même, notamment de saisir le juge des enfants pour lui demander d'ordonner des mesures, d'interjeter appel des décisions de ce dernier et de désigner pour l'assister un avocat de son choix (Cass. civ., 21 novembre 1995, *LPA*, n° 77, 1996, note J. Massip ; v. aussi TGI Basse-Terre, 30 mai 1996, *LPA*, n° 136, 1996, p. 7, note J. Massip).

(61) *C. civ.*, art. 375-2.

service de l'ASE (62). Il est à noter que, en conséquence de la loi du 17 juin 1998 relative à la prévention et à la répression des infractions sexuelles ainsi qu'à la protection des mineurs, le procureur de la République ou le juge d'instruction peuvent désigner un « administrateur *ad hoc* » pour prendre en charge un enfant victime dès l'ouverture de la procédure (63).

Au pénal (64), en second lieu, et sur le fondement de l'ordonnance du 2 février 1945, le juge des enfants prend prioritairement, lorsqu'un mineur commet un crime ou un délit, des « mesures de protection, d'assistance, de surveillance et d'éducation » et n'engage l'action pénale que lorsque « les circonstances et la personnalité du mineur paraîtront l'exiger ». Les mesures éducatives sont alors sensiblement les mêmes que dans le cas de l'assistance éducative : remise aux parents, à la personne qui en a la garde ou à la « personne digne de confiance », placement en établissement d'éducation ou de formation professionnelle, placement en établissement médical ou médico-social, remise au service de l'ASE, la seule spécificité tenant à la possibilité de placer le mineur dans un établissement ou un service approprié aux mineurs délinquants (qui sont en fait les structures de l'ancienne « Éducation surveillée » du ministère de la Justice, devenue « Protection judiciaire de la jeunesse ») (65).

Enfin, et en troisième lieu, le juge des enfants, toujours lui, peut intervenir dans la famille pour assurer une utilisation des prestations sociales (essentiellement prestations familiales) en faveur des enfants pour lesquels elles sont versées. Ce dispositif est fondé sur des dispositions du Code de la Sécurité sociale (66). « Au cas où les enfants donnant droit aux prestations familiales sont élevés dans des conditions d'alimentation, de logement et d'hygiène manifestement défectueuses ou lorsque le montant des prestations n'est pas employé dans l'intérêt des enfants », le juge peut en confier la gestion partielle ou totale à un tuteur qui doit à la fois assurer leur utilisation pour les enfants, mais aussi, si possible, en faire un ressort éducatif auprès des adultes (67).

On le voit donc, la protection judiciaire, qui intervient en relais ou en substitution de la protection sociale préventive, est établie sur trois fondements juridiques distincts. Mais elle se construit comme un dispositif unique d'intervention. Elle repose en effet

(62) *C. civ.*, art. 375-3. Le juge des enfants a prééminence sur le service de l'ASE s'agissant du choix de la formule de placement et de l'établissement d'accueil (Cass. civ., 10 mars 1993, *D.* 1993, IR, p. 86 ; *RDSS*, 1993, p. 530 et *RDSS*, 1994, p. 145, note P. VERDIER et L. SEAILLES ; v. aussi Cass. civ., 29 mai 1996, *JCP*, IV, 1596, 1996) ; il a également seul compétence (le juge du divorce ne l'étant pas) pour prendre une mesure d'assistance éducative (Cass. civ., 26 janvier 1994 et Cass. civ., 23 février 1994, *RDSS*, 1995, p. 179, note F. MONÉGER ; *JCP*, 1994, II, 22341, note S. BERNIGAUD ; Cass. civ., 10 mai 1995, *JCP*, IV, 1585, 1995).

(63) D. n° 99-818, 16 septembre 1998.

(64) Sur les modifications d'ordre procédural apportées à l'ordonnance de 1945 par la loi n° 96-585 du 1er juillet 1996, v. notamment H. COLONNA D'ISTRIA, Réflexions sur la loi du 1er juillet 1996 relative à l'enfance délinquante, *RDSS*, 1997, p. 154.

(65) Mélanges de Vaucresson (Dir. B. PELLEGRINI), *Champ et fonction de l'intervention éducative sur décision de justice,* CNFE-PJJ, 1994.

(66) *C. séc. soc.*, art. L. 552-6 et R. 167-2 et s. ; la tutelle aux prestations sociales (v. L. 18 octobre 1966 et D. n° 69-399, 25 avril 1969) poursuit un objectif général : contribuer à ce que les prestations et allocations versées soient utilisées au bénéfice des personnes pour lesquelles elles ont été instituées, étant donné que, soit du fait de leur minorité (enfants), soit du fait de leur état physique ou mental (personnes âgées, handicapés) ces bénéficiaires dépendent de tiers ; il existe donc deux dispositifs protecteurs : la tutelle aux majeurs protégés sous la juridiction du juge des tutelles (*C. séc. soc.*, art. L. 167-1), et la tutelle aux prestations familiales sous la juridiction du juge des enfants (v. T. FOSSIER, La place de la tutelle aux prestations sociales dans la protection de l'enfant et de l'adulte, *Sauvegarde de l'enfance*, 1996, p. 284).

(67) D. n° 69-399, 25 avril 1969, art. 29.

sur une seule instance juridictionnelle qui en constitue le pivot, le juge des enfants. Les motivations de l'intervention sont les mêmes : c'est le danger couru par l'enfant qui en est le fait déclenchant, c'est la recherche de l'intérêt de l'enfant qui en constitue la finalité (68). Les principes et modalités d'action sont communs : maintien de l'enfant dans son milieu familial, volonté éducative pour l'enfant, recherche si possible de la promotion du milieu familial (dont l'accord doit être constamment recherché), gradation des mesures qui vont des plus légères et incitatives aux plus contraignantes. Enfin, les bases juridiques en sont souples : le juge, saisi au pénal, peut agir sur le terrain civil de l'assistance éducative ; l'infraction pénale constitue un signe d'inadaptation et non un fait pris obligatoirement en compte sur le plan juridique ; les mesures sont provisoires, quel qu'en soit le fondement, et réversibles. Ces mêmes mesures sont le plus souvent identiques, que l'on se situe sur le terrain civil ou pénal ; on ajoutera, en outre, qu'elles se confondent en pratique avec les mesures prises sur la base de la protection sociale : action éducative auprès de l'enfant et de sa famille (ce dernier restant confié à ses parents), placement de l'enfant auprès de personnes physiques (membres de la famille ou tiers « dignes de confiance »), placement en établissement sanitaire si nécessaire, placement en structure éducative ou de formation ou, enfin, remise du mineur au service de l'Aide sociale à l'enfance ; il n'y a guère qu'à l'égard de certains mineurs délinquants, et à condition qu'ils nécessitent une prise en charge plus spécialisée, que le juge des enfants dispose des structures spécifiques de la protection judiciaire de la jeunesse (services d'observation, services éducatifs en milieu ouvert ou établissements qui peuvent être publics ou privés, ces derniers ayant alors une habilitation délivrée par l'État pour l'accueil de mineurs délinquants). Il s'agit donc d'un complexe à finalité éducative, qui fait intervenir le juge parce qu'y sont manipulés droits et devoirs familiaux dans une tension permanente entre aide et contrôle, soutien et sanction (69).

Il est cependant indéniable que, sur le versant pénal de l'ordonnance de 1945, l'équilibre entre finalités rééducatives et logique répressive de la protection judiciaire de l'enfance est difficile à établir et fait l'objet de constants débats. La montée en puissance de la délinquance des mineurs, fortement médiatisée dans ses manifestations les plus visibles que sont les émeutes urbaines et la violence scolaire, a suscité une remise en cause du dispositif législatif en vigueur : ainsi la loi du 1er juillet 1996 a

(68) Les dispositions concernant la protection de l'enfance en danger sont applicables sur le territoire français à tous les mineurs qui s'y trouvent, quelles que soient leur nationalité ou celle de leurs parents ; cette règle est valable tant en matière d'assistance éducative (Cass. civ., 27 octobre 1964, *D.*, 1964, p. 81 ; Cass. civ., 16 janvier 1979, *Bull. civ.*, I, n° 22) qu'en matière de déchéance d'autorité parentale (Cass. crim., 4 novembre 1992, *D.*, 1993, IR, p. 27 ; *RDSS*, 1993, p. 531 : v. F. MONÉGER, La protection de l'enfant étranger après la loi du 24 août 1993 sur la maîtrise de l'immigration, *RDSS*, 1994, p. 329). S'agissant des fondements juridiques de la notion « d'intérêt de l'enfant », il faut noter que la Convention internationale des droits de l'enfant impose la prise en compte de « l'intérêt supérieur de l'enfant » : le Conseil d'État (à propos de l'expulsion d'un enfant entré irrégulièrement sur le territoire), accepte que cette disposition de la Convention soit invoquée utilement devant la juridiction administrative et conclut à l'annulation de la mesure d'expulsion (CE, 22 septembre 1997, Mlle Cinar, *RDSS*, 1998, p. 174, note F. MONÉGER) ; la Cour de cassation, en revanche, a refusé à de nombreuses reprises d'appliquer directement ladite Convention (Cass. crim., 18 juin 1997, *Bull.*, n° 461, 15 novembre 1997, p. 25) ; v. aussi H. RIHAL, L'intérêt de l'enfant et la jurisprudence du Conseil d'État concernant les agréments en matière d'adoption, *RDSS*, 1997, p. 503 ; sur la question, v. Rapport au Parlement. Mise en œuvre de la convention internationale des droits de l'enfant, *TSA*, n° 761, 1999, p. 13.

(69) R. LAFORE, *Recherche sur les interventions publiques... (op. cit.)*, p. 230 et s. : H. LAFONT, P. MEYER, *Justice en miettes*, 1979, PUF.

introduit plusieurs dispositions nouvelles dans l'ordonnance de 1945 dont la finalité essentielle tient dans une accélération des procédures de jugement et dans l'introduction d'une nouvelle forme de prise en charge d'adolescents : les « unités à encadrement éducatif renforcé » (UEER). Ainsi, si le souci de prévention n'est pas absent (conventions sur le signalement des mineurs entre juridictions et aide sociale à l'enfance, conventions conclues entre le parquet, la PJJ et les établissements scolaires), on assiste néanmoins à un centrage de l'intervention publique sur l'appréhension/sanction des actes délictueux et à un affaiblissement corrélatif de l'approche éducative plus large du mineur dans son milieu : les exigences de sécurité publique ayant tendance à l'emporter sur toutes autres considérations (70).

2° Le rôle spécifique de l'Aide sociale à l'enfance

222 L'ASE, qui joue déjà un rôle central en matière de prévention et dans le cadre de la protection sociale de l'enfance, joue aussi un rôle très important dans la prise en charge de mineurs qui font l'objet de décisions juridictionnelles (71). Elle retrouve d'ailleurs là sa vocation originaire d'accueil d'enfants déliés de tout lien familial ou retirés durablement de leurs familles. Outre la prise en charge d'enfants qui ne peuvent provisoirement être maintenus dans leur milieu de vie habituel (72), ce qui constitue une des mesures de protection sociale prise avec l'accord des parents, l'ASE se voit confier par le juge, le plus souvent juge des enfants, un certain nombre de mineurs dont elle doit assurer la prise en charge sur le plan financier (73) ainsi que, directement ou indirectement, sur le plan matériel. Ces mineurs relèvent de législations différentes ; on y trouve en effet :

— les mineurs faisant l'objet d'une mesure d'assistance éducative (74) dont l'obligation de prise en charge par l'ASE repose sur les articles 46-3° et 85-2° du Code de la famille ;

— les mineurs relevant de la prise en charge éducative de l'enfance délinquante (75) dont l'obligation de prise en charge repose sur l'article 85-2° du Code de la famille ;

(70) L. n° 96-585, 1er juillet 1996. Si on a pu longtemps critiquer l'intervention judiciaire face à la délinquance juvénile pour son centrage sur des approches « psychologisantes » ou « sociologisantes » des jeunes (ce qui annihilait le contenu purement rétributif de l'intervention en faisant disparaître la sanction), le discours actuel du « rappel à la loi » peut générer une forte inflexion vers les logiques sécuritaires qui donnent le premier rôle aux parquets et aux forces de police ; en témoigne la place centrale de la délinquance et de la violence des jeunes dans le récent « Colloque de Villepinte » (24 et 25 octobre 1997), lesquels deviennent apparemment les responsables essentiels de l'insécurité (création de « contrats locaux de sécurité », institution « d'agents locaux de médiation » et « d'adjoints de sécurité », institution d'un Conseil de sécurité intérieure) ; à cette occasion, une réforme d'envergure de l'ordonnance de 1945 a été annoncée : sur cette question, v. A. WYVEKENS, Délinquance des mineurs : justice de proximité *vs* justice tutélaire et D. SALAS, Refonder l'État éducateur, *Esprit*, mars-avril 1998, p. 158 et p. 174 ; sur les nouveaux « contrats locaux de sécurité », v. Circ. 28 octobre 1997 (*JO*, p. 15757).

(71) Au 1er janvier 1996, sur les 114 400 enfants confiés aux services de l'ASE (tous confondus), les enfants confiés sur décision judiciaire constituaient le groupe majoritaire : 80 690 enfants, soit 70,5 % du total (SESI, *Documents statistiques*, 1997, n° 288).

(72) *C. famille*, art. 46-1°.

(73) Rappelons que, bien que les lois de décentralisation aient confié l'ASE aux départements, le président du conseil général a une compétence liée quant à l'admission des enfants confiés au service par le juge (L. 22 juillet 1983, art. 34) ; situation qui n'est pas sans poser des problèmes auxdits départements (COUR DES COMPTES, *La décentralisation en matière d'aide sociale*, 1995).

(74) *C. civ.*, art. 375-3 et 375-5.

(75) Ord. 2 février 1945, art. 10-4° et 15-4°.

— les mineurs pris en charge au titre de la délégation de l'autorité parentale (76) qui doivent être accueillis sur le fondement des articles 46-3° et 85-2° du Code de la famille ;

— les mineurs pour lesquels a été prononcée une déchéance de l'autorité parentale (77) que l'ASE doit prendre en charge sur le fondement des articles précédents ;

— les mineurs pour lesquels la tutelle reste vacante et que le juge des tutelles confie au service de l'ASE dans le cadre de la tutelle d'État (78) ;

— enfin, certains de ces mineurs, notamment lorsqu'ils sont remis de façon définitive ou lorsque les parents manifestent un désintérêt prolongé à leur égard, viennent alors s'ajouter à ceux dont la filiation n'est pas établie (79) et constituent un groupe spécifique d'enfants pris en charge : les pupilles de l'État. C'est la loi du 6 juin 1984 (80) qui en a établi le statut dans l'objectif prioritaire de faciliter l'adoption (81). Mais dans cette attente, les pupilles de l'État sont pris en charge par l'ASE (82), la tutelle étant juridiquement confiée au préfet (83).

L'accueil de ces enfants, dans le service de l'Aide sociale à l'enfance et à la suite d'une décision d'admission prise par le président du conseil général, se réalise au travers de divers moyens ou structures. Chaque département dispose d'un foyer de l'enfance bien qu'un tel équipement ne soit plus obligatoire et puisse parfaitement être remplacé par diverses structures spécialisées ; en toute hypothèse, il est nécessaire de disposer de moyens d'accueil en urgence et d'orientation des enfants au terme d'une période d'observation ainsi que de moyens de transition pour recueillir les enfants qui passent d'un mode de prise en charge à un autre, ce à quoi servaient et servent encore les foyers de l'enfance. Ensuite, l'ASE dispose d'assistantes maternelles (84) qui offrent une famille de substitution aux mineurs accueillis ; cette solution apparaît de loin préférable aux placements en institution et elle est aujourd'hui recherchée en priorité. Enfin, lorsque l'enfant connaît des difficultés particulières (handicap physique ou mental, troubles psycho-affectifs) et que le placement dans une famille d'accueil se révèle impossible, il faudra l'orienter vers des institutions spécialisées, soit à caractère médico-éducatif, soit à caractère social ; il s'agit le plus

(76) *C. civ.*, art. 377 et 377-1.

(77) *C. civ.*, art. 380.

(78) *C. civ.*, art. 433 : sur l'obligation de prise en charge, v. *C. famille*, art. 46-3° et 85-2°.

(79) Tel est notamment le cas des enfants nés par accouchement secret ou sous X : sur cette question, v. C. NEIRENCK, L'accouchement sous X : le fait et le droit, *JCP*, 1996, I, 3922 ; F. DREIFUSS-NETTER, L'accouchement sous X, *Mél. D. Huet-Weiller*, p. 99, 1995, LGDJ ; B. TRILLAT, L'accouchement anonyme : de l'opprobe à la consécration, *Mél. D. Huet-Weiller*, p. 513 ; M. C. LE BOURSICOT, Le secret des origines, *Revue jurid. d'Ile-de-France*, juillet-septembre 1996, p. 51.

(80) *C. famille*, art. 60 à 65 ; v. aussi D. n° 85-938, 23 août 1985.

(81) Il résulte de la combinaison des art. 61 et 62 du CFAS et de l'art. 352 du Code civil qu'aucun consentement à l'adoption n'est exigé lorsqu'un enfant a été confié au service de l'ASE par une mère ayant accouché sous X (c'est-à-dire dans l'anonymat) : dès lors que l'enfant a été valablement placé, sa restitution à sa famille d'origine se révèle donc impossible (Cass. civ., 5 novembre 1996, *JCP*, 22749, 1996, note I. ARDEEFF).

(82) *C. famille*, art. 46-2.

(83) Dès lors que le pupille de l'État a été adopté, le préfet perd sa qualité de tuteur et, par voie de conséquence, les pouvoirs (notamment d'interjeter appel) en découlant (Cass. civ., 28 mars 1995, *LPA*, n° 8, 1996, note J. MASSIP) ; pour exemple d'admission d'un enfant comme pupille de l'État, v. TC, 7 octobre 1991, Mazouza Remadnia, *RFDA*, 1992, p. 907, note S. BERNIGAUD ; sur les délais de consultation des dossiers de pupilles de l'État, v. TA Paris, 15 mai 1992, *RDSS*, 1993, p. 346, note P. VERDIER ; sur l'ensemble de la question, v. *TSA*, 1997, n° 634, p. 9.

(84) V. *supra*, n° 208.

souvent de structures de droit privé qui bénéficient d'une habilitation délivrée par le président du conseil général ou conjointement par ce dernier et le préfet (85).

Tout accueil d'enfant sur le fondement d'une décision judiciaire ainsi que tout accueil ou prise en charge éducative par le service de l'ASE dans le cadre de la protection sociale, doivent respecter les droits des familles tels que définis par la loi du 6 juin 1984 (86). Ce texte renforce en effet les prérogatives des personnes et des familles dans leurs rapports avec l'ASE dans le but de protéger leurs droits et de les responsabiliser. Quatre obligations pèsent sur le service d'ASE qui sont autant de droits pour les personnes : informer les familles sur les effets de l'intervention du service notamment en matière d'autorité parentale ; les faire bénéficier de l'assistance d'une personne dans les rapports avec le service ; les associer à toute décision concernant l'enfant, ainsi que demander l'avis du mineur lui-même ; leur accorder une réévaluation régulière de la situation (les mesures autres que judiciaires ne pouvant être prises pour une durée supérieure à un an).

223 **Bibliographie.** V. n° 213 ; *adde* M. BAUER, *La tutelle aux prestations sociales,* 1988, ESF ; La tutelle, la curatelle, conseil, assistance et contrôle, *Informations sociales*, 1997, n° 74, p. 114 ; M. BAUER, T. FOSSIER, *Les tutelles, protection juridique des enfants et des adultes,* 1994, ESF ; S. BERNIGAUD, *La protection judiciaire et administrative de l'enfant, étude comparative des systèmes français et québécois*, thèse, Lyon, 1991 (dact.) ; D. BOURGNAULT, F. de la HARPE, *L'enfant en famille d'accueil,* 1993, Centurion ; J.M. BAUDOIN, *Le juge des enfants, surveiller ou punir,* 1990, ESF ; M. DAVID, *Le placement familial, de la pratique à la théorie,* 1992, ESF ; DIVERS, *L'enfance en danger, signalement et réponses,* 1998, ODAS ; J. FAGET, *Justice et travail social,* 1992, Erès ; T. FOSSIER, La place de la tutelle aux prestations sociales dans la protection de l'enfant et de la famille, *Sauvegarde de l'enfance*, 1996, p. 284 ; M. HUYETTE, *Guide de la protection judiciaire de l'enfant*, 1997, Dunod ; F. MACORIG-VENIER, Le danger demeure-t-il le critère de l'action préventive de l'aide sociale à l'enfance ?, *RDSS*, 1993, p. 170 ; J. MASSIP, *Administration légale et tutelle des mineurs,* Répertoire du notariat Defrénois, 1995 ; M. RUFIN, *Protection de la jeunesse et délinquance juvénile* (Rapport), 1996, La Doc. française ; P. VERDIER, M. DUBOC, *Face au secret de ses origines, le droit d'accès au dossier des enfants abandonnés*, 1996, Dunod.

SECTION II LES ACTIONS EN FAVEUR DE LA FAMILLE

224 La protection médico-sociale de l'enfance ainsi que la protection de l'enfance en danger constituent un ensemble d'actions qui, pour privilégier la promotion et le soutien de la famille comme milieu naturel de vie, sont néanmoins essentiellement ordonnées à une prise en compte de l'intérêt de l'enfant. Cette orientation exclusive vers l'enfant disparaît avec d'autres actions qui ont en commun de soutenir plutôt le groupe familial dans sa globalité. Certes, il faut rappeler que la famille est une structure finalisée où les droits et les pouvoirs sont des droits ou des pouvoirs-fonctions en faveur des enfants (87). Il faut aussi indiquer que le droit social

(85) V. *supra*, n° 123 et s.

(86) *C. famille*, art. 55 à 59 ; v. H. MOLINES, Droits des familles et pupilles de l'État, *RDSS*, 1985, p. 221 ; C. GEFFROY, La tutelle des pupilles de l'État. Propos critiques et propositions pour l'avenir, *JCP* 1999, I, p. 142.

(87) L'art. 371-2 du Code civil affirme en effet que « l'autorité appartient aux père et mère pour protéger l'enfant dans sa sécurité, sa santé et sa moralité ».

a de longue date abandonné, pour définir la « famille », le critère du mariage et de la filiation légitime ainsi d'ailleurs que du couple : il n'y a pas un modèle familial, mais ce sont les situations concrètes qui sont prises en compte derrière la notion de « charge de l'enfant » (88) : ainsi, les aides et allocations vont-elles moins à des « familles » qu'à des ménages ou à des personnes qui ont en charge des enfants (89).

Ce deuxième type d'actions comprend deux séries de mécanismes : il existe d'une part des aides financières qui, délivrées sous conditions de ressources, constituent un soutien d'ordre économique à des familles (§ 1) ; d'autre part, nombre d'interventions d'action sociale qui se proposent d'apporter aux ménages, souvent en se tournant prioritairement vers les plus défavorisés, des aides et prestations pour les soutenir dans leurs fonctions parentales à la fois en matière d'équipement matériel du foyer, d'aide à la garde des enfants et d'éducation dans le domaine de la culture et des loisirs (§ 2).

225 **Bibliographie générale.** J. BICHOT, *La politique familiale*, 1993, Cujas ; H. BRIN (Rapport), *La politique familiale française*, Cons. écon. et soc., 1991 ; A. BURGUIÈRE, C. KLAPISCH, M. SEGALEN, F. ZONABEND, *Histoire de la famille*, 1986, A. Colin ; J. COMMAILLE, *Misères de la famille. Question d'état*, 1996, Presses FNSP ; J. COMMAILLE, C. MARTIN, *Les enjeux politiques de la famille*, 1998, Bayard ; DIVERS, La politique familiale, *Dr. soc.*, 1981, (n° spécial) ; Regards sur les prestations familiales, *Dr. soc.*, 1985, n° 5 (n° spécial) ; J. DONZELOT, *La police des familles*, 1978, Éd. de Minuit ; A. M. GILLES, *Le couple en droit social*, Economica, 1997 ; S. GRATALOUP, *L'enfant et sa famille dans les normes européennes*, 1998, LGDJ ; P. LAROQUE (Dir.), *La politique familiale en France depuis 1945*, 1986, La Doc. française ; D. LE GALL, C. MARTIN (Dir.), *Familles et politiques sociales. Dix questions sur le lien familial contemporain*, 1996, L'Harmattan ; R. LENOIR, Politique sociale et construction sociale de la famille, *RFSP*, 1991, p. 781 ; M. MESSU, *Les politiques familiales : du natalisme à la solidarité*, 1992, Éd. Ouvrières ; E. MILLARD, *Famille et droit public. Recherches sur la construction d'un objet juridique*, 1996, LGDJ ; F. MONÉGER, La politique familiale, *RDSS* (n° spécial), 1996, p. 765 ; A. PITROU, *Les politiques familiales*, 1994, Syros ; M. SEGALEN, *Sociologie de la famille,* 1981, A. Colin ; F. de SINGLY (Dir.), *La famille. L'état des savoirs*, 1991, La Découverte ; P. STECK, *Les prestations familiales*, 1993, PUF ; *Droit et famille*, 1997, Economica ; C. THÉLOT, M. VILLAC, *Politique familiale. Bilan et perspectives* (Rapport), 1998, La Doc. française.

§ 1. LES AIDES FINANCIÈRES

226 L'article 20 du Code de la famille et de l'aide sociale définit une série d'aides qui, aux dires même du texte, doivent se saisir comme « des formes générales de compensation des charges familiales ». Avec l'objectif « d'aider les familles à élever leurs enfants », sont cités un ensemble d'avantages et prestations : prestations familiales et autres prestations de sécurité sociale, réductions et exonérations fiscales, réductions en matière de transports publics, allocations destinées à faire face

(88) J. HAUSER, Prestations familiales et modèles familiaux, *RDSS*, 1994, p. 627 ; X. PRÉTOT, Quelle famille est prise en compte dans notre système de protection sociale ?, *RDSS*, 1993, p. 482 ; D. BUCHET, Concubinage, vie maritale, vie commune, étude de jurisprudence en matière de prestations familiales, *Dr. soc.*, 1997, p. 288 ; M. REBOURG, La notion d'enfant à charge dans les familles recomposées, *RDSS*, 1998, p. 402.

(89) Depuis 1997, se tient chaque année une « conférence de la famille » réunissant, sous l'égide du gouvernement, l'ensemble des associations et groupements représentatifs, à l'occasion de laquelle sont définies et mises en cohérence les grandes orientations de la politique publique dans ce domaine.

aux frais de scolarité, prestations spécifiques aux fonctionnaires et agents de l'État et allocations d'aide sociale.

Ne seront exposées ici, après élimination des aides qui, uniquement orientées vers la compensation de charges, ne sont pas liées à un niveau de ressources (réductions et exonérations fiscales, réductions en matière de transports publics), que les seules prestations qui, servies sous conditions de ressources, constituent un apport économique supplémentaire : prestations d'aide sociale et prestations familiales (90).

A. L'AIDE SOCIALE AUX FAMILLES

227 En dehors des allocations de l'aide sociale à l'enfance qui apparaissent théoriquement comme l'un des moyens de la protection sociale de l'enfance (bien qu'en pratique l'on ait eu tendance à les utiliser comme un instrument global de solvabilisation de ménages), le Code de la famille et de l'aide sociale prévoit deux types de prestations en espèces : l'une, « l'allocation aux familles dont les soutiens effectuent leur service militaire ou dans la police nationale », est à la charge de l'État ; l'autre, « l'aide sociale aux familles dont les ressources sont insuffisantes », est à la charge du département.

228 **a) L'aide sociale aux familles dont les soutiens effectuent leur service militaire** — Cette prestation d'aide sociale, héritière des « allocations militaires » instituées par la loi du 31 mars 1928, est prévue à l'article 156 du Code de la famille (91). L'attribution de cette aide peut être liée — mais ce n'est pas obligatoire — à la reconnaissance de la qualité de soutien de famille (92). Ces allocations sont soumises à deux séries de conditions.

Il faut d'abord que les familles aient des « ressources insuffisantes » (93) : le préfet dispose d'un large pouvoir d'appréciation de l'insuffisance de ces ressources. Il faut ensuite que l'intéressé ait la qualité de « soutien » : il doit avoir en charge une épouse, des enfants, des frères et sœurs, des ascendants ou beaux-parents, d'autres personnes ayant avec lui un lien de parenté jusqu'au troisième degré (94) ; il doit de plus fournir une aide effective à sa famille soit avant le service national, soit à la suite d'un événement survenu pendant et dont la conséquence est d'en faire le seul

---

(90) On pourrait encore évoquer les aides à l'éducation scolaire et universitaire qui entendent compenser les coûts occasionnés par la scolarité des enfants dans un but d'égalité d'accès à l'enseignement (bien que l'enseignement reste globalement gratuit, il subsiste des frais de matériel, de transport, de logement). Il existe un dispositif de bourses propres à l'enseignement secondaire ainsi qu'à l'enseignement supérieur, à quoi on peut ajouter divers systèmes de prêts (v. pour l'enseignement secondaire, A. 4 mars 1997 et Note service n° 97-058, 5 mars 1997 ; pour l'enseignement supérieur, A. 30 septembre 1997 et Circ. n° 97-120, 16 mai 1997) ; ne sera évoquée ici qu'une seule prestation familiale : l'allocation de rentrée scolaire.

(91) L. n° 76-617, 9 juillet 1976, D. n° 76-303, 2 avril 1976, Instr. 21 septembre 1994.

(92) *C. serv. nat.*, art. L. 32 et R. 55 à R. 68 ; chaque procédure est distincte, mais elles ont été fonctionnellement superposées puisqu'elles nécessitent un dossier unique, instruit dans les deux cas par le CCAS. Cependant la qualité de soutien de famille est accordée par la Commission régionale de dispense des obligations militaires (qui peut d'ailleurs accorder cette qualité avec ou sans dispense de service national) alors que l'allocation est accordée par le préfet de département au nom de l'État.

(93) En tenant compte de l'ensemble des ressources en espèces et des avantages en nature de la famille et en les divisant par le nombre de parts correspondant aux personnes dont le demandeur a la charge effective, le quotient est comparé à un salaire mensuel de base fixé à 200 fois le SMIC horaire (Comm. centr., 27 mars 1992, Dép. Pas-de-Calais, req. n° 910654 et req. n° 920351).

(94) La compagne ou la concubine d'un appelé ne peuvent prétendre au bénéfice de l'allocation (Comm. centr., 28 janvier 1983, *RDSS*, 1984, p. 257 ; Comm. centr., 27 mars 1992, Dép. Haute-Vienne, req. n° 920103).

soutien possible, et à condition que cette aide ne puisse être apportée par un autre membre de la famille (95). Les allocations peuvent comprendre une allocation principale et des majorations pour enfants et/ou ascendants (96). Il est à noter que ces allocations, qui existent encore sur le plan juridique et qui concernent encore pour deux années des jeunes appelés, vont disparaître avec la suppression du service national.

229 **b) L'aide sociale aux familles dont les ressources sont insuffisantes** — Cette prestation a été instituée par une loi du 14 juillet 1913. Elle est aujourd'hui prévue aux articles 150 à 155 du Code de la famille. Elle peut être servie aux personnes assumant de manière permanente la charge matérielle d'enfants ayant l'âge requis pour ouvrir droit aux allocations familiales. La procédure d'admission est celle de droit commun. Elle est restée importante tant que les allocations familiales étaient peu développées ou ne bénéficiaient pas à l'ensemble des familles. Mais à compter de l'institution des allocations familiales et de leur généralisation à toute personne ayant en charge des enfants, cette aide est tombée en désuétude, notamment parce qu'elle ne peut être cumulée avec les prestations familiales ou toute autre forme d'aide en espèces liée à la charge d'enfants. De plus, la tendance a été (jusqu'à l'institution du RMI) à un recours systématique aux allocations mensuelles d'aide sociale à l'enfance, pour aider les familles en difficulté, du fait de leur plus grande souplesse d'utilisation.

Cette forme d'aide sociale n'est donc plus versée dans les départements métropolitains et ne subsiste que dans les départements d'outre-mer.

B. LES PRESTATIONS FAMILIALES SOUS CONDITIONS DE RESSOURCES

230 Les quelques prestations d'aide sociale constituant une aide financière pour les familles précédemment évoquées n'ont qu'un caractère résiduel soit du point de vue de la population touchée (soutiens familiaux effectuant leur service national), soit encore du fait de leur relative marginalité (allocations mensuelles de l'aide sociale à l'enfance ou aide sociale à la famille) : ceci tient à la fois à l'institution des allocations familiales, lesquelles ouvrent une palette complète d'aides en espèces constituées en droits objectifs et à l'institution du RMI (depuis 1989, le montant des allocations mensuelles a décliné).

Bien qu'il apparaisse délicat de proposer une typologie des prestations familiales, et même d'en définir la notion (97), on peut classer ces aides en trois ensembles théoriques : il y a tout d'abord les prestations universelles, versées sans conditions

(95) Sur le refus de l'allocation au motif que l'appelé se trouvait au chômage et/ou sans ressources, v. Comm. centr., 26 octobre 1984, *RFAS*, 1984, cah. jur., n° 4, p. 47 ; Comm. centr., 27 mars 1992, Dép. Pas-de-Calais, Sarthe et Indre-et-Loire (5 espèces).

(96) L'allocation principale comporte elle-même 3 taux allant de 100 F/mois (taux minimum) à 300 F/mois (taux maximum) ; quant aux majorations, elles s'établissent à 22 % de la base mensuelle de calcul des allocations familiales pour chacun des deux premiers enfants à charge (33 % pour chacun des suivants) et à la moitié de l'allocation principale pour chaque ascendant à charge. Ces majorations ne sont pas cumulables avec les allocations familiales ou avec des allocations de vieillesse ou d'invalidité versées par la sécurité sociale ou l'aide sociale.

(97) J. P. Laborde, Les prestations familiales : pluralité des typologies, incertitude de la notion, *RDSS*, 1994, p. 563 (sur la notion de prestation familiale, v. *C. séc. soc.*, art. L. 511-1).

de ressources et d'un montant uniforme ; il peut y avoir ensuite des allocations versées à tous mais modulées en fonction du revenu, ce dont il n'existe aucun d'exemple dans notre pays ; il existe enfin des prestations versées sous conditions de ressources.

Les prestations familiales, qui sont une des composantes majeures de la politique familiale, ont été instituées pour poursuivre de multiples finalités (accroître la natalité, contribuer au travail des parents, couvrir les charges occasionnées par les enfants...) (98). On doit cependant constater que la part des prestations versées sous conditions de ressources a progressé, ce qui a témoigné d'une volonté de privilégier l'objectif d'une certaine redistribution des revenus (99). Cependant, du fait d'un montant élevé des plafonds de ressources permettant de bénéficier des prestations considérées (situation qui conduit à les attribuer à un nombre très important de personnes), la redistribution reste plus horizontale que verticale et on est loin, avec notre système d'allocations sous conditions de ressources, d'un dispositif d'assistance aux familles à bas revenus (100) : l'effet « aide à l'enfant » reste bien plus important que l'effet « revenu » (101). Il n'empêche que, à la suite d'une part de la généralisation des allocations familiales qui a supprimé le lien entre prestations et contribution préalable (la part du financement fondée sur des cotisations salariales étant, de plus, entièrement à la charge des employeurs) et d'autre part du développement de ces prestations sous conditions de ressources, c'est un pan entier de la protection sociale qui s'éloigne des principes assurantiels et s'inscrit davantage dans une logique assistancielle de transferts de ressources vers des familles pour leur assurer une aide financière (102).

Les allocations sous conditions de ressources sont assez nombreuses. Certaines ne sont qu'indirectement liées à une volonté d'aider les familles ou plus généralement les ménages parce que liées à un objet spécifié ou à un groupe (aides au logement, aides aux enfants et adultes handicapés) (103). Mais d'autres se proposent en revanche

(98) M. Messu, *Les prestations familiales, du natalisme à la solidarité,* 1992, Éd. Ouvrières ; Les finalités des prestations familiales, *RDSS,* 1994, p. 575.

(99) Sur les dix prestations familiales figurant dans le Code de la sécurité sociale (art. L. 511-1), seules trois d'entre elles n'étaient pas soumises en 1998 à une condition de ressources (allocation parentale d'éducation, allocation de soutien familial et allocation d'éducation spéciale) ; avec le plafonnement des allocations familiales sur lequel le Gouvernement est opportunément revenu, c'était en effet la plus grande partie de ces aides qui s'infléchissait dans une logique redistributrice : les AF représentant à elles seules près de 40 % de la masse des prestations de la branche famille (Y. Saint-Jours, Prestations familiales : droit de l'enfant ou dispositif d'assistance, *Dr. ouvrier*, 1997, p. 363 ; v. aussi *Solidarité-santé*, 1997, n° 3, p. 79).

(100) P. Steck, *Les prestations familiales,* p. 112, 1993, PUF ; J. C. Ray, J. M. Dupuy, B. Gazier, *Analyse économique des politiques sociales*, p. 113 et s., 1988, PUF.

(101) Notons, de plus, que certaines prestations universelles ont même un impact régressif en matière de redistribution verticale comme l'allocation de garde d'enfant à domicile (AGED) ou l'aide à la famille pour l'emploi d'une assistante maternelle agréée (AFEAMA) qui ne peuvent bénéficier de fait à des familles à faibles revenus. En ce qui concerne l'AGED, la loi de financement de la sécurité sociale pour 1998 l'a modifiée en réduisant le taux de prise en charge des cotisations sociales (en maintenant en outre un plafond maximum de la prestation) de 100 % à 50 % pour les familles dont les ressources sont supérieures à un plafond annuel de 300 000 F et de 100 % à 75 % pour les familles dont les ressources annuelles sont inférieures à ce plafond ; de plus l'avantage fiscal qui se traduisait par un crédit d'impôt égal à 50 % d'un plafond de 90 000 F a été ramené à 50 % d'un plafond de 45 000 F : sur les motifs de cette réforme — laquelle a suscité des critiques souvent injustifiées mais parfois pertinentes —, v. J. Fagnani, L'allocation de garde à domicile : profil des bénéficiaires et effet d'aubaine, *Dr. soc.*, 1997, p. 944 ; sur la question, v. J. Fagnani, A. Math, Fiscalité et prestations familiales en Europe : les familles aisées vivant en France sont-elles les plus favorisées ?, *RFAS*, n° 4, 1998, p. 149.

(102) R. Hugounenq, H. Sterdyniak, La sélectivité de la protection sociale, débats et enjeux, *Cahiers français*, n° 292, 1999, p. 74.

(103) V. *infra*, n° 314 et s. et 556 et s.

d'aider le groupe familial pour l'accueil et la prise en charge des enfants (aides pour l'accueil du jeune enfant, aides aux familles ayant plusieurs enfants, aides spécifiques à certains types de familles) (104).

1° Les prestations aux familles pour la charge d'enfants

231 Diverses prestations familiales sous conditions de ressources venant s'ajouter aux prestations universelles (AGED, allocation parentale d'éducation, aide à la famille pour l'emploi d'une assistante maternelle agréée) interviennent soit à la naissance ou lors de l'adoption d'un enfant (allocation pour jeune enfant, allocation d'adoption), soit pour accroître les ressources de familles en charge de plusieurs enfants (complément familial), soit pour faire face à certaines charges spécifiques liées aux enfants (allocation de rentrée scolaire).

Les *allocations familiales* ont été placées pendant une année (1998) sous conditions de ressources (105). Cette décision, prise à son arrivée et sans grande concertation par le gouvernement Jospin, a été rapportée par la loi de financement de la sécurité sociale pour 1999 (106). Restent donc, pour compenser les charges occasionnées par l'existence d'enfants, un certain nombre de prestations qui, prenant en compte le niveau des ressources du ménage, ont un caractère redistributif.

232 **a) L'allocation pour jeune enfant** — Alors qu'il y a peu, elle se divisait en une allocation universelle dite « courte » et en une allocation sous conditions de ressources dite « longue », l'APJE (107) a été récemment réformée : les deux allocations étant dorénavant conditionnées par un certain niveau de revenus (108). La première prestation est versée du quatrième mois de grossesse jusqu'au troisième mois de la vie de l'enfant. La seconde est versée du quatrième mois de l'enfant jusqu'au mois précédent son troisième anniversaire. Le plafond de ressources étant identique pour les deux allocations (109), il y a dans les faits une unification de cette aide qui sera versée du quatrième mois de la grossesse jusqu'à trois ans, sous réserve bien sûr de non modification sensible des revenus dans l'intervalle. Le montant de l'allocation est égal à 45,95 % de BMAF. Le versement de l'allocation pour jeune enfant suppose le respect des dispositions imposant les divers examens prénataux de la mère et

---

(104) Sur le rôle décisif joué par les CAF dans l'attribution des prestations et le pouvoir limité dont dispose finalement le juge, v. I. SAYN, Le contentieux des prestations familiales : pouvoir des caisses et pouvoir des juges, *RDSS*, 1998, p. 122.

(105) Il convient de noter que cette mise sous conditions de ressources a été considérée comme conforme à la constitution : v. Cons. const., décision n° 97-393 DC, 18 décembre 1997, *D.*, 1998, p. 523, note V. CHAMPEIL-DESPLATS ; *RFDC*, 1998, p. 167, obs. L. PHILIP ; *Dr. soc.*, 1998, p. 164, note X. PRÉTOT ; *AJDA*, 1998, p. 127, obs. J. E. SCHOETTL ; sur la légalité du décret du 26 février 1998 relatif aux allocations familiales au regard du droit interne et du droit international, v. CE, 5 mars 1999, M. Rouquette, Mme Lipietz et autres, *RFDA*, 1999, p. 357, concl. C. MAUGÜE et p. 420, obs. D. DE BÉCHILLON, P. TERNEYRE ; *AJDA*, 1999, p. 420, chr. F. RAYNAUD, P. FOMBEUR ; *RDP*, 1999, p. 1223, note J. P. CAMBY.

(106) Ce retour à l'universalité des allocations familiales a été assorti, en compensation et pour plus de « justice sociale », d'une réforme du plafond du quotient familial de l'impôt sur le revenu.

(107) *C. séc. soc.*, art. L. 531-1 à L. 531-3 (v. *TSA*, n° 714,1998, p. 9).

(108) Ord. n° 96-51, 24 janvier 1996.

(109) Le plafond des ressources varie selon le rang et le nombre d'enfants ; il est majoré lorsque chaque membre du couple dispose d'un revenu professionnel ainsi que lorsque la charge de l'enfant est assurée par une seule personne.

postnataux de l'enfant (110). Pour éviter les « effets de seuil » (perte intégrale de l'allocation pour une faible augmentation de revenu), l'allocation devient différentielle lorsque les revenus du ménage dépassent faiblement le plafond (111).

233 **b) L'allocation d'adoption** — Ajoutée à la liste des prestations familiales par la « loi famille » du 25 juillet 1994 (112) et modifiée dans son régime par la loi du 5 juillet 1996 relative à l'adoption (113), cette allocation est destinée à compenser le surcroît de charges entraîné, pour un ménage, par l'adoption d'un enfant ou par son accueil en vue d'adoption. Elle est conditionnée par l'arrivée au foyer d'un ou de plusieurs enfants, soit adoptés au sens du droit français, soit confiés à un service habilité en vue d'une future adoption. Elle est soumise aux mêmes conditions de ressources que l'APJE. Établie comme cette dernière à 45,95 % de la BMAF par la loi de 1996 (elle était fixée antérieurement à 30 %), l'allocation est versée pendant 21 mois à compter de l'arrivée de l'enfant au foyer de l'allocataire.

234 **c) Le complément familial** — Il s'agit d'un supplément de ressources (114), majorant en fait les allocations familiales, pour les ménages ou personnes isolées ayant en charge trois enfants et plus. Ne pouvant se cumuler avec l'allocation pour jeune enfant, il n'intervient donc qu'au-delà de la troisième année des enfants. Son versement est aussi subordonné au non dépassement d'un plafond de ressources qui est le même que celui défini pour l'allocation pour jeune enfant et varie dans les mêmes conditions. Son montant est établi à 41,65 % de la BMAF. Pour les mêmes raisons que celles qui concernent l'APJE, cette allocation devient différentielle pour les ménages dépassant faiblement le plafond (115).

235 **d) L'allocation de rentrée scolaire** — Cette allocation (116) est due à tout allocataire bénéficiant d'une prestation familiale ou d'une prestation gérée par la Caisse d'allocations familiales (AAH, APL, RMI) et qui a un enfant à charge scolarisé âgé de six à dix-huit ans. Pour que le droit soit ouvert, il faut de plus que les ressources de la famille ne dépassent pas un plafond calculé sur la base de 2130 fois le taux horaire du SMIC en vigueur, majoré de 30 % pour chaque enfant à partir du premier. Mais il n'existe pas de calcul différentiel de l'allocation lorsque le ménage a un revenu supérieur au plafond. Le montant de l'ARS, qui est versée en une fois à la fin du mois d'août, s'établit à 20 % de la BMAF par enfant. Du fait de sa forte visibilité pour les familles, l'ARS fait fréquemment l'objet de majorations importantes en fonction des objectifs gouvernementaux (le plus souvent de nature conjoncturelle) (117).

---

(110) *C. santé pub.*, art. L. et R. 534-1 et s. (v. aussi *supra*, n° 206).
(111) Le montant de l'allocation est fixé au 1er janvier 2000 à 986,05 F net/mois.
(112) Sur cette loi, v. E. Mainguenau, A. C. Rastier, Bilan de la loi famille du 25 juillet 1994, *Dr. soc.*, 1999, p. 376.
(113) L. n° 96-604, 5 juillet 1996 (sur le régime de l'allocation, v. *TSA*, n° 610, p. 9, 1996 et n° 652, p. 7, 1997).
(114) *C. séc. soc.*, art. L. 522-1 et 522-2.
(115) Le montant de l'allocation est fixé au 1er janvier 2000 à 894,51 F net/mois.
(116) *C. séc. soc.*, art. L. 543-1 et L. 543-2.
(117) Le montant de l'allocation augmenté d'une majoration exceptionnelle s'élevait à 1 600 F pour la rentrée 1999 (419,89 F pour l'allocation de base, 1 180,11 F pour la majoration). Pour la rentrée 2000, elle a été en principe fixée à 20 % de la BMAF, soit 432 F.

A l'ARS, il convient d'ajouter les *bourses nationales de collège* qui ont remplacé, à la rentrée scolaire 1998-1999, *l'aide à la scolarité*, créée par la loi du 25 juillet 1994 relative à la famille ; ces bourses sont versées, bien qu'il ne s'agisse pas d'une prestation familiale et qu'elles soient financées par l'État, par les organismes de la branche famille. Se substituant en fait aux bourses des collèges, elle est attribuée, pour chaque enfant de 11 à 16 ans, aux familles bénéficiaires d'une prestation familiale (mais aussi du RMI).

2° Les prestations aux familles monoparentales

236 L'expression « famille monoparentale » est utilisée en France depuis une vingtaine d'années pour désigner les ménages composés d'une seule personne vivant sans conjoint (quel que soit le sexe et le statut matrimonial de cette personne) et d'un ou de plusieurs enfants (118). Bien que recouvrant des réalités concrètes très diverses, cette situation d'isolement de personnes élevant des enfants est apparue assez préoccupante pour justifier, entre autres actions, l'institution d'aides monétaires spécifiques. On en compte deux : l'allocation de parent isolé et l'allocation de soutien familial, auxquelles on peut ajouter, par extension, une prestation relevant du régime vieillesse : l'assurance veuvage.

237 **a) L'allocation de parent isolé** — Cette allocation (119) a été créée par la loi du 9 juillet 1976 et elle tient une place particulière dans l'ensemble des prestations d'aide à la famille dans la mesure où elle constitue en fait un revenu minimum attribué à certains ménages (120). La perception de cette prestation est soumise à deux conditions préalables : d'une part, il faut avoir un ou plusieurs enfants à charge ou être en état de grossesse ; d'autre part, il faut être en situation d'isolement : est considérée comme isolée la personne veuve, divorcée, séparée de droit ou de fait, abandonnée ou célibataire et qui ne vit pas maritalement. La prestation est suspendue en outre à une condition de ressources, les revenus du ménage devant être inférieurs à des plafonds modulés en fonction du nombre d'enfants à charge (121). C'est une allocation différentielle, son montant étant égal à la différence entre le revenu plafond et les ressources du bénéficiaire (122). Elle est due jusqu'à ce que l'enfant atteigne trois ans.

---

(118) N. Martin-Papineau, *Les familles monoparentales dans le champ politique français (Émergence, construction, captations d'un problème, 1968-1988)*, Thèse Sc. pol. Paris, 1994 ; N. Lefaucheur, Familles monoparentales, les mots pour le dire, *in* F. Bailleau, N. Lefaucheur, V. Peyre (Dir.), *Lectures sociologiques du travail social,* 1985, p. 204, Éd. Ouvrières ; v. aussi E. Sullerot, *Le statut matrimonial et ses conséquences juridiques, fiscales, sociales* (Rapport), Cons. écon. et soc., 1984 ; D. Le Gall, C. Martin, La complexité des régulations sociales appliquées à la famille : l'exemple des foyers monoparentaux, *Annales de Vaucresson*, 1987, n° 27, p. 175 ; P. Steck, Prestations familiales : définir l'isolement, *Dr. soc.*, 1997, p. 284 ; M. Berthier, D. Oriot, Les familles monoparentales : plus nombreuses et plus pauvres, elles sont le reflet d'une politique familiale inadaptée, *RFAS*, 1998, n° 4, p. 169.

(119) *C. séc. soc.*, art. L. 524-1 à L. 524-4.

(120) L'API rejoint en cela l'allocation aux adultes handicapés ou encore l'allocation supplémentaire vieillesse qui constituent aussi de véritables revenus minima catégoriels.

(121) 150 % de la base mensuelle pour une femme enceinte sans enfants, 200 % pour la personne isolée ayant un enfant à charge et 50 % de majoration pour tout autre enfant ; son montant s'établit pour 2000 à 3 236 F avec une majoration de 1 079 F par enfant supplémentaire à charge.

(122) L'API est une prestation qui fait l'objet de critiques et dont on évoque souvent l'éventuelle suppression ou réforme ; elle pose tout d'abord un problème sensible de preuve de l'isolement, avec des risques de contrôles attentatoires à la vie privée des individus ; sa logique peut être perverse, puisqu'elle peut inciter les personnes à ne pas sortir de l'isolement du fait du risque de perte de la prestation ; enfin son montant, assez élevé (environ 70 % du SMIC, ce qui est nettement plus que le RMI), peut enfermer le bénéficiaire dans une situation d'assistance et le dissuader de chercher les moyens d'en sortir. Certains

238 **b) L'allocation de soutien familial** — Ancienne « allocation d'orphelin », l'ASF (123) est destinée à aider à la prise en charge d'enfants qui, soit sont orphelins de père ou/et de mère, soit ont une filiation qui n'est pas établie à l'égard d'un parent voire des deux, soit font l'objet d'un « abandon manifeste » de la part d'un des parents ou des deux (le père ou la mère ou les deux se soustraient ou se trouvent hors d'état de faire face à leurs obligations d'entretien ou au versement d'une pension alimentaire mise à leur charge par décision de justice) (124). Les bénéficiaires de cette allocation sont, dans l'hypothèse la plus fréquente, le père ou la mère qui assure seul la charge effective et permanente de l'enfant ; dans ce cas, l'allocataire doit vivre seul, et la prestation cesse d'être versée dès qu'il se marie ou vit maritalement ; ce peut être aussi toute personne physique amenée à assurer cette charge, quelle que soit alors sa situation personnelle. Le montant en est fixé à 30 % de la BMAF pour les orphelins de père et de mère, à 22,5 % pour ceux qui le sont de père ou de mère (125) ; dans les autres cas, c'est une allocation différentielle dont le taux est égal à la différence entre le montant de la pension alimentaire due et ce qui est effectivement versé par le parent débiteur (mais dans la limite supérieure de l'allocation).

239 **c) L'assurance veuvage** — Ce n'est pas une prestation familiale : elle a été instituée dans le cadre de l'assurance vieillesse (126). Il s'agit pourtant d'une garantie de revenu pour le conjoint survivant d'un assuré social et doit donc être considérée comme un avantage rattaché à la protection économique de la famille. Elle est soumise à une condition d'isolement (elle n'est plus due lorsque le conjoint survivant se remarie ou vit maritalement) ainsi qu'à des conditions d'âge et de nombre d'enfants à charge ou élevés. Soumise à condition de ressources, c'est une prestation temporaire. Son montant est égal à la différence entre un plafond fixé par décret et les ressources du bénéficiaire, ce qui en fait une allocation différentielle (127). L'assurance veuvage a été récemment réformée, avec effet au 1er mars 1999, par la loi de financement de la sécurité sociale pour 1999 (128) ; outre diverses modifications tenant au conjoint

---

parlementaires ont ainsi repris les griefs faits à l'API et ont proposé une refonte de cette prestation qui consisterait, pour l'essentiel, à en maintenir la perception, avec dégressivité, en cas de reprise d'activité ou encore de cessation de la situation d'isolement (C. A. de Courson et G. Léonard, Rapport de la mission d'enquête parlementaire sur les abus et la fraude en matière de droits sociaux, *TSA*, 1997, n° 597, p. 16). On a évoqué aussi la fusion pure et simple de l'API avec le RMI : l'inconvénient étant alors la différence forte de montant entre API et RMI (v. I. Sayn, Enfant à charge et parent isolé, ou les difficultés de mise en œuvre de critères de fait, *RDSS*, 1994, p. 624 ; F. Monéger, La politique familiale, *RDSS*, 1996, p. 769) : sur la question, v. L. Cardia-Voneche, B. Bastard, Assister ou autonomiser les familles monoparentales, quelques réflexions sur les politiques sociales, *Annales de Vaucresson*, 1987, n° 27, p. 159 ; P. Steck, Prestations familiales : définir l'isolement, *Dr. soc.*, 1997, p. 284.

(123) *C. séc. soc.*, art. L. 523-1 à L. 523-3.

(124) Dans ce dernier cas, l'allocation de soutien familial est versée à titre d'avance, la CAF pouvant récupérer les sommes versées auprès du parent débiteur ; au-delà, les CAF se voient confier une mission générale d'aide au recouvrement des pensions alimentaires impayées (L. n° 84-1171, 22 décembre 1984) : v. B. Guibert, E. Renaudat, L'intervention de l'État dans l'obligation alimentaire (premières leçons de la loi du 22 décembre 1984), *Annales de Vaucresson*, 1987, n° 27, p. 123.

(125) Dans le premier cas, l'allocation est établie au 1er janvier 2000 à 643,77 F, et dans le second à 482,58 F.

(126) *C. séc. soc.*, art. L. 356-1 à L. 356-4 ; v. X. Prétot, La création de l'assurance veuvage, *RDSS*, 1981, p. 454.

(127) Contrairement à ce qui avait été prévu par voie réglementaire (*C. séc. soc.*, art. R. 356-1), il n'est pas nécessaire, pour bénéficier de l'allocation d'assurance veuvage, que la personne décédée ait été affiliée à l'assurance vieillesse dans les trois mois qui précèdent le décès ; il suffit qu'elle ait été affiliée une fois dans sa vie, peu importe le moment (CE, 2 février 1996, Mme K.-B., non publié).

(128) L. n° 98-1194, 23 décembre 1998, D. n° 99-371, 14 mai 1999.

décédé ainsi qu'au survivant, le caractère dégressif de la prestation a été annulé. Il convient d'indiquer aussi que la loi du 29 juillet 1998 relative à la lutte contre l'exclusion, à l'instar du régime des autres minima sociaux, a ouvert une possibilité de cumul temporaire entre l'allocation veuvage et des revenus tirés d'une activité.

240 **Bibliographie.** V. n° 225 ; *adde* A. ARSEGUEL, Les politiques familiales en France, *LPA*, 9 mars 1994 ; C. ATTIAS-DONFUT, L'État, substitut des familles ?, *Dr. soc.*, 1999, p. 481 ; J. BICHOT, Branche famille : « vache à lait » du Plan Juppé, *Dr. soc.*, 1996, p. 273 ; J. BICHOT, D. MARCILHACY, Le sacrifice de la politique familiale au printemps 1993, *Dr. soc.*, 1993, p. 623 ; A. M. BROCAS, L'individualisation des droits sociaux, *Recherches et prévisions*, n° 55, 1999, p. 11 ; J. COMMAILLE, La politique française à l'égard de la famille, *Regards sur l'actualité*, 1998, n° 237, p. 12 ; DIVERS, Politiques familiales et redistribution, *Solidarité-Santé*, 1998, n° 2-3 ; B. FRAGONARD, Éléments pour un débat sur le critère de ressources dans la législation des prestations familiales, *Dr. soc.*, 1984, p. 308 ; Quelques réflexions à propos de la complexité du système de prestations familiales, *Dr. soc.*, 1995, p. 765 ; J. P. LABORDE, F. MONÉGER (Dir.), Prestations familiales et contrôle social, *RDSS*, n° 4, 1994 ; R. LENOIR, Politique sociale et construction sociale de la famille, *RFSP*, 1991, p. 781 ; C. MARTIN, Comparer les questions familiales en Europe, *Recherches et Prévisions*, n° 55, 1999, p. 21 ; A. MATH, Les prestations sous condition de ressources, *Rev. belge séc. soc.*, 1995, p. 119 ; M. MESSU, Politique familiale et politique sociale des revenus, *Rev. int. séc. soc.*, 1993, n° 3 ; A. PAUTI, L. MANTRAIS, Politique familiale et fécondité : des exemples en Europe occidentale, *Population*, 1992, p. 961 ; F. PINTIAU, La loi du 25 juillet 1994 sur la famille : une occasion manquée, *RDSS*, 1995, p. 170 ; L. ROUSSEL, *La famille incertaine*, 1989, Odile Jacob ; P. STECK, La branche famille de la sécurité sociale : état des lieux, *Dr. soc.*, 1994, p. 56 ; De la loi Veil au plan Juppé : l'évolution de la branche famille, *Dr. soc.*, 1996, p. 405 ; C. ZAIDMAN, L'individualisation des droits réduirait-elle les inégalités hommes/femmes ?, *Dr. soc.*, 1998, p. 590.

§ 2. L'ACTION SOCIALE EN DIRECTION DES FAMILLES

241 Les dispositifs d'aide financière pour les ménages en charge d'enfants dont il vient d'être fait état s'inscrivent dans l'aide sociale légale, élargie et systématisée en l'espèce par les prestations familiales sous conditions de ressources ; ils constituent un ensemble de droits pour les personnes remplissant les conditions pour se les voir attribuer.

Mais au-delà, s'est développée une action sociale très poussée en direction des familles qui, si elle emprunte encore des formes anciennes d'assistance (secours ponctuels divers), constitue surtout le cadre de politiques familiales globales et souvent novatrices grâce, notamment, à des interventions d'accompagnement social et d'équipements collectifs.

Parmi les principaux acteurs de cette action sociale, figurent tout d'abord l'ensemble des institutions familiales de la sécurité sociale : en effet, ces institutions qui distribuent les prestations légales ont initié depuis longtemps une action sociale complémentaire en direction de la famille, action qui forme la part essentielle des interventions publiques en la matière. Les deux opérateurs en sont d'une part la Caisse d'allocations familiales (CAF) (129), d'autre part la Caisse de mutualité agricole (MSA) (130).

(129) Sur le cadre juridique général s'appliquant à l'action sociale des organismes d'allocations familiales, v. Ord. n° 67-706, 21 août 1967, D. n° 67-1230, 22 décembre 1967 et n° 68-327, 5 avril 1968 et *C. séc. soc.*, art. L. 223-1 et 2 et L. 263-1 ; environ un tiers du personnel des CAF est affecté à l'action sociale, les deux autres tiers l'étant à la gestion des prestations familiales légales : v. *supra*, n° 122.

(130) Sur le fondement juridique de l'action sanitaire et sociale des caisses de mutualité sociale agricole, v. D. n° 85-192, 11 février 1985 et n° 86-747, 21 mai 1986.

Interviennent ensuite fortement les communes, au travers des CCAS (131) qui, partant d'actions traditionnelles de distribution de secours en nature ou en espèces (dans la ligne des anciens bureaux de bienfaisance communaux), ont pu mettre en œuvre dans les agglomérations des politiques d'équipements et de services collectifs aux familles.

L'action sociale en direction des familles peut émaner enfin d'initiatives privées, lesquelles se révèlent à la fois multiples quant aux opérateurs et très diversifiées quant à leur nature : secours ponctuels (repas, distribution de nourriture et de vêtements, aides pécuniaires), hébergement, action éducative (accompagnement social, aide à l'insertion, soutien budgétaire, aide scolaire, action culturelle...), action de développement social. Les moyens de ces initiateurs privés sont propres ou souvent partiellement ou totalement fournis par les collectivités publiques et les organismes de sécurité sociale : on peut notamment citer l'ensemble des associations familiales regroupées au sein des Unions départementales (UDAF) et de l'Union nationale (UNAF) (132) ou encore les grandes associations nationales comme le Secours catholique, le Secours populaire, Aide à toute détresse-Quart Monde (ATD), l'Armée du salut et les « Restos du cœur ».

Dans cet ensemble, il convient de mettre l'accent d'une part sur les interventions de soutien et d'aide individualisées, d'autre part sur la création et la gestion de services et d'équipements collectifs.

A. LES AIDES INDIVIDUALISÉES AUX FAMILLES

242 L'action sociale en faveur des familles prend tout d'abord la forme d'interventions ou d'aides en direction de ménages appréhendés un à un et faisant état de difficultés ou de besoins spécifiques. Cette action sociale individuelle comprend deux types de prestations : la mise à la disposition des ménages de services de travailleurs sociaux qui leur apportent des soutiens divers et un ensemble d'aides financières répondant à des besoins particuliers.

1° Les services de travailleurs sociaux

243 Les organismes de Sécurité sociale (CAF et MSA) comme les communes (CCAS) mettent à la disposition des familles des travailleurs sociaux qui ont des missions d'accueil et de conseil pour les familles allocataires s'agissant des premiers, et pour les ménages résidant sur leur territoire s'agissant des secondes.

L'importance des services en travail social a été constamment réaffirmée au sein des CAF et des caisses de MSA. Ces organismes disposent de longue date d'un grand nombre de professionnels (assistants de service social, conseillers en économie sociale

(131) Si la loi n° 86-17 du 6 janvier 1986 n'a pas profondément modifié les attributions des CCAS, elle a donné une définition beaucoup plus large de leurs missions en matière sociale : leur rôle étant d'animer « une action générale de prévention et de développement social dans la commune, en liaison étroite avec les institutions publiques et privées » (*C. famille*, art. 137).

(132) Sur ces associations et unions, v. *C. famille*, art. 1 à 16.

familiale, puéricultrices) dont les missions prennent diverses formes (133) : ils participent tout d'abord au service social polyvalent de secteur (les assistants de service social surtout) sur la base d'une convention entre chaque caisse et le département qui a la responsabilité légale de l'organiser (134) ; ils constituent ensuite un « service social spécialisé » ayant pour mission de renforcer les services administratifs qui gèrent l'accès aux droits (repérage des problèmes dans l'accès aux droits, aide directe aux familles allocataires, relations entre allocataires et services administratifs, participation à la mise en œuvre des aides financières, relais auprès des autres partenaires) ; ils réalisent aussi des interventions spécifiques, grâce surtout à la mobilisation de travailleurs sociaux ayant des champs et des méthodes d'intervention plus ciblées : conseillers en économie sociale et familiale, travailleuses familiales, tuteurs aux prestations sociales (aides diverses dans le domaine de la gestion domestique, éducation à la consommation, développement de la vie associative...) (135) ; enfin, nombre de travailleurs sociaux (appartenant principalement aux CAF) sont employés dans les équipements sociaux de proximité (centres sociaux, maisons de quartiers) dans lesquels ils conduisent des actions diversifiées d'aide, de conseil, d'information, de développement de la vie sociale locale.

Les communes, au travers des CCAS, disposent elles aussi de services en travail social. Leur intervention s'exerçait traditionnellement par les enquêtes sociales à domicile qui sont préalables à l'attribution de nombre d'aides. Au-delà de ce mode classique d'action, les CCAS ont recruté ces dernières années des travailleurs sociaux pour s'intégrer aux nouvelles formes d'action sociale : participation aux actions d'insertion du RMI, aux opérations de développement social des quartiers, mise en place de services d'information sociale et juridique, action éducative en direction des jeunes en difficulté.

2° Les aides financières et matérielles

244 Les trois types d'opérateurs en matière d'action sociale en direction des familles (CAF et MSA, communes et acteurs privés) délivrent chacun un ensemble d'aides individualisées. La plus ancienne forme réside dans des secours ponctuels qui, destinés généralement à faire face à des situations d'urgence, ont constitué longtemps l'essentiel des politiques d'assistance. Ainsi, dans le prolongement de l'action des anciens bureaux de bienfaisance et des bureaux d'aide sociale (BAS), les CCAS organisent toujours des actions d'entraide (distribution de secours en nature ou en espèces, restaurants d'entraide, ateliers d'assistance par le travail, aides ménagères à domicile ou encore « SAMU social »). C'est aussi la mission première des grandes institutions privées caritatives (Secours catholique, Secours populaire, Armée du Salut...) que d'organiser

(133) Pour les CAF, v. Circ. CNAF n° 43-87, 10 juillet 1987 ; pour les CMSA, v. Déc. Cons. central des CCMSA, 11 avril 1990 (Orientations générales de l'action sanitaire et sociale).

(134) V. *supra*, n° 111 ; v. aussi Lettre CNAF n° 1628, 26 mars 1985 qui propose un modèle de convention-type dans laquelle est aménagé un équilibre entre la participation aux missions réglementaires générales du service social départemental d'un côté et de l'autre la réalisation des missions propres aux CAF (accès des familles aux droits et maintien dans ceux-ci, priorité dans le domaine de l'enfance, du logement, des vacances).

(135) Les CAF ont été et restent les plus grands employeurs de conseillers en économie sociale et familiale dont le champ spécifique d'intervention est l'aide et le conseil en matière de gestion des activités domestiques (Circ. CNAF n° 17-86, 2 mai 1986).

des structures d'accueil et d'hébergement en urgence, des distributions de nourriture, de vêtements, de matériel domestique... A ces prestations en nature viennent s'ajouter des secours en espèces.

De leur côté, les organismes d'allocations familiales ont complété les prestations légales par des allocations d'action sociale (appelées « prestations extra-légales ») destinées à apporter une aide spécifique aux ménages allocataires. Les CAF ont aménagé plusieurs types d'aides financières (136) : des secours exceptionnels visant à résoudre des difficultés passagères (aides de dépannage) ; des « prestations supplémentaires » tendant à « prolonger directement l'action des prestations légales par un assouplissement de la réglementation et une adaptation de l'aide aux situations concrètes et particulières des familles » (prestations aux étudiants, apprentis, isolés, aides en cas de décès...) ; des « prêts d'honneur » qui, toujours en urgence, permettent d'aider une famille ne pouvant provisoirement faire face à ses remboursements. Une attention particulière est apportée par les CAF à l'aide aux temps libres et aux loisirs des enfants et de leurs familles (137) : très importante sur le plan financier, cette aide était traditionnellement orientée vers l'accueil des enfants en centres de vacances (colonies, camps) ; elle se réoriente aujourd'hui d'une part vers les vacances familiales (138) (maisons familiales, villages de vacances), d'autre part vers les loisirs et activités éducatives des enfants (centres de loisirs, clubs sportifs ou culturels, terrains d'aventure) qui sont liés souvent aux actions de développement social de quartiers ; enfin, même si ce sont les prestations légales qui en la matière jouent le plus grand rôle (139), les CAF mènent diverses interventions d'action sociale dans les domaines du logement des familles : aides aux familles en difficulté temporaire, participation aux actions de logement des personnes défavorisées ou à la politique de développement urbain (140).

De façon similaire, les caisses de MSA dispensent un ensemble d'aides financières dont l'importance, cependant, est moindre tant sur le plan quantitatif que sur celui de leur portée. La principale forme concerne les aides à domicile, travailleuses familiales et aides ménagères et vise à soutenir les mères de famille des ménages allocataires (charge de travail, fatigue, maladie...). Les MSA délivrent aussi des aides aux vacances pour les loisirs des enfants ou encore de la famille. Elles ont mis en place un dispositif de secours ponctuels pour faire face à des situations d'urgence. En matière de « prestations extra-légales », chaque caisse locale peut développer des compléments aux allocations de droit commun, le principal étant une aide à la poursuite des études au-delà de vingt ans.

---

(136) Circ. CNAF n° 1315, 2 mars 1981 et Lettre CNAF n° 440, 28 janvier 1986.

(137) Circ. CNAF, n° 36-94, 3 août 1994 qui redéfinit la politique en la matière ; v. aussi, Circ. CNAF n° 24-84, 25 juin 1984 pour l'aide aux vacances et Circ. CNAF n° 37-86, 21 juillet 1986 pour l'accueil et les loisirs des enfants.

(138) Circ. CNAF n° 85-92, 15 décembre 1992 et n° 36-93, 3 août 1993.

(139) Aide personnalisée au logement, allocation de logement et allocation de logement sociale : v. *infra* n° 556 et s.

(140) V. *infra*, n° 564 et s.

B. LES ÉQUIPEMENTS COLLECTIFS

245 La politique des équipements collectifs qui s'élabore et se développe dans les années 1960, en parallèle avec le phénomène d'urbanisation, est le complément des dispositifs d'aides et de prestations individualisées. Sa logique consiste non plus à prendre en charge un groupe familial déterminé, mais à aménager les espaces territoriaux (quartiers, communes) en y implantant des services publics ouverts à l'ensemble de la population. L'action publique se territorialise en vue d'offrir des prestations concrètes d'accueil, de garde, de loisirs et de culture et de permettre aux familles de faire face aux contraintes du mode de vie salarial tout en créant de meilleures conditions de vie sociale. En direction des ménages en charge d'enfants, cette politique a pris deux directions essentielles : création des équipements et services de garde des jeunes enfants d'une part, et implantation de diverses structures de voisinage pour assurer une action éducative et culturelle et une animation globale de la vie collective d'autre part.

Du fait de l'activité professionnelle des deux parents (141), la garde des jeunes enfants est devenue un problème pour les collectivités publiques (142). Les communes et les CAF (143) se sont largement impliquées dans l'aménagement de structures d'accueil. La commune a tout d'abord reçu mission, avec la loi du 25 juillet 1994 (144), de réaliser, si elles le souhaitent et avec les autres partenaires, un schéma local pluriannuel de développement de l'accueil des jeunes enfants. Au-delà, communes et CAF gèrent directement ou subventionnent (dans ce cas, la gestion en est déléguée) soit des structures d'accueil permanent (crèches collectives, crèches familiales et crèches parentales) (145), soit des structures d'accueil temporaire comme les haltes-garderies ou encore les centres de loisirs sans hébergement, les garderies péri-scolaires et les jardins d'enfants pour les enfants de 3 à 6 ans.

Par ailleurs, nombre d'équipements de quartier et de structures d'accueil et d'animation ont été créés en vue à la fois de faciliter l'insertion sociale des enfants et de leurs familles dans leur environnement et de créer de meilleures conditions de vie sociale. Les CAF ont été parmi les promoteurs de la mise en place de centres sociaux, qu'elles les aient institués elles-mêmes ou qu'elles en aient soutenu la création (subventions d'investissement) ou le fonctionnement (subventions de fonctionnement et/ou mise à disposition de personnels sociaux) (146). Les municipalités ont prolongé

(141) Sur les insuffisances des politiques familiales en direction des femmes en charge d'enfants qui travaillent (nombre de places en crèches limité, rigidité des horaires, etc.), v. J. FAGNANI, Lacunes, contradictions et incohérences des mesures de conciliation travail/famille : bref bilan critique, *Dr. soc.*, 1998, p. 596 ; pour une étude comparative, v. J. JENSON, M. SINEAU (Dir.), *Qui doit garder le jeune enfant ? Modes d'accueil et travail des mères dans l'Europe en crise*, 1998, LGDJ.

(142) La loi n° 94-629 du 25 juillet 1994 comporte, à côté des deux autres orientations que sont les mesures en faveur des naissances multiples et de l'adoption et les mesures d'aide aux familles, nombre de dispositions relatives à l'accueil des jeunes enfants.

(143) Circ. CNAF n° 1315 (précitée) et n° 10-86, 18 mars 1986 ; ce secteur représente près de 25 % des dépenses d'action sociale des CAF.

(144) *C. famille*, art. 123-12 et 123-13.

(145) Pour les crèches collectives, v. D. n° 74-58, 15 janvier 1974 ; les crèches familiales sont des structures regroupant et gérant un réseau d'accueil à domicile par des assistantes maternelles ; les crèches parentales sont des crèches collectives gérées par des associations de parents qui assurent eux-mêmes, avec le soutien d'un personnel qualifié, la garde des enfants.

(146) Ainsi les CAF assurent en moyenne 30 % des dépenses d'investissement et 45 % des dépenses de fonctionnement des centres sociaux, et gèrent en outre environ 20 % de l'ensemble de ces équipements.

ce mouvement dans les quartiers nouveaux d'habitat populaire (147). Le centre social est le plus souvent implanté dans les zones particulièrement défavorisées, là où sont lancées des opérations de développement social des quartiers (DSQ) et où sont passés des nouveaux contrats de développement urbain (148). C'est un équipement de quartier à vocation sociale globale, lieu de rencontre entre les acteurs locaux publics ou privés et de soutien des initiatives émanant des habitants ; il a ainsi vocation à promouvoir la vie associative, à favoriser et à susciter la participation des usagers à la vie collective. Il est aussi un lieu d'animation de la vie sociale, suscitant ou proposant des activités sociales, culturelles et de loisirs, support d'interventions concrètes et novatrices. Il est enfin une structure particulièrement orientée vers la famille et l'enfance, support d'activités éducatives intergénérationnelles.

Un autre type d'équipement a acquis une grande importance s'agissant de l'insertion sociale et professionnelle des jeunes. Il s'agit des foyers de jeunes travailleurs. A l'origine essentiellement structure d'hébergement de jeunes qui devaient quitter leur milieu familial pour rejoindre un emploi, ils ont vu leurs missions changer complètement de nature avec la progression du chômage. Ils accueillent ainsi de manière croissante des jeunes en rupture avec leur milieu familial, des stagiaires en insertion sociale et professionnelle, des jeunes chercheurs d'emploi ou en formation. Au-delà d'un simple hébergement, ils sont de plus en plus souvent conduits à assurer des actions collectives de formation, de mise à niveau, de recherche d'emploi et un accompagnement individuel dans une logique éducative et promotionnelle. Pour l'essentiel, ce sont les CAF qui soutiennent ces foyers, même si, du fait de l'accroissement de leurs fonctions sociales et de l'insolvabilité des résidents (les jeunes hébergés, souvent insolvables, ne contribuent que pour environ 10 % des coûts de fonctionnement), ils doivent cumuler divers financements (aides de l'État, des départements, postes FONJEP).

Divers autres équipements collectifs de voisinage, gérés soit par les municipalités, soit par des associations et recevant alors des aides en provenance notamment des communes, des CAF et des caisses de MSA ainsi que de l'État, ont été créés : maisons des jeunes, maisons pour tous, maisons de quartier, locaux collectifs résidentiels ou encore salles polyvalentes. Il font à chaque fois l'objet d'un montage spécifique quant à la prise en charge des investissements et du fonctionnement. Pour l'essentiel, bien que parfois avec des ambitions et des moyens moindres que les centres sociaux, ce sont aussi des structures de promotion de la vie sociale locale, d'animation sociale et culturelle, de soutien aux initiatives associatives servant de cadre aux services de proximité.

246 **Bibliographie.** V. n° 223, 240 ; *adde* F. ABALLÉA, Décentralisation et action sociale familiale, *RFAS*, n° 2, 1998, p. 181 ; J. ANCELIN, *L'action sociale familiale et les caisses d'allocations familiales*, Comité d'histoire de la Sécurité sociale, 1997 ; DIVERS, Familles, interventions et politiques, nouvelles régulations sociales, *Annales de Vaucresson*, 1987, n° 27 ; H. HUDE, Économie, société et politique familiale, *Dr. soc.*, 1997, p. 443 ; H. THERY (Rapport), *La place et le rôle du secteur associatif dans le développement de la politique d'action éducative, sanitaire et sociale,* Cons. écon. et soc., 1986.

(147) A. 23 juin 1987 relatif aux centres sociaux et Circ. CNAF n° 35-87, 10 juin 1987.
(148) Plus d'ambition pour les centres sociaux ? (Dossier), *JAS*, avril 1999, p. 19.

CHAPITRE II
L'AIDE AUX PERSONNES ÂGÉES

247 La politique actuelle menée en direction des personnes âgées s'inscrit dans un cadre général qui a sensiblement évolué depuis plusieurs décennies : la population concernée étant à la fois de plus en plus importante sur le plan quantitatif et — compte tenu de la perte d'autonomie de nombre de ces personnes — de plus en plus demandeuse de prestations et de services sur le plan qualitatif (Paragraphe préliminaire). Néanmoins, les formes revêtues par cette politique n'ont guère varié depuis fort longtemps ; sans doute, peut-on observer, selon les époques, des différences sensibles concernant par exemple la préférence donnée à telle ou telle forme plutôt qu'à telle ou telle autre ou concernant encore le contenu donné à chacune de ces formes. Mais dans leur principe, les mesures prises en faveur des personnes âgées obéissent toujours à la même logique et renvoient donc toujours, pour l'essentiel, à trois grands types de politiques : une politique de soutien financier (Section I), une politique de maintien à domicile (Section II) et une politique de placement dans des structures d'accueil plus ou moins spécialisées (Section III).

248 **Bibliographie générale.** D. BENOIST, *Les problèmes médicaux et sociaux posés par les personnes âgées dépendantes,* Rapport, Cons. écon. et soc., 1985 ; J. C. BOULARD (Rapport), *Vivre ensemble*, AN, Doc. parl., n° 2135, 1990-1991 ; P. BOURDELAIS, *L'âge de la vieillesse*, 1992, O. Jacob ; T. BRAUN, M. STOURM (Rapport), *Les personnes âgées dépendantes,* 1988, La Doc. française ; N. BREITENBACH, P. ROUSSEL, *Les personnes handicapées vieillissantes. Situations actuelles et perspectives,* CTNERHI, 1990 ; A. GILLETTE, *Accueillir les personnes âgées. L'archipel médico-social*, 1989, Éd. du Moniteur ; P. GUYOT, *La vieillesse des personnes handicapées : quelles politiques sociales ?*, 2e éd., 1998, CTNERHI ; IGAS (Rapport), *La dépendance des personnes âgées*, janvier 1993 ; J. C. HENRARD, *Soins et aides aux personnes âgées. Description, fonctionnement du système français,* 1988, CTNERHI ; J. C. HENRARD et *alii, Les systèmes d'aides aux personnes âgées. Analyse comparative dans cinq pays de la CEE,* Commissariat général du Plan, 1992, La Doc. française ; F. KESSLER (Dir.), *La dépendance des personnes âgées*, 1994, PU Strasbourg ; P. LAROQUE, *Politique de la vieillesse*, Rapport de la Commission d'étude des problèmes de la vieillesse, 1962, La Doc. française ; F. LESEMANN, C. MARTIN (Dir.), *Les personnes âgées. Dépendance, soins et solidarités familiales. Comparaisons internationales,* 1993, La Doc. française ; R. LION (Rapport), *Vieillir demain*, Commissariat général du Plan (VIIIe Plan), 1982, La Doc. française ; P. SCHOPFLIN et *alii* (Rapport), *Dépendance et solidarités. Mieux aider les personnes âgées,* Commissariat général du Plan, 1991, La Doc. française ; A. THÉVENET, *Le quatrième âge*, 2e éd., 1992, PUF.

PARAGRAPHE PRÉLIMINAIRE — LE CADRE GÉNÉRAL DE LA POLITIQUE D'AIDE AUX PERSONNES ÂGÉES

249 Ce cadre général se trouve marqué par une double évolution : celle qui a affecté la nature même des problèmes à résoudre ; et celle qui a affecté, par voie logique de conséquence, le contenu même des politiques mises en œuvre par les pouvoirs publics.

A. L'ÉVOLUTION DES PROBLÈMES

250 Les problèmes auxquels se heurte la politique actuellement menée en direction des personnes âgées — notion qui n'a d'ailleurs fait l'objet, il convient de le souligner, d'aucune définition précise et constante de la part du législateur (1) — sont principalement de deux ordres : ils se rapportent d'une part au vieillissement continu et de plus en plus sensible de l'ensemble de la population ; d'autre part à l'apparition d'un risque qui se révèle inhérent à ce vieillissement : le risque de dépendance.

1° Le vieillissement de la population

251 Comme la plupart des pays européens (2), la population française est soumise au défi du vieillissement : alors qu'il y avait en France en 1945 environ 4,5 millions de personnes âgées de plus de 65 ans, ce nombre s'élevait au 1er janvier 1990 à 7,9 millions (soit 14 % du total) parmi lesquelles 2,1 millions avaient 80 ans ou plus (soit 3,7 % du total) et atteignait, si l'on inclut les personnes âgées de plus de 60 ans, un peu moins de 11 millions d'habitants (3). En 1950, la proportion des personnes âgées de plus de 60 ans était de 16,2 % de l'ensemble de la population et en 1990 de 19 % : les projections évaluant cette proportion à 27 % en 2020. Dans le même temps, la proportion de personnes âgées de plus de 85 ans a considérablement augmenté (0,5 % en 1950, 1,5 % en 1990, 1,8 % en 1995) : le nombre de ces personnes est ainsi passé de 230 000 en 1955 à 680 000 en 1985 et pourrait atteindre 1,3 million en 2015, 1,8 million en 2020, 2,5 millions en 2040 (4).

Deux grands facteurs permettent d'expliquer cette évolution : d'une part une baisse du taux de fécondité, lequel se situe aujourd'hui aux alentours de 1,8 enfant par

---

(1) En effet, le seuil à partir duquel certains avantages sont accordés aux personnes dites « âgées » varie en fonction des textes : il s'établit sauf exception à 65 ans ou à 60 ans (en cas d'inaptitude au travail) pour ce qui est de la prise en charge par l'aide sociale ; à 60 ans pour ce qui est de la pension de retraite du régime général de la sécurité sociale et de l'octroi par l'aide sociale de la prestation spécifique dépendance ; à 55 ans pour ce qui est de la pension de réversion, etc. : autant de variations qui montrent bien qu'il n'y a, à l'heure actuelle et sur le plan juridique, aucune définition générale de la notion de « personne âgée »...

(2) En 1990, 5 pays de la CEE avaient déjà un pourcentage de la population âgée de plus de 60 ans supérieur à 20 % du total (RFA, GB, Belgique, Danemark, Italie)...

(3) D'après les projections, il y aurait 14 millions de personnes âgées de plus de 60 ans en 2010 et 16,5 millions en 2020 ; en 2050, elles représenteraient un tiers de l'ensemble de la population.

(4) L. TABAH (Rapport) et *alii*, *Vieillissement et santé*, Haut Conseil de la population et de la famille, 1992, p. 22-23, La Doc. française ; T. BRAUN, M. STOURM (Rapport), *Les personnes âgées dépendantes*, Commissariat général du Plan, 1988, p. 42 et s., La Doc. française.

femme (5) alors que le taux requis pour remplacer les générations se situe à 2,1 enfants ; d'autre part — sous l'effet conjugué à la fois des progrès de la médecine et d'un accès plus facile et donc plus massif aux soins — l'allongement constant de l'espérance de vie, laquelle atteint désormais 72,9 années pour les hommes et 81,1 années pour les femmes : allongement qui, au demeurant, a toutes chances de se prolonger sur plusieurs décennies dans la mesure où l'accroissement moyen annuel de cette espérance de vie est de 0,2 année...

Ce vieillissement sensible de la population pose à la société plusieurs problèmes bien connus. D'abord un problème de financement des retraites : si la courbe démographique ne se redresse pas, la population active connaîtra à partir de 2010 une nette décrue alors même que les inactifs deviendront de plus en plus nombreux ; situation qui, se traduisant par un doublement des cotisations consacrées aux retraites, risque de devenir insupportable pour les actifs (6). Un problème, ensuite, de financement des dépenses de santé liées au grand âge ; en effet, l'allongement de l'espérance de vie se traduit par des charges accrues de soins médicaux et para-médicaux : à titre d'exemple, il suffira de noter qu'en 1991 les personnes âgées de plus de 80 ans absorbaient 11,9 % des dépenses médicales alors qu'elles ne représentaient que 3,7 % de la population. De manière plus générale, il suffira de rappeler — même si ce constat se révèle insuffisant pour expliquer la hausse continue des dépenses de notre système global de santé (7) — que la consommation de soins est en moyenne trois fois plus élevée chez les personnes âgées de plus de 80 ans que chez celles âgées de 20 à 30 ans (8). Un problème, enfin, d'augmentation inéluctable des dépenses liées soit aux actions à mener pour permettre le maintien à leur domicile des personnes âgées : actions qui semblent d'autant plus nécessaires que l'immense majorité de la population âgée réside et préfère résider à son domicile ; soit, en cas d'impossibilité, des structures d'hébergement à mettre en place ou à rénover pour les accueillir : structures dont le nombre a tout lieu de croître compte tenu tant de la courbe démographique que du développement du phénomène de dépendance auquel risquent d'être tôt ou tard confrontées les personnes âgées.

2° Le risque de dépendance

252 L'avènement du grand âge s'accompagne en effet d'un risque croissant de perte d'autonomie que l'on qualifie désormais de « dépendance ». Pourtant, ainsi qu'on l'a souligné, « la dépendance liée au vieillissement n'est pas un phénomène nouveau. On l'appelait autrefois « invalidité ». Ce qui a changé, c'est la période de dépendance

(5) Avec le taux actuel, la proportion de personnes âgées de 60 ans et plus par rapport à celles âgées de 15 ans et plus passera de 23,9 % en 1990 à 35,6 % en 2040...

(6) Le ratio cotisants/retraités, qui était de 4 en 1960, pourrait chuter à 1,5 en 2010 (*Livre blanc sur les retraites*, Rapport, p. 84, 1991, La Doc. française) voire plus bas (R. BRIET et *alii*, Rapport, *Perspectives à long terme des retraites*, p. 66, 1996, La Doc. française).

(7) L'augmentation de ces dépenses touche toutes les tranches d'âge : selon les rares études disponibles, il semble que l'impact direct du vieillissement sur ces dépenses reste assez faible.

(8) V. le *Livre blanc sur le système de santé et d'assurance maladie*, Rapport, 1994, p. 25 et s., La Doc. française : rapport qui souligne que « la simple modification de la structure de la population apparaît donc comme un facteur mécanique d'augmentation de la dépense »...

qui atteint couramment 5, 10 ou 15 ans sous l'effet de soins médicaux ou paramédicaux » (9).

Dès les années 1970, diverses études ont tenté de préciser la notion de dépendance (10) ; aujourd'hui, on s'accorde pour définir celle-ci comme caractérisant la situation dans laquelle se trouve « une personne adulte qui dépend d'un tiers pour les actes élémentaires de la vie courante (s'habiller, faire sa toilette...) et qui est inapte à réaliser les tâches domestiques qui lui permettraient de vivre seul dans un logement ordinaire » (11). Cette définition conduit à distinguer la situation de dépendance de celle de maladie ; en effet, celle-ci ne doit pas être confondue avec celle-là pour deux raisons : d'une part parce qu'une personne peut être malade sans être dépendante et, à l'inverse, dépendante sans être malade ; d'autre part parce que ces deux états requièrent des soins différents : la maladie exigeant des soins curatifs susceptibles ou non de se traduire par un transfert dans une structure spécialisée alors que la dépendance exige des aides à l'accomplissement des gestes de la vie quotidienne, c'est-à-dire des aides qui, ne nécessitant pas forcément l'existence d'un plateau technique, peuvent être apportées soit au domicile soit, le cas échéant, dans un établissement.

Si la dépendance peut être physique (troubles sensoriels, musculaires...) ou psychique (démence sénile...), elle reste un processus lent dont les composantes agissent les unes sur les autres : de même qu'une dégradation de l'état de santé peut provoquer une détresse morale et psychologique, de même une carence ou un trouble psychoaffectifs peuvent accélérer la détérioration de l'état de santé. La frontière entre autonomie et dépendance est donc relativement imprécise et, par là même, la mesure de la population dépendante assez aléatoire. Les données concernant cette dernière varient d'ailleurs dans des proportions sensibles selon les études : cette population est généralement donnée comme comprenant aujourd'hui entre 1,2 à 1,5 million de personnes parmi lesquelles 300 000 sont condamnées au lit ou au fauteuil, 200 000 ont besoin d'un tiers pour faire leur toilette (12), les autres ne pouvant sortir de leur domicile sans aide. Globalement, on peut considérer — outre qu'il existe une forte corrélation entre l'âge et la dépendance — qu'au-delà de 80 ans, environ une personne sur quatre est parfaitement autonome, une sur quatre est gravement handicapée, la moitié restante se situant à mi-chemin entre dépendance et autonomie (13).

L'ampleur nouvelle prise par le phénomène de dépendance pose donc à la société des problèmes spécifiques. Aujourd'hui, l'immense majorité des personnes âgées dépendantes — près de trois sur quatre — vit à domicile et, d'après toutes les enquêtes, souhaite y rester : la collectivité doit donc mener une politique adaptée en direction de cette population afin que celle-ci ait les moyens de demeurer sur son lieu habituel de vie. Pour les autres personnes concernées qui vivent le plus souvent en institution, la collectivité doit également mettre en œuvre une politique appropriée afin de les accueillir dans les meilleures conditions dans ce qui sera sans doute leur dernier lieu de vie : deux contraintes qui se sont jusqu'ici largement imposées aux pouvoirs publics,

---

(9) Rapport BRAUN-STOURM, *op. cit.*, p. 23.

(10) En ce sens, v. A. COLVEZ *et alii*, *Approche épidémiologique des besoins en services pour les personnes âgées dépendantes*, 1990, INSERM.

(11) P. SCHOPFLIN et *alii* (Rapport), *Dépendance et solidarités. Mieux aider les personnes âgées*, Commissariat général du Plan, 1991, p. 9, La Doc. française.

(12) Rapport de M. ROUSSEAU, *JOAN, Doc. parl.*, 1996, n° 3150.

(13) Rapport SCHOPFLIN, *op. cit.*, p. 24 et Rapport BRAUN-STOURM, *op. cit.*, p. 24.

ainsi que le montre l'évolution des politiques suivies par les pouvoirs publics depuis la fin de la Seconde guerre mondiale.

B. L'ÉVOLUTION DES POLITIQUES

253 Les politiques suivies par les pouvoirs publics à l'égard des personnes âgées ont considérablement évolué depuis un demi-siècle : si, jusqu'aux lendemains de la Libération, ces politiques ont eu surtout pour but de venir en aide aux personnes âgées les plus défavorisées, elles ont eu de plus en plus tendance, à partir des années 1960-1970, à mettre l'accent tant sur le renforcement des dispositifs de maintien à domicile que sur la mise en place de structures destinées à accueillir ces dernières.

1° Une politique longtemps dominée par l'idée d'assistance

254 Il faut attendre la seconde moitié du XXe siècle pour voir la puissance publique développer une politique efficace de la vieillesse qui ne soit pas principalement organisée autour du principe d'assistance ; jusqu'alors, c'est ce principe qui domine l'ensemble des mesures prises en la matière. Au XIXe siècle, pourtant, le problème du sort réservé aux personnes âgées se pose avec une acuité grandissante : la croissance des villes qui a distendu les vieilles solidarités familiales, l'absence durable d'institutions susceptibles de remplir pleinement le rôle joué jadis par l'Église, l'allongement de la durée de vie qui a débouché sur une population âgée plus nombreuse constituent autant d'éléments qui — malgré diverses tentatives visant à instituer un système plus ou moins étendu de retraites — rendent la situation des personnes âgées sans patrimoine globalement désastreuse.

Face à cette évolution, les pouvoirs publics tardent à réagir : ce n'est qu'au début de ce siècle qu'ils se décident à intervenir en adoptant un texte qui marque un tournant dans la politique de la vieillesse : la loi du 14 juillet 1905 portant « assistance aux vieillards, infirmes et incurables ». Les personnes âgées sans ressources se virent alors offrir la faculté soit d'être placées dans un établissement (hospice), soit de percevoir une pension dont le montant variait en fonction du coût de la vie dans la commune. Cette législation fut complétée par la loi du 5 avril 1910 sur les retraites ouvrières et paysannes et par celle du 30 avril 1930 sur les assurances sociales, laquelle s'efforça de garantir un revenu minimum pendant la vieillesse. Mais la technique de capitalisation adoptée échoua du fait de l'érosion monétaire : en 1945, les personnes âgées sans patrimoine se trouvaient dans une situation à ce point précaire que les pouvoirs publics vont donner la priorité à une politique de ressources (14) : d'une part, en encourageant la mise en place d'un système de retraites par capitalisation, d'autre part en instituant une allocation versée aux vieux travailleurs salariés ne bénéficiant d'aucun avantage vieillesse. Malgré ces mesures, la situation financière de la population âgée restait difficile : d'où la création en 1956 d'un Fonds national de solidarité appelé à verser

(14) En 1945, sur 4,5 millions de personnes âgées de plus de 65 ans, 2,8 millions ne disposaient d'aucune retraite, les autres ne percevant qu'une pension d'un montant infime.

« un minimum vieillesse » à toute personne âgée de plus de 65 ans (15). Il faudra attendre, en fait, la publication du célèbre rapport Laroque en 1962 pour voir les pouvoirs publics non seulement accélérer leur politique de soutien financier et de garantie de ressources mais encore élargir de manière sensible leurs interventions en les orientant désormais résolument vers l'action sociale et médico-sociale.

2° Une politique désormais tournée vers l'action sociale et médico-sociale

255 Si, jusque vers le début des années 1960, la politique des pouvoirs publics en faveur des personnes âgées se limita pour l'essentiel à une politique d'assistance aux plus pauvres, l'essor de la protection sociale depuis 1945, l'augmentation du niveau de vie général de la population, le déclin continu de la cohabitation des générations au sein d'une même famille ainsi que l'élévation constante de l'espérance de vie firent prendre conscience de la nécessité à la fois d'accroître les ressources des personnes âgées et de mettre en œuvre une politique spécifique en leur faveur. Le rapport remis en 1962 par la Commission présidée par Pierre Laroque marqua à cet égard une étape décisive en tant « qu'instrument d'un retournement doctrinal » (16) : de ce rapport, date une nouvelle conception de la vieillesse fondée à la fois sur une volonté de rupture avec la logique jusqu'alors dominante de l'assistance et sur le refus d'entériner l'exclusion sociale des personnes âgées.

Les solutions préconisées allèrent dans le sens d'une « politique nouvelle » se voulant à la fois universelle car touchant l'ensemble de la population âgée ; globale car portant aussi bien sur les soins que sur le logement, les loisirs ou les ressources ; préventive car visant à retarder le vieillissement ; et intégratrice car voulant maintenir et favoriser l'insertion de ces personnes dans la société. Concrètement, le rapport recommandera en priorité non seulement une augmentation des ressources minima de la population en cause mais aussi un développement des aides à domicile, une ouverture plus large des établissements de santé aux personnes âgées de préférence à l'institution de services de gériatrie et surtout le remplacement des hospices par des structures de soins et d'hébergement prenant en compte l'état de santé de chaque personne concernée.

Ces recommandations ne seront mises en œuvre que très progressivement ; pour l'essentiel, ce n'est qu'avec les VIe (1970-1974) et VIIe Plans quinquennaux (1975-1979) que celles-ci connaissent un réel début d'application : d'une part, sera poursuivie une politique volontariste de ressources au terme de laquelle — même si des disparités sensibles de revenus persistent entre elles — le niveau de vie des personnes âgées ne va cesser de s'élever du fait à la fois de la revalorisation des retraites et des aides financières diverses accordées par les pouvoirs publics (17) ; d'autre part l'accent sera

(15) Il s'agissait là d'une création très opportune puisqu'en 1959, près de 60 % des personnes relevant du régime général de sécurité sociale percevaient le « minimum vieillesse ».

(16) A. M. GUILLEMARD, *Le déclin du social*, p. 150, 1986, PUF.

(17) Le niveau de vie moyen des personnes âgées a aujourd'hui rattrapé voire dépassé celui des actifs ; alors qu'en 1970 la vieillesse était encore largement synonyme de pauvreté (plus de la moitié des retraités percevait cette année-là une pension inférieure à 75 % du SMIC), il en allait tout autrement quinze ans plus tard : de 1970 à 1984, le minimum vieillesse est passé de 40 % à 60 % du SMIC et a augmenté plus vite que l'inflation ; au cours de la même période, les retraites des personnes âgées de plus de 65 ans a été multiplié par 1,8 en pouvoir d'achat, le minimum vieillesse par 2,6 alors que le salaire moyen d'un ouvrier n'a été multiplié que par 1,4...

mis sur la mise en œuvre d'une politique beaucoup plus globale en direction des personnes âgées, politique qui se traduira notamment par l'intérêt accru porté aux services de maintien à domicile (aide ménagère), par la partition (très discutée) des établissements d'hébergement en deux secteurs — sanitaire et social — ainsi que par l'humanisation programmée des hospices.

Des années 1980 à nos jours, pouvoirs publics et acteurs sociaux s'efforcent de favoriser les alternatives à l'hospitalisation (services de soins à domicile, auxiliaires de vie) tout en poursuivant le programme de transformation des hospices et la médicalisation des structures d'hébergement. Par ailleurs, des institutions consultatives destinées à donner la parole aux retraités et personnes âgées seront mises en place et diverses mesures visant à rendre davantage conviviales et conformes à la dignité de chacun les conditions de vie en établissement seront adoptées (conseils d'établissement, contrats de séjour, etc.). Enfin, priorité sera peu à peu donnée au problème crucial de la dépendance et, plus précisément, au problème de sa prise en charge financière : le Gouvernement ayant institué, en 1997, une prestation spécifique dépendance en faveur des personnes ayant perdu tout ou partie de leur autonomie : autant de mesures qui attestent amplement, s'il en était besoin, que la question de l'intégration des personnes âgées est demeurée, plus de trente ans après le rapport Laroque, toujours aussi actuelle...

256 **Bibliographie.** J. R. BONNEAU, La situation critique des personnes âgées dépendantes, *RDSS,* 1987, p. 695 ; D. BOUGET *et alii, Le prix de la dépendance : comparaison des dépenses des personnes âgées selon leur mode d'hébergement,* 1990, La Doc. française ; J. F. BURGELIN, J. P. GRIDEL (Dir.), *Vieillissement démographique et droit,* 1999, Dalloz ; A. DESSERTINE, N. KERSCHEN, Handicap, vieillesse, dépendance. Un siècle de réglementation : convergences et divergences, *Géront. et soc.*, 1993, n° 65, p. 24 ; DIVERS, La dépendance des personnes âgées, *RDSS* (n° spécial), n° 3, 1992 ; Personnes âgées : le coût de la dépendance, *RFAS* (n° spécial), n° 1, 1990 ; Le vieillissement comme processus, *RFAS* (n° spécial), 1997 ; *Le rôle des familles dans la prise en charge des personnes âgées dépendantes,* 1988, Fondation de France ; A. M. GUILLEMARD, *La vieillesse et l'État,* 1980, PUF ; *Le déclin du social,* 1986, PUF ; Les paradoxes des politiques de vieillesse, *RFAS*, 1990, n° 3, p. 127 ; H. LE BRAS, Le vieillissement de la population. De la rhétorique à l'idéologie, *RFAS*, 1994, n° 1, p. 157 ; H. SOLANS, Vieillesse et sécurité sociale, *Dr. ouvrier*, 1995, p. 443 ; L. TABAH et *alii, Vieillissement et santé,* Rapport, Haut Conseil de la Population et de la Famille, 1992, La Doc. française ; P. TERROIR, Le prix de la dépendance, *Quest. séc. soc.*, 1990, n° 4, p. 110.

SECTION I LA POLITIQUE DE SOUTIEN FINANCIER

257 Les aides dont peuvent bénéficier les personnes âgées dans le cadre de la politique de soutien financier menée en leur faveur peuvent être réparties en deux grandes catégories : la première comprend les diverses allocations qui visent à fournir aux intéressés des moyens de subsistance et qui constituent ce qu'il est convenu d'appeler le « minimum vieillesse » (§ 1) ; la seconde comprend les différents avantages ou prestations qui, sans relever spécifiquement d'une politique de maintien à domicile ou de placement, ont pour but ou pour effet soit de permettre aux intéressés de faire face au phénomène de dépendance, soit d'améliorer le montant de leurs ressources (§ 2).

§ 1. LE MINIMUM VIEILLESSE

258 Le minimum vieillesse (18) a pour objet de fournir aux personnes âgées ne disposant que de faibles revenus un minimum garanti de ressources. Mis en place par la loi n° 56-639 du 30 juin 1956 portant création du Fonds national de solidarité (FNS), il a vu son mode de gestion modifié par la loi n° 93-936 du 22 juillet 1993 qui a substitué à ce Fonds un nouvel organisme : le Fonds de solidarité vieillesse (FSV). Il se présente comme un système à deux étages comprenant l'un un élément de base constitué soit d'allocations, soit d'une petite retraite susceptible, le cas échéant, d'être majorée, l'autre un élément complémentaire s'ajoutant au précédent afin de porter les ressources de l'intéressé à un niveau minimum : l'allocation supplémentaire du Fonds de solidarité vieillesse.

A. LES ALLOCATIONS DE BASE

259 Ces allocations constituent, pour la plupart d'entre elles, des prestations non contributives de la Sécurité sociale, ce qui signifie qu'elles sont versées par les régimes de sécurité sociale indépendamment de toute cotisation préalable (19). Depuis la loi du 22 juillet 1993, elles sont désormais prises en charge, à l'exception de l'allocation d'aide sociale, par le Fonds de solidarité vieillesse (20).

1° Les allocations prises en charge par le Fonds de solidarité vieillesse

260 Ces allocations ont un caractère alimentaire et sont subordonnées à une condition de ressources (21). Compte tenu de la généralisation du système de retraites et de l'élévation du montant de celles-ci, elles sont aujourd'hui en voie d'extinction. Elles s'alignent pour l'essentiel sur le régime de l'une d'entre elles : l'allocation aux vieux travailleurs salariés.

261 **a) L'allocation aux vieux travailleurs salariés (AVTS)** — Cette allocation a été instituée par la loi du 14 mars 1941 au profit des salariés qui, au moment de la création des premières pensions de retraite, ne remplissaient pas le nombre d'années

(18) Le minimum vieillesse ne doit pas être confondu avec le minimum de retraite (minimum contributif) institué par la loi n° 83-430 du 31 mai 1983 qui impose que le montant des retraites contributives ne soit pas inférieur — compte tenu de la carrière de l'assuré — à un certain niveau susceptible d'être le cas échéant majoré (*C. séc. soc.*, art. L. 351-10 et R. 351-25).

(19) La prise en charge de ces prestations par la sécurité sociale obéissait au souci de soulager le budget de l'aide sociale et de manifester la solidarité des actifs à l'égard d'anciens travailleurs.

(20) Le FSV, dont la création a correspondu à une volonté des pouvoirs publics de séparer ce qui relevait de la solidarité et ce qui relevait de l'assurance, assume par ailleurs la charge d'un certain nombre d'avantages non contributifs accordés aux retraités (majorations pour enfants, validations gratuites de période d'inactivité, règles avantageuses de calcul de la pension, etc.) ; en revanche, il n'assume pas la charge de l'allocation supplémentaire accordée aux personnes invalides (un fonds spécial d'invalidité a été créé à cet effet).

(21) Néanmoins, plusieurs éléments les différencient des prestations classiques d'aide sociale : ainsi, certaines d'entre elles sont cessibles et saisissables dans les mêmes conditions et limites que le salaire (*C. séc. soc.*, art. L. 811-16) ; de plus, les plafonds de ressources sont plus élevés qu'en matière d'aide sociale et varient selon la nature (v. *C. séc. soc.*, art. L. 811-13 relatif aux veuves de guerre) ou selon la situation (vivant seuls ou avec un conjoint) des bénéficiaires...

de cotisations exigé pour pouvoir prétendre à une pension. Depuis la loi du 3 janvier 1975 qui a prévu l'attribution d'une retraite proportionnelle pour les personnes ayant cotisé pendant au moins un trimestre, elle n'est pratiquement plus liquidée (22).

Pour en bénéficier, l'intéressé doit remplir plusieurs conditions : il doit être âgé de 65 ans ou de 60 ans en cas d'inaptitude au travail ; avoir en principe la nationalité française (23) et résider sur le territoire métropolitain ; avoir occupé, sur ce territoire ou dans les départements d'outre-mer, un emploi salarié ou assimilé (emploi lui ayant procuré une rémunération normale et ayant constitué sa dernière activité professionnelle) soit pendant 15 ans après l'âge de 50 ans, soit pendant 25 ans durant l'ensemble de celle-ci ; ne pas disposer de ressources supérieures à un plafond fixé par décret (24). Si le montant cumulé de l'AVTS et des autres ressources de l'intéressé fait ressortir un dépassement, le taux de l'allocation est réduit à due concurrence ; l'AVTS peut donner lieu à des majorations (25), notamment si le bénéficiaire a un conjoint à charge ou s'il a eu au moins 3 enfants (26).

A côté de l'AVTS, figure également une autre allocation : *l'allocation aux vieux travailleurs non salariés (AVTNS)* ; cette allocation (27) est versée, dans les mêmes conditions que l'AVTS, aux travailleurs non salariés des professions artisanales, industrielles et commerciales sans ressources suffisantes.

262 **b) Les autres allocations** — Ce sont notamment :

— *le secours viager* : cette allocation est versée au conjoint survivant de la personne qui percevait ou aurait pu percevoir l'AVTS ou l'AVTNS ; ce conjoint doit être âgé de 55 ans au moins et (sauf s'il a eu un enfant) marié depuis deux ans à la date du décès. L'allocation peut se cumuler avec des avantages personnels de vieillesse ou d'invalidité dans la limite de 73 % du montant maximum de la pension de vieillesse du régime général (28) ;

— *l'allocation aux mères de famille* : cette allocation est attribuée aux femmes ou aux veuves de salariés ou aux femmes de salariés divorcées, séparées ou abandonnées qui ont élevé 5 enfants pendant au moins 9 ans avant leur 16e anniversaire. Contrairement au secours viager qui confère un droit dérivé de l'AVTS, cette allocation constitue pour les intéressées un droit propre dans la mesure où elles en bénéficient même si leur conjoint ne remplit pas ou ne remplissait pas les conditions requises pour prétendre à l'AVTS (29). Son montant ainsi que le plafond de ressources sont identiques à ceux de l'AVTS ;

(22) *C. séc. soc.*, art. L. etD. 811-1 et s. (l'AVTS concerne environ 2 500 personnes).

(23) *C. séc. soc.*, art. L. 811-18. Mais les étrangers peuvent bénéficier de l'AVTS au terme d'accords internationaux (lesquels posent couramment une durée de résidence minimale) de même que les réfugiés et apatrides (sur les ressortissants de l'Union européenne, v. *infra*, n° 265).

(24) Au 1er janvier 2000, ce plafond est de 43 947 F (personne seule) ou de 76 977 F (ménage).

(25) De plus, l'AVTS (de même que le secours viager et l'allocation aux mères de famille) ouvre droit aux prestations en nature de l'assurance maladie (*C. séc. soc.*, art. L. 381-26).

(26) *C. séc. soc.*, art. L. 811-10. Au 1er janvier 2000, le montant de l'AVTS s'élève à 1469,41 F par mois. La bonification pour 3 enfants est de 146,94 F (10 %).

(27) *C. séc. soc.*, art. L. 812-1 et D. 812-1 à 8.

(28) *C. séc. soc.*, art. L. 811-11 et D. 811-16 et 17 (cette allocation concerne actuellement moins de 1 000 personnes)...

(29) *C. séc. soc.*, art. L. et D. 813-1 et s. (cette allocation concerne actuellement moins de 10 000 personnes).

— *l'allocation spéciale de vieillesse* : cette allocation est attribuée aux personnes âgées de 65 ans (ou de 60 ans en cas d'inaptitude au travail) qui ne relèvent ni d'une organisation autonome d'allocation de vieillesse, ni d'un régime vieillesse de sécurité sociale. La demande doit être déposée à la mairie et est instruite par le préfet. La décision d'attribution est prise par l'organisme gestionnaire de l'allocation, en l'occurrence un Fonds spécial doté de la personnalité civile dépendant de la Caisse des dépôts et consignations (30). Son montant ainsi que le plafond de ressources sont identiques à ceux de l'AVTS ;

— *la majoration du Fonds spécial* : cette majoration est attribuée à des personnes qui, n'ayant cotisé que sur une période extrêmement limitée, perçoivent une retraite très modeste d'un montant inférieur à celui des autres allocations de base. Le taux de cette majoration vise à porter leur retraite au niveau de ces dernières (31) ;

— *l'allocation vieillesse des exploitants agricoles* : cette allocation bénéficie aux exploitants agricoles qui ont exercé leur activité pendant au moins 15 ans et ont cotisé pendant au moins 5 ans (32) ;

— *l'allocation viagère aux rapatriés* : prévue par la loi n° 63-628 du 2 juillet 1963, cette allocation est versée aux personnes rapatriées âgées de 60 ans si leur dernière activité exercée avant leur retour en métropole était une activité salariée (65 ans dans les autres cas) disposant d'un niveau de ressources inférieur au plafond requis pour ouvrir droit à l'allocation supplémentaire du Fonds.

Ces différentes allocations qui étaient, avant la loi du 22 juillet 1993, à la charge des régimes d'assurance vieillesse continuent d'être liquidées par eux ; mais elles sont désormais assumées financièrement par le FSV : celui-ci, qui est alimenté à la fois par la CSG et par le produit des droits sur les alcools et boissons non alcoolisées, reverse aux organismes intéressés le montant des dépenses engagées.

2° L'allocation d'aide sociale

263 Cette allocation est prévue par les articles 157 et suivants du Code de la famille et de l'aide sociale. Constituant la seule prestation en espèces non affectée de l'aide sociale aux personnes âgées, elle a un montant identique à celui de l'AVTS. Pour en bénéficier, l'intéressé doit remplir plusieurs conditions : il doit être âgé de 65 ans (ou 60 ans en cas d'inaptitude au travail). S'il est étranger, il doit justifier d'une résidence ininterrompue en France métropolitaine depuis au moins 15 ans avant 70 ans (33). Il ne doit pas disposer de ressources supérieures à un plafond ; pour l'appréciation de ce plafond, lequel est le même que celui applicable à l'AVTS, il est tenu compte de l'ensemble des ressources de toute nature (y compris l'allocation et les créances alimentaires) à l'exception des prestations familiales et des aides sociales à l'enfance et à la famille. Enfin, si l'allocation est cumulable avec les ressources personnelles dont peut disposer le postulant, elle ne peut se cumuler avec un avantage quelconque de vieillesse ; en pratique, elle ne bénéficie qu'aux personnes

(30) *C. séc. soc.*, art. L. et D. 814-1 et s.

(31) *C. séc. soc.*, art. L. et D. 814-2 et s. (la loi n° 87-39 du 27 janvier 1987 a par ailleurs posé le principe d'une durée de résidence minimale sur le territoire métropolitain).

(32) *C. rural*, art. 1110. Depuis les lois des 4 juillet 1980 et 6 janvier 1986, l'allocation n'est plus attribuée : ne subsiste donc que le service des allocations liquidées avant ces textes.

(33) *C. famille*, art. 186.

ne disposant d'aucun avantage de vieillesse et qui, compte tenu de leur nationalité, ne peuvent prétendre à l'allocation spéciale : ce qui restreint finalement son attribution aux seuls étrangers non couverts par une convention de sécurité sociale...

La demande doit être déposée à la mairie du lieu de résidence qui la transmet, pour décision, au service d'aide sociale du département. L'allocation peut donner lieu aux recours en récupération prévus par l'article 146 du CFAS (34)...

B. L'ALLOCATION SUPPLÉMENTAIRE DU FONDS DE SOLIDARITÉ VIEILLESSE

264 Cette allocation s'est substituée en 1993 à l'allocation supplémentaire du Fonds national de solidarité créée par la loi du 30 juin 1956. Après avoir été considérée, bien qu'elle soit financée par l'impôt et soit accordée à la fois sous conditions de ressources et sans cotisation préalable, comme une prestation non contributive de sécurité sociale (35), elle a vu sa nature précisée par la réglementation européenne et doit désormais s'analyser, de manière plus conforme à ce qu'elle est véritablement, comme une « prestation sociale à caractère non contributif » (36). Constituant le second étage du minimum vieillesse, elle est régie par les articles L. et R. 815-2 et suivants du Code de la sécurité sociale.

1° Les conditions d'attribution

265 Comme son nom l'indique, l'allocation supplémentaire est servie non pas directement mais seulement à titre de complément d'un élément de base en vue de former le minimum vieillesse. Cet élément de base peut être constitué soit par les allocations de base non contributives formant le premier étage du dispositif, soit par une retraite de base de travailleur salarié ou non salarié, soit encore par une pension d'invalidité si l'intéressé a vu sa capacité de travail ou de gain réduite au moins des 2/3 ou s'il a obtenu cet avantage en raison d'une invalidité générale au moins égale (37). Il doit de plus résulter de dispositions législatives ou réglementaires : ne peuvent ainsi donner droit à l'allocation supplémentaire des avantages d'aide sociale facultative ou de retraite complémentaire non obligatoire (38).

En sus de celles requises pour prétendre au bénéfice de l'élément de base, le postulant doit remplir plusieurs conditions. Il doit être âgé de 65 ans ou de 60 ans en cas d'inaptitude au travail : aucune condition d'âge n'est cependant requise en cas de grande invalidité. Il doit être de nationalité française ou justifier, s'il est étranger non communautaire ou non ressortissant d'un État membre de l'Espace économique européen (EEE), de la régularité de son séjour en France (39). Il doit résider sur le

(34) V. *supra*, n° 171.

(35) Cette solution a été posée par le juge constitutionnel (décision n° 61-11 L, 20 janvier 1961, *S.*, 1962, p. 64, note L. HAMON), la CJCE et la Cour de cassation (v. *supra*, n° 48 et 55 et s.).

(36) V. Règlement n° 1247/92, 30 avril 1992 (sur ce point, v. aussi *supra*, n° 44).

(37) Si, cependant, l'allocation supplémentaire complète une pension d'invalidité, sa charge financière est assumée par un fonds spécial d'invalidité doté de la personnalité civile dépendant, pour sa gestion, de la Caisse des dépôts et consignations (*C. séc. soc.*, art. L. 815-3-1).

(38) Sont encore exclues les rentes d'accident du travail ou les pensions militaires d'invalidité.

(39) L. n° 98-349, 11 mai 1998, art. 42 (*C. séc. soc.*, art. L. 816-1) : sur ce point, v. *supra*, n° 60.

territoire métropolitain ou dans les départements d'outre-mer : étant entendu que cette condition de résidence est désormais opposable aux ressortissants d'un État membre de l'Union (40). De plus, le postulant ne doit pas disposer de ressources supérieures à un plafond fixé par décret et dont le montant est identique à celui en vigueur pour l'attribution des allocations de base (41).

L'appréciation de ces ressources obéit à des règles strictes : sauf exceptions — lesquelles sont plus larges que dans le droit commun de l'aide sociale (42) —, il est tenu compte de tous les revenus de la personne ou du couple, ce qui inclut notamment les revenus professionnels salariaux ou non (43), les biens mobiliers (actions ou obligations) ou immobiliers (44), les avantages en nature (45), les avantages de vieillesse (46) ou encore les pensions d'invalidité (47). Les ressources à apprécier sont celles dont disposait le postulant dans les 3 mois précédant l'entrée en jouissance de l'allocation. Par ailleurs, certaines règles spécifiques s'appliquent en cas de donation et en matière de créances alimentaires : lorsqu'il y a donation d'un bien, un revenu fictif variant selon la date de l'acte et la qualité du donataire est intégré dans les ressources du postulant à l'allocation (48). Quant aux créances alimentaires, il semble — bien que les créances alimentaires ne soient évoquées ni dans les ressources exclues ni dans celles comprises dans l'évaluation du plafond — qu'elles entrent en ligne de compte dans le calcul des ressources (49).

2° Les modalités et les effets de l'attribution

266 La demande doit être adressée à l'organisme qui sert l'avantage de base (Caisses de sécurité sociale ou de mutualité sociale agricole, préfet, président du conseil

(40) Le règlement n° 1247/92 du 30 avril 1992 a prévu qu'à partir du 1er juin 1997, les ressortissants d'un État de la CEE doivent résider en France pour bénéficier de l'allocation : celle-ci ne peut donc plus être « exportée ».

(41) Il est fait masse des revenus des conjoints ; les personnes séparées de corps ou de fait avec résidence distincte depuis plus de 2 ans sont assimilées aux célibataires (*C. séc. soc.*, art. R. 815-30) : mais l'épouse d'une personne hospitalisée à titre définitif ne peut être considérée comme séparée de fait (Cass. soc., 27 mai 1993, *TSA*, Bull. législ., 1994, n° 3, p. 23).

(42) Sur les revenus exclus, v. *C. séc. soc.*, art. R. 815-25.

(43) V. *C. séc. soc.*, art. R. 815-27.

(44) Sur la prise en compte de ces biens, v. *C. séc. soc.*, art. R. 815-28.

(45) Sur cette règle et ses tempéraments, v. *C. séc. soc.*, art. R. 815-26.

(46) Cass. soc., 1er avril 1999, CDC c/ Lenestour, *PA*, n° 213, 1999, p. 19, obs. C. BOUDINEAU (à propos du non cumul de l'allocation supplémentaire du FNS et d'un avantage vieillesse).

(47) L'AAH est prise en compte dans l'évaluation des ressources (Cass. soc., 6 mai 1981, *Bull. civ.*, 1981, V, n° 383) ; sur l'évaluation des ressources, v. Cass. soc., 19 décembre 1996 (une allocation qui, bien qu'ayant vocation à subvenir à l'entretien et l'éducation des enfants, ne figure pas parmi les prestations familiales, est prise en compte, contrairement à ces dernières, dans le calcul des ressources) et Cass. soc. 18 juillet 1997 (les arrérages d'une rente viagère constituée à partir d'une somme versée à titre de dommages et intérêts ne sont pas pris en compte dans le calcul des ressources), *JCP*, 1998, 10009, note Y. DAGORNE-LABBE.

(48) Sur le calcul de ce revenu, v. *C. séc. soc.*, art. R. 815-28.

(49) V. Lettre Min., 28 juin 1989, n° AG 37/88 (*RFAS*, 1989, cah. jur., n° 3, p. 8 ; *RDSS*, 1990, p. 246 et p. 795) qui considère que ces créances doivent être prises en compte même si les postulants « n'en disposent pas effectivement » (v. cependant *C. séc. soc.*, art. R. 845-34) ; à noter par ailleurs que si les recours contre les débiteurs d'aliments ont été supprimés par la loi n° 73-1128 du 11 décembre 1973, la loi n° 75-618 du 11 juillet 1975 a posé le principe que toute pension alimentaire fixée par une décision judiciaire devenue exécutoire dont le recouvrement total ou partiel n'a pas été obtenu par les voies d'exécution du droit privé peut être recouvrée, pour le compte du créancier, par les comptables directs du Trésor...

général...) (50). Le taux de l'allocation est fixé par décret (51). Si le montant cumulé de celle-ci et des ressources personnelles de l'intéressé ou des époux dépasse le plafond en vigueur, n'est alors versée qu'une allocation différentielle, réduite à due concurrence. L'allocation est due à partir du premier jour du mois qui suit la réception de la demande ; elle peut être suspendue, révisée ou retirée à tout moment lorsqu'il est constaté que l'une des conditions exigées n'est pas remplie ou lorsque les ressources de l'allocataire ont varié.

Les arrérages versés sont acquis aux bénéficiaires de bonne foi : toute demande de remboursement de trop perçu se prescrit par 2 ans à compter de la date de paiement (52). Si aucun recours n'est possible contre les allocataires revenus à meilleure fortune, les textes ont cependant prévu la possibilité d'un recours en récupération ; mais celui-ci ne peut être exercé que sur les successions dont l'actif net (53) est au moins égal à 250 000 F ; le recouvrement (qui peut être différé si les héritiers sont le conjoint survivant ou des personnes à la charge de l'allocataire et qui se prescrit par 5 ans) porte alors sur la partie de l'actif qui excède ce montant sans qu'il puisse avoir pour effet de faire baisser la valeur de celui-ci au-dessous de celui-là. Par ailleurs, en vue de garantir le recouvrement, une inscription d'hypothèque légale peut être prise (il ne s'agit que d'une simple faculté) si la valeur de l'immeuble dépasse 250 000 F (54). Enfin, l'allocation supplémentaire confère de droit à ses bénéficiaires, ainsi qu'on va le voir, un certain nombre d'avantages qui peuvent être également accordés, sous certaines conditions, à tout ou partie de la population âgée.

§ 2. LES AUTRES FORMES D'AIDE

267 Ces aides résident d'une part dans une allocation spéciale accordée à certaines personnes âgées dépendantes : la prestation spécifique dépendance ; d'autre part, dans divers avantages et prestations réservés à tout ou partie de la population âgée.

A. LA PRESTATION SPÉCIFIQUE DÉPENDANCE

268 Le problème de la création, en faveur des personnes âgées dépendantes, d'une allocation destinée à permettre à celles-ci de bénéficier d'une aide à domicile ou à les solvabiliser dans la perspective d'un accueil dans une structure d'hébergement

(50) Les commissions d'admission sont incompétentes pour décider de l'octroi de l'allocation supplémentaire (Comm. centr., 5 février 1992, Dép. Paris, req. n° 911397) ; par ailleurs, au cas où l'intéressé perçoit des avantages vieillesse émanant de plusieurs organismes, il doit adresser sa demande selon un ordre de priorité (*C. séc. soc.*, art. R. 815-13 et 18).

(51) Au 1er janvier 2000, l'allocation mensuelle est de 2 106,41 F pour une personne seule, de 3 844,36 F pour un ménage : ce qui équivaut à un minimum vieillesse mensuel de 3 575,83 F pour une personne seule et de 6 414,75 F pour un ménage.

(52) Pour exemple de répétition de l'indu, v. Cass. soc., 23 mai 1979, *JCP*, 1979, IV, p. 243.

(53) Sur la définition de l'actif net, v. Circ. n° 2, Séc. soc., 4 janvier 1966 et n° 40, Séc. soc., 23 octobre 1973 ; Rép. min. n° 24720, *JOAN*, 20 août 1990, p. 3982 ; Cass. soc., 16 juin 1971, *JCP*, 1971, IV, p. 201 (lorsque la succession d'un exploitant agricole est constituée en tout ou en partie par un capital d'exploitation, celui-ci n'est retenu que pour 50 % de sa valeur).

(54) Sur tous ces points, v. *C. séc. soc.*, art. L. 815-12, R. 815-47 à 49 et D. 815-1 à 3.

s'est posé et continue de se poser de manière lancinante dans le débat politique et social du pays. Préconisée dans un certain nombre de rapports (55), réclamée par des parlementaires de tous bords politiques, l'institution de cette allocation a donné lieu, depuis plusieurs années, à diverses initiatives et propositions : figurant dans un projet de loi déposé en 1992, elle est restée lettre morte à la suite de l'abandon de celui-ci ; devant faire l'objet en 1993 d'un texte spécial, elle s'est alors heurtée au refus du Gouvernement de déposer le texte en question : une loi de 1994 ayant seulement consenti à mettre en place des « dispositifs expérimentaux d'aide aux personnes âgées dépendantes » (56). Faisant partie intégrante de la plate-forme électorale de l'actuel Chef de l'État, puis réaffirmé à plusieurs reprises par le Premier ministre, le principe de la création d'une « prestation autonomie » fut inscrit ensuite dans un projet de loi avant de se voir très vite remis en cause par le Gouvernement (57).

Le Gouvernement de l'époque ayant pris cependant l'engagement que ces dernières bénéficieraient d'une aide spécifique au début de 1997, le Parlement élabora un nouveau projet qui déboucha sur la loi du 24 janvier 1997 (58) ; dans l'esprit du législateur, cette loi ne saurait se saisir que comme une première étape sur la voie d'une prestation plus complète : intitulée loi « tendant, dans l'attente du vote de la loi instituant une prestation d'autonomie pour les personnes âgées dépendantes, à mieux répondre aux besoins des personnes âgées par l'institution d'une prestation spécifique dépendance », elle se présente en effet comme un texte en principe transitoire destiné à être ultérieurement remplacé par un dispositif au champ d'application plus large et aux prestations plus généreuses. Dans le droit fil de cette allocation nouvelle, la loi jette par ailleurs les bases d'une réforme en profondeur de la tarification des établissements sanitaires et sociaux accueillant des personnes âgées : la tarification étant vouée désormais à être fonction non plus du statut de l'établissement mais au contraire de l'état de dépendance de la personne concernée (59).

1° Les conditions d'attribution

269 La PSD est une prestation d'aide sociale attribuée par le département ; c'est une aide en nature versée à toute personne qui en fait la demande et qui, vivant à son domicile ou en établissement, remplit certaines conditions (60).

Le demandeur doit être âgé d'au moins 60 ans et ne peut pas cumuler le bénéfice de la PSD et celui de l'allocation compensatrice pour aide d'une tierce personne, laquelle n'est plus attribuée désormais qu'aux personnes handicapées de moins de 60 ans. Le fait que de nombreuses personnes âgées bénéficiaient, avant la loi du 24 janvier 1997, de l'AC a conduit le législateur à préciser le sort devant être réservé

(55) V. par exemple Rapport BOULARD, *op. cit.*, p. 26, Rapport SCHOPFLIN, *op. cit.*, p. 111 ou IGAS, *Rapport sur la dépendance des personnes âgées*, 1993, p. 22.

(56) L. n° 94-637, 25 juillet 1994 : sur ce texte, v. F. KESSLER, Dépendance des personnes âgées : premier commentaire de l'expérimentation, *RDSS*, 1995, p. 216.

(57) Remise en cause qui s'expliquait notamment par la nécessité de résorber, en réformant le système de protection sociale, les déficits considérables accumulés au fil du temps.

(58) CC, décision n° 96-387 DC, 21 janvier 1997, *RDSS*, 1997, p. 681, note X. PRÉTOT ; *RFDC*, 1997, p. 323, note F. MÉLIN-SOUCRAMANIEN ; *LPA*, 1997, n° 19, p. 9, note J. C. ZARKA ; *LPA*, 1997, n° 125, p. 10, chr. B. MATHIEU, M. VERPEAUX.

(59) Sur ce point, v. *infra*, n° 303 et s.

(60) L. n° 97-60, 24 janvier 1997, D. n° 97-426 et 97-427 et A. 28 avril 1997.

à ces dernières. La loi distingue pour l'essentiel deux grands cas de figure ; les personnes ayant obtenu l'AC avant l'âge de 60 ans et qui peuvent prétendre à la PSD peuvent choisir, lorsqu'elles atteignent cet âge, et à chaque renouvellement de l'attribution de l'AC (61), le maintien de celle-ci ou le bénéfice de la PSD (62) ; celles qui ont obtenu l'AC après l'âge de 60 ans et avant le 1er janvier 1997 et qui peuvent prétendre à la PSD peuvent également choisir de bénéficier du maintien de l'AC jusqu'au terme de la période pour laquelle elle a été attribuée (63). Ce terme échu, l'intéressé se voit supprimer en toute hypothèse le bénéfice de l'AC et ce, même s'il ne remplit pas les conditions pour prétendre à la PSD : disposition qui n'est pas sans poser, en l'espèce, d'évidentes difficultés pour certaines personnes âgées désormais privées de toute aide leur permettant de faire face à leur perte d'autonomie.

Le demandeur doit justifier d'une résidence en France ; les personnes de nationalité étrangère remplissant les conditions légales peuvent donc prétendre au bénéfice de la PSD dès lors qu'elles séjournent régulièrement sur le territoire national et peuvent se prévaloir — conformément à ce que prévoit l'article 186 du CFAS en matière d'aide à domicile — d'une résidence ininterrompue en métropole depuis au moins 15 ans avant l'âge de 70 ans (64).

Il doit encore justifier d'un certain degré de dépendance, celle-ci étant définie par la loi comme « l'état de la personne qui, nonobstant les soins qu'elle est susceptible de recevoir, a besoin d'être aidée pour l'accomplissement des actes essentiels de la vie ou requiert une surveillance régulière ». Le degré de dépendance est évalué par une équipe médico-sociale qui comprend au moins un médecin et un travailleur social et dont l'un des membres au moins doit rendre visite à l'intéressé ; pour remplir sa mission, cette équipe utilise la grille AGGIR (Autonomie gérontologie-groupes iso-ressources), laquelle range les personnes âgées en 6 groupes iso-ressources (GIR) selon leur état de dépendance (65) ; ne peuvent prétendre à la PSD — quel que soit le lieu où elles vivent (domicile ou établissement) (66) — que les personnes les plus dépendantes, c'est-à-dire qui ont été rangées dans les GIR 1, 2 et 3 (67). Par ailleurs,

---

(61) L'AC est accordée pour une période de 5 ans : v. *infra*, n° 355.

(62) La personne concernée doit alors déposer sa demande deux mois avant l'âge de 60 ans ou avant la date d'échéance du versement de l'AC. Si elle se voit refuser le bénéfice de la PSD ou se voit attribuer une prestation d'un montant inférieur à celui de l'AC, elle pourra cependant, *in fine*, demander le maintien de cette dernière : ce qui sera forcément à la fois signe d'incohérence et source de contentieux dans l'hypothèse, par exemple, d'une personne à qui la PSD aura été refusée en raison de son état de dépendance estimé insuffisant...

(63) Deux mois avant ce terme, le président du conseil général examine si l'intéressé peut percevoir la PSD. Lorsque ce dernier a opté pour le maintien de l'AC, le contrôle de l'effectivité de l'aide s'opère dans les mêmes conditions que pour celui mis en œuvre dans le cadre de la PSD.

(64) Cette dernière condition n'est pas exigée si l'étranger est ressortissant d'un pays ayant signé une convention d'assistance avec la France (Note DAS, 23 octobre 1997) : v. *supra*, n° 60.

(65) Ces six groupes sont numérotés par ordre de besoins décroissants : le GIR 1 comprenant les personnes les plus dépendantes et le GIR 6 les personnes qui ont conservé leur autonomie pour les actes essentiels de la vie courante.

(66) Pour les personnes vivant à domicile, le plan d'aide élaboré par l'équipe médico-sociale doit aussi tenir compte de l'environnement de la personne (habitat, accessibilité, sanitaires...) et des aides publiques ou à titre gracieux dont elle disposera ; pour évaluer ces aides, il existe des coûts de référence déterminés par le président du conseil général. S'agissant des personnes accueillies dans un établissement, l'évaluation est effectuée lors de l'admission chez ce dernier ou lors de la demande de prestation puis périodiquement par l'équipe médico-sociale.

(67) Celles qui sont rangées dans les GIR 4 et 5 et qui sont maintenues à leur domicile peuvent cependant bénéficier de l'aide ménagère légale ou facultative : v. *infra*, n° 285 et 286.

les non-voyants, dont le handicap ouvre droit à l'attribution automatique de l'AC à taux plein, ne sont pas considérés comme donnant droit systématiquement à la PSD : celle-ci peut donc être refusée — ce qui constitue, là encore, une source potentielle de difficultés — à certaines personnes âgées devenant progressivement non-voyantes...

Il doit enfin disposer de ressources n'excédant pas un plafond fixé chaque année au 1er janvier par décret (68) ; en cas de dépassement du plafond, le montant de la PSD est réduit à due concurrence : étant cependant entendu que la prestation est versée sauf exception jusqu'à hauteur d'une somme égale audit plafond majoré de la PSD accordée, dans la limite de 80 % (69) de la majoration pour tierce personne (MTP) (70). Il résulte de ces dispositions que la PSD est une allocation dégressive et que le montant de la prestation effectivement versée peut donc être inférieur à celui de la prestation accordée. Pour l'appréciation des ressources de l'intéressé (et le cas échéant de son conjoint ou concubin), il est tenu compte de l'ensemble des revenus et de la valeur en capital des biens non productifs de revenus (71), à l'exception cependant de certains d'entre eux tels que notamment la retraite du combattant, les pensions attachées aux distinctions honorifiques, certaines rentes viagères ou encore les prestations en nature dues au titre des régimes de sécurité sociale ou de la CMU (72).

2° Les modalités et les effets de l'attribution

270 **a) Les modalités** — La demande de PSD doit être adressée au président du conseil général du département de résidence du postulant (73). Néanmoins, la prestation est servie et gérée par le département où le bénéficiaire possède son domicile de secours (74).

---

(68) Au 1er janvier 2000, le plafond de ressources/mois est de 6 249,20 F (personne seule) et de 10 415,28 F (ménage).

(69) La mise en jeu à la fois du plafond de ressources et de cette limite de 80 % obéit à des règles excessivement complexes ; en effet, ce n'est que dans l'hypothèse où l'intéressé a des ressources supérieures au plafond que joue cette limite : la prestation versée ne pouvant alors excéder 80 % de la MTP ; dans l'hypothèse où ses ressources sont inférieures audit plafond, la limite de 80 % ne joue plus ; la PSD versée peut être alors supérieure à cette limite, sous réserve cependant qu'elle n'excède pas une somme égale à 80 % de la MTP majorée de la différence entre le plafond de ressources et les revenus effectivement perçus...

(70) La MTP est une prestation de sécurité sociale non soumise à condition de ressources. Elle est accordée aux titulaires de pensions d'invalidité ou de rentes « accidents du travail » dont l'état nécessite l'assistance d'une tierce personne (*C. séc. soc.*, art. L. 341-4 et L. 434-2) ainsi qu'aux titulaires de pensions de vieillesse substituées à des pensions d'invalidité qui viennent à se trouver dans la même situation de dépendance après 60 ans et avant 65 ans (*C. séc. soc.*, art. L. 355-1).

(71) La loi du 24 janvier 1997 a exclu le recours à l'obligation alimentaire pour la mise en œuvre de la PSD. Néanmoins, les pensions alimentaires ou assimilées versées par les enfants sont intégrées dans les ressources du postulant au bénéfice de la PSD : l'Administration ayant considéré que « si la loi n'a pas prévu l'application des règles de l'obligation alimentaire, elle n'a pas pour autant écarté des ressources prises en considération d'éventuelles aides pécuniaires versées par les enfants, spontanément ou à la suite d'une décision judiciaire » (Lettre DAS/RV 2, 27 avril 1999, *BO Solid. Santé*, nº 99/19, p. 87).

(72) Sur l'évaluation des revenus procurés par les biens non productifs et sur l'ensemble des ressources non prises en compte dans l'appréciation du plafond, v. D. nº 97-426, 28 avril 1997, art. 6. Par ailleurs, lorsque le bénéficiaire réside en établissement, il peut être déduit de ses ressources une somme de 2 000 F maintenue à la disposition de son conjoint ou concubin demeurant à domicile ; de plus, il est procédé à une appréciation spécifique des ressources perçues en cas de modification de la situation familiale ou professionnelle du conjoint ou concubin (s'appliquent alors les articles R. 531-11 à R. 531-13 du Code de la sécurité sociale).

(73) Pour l'hypothèse où il y aurait contestation de sa compétence par le président du conseil général du département de résidence, v. D. nº 97-426, 28 avril 1997, art. 8.

(74) En l'absence de domicile de secours, la prestation est servie et gérée par le département de résidence : l'État assurant alors la prise en charge de la PSD.

La demande est instruite par l'équipe médico-sociale, laquelle élabore un plan d'aide qui détermine la nature réelle du besoin de soutien requis par l'état du demandeur et qui permet donc en principe de chiffrer le montant de la prestation à accorder (75). Pour autant, le président du conseil général du département où le demandeur a son domicile de secours et à qui il incombe de prendre la décision d'attribution n'est pas lié par les conclusions de l'équipe : dans la mesure où, selon les termes de la loi, il apprécie le besoin d'aide en se fondant « notamment » sur ces conclusions ainsi que sur le niveau des ressources, il se voit en effet conférer, par là même, un large pouvoir d'appréciation (76). La décision d'attribution, qui fait l'objet d'une révision périodique, doit cependant être motivée et être prise après avis du maire de la commune de résidence du demandeur (77) ; elle doit être notifiée à l'intéressé dans un délai de deux mois à compter du dépôt de son dossier complet, faute de quoi la PSD est réputée lui être accordée à compter du terme de ce délai (78).

Depuis la loi du 29 juillet 1998, les montants maximum et minimum de la prestation pour chaque niveau de dépendance sont fixés, tant pour les personnes vivant à leur domicile que pour celles résidant dans un établissement, par le règlement départemental d'aide sociale. Le montant maximal de la prestation pour le niveau de dépendance le plus élevé ne peut être inférieur à un pourcentage, fixé par décret, de la majoration pour tierce personne (en l'occurrence 100 % de cette dernière) (79). De plus, cette même loi de 1998 a accordé au gouvernement le droit de fixer par décret, pour chaque niveau de dépendance, des seuils minima pour les montants de la PSD versée dans un établissement : amélioration non négligeable puisque l'absence initiale d'un montant minimum avait débouché sur des disparités très fortes d'un département à l'autre (80).

Le montant de la PSD effectivement accordée est modulé en fonction du besoin de surveillance et d'aide requis par l'état de dépendance de la personne âgée, tel qu'il est évalué par l'équipe médico-sociale ; il varie également selon que cette personne réside à domicile ou est hébergée dans un établissement (81).

---

(75) Une fois établi, le plan d'aide doit être soumis à l'intéressé ou à son tuteur dans les 40 jours suivant le dépôt de la demande : le demandeur peut alors soit donner son accord (total ou partiel) en renvoyant le document au président du conseil général dans les 8 jours, soit refuser le plan dans sa totalité (il pourra alors contester la décision prise par le président devant la commission départementale d'aide sociale). L'inobservation de ce délai de 8 jours ne « saurait ni valoir renonciation de l'intéressé à sa demande, ni priver ce dernier du droit de contester les énonciations du plan d'aide », ni interdire à la personne disposant d'une option entre PSD et AC d'exercer celle-ci (CE, 12 juin 1998, Féd. aveugles et handicapés visuels de France, req. n° 188737 et 188738).

(76) Pouvoir qui n'est pas sans risquer de troubler l'économie générale du dispositif...

(77) Si cet avis n'a pas été rendu dans un délai de 15 jours après transmission de la demande par le président du conseil général, il est réputé favorable. La décision peut être également accordée à titre provisoire en cas d'urgence pour une durée de deux mois.

(78) Le décret n° 97-426 du 28 avril 1997 prévoyait que dans ce dernier cas, le montant réputé accordé était égal à 50 % de la MTP : le juge a annulé cette disposition (CE, 12 juin 1998, précité).

(79) La loi de 1997 se bornait à prévoir que « le montant maximum de la prestation est fixé par le règlement départemental d'aide sociale » (au 1er janvier 2000, la MTP s'élève à 5 754,64 F/mois).

(80) Les premières enquêtes menées sur la mise en œuvre de la PSD avaient en effet montré que les tarifs journaliers par GIR fixés par les conseils généraux pour les personnes placées en établissement pouvaient varier, à niveau de dépendance et de revenus équivalent, du simple au décuple... Par ailleurs, cette absence avait pour conséquence que certains bénéficiaires pouvaient se voir allouer, si leur degré de dépendance n'était pas très élevé, une PSD d'un montant inférieur à 40 % de la MTP, qui est le taux minimum de l'AC : sur ce point, v. aussi *infra*.

(81) Sur la PSD accordée aux personnes placées en établissement, v. *infra*, n° 306 et s.

271 **b) Les effets** — La PSD est une aide en nature : celle qui est servie à domicile doit être utilisée à la rémunération soit du ou des salariés que l'intéressé emploie pour lui venir en aide (82), soit du service d'aide à domicile agréé qu'il utilise, soit encore du particulier qui accueille chez lui à titre onéreux des personnes âgées ou handicapées adultes (83). Toutefois, des dépenses autres que de personnel (téléalarme, portage de repas...) dont la nécessité a été constatée par l'équipe médico-sociale peuvent être assumées par la PSD dans la limite d'un plafond égal à 10 % du montant maximal de la PSD prévu par le règlement départemental d'aide sociale (84). De même qu'elle n'est pas cumulable avec l'AC, la PSD n'est pas non plus cumulable avec l'allocation représentative de services ménagers, avec la MTP ou avec l'aide en nature accordée sous forme de services ménagers par l'aide sociale ; en revanche, elle est cumulable avec l'allocation simple (85).

Dans le délai d'un mois à compter de la notification de la décision d'attribution ou d'un changement ultérieur de salarié ou de service, l'intéressé doit déclarer au président du conseil général les noms et le degré de parenté de ceux-ci : faute de quoi, le versement de la PSD est suspendu. Le contrôle et le suivi de l'effectivité de l'aide sont assurés par l'équipe médico-sociale : si cette dernière constate que l'aide n'est pas effective ou pas satisfaisante, le président du conseil général peut demander au bénéficiaire de recruter une (ou une autre) personne : si sa demande n'est pas satisfaite dans le délai d'un mois, il peut là encore suspendre le versement de la PSD. Par ailleurs, lorsque l'intéressé est hébergé dans un établissement de santé pour recevoir des soins de courte durée, de suite ou de réadaptation, le service de la prestation est maintenu pendant les 21 premiers jours d'hospitalisation (sauf décision contraire motivée du président du conseil général, lequel peut suspendre tout ou partie de la PSD avant le terme du délai) ; au-delà, le versement de la prestation est suspendu : disposition qui peut se révéler, le cas échéant, source de difficultés si la personne âgée emploie directement une aide à domicile...

Le versement de la PSD — laquelle peut faire l'objet d'une tutelle aux prestations sociales — est effectué directement à l'établissement qui accueille l'intéressé ou, lorsque ce dernier réside à son domicile, effectué dans des conditions qui, s'agissant de certains frais, lui permettent de ne pas faire l'avance de son montant (86). La PSD est incessible et insaisissable ; son attribution n'est pas subordonnée à la mise en œuvre de l'obligation alimentaire ; elle peut donner lieu aux recours en récupération

(82) L'aide à domicile peut être un membre de la famille (sauf le conjoint ou le concubin) ; par ailleurs, pour favoriser la création d'emplois, la PSD ne peut pas servir à rémunérer une aide à domicile bénéficiant déjà d'un avantage vieillesse.

(83) Sur ce dernier cas régi par la loi n° 89-475 du 10 juillet 1989, v. *infra*, n° 298 et s.

(84) Le montant des dépenses pouvant ainsi être couvertes par la PSD est précisé dans la décision d'attribution de celle-ci.

(85) En principe, la PSD devrait pouvoir être cumulée avec l'aide ménagère facultative financée par les caisses de retraite au titre de leur action sanitaire et sociale ; mais plusieurs circulaires des organismes en question ont rejeté le principe d'un tel cumul (Circ. CNAV n° 51-97, 13 juin 1997 et n° 25-98, 13 mars 1998, Circ. CANCAVA n° 97-06, 23 juin 1997). Néanmoins, la CNAV a décidé, lorsqu'une personne était éligible à la PSD tout en voyant le montant de celle-ci réduit à un montant nul compte tenu des revenus de cette personne, que des prises en charge de l'aide ménagère à domicile pouvaient être délivrées « à titre exceptionnel » (Circ. CNAV n° 51-99 rect. du 16 août 1999 et n° 52-99 du 6 août 1999). En cas d'indu, celui-ci doit être récupéré auprès de l'organisme ayant réalisé la prestation (Circ. CNAV n° 44-98, 2 juillet 1998). La PSD est cependant cumulable avec les soins infirmiers à domicile (Lettre 5 janvier 1998, *BOAS* n° 98-4, p. 165).

(86) L. n° 97-60, 24 janvier 1997, art. 17.

prévus par l'article 146 du Code de la famille et de l'aide sociale : mais l'inscription d'une hypothèque légale n'est pas autorisée.

Les décisions du président du conseil général relatives à l'attribution ou à la suspension du versement de la PSD relèvent des juridictions du contentieux de l'aide sociale (recours dans un délai de deux mois devant la commission départementale, appel devant la commission centrale) (87). Le délai de prescription d'une part des actions contentieuses en cas de non paiement de la PSD due, d'autre part en répétition de l'indu est fixé (sauf dans cette dernière hypothèse s'il y a fraude ou fausse déclaration) à deux ans.

En outre, la loi de 1997 a prévu, afin de favoriser la coordination des prestations servies aux personnes âgées dépendantes, d'accomplir les tâches d'instruction et de suivi des demandes et de préciser les modalités de cette coordination, la passation obligatoire de conventions entre le département et les organismes locaux de sécurité sociale ; ces conventions, qui concernent donc non pas seulement la PSD mais l'ensemble des prestations accordées aux personnes âgées dépendantes (aide ménagère, SSAD...), doivent être conformes à un cahier des charges établi par le ministre chargé des personnes âgées (88). Un comité national de la coordination gérontologique est chargé du suivi de la mise en œuvre de ces conventions (89). Outre ces conventions obligatoires, d'autres conventions, facultatives, peuvent être encore passées entre le département et divers organismes (CCAS, associations...) afin de préciser les modalités d'instruction et de suivi de la seule PSD.

3° Les limites et insuffisances de la prestation

272 La mise en place de cette dernière a donné lieu à de nombreuses critiques dont beaucoup sont fondées (90) ; en effet, la loi de 1997 ainsi que les textes adoptés depuis lors afin de préciser ses modalités d'application comportent plusieurs dispositions peu satisfaisantes et donc génératrices de difficultés pour les personnes âgées dépendantes (91).

Sans doute, le législateur a-t-il entrepris de remédier à certaines de ces insuffisances ; on a notamment en vue la fixation, par la loi du 29 juillet 1998, non seulement de montants minimaux et maximaux par le règlement départemental d'aide sociale mais aussi et surtout la possibilité pour le Gouvernement de fixer par décret un montant minimum de la PSD versée aux personnes vivant en établissement (92). Mais outre que ce montant minimum ne concerne pas la PSD versée au domicile de la personne

(87) Ces recours peuvent être exercés par le demandeur ou son tuteur, le maire, le préfet ou les régimes de retraite de base versant à l'intéressé une allocation et, en appel, par le président du conseil général. Le ministre en charge des personnes âgées peut porter devant la commission centrale les décisions des commissions départementales et du président du conseil général.

(88) Sur ce point, v. L. n° 97-60, 24 janvier 1997, art. 1er, A. 22 mai 1997, Lettres-circ. ACOSS n° 97-047, 24 juin 1997 et n° 97-50, 2 juillet 1997.

(89) Sur la composition et les attributions de ce comité, v. D. n° 97-427, 28 avril 1997.

(90) J. M. Belorgey, La dépendance punie, *Mélanges E. Alfandari*, p. 219, 1999, Dalloz.

(91) Au 1er janvier 1999, 88 500 personnes percevaient la PSD, dont 58 % de plus de 85 ans (106 000 au 30 juin 1999). Son montant moyen est de 3 400 F à domicile et de 1 750 F en établissement. Elle varie de 2 941 F en GIR 3 à 3 889 F en GIR 1 (domicile) et de 1 491 F en GIR 3 à 2 137 F en GIR 1 (établissement). La dépense supportée en 1999 par les départements s'est élevée à environ 3 milliards de F.

(92) L. n° 98-657, 29 juillet 1998, art. 139.

âgée, il n'en demeure pas moins que les limites initiales inhérentes à la loi de 1997 n'ont dans l'ensemble nullement disparu ; ainsi, par exemple, l'impossibilité, pour les personnes qui ont refusé de demander la PSD ou d'en accepter le bénéfice (compte tenu notamment des recours en récupération sur succession), de recevoir l'aide ménagère ou les prestations de garde à domicile servies par les caisses de sécurité sociale risque-t-elle de se révéler fortement préjudiciable à ces personnes ; ainsi, encore, la faiblesse des plafonds de ressources retenus pour prétendre à la PSD et le large pouvoir d'appréciation laissé tant à l'équipe médico-sociale (prise en compte de « l'environnement » et des aides déjà reçues par le demandeur) qu'au président du conseil général ont-ils pour effet de rendre la PSD trop faible pour permettre aux intéressés de faire face à leurs besoins d'aide réels ; si l'on ajoute à ceci les difficultés engendrées par les dispositions relatives à la suppression de l'AC au-delà de 60 ans ou encore à la suspension de la PSD en cas d'hospitalisation, on comprendra aisément que le nouveau dispositif ait suscité de nombreuses réserves de la part tant des associations représentant les personnes âgées que des responsables des organismes sociaux concernés.

Avec le recul, il est en effet plusieurs catégories de personnes qui ont vu leur situation empirer suite à l'institution de la PSD : il s'agit notamment — outre de celles affectant leur AC à des dépenses autres que de personnel — de celles ne pouvant accéder à la PSD à l'issue de la période d'attribution de l'AC (93) car ne relevant pas des GIR 1 à 3 ; de celles percevant la PSD à un montant inférieur à celui de l'AC ou encore de celles atteintes de cécité ou pour lesquelles l'AC compensait le handicap et non la dépendance... Conscients de ces lacunes, les pouvoirs publics se sont engagés à y remédier ; plusieurs mesures sont ainsi envisagées : le seuil de déclenchement du recours sur succession, établi actuellement à 300 000 F, serait porté à 500 000 ou 600 000 F et serait instauré un seuil de 300 000 F pour les recours sur donation afin de surmonter l'effet dissuasif desdits recours ; de plus, des dispositions seraient prises en vue de permettre à la PSD versée à domicile de régler les frais temporaires d'accueil de jour ou de nuit ; le taux de 10 % consacré à des dépenses autres que de personnel serait porté à 30 % ; le plafonds de ressources serait modifié afin de permettre à un nombre accru de bénéficiaires de percevoir le montant maximum de la PSD. Quant à la PSD versée en établissement, un décret devrait bientôt fixer son montant minimal ; mais la faiblesse des montants envisagés risque fort, cependant, de n'induire qu'une amélioration très limitée de la situation des personnes âgées (94).

Annoncées en avril 1999, ces mesures sont restées pour l'instant (réserve faite de la fixation d'un montant minimum dont le principe a été posé par la loi) à l'état de projet. Aussi apparaît-il fortement souhaitable que les pouvoirs publics et organismes compétents corrigent au plus tôt certaines des insuffisances les plus manifestes qui caractérisent aujourd'hui le nouveau dispositif. Ce, en attendant que soit instituée, ainsi que le réclament la plupart des associations, une véritable prestation autonomie susceptible d'être intégrée, en tant que nouveau grand risque social, au régime de la sécurité sociale : faute de quoi, il faudrait se résoudre à voir dans la loi de 1997 non

(93) Ainsi, a-t-il été calculé que la suppression de l'AC pouvait faire perdre jusqu'à 4 000 F par mois à certains allocataires...

(94) Les chiffres actuellement évoqués par les pouvoirs publics s'établissent respectivement à 56 F, 43 F et 36 F/jour pour les GIR 1 à 3 : ce qui, pour le GIR 1, représente moins de 20 % du tarif moyen d'hébergement et 10 % dans les établissements de long séjour de la région parisienne...

pas une avancée de la politique en faveur des personnes âgées mais bien plutôt une véritable régression de cette même politique (95).

B. LES AIDES ET AVANTAGES COMPLÉMENTAIRES

273 Les personnes âgées peuvent également bénéficier d'autres aides de caractère financier ainsi que de différents avantages de caractère social ou fiscal.

Les aides financières comprennent notamment des allocations d'aide sociale facultative en espèces attribuées par divers organismes : ainsi des CCAS qui peuvent, aux termes de l'article 137 du CFAS, « intervenir sous forme de prestations remboursables ou non remboursables » (prêts sur l'honneur, aides urgentes) ; ainsi des mutuelles ou des caisses de sécurité sociale telles que la CNAV : celle-ci fournissant sur ses fonds propres des secours exceptionnels et urgents à certains de ses ressortissants rencontrant des difficultés subites, inhabituelles et imprévisibles. D'autres aides peuvent être accordées par les collectivités locales ou par les organismes sociaux à des fins variées. Certaines de ces aides sont accordées afin d'améliorer les revenus des intéressés : les communes (ou les départements) peuvent ainsi décider d'attribuer aux personnes âgées un complément de ressources à hauteur d'un plancher établi par elles (96). Mais d'autres aides peuvent être versées à des fins plus précises. Tel est le cas des aides au loyer : certaines communes (Ville de Paris) ayant accepté d'assumer financièrement, sous conditions, une partie du loyer dû par les intéressés. Tel est le cas des aides aux vacances : certains organismes (CNAV) ayant décidé d'octroyer aux personnes âgées non assujetties à l'impôt sur le revenu une participation journalière pour des séjours en vacances limités à 15 jours. Tel est le cas de certaines aides à l'amélioration des logements anciens : les personnes âgées locataires d'un logement ancien nécessitant des travaux d'amélioration peuvent se voir fournir, sous conditions et à concurrence d'un plafond, une aide financière destinée à encourager la réalisation desdits travaux (Ville de Paris). La politique de soutien financier des personnes âgées se traduit, enfin, par l'octroi d'un certain nombre d'avantages : ces avantages étant sociaux (attribués sous conditions de ressources, ils constituent l'accessoire ou un droit dérivé de l'allocation supplémentaire du FSV ou d'une allocation de base) (97), fiscaux (sont accordés en général en tenant compte des ressources des intéressés) (98) ou encore accordés à toutes les personnes ayant atteint un certain âge (réductions tarifaires en matière de transport).

274 **Bibliographie.** V. n° 248, 256 ; *adde* J. M. BELORGEY, Du handicap à la dépendance : la trappe ?, *Dr. soc.*, 1999, p. 700 ; La dépendance punie, *Mélanges E. Alfandari*, p. 219, 1999, Dalloz ; J. BORDELOUP, Les rayons et les ombres de la politique actuelle menée en direction des personnes âgées, *Dr.*

(95) Dans le même sens, v. CNRPA et *alii, Le livre noir de la dépendance*, 1998 ; *Livre blanc pour une prestation autonomie*, 1999.

(96) Tel est le cas de la Ville de Paris qui accorde aux personnes âgées de 65 ans (ou de 60 ans en cas d'inaptitude au travail) habitant la ville depuis plus de 3 ans ou y ayant habité au moins 3 ans au cours des 5 dernières années une allocation différentielle destinée à porter le minimum vieillesse au niveau qu'elle a fixé.

(97) En matière de santé, les personnes bénéficiaires de l'allocation spéciale de vieillesse sont automatiquement affiliées à l'assurance personnelle ; de même, en matière d'accès à la justice, les personnes percevant l'allocation supplémentaire bénéficient de droit de l'aide juridique.

(98) Sur ces exonérations, v. *CGI*, art. 81, 1390 et 1391.

soc., 1984, p. 656 ; J. F. CHADELAT, Le FSV, *Dr. soc.*, 1994, p. 727 ; Le FSV : au cœur du dispositif de réforme de la protection sociale, *Dr. soc.*, 1996, p. 261 ; J. C. CHAUVET, M. L. PITOIS, La politique de la vieillesse, *RFAS*, 1980, n° 3, p. 327 ; C. COLLOT, M. JANI-LE BRIS, La femme âgée isolée dans trois pays européens : France, Italie, RFA, *RFAS*, 1981, n° 3, p. 101 ; DIVERS, La PSD un an après : premières tendances, *Cahiers de l'ODAS*, janvier 1998 ; PSD et qualité du soutien au développement, *Cahiers de l'ODAS*, août 1998 ; F. ELGUIZ, *La PSD*, 1997, TSA éd. ; P. GENIER, La gestion du risque dépendance : le rôle de la famille, de l'État et du secteur privé, *Écon. et Statist.*, 1996, n° 291-292, p. 103 ; J. F. INSERGUET, La PSD : difficultés juridiques et enjeux financiers, *Dr. soc.*, 1999, p. 42 ; F. KESSLER, Du nouveau pour les personnes âgées ? Quelques observations sur un projet de loi qui n'a pas abouti, *RDSS*, 1993, p. 380 ; Quelles prestations pour les personnes âgées dépendantes ? Panorama des propositions de réforme, *Dr. soc.*, 1995, p. 85 ; Pour une vraie assurance dépendance, *Dr. ouvrier*, 1995, p. 451 ; Les réformes de la protection sociale et les personnes âgées, *RDSS*, 1996 (n° spécial), p. 781 ; La nouvelle allocation dépendance, *TPS*, mai 1997, p. 4 ; M. F. LAROQUE, Sécurité sociale et personnes âgées, *RFAS*, 1985, n° 3, p. 179 ; M. LONG, La PSD : en attendant mieux, *Regards sur l'actualité*, 1997, n° 233, p. 40 ; J. M. PONTIER, Un aspect de l'aide sociale : la PSD et les départements, *Rev. adm.*, 1998, n° 306, p. 758 et 1999, n° 307, p. 5 ; P. TERROIR, Vers une allocation dépendance ?, *Quest. séc. soc.*, 1991, p. 294.

SECTION II — LA POLITIQUE DE SOUTIEN À DOMICILE

275 Si la politique de soutien à domicile des personnes âgées puise sa source loin dans le passé, ce n'est cependant qu'à partir des VIe et VIIe Plans qu'elle a pris son réel essor : on insiste alors sur l'aide médicale à domicile, l'aide ménagère, les foyers restaurants, les centres de jour, les aides au logement, etc. (99), puis, au cours du plan intérimaire de 1982-1983 et du IXe Plan, sur les services de soins infirmiers à domicile et les alternatives à l'hospitalisation. Dans la période la plus récente, sont encouragées les associations d'aide à domicile et discutée la création d'une allocation-dépendance.

Sans doute, les prestations de soutien au domicile présentent-elles certaines faiblesses : éparpillement excessif des prestations imputable à la multiplicité des intervenants ; carences quantitatives dues à une certaine raréfaction des moyens financiers ; insuffisances qualitatives dues notamment à l'absence de prise en compte, par les pouvoirs publics, du rôle capital susceptible d'être joué en la matière par la famille (100). Néanmoins, ces prestations ont le mérite d'exister. Elles peuvent globalement se répartir en deux grandes catégories : les prestations de soins qui relèvent d'une politique d'action sanitaire (§ 1) et les prestations d'aide qui renvoient, elles, à une politique d'action sociale (§ 2).

§ 1. L'ACTION SANITAIRE EN FAVEUR DES PERSONNES ÂGÉES

276 Cette action, qui a vocation à favoriser le maintien à domicile des personnes âgées, est diversifiée : à côté des services de soins à domicile, existent

(99) V. Circ. 24 septembre 1971 relative au « programme finalisé pour le maintien à domicile des personnes âgées » et Circ. 28 janvier 1977 relative au Programme d'action prioritaire n° 15.

(100) Ces insuffisances ont été maintes fois dénoncées : pour exemples, v. Rapport BRAUN-STOURM, *op. cit.*, p. 83 et s. et Rapport SCHOPFLIN, *op. cit.*, p. 51 et s.

différentes formules ayant elles aussi pour objectif prioritaire de constituer une alternative à l'hospitalisation.

A. LES SERVICES DE SOINS À DOMICILE

277 Apparus dans les années 1970 à titre expérimental, les services de soins à domicile (SSAD) ont vu leur mode d'organisation et de fonctionnement précisé par le décret nº 81-448 du 8 mai 1981 et par la circulaire nº 81-8 du 1er octobre 1981 (101).

1° Les modalités d'organisation

278 Selon les textes en vigueur, les SSAD (102) ont pour principaux objectifs « d'éviter une hospitalisation lorsque les conditions médicales et sociales le permettent ; de faciliter un prompt retour au domicile après hospitalisation ; de prévenir ou de retarder la dégradation progressive de l'état des bénéficiaires ; d'éviter ou de retarder l'admission en section de cure médicale ou en établissement de long séjour » (103). Selon ces mêmes textes, ils ont pour mission d'une part de dispenser aux personnes âgées malades ou atteintes par une diminution de leurs capacités physiques les soins infirmiers et d'hygiène ; d'autre part d'apporter dans le même temps une aide spécifique pour accomplir les actes essentiels de la vie, à l'exclusion des interventions du type de celles qu'assure l'aide ménagère. Ces services répondent donc à deux types de situations : des situations de phase aiguë de maladie qui, exigeant des traitements à visée curative, font intervenir le service infirmier dans les limites jugées acceptables par le médecin traitant ; et des situations de dépendance de la personne âgée qui appellent des soins de vie que cette dernière ne peut plus assurer seule. Dans les deux hypothèses, les soins, dispensés par du personnel infirmier et aide-soignant, ne requièrent pas l'utilisation d'un plateau technique : ils peuvent de ce fait être apportés là où réside la personne âgée, que ce soit dans une maison de retraite, un logement-foyer ou une résidence-service ou que ce soit, surtout, à son domicile.

Les SSAD sont créés et gérés par des organismes publics ou privés tels que les CCAS, les associations d'aide à domicile (cas très fréquent), les maisons de retraite, les centres de soins infirmiers, etc. (104). Leur création doit être autorisée par le préfet ; cette autorisation, qui est soumise à la procédure de coordination prévue par les textes (105), détermine la zone géographique dans laquelle le service doit intervenir et fixe le nombre de personnes âgées susceptibles d'être prises simultanément en charge compte tenu des besoins recensés.

---

(101) V. aussi Circ. nº 83-35, 14 décembre 1983 et nº 91-01, 22 janvier 1991.

(102) Les SSAD relèvent de la loi nº 75-535 du 30 juin 1975 relative aux institutions sociales et médico-sociales (art. 1er, mod. L. nº 76-11, 4 janvier 1978).

(103) Circ. nº 81-8, 1er octobre 1981.

(104) Le caractère désintéressé ou non de la gestion ne figure pas parmi les conditions de création du service : celui-ci peut donc être créé et géré par un organisme à but lucratif (TA Strasbourg, 26 mai 1988, *RDSS*, 1989, p. 96, concl. M. HEERS). De plus, il convient de noter que les établissements hospitaliers publics sont autorisés depuis 1983 à dispenser des soins à domicile aux personnes âgées avec le concours de leur médecin traitant lorsque la constitution d'une association n'apparaît pas possible (Circ. 14 décembre 1983).

(105) D. nº 76-838, 25 août 1976.

Le service dispose d'un personnel infirmier dont l'importance varie en fonction du nombre de personnes prises en charge. Il peut recourir à d'autres collaborateurs : infirmiers libéraux qui peuvent travailler à la vacation ou conserver leur statut libéral (ils passent alors une convention avec le service et leur activité est soumise aux règles habituelles de l'exercice libéral) (106), aides soignants diplômés ou membres de professions para-médicales complémentaires. L'infirmier libéral voit ses relations régies par une convention (107) ; il transmet au service un relevé du nombre et de la nature des actes effectués auprès de chaque personne âgée, à la suite de quoi le service procède au règlement des honoraires.

2° Les modalités de fonctionnement

279 Le service intervient sur prescription médicale précisant le protocole d'intervention. La personne âgée conserve en tout état de cause le libre choix de son médecin traitant, lequel garde la direction et la responsabilité du traitement prescrit. Les personnes concernées doivent en principe être âgées de plus de 60 ans (108). Le service doit assurer la continuité de la prise en charge : il doit donc être en mesure de fournir les prestations relevant de sa compétence quel que soit le moment où ces prestations doivent être délivrées, y compris le dimanche et les jours fériés et entre 20 heures et 8 heures. Les soins à domicile doivent être complétés par d'autres prestations : le service doit s'insérer dans un dispositif global, en étroite collaboration avec les autres services à domicile, les établissements sanitaires et médico-sociaux, les CCAS, les travailleurs sociaux, etc. (109).

Les frais afférents aux soins à domicile dispensés aux assurés sociaux (110) sont pris en charge par les régimes d'assurance maladie (système de tiers payant intégral) ; leur montant est versé au service de soins sous la forme d'un forfait global et annuel déterminé par une procédure budgétaire (111). Le forfait est versé par la caisse primaire d'assurance maladie de la circonscription où le service est implanté, pour le compte de l'ensemble des régimes (112). Pour les personnes ne bénéficiant pas d'un régime d'assurance maladie, il est établi un forfait journalier qui peut être pris en charge au titre de l'aide sociale (113) : le département reverse alors à l'organisme d'assurance maladie la part qui lui incombe (114).

---

(106) Le service peut passer une convention avec un centre de soins infirmiers prévoyant qu'en échange d'une participation forfaitaire du service, le centre assure les missions de celui-ci.

(107) Cette convention doit être conforme à une convention-type annexée au décret de 1981.

(108) Cependant, celles n'ayant pas atteint cet âge peuvent être prises en charge sur avis du contrôle médical si elles présentent les caractéristiques d'un vieillissement prématuré de l'organisme ou sont atteintes par une maladie invalidante.

(109) De même, et afin d'éviter une hospitalisation en psychiatrie ou une rechute éventuelle, les personnes qui présentent des troubles mentaux peuvent bénéficier, sur demande du médecin traitant ou à l'initiative du service, de l'intervention de l'équipe de secteur psychiatrique.

(110) Rémunération et frais de déplacement des personnels employés par le service, frais généraux de fonctionnement de celui-ci et coût de la fourniture du petit matériel médical.

(111) *C. séc. soc.*, art. L. 322-3, 9° et D. 174-9 ; D. 8 mai 1981, art. 8 ; v. aussi *supra*, n° 180 et s.

(112) Lorsque le nombre de personnes relevant d'un autre régime que le régime général est le plus élevé, le forfait est versé par la caisse de ce régime.

(113) Sur le montant de ces deux forfaits — global et journalier —, v. D. 8 mai 1981, art. 10 ; sur la procédure de détermination desdits forfaits, v. *C. séc. soc.*, art. D. 174-10 et D. 174-11.

(114) Dans ce cas, le service doit avoir fait l'objet d'une habilitation préalable.

Une décision conjointe des ministres chargés de la santé, de la sécurité sociale et du budget détermine chaque année, soit en valeur absolue, soit par limitation du pourcentage de hausse, un plafond pour la fixation des forfaits. L'entente préalable ayant été supprimée, les services du contrôle médical des organismes d'assurance maladie interviennent *a posteriori* (115). En cas de refus de prise en charge, celui-ci doit être clairement motivé et ouvre droit aux voies de recours habituelles (recours gracieux, expertises). Si la personne âgée continue de recevoir les prestations spécifiques du service, elle devra s'acquitter du forfait journalier, qu'elle conteste ou non la décision du contrôle médical.

Malgré une augmentation constante de leur capacité d'accueil (3 000 places en 1981, environ 42 000 en 1990 offertes par 1 130 services, plus de 56 000 début 1997 offertes par près de 1 550 services), les SSAD n'ont pas connu le développement souhaité tant par les pouvoirs publics que par les observateurs : on peut déplorer à la fois leur nombre encore trop restreint, leurs places offertes en quantité insuffisante ainsi que les fortes disparités géographiques affectant leur implantation (116).

B. LES AUTRES SERVICES DE SOINS

280 En dehors des SSAD, existent d'autres services de soins qui relèvent — même s'ils ne sont pas toujours réservés, de manière exclusive, aux personnes âgées — d'une politique globale de maintien à domicile. Pour l'essentiel, ces services fournissent des prestations dans le cadre soit de l'hospitalisation à domicile, soit des établissements de jour.

1° L'hospitalisation à domicile

281 Comme d'autres formules instituées dans les dernières décennies, l'hospitalisation à domicile (HAD) constitue l'une des modalités susceptibles d'être revêtues par ce qu'il est convenu d'appeler les structures de soins alternatives à l'hospitalisation.

Préconisées notamment par le rapport Laroque de 1962, ces structures alternatives virent leur existence expressément visée par la loi hospitalière de 1970. L'importante circulaire n° 86-14 du 7 mars 1986 relative aux « actions alternatives à l'hospitalisation des personnes âgées et à leur maintien à domicile » entreprit de recenser les possibilités existant en la matière. Sur le plan strictement sanitaire, ces possibilités se présentaient sous deux formes : intra-hospitalière (hôpitaux de jour, consultations externes) et extra-hospitalière (traitements spécialisés à domicile et hospitalisation à domicile).

(115) *C. séc. soc.*, art. D. 174-12.

(116) Pour une critique du fonctionnement des SSAD, v. Rapport BRAUN-STOURM, *op. cit.*, p. 85 et s. ; le nombre de places offertes a augmenté de 30 % de 1992 à 1996. Le secteur privé à but non lucratif gère 67 % des services (70 % des capacités installées). Les prises en charge sont de plus en plus longues : 20 % d'entre elles durent plus de 3 ans ; alors qu'elles étaient de 11 mois en moyenne en 1991, elles dépassent les 20 mois en 1996 : cet allongement a donc pour effet de limiter les possibilités d'accueil de nouvelles personnes âgées dépendantes (C. ALIAGA, Les services de soins à domicile fin 1996, *Informations rapides du SESI*, n° 94, janvier 1998).

De 1970 jusqu'à nos jours, l'HAD ne s'est développée que faiblement : en 1995, l'ensemble du secteur hospitalier n'offrait guère que 2 750 lits installés (117) ; en 1999, 68 établissements offraient environ 4 000 places : mais l'offre reste néanmoins très concentrée puisque plus de la moitié des départements en sont encore dépourvus (118). Pendant toute cette période, l'HAD ne connut aucune véritable sanction sur le plan réglementaire. A l'heure actuelle, la loi hospitalière n° 91-748 du 31 juillet 1991 ainsi que plusieurs textes réglementaires ont consacré de manière solennelle ces structures de soins alternatives (119).

Aux termes de l'article R. 712-2-1 du Code de la santé publique, « les structures dites d'hospitalisation à domicile permettent d'assurer au domicile du malade, pour une période limitée mais révisable en fonction de son état de santé, des soins médicaux et paramédicaux continus et nécessairement coordonnés. Ces soins se différencient de ceux habituellement dispensés à domicile par la complexité et la fréquence des actes ». Le critère de l'intensité et de la technicité des soins est donc ici décisif car c'est lui qui permet de distinguer l'HAD de formules voisines telles que les soins infirmiers à domicile.

Chaque structure d'HAD intervient dans une aire géographique fixée par l'autorisation que délivrent le ministre chargé de la santé ou le représentant de l'État en cas de création, d'extension ou de transformation de ces structures (120). L'admission d'un patient dans une de ces structures est effectuée dans les limites de la capacité autorisée de celle-ci (121). Elle est prononcée, ainsi que la sortie, par le responsable de cette dernière après avis d'un médecin coordinateur. Afin de garantir la sécurité des patients et la coordination des soins, chaque structure doit disposer d'un système de communication à distance permettant, 24 heures sur 24 (y compris le dimanche et les jours fériés), de maintenir une liaison permanente entre les patients, les familles et les personnels. De plus, chacune d'elles doit garantir aux patients qu'elle prend en charge leur transfert, en cas de besoin, dans un centre de soins accueillant en permanence des sujets dans les disciplines de médecine et de chirurgie.

2° Les établissements de jour

282 Les établissements de jour ont eux aussi vocation à fonctionner comme alternative à l'hospitalisation. Ils peuvent constituer soit des structures hospitalières (cas par exemple des hôpitaux de jour et, pour les personnes âgées, des hôpitaux gériatriques de jour) ; soit des structures extra-hospitalières (cas notamment des centres de jour).

Les *hôpitaux gériatriques de jour* ont vu leur rôle précisé par plusieurs textes (122). Selon ces derniers, les prestations fournies par un hôpital de jour ont pour objectif

(117) SESI, *Données sur la situation sanitaire et sociale en France*, p. 126, 1998 : le fait que les moyens requis par l'HAD ne peuvent être dégagés que par une diminution des moyens intra-hospitaliers correspondants est très largement à l'origine de cette situation.

(118) DREES, *Études et résultats*, n° 40, 1999, p. 8.

(119) *C. santé pub.*, art. L. 712-2, R. 712-2-1 à 4 et D. 712-13-1 à 39. Ces structures peuvent revêtir trois formes distinctes parmi lesquelles figure l'HAD.

(120) Sur les conditions requises pour qu'il y ait autorisation, v. *C. santé publ.*, art. L. 712-8, R. 712-2-3 et 4 et R. 712-9. Toutefois, demeurent soumis à des règles qui leur sont propres les services constituant des structures de soins alternatives à l'hospitalisation en psychiatrie ainsi que les services de suppléance aux insuffisances chroniques.

(121) *C. santé publ.*, art. D. 712-35 à D. 712-39.

(122) V. notamment — outre les dispositions édictées depuis la loi du 31 juillet 1991 — Circ. 23 juillet 1963, n° 1575, 24 septembre 1971 et n° 86-14, 7 mars 1986.

d'éviter une hospitalisation ou de réduire le temps de séjour dans une unité de soins de courte durée ou de soins de suite et de réadaptation. Les patients qui le fréquentent y sont transportés aux frais de l'hôpital pour traitement ou pour examen et retrouvent leur domicile le soir. De manière générale, les hôpitaux de jour « assurent une fonction diagnostique en regroupant l'ensemble des consultations et examens complémentaires nécessaires au bilan, ainsi que la mise en œuvre de thérapeutiques complexes ». De manière plus spécifique, l'hôpital gériatrique de jour assure tout particulièrement « le diagnostic des affections chroniques ou interrécurrentes, le bilan des déficits sensoriels et psychiques et aboutit à la mise en œuvre d'un projet thérapeutique qui peut se poursuivre à domicile avec l'aide éventuelle des services d'hospitalisation à domicile, ou de soins infirmiers à domicile pour personnes âgées ou en faisant appel à des praticiens libéraux » (123). La rééducation y joue un rôle très important : l'hôpital gériatrique de jour peut donc utilement contribuer à la prévention du vieillissement en menant une action sanitaire adaptée (hygiène de vie, diététique...).

L'admission dans le service se fait selon les modes hospitaliers habituels, la personne âgée pouvant cependant espacer ses visites dans le service. Le financement est assuré par les organismes d'assurance maladie dans les conditions de l'hospitalisation classique.

Les hôpitaux gériatriques de jour sont encore, à l'heure actuelle, très peu nombreux.

Le *centre de jour* s'est développé à partir d'une expérience réalisée à Paris en 1965 ; mais il n'a pas connu le succès escompté : les pouvoirs publics ont décidé en 1979, après avoir encouragé son essor, de ne pas favoriser son extension. Il n'a donc reçu aucune base légale ou réglementaire (124). Toutefois, il existe aujourd'hui un peu moins d'une centaine de ces centres qui, relevant sans nul doute de la loi du 30 juin 1975 relative au secteur social et médico-social, sont le plus souvent intégrés à une structure d'hébergement ou jumelés à un équipement social type club de retraités ou foyer-club avec restaurant (125).

§ 2. L'ACTION SOCIALE EN FAVEUR DES PERSONNES ÂGÉES

283 Constituant l'un des éléments essentiels des politiques de soutien à domicile des personnes âgées, les prestations d'aide ménagère ne sauraient résumer,

(123) Circ. n° 86-14, 7 mars 1986.

(124) Circ. n° 1575, 24 septembre 1971 ; Circ. n° 2, 8 janvier 1974.

(125) Le centre de jour se définit comme « une structure extrahospitalière de soins en milieu ouvert, permettant d'assurer non seulement les soins médicaux courants mais aussi une prise en charge plus globale de la personne » (Circ. 8 janvier 1974) : destiné à prévenir, réduire ou éviter l'hospitalisation, il apparaît comme un élément relais capable de maintenir ou de rendre à la personne âgée la faculté de vivre de façon autonome à son domicile ou dans sa famille. S'il offre des prestations médicales ou para-médicales, il offre aussi d'autres prestations visant à soutenir psychologiquement la personne âgée isolée, à la maintenir apte à cultiver un minimum de relations sociales ou encore à lui permettre, en lui proposant des activités d'occupation et de loisirs, de trouver une occupation utile. A ce titre, il favorise le maintien à domicile des personnes handicapées tant psychiquement que physiquement. Dans les faits, il existe des centres de jour à caractère social, des centres à caractère sanitaire et social et des centres très voisins des hôpitaux de jour (*Années-Documents* du CLEIRPPA, n° 164, 166 et 167, 1986). Financés à l'origine par la CNAV, les centres de jour n'ont bénéficié, pour leur fonctionnement, que de contributions versées par les caisses d'assurance maladie — lesquelles ne couvrent que les frais de soins — ainsi que de subventions des collectivités locales, des caisses de retraite ou des associations : cette absence de financement spécifique, le montant élevé des tarifs ainsi que la rareté de la clientèle intéressée sont à l'origine de l'échec relatif de cette institution.

à elles seules, l'ensemble des actions visant à permettre à ces dernières de vivre sur le lieu de leur choix, en l'espèce chez elles : d'autres actions sont initiées et d'autres prestations sont proposées qui, peu ou prou, poursuivent elles aussi le même objectif.

A. L'AIDE MÉNAGÈRE

284 L'expression « aide ménagère » renvoie à plusieurs réalités différentes bien que connexes. Elle peut renvoyer d'abord à une prestation qui est soit légale, soit facultative. Elle peut renvoyer ensuite à l'agent qui exécute cette prestation : cet agent a alors vocation non seulement à faire bénéficier les personnes âgées de l'exécution de certaines tâches ménagères (courses, ménage...) mais aussi, plus largement, à accomplir un « travail matériel, moral et social contribuant à leur maintien au domicile » (126). Elle peut renvoyer enfin aux services assurant ces prestations, c'est-à-dire aux organismes gestionnaires.

Mais quelle que soit la réalité à laquelle elle renvoie, l'aide ménagère se caractérise dans chaque cas par un objet et une finalité identiques : apporter une aide à la personne âgée afin que celle-ci puisse rester chez elle. Instituée à l'origine par les caisses de retraite et les bureaux d'aide sociale comme action sociale facultative, cette aide est devenue en 1962 une prestation légale d'aide sociale désormais à la charge du département (127). Mais les caisses d'assurance vieillesse ont maintenu leur effort si bien qu'aujourd'hui les prestations d'aide ménagère facultatives et extra-légales assumées par celles-ci représentent financièrement un volume supérieur à celui des aides obligatoires. Pour autant, les conseils généraux et organismes de retraite ne gèrent pas directement lesdits services : ils ne font que les financer. A cette fin, ils s'attachent soit à habiliter ces derniers (lesquels sont le plus souvent de droit privé) à l'aide sociale : c'est le cas des départements ; soit à passer avec eux une convention : c'est le cas des organismes de sécurité sociale (CNAV et CRAM) (128).

L'aide ménagère peut être accordée sous la forme soit d'une prestation en nature — laquelle comprend elle-même plusieurs variantes —, soit d'une prestation en espèces (129).

1° L'aide ménagère en nature

285 **a) L'aide ménagère légale** — Elle est versée aux conditions suivantes : la personne doit avoir 65 ans ou plus de 60 ans en cas d'inaptitude au travail ; elle doit avoir besoin, pour demeurer à son domicile, d'une aide matérielle (130). Elle doit être

(126) *Conv. coll. des organismes d'aide ou de maintien à domicile*, 11 mai 1983 (v. aussi Circ. 7 avril 1982 : « l'aide ménagère exerce une profession à vocation sociale »).

(127) D. n° 62-443 à 62-445, 14 avril 1962 et *C. famille*, art. 158.

(128) Ces services ne relevant pas de la loi du 30 juin 1975 relative aux institutions sociales et médico-sociales, ils ne sont donc pas soumis aux conditions d'autorisation et à la procédure de coordination applicables aux structures visées par cette loi : v. *supra*, n° 174 et s.

(129) Sur les règles de cumul des formes d'aide ménagère et de la PSD, v. *supra*, n° 270.

(130) Nulle condition relative à la santé n'est requise ; en revanche, il est nécessaire qu'aucune personne vivant au foyer ne soit en mesure de fournir elle-même une aide ménagère (Comm. centr., 19 décembre 1984, *RFAS*, 1985, n° 3, cah. jur., p. 45) : l'aide pouvant être refusée si le demandeur vit à proximité immédiate d'un membre de sa famille, lequel est ainsi en mesure de lui apporter une aide matérielle (Comm. centr., 14 septembre 1995, Dép. Gers, req. n° 950311).

« privée de ressources suffisantes » (131) : celles-ci ne devant pas dépasser le plafond d'octroi de l'AVTS (132). Un service d'aide ménagère doit être organisé dans la commune.

Pour bénéficier de la prestation, l'intéressé doit déposer sa demande, lui-même ou par l'intermédiaire d'un tiers (association, médecin, travailleur social, famille), au CCAS ou à la mairie de sa résidence. La demande fait l'objet d'un dossier, puis est transmise, dans le mois de son dépôt, au président du conseil général qui l'instruit et soumet sa proposition à la commission d'admission (133). Celle-ci fixe la nature des services et leur durée dans la limite de 30 heures par mois. Toutefois, lorsque deux ou plusieurs bénéficiaires vivent en commun, le nombre maximum d'heures est réduit d'un cinquième pour chacun d'entre eux.

Une participation financière horaire est demandée aux bénéficiaires (134) ; dans les faits, cette participation qui varie d'un département à l'autre s'élève en moyenne à environ 6 % du coût de la prestation. C'est le président du conseil général qui fixe le taux de celle-ci de même, d'ailleurs, que le taux de l'aide ménagère dans le département. Les dépenses d'aide ménagère, qui sont depuis 1983 à la charge de ce dernier, sont remboursées par lui aux organismes prestataires, réserve étant faite de la contribution incombant au bénéficiaire.

Les personnes concernées disposent des mêmes voies de recours que celles applicables au droit commun de l'aide sociale (135). Quant aux recours en récupération pouvant être exercés par le département, ils sont soumis à un régime très favorable (régime applicable, d'ailleurs, à l'ensemble des prestations d'aide à domicile) (136).

Après avoir cru fortement dans les années 1970, ces prestations ont augmenté par la suite moins rapidement en raison de la réduction du nombre de personnes remplissant les conditions requises et de la volonté des collectivités locales de maîtriser leurs dépenses.

286 **b) L'aide ménagère facultative** — Il s'agit d'une aide individuelle de caractère extra-légal, non obligatoire, accordée principalement par les caisses des régimes de

(131) *C. famille*, art. 157.

(132) Il n'est plus tenu compte pour le calcul de ce plafond des créances alimentaires (D. nº 77-872, 27 juillet 1977). Il en va de même de l'allocation logement (D. nº 54-1128, 15 novembre 1954, art. 6, mod. D. nº 85-426, 12 avril 1985), des allocations familiales (Comm. centr. 11 avril 1986, Dép. Bouches-du-Rhône, req. nº 263/85), de la retraite du combattant, des pensions attachées aux distinctions honorifiques (*C. famille*, art. 141) ou de l'AC (Comm. centr., 11 avril 1988, Dép. Essonne, req. nº 1/83) ; en revanche, sont notamment pris en compte le complément d'AAH (Comm. centr., 14 mai 1996, Dép. Var, req. nº 942276) et les pensions de veuve de guerre (Comm. centr., 5 octobre 1995, Dép. Pyrénées-Atlantiques, req. nº 940413).

(133) *C. famille*, art. 125. Depuis 1978, le maire peut prononcer l'admission d'urgence à cette prestation lorsque la personne âgée se trouve « privée brusquement de l'assistance de la personne dont l'aide était nécessaire au maintien à domicile » (*C. famille*, art. 134). Il notifie alors sa décision dans les 3 jours au président du conseil général. En cas d'inobservation des délais, les frais exposés jusqu'à la date de la notification sont à la charge de la commune. La commission d'admission du domicile du postulant statue ensuite dans le délai de 2 mois sur l'admission d'urgence : en cas de refus, les frais exposés avant la décision de rejet sont dus par l'intéressé.

(134) L. nº 83-663, 22 juillet 1983, art. 45-IV, mod. L. nº 84-575, 9 juillet 1984 et D. nº 83-867, 23 septembre 1983.

(135) *C. famille*, art. 128 à 131.

(136) Il n'y a pas d'inscription de l'hypothèque légale sur les biens du bénéficiaire ; le recours sur sa succession des sommes versées au titre de l'aide ménagère légale ne porte que sur la partie de l'actif net successoral qui excède 300 000 F ; les dépenses engagées par l'aide sociale d'un montant inférieur à 5 000 F ne donnent pas lieu à recouvrement (*C. famille*, art. 146 et 148).

retraite. Les critères d'attribution ainsi que les tarifs (137) sont définis par les organes délibérants de chaque caisse, lesquelles financent l'aide sur leurs fonds d'action sociale : il peut donc y avoir des disparités parfois sensibles d'un régime à l'autre (138).

Bien qu'elle varie en fonction du montant des dotations budgétaires, cette prestation complète très utilement celle accordée dans le cadre de l'aide légale : d'une part, parce qu'elle a vocation à bénéficier à des personnes dont les ressources excèdent celles exigées par cette dernière ; d'autre part, parce qu'elle peut se traduire par un volume d'heures dépassant le plafond requis par l'aide départementale. En pratique, la plupart des caisses ont retenu un plafond proche du double de celui de l'aide ménagère légale et accordent des heures pouvant atteindre, pour une durée il est vrai limitée, 60 heures voire sensiblement plus. Contrairement aux règles applicables à l'aide légale, le recours en recouvrement sur la succession du bénéficiaire ne peut être exercé. Actuellement, l'aide ménagère facultative est surtout financée par la CNAV (environ 40 % du total des heures effectuées).

Pour recevoir l'aide accordée par cette dernière, il faut notamment être titulaire, à titre principal, d'une pension, rente ou allocation versées par elle et ne pas bénéficier d'une majoration pour tierce personne, d'une hospitalisation à domicile (139), d'une allocation veuvage ou de l'allocation compensatrice (140). Il faut également que les ressources du postulant soient supérieures au plafond d'admission à l'aide légale. Toutes les ressources doivent être prises en compte à l'exception des intérêts des livrets de caisse d'épargne, de l'allocation logement, des pensions attachées aux distinctions honorifiques et du RMI.

En principe, l'aide est attribuée en nature : mais il peut y avoir exceptionnellement octroi d'une allocation représentative dans les mêmes conditions que celles en vigueur en matière d'aide sociale (141). Le bénéficiaire est tenu de participer financièrement au paiement des heures ménagères : cette participation varie en fonction de ses ressources (142).

2° L'allocation représentative de services ménagers

287 Cette allocation est versée dans le cadre de l'aide sociale légale dans les mêmes conditions de plafond de ressources que celles définies pour l'aide ménagère en nature.

Elle est accordée dans plusieurs hypothèses (143) : lorsqu'il n'y a aucun service organisé dans la commune, lorsque celui-ci est insuffisant ou lorsque les intéressés préfèrent le versement d'une allocation en espèces à des services ménagers en

(137) CE, 9 février 1996, UNASSAD et autres, *RDSS*, 1996, p. 643, chr. F. Kessler.

(138) Le régime dont relève le demandeur est celui où ce dernier a le plus longtemps cotisé. L'aide peut être accordée tant par les caisses des régimes de retraite de base (CNAV, CANCAVA, MSA...) que par celles des régimes de retraite complémentaire (ARRCO, IRCANTEC, AGIRC...).

(139) Dans ce cas, le financement d'une aide ménagère est assuré par le forfait journalier versé par le régime général d'assurance maladie.

(140) Circ. CNAV n° 97-89, 22 septembre 1989 et n° 79-92, 23 juillet 1992.

(141) Le portage des repas est considéré comme faisant partie de l'aide ménagère et ne peut, de ce fait, donner lieu à un financement particulier (Circ. CNAV n° 40-90, 30 mars 1990).

(142) Il existe un barème national de la CNAV ; celle-ci peut prendre encore en charge, sous conditions, l'aide ménagère dans certains logements-foyers et dans les établissements autres que les maisons de retraite et les MAPAD.

(143) *C. famille*, art. 158.

nature (144). Dans ce dernier cas, ils doivent manifester leur préférence de manière explicite (145) ; de plus, ils ne sont pas libres d'utiliser tout ou partie de l'allocation à leur gré : s'ils ont la possibilité, grâce à elle, de choisir eux-mêmes la personne qui va assurer les services ménagers, ils doivent en revanche justifier qu'ils utilisent l'aide conformément à sa destination (146).

Le montant de l'allocation est fixé par la commission d'admission à l'aide sociale et ne peut dépasser 60 % du coût des services ménagers susceptibles d'être accordés pour le cas considéré. Cependant, lorsque l'octroi de celle-ci tire son origine de ce que les services ménagers organisés dans la localité sont dans l'incapacité de répondre totalement aux besoins, il peut alors y avoir cumul de l'allocation et de l'aide ménagère en nature : dans cette hypothèse, une allocation égale à 60 % du coût des services ménagers reconnus nécessaires et non assurés est versée aux intéressés. La personne âgée bénéficie par ailleurs d'une réduction d'impôt ainsi que d'une exonération de cotisations sociales.

B. LES AUTRES AIDES

288 Les autres aides dont peuvent bénéficier les personnes âgées dans le cadre de la politique de maintien à domicile peuvent se répartir, pour l'essentiel, en deux grandes catégories : la première comprend un certain nombre de prestations de services, la seconde un certain nombre d'allocations ou d'avantages financiers ou fiscaux.

1° Les prestations de service

289 Si l'on excepte celles fournies par les auxiliaires de vie — lesquelles sont destinées en priorité (même si elles bénéficient aux personnes âgées) aux personnes handicapées (147), ces prestations sont accordées surtout soit dans le cadre de la garde à domicile, soit dans le cadre de ce qu'il est convenu d'appeler les services de proximité.

La garde à domicile a vu son objet précisé par une circulaire de 1986 : « pour tenter d'éviter l'hospitalisation, des services de garde à domicile, créés par divers organismes, assurent une présence permanente ou temporaire auprès de la personne gardée, de jour et de nuit, en l'aidant pour la prise de médicaments comme pour l'accomplissement des actes de vie quotidienne : repas, toilette... et en alertant le médecin en cas d'aggravation de son état. Cette présence constitue aussi un soutien moral ; mais la garde à domicile ne se substitue en aucun cas aux autres services de maintien à domicile et constitue essentiellement une aide aux aidants » (148). Il ressort de cette définition que les prestations de garde à domicile visent à compléter celles fournies par les services d'aide ménagère et les services de soins : les personnes âgées sont appelées à y recourir soit lorsque ces services ne peuvent pas répondre à certaines

(144) D. n° 54-1128, 15 novembre 1954, art. 7 mod. D. n° 62-445, 14 avril 1962.
(145) Comm. centr., 21 octobre 1969, *RDSS*, 1970, p. 164, obs. J. GEORGEL.
(146) Circ. 15 mai 1962. Il convient d'ailleurs de noter que les pouvoirs publics ont vivement recommandé aux commissions d'admission d'accorder l'aide en nature de préférence à l'aide en espèces : les collectivités locales ont donc été invitées à organiser dans toute la mesure du possible des services d'aide ménagère.
(147) Sur ces services, v. *infra*, n° 328.
(148) Circ. n° 86-14, 7 mars 1986.

de leurs demandes (notamment présence la nuit ou le dimanche), soit lorsqu'il est plus avantageux pour elles, eu égard au niveau relativement élevé de leurs revenus, de choisir cette prestation de préférence à celle d'aide ménagère (149).

La prestation est supportée financièrement par la personne âgée bénéficiaire. Jusqu'en 1992, il n'y avait en aucun cas possibilité de prise en charge par les caisses de sécurité sociale (150). Depuis 1992, cependant, la CNAV a décidé, suite à une demande formulée par les pouvoirs publics, de prendre partiellement en charge les dépenses de garde à domicile. Mais face au succès croissant rencontré par celle-ci (151), plusieurs aménagements visant à restreindre son champ d'application ont été apportés.

Revenant sur un élargissement continu des hypothèses d'intervention, la CNAV a décidé de « rendre à la prestation de garde à domicile son caractère d'origine en la réservant à des situations urgentes ou en l'accordant en cas d'absence momentanée des familles » (152). La prestation peut être ainsi attribuée dans plusieurs hypothèses : lorsqu'il s'agit notamment de prévenir ou de retarder une hospitalisation ou un placement, de favoriser les sorties d'hôpital, d'éviter une aggravation de la dépendance, d'accompagner la personne malade jusqu'à la fin de sa vie, de faciliter l'organisation de la présence 24 heures sur 24 si celle-ci est nécessaire. Les personnes pouvant bénéficier de cette prestation sont les retraités, à titre principal, du régime général titulaires d'une pension, rente ou allocation au titre de l'assurance vieillesse ou les conjoints s'ils ne relèvent pas d'un autre régime de base (153).

La prestation est servie sous conditions de ressources (154). Accordée pour 6 mois (non renouvelables), elle peut se cumuler avec l'aide ménagère. La participation de la CNAV est fixée à 80 % de la dépense engagée dans la limite d'un plafond par prise en charge (155) ; elle est versée soit à l'intéressé si la garde est employée par celui-ci ou par une association mandataire (156), soit à un prestataire de services si ce dernier est employeur de la garde dans le cadre d'une convention passée avec la caisse (157).

Les services de proximité : en dehors de la garde à domicile, existent d'autres prestations fournies par ce qu'il est convenu d'appeler les services de proximité. Ces prestations facultatives au financement desquelles participent les personnes bénéficiai-

---

(149) Les personnes assurant la fonction de garde à domicile sont assimilées à des personnels de maison.

(150) A. 4 avril 1979 (les personnes âgées ne pouvaient bénéficier que de l'aide apportée par les caisses de retraite complémentaire et des subventions versées par les municipalités).

(151) En 1993, la prestation a ainsi coûté 180 millions de F.

(152) Circ. CNAV n° 102-93, 29 décembre 1993.

(153) Sont cependant exclus les bénéficiaires de l'allocation veuvage, les demandeurs hébergés en établissements fonctionnant avec un prix de journée comprenant tous les services ainsi que les retraités hébergés à titre onéreux par des particuliers.

(154) Sont prises en compte toutes les ressources du demandeur et de son conjoint, à l'exception de certaines d'entre elles (ALS et APL notamment) et sous réserve d'une déduction (relative à l'impôt sur le revenu acquitté au titre de l'exercice fiscal précédent).

(155) Ce plafond est de 7 700 F pour une personne seule, 11 500 F pour un couple.

(156) Le service mandataire ou de « placement des travailleurs » a pour objet de mettre à la disposition des personnes âgées une aide à domicile salariée par cette dernière ; il se distingue d'autres services ayant le même objet (les « services employeurs ») par le fait que ces derniers sont juridiquement l'employeur de l'aide à domicile mise à la disposition de la personne âgée : sur ces services de proximité, v. M. BORGETTO, Le soutien à domicile des personnes âgées, fasc. 173, n° 21, *in* J. M. AUBY (Dir.), *Traité de droit médical et hospitalier*, Litec.

(157) Sur tous ces points, v. Circ. CNAV n° 48-93, 6 mai 1993, n° 54-93, 3 juin 1993, n° 102-93, 29 décembre 1993, n° 93-94, 27 décembre 1994.

res sont assurées soit par des organismes de droit public rattachés à des collectivités locales, soit par des organismes de droit privé (surtout des associations).

Ainsi des *foyers-restaurants* : destinés à fournir des repas à prix modérés, ils sont créés par les communes ou les CCAS ou, avec leur concours, par des associations (158) ; ils doivent comporter des salles d'accueil et de repos et faire l'objet d'une coordination avec les autres équipements. Habilités par le président du conseil général (qui fixe le prix du repas), ils peuvent être pris en charge au titre de l'aide sociale : la commission d'admission arrête la participation financière de la personne âgée en tenant compte à la fois de ses ressources et du prix des repas (159). Une partie du coût est assumée par le budget de l'aide sociale, le complément étant financé par une participation des bénéficiaires ainsi que par les ressources de l'organisme gestionnaire. Après avoir connu un fort développement au cours des années 1960-1970, les foyers-restaurants ont vu depuis lors — suite à l'augmentation du niveau de vie de la population concernée — leur fréquentation assez nettement diminuer.

Ainsi également du *portage de repas à domicile* : très utile aux personnes qui sont dans l'impossibilité de sortir de chez elles, cette prestation est en principe réservée à des situations exceptionnelles et de courte durée. Les services de portage peuvent s'organiser à partir de foyers-restaurants, maisons de retraite ou autres structures de restauration collective, municipales ou scolaires (160). La charge est alors assumée par la collectivité locale et par l'usager selon ses ressources avec intervention possible de l'aide sociale.

Ainsi encore des *réseaux collectifs de télé-alarme,* lesquels entendent permettre à la personne âgée de lancer un appel transmis aussitôt par le service des télécommunications à des centres de réception susceptibles d'intervenir (permanences d'associations, pompiers, SAMU, proches, etc.) en recourant notamment à des bénévoles du voisinage (161).

Ainsi enfin des *services de dépannage et d'entretien* : ces services (petits travaux, lavage du linge, gros nettoyage...) sont le plus souvent gérés par la collectivité locale, un établissement ou une association. Les usagers financent en partie leur fonctionnement suivant leurs ressources, les collectivités locales assurant le complément.

2° Les allocations et avantages financiers

290 En dehors des aides au logement (162) et des mesures financières spécifiques qui peuvent leur être accordées si elles souffrent d'un handicap (163), les personnes âgées bénéficient de certains avantages de nature à favoriser leur maintien à domicile (164).

(158) *C. famille*, art. 163.

(159) Conformément aux principes en vigueur en matière d'aide sociale, il est tenu compte des créances que les intéressés peuvent faire valoir à l'encontre de leurs obligés alimentaires (Comm. centr., 22 janvier 1992, Dép. Charente-Maritime, req. n° 911336).

(160) Circ. 7 avril 1982.

(161) La création et la gestion de ces réseaux sont en général confiées à un organisme regroupant divers partenaires (municipaux et associatifs) ; quant au financement, il est le plus souvent assuré par les collectivités locales mais les personnes âgées bénéficiaires paient en principe — sous réserve d'une prise en charge par l'aide sociale — leur abonnement au service.

(162) Sur ces aides, v. *infra*, n° 556 et s. Il convient par ailleurs de noter que les personnes âgées peuvent se voir accorder, le cas échéant, des aides financières destinées à l'amélioration de l'habitat (sur celles fournies par la CNAV, v. Circ. CNAV n° 11-88, 19 janvier 1988, n° 95-91, 20 novembre 1991, n° 81-92, 29 juillet 1992, n° 112-92, 9 décembre 1992, n° 11-96 et 12-96, 19 janvier 1996).

(163) Sur ces mesures (tierce personne et complément d'AAH), v. *infra* n° 329 et 355 et s.

(164) Sur ces avantages, v. M. BORGETTO, *op. cit.*, n° 26 et 27.

Pour encourager la création d'emplois et faciliter la vie des personnes âgées, les pouvoirs publics ont adopté tout d'abord un dispositif d'exonération totale des charges patronales de sécurité sociale en cas d'emploi direct par ces personnes d'une aide à domicile. Ce dispositif a été instauré par la loi n° 87-39 du 27 janvier 1987. Par la suite, il a été étendu aux rémunérations versées par les personnes âgées ou handicapées à la personne agréée qui les héberge à titre onéreux dans le cadre de l'accueil familial (165), puis à celles que ces mêmes personnes âgées ou handicapées vivant avec des membres de leur famille versent à une aide à domicile dès lors que celle-ci est employée pendant une certaine durée (166).

Enfin, en dernier lieu, la loi de financement de la Sécurité sociale pour 1999 a modifié le régime de soutien en vigueur. L'article L. 241-10 du Code de la Sécurité sociale a de ce fait été entièrement réaménagé ; désormais, le régime d'exonération totale, sans aucune limitation, des cotisations patronales de sécurité sociale ne s'applique plus qu'à certaines catégories de personnes âgées : celles qui sont titulaires de l'AC ou de la MTP ; celles qui, sans percevoir ces prestations, sont obligées de recourir à l'assistance d'une tierce personne pour accomplir les actes ordinaires de la vie et qui, tout en remplissant une condition d'âge, sont titulaires d'un avantage de vieillesse ou d'une pension d'invalidité servies par la sécurité sociale ou d'une pension militaire d'invalidité ; celles qui remplissent la condition de degré de dépendance exigée pour percevoir la PSD ; et celles sont accueillies par des particuliers dans le cadre de l'accueil familial régi par la loi du 10 juillet 1989. Les personnes âgées d'au moins 70 ans qui n'entrent pas dans l'une de ces catégories bénéficient d'une exonération limitée à un plafond de rémunération fixé par décret (équivalent de 15 heures par semaine rémunérées sur la base du SMIC) (167).

Par ailleurs, cette même loi de financement a modifié le régime de soutien aux structures d'aide à domicile. Désormais, ces structures ont droit non plus à une exonération de 30 % mais à une exonération totale des cotisations patronales de sécurité sociale sur les rémunérations des aides à domicile employées sous contrat à durée indéterminée : les aides employées sous contrat à durée déterminée n'ouvrant droit, quant à elles, qu'à une réduction de cotisation sur les bas salaires. Pour bénéficier de cette exonération totale, il faut cependant que les aides interviennent soit chez une personne qui aurait droit à une exonération sans limites si elle était elle-même employeur, soit chez une personne bénéficiaire de l'aide ménagère au titre de l'aide sociale légale ou d'un régime de retraite.

En sus des exonérations de charges patronales, les personnes âgées qui emploient une aide à domicile peuvent également bénéficier de réductions d'impôt (168). Mais celles-ci ont été revues à la baisse en 1999 : en effet, la loi de finances pour 1998 a ramené de 90 000 F à 45 000 F le plafond de dépenses pouvant ouvrir droit à une réduction d'impôt de 50 % (avantage fiscal maximal de 22 500 F) ; mais l'ancien

(165) L. n° 89-475, 10 juillet 1989 : sur cette loi, v. *infra*, n° 298 et s.

(166) L. n° 90-86, 23 janvier 1990 (*C. séc. soc.*, art. L. 241-10) ; sur les conditions à remplir pour prétendre à cette exonération, v. aussi *C. séc. soc.*, art. D. 241-5.

(167) LFSS n° 98-1184, 23 décembre 1998, art. 5-I ; D. n° 99-485 et A., 9 juin 1999 ; Circ. DSS n° 604-99, 29 octobre 1999, *BOSS* n° 99-48, p. 403.

(168) Et ce, depuis la loi de finances n° 91-1323 du 30 décembre 1991.

plafond est cependant maintenu si la personne concernée est invalide (de 3e catégorie) ou a à sa charge une personne invalide (de 3e catégorie) vivant sous son toit.

De plus, afin d'inciter ceux qui le peuvent à venir en aide à leurs parents, la loi du 21 janvier 1997 instituant la PSD a étendu la réduction d'impôt due au titre de l'emploi à domicile d'un travailleur salarié aux personnes qui embauchent un salarié travaillant au domicile d'un ascendant bénéficiaire de la PSD : mais dans ce cas, elles ne pourront plus bénéficier de la réduction d'impôt qui leur était octroyée pour pension alimentaire (CGI, art. 199 *sexdecies*). Enfin, lorsqu'une personne est âgée de plus de 70 ans et se trouve placée, en raison de son état de santé, dans un établissement de soins de longue durée ou dans une section de cure médicale, les dépenses d'hébergement qu'elle supporte (frais de logement, repas, entretien) ouvrent droit à une réduction d'impôt (25 % des sommes versées dans la limite de 15 000 F).

291 **Bibliographie.** V. n° 256 et 274 ; *adde* J. BERBESSOU et *alii,* La création de services de soins à domicile émanant d'établissements, *Rev. hosp. France,* 1991, p. 462 ; M. BORGETTO, Le soutien à domicile des personnes âgées, fasc. n° 173, *in* J. M. AUBY (Dir.), *Traité de droit médical et hospitalier,* Litec, 1994 ; M. BUNGENER, L'hospitalisation à domicile : réseaux d'entraide et implication familiale, *RFAS,* 1988, n° 3, p. 27 ; F. CADOU, N. KERSCHEN, Le maintien à domicile des personnes âgées en France. De la prévention de la dépendance à l'alternative à l'hébergement en établissement pour les personnes âgées dépendantes, *RDSS,* 1994, p. 399 ; P. CHENILLET, Actualisation des enjeux et des orientations de la politique d'action sanitaire et sociale en faveur des personnes âgées, *RDSS,* 1988, p. 390 ; DIVERS, *Extension des champs d'intervention et des fonctions en aide à domicile,* co-éd. FNAAMFD, FNADAR, IFRAD, 1993 ; *L'aide à domicile aux personnes âgées,* UNIOPSS, 1989 ; *Les services de soins infirmiers à domicile : un plus pour les personnes âgées,* FNADAR, 1991 ; *Pour un renouveau du financement de l'aide à domicile,* FNADAR, 1989 ; M. FROSSARD et *alii,* Travail familial, solidarité de voisinage et maintien à domicile des personnes âgées, *Cahiers de l'ENSP,* 1988, n° 3 ; X. GAULLIER, Quel avenir pour le maintien à domicile des personnes âgées ?, *RFAS,* 1986, p. 9 ; J. C. HENRARD, J. ANKRI, M. C. ISNARD, Le soutien à domicile des personnes âgées en France, *RFAS,* 1989, p. 9.

SECTION III — LA POLITIQUE DE PLACEMENT

292 La politique de placement des personnes âgées renvoie pour l'essentiel à deux séries de problèmes : celui des structures susceptibles d'accueillir ces personnes (§ 1) et celui des conditions de leur prise en charge (§ 2).

§ 1. LES STRUCTURES D'ACCUEIL

293 Les personnes âgées se trouvant dans l'impossibilité de demeurer à leur domicile ou désireuses de bénéficier d'un environnement plus conforme à leur état de santé peuvent être accueillies dans trois grands types de structures : dans un établissement, dans une famille ou encore dans une structure de type intermédiaire.

A. L'ACCUEIL DANS UN ÉTABLISSEMENT

294 Les établissements d'accueil des personnes âgées sont gouvernés pour l'essentiel par deux grandes lois : soit par la loi n° 91-748 du 31 juillet 1991 portant réforme hospitalière et modifiant la loi n° 70-1318 du 31 décembre 1970, soit par la loi n° 75-535 du 30 juin 1975 relative aux institutions sociales et médico-sociales.

La volonté des pouvoirs publics de consacrer la vocation purement curative de l'hôpital et donc d'exclure de ses missions celle d'hébergement des personnes âgées se trouve sans aucun doute à l'origine des deux lois précitées de 1970 et de 1975, lesquelles ont établi une partition entre le secteur sanitaire et le secteur social et médico-social. Déjà exprimée dans le rapport Laroque de 1962 à la suite duquel se développèrent fortement les logements-foyers et les maisons de retraite, cette volonté qui rompait avec une tradition hospitalière multiséculaire résultait principalement à la fois du constat que nombre de personnes âgées hospitalisées ne nécessitaient que des soins médicaux simples et peu compliqués et du souci d'alléger, en cas d'hébergement extra-hospitalier, l'engagement financier du régime d'assurance maladie. Cependant, cette partition qui se proposait, dans ses grandes lignes, de réserver aux hôpitaux une vocation de centres de soins et aux établissements du secteur social une vocation de centres d'hébergement s'est trouvée très vite confrontée à des difficultés : le besoin de soins exigés par une population diminuée par l'âge conjugué à la nécessité, pour nombre de personnes ayant perdu tout ou partie de leur autonomie, de bénéficier d'une surveillance médicale constante ont conduit à la fois à médicaliser (section de cure médicale) certains établissements du secteur social et à réintroduire à l'hôpital, dans des unités ou services d'hébergement (long séjour), des personnes âgées.

Certes, malgré l'atténuation constante des frontières entre les deux secteurs (169), la distinction majeure opérée en 1970 et 1975 demeure toujours en vigueur ; même si sont apparues certaines formes de placement intermédiaires, il reste qu'aujourd'hui les établissements accueillant les personnes âgées (170) appartiennent globalement soit au secteur sanitaire (ils sont régis alors par la loi de 1991), soit au secteur social et médico-social (ils sont régis dans ce cas par la loi de 1975).

Néanmoins, la loi du 24 janvier 1997 instituant la PSD est porteuse, dans la mesure où elle a entendu réformer en profondeur la tarification des établissements d'hébergement pour personnes âgées dépendantes, d'une uniformisation de cette double filière : le fait que la tarification soit fonction désormais non plus de la nature juridique des établissements mais de l'état de dépendance des intéressés impliquant que les établissements hébergeant des personnes âgées dépendantes seront soumis aux mêmes règles, certains établissements et services de soins de longue durée qui accueillent ces personnes étant en même temps conduits à se transformer en structures relevant de la loi du 30 juin 1975 (171).

---

(169) Atténuation qui s'est trouvée encore renforcée par diverses mesures telles que par exemple l'insertion dans les établissements sociaux des services de soins à domicile ou la possibilité pour les établissements de santé de créer et de gérer des établissements médico-sociaux pour personnes âgées (v. par exemple L. n° 94-43, 18 janvier 1994, art. 37 et Ord. n° 96-346, 24 avril 1996, art. 51).

(170) Début 1995, les structures d'hébergement pour personnes âgées ainsi que les services de soins de longue durée offraient environ 627 500 places ; le secteur public y est prédominant mais on assiste, depuis quelques années, à une forte expansion du secteur privé commercial : la part de ce secteur dans la capacité totale des maisons de retraite est passée de 6,3 % en 1986 à 16,5 % en 1995 (SESI, *Données sur la situation sanitaire et sociale en France*, p. 188, 1998).

(171) V. *infra*, n° 306 et s.

1° L'accueil dans les établissements du secteur sanitaire

295 Selon la loi du 31 juillet 1991 portant réforme hospitalière, les établissements de santé, publics ou privés, ont pour objet de dispenser, avec ou sans hébergement, des soins de courte durée, des soins de suite ou de réadaptation ainsi que des soins de longue durée (172).

Mis à part l'accueil assuré lors de l'administration de « soins de courte durée », c'est surtout dans les unités dispensant des « soins de suite ou de réadaptation » et en particulier dans celles dispensant des « soins de longue durée » (ex-long séjour) que les personnes âgées sont susceptibles d'être accueillies (173).

L'accueil dans des établissements dispensant des soins de suite ou de réadaptation est destiné à permettre, après la phase aiguë de la maladie, le prolongement des soins actifs ainsi que les traitements favorisant le retour à une vie autonome : ces structures n'ont donc en principe aucune vocation particulière à constituer un lieu d'accueil durable des personnes âgées. Néanmoins, les conditions de prise en charge financière, avantageuse pour les familles, sont souvent de nature à inciter ces dernières à rechercher ce type d'hébergement : si bien qu'il n'est pas rare de voir des personnes âgées y être accueillies en dépit de la mission véritable assignée à celui-ci (174).

L'accueil dans des établissements dispensant des soins de longue durée a pour objet de fournir un « un hébergement à des personnes n'ayant pas leur autonomie de vie dont l'état nécessite une surveillance médicale constante et des traitements d'entretien » (175). En principe, l'admission peut être prononcée directement ; mais compte tenu de la répartition géographique inégale des services de longue durée et de l'insuffisance du nombre de places offertes (176), elle s'effectue dans la majorité des cas après un passage dans une unité de soins de courte durée et/ou une unité de soins de suite ou de réadaptation. En tout état de cause, l'admission est prononcée selon des critères médicaux (177).

---

(172) L'accueil dans un hospice ne sera évoqué que pour mémoire. Il concerne en effet des structures qui, situées à la frontière du secteur sanitaire et du secteur social et médico-social, ont vu leur transformation programmée par les textes : la loi de 1975 ayant prévu que les hospices et sections d'hospices devaient disparaître en tant que tels sous 10 ans au profit d'établissements ou unités hospitaliers (long séjour) ou d'établissements publics du secteur social destinés à héberger des personnes âgées. Cette transformation n'a pu être menée à bien dans les délais : le législateur a dû la repousser à deux reprises (L. n° 86-17, 6 janvier 1986 qui porta à 15 ans le délai initial et L. 31 juillet 1991 qui a rajouté 5 ans). Mais elle est aujourd'hui pratiquement achevée.

(173) Mention doit être faite également des hôpitaux locaux ; à la fois bien implantés en milieu rural et répartis sur l'ensemble du territoire, ces derniers ont pour eux d'éviter des hospitalisations lointaines et traumatisantes, permettant ainsi au malade de conserver son médecin traitant et de recevoir des visites de la famille et des voisins.

(174) Il n'existe aucune limite d'âge concernant l'accès au service (CE, 23 septembre 1983, Assoc. IDAR, *RDSS*, 1984, p. 525 : arrêt qui exclut par ailleurs toute durée maximale relative au séjour). Par ailleurs, et sous réserve du forfait hospitalier (70 F en 2000) qui peut lui-même être supporté, en tout ou en partie, par la CMU, cette prise en charge incombe aux organismes d'assurance maladie.

(175) *C. santé pub.*, art. L. 711-2, 2°, mod. L. n° 97-60, 24 janvier 1997, art. 23-IV.

(176) Ce nombre qui était de 69 000 en 1990 s'élevait cinq ans plus tard à environ 78 000.

(177) Les services de soins de longue durée ont été longtemps marqués par des dysfonctionnements qui étaient régulièrement dénoncés : outre que le placement de la population accueillie n'apparaissait pas toujours justifié (plusieurs dizaines de milliers de personnes âgées selon les estimations), l'implantation fréquemment excentrée de ces services, l'architecture des bâtiments souvent de type industrialisé ainsi que les contraintes traditionnelles du milieu hospitalier constituaient autant de facteurs à porter à leur débit. C'est pourquoi les pouvoirs publics ont entrepris, avant même l'adoption de la loi de 1997, à la fois d'améliorer les conditions de vie des personnes hébergées et de faciliter la transformation de ces services en établissements sociaux régis par la loi du 30 juin 1975.

L'accueil dans un hôpital psychiatrique mérite enfin d'être évoqué bien que celui-ci ne rentre pas à proprement parler dans la catégorie des structures pour personnes âgées puisque n'est assignée à la population qu'il reçoit aucune limitation d'âge : les personnes âgées qui y sont placées sont environ au nombre de 45 000. Le pourcentage d'entre elles qui sont placées de manière inadéquate dans les services psychiatriques est, selon les estimations, de l'ordre de 25 % à 40 % : ces placements inadéquats s'expliquant notamment — outre par le mode de prise en charge financière des personnes hébergées (178) — par l'impossibilité fréquente de trouver une structure d'accueil mieux adaptée.

Les principes contenus dans la loi de 1997 modifient sensiblement la situation jusqu'alors en vigueur : outre qu'elle dispose que les établissements désireux d'accueillir des personnes dépendantes ne pourront désormais plus les accueillir si elles n'ont pas passé au préalable une convention pluriannuelle définissant « les conditions de fonctionnement de l'établissement tant au plan financier qu'à celui de la qualité de la prise en charge des personnes et des soins qui sont prodigués à ces dernières » (179), cette loi a prévu, dans son article 23, que les unités de soins de longue durée verront leurs missions et leurs modalités de fonctionnement redéfinies : l'objectif étant de favoriser la transformation de certaines unités de soins de longue durée en établissements médico-sociaux relevant de la loi du 30 juin 1975 et, par voie de conséquence, de rattacher au secteur social et médico-social un certain nombre de personnes âgées hébergées relevant jusqu'alors du secteur sanitaire (180).

2° L'accueil dans les établissements du secteur social et médico-social

296 *L'accueil dans les logements-foyers* concerne des structures définies par le décret du 11 avril 1979 comme des « établissements à caractère social, qui assurent le logement dans des immeubles comportant des locaux communs meublés, ainsi que, le cas échéant, diverses prestations annexes telles que blanchisserie, service de soins ou services socio-éducatifs moyennant une redevance » (181). Ce texte ne visant pas expressément les personnes âgées, cette structure peut donc accueillir d'autres catégories de populations ; mais elle peut, si elle le désire, fixer un âge minimum d'admission.

L'établissement peut se voir adjoindre un « foyer-restaurant » intégré ou non aux locaux : créé par la commune, le CCAS ou, avec leur concours, par des associations, celui-ci a pour but « de fournir aux personnes âgées des repas à des prix modérés et des salles d'accueil » (182). Mais le recours aux services de restauration proposés par le logement-foyer reste facultatif ou partiellement facultatif. Destiné en principe à des personnes conservant une large autonomie, le logement-foyer constitue, pour

---

(178) Sur ce point, v. *infra*, n° 306 et s.

(179) L. n° 75-535, 30 juin 1975, art. 5-1, mod. L. n° 97-60, 24 janvier 1997, art. 23-I (v. *infra*, n° 307 et s.).

(180) Circ. Min. Emploi et Solid. n° 99-345, 15 juin 1999 (cette circulaire prévoit expressément que lorsque les textes redéfinissant les soins auront été publiés, les services de soins de longue durée devront solliciter une autorisation pour qu'une partie de leurs lits soit créée au titre des soins de longue durée ainsi redéfinis ; s'ils ne demandent pas cette autorisation ou si celle-ci leur est refusée, ils seront transformés en services relevant de la loi du 30 juin 1975).

(181) *C. const. et hab.*, art. R. 351-55.

(182) *C. famille*, art. 163.

le résident qui a la qualité de locataire, une sorte de substitut du domicile. Généralement financé par des fonds émanant des offices d'HLM, des caisses de sécurité sociale ou des départements, le logement-foyer est le plus souvent géré par le CCAS ou par une association régie par la loi de 1901 : ceux gérés par le secteur privé lucratif restent assez rares.

Dans la plupart des cas, la personne âgée recourt pour ses soins aux interventions à l'acte des professions médicales et para-médicales exerçant à titre libéral ; elle peut bénéficier des prestations d'un SSAD. Néanmoins, les logements-foyers peuvent être dotés — conformément à l'article 5 de la loi du 30 juin 1975 — d'une section de cure médicale (SCM) (183), laquelle est destinée à « l'hébergement et à la surveillance médicale que nécessite l'état des pensionnaires ayant perdu la capacité d'effectuer seuls les actes ordinaires de la vie ou atteints d'une affection somatique ou psychique stabilisée qui nécessite un traitement d'entretien et une surveillance médicale, ainsi que des soins para-médicaux » (184). Mais, en fait, ceux se trouvant dans ce cas sont peu nombreux car cela exige un personnel spécifique et surtout une adaptation des locaux souvent malaisée à mettre en œuvre (185).

L'accueil dans les maisons de retraite concerne des structures d'« hébergement collectif de personnes âgées offrant un ensemble de prestations comprenant à la fois le logement, les repas et des services spécifiques » (186) (animation...). S'ils peuvent être créés *ex nihilo*, ces établissements résultent le plus souvent de la transformation d'hospices (187). A l'origine, ils avaient vocation à ne recevoir que des personnes disposant lors de leur admission d'une certaine autonomie ; mais face au phénomène de dépendance, ils ont été conduits à la fois à s'engager à garder les résidents ayant subi une dégradation de leur état et à recevoir un nombre croissant de personnes en perte d'autonomie. Ils peuvent être dotés d'une SCM (188).

Les maisons d'accueil constituent en quelque sorte, pour la plupart d'entre elles, des variantes modernisées de la maison de retraite ou du logement-foyer.

Tel est le cas notamment de la maison d'accueil pour personnes âgées (MAPA) et de la maison d'accueil pour personnes âgées dépendantes (MAPAD). Apparus dans

---

(183) La loi du 24 janvier 1997 a cependant prévu (et ceci vaut pour tous les établissements concernés : logement-foyers, maisons de retraite, etc.) qu'à partir du 1er avril 1997, les demandes de création ou d'extension d'une SCM ne seraient plus recevables (v. *infra*, nº 306).

(184) D. nº 77-1289, 22 novembre 1977, art. 1er.

(185) En 1995, il y avait 153 000 places offertes par plus de 2 850 logements-foyers. Dans le prolongement de ces structures se situent d'autres formules d'accueil telles que, notamment, les résidences Edylis. Conçue par les organismes HLM et encouragée sur le plan financier par la CNAV, cette structure régie par les textes relatifs aux logements-foyers accueille des personnes autonomes ou en perte d'autonomie : v. M. BORGETTO, Institutions d'accueil et structures d'hébergement, fasc. 172, nº 20, *in* J. M. AUBY (Dir.), *Traité de droit médical et hospitalier*, Litec.

(186) *Nomenclatures des établissements sanitaires et sociaux* (BOAS, 1990, nº 90-13 *bis*).

(187) La maison de retraite peut être gérée par des personnes physiques ou morales de droit privé (associations, mutuelles, sociétés commerciales...), par des CCAS, collectivités territoriales... Elle peut être rattachée à un centre hospitalier. Par ailleurs, la loi du 24 janvier 1997 a décidé, afin d'adapter l'offre hospitalière et de faciliter les transformations d'hospices, de supprimer la règle ancienne imposant d'autonomiser les établissements de 200 lits et plus pour personnes âgées gérés notamment par des établissements d'hospitalisation publics tout en autorisant la création de services non personnalisés lors de ces transformations.

(188) Initialement réservée aux personnes déjà hébergées dans l'établissement et limitée dans sa capacité d'accueil à 25 % des résidents, la SCM avait vu en 1981 son régime assoupli (D. nº 81-449, 8 mai 1981) avant que la loi du 24 janvier 1997 ne modifie le régime de création et d'extension de la SCM (v. *supra*). Les personnes placées dans cette dernière peuvent recourir, pour les prestations fournies au titre de celle-ci, soit à du personnel propre à l'établissement, soit à du personnel extérieur : mais elles conservent toujours le libre choix de leur médecin.

les années 1980, ces établissements ont en commun à la fois de relever de la loi du 30 juin 1975 et d'accueillir des personnes âgées dont la perte d'autonomie rend difficile voire impossible leur maintien au domicile. Financés le plus souvent grâce à des prêts locatifs aidés, des subventions des collectivités locales et des caisses de sécurité sociale, ils peuvent être gérés par divers organismes (CCAS, hôpital, association, société commerciale). Ils sont souvent dotés d'une SCM ; eu égard à la population davantage dépendante qu'elles reçoivent, les MAPAD ont été autorisées à porter la capacité d'accueil de leur section de cure à 75 % de leur capacité totale d'hébergement. De plus, elles doivent proposer un accueil spécifique pour les personnes souffrant de troubles de comportement. Elles sont autorisées à n'accueillir, sauf dérogation, qu'une population en nombre limité (189).

B. L'ACCUEIL DANS LES STRUCTURES INTERMÉDIAIRES

297 Faute de qualificatif plus pertinent, ces structures peuvent être qualifiées d'« intermédiaires » dans la mesure où elles sont nouvelles, se situent à mi-chemin entre le maintien à domicile et l'accueil en institution et se veulent plus ou moins expérimentales. Elles relèvent ou non, selon les cas, de la loi du 30 juin 1975 (190).

L'accueil dans les structures communautaires concerne des formes d'hébergement qui ont en commun à la fois de constituer des alternatives au placement dans des unités de soins de longue durée et de fonctionner comme des lieux de vie communautaire, voire familiale. En tant que structures innovantes, elles n'ont pas été définies de manière précise par les lois et règlements. Favorisées dans leur démarrage par des aides exceptionnelles de la CNAV, elles peuvent revêtir des formes variées.

Ainsi des *centres d'animation naturelle tirée d'occupations utiles* (CANTOU). Ce sont des structures d'accueil relevant de la loi du 30 juin 1975 et pouvant soit être rattachées à une MAPA, soit avoir une existence et un fonctionnement autonomes. Ayant pour vocation première de recevoir des personnes dépendantes souffrant de troubles psychiques, les CANTOUS sont de taille réduite (accueil de 10 à 15 personnes) et font participer les résidents ainsi que leur famille à l'ensemble de la vie collective dans la mesure des possibilités de chacun. Ils sont animés par une « maîtresse de maison ».

Ainsi encore des *appartements d'accueil*. Il s'agit de petites structures relevant de la loi du 30 juin 1975 et ayant vocation à accueillir dans un même appartement des personnes âgées en perte d'autonomie. D'une capacité d'accueil comparable à celle des CANTOUS, ils sont animés eux aussi par une « maîtresse de maison ».

---

(189) En 1995, on recensait 5 673 maisons de retraite (autonomes publiques, privées ou rattachées à des hôpitaux publics) offrant 392 500 places ; 39 % des établissements sociaux et médico-sociaux étaient dotés d'une section de cure médicale, ce qui représentait près d'un quart de l'ensemble des places offertes. Mais il existait en matière de médicalisation de fortes disparités entre établissements : 39 % de places médicalisées dans le secteur public contre 4 % dans le secteur privé commercial ; au sein du secteur public, la proportion était de 47,1 % pour les maisons de retraite des hôpitaux publics, de 41,7 % pour les maisons de retraite autonomes publiques, de 24,3 % pour les maisons de retraite privées à but non lucratif ; quant aux logements-foyers, la proportion était de 3 à 4 %.

(190) Sur les critères permettant de conclure à l'applicabilité de la loi du 30 juin 1975 sur les institutions sociales aux résidences privées pour personnes âgées, v. CE, 29 décembre 1995, SCI Résidence et services, req. n° 145008 et CE, 29 décembre 1995, Dép. Nord c/ Debaillie, *RDSS*, 1996, p. 605, note X. PRÉTOT.

Ainsi également de la *maison d'accueil rurale pour personnes âgées* (MARPA). Il s'agit de petites structures inspirées du CANTOU mais prenant en compte les spécificités du monde rural. Accueillant des personnes âgées déjà dépendantes ou fragilisées par leur situation (habitation isolée, vie solitaire), elles sont financées par plusieurs partenaires (communes, organismes HLM, organismes spécialisés de crédit, MSA), sont gérées par une association et relèvent de la loi de 1975. L'habilitation de l'aide sociale étant exceptionnelle, le résident ne peut solliciter cette dernière pour son hébergement.

Ainsi enfin des *domiciles collectifs*. Il s'agit de structures qui, soumises ou non — selon la volonté de leurs promoteurs — à la loi du 30 juin 1975, forment un regroupement de logements autonomes avec services à domicile et surveillance d'une équipe. Financés en général par des organismes HLM, sociaux et municipaux, ils ne constituent pas à proprement parler un établissement d'accueil : ils ne peuvent donc être habilités à l'aide sociale. Le résident — personne âgée nécessitant une présence continue — est locataire de son logement : il acquitte à l'organisme propriétaire un loyer pouvant être pris en charge pour tout ou partie au titre de l'APL plus une participation aux « frais collectifs » (25 % de leurs ressources). Il peut aussi bénéficier d'une aide ménagère et d'un service de soins à domicile.

L'accueil dans les unités d'hébergement temporaire concerne des structures relevant de la loi du 30 juin 1975 destinées à recevoir des « personnes âgées ayant besoin d'un simple soutien temporaire » soit parce qu'elles sont « momentanément privées de l'aide familiale ou du voisinage », soit parce qu'elles sont « contraintes, pour des raisons médico-sociales, de quitter leur domicile pendant une durée limitée » (191). Permettant d'éviter une hospitalisation tout en soulageant un temps les familles de la prise en charge de personnes qu'elles assurent au long de l'année, ces unités peuvent être rattachées à une structure existante (maisons de retraite, MAPA, MAPAD...) ou érigées en établissements autonomes relevant de la loi de 1975. D'une capacité d'accueil de 10 à 25 places, ces établissements proposent un hébergement allant en général de une semaine à trois mois. Mais malgré les encouragements donnés par les collectivités locales et la CNAV, ils restent encore en nombre limité (2 000 places recensées en 1988, environ 6 000 recensées fin 1993).

C. L'ACCUEIL DANS UNE FAMILLE

298 Jusqu'en 1989, la possibilité pour des personnes âgées d'être accueillies par des particuliers contre rémunération n'était accordée qu'aux bénéficiaires de l'aide sociale ; de plus, ce mode d'hébergement imposait la signature d'une convention entre l'accueillant et le président du conseil général (192). Cette situation qui s'accompagnait de certains abus — particuliers accueillant jusqu'à 10 personnes à leur domicile... — et qui surtout interdisait aux familles — sauf à agir clandestinement — de recevoir des personnes âgées ne relevant pas de l'aide sociale a pris fin avec l'adoption de la loi n° 89-475 du 10 juillet 1989 : cette loi ayant eu pour but de réglementer, tout en élargissant son champ d'intervention, « l'accueil par des particuliers, à leur domicile,

(191) Circ. 7 avril 1982.
(192) *C. famille*, art. 157, 164 et 166.

à titre onéreux, de personnes âgées ou handicapées adultes ». Désormais, des personnes âgées peuvent être accueillies à titre onéreux par des particuliers — qu'elles soient ou non bénéficiaires de l'aide sociale — dès lors notamment que ces derniers sont titulaires d'un agrément délivré à cet effet par le président du conseil général et passent un contrat avec la personne accueillie (193).

1° La nécessité d'un agrément

299 L'agrément ne peut être accordé que si plusieurs conditions sont remplies : il faut tout d'abord que la continuité de l'accueil soit assurée, ce qui suppose que la personne accueillante prévoie son remplacement si elle s'absente par exemple pour prendre des vacances ; il faut ensuite que les modalités de l'accueil garantissent la protection de la santé, la sécurité et le bien-être physique et moral des personnes accueillies (194) ; il faut enfin qu'un suivi social et médico-social régulier de celles-ci puisse être exercé (195).

C'est le président du conseil général qui instruit les demandes d'agrément ; pour mener à bien cette tâche ainsi que pour assurer le suivi social et médico-social des personnes accueillies, il peut demander la participation d'une institution relevant de la loi du 30 juin 1975, d'un organisme public ou d'une association régie par la loi de 1901. Il est chargé, de plus, d'organiser la formation (laquelle n'est assortie, il est vrai, d'aucune sanction) ainsi que le contrôle des personnes agréées. Si les conditions d'accueil (santé, sécurité ou bien-être) ne sont pas satisfaisantes, le préfet enjoint à la personne agréée de remédier à cette situation dans un délai qu'il lui fixe : s'il n'a pas été satisfait à l'injonction dans ce délai ou s'il y a urgence, il est mis fin à l'accueil, ce qui emporte retrait de l'agrément.

Sauf mention contraire, l'agrément vaut habilitation à recevoir des bénéficiaires de l'aide sociale ; il ne peut être délivré aux particuliers privés des droits électoraux et doit fixer le nombre de personnes pouvant être accueillies (deux ou exceptionnellement trois). Tout refus d'agrément doit être motivé. En outre, il n'est susceptible d'être accordé — ce que l'on peut déplorer — que si ces dernières n'appartiennent pas à la famille de l'accueillant jusqu'au quatrième degré inclus et que si celui-ci accueille « habituellement » des personnes âgées : formule qui autorise un accueil temporaire dès lors qu'il correspond effectivement à une « habitude ». Lorsque l'agrément a été donné, la personne accueillante doit passer avec la personne accueillie ou avec son représentant légal un contrat écrit.

2° La nécessité d'un contrat

300 Ce contrat, qui ne relève pas du code du travail, doit comporter un certain nombre d'indications : il doit préciser s'il s'agit d'un accueil à temps partiel ou à temps

(193) En 1998, environ 6 000 personnes âgées étaient hébergées dans une famille d'accueil à titre onéreux (DREES, *Études et résultats*, n° 40, 1999, p. 6).

(194) Le logement doit répondre aux normes ouvrant droit à l'ALS : les accueillants doivent mettre à la disposition de l'intéressé une chambre située dans leur logement même, d'une surface minimale et comportant un chauffage ainsi qu'un poste d'eau à proximité immédiate (v. *infra*, n° 562). Un particulier hébergeant depuis plusieurs années deux personnes âgées dans un bâtiment distinct de sa maison d'habitation tout en leur préparant leurs repas dans son propre logement est soumis aux règles régissant les « établissements » d'hébergement et non à celles relatives à « l'insertion dans une famille » (CE, 9 juillet 1993, Henri Solana, *RDSS*, 1994, p. 103).

(195) Sur tous ces points, v. art. 1er de la loi et D. n° 90-504, 22 juin 1990, art. 3.

complet, quels sont les droits et obligations des parties et quelles sont les conditions matérielles et financières de l'accueil. Il doit, de plus, être conforme à un contrat-type élaboré par le conseil général qui spécifie d'une part la durée de la période d'essai pendant laquelle les parties peuvent librement mettre fin au contrat signé, d'autre part les conditions permettant à celles-ci, passé la période d'essai, de modifier, suspendre, interrompre ou dénoncer ledit contrat. Dans ce dernier cas, la personne agréée est tenue à un délai de prévenance d'au moins trois mois, la personne accueillie à un délai d'au moins un mois. Par ailleurs, le contrat doit préciser les divers éléments composant la rémunération de la personne agréée. Celle-ci comprend une rémunération journalière de services rendus (majorée le cas échéant pour sujétions particulières), une indemnité représentative des frais d'entretien courant de la personne accueillie et un loyer pour la ou les pièces qui lui sont réservées.

Pour éviter les rémunérations excessives, coûteuses tant à la personne accueillie que, si celle-ci est prise en charge par l'aide sociale, au département, la loi a prévu d'une part que le président du conseil général peut enjoindre à l'accueillant, au cas où le loyer atteint un montant abusif, de revoir celui-ci (s'il refuse, cette autorité doit retirer l'agrément) ; d'autre part, que la rémunération journalière et l'indemnité représentative ne sont soumises entre les mains de l'accueillant au régime fiscal des salaires que pour autant qu'elles respectent des minima et des maxima : la première devant se situer entre un montant minimum fixé par décret égal à deux fois le SMIC et un montant maximum fixé par le président du conseil général ; la seconde devant se situer entre un minimum et un maximum fixés tous deux par décret et correspondant à deux fois et cinq fois le SMIC (196). Le dépassement de ces seuils est certes autorisé : mais la rémunération est alors soumise fiscalement non plus au régime des salaires mais à celui des bénéfices industriels et commerciaux. Les deux parties sont tenues en outre de souscrire un contrat d'assurance pour couvrir les éventuels dommages qu'ils pourraient se causer l'un l'autre ou causer à autrui (197).

Si aucun contrat n'a été passé entre les deux parties ou si ce contrat ne satisfait pas aux conditions légales ou si la personne accueillante n'a pas souscrit de contrat d'assurance, l'agrément peut être retiré par le président du conseil général. Ce dernier peut en outre mettre en demeure tout particulier non agréé recevant à son domicile à titre onéreux une personne âgée de régulariser sa situation dans le délai qu'il lui fixe. Passé ce délai, ce particulier sera sanctionné pénalement : le préfet mettant alors fin à l'accueil.

La personne accueillie a la qualité de locataire et à condition que soient respectés les minima et maxima précédemment évoqués, elle se trouve exonérée des cotisations patronales du régime de Sécurité sociale. La personne accueillante doit en revanche cotiser à ce régime pour la rémunération de services rendus (198).

301 **Bibliographie.** D. ARGOUD, M. J. GUISSET, A. VILLEZ, *L'accueil temporaire des personnes âgées*, 1994, Syros ; C. ATTIAS-DONFUT, A. ROZENKIER, Logements-foyers : l'enjeu d'une médicalisation, *Géront. et soc.*, 1983, n° 25, p. 40 ; J. M. AUBY, Les contrats d'hébergement des personnes âgées, *RDSS*, 1994, p. 519 ; J. BING, J. PASNON, La politique d'hébergement des personnes âgées à travers la transformation des hospices, *RFAS*, 1985, p. 113 ; M. BORGETTO, Institutions et structures d'accueil

(196) D. n° 90-503, 22 juin 1990.
(197) V. art. 12 de la loi et D. n° 91-88, 23 janvier 1991.
(198) J. M. AUBY, Les contrats d'hébergement des personnes âgées, *RDSS*, 1994, p. 519.

pour personnes âgées, fasc. n° 172, *in* J. M. AUBY (Dir.), *Traité de droit médical et hospitalier*, Litec ; C. DAUCHEZ, *L'hébergement des personnes âgées*, La Doc. française, 1988 ; DIVERS, *L'accueil des personnes âgées. Typologie des établissements*, ARRCO, 1991 ; *L'accueil familial des personnes âgées. Survivance du passé... formule d'avenir*, 1987, UNIOPSS ; La place des usagers à l'hôpital public, *RFAS*, 1991, p. 75 ; H. FELTESSE, A. VILLEZ, Les établissements d'hébergement temporaire des personnes âgées : le maillon manquant du maintien à domicile, *RDSS*, 1987, p. 647 ; M. GHEBALI-BAILLY, L'agrément de l'accueil familial de personnes âgées ou handicapées adultes, *RDSS*, 1993, p. 384 et p. 564 ; A. GRAND, L'accueil des personnes âgées par les familles, *RFAS*, 1989, n° 4, p. 33 ; Les conditions de l'accueil familial des personnes âgées et handicapées, *RFAS*, 1989, p. 33 ; F. KESSLER, La mise en place de l'accueil par des particuliers à leur domicile à titre onéreux des personnes âgées, *RDSS*, 1989, p. 583 ; E. DE LAROCHELAMBERT, *Les institutions du grand âge et leur gestion*, E.S.F., 1993.

§ 2. LA PRISE EN CHARGE DE LA PERSONNE ÂGÉE

302 Le placement des personnes âgées dans une structure spécialisée pose essentiellement deux séries de problèmes : celui de leur prise en charge financière et celui des conditions d'accueil qui leur sont faites.

A. LA PRISE EN CHARGE FINANCIÈRE

303 La prise en charge financière des personnes hébergées dans un établissement a été profondément modifiée dans son principe par la loi du 24 janvier 1997 : en effet, cette loi a entrepris de procéder à une réforme substantielle de la tarification des structures d'accueil des personnes âgées. Néanmoins, le législateur a pris soin de repousser d'abord au 31 décembre 1998 puis, compte tenu du retard pris par l'élaboration de cette réforme, à 2001 le délai au cours duquel les établissements qui désireraient bénéficier du nouveau régime de tarification seront autorisés à effectuer les démarches permettant d'y accéder ; de plus, la réforme ne s'appliquera qu'aux établissements qui reçoivent des personnes âgées dépendantes et qui auront signé, pour bénéficier de la nouvelle tarification, une convention tripartite prévue par la loi (199) : si bien que les règles anciennes de prise en charge des frais de soins et d'hébergement des personnes reçues dans une structure d'accueil continuent de s'appliquer, à l'heure actuelle, à un grand nombre d'établissements.

1° L'étendue de la réforme de la tarification

304 **a) Les origines de la réforme.** Jusqu'à la réforme initiée par la loi du 24 janvier 1997, cette prise en charge obéit à des règles variant en fonction de la nature des structures d'accueil.

---

(199) La loi du 29 juillet 1998 relative à la lutte contre les exclusions a reporté le délai de signature de la convention au plus tard 2 ans après la date de publication du décret devant procéder à la réforme : celui-ci ayant été publié le 26 avril 1999, la date limite est donc le 27 avril 2001. De plus, si les nouveaux textes sont applicables dès le 27 avril 1999 aux établissements disposant d'une capacité d'accueil supérieure à 85 lits (1 352 établissements sont visés), ils ne le sont pas encore pour les autres établissements concernés. Mais ces derniers peuvent cependant devancer l'échéance sous réserve d'un accord passé entre eux, le préfet et le président du conseil général.

Pour l'essentiel, elle s'organise autour de deux types de frais : dans les structures accueillant des personnes âgées, il est procédé en effet à un découplage entre frais d'hébergement et frais de soins.

Les frais d'hébergement sont pris en charge par le résident et sa famille et/ou par l'aide sociale départementale : la réforme de la tarification a laissé subsister dans leurs grandes lignes les règles applicables en la matière.

Quant aux frais de soins, leur prise en charge se trouve soumise à des règles fort complexes. S'agissant des établissements du secteur sanitaire, les services de soins de longue durée ont un tarif d'hospitalisation qui comprend (outre le forfait d'hébergement) un forfait soins dit « forfait tout compris » car intégrant tous les frais de soins (médicaments, personnel médical et para-médical, transport des usagers...). Ce forfait est supporté par le régime d'assurance maladie. Il en va de même pour les services psychiatriques : la prise en charge des patients incombant, sous réserve en principe du paiement du forfait journalier (200), aux organismes gérant ce régime. Quant aux hospices non encore transformés, ils obéissent globalement aux mêmes règles financières que celles applicables aux maisons de retraite : ils peuvent percevoir les mêmes forfaits de soins que ceux dont bénéficient ces dernières. Les résidents non affiliés à un régime d'assurance maladie (avant 1999 et la création de la CMU) se voient appliquer un forfait journalier de soins susceptible d'être pris en charge au titre de l'aide médicale (201) : ceux affiliés à un tel régime étant pris financièrement en charge par celui-ci. Les établissements du secteur social et médico-social peuvent bénéficier, surtout s'ils sont médicalisés, d'un forfait soins global versé par la caisse d'assurance maladie (202). Les dépenses de soins sont supportées par l'établissement sous réserve de certains honoraires ou médicaments qui peuvent être pris en charge hors forfait par le régime d'assurance maladie auquel les personnes âgées sont affiliées. Celles qui ne sont pas affiliées à un tel régime (avant 1999 et la création de la CMU) peuvent elles aussi bénéficier de l'aide médicale dans les conditions légales.

Les personnes hébergées dans des structures intermédiaires ou dans une famille recourent pour leurs soins aux médecins libéraux tout en bénéficiant, comme dans les autres structures du secteur social, des prestations d'un SSAD : leurs frais étant supportés par l'assurance maladie dans les mêmes conditions que dans les établissements sociaux.

Ces règles demeurent en théorie applicables à tous les établissements qui n'ont pas signé la convention tripartite visée par la loi du 24 janvier 1997 (203) : à terme, ces établissements seront cependant en nombre extrêmement limité puisqu'ils seront dans l'impossibilité, dans ce cas, d'accueillir des personnes âgées dépendantes.

Ce système de tarification suscitait depuis de nombreuses années de sévères critiques : d'une part, parce qu'il se traduisait par des disparités sensibles selon la nature de la structure d'hébergement : prise en charge totale (sous réserve le cas échéant

---

(200) CAA Bordeaux, 17 novembre 1992, M. B./ Centre hospitalier de Bordeaux, *RDSS*, 1994, p. 153, note P. Marin et P. Guillemoteau.

(201) D. n° 58-1202, 11 décembre 1958, D. n° 78-477 à 479, 29 mars 1978, Circ. n° 53, 8 novembre 1978 et *C. séc. soc.*, art. R. 174-4 à R. 174-7.

(202) Les dépenses de soins supportées par les organismes d'assurance maladie comprennent deux types de forfaits (fixés par le préfet) : le forfait soins courants et le forfait section de cure médicale (ce dernier, d'un montant nettement inférieur à celui en vigueur dans les unités de soins de longue durée, a vu son contenu modifié par la réforme de la tarification : sur ce point, v. D. n° 99-317, 26 avril 1999, art. 55).

(203) Sur ce point, v. *infra*.

du forfait hospitalier) dans les services de médecine ou de psychiatrie ; limitée à un forfait dans les sections de cure médicale ; plafonnée à une somme nettement supérieure à ce montant dans les unités de soins de longue durée... Et d'autre part, parce qu'il conduisait — compte tenu de l'insuffisance quantitative des prises en charge financières — à la fois à des placements inadéquats (choix de la structure en fonction du niveau du prix final à acquitter par le résident), à un transfert implicite, de la part des établissements, des frais de soins vers les frais de séjour et, par là même, à des coûts financiers souvent considérables supportés par les résidents et leurs familles.

Aussi est-ce pour remédier à cette situation que les pouvoirs publics se sont décidés à intervenir en procédant à une réforme en profondeur de la tarification des établissements accueillant des personnes âgées dépendantes (204).

305 **b) Les destinataires de la réforme.** Visant à substituer à une tarification fondée sur le statut juridique de l'établissement une nouvelle tarification fondée sur l'état de dépendance de la personne accueillie, la réforme (205) a vocation à s'appliquer à l'ensemble des établissements accueillant des personnes âgées dépendantes, qu'il s'agisse de ceux relevant de la loi de 1975 sur les institutions sociales et médico-sociales (206) ou qu'il s'agisse des services ou unités de relevant de la loi hospitalière : sont ainsi potentiellement concernés les services de soins de longue durée ; les maisons de retraite (autonomes ou non, médicalisées ou non, habilitées ou non à recevoir des bénéficiaires de l'aide sociale) ; les sections de retraite des hôpitaux publics ou privés ; les logements foyers (médicalisés ou non) ; les petites unités de vie (domicile collectif, MARPA, etc.). Les établissements privés qui, relevant de la loi du 6 juillet 1990, ne sont ni habilités à recevoir des bénéficiaires de l'aide sociale, ni conventionnés au titre de l'APL, sont donc soumis aux nouvelles règles de tarification : néanmoins, les dispositions concernant la fixation du tarif d'hébergement ne leur sont pas applicables et celles concernant le tarif dépendance ne le sont qu'aux contrats conclus entre l'établissement et la personne âgée après le 27 avril 1999.

Les établissements qui se voient appliquer le nouveau régime de tarification sont ceux qui désirent recevoir des personnes remplissant la condition de degré de dépendance exigée pour ouvrir droit à la PSD (celles qui sont classées dans les GIR 1 à 3) : en l'occurrence, les personnes les plus lourdement dépendantes (207). Les établissements concernés doivent passer avant le 27 avril 2001 une convention pluriannuelle tripartite avec le président du conseil général et l'autorité compétente pour l'assurance maladie (préfet). Cette convention doit définir les conditions de fonctionnement de l'établissement tant au plan financier qu'à celui de la prise en charge des personnes et des soins qui sont prodigués à cette dernière, préciser les objectifs d'évolution de l'établissement et les modalités de son évaluation en veillant particulièrement au niveau de formation du personnel d'accueil. Seule la passation de cette convention — laquelle doit être conforme à un cahier des charges établi par arrêté conjoint des ministres chargés des personnes âgées et des collectivités territoriales

(204) Sur ce point, v. aussi *supra*, n° 183.

(205) Sur cette réforme, v. L. n° 97-60, 24 janvier 1997 ; D. n° 96-316 et 317 et A., 26 avril 1999 ; Circ. DAS n° 99-294, 21 mai 1999 (*BOSS* n° 99-22, p. 157) ; Circ. n° 99-578, 14 octobre 1999 (*BO Solid.-santé* n° 99-44, p. 125).

(206) Depuis le 1er avril 1997, ces établissements ne peuvent plus déposer de dossier de création ou d'extension d'une section de cure médicale (art. 23-VI de la loi).

(207) La loi de 1997 n'exige donc pas que ces personnes soient bénéficiaires de la PSD.

— est de nature à leur permettre d'accueillir des personnes dépendantes. Grâce à cette convention, les établissements peuvent à la fois accéder au nouveau régime de tarification et de forfaitisation de la prise en charge des soins, donner à leurs résidents le droit au bénéfice éventuel de la PSD et accueillir à l'avenir des personnes âgées dépendantes dès leur admission. Ceux qui n'auront pas signé une telle convention ne pourront plus accueillir, à partir de cette date butoir, de personnes dépendantes à leur entrée dans l'établissement (208) et seront passibles, en cas d'infraction, de sanctions (209).

Au total, 10 000 établissements sont concernés par réforme, ce qui correspond à un peu moins de 600 000 lits.

2° Le contenu de la réforme de la tarification

306 Le principal apport de la réforme consiste à faire reposer les règles de tarification non plus sur la nature juridique des structures d'accueil mais bien plutôt sur l'état de dépendance des personnes accueillies. Par voie de conséquence, les prestations fournies par les établissements concernés comportent désormais non plus deux tarifs (soins et hébergement) mais trois tarifs : un nouveau tarif étant destiné à prendre en considération le degré de dépendance de la personne âgée. Pour déterminer chacun de ces tarifs, le budget de l'établissement est présenté en trois sections tarifaires correspondantes : chaque tarif étant déterminé annuellement sur la base des dépenses nettes de la section tarifaire concernée. Cette nouvelle tarification est notifiée aux établissements au plus tard le 31 janvier au titre de l'exercice en cours, lorsque les documents nécessaires à sa fixation ont été transmis aux autorités compétentes dans les conditions et les délais en vigueur.

307 **a) La prise en charge des frais de soins.** Aux termes de l'article 4 du décret n° 96-316 du 26 avril 1999, « le tarif afférent aux soins recouvre les prestations médicales et paramédicales nécessaires à la prise en charge des affections somatiques et psychiques des personnes résidant dans l'établissement ainsi que les prestations paramédicales correspondant aux soins liées à l'état de dépendance des personnes accueillies ».

Les établissements se voient proposer en la matière une option tarifaire. Ils peuvent opter soit pour un tarif journalier global comprenant notamment les rémunérations versées aux médecins généralistes et aux auxiliaires médicaux libéraux exerçant dans l'établissement, les examens de biologie et de radiologie ainsi que les médicaments dont les caractéristiques sont fixées par arrêté ; soit pour un tarif journalier partiel qui ne comprend ni les examens et médicaments ni les charges de personnels mention-

(208) Néanmoins, les personnes devenant dépendantes dans des établissements non autorisés à les recevoir pourront en principe continuer à y séjourner.

(209) Emprisonnement de 3 mois et/ou amende de 25 000 F : sanctions auxquelles le tribunal peut adjoindre, de manière provisoire ou définitive, une interdiction de diriger ou d'exploiter un établissement relevant de la loi du 30 juin 1975 et d'accueillir des personnes âgées à titre onéreux à son domicile et qui, en cas de récidive, seront doublées.

nés dans le forfait global, à l'exception de celles relatives aux infirmières libérales et au médecin coordonnateur (210). Cette option est choisie pour toute la durée de la convention tripartite (5 ans), étant cependant entendu que 6 mois avant l'arrivée à échéance de cette dernière, l'établissement peut demander un changement d'option tarifaire.

Ce tarif est assumé par l'assurance maladie et est financé par dotation globale. Sur le plan budgétaire, la section tarifaire « soins » de l'établissement comprend en charges celles relatives aux prestations de services à caractère médical, au petit matériel médical et aux fournitures médicales ; celles relatives au personnel assurant les soins (aides soignants et aides médico-psychologiques notamment) à hauteur de 70 % ; celles relatives à l'amortissement du matériel médical. Cette section comprend en recettes la dotation globale versée par l'assurance maladie.

La fixation du tarif soins relève de la compétence du préfet pour les établissements soumis à la loi du 30 juin 1975 ou du directeur de l'agence régionale de l'hospitalisation pour les services de soins de longue durée soumis à la loi hospitalière (211). Il est établi pour chacun des six niveaux de dépendance.

308 **b) La prise en charge de la dépendance.** Aux termes de l'article 3 du décret n° 96-316 du 26 avril 1999, « le tarif afférent à la dépendance recouvre l'ensemble des prestations d'aide et de surveillance nécessaires à l'accomplissement des actes essentiels de la vie, qui ne sont pas liées aux soins que la personne âgée est susceptible de recevoir. Ces prestations correspondent aux surcoûts hôteliers directement liés à l'état de dépendance des personnes hébergées, qu'il s'agisse des interventions relationnelles, d'animation et d'aide à la vie quotidienne et sociale ou des prestations de services hôtelières et fournitures diverses concourant directement à la prise en charge de cet état de dépendance ».

Sur la plan budgétaire, la section tarifaire « dépendance » de l'établissement comprend en charges celles relatives au personnel assurant le soutien des personnes dépendantes ainsi que 30 % des dépenses afférentes aux aides soignants et aux aides médico-psychologiques ; les fournitures et prestations de services hôtelières ainsi que l'amortissement du matériel et du mobilier liés à la prise en charge de la dépendance. Les recettes proviennent de l'application du tarif dépendance.

Pour déterminer ce tarif, une grille est établie qui classe les personnes âgées en six groupes selon leur état de dépendance : ce classement est effectué par l'équipe médico-sociale de l'établissement, sous la responsabilité du médecin coordonnateur et peut être revue chaque année. Il est adressé ensuite pour contrôle et validation à un médecin membre de l'équipe médico-sociale du département compétente pour l'attribution de la PSD ainsi qu'à un praticien conseil de la caisse d'assurance mala-

(210) L'existence d'un médecin coordonnateur compétent en gérontologie répond à un objectif de santé publique, garantissant une meilleure qualité de la prise en charge gérontologique et une maîtrise adaptée des dépenses de santé : sur les missions confiées à ce médecin, v. A. 26 avril 1999 fixant le cahier des charges de la convention pluriannuelle, annexe II.

(211) En uniformisant ainsi les régimes applicables aux secteurs sanitaire et social, la réforme a donc procédé à une simplification bienvenue : puisque les services qui continueront d'héberger des personnes lourdement dépendantes — celles par exemple dont la maladie exige, pour être traitée, un plateau technique performant — bénéficieront de la nouvelle tarification en vigueur en matière de soins et ne seront donc plus amenés à utiliser une partie des recettes d'hébergement pour financer les dépenses de soins...

die (212). Le tarif est arrêté pour chacun des six niveaux de dépendance à partir des dépenses nettes de la section tarifaire « dépendance » ; il est calculé en tenant compte du poids de chaque niveau de dépendance dans la population totale accueillie par l'établissement. Sa fixation relève de la compétence du président du conseil général. Le tarif retenu pour chaque personne est à la charge de celle-ci, mais il peut être couvert par la PSD. Il est facturé mensuellement à terme à échoir. Pour les personnes bénéficiant de la PSD, le président du conseil général peut prévoir, par convention avec l'établissement, le versement d'un acompte mensuel d'une dotation globale de financement.

309 **c) La prise en charge des frais d'hébergement.** Aux termes de l'article 2 du décret n° 96-316 du 26 avril 1999, « le tarif afférent à l'hébergement recouvre l'ensemble des prestations d'administration générale, d'accueil hôtelier, de restauration, d'entretien et d'animation de la vie sociale de l'établissement qui ne sont pas liées à l'état de dépendance des personnes accueillies ».

La fixation de ce tarif (213) relève de la compétence du président du conseil général ; il est le même pour tous les résidents de l'établissement et est égal aux dépenses nettes de la section tarifaire « hébergement » divisées par le nombre de journées prévisionnelles d'hébergement pour toutes les personnes accueillies. Il est à la charge de la personne âgée et subsidiairement de l'aide sociale dans les conditions de droit commun. En cas d'absence de plus de 72 heures, le tarif journalier est minoré des charges variables relatives à la restauration et à l'hôtellerie pour un montant fixé dans le règlement départemental d'aide sociale. En cas d'absence de plus de trois jours pour cause d'hospitalisation, la minoration doit tenir compte du forfait hospitalier.

Néanmoins, la prise en charge financière des personnes hébergées dans des maisons de retraite continue d'obéir à des règles différentes selon la nature de l'établissement : en effet, si l'établissement — qu'il soit public ou privé et à but lucratif ou non — n'est ni habilité à recevoir des bénéficiaires de l'aide sociale, ni conventionné au titre de l'APL, il ne peut « héberger une personne âgée sans qu'au préalable un contrat écrit ait été passé avec cette personne ou son représentant légal » (214). Dans ce cas, le prix de chaque prestation est librement fixé lors de la signature de ce contrat (lequel est à durée indéterminée) et est supporté par le pensionnaire. Les prix varient ensuite dans la limite d'un pourcentage arrêté chaque année par le ministre de l'économie et des finances : le responsable de l'établissement étant sanctionné en cas d'infraction à ces dispositions (215).

De manière générale et compte tenu des règles en vigueur concernant les frais d'hébergement, deux hypothèses peuvent se présenter. Ou bien la personne âgée dispose de ressources personnelles suffisantes et, dans ce cas, elle acquitte elle-même les frais de séjour : hypothèse qui n'est pas si rare dans la mesure où le montant des

(212) Le désaccord éventuel entre ces deux médecins est réglé par une commission départementale de coordination médicale (D. n° 99-316, 26 avril 1999, art. 12) : sur cette commission, v. A. 26 avril 1999.

(213) Sur le plan budgétaire, la section tarifaire « hébergement » comprend en charges celles relatives au personnel assurant l'accueil, l'animation, la restauration, l'entretien et l'administration générale de l'établissement ; les charges d'exploitation, les amortissements des biens meubles et immeubles non amortis dans les autres sections ainsi que les provisions et autres charges financières et exceptionnelles ; les recettes proviennent de l'application du tarif hébergement.

(214) L. n° 90-600, 6 juillet 1990.

(215) D. n° 91-322, 27 mars 1991.

retraites a été au fil du temps fortement relevé et où la personne âgée peut toujours prétendre au bénéfice de certaines allocations (ALS, APL...) même si elle est placée dans un établissement (secteur sanitaire (216) ou secteur social et médico-social) (217) ou dans une famille (218). Dans ce cas de figure, et pour autant qu'elle n'est pas bénéficiaire de la PSD ou lourdement dépendante, la personne âgée peut choisir une structure d'accueil de son choix (privée, publique ou non habilitée par l'aide sociale) (219) ; si elle s'absente temporairement de l'établissement (vacances), elle peut être dispensée d'acquitter tout ou partie de ses frais d'hébergement couvrant la période concernée (220).

Ou bien elle dispose de ressources insuffisantes et, dans ce cas, elle peut recourir à l'aide sociale. Pour bénéficier de celle-ci, le postulant doit remplir plusieurs conditions : être âgé de 65 ans (ou 60 ans en cas d'inaptitude au travail) ; résider en France ou, s'il s'agit d'un étranger, justifier d'un titre l'autorisant à séjourner régulièrement en France (aucune durée de résidence n'est exigée) ; ne pas être en position d'être aidé utilement à son domicile ; disposer, compte non tenu des prestations familiales et y compris les créances alimentaires auxquelles il peut prétendre, de ressources inférieures à un plafond (221). L'établissement d'accueil doit enfin avoir été habilité par convention à recevoir des bénéficiaires de l'aide sociale (222) : sous cette dernière réserve, la personne âgée peut arrêter son choix aussi bien sur une établissement public ou privé que sur un établissement situé hors de son département (223). Lorsqu'il y a prise en charge par l'aide sociale, les ressources de toute nature (sauf les prestations familiales) dont disposent les personnes placées à ce titre sont affectées au remboursement des frais de placement des intéressés dans la limite de 90 % quel que soit le montant de ces ressources et du prix de l'hébergement (224). Mais cette règle ne s'applique qu'aux établissements dans lesquels le placement comprend à la fois des soins et l'entretien de la personne âgée (225) ; de plus, elle se trouve tempérée par

---

(216) Depuis 1990, les personnes accueillies dans des services de soins de longue durée peuvent recevoir l'ALS sous certaines conditions (*C. séc. soc.*, art. L. 831-3 et R. 832-2) ; sur le sort réservé à la PSD et à l'AC, v. *supra*, n° 270 et *infra*, n° 368 et s.

(217) Selon ses ressources et son état de santé, la personne résidant dans un logement-foyer peut percevoir l'APL, l'ALS (cas du foyer réalisé avec des prêts HLM), la PSD et peut bénéficier (sous réserve des règles de non cumul) de l'aide ménagère. Celle accueillie dans une maison de retraite peut bénéficier, si elle remplit les conditions légales, de l'ALS (*C. séc. soc.*, art. R. 832-2), de l'APL (cas des maisons de retraite conventionnées, financées grâce à des « prêts locatifs aidés ») ou de la PSD. Il en va de même pour celles accueillies dans une MAPA, une MAPAD, une MARPA (l'allocation représentative de services ménagers peut y être servie) ou une unité d'hébergement temporaire.

(218) La personne accueillie peut bénéficier, à l'instar d'ailleurs de la personne agréée, de l'APL, de l'ALS (D. n° 90-635, 18 juillet 1990 et A. 18 et 27 juillet 1990), de la PSD.

(219) Si elle est lourdement dépendante et/ou perçoit la PSD, elle ne peut sélectionner qu'une structure ayant passé une convention tripartite.

(220) L. 30 juin 1975, art. 23-3 mod. L. n° 86-17, 6 janvier 1986.

(221) Sur tous ces points, v. *C. famille*, art. 186, 164 et 159.

(222) Cependant, afin d'éviter une rupture traumatisante et sous réserve que cela ne débouche pas sur une charge supérieure pour le service d'aide sociale, ce dernier peut participer aux frais de séjour d'une personne âgée dans un établissement avec lequel il n'a pas été passé de convention lorsque l'intéressé y a séjourné à titre payant pendant 5 ans et lorsque ses ressources ne lui permettent plus d'assurer son entretien (*C. famille*, art. 165).

(223) Comm. centr., 10 janvier 1977, *RDSS*, 1977, p. 417, note E. ALFANDARI.

(224) *C. famille*, art. 142 ; pour une application de cette règle, v. par exemple Comm. centr., 23 novembre 1984, *RFAS*, 1985, cah. jur., n° 2, p. 47.

(225) D. n° 54-1128, 15 novembre 1954, mod. D. n° 87-961, 25 novembre 1987, art. 5.

le fait que le reliquat (laissé à la disposition de l'intéressé) ne peut être inférieur à un plancher égal à 1 % du minimum vieillesse (« argent de poche ») (226).

Plusieurs textes ont précisé comment devaient s'articuler la PSD et l'aide sociale à l'hébergement (227). Il en ressort que dans les établissements habilités à recevoir des bénéficiaires de l'aide sociale, le versement de celle-ci affecté à l'hébergement peut être cumulé avec celui de la PSD. Dans ce cas, le versement de la PSD est déduit du montant du prix de journée fixé dans l'établissement : étant entendu que le solde restant à la charge des résidents et correspondant aux frais d'hébergement peut alors être pris en charge par l'aide sociale. Ceux des établissements privés qui ne sont pas habilités à recevoir des bénéficiaires de l'aide sociale peuvent signer une convention avec le conseil général afin de fixer, dans le respect de certaines règles, les conditions de mise en œuvre de la PSD. Par ailleurs, toute discrimination tarifaire entre les bénéficiaires de la PSD qui reçoivent aussi l'aide sociale à l'hébergement et ceux qui ne reçoivent que la seule PSD est illégale ; enfin, le département ne peut pas contraindre un établissement privé non habilité à recevoir des bénéficiaires de l'aide sociale préalablement au versement de la PSD.

En revanche, les textes en vigueur n'ont pas remis en cause une solution qui n'est pourtant pas à l'abri de toute critique : à savoir que si les établissements publics d'hébergement disposent d'un recours contre les débiteurs d'aliments pour le recouvrement de leurs créances (228), les établissements privés sont dépourvus de toute action directe (229).

De manière plus générale, on relèvera que cette réforme n'est pas sans susciter de nombreuses réserves : sa principale faiblesse résidant à l'évidence dans le fait qu'elle s'organise tout entière autour de la PSD, ce qui, compte tenu des limites et insuffisances de celle-ci, ne permet de solvabiliser qu'un très petit nombre de personnes âgées en vue de faire face aux charges liées à la dépendance (230).

---

(226) D. 15 novembre 1954, art. 5 mod. D. 25 novembre 1987 (disposition qui s'applique tant à l'accueil en établissement qu'à l'accueil familial : v. D. n° 90-504, 2 juin 1990, art. 8). Par ailleurs, la personne âgée n'est pas tenue — sauf exception — de déposer auprès du comptable de l'établissement ses titres de pension (v. M. BORGETTO, La condition des personnes âgées vivant en institution, fasc. 174, n° 16, *in* J. M. AUBY (Dir.), *Traité de droit médical et hospitalier*, Litec) : elle perçoit elle-même (et ceci vaut pour tous les établissements sociaux) ses revenus et reverse ensuite sa contribution (*C. famille*, art. 142-1).

(227) Lettres DAS/RV 2 et DAS, 23 janvier 1998 (*BO Solid.-santé*, n° 98-7, p. 271 et 273, Note d'information quest.-rép., 23 octobre 1997, *TSA*, Bull. lég., 1997, n° 40, p. 9).

(228) En cas de recours contre les débiteurs d'aliments exercé par un hôpital public, les tribunaux compétents sont désormais non plus — ainsi qu'il l'avait été jugé (TC, 12 janvier 1987, Mme Launay, *RDSS*, 1987, p. 416, concl. J. MASSOT) —, les tribunaux administratifs mais les tribunaux judiciaires (*C. santé pub.*, art. L. 714-38 et CE, Avis, 28 juillet 1995, Kilou, *RFDA*, 1996, p. 386, concl. C. MAUGÜE) ; pour exemple de récupération par le service d'aide sociale, v. CE, 1er décembre 1989, Dame Gillet, *JCP*, 1991, II, 21517, note E. ALFANDARI (à noter que le fait de ne pas informer les débiteurs d'aliments des charges financières résultant d'un placement dans un centre de soins de longue durée engage la responsabilité de l'établissement : CE, 11 janvier 1991, Biancale, *RDSS*, 1991, p. 269, concl. P. HUBERT). Par ailleurs, en vertu d'une jurisprudence constante faisant application de la règle selon laquelle les « aliments ne s'arréragent pas », il est impossible pour les établissements concernés de faire condamner des débiteurs d'aliments au paiement des frais de séjour antérieurs à leur assignation en justice : Cass. civ., 21 mai 1997, *LPA*, 1998, n° 120, p. 26, note N. LION (cas d'une assignation intervenue trois ans après le décès de la personne hospitalisée).

(229) Cass. civ. 1re, 5 mai 1993, *D.* 1993, IR, p. 133.

(230) Sur ce point, v. aussi *supra*, n° 272 et *infra*, n° 312.

B. LES CONDITIONS D'ACCUEIL

310 Les conditions dans lesquelles sont accueillies les personnes âgées ont fait l'objet, depuis deux à trois décennies, d'améliorations sensibles : néanmoins, plusieurs problèmes subsistent auxquels il n'est pas impossible d'apporter des éléments de solution.

1° L'amélioration des conditions d'accueil

311 Cette amélioration s'est traduite par l'adoption d'un certain nombre de mesures parmi lesquelles on peut notamment évoquer (231) :

— l'adoption de chartes recognitives de droits en faveur des personnes hospitalisées (232) ou en faveur des personnes âgées dépendantes (233) : chartes qui, même si elles doivent s'analyser davantage comme des recommandations que comme des prescriptions juridiques impératives, ont néanmoins pour mérite de rappeler le droit fondamental qu'a chaque personne âgée d'être respectée dans son éminente dignité ;

— la mise en place, dans tous les établissements sociaux hébergeant des personnes âgées, d'un conseil d'établissement comprenant des représentants de ces dernières et de leur famille et ayant pour objet de faire participer ceux-ci à la gestion de la structure : conseil qui, en permettant aux résidents d'entendre et de se faire entendre, contribue à leur conférer non pas seulement un statut d'usagers mais aussi un statut de citoyens (234) ;

— la volonté des pouvoirs publics de « promouvoir dans chaque établissement accueillant des personnes âgées un projet de soins et un projet de vie destinés à favoriser la prise en compte de l'état global de la personne en respectant avant toute chose sa dignité et son bien-être » (235) : ces deux projets (surtout le projet de vie) revêtant une grande importance pour les personnes hébergées dans la mesure où ils apportent des réponses à nombre de problèmes auxquels ces dernières se trouvent confrontées dans leur vie quotidienne (horaires des repas, confection des menus, activités manuelles, ludiques...) (236) ;

— l'obligation, pour les établissements et services accueillant des personnes âgées dépendantes, d'une part d'élaborer un règlement intérieur garantissant notamment les droits des résidents et le respect de leur intimité, d'autre part de passer un contrat de séjour écrit avec les résidents ou, le cas échéant, avec leur tuteur : obligation qui,

---

(231) Sur ces questions, v. M. BORGETTO, La condition des personnes âgées vivant en institution, fasc. n° 174, *in* J. M. AUBY (Dir.), *Traité de droit médical et hospitalier*, Litec.

(232) Après avoir résulté d'un texte de 1974 (Circ. n° 636, 20 septembre 1974), la Charte du malade hospitalisé émane aujourd'hui d'un nouveau texte qui a pris en compte les modifications survenues depuis 20 ans (Circ. DGS/DH, n° 95-22, 6 mai 1995, *TSA*, *Bull. lég.*, 1995, n° 13, p. 19). La réforme de l'hospitalisation réalisée par l'ordonnance du 24 avril 1996 impose à chaque établissement de santé de remettre aux patients lors de leur admission un livret d'accueil (v. A. 7 janvier 1997).

(233) Cette charte intitulée « Charte des droits et libertés de la personne âgée dépendante » a été rédigée en 1987 par une commission spéciale de la Fondation nationale de gérontologie et s'est vu ralliée un an plus tard par le Ministère des Affaires sociales.

(234) D. n° 91-1415, 31 décembre 1991, Circ. n° 92-21, 3 août 1992 (v. J. M. LHUILLIER, Le conseil d'établissement : de la démocratie au quotidien dans les établissements sociaux et médico-sociaux, *RDSS*, 1992, p. 321).

(235) Circ. du 4 février 1986 relative à l'hospitalisation des personnes âgées.

(236) La loi du 24 janvier 1997 a de plus prévu que tous les établissements hébergeant des personnes âgées devront désormais « être organisés en unités favorisant le confort et la qualité de vie des personnes accueillies » (L. n° 75-535, 30 juin 1975, art. 4-1 nouveau).

s'inscrivant dans le droit fil de recommandations ou de souhaits émis par diverses autorités (237), a été rendue strictement impérative par loi du 24 janvier 1997 (238) ;

— le fait que l'ouverture des établissements sur l'extérieur a été promue au fil du temps au rang d'impératif fondamental : cette ouverture se manifestant notamment par l'installation souhaitée de lignes téléphoniques dans la chambre des résidents, par le jumelage de l'établissement avec un foyer de jeunes travailleurs ou une école maternelle, par l'ouverture des ateliers ou du restaurant à des personnes extérieures, etc. (239).

2° Les faiblesses du système actuel d'hébergement

312 Certes, les pouvoirs publics ont entrepris de remédier à certaines de ces faiblesses parmi les plus criantes : s'agissant notamment du système de tarification en vigueur dans les établissements d'hébergement, la loi du 24 janvier 1997 s'est efforcée de remédier aux incohérences générées par le système. Mais pour incontestable qu'elle soit, cette avancée se révèle cependant largement insuffisante : de nombreuses faiblesses demeurent qui malmènent la cohérence d'ensemble.

Outre celles qui portent sur les déficiences à la fois quantitatives et qualitatives des structures d'hébergement (nombre insuffisant de ces structures, médicalisation incomplète des places offertes, conditions de vie parfois pénibles réservées aux résidents), ces faiblesses portent tout d'abord sur la solvabilisation insatisfaisante des personnes âgées opérée par la création de la PSD : nombre d'entre elles ayant en effet des ressources trop élevées pour pouvoir prétendre à son bénéfice mais néanmoins trop faibles pour faire face à des frais d'hébergement dépassant souvent 15 000 F par mois... Elles portent ensuite sur le fonctionnement parfois défectueux de certaines allocations telles que, par exemple, l'allocation de logement sociale (ALS) : le fait que celle-ci soit accordée aux personnes qui ont la chance de bénéficier d'une chambre individuelle ou à deux lits mais soit en revanche refusée aux autres apparaissant, sur le plan des principes, fort peu équitable (240)... Elles portent encore sur la multiplicité des acteurs finançant la vieillesse : ces acteurs pouvant être les caisses de sécurité sociale (241), les services d'aide sociale, les résidents eux-mêmes ou leurs familles, lesquelles se voient le cas échéant opposer l'obligation alimentaire ainsi que des recours en récupération sur succession en ligne directe.

Pour remédier à ces faiblesses, il conviendrait au minimum d'une part d'accélérer le processus de décloisonnement des secteurs sanitaire et social, d'autre part et surtout

(237) Circ. n° 24, 20 mars 1978, Lettre-circ., 11 mars 1986 ou Commission des clauses abusives, Recommandation n° 85-03, 5 juillet 1985, *BOCC*, 9 novembre 1985 (dès avant 1997, les pouvoirs publics avaient en effet décidé d'imposer aux établissements qui ne sont ni habilités à l'aide sociale, ni conventionnés au titre de l'APL, l'obligation d'intégrer dans les contrats de séjour, des dispositions protégeant les résidents).

(238) Cette obligation pèsera donc à l'avenir sur les unités de soins de longue durée...

(239) Circ. n° 24, 20 mars 1978, 7 avril 1982 et 4 février 1986.

(240) De même, des époux occupant une chambre dans une maison de retraite peuvent cumuler le bénéfice de l'ALS (qui est ainsi versée deux fois) dès lors qu'ils remplissent l'un et l'autre les conditions pour y prétendre (CE, 9 mai 1996, req. n° 2091 P) : il n'existe pas dans ces établissements de loyers-plafonds pour les couples, contrairement à ce qui prévaut pour l'APL...

(241) CPAM pour les soins et forfaits-soins ; CNAV pour la pension de vieillesse et le financement de certaines actions innovantes ; CAF pour l'allocation de logement ; caisse d'assurance invalidité pour la majoration pour aide d'une tierce personne...

de mettre en place un dispositif sûr, durable et non provisoire (assurance volontaire, création d'un nouveau risque assumé par la sécurité sociale...) garantissant à toutes les personnes âgées une prise en charge des frais occasionnés par leur hébergement en institution.

313 **Bibliographie.** M. BORGETTO, La condition des personnes âgées vivant en institution, fasc. n° 174, *in* J. M. AUBY (Dir.), *Traité de droit médical et hospitalier*, Litec ; G. BRAMI, *Droits et libertés des personnes âgées hébergées*, 1995, Berger-Levrault ; N. DELPÉRÉE, *La protection des droits et des libertés des citoyens âgés. Droit et gérontologie*, 1991, CNP Assurances ; DIVERS, La protection juridique de la personne âgée, *Rev. hosp. France*, 1993, p. 474 ; Protection juridique des personnes âgées, *Gérontol. et soc.*, 1989, n° 59 et 1993 (n° spéciaux) ; La prise en charge des personnes âgées dépendantes, *RFAS*, n° 4, 1993 ; C. EVIN, *Les droits de la personne malade*, Rapport, Cons. écon. et soc., 1996 ; J. M. de FORGES, De la politique d'humanisation des hôpitaux à la charte du malade hospitalisé, *RDSS*, 1975, p. 283 ; J. M. de FORGES, J. F. SEUVIC, *L'hospitalisé*, 2e éd., Berger-Levrault, 1983 ; A. GRAND, Les conditions de l'accueil familial des personnes âgées et handicapées, *RFAS*, 1989, p. 33 ; J. C. HENRARD, A. M. BROCAS, Les obstacles tarifaires à une politique de soins pour les personnes âgées, *RFAS*, 1986, n° 3, p. 59 ; P. JEAN, *La charte du patient hospitalisé*, 1996, Berger-Levrault ; M. NÈGRE, Les dépenses d'hébergement et de soins des personnes âgées en institution, *RFAS*, 1991, p. 59.

CHAPITRE III
L'AIDE AUX PERSONNES HANDICAPÉES

314 La politique actuelle d'aide aux personnes handicapées se fonde pour l'essentiel sur les principes posés par la loi d'orientation n° 75-534 du 30 juin 1975. Cette loi, qui marque un tournant capital dans la mise en place de cette politique, ne s'est pas seulement attachée à dégager un certain nombre de solutions valant pour toutes les personnes souffrant d'un handicap (Section I) : elle a aussi prévu l'adoption de mesures spécifiques en faveur d'une part des enfants handicapés (Section II), d'autre part des adultes handicapés (Section III).

315 **Bibliographie générale.** F. BLOCH-LAINÉ (Rapport), *Étude du problème général de l'inadaptation des personnes handicapées*, 1968, La Doc. française ; J. BORDELOUP, Faiblesses et aléas d'une politique publique : les différentes actions menées en faveur des handicapés, *Dr. soc.*, 1994, p. 586 ; M. BORGETTO, La politique globale de soutien aux personnes handicapées ; Les politiques spécifiques de soutien aux personnes handicapées, fasc. n° 178 et 180, *in* J. M. AUBY (Dir.), *Traité de Droit médical et hospitalier*, Litec ; DIVERS, L'intégration des personnes handicapées, *RFAS* (n° spécial), 1998, n° 1 ; C. HERMANGE, A. TRIOMPHE, *Personnes handicapées : droits et démarches*, 4e éd., 1996, Éd. du CTNERHI ; C. LASRY, M. GAGNEUX (Rapport), *Bilan de la politique en direction des personnes handicapées*, 1983, La Doc. française ; C. LOSPIED, *Handicapés, quels sont vos droits ?*, 4e éd., 1990, Éd. Lavauzelle ; A. TRIOMPHE (Dir.), *Les personnes handicapées en France : données sociales*, 2e éd., 1995, CTNERHI/INSERM.

SECTION I — L'AFFIRMATION D'UNE POLITIQUE GLOBALE D'AIDE AUX PERSONNES HANDICAPÉES

316 Pour prendre la mesure exacte du caractère à la fois global et multidimensionnel revêtu par la politique actuellement menée en faveur des personnes handicapées, il apparaît nécessaire d'abord de rappeler les principales transformations dont a fait l'objet depuis le début du siècle cette politique (§ 1), ensuite d'insister sur la manière même dont est appréhendée et traitée aujourd'hui — avec tout ce que ceci implique au niveau des principes et des institutions —, la notion de handicap (§ 2).

§ 1. L'ÉVOLUTION DE LA POLITIQUE D'AIDE AUX PERSONNES HANDICAPÉES

317 L'évolution de la politique d'aide aux personnes handicapées se trouve très fortement marquée par l'adoption de la loi du 30 juin 1975 : pour restituer cette évolution dans toute son ampleur, il n'est que de comparer les principes et orientations dégagés par cette loi aux solutions en vigueur avant l'adoption de celle-ci.

A. LES SOLUTIONS EN VIGUEUR AVANT 1975

318 Contrairement à ce que l'on affirme souvent, le principe d'une obligation de la société à l'égard des personnes infirmes ou invalides se trouvant dans le besoin ne date pas de la grande loi du 14 juillet 1905 : dès la Révolution française, en effet, un tel principe fut solennellement proclamé aussi bien par le constituant que par le législateur (1). Si la loi de 1905 se révèle décisive, c'est d'abord et avant tout parce qu'en organisant de manière effective l'assistance obligatoire pour cette catégorie particulière d'individus dans le besoin, elle rompit définitivement avec les solutions qui prévalurent tout au long du XIXe siècle, solutions selon lesquelles l'infirme ne se voyait reconnaître aucun droit à l'encontre de la société et celle-ci ne se voyait assigner aucune obligation à l'égard de celui-là. Mais bien qu'elle eût pour mérite d'offrir aux « infirmes nécessiteux » soit des allocations en espèces, soit un placement en institution (en général dans des hospices), cette loi présentait l'inconvénient majeur de ranger dans une même catégorie de bénéficiaires des populations très hétérogènes : infirmes moteurs, enfants déficients mentaux, incurables et vieillards se voyant placés sur le même plan quel que soit leur âge ou leur degré d'autonomie (2).

C'est après le premier conflit mondial et son nombre imposant d'individus victimes de blessures et d'infirmités que les pouvoirs publics prirent conscience des problèmes spécifiques posés par les invalides et commencèrent à mettre en place des dispositifs qui leur étaient tout spécialement destinés : priorité d'accès aux emplois du secteur public puis des entreprises du secteur privé de plus de dix salariés au profit des militaires blessés ou devenus infirmes (emplois réservés) ; création de l'Office national des mutilés et réformés de guerre organisant la rééducation professionnelle des intéressés ; pensions accordées aux victimes de la guerre selon un barème tenant compte du taux d'invalidité (3). Dans le même temps, la loi de 1898 sur les accidents du travail qui accordait aux salariés des soins gratuits et des pensions d'invalidité fit l'objet de modifications répétées tendant à la fois à élargir son champ d'application, à améliorer le montant des pensions versées et à permettre à ses bénéficiaires d'accéder aux écoles de rééducation professionnelle de l'État (4).

---

(1) La 2e République ne proclama qu'un simple devoir social destiné à n'être mis en œuvre que dans la limite des ressources de la collectivité : sur ces points, v. *supra*, nº 17 à 19.
(2) Il convient cependant de noter que quelques années plus tard la loi du 15 avril 1909 organisa le dépistage systématique des enfants déficients mentaux et encouragea le placement de ces derniers dans des classes ou écoles de perfectionnement.
(3) L. 17 avril 1916, 2 janvier 1918, 31 mars 1919, 30 juin 1923, 26 avril 1924...
4) A la Libération, la loi du 30 octobre 1946 abroge celle de 1898 et transfère à la Sécurité sociale la gestion du risque accident du travail et maladie professionnelle.

Après le second conflit mondial, les résultats souvent encourageants obtenus à la suite des efforts consentis en direction des victimes de la guerre conduisirent les pouvoirs publics à adopter de nouvelles dispositions en matière de réinsertion et de réadaptation : des mesures particulières visant à faciliter leur reclassement professionnel et à les inciter au travail furent prises en faveur des aveugles (5), puis furent étendues aux infirmes dont le taux d'invalidité atteignait 80 % (6) avant de l'être, lors de la réforme de l'aide sociale en 1953, à la totalité d'entre eux (7) ; cette réforme institua par ailleurs des Commissions départementales d'orientation des infirmes (CODI) chargées d'examiner l'aptitude au travail ou à une formation des intéressés et, surtout, s'attacha d'une part à mettre fin à l'assimilation des personnes âgées aux populations handicapées, d'autre part à consacrer un certain nombre de dispositions différenciées en direction des adultes et des mineurs, des infirmes, grands infirmes et aveugles. Un peu plus tard, le législateur s'efforça (sans véritablement y parvenir) d'uniformiser les différents textes concernant la réinsertion professionnelle et créa, après les centres d'aides par le travail (CAT), les ateliers protégés (8) ; dans le même temps, le gouvernement s'attacha encore à favoriser l'éducation des enfants « inadaptés » en prévoyant la création dans chaque département d'instituts spécialisés (9).

Compte tenu de cette expansion continue des mesures en faveur des personnes souffrant d'un handicap, il devenait de plus en plus clair que tant les règles régissant l'aide sociale que le principe même de l'intervention de celle-ci méritaient d'être repensés. Plusieurs signes étaient déjà, de ce point de vue, annonciateurs d'une réforme : élévation régulière des plafonds d'octroi (par le biais d'un calcul plus lâche des ressources) pour inciter au reclassement professionnel, extension aux infirmes du bénéfice de l'allocation supplémentaire du FNS. En 1971, le législateur poursuivit dans cette voie : il crée une allocation pour les handicapés adultes dont il confie la charge aux caisses d'allocations familiales ; il institue une allocation pour les mineurs handicapés qui vient s'ajouter à l'allocation d'éducation spécialisée créée quelques années plus tôt (10), allocations qui sont elles aussi à la charge de ces caisses ; il autorise l'affiliation d'office des bénéficiaires de l'allocation versée aux adultes à l'assurance volontaire maladie et maternité (cotisations prises en charge par l'aide sociale) ; enfin, s'agissant des personnes placées dans des centres de rééducation professionnelle ou dans des CAT, il supprime le jeu de l'obligation alimentaire pour les dépenses autres que celles relatives à leur entretien (11).

Or, ce développement par sédimentation de la législation relative aux personnes handicapées eut des résultats très fâcheux ; à la veille de la réforme de 1975, cette législation revêtait en effet un caractère excessivement complexe, touffu et disparate : multiplicité des ministères responsables ou des textes applicables (Éducation, Santé, Anciens combattants, Travail, Sécurité sociale, Aide sociale...) ; disparité des régimes de prestations ; priorité donnée à l'aide sociale et à la solidarité familiale au détriment de la solidarité nationale ; délimitation imprécise des missions d'assistance sociale et

(5) Ord. 3 juillet 1945.
(6) L. 2 août 1949 (« loi Cordonnier »).
(7) D. n° 53-1186, 29 novembre 1953.
(8) L. 23 novembre 1957.
(9) D. n° 59-57, 6 janvier 1959.
(10) L. n° 63-775, 31 juillet 1963.
(11) Sur tous ces points, v. L. n° 71-563, 13 juillet 1971.

des missions sanitaires (ce qui rendait plus difficile la prise en charge par l'assurance maladie) ; insuffisance de la coordination des différents intervenants...

C'est dire qu'une réorganisation d'ensemble du système et du droit existants s'imposait : le législateur décida d'y procéder en votant la grande loi d'orientation du 30 juin 1975.

B. LA LOI D'ORIENTATION DU 30 JUIN 1975

319 La loi d'orientation du 30 juin 1975 pose plusieurs principes fondamentaux qui, s'ils témoignent d'une conception nouvelle de la politique à mener en faveur des personnes handicapées, n'ont pas résolu, pour autant, tous les problèmes rencontrés par ces dernières.

1° Les principes directeurs

320 La loi de 1975 consacre en effet des principes qui renouvellent très largement la politique menée jusqu'alors en faveur des personnes handicapées.

Elle précise tout d'abord, dans son article 1er, à la fois les missions, la nature, les finalités et les acteurs chargés de mettre en œuvre la politique en question. Les missions sont très vastes et témoignent de la volonté des pouvoirs publics d'appréhender désormais les problèmes rencontrés par les personnes handicapées dans leur *globalité* : elles résident dans « la prévention et le dépistage des handicaps, les soins, l'éducation, la formation et l'orientation professionnelle, l'emploi, la garantie d'un minimum de ressources, l'intégration sociale et l'accès aux sports et aux loisirs du mineur et de l'adulte handicapés physiques, sensoriels ou mentaux ». La nature de la politique nouvelle est redéfinie : cette politique incombe à la collectivité tout entière dans la mesure où elle constitue « une obligation nationale » ; la promotion de l'idée de solidarité unissant en la matière tous les membres de la Nation mérite ici d'être soulignée car elle légitime par avance la mise à la charge de l'État ou des caisses de sécurité sociale d'un certain nombre de prestations : l'aide sociale et, *a fortiori*, la famille ne sont plus les seuls ou les principaux agents de cette solidarité, d'autres entités plus larges peuvent et doivent aussi intervenir afin de traduire concrètement le caractère national de cette dernière (12). Les finalités sont clairement énoncées : il s'agit « d'assurer aux personnes handicapées toute l'autonomie dont elles sont capables » afin de les insérer durablement et dans toute la mesure du possible dans la société ; pour ce faire, « l'action poursuivie assure, chaque fois que les aptitudes des personnes handicapées et de leur milieu familial le permettent, l'accès du mineur ou de l'adulte handicapés aux institutions ouvertes à l'ensemble de la population et leur maintien dans un cadre ordinaire de travail ou de vie ». En vue d'atteindre cet objectif, diverses orientations sont privilégiées : aménagement des lieux publics, des lieux de travail et des logements, accès aux transports collectifs, etc. Enfin, les acteurs chargés de mettre en œuvre cette politique sont nommément désignés ; compte tenu de ce que celle-ci constitue une « obligation nationale », ces acteurs sont fort nombreux : ce

(12) De fait, ainsi qu'on le verra, il est plusieurs prestations qui ont été mises à la charge des organismes de sécurité sociale ou de l'État par la loi de 1975 ou les lois ultérieures.

sont « les familles, l'État, les collectivités locales, les établissements publics, les organismes de sécurité sociale, les associations, les groupements, organismes et entreprises publics et privés »...

La loi de 1975 réorganise ensuite les prestations servies aux personnes handicapées en en modifiant à la fois les régimes et les mécanismes. Leur régime est simplifié par diverses dispositions : institution d'une allocation unique en faveur des familles des jeunes handicapés (allocation d'éducation spéciale) ; réduction du nombre de celles servies aux adultes handicapés (il n'en subsiste que deux) ; majoration de leur montant ; garantie de ressources offerte aux travailleurs handicapés... Quant à leur mécanisme, il est clarifié par la création, au niveau local, de deux instances d'orientation et de décision (auxquelles s'ajoutent, pour les mineurs, les Commissions de circonscription) qui se substituent à de simples organes consultatifs (13) : la Commission départementale de l'éducation spéciale pour les jeunes de moins de 20 ans (CDES) et la Commission technique d'orientation et de reclassement professionnel (COTOREP) pour les adultes. Ces deux instances, devant lesquelles doivent se présenter les intéressés pour bénéficier de l'orientation et des prestations correspondant à leur situation, se voient confier des pouvoirs importants puisque leurs décisions s'imposent notamment aux organismes de prise en charge.

La loi entreprend enfin de réaménager les modalités de coordination entre les différents intervenants : c'est l'État qui est chargé de coordonner et d'animer les actions de ces derniers. Pour mener à bien cette tâche, il dispose notamment de deux structures : le Comité interministériel de coordination en matière d'adaptation et de réadaptation qui, institué par voie réglementaire en 1970 (14), se voit ainsi conférer une existence légale ainsi que le Conseil national consultatif des personnes handicapées (15).

2° L'évolution ultérieure

321 La loi de 1975 se présente donc comme une loi ambitieuse entendant à la fois simplifier l'état de droit antérieur et promouvoir une politique globale (prévention des handicaps, prestations financières aux intéressés et à leurs familles, aide à l'intégration et à la vie sociale...) en faveur des personnes handicapées. En réalité, elle n'est pas parvenue à régler tous les problèmes auxquels celles-ci sont confrontées et, au-delà, à prévenir ou à empêcher certaines insuffisances ou dérives du nouveau dispositif.

Compte tenu, précisément, de son caractère ambitieux, cette loi a nécessité tout d'abord un grand nombre de textes d'application (plus d'une centaine à ce jour) ; situation qui, en elle-même, n'aurait sans doute pas constitué un obstacle rédhibitoire si la loi n'avait pas laissé subsister un grand nombre de ministères compétents et

---

(13) Ces diverses instances se substituent aux CODI instituées en 1954 qui comprenaient deux sections spécialisées (mineurs, adultes), aux Commissions pédagogiques de circonscription (CMPC) ainsi qu'aux Commissions médico-pédagogiques départementales.

(14) Sur ce comité, v. D. n° 70-819, 9 septembre 1970.

(15) Sur ce Conseil, v. *supra*, n° 104 ; à côté de ces deux structures, prennent place d'autres organismes chargés de favoriser la coordination des actions : le Conseil supérieur pour le reclassement professionnel et social des travailleurs handicapés (L. n° 57-1223, 23 novembre 1957, mod. D. n° 93-189, 9 février 1993) ou encore la section sociale du CNOSS et du CROSS (D. n° 91-1410, 31 décembre 1991). Par ailleurs, a été mis en place un délégué interministériel aux personnes handicapées chargé plus spécialement de la coordination des actions en matière d'insertion (D. n° 95-863, 31 juillet 1995).

maintenu une grande diversité des organes de financement : d'où les divergences possibles d'orientation qui ont subsisté entre les intervenants (malgré l'existence d'instances de coordination) et, surtout, l'absence d'unification des actions et prestations offertes, lesquelles obéissent à des conditions d'attribution et à des mécanismes de prise en charge très différenciés. Par ailleurs, le fait que la CDES et la COTOREP soient devenus des lieux de passage obligé pour les handicapés s'est traduit par un ralentissement sensible (donc préjudiciable) de la prise de décision les concernant : ces instances éprouvant en effet des difficultés chroniques pour traiter dans des délais raisonnables les dossiers dont elles sont saisies (16).

De plus, la loi de 1975 s'est soigneusement gardée de faire passer la ligne de partage, s'agissant des commissions compétentes ou des prestations offertes, entre mineurs d'une part, majeurs d'autre part : cette ligne passant entre les « enfants » (handicapés de moins de 20 ans) et les « adultes » (handicapés de plus de 20 ans). Or, si l'on ajoute à ce constat le fait que des personnes handicapées peuvent soit rester dans des établissements d'éducation spéciale au-delà de 20 ans, soit avoir une activité professionnelle à partir de 16 ans, il est clair que cette situation n'est pas sans poser certains problèmes ; sur le plan théorique, tout d'abord, elle apparaît fâcheuse dans la mesure où elle conduit nécessairement à qualifier d'enfant une personne qui peut être majeure... ; sur le plan pratique, ensuite, elle peut être source de difficultés dans la mesure où il n'y a pas de corrélation nécessaire entre l'âge, la compétence des commissions et la nature des prestations auxquelles l'intéressé peut prétendre : la COTOREP pouvant accorder l'AAH à une personne de moins de 20 ans qui travaille de même que la CDES peut se prononcer sur le maintien dans un établissement d'un handicapé âgé de plus de 20 ans. Autant de conséquences qui impliquent à tout le moins qu'une étroite collaboration et qu'une réelle coordination s'établissent entre les deux commissions concernées : ce qui se révèle parfois assez problématique (17)...

Par ailleurs, certaines dérives n'ont pu être évitées : le fait qu'aucune limite d'âge n'ait été fixée à l'attribution de l'allocation compensatrice a fortement incité les personnes âgées en perte d'autonomie à solliciter cette prestation (18). Le fait, encore, que certaines mesures prévues par la loi aient pris la forme non pas de prescriptions impératives mais de simples objectifs dépourvus de sanction a encouragé les intervenants à se montrer peu enclins à prendre des initiatives susceptibles de se révéler coûteuses (accessibilité des lieux publics). Le fait également que l'État ne se soit surtout reconnu qu'un rôle de coordination et non pas, ainsi que le prévoyait la loi, un rôle actif d'animation et d'intervention a conduit à certains transferts de charges regrettables : s'il a décidé d'assumer après 1975 certaines dépenses qui incombaient jusqu'alors aux caisses d'allocations familiales (AAH), l'État s'est aussi attaché d'une part à reporter vers d'autres acteurs certaines dépenses qu'il assumait auparavant (prise en charge des cotisations d'assurance maladie ou des placements dans certains

(16) Ces délais peuvent atteindre 5 mois selon certaines études : en ce sens, v. IGAS, *Rapport annuel 1994*, p. 89, 1995.

(17) Des directives visant à améliorer les relations entre les deux commissions ont cependant été données (v. par exemple Circ. n° 86-12, 4 mars 1986).

(18) Jusqu'à la loi du 24 janvier 1997 instituant la prestation spécifique dépendance, l'AC a en effet essentiellement bénéficié, contrairement aux intentions initiales, aux personnes âgées.

établissements spécialisés), d'autre part à s'exonérer, en matière d'obligation d'emploi notamment, de toute sanction en cas de non respect de cette obligation (19).

Depuis 1975, certaines dispositions d'importance variable ont certes été adoptées : ainsi notamment de l'obligation d'emploi des travailleurs handicapés qui a été renforcée et étendue en 1987 à l'ensemble du monde du travail, du complément d'AAH institué en 1993 en vue de favoriser le maintien à domicile des personnes handicapées ou encore du renforcement continu des mesures destinées à faciliter l'accès de ces personnes aux lieux publics. Mais, pour l'essentiel, la politique actuelle demeure très largement commandée par les principes posés il y a vingt-cinq ans : l'action des pouvoirs publics tendant surtout à favoriser la réalisation des objectifs fixés en 1975 (20).

322 **Bibliographie.** J. BING, M. LÉVY, Harmonisation et unification des législations de réparation du handicap, *Dr. soc.*, 1978, n° 1, p. 64 ; S. DARBON, Le système de protection des handicapés, *Dr. soc.*, 1974, p. 351 ; P. DORIGUZZI, *L'histoire politique du handicap. De l'infirme au travailleur handicapé*, 1994, L'Harmattan ; S. EBERSOLD, *L'invention du handicap. La normalisation de l'infirme*, 1992, Éd. CTNERHI ; M. LÉVY, La loi d'orientation du 30 juin 1975 en faveur des handicapés : un essai d'approche « globale » d'une situation « spécifique », *RDSS*, 1976, p. 108 ; La loi d'orientation sur les handicapés a dix ans : des réformes pour un anniversaire ?, *RDSS*, 1985, p. 567 ; C. MOQUET, Dix ans d'action en faveur des handicapés : acquis, déceptions, suggestions, *Regards sur l'actualité*, 1985, n° 113, p. 3 ; P. RISSELIN, *Handicap et citoyenneté au seuil de l'an 2000*, 1998, Éd. ODAS.

§ 2. LE TRAITEMENT SOCIAL DU HANDICAP

323 Si elle s'est efforcée d'adopter des mesures spécifiques en fonction de la situation et surtout de l'âge des personnes handicapées (enfants-adolescents/adultes), la loi de 1975 s'est attachée également à maintenir ou à instituer certaines dispositions communes à l'ensemble de la population concernée : qu'il s'agisse de l'introduction de la notion même de handicap ou qu'il s'agisse de la mise en œuvre d'actions visant à dépasser ce dernier (21).

A. LA NOTION DE HANDICAP

324 En substituant aux notions traditionnelles d'infirmité, d'invalidité ou encore d'inadaptation la notion générique et englobante de handicap, la loi de 1975 a entraîné

(19) Pour un bilan de la loi de 1975, v. *Échanges santé*, 20e anniversaire de la loi d'orientation en faveur des personnes handicapées, 1995, n° 78 (n° spécial).

(20) Ainsi, alors que l'on recensait en 1985 2 263 établissements pour personnes handicapées adultes (CAT, MAS, foyers d'hébergement...) offrant 115 000 places, on en dénombrait dix ans plus tard 4 190 offrant près de 188 000 places.

(21) Certaines dispositions ont été également prises en vue de prévenir le handicap : la prévention et le dépistage de celui-ci constituant, aux termes de l'article 1er de la loi de 1975, une « obligation nationale ». Cette prévention et ce dépistage ont donné lieu depuis fort longtemps à toute une série de mesures et de dispositifs correspondant aux deux grandes catégories de facteurs à l'origine du handicap : le facteur génétique qui peut se révéler aussi bien à la naissance qu'au cours de la vie (surdité, déficience mentale...) et le facteur accidentel qui peut être lié à de multiples événements (maladie invalidante, accidents de la périnatalité, de la route, blessures de guerre, accidents du travail, accidents domestiques...). Ainsi, quantité de dispositions ont été prises par exemple en matière d'hygiène et de sécurité du travail (v. *C. trav.*, art. L. 230-2 et s. et *C. séc. soc.*, art. L. 421-1 et s.) ou encore en matière de circulation automobile (port de la ceinture de sécurité, permis à points...). Mais la loi de 1975 a pour sa part expressément rappelé la nécessité de poursuivre « une politique active de prévention contre les handicaps de l'enfance, tant dans le cadre de la périnatalité que dans celui de la pathologie génétique » (art. 2) : sur cette politique de prévention et de dépistage qui a vocation à s'exercer en liaison avec le service départemental de PMI, v. *supra* n° 207.

un certain nombre de difficultés liées à la définition même de cette notion ; mais ces difficultés n'ont cependant nullement fait obstacle au maintien d'une manifestation ancienne et directe de cette dernière : la carte d'invalidité.

1° La définition du handicap

325 La notion de handicap n'a pas été explicitée par la loi de 1975. Renvoyant, dans le langage courant, à l'idée de gêne durable ou passagère ou encore d'inégalité des chances, elle doit être distinguée de notions voisines mais différentes ; elle doit être distinguée, d'abord, de la notion d'infirmité dans la mesure où cette dernière apparaît davantage comme une cause éventuelle du handicap que comme l'une de ses manifestations inéluctables : de même que le handicap n'est pas forcément généré par une infirmité, de même celle-ci n'est pas forcément génératrice de celui-là. Elle doit être distinguée, ensuite, de l'inadaptation : si les deux notions peuvent avoir des effets similaires, la seconde renvoie cependant non pas tant à une insuffisance d'ordre psychique ou organique qu'à un mauvais positionnement face à des fonctions ou à des normes sociales données (22). Elle doit être distinguée, également, de l'incapacité juridique : le fait que le handicap puisse aboutir à celle-ci ne signifiant bien évidemment pas que toute personne handicapée fasse et, *a fortiori*, doive faire l'objet d'une telle mesure... Elle doit être distinguée, enfin, de la notion d'exclusion ; non pas que la personne handicapée ne soit soumise au risque d'exclusion : la loi de 1975 ayant prévu, précisément, toute une panoplie de dispositions destinées à empêcher ce processus et à faciliter l'insertion de l'intéressé ; mais bien plutôt parce que les deux notions se situent sur deux plans différents, l'exclusion n'étant ici qu'une conséquence potentielle du handicap : de même que celui-ci ne débouche pas nécessairement sur celle-là, de même celle-là n'est pas nécessairement produite par celui-ci...

Mais si la notion de handicap apparaît difficile à cerner, il ne s'ensuit pas qu'elle soit définitivement rebelle, sur le plan conceptuel, à toute entreprise d'identification. Au niveau international, elle a donné lieu à un effort notable de clarification ; l'OMS a ainsi proposé une définition du handicap à la fois précise et dynamique en retenant, comme éléments constitutifs de celui-ci, les trois concepts de déficience, d'incapacité et de désavantage (23) : classification qui s'est révélée suffisamment pertinente pour que les pouvoirs publics français élaborent, à l'intention des CDES et des COTOREP, un guide-barème établi à partir de sa grille d'évaluation (24). Sur le plan juridique,

(22) En ce sens, v. notamment B. Lory, *La politique d'action sociale (op. cit.)*, p. 183 pour lequel le handicap ne s'identifierait réellement à une inadaptation que lorsque « les contraintes sociales conduisent à l'élaboration de normes qui interdisent à la personne handicapée de jouer le rôle que la société attend d'elle ou le rôle qu'elle attend de la société ».

(23) La déficience renvoie à « toute perte de substance ou altération d'une structure ou fonction psychologique, physiologique ou anatomique » (aspect lésionnel) ; l'incapacité correspond à « toute réduction résultant d'une déficience partielle ou totale, de la capacité d'accomplir une activité d'une façon ou dans les limites considérées comme normales pour un être humain » (aspect fonctionnel) ; le désavantage « résulte pour un individu donné d'une déficience ou d'une incapacité qui limite ou interdit l'accomplissement d'un rôle normal en rapport avec l'âge, le sexe, les facteurs sociaux et culturels » (aspect situationnel) : v. A. Triomphe (Dir.), *Les personnes handicapées en France. Données sociales*, p. 4, 1995, CTNERHI/INSERM.

(24) D. n° 93-1216, 4 novembre 1993 ; Circ. n° 93-36 B, 23 novembre 1993 (avant 1993, l'évaluation du handicap était effectuée à partir du barème institué par le Code des pensions militaires d'invalidité et des victimes de guerre : ce qui n'était pas sans poser — s'agissant notamment des enfants — de sérieuses difficultés...).

en revanche, la situation est beaucoup plus complexe : dans la mesure où le législateur s'est abstenu de définir les notions de handicap ou de personnes handicapées, force est d'admettre que doivent être rangées dans cette dernière catégorie toutes celles que la loi considère comme telles pour pouvoir prétendre aux prestations et actions qu'elle prévoit en leur faveur. C'est-à-dire, pour être plus précis, toutes celles qui sont atteintes d'un handicap physique, sensoriel ou mental : ce qui exclut notamment les malades (en particulier les malades mentaux dès lors que leur affection n'est pas permanente et invalidante) ou encore les « inadaptés sociaux ».

Néanmoins, cette absence de définition du handicap n'est pas sans soulever certains problèmes qui laissent pour le moins insatisfait l'observateur. Un problème, tout d'abord, de convergence dans l'appréciation même du handicap ; en effet, si les prestations accordées par la CDES et la COTOREP reposent sur une définition du handicap établie à partir de la grille élaborée par l'OMS, il en va différemment pour les prestations attribuées en application d'autres textes : la législation d'assurance invalidité ou celle sur les accidents du travail appliquent par exemple leur propre barème ; quant aux dommages indemnisés au titre de la responsabilité civile, ils se voient souverainement appréciés par les juges... Un problème, ensuite, d'évaluation du nombre de personnes handicapées : ce nombre pouvant varier du tout au tout en fonction du critère que l'on utilise ; ainsi, selon que l'on retient le critère de la détention de la carte d'invalidité, celui du placement en institution, celui des personnes titulaires d'allocations spécifiques ou encore celui des personnes qui éprouvent une légère perte d'autonomie dans l'accomplissement des gestes de la vie quotidienne, le nombre en question pourra varier de 1 million à 5 millions (25)... Un problème, enfin, de programmation des actions : dès lors en effet que « les incertitudes en matière de concept de handicap n'ont pas été levées » et qu'elle « se répercutent sur les données statistiques », il est clair, ainsi qu'on l'a justement déploré, que « la quantification des objectifs est sujette à discussion » et que « toute programmation (devient) incertaine » (26).

Autant de difficultés qui, si elles ne doivent certes pas voir leur importance exagérée, justifieraient cependant — ne serait-ce que pour la satisfaction de l'esprit... — que le législateur s'oriente dans la voie d'une clarification conceptuelle du handicap.

2° La carte d'invalidité

326 La carte d'invalidité est un document établi conformément à un modèle national et délivré par le préfet en vue d'une part d'attester la situation de handicap dans laquelle se trouve la personne détentrice, d'autre part de procurer à celle-ci un certain nombre d'avantages (27) : elle constitue donc une conséquence directe, sinon automatique, de la reconnaissance de la qualité de personne handicapée. Pour prétendre à son bénéfice, il faut et il suffit en effet d'être reconnu « grand infirme », c'est-à-dire être atteint d'une infirmité entraînant au moins 80 % d'incapacité permanente (28) : aucune

(25) Pour une recension de ces estimations, v. A. TRIOMPHE, *op. cit.*, p. 5 et s.
(26) COUR DES COMPTES (Rapport), *Les politiques sociales en faveur des personnes handicapées adultes*, p. 159, 1993.
(27) *C. famille*, art. 173.
(28) *C. famille*, art. 169.

autre condition n'est exigée (conditions d'âge, de ressources, de nationalité, de résidence), le législateur ayant même prévu la possibilité d'accorder la carte aux Français résidant à l'étranger.

La décision d'attribution est prise soit par la commission d'admission à l'aide sociale (hypothèse devenue rare) (29), soit surtout par la CDES ou la COTOREP : étant entendu que, pour les deux dernières commissions, celle qui est compétente pour accorder une prestation l'est aussi pour se prononcer sur l'attribution de la carte. En cas de contestation, les recours sont ceux qui s'attachent à chacune des commissions concernées (mais un appel ne pourrait être interjeté devant une commission de première instance). La carte est délivrée soit « pour une durée déterminée », soit « à titre définitif » : dans ce dernier cas, elle peut être retirée à son bénéficiaire notamment lorsqu'une erreur manifeste a été commise lors de son attribution (30). La carte peut être surchargée de mentions diverses : « cécité », « canne blanche » ou « tierce personne » (31) et, le cas échéant, « station debout pénible » (32).

L'attribution de la carte procure à son titulaire divers avantages : dans le domaine des transports (SNCF, RATP...), places réservées, réductions tarifaires à son profit et à celui de son accompagnateur (lequel peut bénéficier dans certains cas d'une gratuité totale) ; facilités accordées dans le domaine du stationnement (33) ; dans le domaine fiscal, octroi d'une demi part supplémentaire pour le calcul de l'impôt sur le revenu (34), abattements spécifiques lorsque les revenus sont inférieurs à un plafond, exonération d'un certain nombre de prestations et d'allocations (AAH, AES, AC...), réductions d'impôts afférentes à certaines charges (emploi d'une aide à domicile, travaux d'accessibilité de l'immeuble, adaptation du logement...), abattement ou dégrèvement concernant la taxe d'habitation et la taxe foncière, exonération de la vignette automobile et de la redevance télévision sous certaines conditions, abattement en faveur de l'héritier ou du légataire handicapé (35)...

(29) Cette Commission est notamment amenée à intervenir lorsqu'une personne ne bénéficie d'aucune des prestations attribuées par la CDES ou la COTOREP ou lorsqu'elle en fait la demande.

(30) Les instances de recours avaient toujours considéré que lorsque le titulaire de la carte ne remplissait plus les conditions pour en bénéficier, celle-ci pouvait à bon droit être retirée (en ce sens, v. Comm. centr., 11 mai 1984, Seine-et-Marne, *RDSS*, 1985, p. 237) ; mais une circulaire du 3 décembre 1990 précise qu'une carte accordée à titre définitif ne saurait être retirée qu'en cas d'erreur manifeste commise lors de sa délivrance...

(31) Sur ces mentions, v. *C. famille*, art. 174.

(32) Les personnes n'atteignant pas le taux d'invalidité de 80 % peuvent se voir attribuer une carte « station debout pénible » qui, si elle leur donne un droit de priorité pour les places assises dans les transports en commun ou les files d'attente, ne leur confère cependant aucun autre des avantages procurés par la carte d'invalidité (A. 30 juillet 1979).

(33) La carte ouvre droit à l'attribution d'un macaron GIC (Grand invalide civil) qui permet à son titulaire (ou accompagnateur) d'utiliser des places de stationnement réservées ou aménagées spécialement : sur les conditions d'attribution du macaron, v. D. n° 90-1083, 3 décembre 1990, Circ. 3 décembre 1990 et surtout Circ. DAS n° 97-345, 15 mai 1997 ; sur le contentieux relatif au macaron GIC, v. TA Versailles, 18 septembre 1987, Moiriez, *RDSS*, 1988, p. 135, note M. Lévy ; CE, 19 janvier 1990, Gourdot, *RDSS*, 1990, p. 411, note M. Lévy.

(34) Cette demi part supplémentaire bénéficie également à d'autres personnes handicapées (titulaires d'une pension militaire ou d'une rente d'accident du travail avec 40 % d'invalidité ou titulaires d'une pension de veuve ou victime civile de guerre) : v. *CGI*, art. 195.

(35) *CGI*, art. 157 *bis*, 81, 199, 1411-III, 1390, 1599 F, 779 II, 293 et 294...

B. LE DÉPASSEMENT DU HANDICAP

327 Les pouvoirs publics ont également adopté différentes mesures visant à permettre aux personnes concernées de surmonter ou de dépasser leur handicap : parmi ces mesures prennent place notamment celles destinées à favoriser le maintien à domicile des personnes handicapées et celles destinées à favoriser leur participation à la vie sociale.

1° Les mesures en faveur du maintien à domicile

328 **a) Les prestations de service** — La loi du 30 juin 1975 s'étant proposé pour but de faciliter, chaque fois que les aptitudes des personnes handicapées et de leur milieu familial le permettent, le maintien de celles-ci « dans un cadre naturel (...) de vie », diverses mesures ont été prises en vue de réaliser cet objectif. Les personnes handicapées se voient donc offrir, à cette fin, des prestations de service qui se révèlent être globalement les mêmes que celles offertes aux personnes âgées ; elles peuvent ainsi bénéficier des prestations d'aide ménagère dans les mêmes conditions que ces dernières : qu'il s'agisse de l'aide ménagère en nature et de l'allocation représentative de services ménagers (36) (cette dernière pouvant être cumulée avec l'octroi de l'allocation compensatrice) (37) ou qu'il s'agisse des prestations d'aide ménagère facultative accordées par les caisses de sécurité sociale sur leur fonds d'action sociale. Par ailleurs, elles peuvent également bénéficier des mêmes dispositions favorables adoptées en matière de garde ou d'aide à domicile (avantages sociaux et fiscaux) (38). Néanmoins, il est ici des prestations spécifiques destinées en priorité aux personnes handicapées bien qu'en pratique nombre de personnes âgées soient amenées à en bénéficier : les prestations offertes par les services d'auxiliaires de vie.

Créés d'abord à titre expérimental avant de connaître leur essor à partir de 1981, les *services d'auxiliaires de vie* n'ont pas reçu, jusqu'à présent, de consécration légale et réglementaire. Organisés par des circulaires et notes de service (39), ils ont pour objectif de « maintenir en milieu ordinaire de vie les personnes handicapées toutes les fois qu'une autre solution ne s'impose pas ». Le public auquel ils sont destinés est donc constitué en priorité d'individus souffrant d'un handicap. Selon les textes, la fonction d'auxiliaire de vie ne se confond pas avec celle d'aide ménagère : ses prestations se situent en réalité à mi-chemin entre celles de l'aide ménagère et celles des services de soins infirmiers. Plus généralement, les services d'auxiliaires de vie doivent satisfaire, pour prétendre à une aide financière de l'État, aux conditions suivantes : ils doivent s'adresser soit à des personnes handicapées dont le besoin d'une tierce personne pour accomplir un ou plusieurs actes essentiels de l'existence aura été reconnu par la COTOREP — l'entourage immédiat ne pouvant assurer cette aide —, soit à des bénéficiaires d'avantages analogues à l'allocation compensatrice

(36) *C. famille*, art. 166.
(37) En ce sens, v. Comm. centr., 11 avril 1988, *RFAS*, 1988, cah. jur., n° 2, p. 40.
(38) Sur ces points, v. *supra*, n° 290.
(39) Circ. n° 81-15, 29 juin 1981, n° 81-6, 9 septembre 1981, n° 82-11, 26 mars 1982 ; Note de service n° 3-83, 29 janvier 1983 ou n° 2, 17 janvier 1984.

(AC) mais servis par un régime de sécurité sociale (40). Le coût horaire de l'auxiliaire de vie ne doit pas excéder un certain montant, toutes charges de fonctionnement du service comprises. La participation financière des bénéficiaires à ces charges doit couvrir une part significative des dépenses totales inscrites au budget ; cette participation doit être indexée sur l'AC, celle-ci étant tout naturellement destinée à financer ce type d'intervention ; elle doit être réévaluée en fonction de l'augmentation de cette allocation et doit être fixée en fonction d'une part des ressources dont disposent les intéressés, d'autre part du besoin de tierce personne, ces dernières pouvant bénéficier d'un tarif dégressif en proportion de la durée d'intervention nécessitée par leur état de dépendance (en cas de besoin d'une aide durant plus de 4 heures par jour) ; l'organisme promoteur d'un service d'auxiliaires de vie (CCAS, associations, SSAD...) doit passer une convention avec les représentants de l'Administration centrale (DDASS, préfet). Cette convention doit préciser le nombre de personnes handicapées, les modalités de leur participation financière, le nombre d'auxiliaires de vie employés ainsi que les conditions de fonctionnement du service. Un rapport d'activité doit être fourni par le gestionnaire chaque année (41).

Le financement de ces services est principalement assuré — en dépit de la décentralisation qui justifierait un financement départemental — par des subventions forfaitaires annuelles de l'État ainsi que par des subventions de démarrage octroyées par celui-ci (subventions qui couvrent en moyenne 50 % du coût de fonctionnement desdits services). Des ressources complémentaires doivent cependant être trouvées ailleurs (collectivités locales, organismes de sécurité sociale, autofinancement...), la contribution de l'État ainsi que la participation des bénéficiaires ne permettant pas de couvrir la totalité des dépenses. Mais les départements répugnent à inscrire à leur budget les crédits nécessaires : en 1992, 80 % des services ne bénéficiaient d'aucune aide de leur part. Pour vaincre cette inertie, il serait souhaitable que soit adopté un texte réglementaire ayant pour objet d'une part d'insérer cette prestation dans le Code de la famille et de l'aide sociale, d'autre part de la mettre clairement, conformément aux lois de décentralisation, à la charge des départements (42).

A l'heure actuelle, il existe environ 250 services employant près de 4 000 auxiliaires s'occupant approximativement de 10 000 personnes lourdement handicapées.

329 **b) Les autres mesures** — Les autres mesures de nature à favoriser le maintien au domicile des personnes handicapées concernent pour l'essentiel le logement et diverses aides et incitations financières.

En matière de logement, tout d'abord, il existe, à l'instar de ce qui a été institué en faveur des personnes âgées, des structures d'hébergement temporaire dans lesquelles les personnes handicapées peuvent être placées momentanément en cas d'absence de la tierce personne (notamment lorsque celle-ci part en vacances) ainsi que des formules de logements collectifs qui permettent aux intéressés de bénéficier de services communs

(40) *C. séc. soc.*, art. L. 355-1 (relatif à la MTP). Cependant, peuvent être acceptés, à titre exceptionnel et dans la limite des crédits disponibles, certains services concernant des handicapés moins lourds ou, à l'inverse, destinés à apporter un soutien ou un accompagnement qui se révèleraient nécessaires pour permettre à des personnes handicapées mentales de vivre en milieu ordinaire.

(41) Les services d'auxiliaires de vie bénéficient d'une exonération des cotisations patronales à concurrence de 30 % (*C. séc. soc.*, art. L. 241-10 et L. n° 93-121, 27 janvier 1993) à condition d'être soit habilités à l'aide sociale, soit conventionnés avec un organisme de sécurité sociale.

(42) V. COUR DES COMPTES (Rapport), *Les politiques sociales... (op. cit.)*, p. 73.

(surveillance, blanchisserie, repas...) (43). De même, les mesures qui bénéficient dans ce domaine aux personnes âgées s'appliquent, de manière encore plus favorable, aux personnes handicapées : celles-ci peuvent en effet prétendre à l'allocation de logement sociale dans les mêmes conditions que celles-là (mais certaines ressources ne sont pas prises en compte dans l'évaluation du plafond) (44). Elles peuvent également bénéficier de prêts ou de primes en vue d'adapter leur logement à leur situation (45) : étant cependant entendu que s'agissant de la construction de logements collectifs neufs, ceux-ci se voient imposer un certain nombre de normes afin d'être accessibles aux personnes handicapées (46).

En matière d'aides et d'incitations financières, ensuite, les pouvoirs publics ont aménagé celles-ci de telle sorte qu'elles encouragent au maintien à domicile : ainsi, l'allocation compensatrice est attribuée à la personne handicapée même si la tierce personne est un membre de la famille ; la tierce personne bénévole est obligatoirement affiliée au régime d'assurance vieillesse si elle remplit certaines conditions : si celles-ci ne sont pas remplies, elle peut s'assurer volontairement à ce régime (47).

Par ailleurs, afin de permettre aux personnes handicapées qui ont fait le choix de vivre dans un logement indépendant de faire face aux charges supplémentaires que cela implique, un *complément d'allocation* a été instituée en leur faveur (48). Cette aide est attribuée sans limite d'âge ; le postulant doit présenter un taux d'incapacité égal ou supérieur à 80 % évalué par la COTOREP ; il doit bénéficier d'une AAH à taux plein ou d'une AAH différentielle, en complément d'un avantage vieillesse, d'invalidité ou d'une rente accident du travail ; il doit bénéficier lui-même, son conjoint ou son concubin, d'une aide personnelle au logement, y compris si elle versée à un tiers (tutelle ou dette de loyer) ou d'un droit reconnu à cette prestation (APL ou AL inférieure à 100 F) ; il doit enfin disposer d'un logement indépendant et donc ne pas résider en hébergement institutionnel (49). Les couples bénéficient chacun à titre personnel de cette aide alors même qu'un seul d'entre eux perçoit l'aide personnelle au logement dès lors qu'ils satisfont tous deux aux autres conditions requises. Le versement de l'aide est interrompu lors des périodes de suspension partielle ou totale de l'AAH ou lorsque celle-ci est réduite du fait d'une hospitalisation, d'un placement en maison d'accueil spécialisé (MAS) ou de l'incarcération du bénéficiaire. L'aide est servie par les caisses d'allocations familiales en même temps que l'AAH ; les caisses se font ensuite rembourser par l'État. Son montant est fixé à 16 % de l'AAH (50).

(43) Sur ce point, v. *supra*, n° 296 et 297.

(44) Il s'agit des arrérages des rentes viagères constituées en faveur d'une personne handicapée (*C. séc. soc.*, art. D. 542-11) ; v. aussi *infra*, n° 560 et s.

(45) V. notamment *C. const. et hab.*, art. R. 322-1 et D. n° 91-1136, 30 octobre 1991.

(46) V. D. n° 80-637, 4 août 1980, *C. const. et hab.*, art. R. 111-18 et s. ou encore — s'agissant des logements existants — L. n° 91-663, 13 juillet 1991 et *C. const. et hab.*, art. L. 125-2.

(47) L'affiliation est obligatoire pour la tierce personne dont les ressources n'excèdent pas le plafond du complément familial et qui soit a la charge d'un enfant handicapé de moins de 20 ans non admis en internat et atteint d'une incapacité permanente d'au moins 80 %, soit assume la charge d'un adulte handicapé atteint d'un même taux d'incapacité et dont le maintien au foyer a été reconnu souhaitable par la COTOREP ; le financement de la cotisation est assuré par la CAF (*C. séc. soc.*, art. L. 381-1, R. 381-1 à 4 et D. 381-1 à 7).

(48) A. 29 janvier 1993 ; v. aussi Circ. n° 93-03 et 93-04, 9 février 1993, n° 93-08, 12 mars 1993, L. 94-43, 18 janvier 1994, D. n° 94-379, 16 mai 1994, n° 94-634, 19 juillet 1994 et *C. séc. soc.*, art. L. 821-1-1, R. 821-5-3, R. 821-6 à 7-1 et R. 821-15.

(49) Sont également exclues du bénéfice de l'aide les personnes accueillies par des particuliers à leur domicile à titre onéreux.

(50) Au 1er janvier 2000, ce montant s'élève à 572 F par mois.

Malgré son niveau qui apparaît beaucoup trop faible pour justifier pleinement l'objectif que les pouvoirs publics lui ont assigné (51), cette aide constitue un utile complément susceptible d'encourager des personnes handicapées à demeurer chez elles. Et ce, d'autant plus qu'elle n'est pas prise en compte pour le calcul de l'impôt sur le revenu, n'entre donc pas dans le calcul des ressources considérées pour la fixation du montant de l'allocation compensatrice et, compte tenu de son objet distinct, peut être cumulée avec cette dernière.

Enfin, on soulignera qu'aux termes de la loi de financement de la sécurité sociale pour 1999, l'exonération totale des cotisations patronales de sécurité sociale pour l'emploi d'une aide à domicile est ouverte notamment aux personnes ayant à charge un enfant qui ouvre droit à l'un des trois compléments de l'allocation d'éducation spéciale, les personnes titulaires de l'AC ou de la MTP ou encore aux personnes hébergées par des particuliers en vertu de la loi du 10 juillet 1989 relatives à l'accueil familial des personnes handicapées (52).

2° Les mesures en faveur de la participation à la vie sociale

330 Conformément aux souhaits exprimés par la loi du 30 juin 1975, plusieurs dispositions ont été prises en vue de permettre ou de renforcer la participation des personnes handicapées à la vie sociale.

Parmi ces mesures, prennent place en premier lieu toutes celles qui ont pour objet de rendre certains lieux ou activités accessibles aux intéressés. Ainsi, divers textes ont été adoptés afin de faciliter l'accès des personnes handicapées aux lieux publics (locaux scolaires et universitaires, installations sportives...) (53) : les installations neuves doivent se soumettre à certaines normes architecturales et faire l'objet d'équipements spécifiques (largeur des portes, ascenseurs...), faute de quoi les permis de construire ou autorisations afférentes ne sauraient être délivrés ; les installations anciennes doivent donner lieu à des aménagements particuliers (54) ; la voirie publique (notamment les trottoirs) doit également bénéficier d'équipements spéciaux (55). Des mesures allant dans le même sens ont été aussi adoptées dans d'autres domaines : plusieurs textes ont étendu l'obligation d'accessibilité aux lieux de travail (56) ainsi qu'aux moyens de transport collectifs ou, le cas échéant, individuels (57). Pour assurer le respect de cette obligation d'accessibilité posée par la loi de 1975, le législateur

(51) Cette aide a en effet pour objectif avoué de « promouvoir et conforter une politique d'insertion sociale en favorisant par des moyens adaptés des alternatives aux solutions institutionnelles » (Circ. n° 93-04, 9 février 1993).

(52) LFSS n° 98-1184, 23 décembre 1998, art. 5-I.

(53) L. 30 juin 1975, art. 49.

(54) Mais aucun délai n'est cependant prévu pour la réalisation, par les communes de plus de 5 000 habitants, de travaux supérieurs à un certain montant...

(55) Sur ces points, v. *C. constr. et hab.*, art. L. 111-8 et s., R. 111-19 et s. ; v. aussi D. n° 78-1167, 9 décembre 1978, L. n° 91-663, 13 juillet 1991, D. n° 94-86, 26 janvier 1994, A. 31 mai 1994, Circ. n° 94-55, 7 juillet 1994, D. n° 99-756 et 757 et A., 31 août 1999.

(56) D. n° 92-332 et 333, 31 mars 1992 et A. 27 juin 1994 (*C. trav.*, art. R. 232-1-8, R. 232-2-6, R. 235-3-18).

(57) L. 30 juin 1975, art. 52 ; D. n° 78-1167, 9 décembre 1978 ; A. 12 mars 1985 (précise le rôle du Comité de liaison pour le transport des personnes handicapées).

a prévu la possibilité, pour les associations de défense des handicapés, de se constituer partie civile en cas d'infraction aux prescriptions en vigueur (58).

Mais il est d'autres mesures qui ont été prises en vue de favoriser la participation des handicapés à la vie sociale (59) ; ainsi notamment (60) de celles qui visent à protéger ces derniers contre les diverses discriminations dont ils pourraient faire l'objet : se voient en effet réprimés tout refus de fournir à une personne un bien ou un service en raison de son état de santé ou de son handicap ou encore tout refus, pour les mêmes raisons, d'embaucher une personne déclarée apte par le médecin du travail ; de même que le sont les agissements des autorités publiques tendant à refuser à une personne handicapée le bénéfice d'un droit auquel elle pouvait prétendre ou à entraver l'exercice de son activité professionnelle (61).

331 **Bibliographie.** E. ALFANDARI, Réflexions sur l'absence de définition juridique du handicap, *RDSS*, 1985, p. 123 ; A. COBLENTZ, G. IGANZI, L'accès au poste de travail des handicapés moteurs, *RFAS*, 1975, nº 2, p. 63 ; DIVERS, *Handicap et droit* (Actes du colloque de Créteil, 1983), 1984, Éd. CTNERHI-/PUF ; La prévention sanitaire, *RDSS*, 1983 (nº spécial) ; Quelle place pour les personnes handicapées ? *Esprit*, nº 12, 1999 ; F. KESSLER, S. MEHIER de mathuisieux, L'accessibilité : la prise en compte du handicap dans le code de la construction et de l'habitation, *RDSS*, 1992, p. 179 ; M. J. LÉVY, Exclusion sociale et handicap, *RDSS*, 1986, p. 513 ; Le handicap et la loi, *Cah. du CTN*, 1983, nº 22, p. 75 ; F. MONEGER, La notion d'inadaptation en droit positif, *RTDSS*, 1975, p. 441 ; C. PHILIP, Contribution à une critique de la notion de handicap, *Cah. du CTN*, 1985, nº 32, p. 13 ; J. SANCHEZ, *L'accessibilité, support concret et symbolique de l'intégration*, 1989, Éd. CTNERHI.

SECTION II — L'AIDE AUX ENFANTS HANDICAPÉS

332 Bien que la loi de 1975 ait posé le principe que les enfants handicapés doivent, chaque fois que leurs aptitudes le permettent, accéder aux institutions ouvertes à l'ensemble de la population et bénéficier, dans toute la mesure du possible, des mêmes dispositifs de protection que les autres enfants, il existe cependant un certain nombre de prestations spécifiques qui leur sont tout spécialement destinées : prestations dont il convient tout d'abord de préciser la nature (§ 1) avant d'en exposer les mécanismes d'attribution et de prise en charge (§ 2).

§ 1. LA NATURE DES PRESTATIONS

333 Les prestations spécifiques destinées tout spécialement aux enfants handicapés sont liées, pour l'essentiel, d'abord à l'obligation éducative à laquelle ces

(58) L. nº 91-663, 13 juillet 1993, art. 7.

(59) La loi de 1975 (art. 56) prévoit encore que l'État définit et met en œuvre un programme d'information du public (notamment scolaire) sur les problèmes des personnes handicapées.

(60) La loi du 30 juillet 1987 (DMOS) a garanti par ailleurs le libre accès des chiens accompagnant les titulaires de la carte d'invalidité aux établissements ouverts au public (art. 88) : sur l'application de ce texte, v. CAA Nancy, 21 octobre 1999, *LPA*, 2000, nº 20, p. 17, concl. P. ROUSSELLE (un chef d'établissement scolaire peut interdire l'accès aux locaux au chien d'accompagnement d'une élève handicapée au motif que ces derniers ne sont pas « ouverts au public »).

(61) L. nº 89-18, 13 janvier 1989 et nº 90-602, 12 juillet 1990 ; v. *C. pén.*, art. 187-1 et 2 et 416.

derniers sont soumis, ensuite à l'allocation d'éducation spéciale versée à leur famille, enfin à la couverture médicale et thérapeutique exigée par leur état.

A. L'OBLIGATION ÉDUCATIVE

334 Aux termes de l'article 4 de la loi de 1975, « les enfants et adolescents handicapés sont soumis à l'obligation éducative. Ils satisfont à cette obligation en recevant soit une éducation ordinaire, soit, à défaut, une éducation spéciale déterminée en fonction des besoins particuliers de chacun d'eux » : c'est dire que l'obligation éducative peut se réaliser soit en milieu ordinaire, soit en milieu spécialisé.

1° L'obligation éducative en milieu ordinaire

335 En milieu ordinaire, l'obligation répond à trois objectifs : d'abord, « favoriser l'insertion sociale de l'enfant handicapé en le plaçant le plus tôt possible dans un milieu (...) où il puisse développer sa personnalité et faire accepter sa différence » ; ensuite, « bénéficier dans de meilleures conditions d'une formation générale et professionnelle favorisant l'autonomie individuelle, l'accès au monde du travail et la participation sociale » ; enfin, permettre aux parents, en élargissant le choix des solutions proposées, « d'exercer plus pleinement leurs responsabilités et d'émettre un choix véritable en matière d'éducation » (62). Pour atteindre ces objectifs, plusieurs formules sont possibles : la plus favorable consiste à accueillir les enfants handicapés dans les mêmes conditions que les autres enfants. Mais certains d'entre eux exigent une aide plus poussée qui relève déjà de l'éducation spéciale : cette dernière est en effet assurée, toujours selon la loi de 1975, « soit dans des établissements ordinaires, soit dans des établissements ou par des services spécialisés ». Dans le cadre de l'éducation spéciale assurée en milieu ordinaire, peuvent être ainsi offert le soutien sur place d'équipes spécialisées (services d'aide à l'intégration scolaire pour les déficients sensoriels) ou créées des classes d'intégration scolaire spécialisées (écoles maternelles et primaires), des sections d'enseignement général et professionnel adapté (collèges) (63) ou des unités pédagogiques d'intégration (collèges et lycées) adaptées au handicap (64). Cette politique d'intégration, qui s'adresse à des personnes capables d'assurer un minimum de communication avec les autres et de supporter les contraintes inhérentes au milieu scolaire, peut revêtir un caractère individuel ou collectif, être à temps partiel ou complet, s'exercer dans une classe ordinaire ou spécialisée, bénéficier d'actions de soutien extérieures : étant entendu que la CDES contrôle l'orientation et assure un suivi de l'intégration en question (65).

(62) Circ. n° 82-2 et n° 82-048, 28 janvier 1982 ; v. aussi Circ. n° 83-4, 29 janvier 1983.

(63) Les SEGPA ont succédé en 1996 aux sections d'éducation spécialisée (v. D. n° 96-465, 29 mai 1996 et Circ. n° 98-129 et note service n° 98-128, 19 juin 1998, *BOEN*, n° 26, 25 juin 1998, p. 1412).

(64) Sur ces diverses actions, v. Circ. de 1982 et 1983 (précitées) ; v. aussi L. n° 89-486, 10 juillet 1989, D. n° 88-423, 22 avril 1988, Circ. n° 91-33, 6 septembre 1991, n° 91-302 à 304, 18 novembre 1991 et n° 95-125, 17 mai 1995 : sur les UPI, v. *TSA*, 1995, n° 553, p. 7.

(65) Plus de 24 000 enfants seraient concernés par cette politique d'intégration scolaire (nombre en diminution depuis plusieurs années) : environ 16 000 dans l'enseignement du 1er degré, 8 000 dans celui du 2e degré (A. TRIOMPHE et *alii, Les personnes handicapées en France, op. cit.*, p. 87 et s.).

Pour améliorer la scolarisation des enfants handicapés ou atteints d'affections chroniques, les pouvoirs publics ont recommandé la mise en place d'un projet individualisé associant tous les acteurs concernés (jeune, famille, enseignants...). Ils ont également décidé, afin de développer les passerelles entre milieu ordinaire et milieu spécialisé, la création dans chaque département d'un groupe de coordination dit « Handiscol » : groupe destiné à fonctionner au sein d'un Comité départemental consultatif des personnes handicapées (CDCPH) qui doit être institué prochainement par décret (66).

Si cette politique d'intégration doit être proposée à tous ceux qui sont en mesure d'en bénéficier, elle ne peut cependant être étendue, compte tenu de la nature ou de l'importance de leur handicap, à tous les enfants handicapés : pour ceux à l'égard desquels l'obligation éducative ne peut être satisfaite en milieu scolaire ordinaire, il existe donc d'autres formules qui se déploient en milieu spécialisé.

2° L'obligation éducative en milieu spécialisé

336 En milieu spécialisé, l'obligation éducative se réduit par hypothèse à la seule éducation spéciale, laquelle « associe des actions pédagogiques, psychologiques, sociales, médicales et para-médicales » (67) : le but recherché étant toujours de permettre une intégration dans le milieu scolaire ordinaire. Les établissements d'accueil des intéressés sont divers : instituts d'éducation sensorielle (déficients sensoriels), instituts d'éducation motrice (handicapés moteurs), instituts médico-pédagogiques (IMP), instituts médico-professionnels (IMPRO) ou instituts médico-éducatifs (IME) pour les handicapés mentaux (68). Autant de structures que viennent compléter d'autres formules initiées par l'Éducation nationale (écoles primaires spéciales, établissements régionaux d'enseignement adapté pour les enfants et les jeunes handicapés sensoriels et moteurs)...

L'éducation spéciale peut être entreprise avant et poursuivie après l'âge de la scolarité obligatoire ; elle peut s'accomplir en internat ou en externat. Au cours des années 1980, la politique suivie par les pouvoirs publics a sensiblement évolué et a privilégié quelques grandes orientations : accent mis sur les problèmes rencontrés par les « polyhandicapés » (69) ; implication accrue des familles dans le fonctionnement de l'éducation spéciale (les familles devant être informées des actions entreprises, associées à leur mise en œuvre, soutenues dans le quotidien) ; globalisation de la politique suivie, laquelle doit prendre en charge l'ensemble des besoins exprimés par l'enfant (pédagogiques, mais aussi relationnels, affectifs, etc.) ; développement de la dimension thérapeutique (psychique et sanitaire) : cette dernière orientation n'étant pas sans poser certains problèmes d'identification dans la mesure où elle a pour résultat de brouiller quelque peu la distinction pouvant exister entre établissements

(66) Sur ce point, v. Circ. n° 99-187 et 188, 19 novembre 1999, *BOEN* n° 42, 1999, p. 2175.
(67) L. 30 juin 1975, art. 4.
(68) Les IMP accueillent des jeunes de 5 à 14 ans ; les IMPRO accueillent les jeunes de plus de 14 ans et dispensent une formation professionnelle ; les IME assurent l'accueil aux deux niveaux : sur ces instituts, v. aussi *infra*, n° 338.
(69) Sur ce point, v. Circ. n° 86-13, 6 mars 1986 et D. n° 89-798, 27 octobre 1989 ; v. aussi M. LÉVY, La prise en charge des enfants atteints de handicaps associés, *RDSS*, 1986, p. 659.

d'éducation et établissements de soins (70). En 1996, il y avait environ 115 000 enfants soumis à l'obligation éducative en milieu spécialisé (71).

B. L'ALLOCATION D'ÉDUCATION SPÉCIALE

337 Pour permettre aux familles de pourvoir à l'éducation d'un enfant handicapé, la loi a prévu l'attribution d'une allocation unique — l'allocation d'éducation spéciale (AES) — qui a remplacé en 1975 l'allocation d'éducation spécialisée, l'allocation des mineurs handicapés et l'allocation aux parents de mineurs infirmes et grands infirmes (72) ; l'AES est une prestation familiale (73). Plusieurs conditions doivent être réunies pour y prétendre (74) : les parents, qu'ils soient de nationalité française ou étrangère, doivent résider en France et assumer la charge effective et permanente d'au moins un enfant handicapé ; ce dernier doit être âgé de moins de 20 ans ou, s'il a plus de 16 ans, ne pas percevoir une rémunération supérieure à 55 % du SMIC ; il doit être atteint d'une incapacité permanente d'au moins 80 % ou, s'il fréquente un établissement d'éducation spéciale ou si son état exige le recours à des soins à domicile, d'au moins 50 % (75). Aucune condition de ressources n'est requise : néanmoins, l'allocation n'est pas due (sauf périodes de congé ou suspension de prise en charge) lorsque l'enfant est placé en internat avec financement intégral des frais de séjour par l'assurance maladie, l'État ou l'aide sociale.

Un complément d'allocation est accordé pour l'enfant atteint d'un handicap dont la nature ou la gravité exige des dépenses particulièrement coûteuses ou nécessite le recours fréquent à l'aide d'une tierce personne. Son montant varie selon l'importance des besoins ; pour le déterminer, l'enfant est classé par la CDES dans l'une des trois catégories suivantes. Figurent dans la première catégorie les enfants qui ont besoin de l'aide quotidienne mais discontinue d'une tierce personne ou dont le handicap exige des dépenses d'un ordre de grandeur comparable ; dans la seconde catégorie, ceux qui ont besoin de l'aide constante d'une tierce personne pour effectuer les actes ordinaires de la vie ou dont le handicap exige des dépenses d'un ordre de grandeur comparable ; dans la troisième catégorie, ceux qui sont atteints d'un handicap particulièrement grave justifiant des soins continus de haute technicité : mais le versement du complément est alors subordonné à la cessation d'activité d'un des parents ou au recours effectif à une tierce personne rémunérée ; de plus, il peut être suspendu en cas d'hospitalisation. Celui qui ne relève d'aucune de ces catégories ne peut en bénéficier (76).

(70) Sur tous ces points, v. D. n° 56-284, 9 mars 1956, mod. D. n° 88-423, 22 avril 1988 et D. n° 89-798, 27 octobre 1989 (précité) avec les annexes XXIV à XXIV *quinquies* ; v. aussi Circ. n° 89-17, 30 octobre 1989.

(71) SESI (Rapport), *Données sur la situation sanitaire et sociale*, p. 201, 1998.

(72) L. n° 63-775, 31 juillet 1963, L. n° 71-563, 13 juillet 1971 et D. 29 novembre 1953.

(73) *C. séc. soc.*, art. L. 511-1.

(74) *C. séc. soc.*, art. L. 512-1, L. 541-1 à 3, R. 512-1 et 2, R. 541-1 à 7.

(75) Depuis 1993, le taux d'incapacité est apprécié suivant un nouveau guide-barème : sur ce point et la période de transition afférente, v. D. n° 93-1216 et 1217, 4 novembre 1993.

(76) *C. séc. soc.*, art. R. 541-2 et D. 541-2 : sur le complément de la 3e catégorie, v. aussi Circ. n° 91-39, 18 décembre 1991 et Circ. 9 septembre 1993.

Le montant de l'AES et de son complément est établi par référence à la base mensuelle de calcul des allocations familiales (BMAF) (77). La demande est adressée à la CDES qui se prononce sur l'attribution de la prestation, fixe le taux d'invalidité de l'enfant ainsi que la durée de la période pour laquelle la décision est prise (78) ; l'allocation est servie mensuellement par l'organisme débiteur des prestations familiales (CAF, Caisses de la MSA...) et est attribuée à compter du premier jour du mois suivant celui de la demande.

C. L'ADMINISTRATION DES SOINS

338 Les enfants handicapés nécessitent souvent une couverture médicale spécifique sous forme de soins spécialisés. Ces soins peuvent être délivrés selon diverses modalités.

Il existe d'abord une formule qui a été fortement encouragée ces dernières années par les pouvoirs publics : les services d'éducation spéciale et de soins à domicile (SESSAD). Ces services peuvent être soit autonomes, soit rattachés à un établissement spécialisé (CMPP le plus souvent) ou à une unité hospitalière ; ils ont vocation à la fois à dispenser des soins à domicile, à assurer l'éducation spéciale et des activités d'éveil et de loisirs et, au-delà, à favoriser l'intégration scolaire et l'acquisition d'autonomie de certains enfants pour lesquels il apparaît préférable, eu égard à leur jeune âge ou à leur état, qu'ils restent dans leur cadre ordinaire de vie (79). Depuis une dizaine d'années, ces services ont vu leur importance croître car ils constituent un excellent instrument pour assurer les soins nécessaires à l'enfant handicapé tout en permettant une réorientation du dispositif éducatif spécialisé vers le soutien en milieu ordinaire (80).

En dehors de ces services, certains soins peuvent être encore dispensés avec maintien au domicile : tel est le cas des cures ambulatoires qui, s'adressant surtout aux enfants admis dans le milieu scolaire ordinaire, sont administrées par les centres de pédopsychiatrie ou de psychiatrie infanto-juvénile ou les centres médico-psycho-pédagogiques (CMPP) ; tel est aussi le cas des actions menées par les centres médico-psychologiques (CMP) ou les CMPP : ces derniers, qui assurent sous contrôle médical le diagnostic et le traitement des enfants souffrant de troubles neuro-psychiques ou du comportement, dispensent des soins sans hospitalisation (à domicile ou cures ambulatoires) (81). Mais le plus souvent, les soins donnés aux enfants handicapés le sont dans des établissements ou centres spécialisés fonctionnant, selon les cas, en externat, en semi-externat ou

(77) Le montant de l'AES est fixé à 32 % de la BMAF (690 F/mois au 1er janvier 2000) ; les montants des compléments des deux premières catégories sont fixés respectivement à 24 % et à 72 % de la BMAF (518 F/mois et 1 553 F/mois) ; celui de la 3e catégorie est égal au montant de la majoration pour tierce personne accordée aux bénéficiaires d'une pension d'invalidité (5 755 F/mois) : v. *C. séc. soc.*, art. D. 541-2.

(78) Cette période est égale au moins à 1 an et au plus à 5 ans ; lorsque la CDES a proposé des mesures particulières d'éducation et de soins dans l'intérêt de l'enfant, il doit y avoir un réexamen de la situation du bénéficiaire dans un délai de 2 ans (*C. séc. soc.*, art. R. 541-4 et 5).

(79) Lorsqu'il intervient dans le cadre de l'intégration scolaire, le service passe une convention avec le chef d'établissement ou l'inspecteur d'académie afin d'adapter son action au projet éducatif et thérapeutique global (v. D. 22 avril 1988 et 27 octobre 1989, précités).

(80) En 1985, il y avait 113 SESSAD offrant 3 196 places ; en 1996, ils étaient 526 offrant 12 794 places (SESI, *Données sur la situation sanitaire et sociale, op. cit.*, p. 201).

(81) Sur les CMP, v. A. 14 mars 1986 et Circ. nº 70, 11 décembre 1992 ; sur les CMPP, v. D. nº 63-146, 18 février 1963, annexe XXXII.

en internat et qui assument, en même temps qu'un traitement adapté, des missions éducatives ; tel est le cas, parmi les établissements médicaux, des maisons d'enfants à caractère sanitaire (diabétiques, épileptiques...) ou des établissements de la lutte antituberculeuse (82) ; tel est aussi le cas des établissements médico-sociaux que sont les IMP, les IMPRO ou encore les IME : établissements dans lesquels les fonctions soins et éducation sont étroitement liées et qui fonctionnent en internat (83). Ces établissements relèvent de la loi du 30 juin 1975 sur les institutions sociales et médico-sociales et sont soumis, de ce fait, aux autorisations de création et aux mécanismes de coordination instaurés par cette dernière.

339 **Bibliographie.** H. LAFAY (Rapport), *L'intégration scolaire des enfants et des adolescents*, 1986, La Doc. française ; S. MATHIEU-CABOUAT, *L'éducation spéciale des handicapés*, 1987, Litec ; J. F. RAVAUD, A. TRIOMPHE, L'intégration scolaire des enfants et adolescents handicapés moteurs : mythe ou réalité ?, *RFAS*, 1987, n° 4, p. 83 ; De la déficience au désavantage social : la scolarité des enfants handicapés, *Cah. du CTN.*, 1989, n° 45, p. 1 ; Intégration scolaire des enfants handicapés, *Sauvegarde de l'enfance*, 1991, n° 3-4, p. 197 ; Intégration scolaire des enfants handicapés en milieu scolaire ordinaire, *Réadaptation*, 1991, n° 380, p. 5 ; P. VAYER, C. RONCIN, *L'intégration des enfants handicapés dans la classe*, 1987, ESF.

§ 2. L'ATTRIBUTION ET LA PRISE EN CHARGE DES PRESTATIONS

340 Si les prestations sont prises financièrement en charge par différents intervenants, elles sont en revanche attribuées dans le cadre d'une procédure particulière au sein de laquelle la Commission départementale de l'éducation spéciale joue un rôle éminent.

A. L'ATTRIBUTION DES PRESTATIONS

341 L'attribution des prestations relève de la compétence des commissions départementales d'éducation spéciale, lesquelles peuvent se faire aider dans leur tâche par des commissions de circonscription.

1° La commission départementale d'éducation spéciale

342 Instituée par la loi d'orientation du 30 juin 1975, la CDES est un organe de décision qui joue un rôle décisif dans le domaine de l'enfance handicapée (84).

Elle est composée de douze membres nommés par le préfet sur proposition d'administrations et d'organismes énumérés par les textes (85) ; son président est désigné

(82) Sur ces maisons et établissements, v. D. n° 56-841, 18 août 1956 ; Ord. 31 octobre 1945.

(83) Lorsqu'ils ne disposent pas d'un internat, la dénomination d'institut est remplacée par celle d'externat (EMP, EMPRO, EME).

(84) Sur la CDES, v. notamment L. 30 juin 1975, art. 6, D. n° 75-1166, 15 décembre 1975, Circ. n° 76-156 et 31 AS, 22 avril 1976, n° 79-389 et 50 AS, 14 novembre 1979.

(85) Il s'agit de 3 personnes proposées en raison de leur compétence par le directeur départemental des affaires sanitaires et sociales (dont au moins un médecin) ; 3 personnes proposées en raison de leur compétence par l'inspecteur d'académie ; 3 représentants des organismes de sécurité sociale ; une personne représentant les établissements privés d'accueil ; 2 personnes qualifiées représentant les associations de parents d'élèves et les associations des familles des enfants et adolescents handicapés. Un suppléant de chacun de ces membres est nommé par le préfet dans les mêmes conditions.

chaque année soit par le préfet parmi les membres de la commission, soit, à la demande de ce dernier, par le président du TGI dans le ressort duquel la commission a son siège parmi les magistrats de ce tribunal (86). Son champ de compétence est limité au département ; il ne concerne que les seuls handicapés physiques, sensoriels et mentaux : ce qui exclut notamment les enfants qui relèvent des établissements ou services à caractère social (87). Enfin, si la situation des enfants et adolescents relève normalement de sa compétence de leur naissance jusqu'à l'âge de 20 ans, celle-ci connaît cependant des tempéraments dans deux hypothèses : en premier lieu, lorsqu'un enfant ne réunit plus, entre l'âge de 16 ans et celui de 20 ans, les conditions nécessaires pour être considéré comme enfant à charge au sens des prestations familiales (il relève alors de la COTOREP). Et en second lieu, lorsqu'une personne handicapée placée dans un établissement d'éducation spéciale ne peut être immédiatement admise dans un établissement pour adultes désigné par la COTOREP ; dans ce cas, et dans l'attente de l'intervention d'une solution adaptée, le placement peut être prolongé au-delà de l'âge réglementaire par décision conjointe et de la CDES et de la COTOREP : c'est dire qu'il n'y a pas ici de limite d'âge et de durée (88).

Les missions de la CDES, peu nombreuses, sont essentielles ; celle-ci est chargée d'une part — outre de se prononcer sur la délivrance du macaron GIC et de la carte d'invalidité (89) — d'orienter les enfants et adolescents handicapés : elle désigne les établissements ou services dispensant l'éducation spéciale susceptibles de les accueillir (90). D'autre part d'attribuer des aides financières : elle apprécie si l'état ou le taux d'incapacité de l'intéressé justifient la délivrance de celles-ci ; ces aides financières concernent l'allocation d'éducation spéciale et ses trois compléments ainsi que des bourses d'enseignement d'appoint et d'adaptation dont l'attribution est proposée au recteur (190 000 dossiers par an environ).

Les pouvoirs de la CDES sont généraux et s'exercent à l'égard de tous les intéressés. Ses décisions s'imposent ainsi aux établissements (scolaires ordinaires ou d'éducation spéciale) : dès lors que l'établissement désigné a des places disponibles et que sa spécialité correspond aux besoins de l'enfant, il est tenu d'accueillir celui-ci. Elles s'imposent aussi aux organismes de prise en charge (CAF, caisse d'assurance maladie, commission d'aide sociale...) : ceux-ci sont liés par elles sur le plan technique et ne peuvent par conséquent (sauf à exercer un recours) aller à l'encontre de l'orientation décidée vers un établissement ou de l'appréciation faite des besoins de l'intéressé. Elles s'imposent enfin aux parents ou aux personnes responsables de l'enfant : ceux-ci doivent accepter, sous peine de n'être pas pris financièrement en charge (puisque les organes d'admission sont liés par la décision de la CDES), de se conformer à cette dernière. Mais ils doivent néanmoins se voir offrir, sauf cas exceptionnel, un choix entre plusieurs établissements ; ils peuvent même faire inscrire, dans la liste

(86) En pratique, le président est alternativement le directeur départemental des affaires sanitaires et sociales et l'inspecteur d'académie.

(87) Il s'agit par exemple des foyers départementaux de l'enfance, des maisons d'enfants à caractère social, etc.

(88) L. 30 juin 1975, art. 6 *bis*, mod. L. n° 89-18, 13 janvier 1989, art 22 (« amendement CRETON ») : sur les problèmes posés par cette disposition, v. *infra*, n° 346.

(89) V. *supra*, n° 326.

(90) Il est à noter cependant que l'admission dans certains services ou établissements (CMPP notamment) n'implique pas nécessairement une décision préalable de la CDES.

proposée par la commission, un établissement de leur préférence dès lors que celui-ci est reconnu correspondre aux besoins de l'enfant (91).

La CDES est saisie par différents organismes ou personnes énumérés par les textes (92) ; la demande d'allocation lui parvient par l'intermédiaire de l'organisme ou service débiteur de celle-ci ; les parents de l'enfant handicapé ou les personnes qui en ont la charge effective sont informés en toute hypothèse de cette saisine. La commission se réunit au moins une fois par mois sur convocation de son président ; à toutes les étapes de la procédure, le secret professionnel, médical et social ainsi que des délibérations doit être respecté ; après examen du dossier (étudié préalablement par une équipe technique) et audition des parents ou du représentant légal de l'enfant, elle prend une décision à la majorité absolue avec prépondérance du président en cas de partage des voix ; cette décision, qui est motivée, est notifiée aux personnes et organismes concernés (93). Elle peut faire l'objet d'un recours gracieux dans le délai d'un mois à compter de la notification et d'un recours contentieux devant les juridictions du contentieux technique de la sécurité sociale : ce second recours pouvant être exercé indépendamment du premier (94).

2° Les commissions de circonscription

343 La CDES peut déléguer certaines de ses compétences à des commissions de circonscription dont les ressorts sont définis sur sa proposition par le préfet. Ces commissions, qui statuent sur le cas des enfants handicapés domiciliés ou scolarisés dans ces ressorts, ne peuvent cependant se voir déléguer des compétences ayant des incidences financières (95) : elles ont donc pour mission d'orienter les enfants vers les établissements qui n'entraînent pas de prise en charge spécifique, c'est-à-dire, en fait, vers les établissements de l'Éducation nationale.

Elles sont composées de huit membres nommés par le préfet pour une période de trois ans renouvelables (représentants de l'Administration, des établissements privés et des associations). Elles se répartissent en deux catégories : les commissions de circonscription compétentes pour les enfants qui relèvent de l'enseignement préscolaire et élémentaire (CCPE) et les commissions de circonscription compétentes pour les enfants qui relèvent de l'enseignement du second degré (CCSD). Leur mode de fonctionnement est globalement comparable à celui de la CDES. Leurs décisions, qui doivent indiquer dans chaque cas le délai dans lequel elles seront révisées (délai qui

(91) Sur tous ces points, v. Circ. n° 31 AS et 76-156, 22 avril 1976 (précitée).

(92) Il s'agit des parents de l'enfant ou des personnes qui en ont la charge effective ; de l'organisme d'assurance maladie compétent ainsi que de l'organisme ou service payant l'AES ; du chef de l'établissement scolaire fréquenté ; du responsable du centre ou service social ou médical concerné ; de la DDASS ; de la commission de circonscription.

(93) En cas d'urgence, les organismes de sécurité sociale et d'aide sociale peuvent accorder une prise en charge, à titre provisoire, avant toute décision de la commission : cette dernière statue au fond lors de sa prochaine séance (L. 30 juin 1975, art. 6-IV).

(94) Dans le cas exceptionnel où les mesures décidées par la CDES ne pourraient être mises en œuvre du fait d'un refus sans motif valable de la part de la famille ou de l'établissement concerné, le juge des enfants pourra être saisi.

(95) Elles ne peuvent en effet statuer sur les demandes d'attribution de l'AES et de ses compléments éventuels ainsi que sur les cas pouvant entraîner une prise en charge au titre de l'assurance maladie, de l'aide sociale ou de la prévention sanitaire et sociale.

ne peut excéder deux ans), peuvent faire l'objet d'un recours gracieux devant la CDES ainsi que d'un recours contentieux (96).

B. LA PRISE EN CHARGE DES PRESTATIONS

344 Les prestations offertes aux enfants handicapés sont prises en charge par divers intervenants au sein desquels l'aide sociale ne joue plus qu'un rôle relativement résiduel. Pour la commodité de l'analyse, il convient de distinguer ici entre les conditions classiques de prise en charge et celles en vigueur dans le cas particulier des adultes maintenus dans des établissements d'éducation spéciale au delà de l'âge réglementaire.

1° Les conditions classiques de prise en charge

345 S'agissant de l'obligation éducative, l'État assume les dépenses d'enseignement et de première formation professionnelle : soit en accueillant dans les établissements d'enseignement public tous les enfants susceptibles d'y être admis ; soit en mettant du personnel qualifié relevant du ministère de l'Éducation nationale à la disposition d'organismes à but non lucratif conventionnés à cet effet ; soit en passant des contrats avec des établissements privés ; soit en accordant aux parents des bourses d'adaptation (97) ; soit encore, en matière d'apprentissage, en passant des conventions avec les organismes intéressés ou en fournissant des aides spéciales (98).

Les frais d'hébergement et de traitement dans les établissements d'éducation spéciale ainsi que les frais de traitement concourant à cette éducation dispensés en dehors de ces établissements sont intégralement pris en charge par les régimes d'assurance maladie : il n'y a pas de ticket modérateur pour les soins dispensés à domicile ni de forfait journalier pour ceux dispensés en établissement (99). Si les parents désirent placer l'enfant dans un établissement différent de ceux recommandés par la CDES en acceptant en contrepartie d'assumer les frais afférents ou dans un établissement qui n'est pas le plus proche de leur domicile, ils risquent de se voir refuser le bénéfice de l'AES dans le premier cas et, dans le second, ne peuvent plus prétendre au remboursement de leurs frais de transport.

En effet, sous réserve de l'hypothèse précédente, les frais de transport ne sont pas à la charge des parents : les frais de déplacement individuel exposés par des élèves ou étudiants fréquentant des établissements scolaires ou universitaires et qui sont rendus nécessaires du fait de la gravité de leur handicap sont supportés par le département de leur domicile (100) ; ceux exposés par des enfants handicapés se trouvant dans l'obliga-

(96) Sur l'organisation et le fonctionnement de ces commissions, v. D. n° 75-1166, 15 décembre 1975 et Circ. n° 76-156 et 31 AS, 22 avril 1976.

(97) A. 16 décembre 1964.

(98) Sur tous ces points, v. L. 30 juin 1975, art. 5.

(99) L. 30 juin 1975, art. 7 ; v. aussi *C. séc. soc.*, art. L. 321-1, L. 322-3 (les jeunes de plus de 20 ans hébergés dans un IME acquittent, eux, le forfait journalier).

(100) L. n° 83-663, 22 juillet 1983, art. 29 ; D. n° 84-478, 19 juin 1984 ; Circ. 5 juillet 1984 (toutefois, dans la région Ile-de-France, ces frais sont supportés par l'État). Il convient par ailleurs de noter que le fait qu'une étudiante soit titulaire d'une allocation compensatrice se révèle sans incidence sur son droit à bénéficier d'une indemnité de transport : les deux prestations sont donc cumulables (CE, 15 mai 1996, Mme Hanouef, req. n° 154341).

tion de se déplacer pour recevoir des soins ou pour subir des examens sont pris en charge par les organismes d'assurance maladie ou éventuellement de l'aide sociale (101) de même que ceux de transport collectif exposés par les enfants ou adolescents pour se rendre dans les établissements médico-éducatifs fonctionnant en externat ou en semi-externat (102).

Jusqu'à la loi du 27 juillet 1999 portant création de la CMU, il pouvait arriver que le handicapé ne bénéficie pas de l'assurance maladie (103) : dans ce cas, les frais d'hébergement et de traitement en établissement étaient couverts au titre de l'aide sociale départementale dans des conditions qui méritent ici d'être rappelées : d'abord, il n'était pas tenu compte des ressources de la famille (104). Ensuite, la commission d'admission à l'aide sociale voyait son pouvoir d'appréciation très fortement encadré : dès lors que le besoin avait été constaté par la CDES et que celle-ci avait rendu une décision (105), l'admission était de plein droit (106) ; en particulier, il n'appartenait pas à la commission d'apprécier les motifs ou le bien fondé de la non prise en charge par les organismes d'assurance maladie (107). Depuis le 1er janvier 2000, il ne devrait plus y avoir en principe de prise en charge des frais d'hébergement et de traitement au titre de l'aide sociale puisque toute personne résidant en France de manière stable et régulière a vocation à être affilié à un régime de base sous condition de ressources : les frais étant appelés à être assumés au titre de la CMU (108).

Enfin, si les recours en récupération prévus par l'article 146 du Code de la famille peuvent être mis en œuvre, aucun recours ne peut en revanche être exercé à l'encontre de la succession du bénéficiaire décédé lorsque ses héritiers sont son conjoint, ses enfants ou la personne qui a assumé, de façon effective et constante, la charge du handicapé (109).

Par ailleurs, lorsque l'enfant fréquente un établissement fonctionnant en externat ou en semi-externat ou lorsqu'il n'a pu trouver de place dans la section internat de celui-ci, il peut faire l'objet d'un placement dans une famille d'accueil (placement familial non sanitaire) : dans ce cas, la prise en charge de ce placement est assurée par l'aide sociale dans les mêmes conditions que précédemment (décision préalable de la CDES, non prise en compte des ressources de la famille...) (110). Quant aux dépenses d'appareillage (prothèse, orthèse...), elles sont prises en charge sous conditions par les organismes d'assurance maladie.

---

(101) *C. séc. soc.*, art. L. 321-1, L. 322-5, R. 322-10 et s. (l'assurance maladie peut prendre aussi en charge les frais de transport en commun exposés par une personne accompagnatrice).

(102) D. n° 77-540, 27 mai 1977 (le coût du transport est en effet compris dans les dépenses d'exploitation de l'établissement).

(103) Il peut y avoir une autre hypothèse d'intervention de l'aide sociale : lorsque l'enfant est placé dans un établissement non agréé au titre de la sécurité sociale mais agréé par l'aide sociale ; pour exemple, v. Comm. centr., 26 mars 1996, Dép. Loire, req. n° 942501.

(104) Mais il y avait lieu cependant de tenir compte — hypothèse, il est vrai, très peu fréquente — des ressources propres de l'enfant (Circ. n° 2 AS, 17 janvier 1977).

(105) En cas d'absence de décision préalable de la CDES, aucune prise en charge n'était possible (Comm. centr., 25 janvier 1985, *RFAS*, cah. jur., 1986, n° 1, p. 48).

(106) Comm. centr., 19 octobre 1984, *RFAS*, cah. jur., 1985, n° 2, p. 46.

(107) Comm. centr., 27 avril 1990 et Comm. centr., 29 juin 1990, *RFAS*, cah. jur., 1990, n° 4, p. 39 et p. 42.

(108) Sur ce point, v. *infra*, n° 510 et s.

(109) L. 30 juin 1975, art. 7-II.

(110) Circ. n° 1, 3 janvier 1979 (les placements familiaux sanitaires sont pris en charge par les organismes de sécurité sociale).

2° Le cas particulier des adultes maintenus dans les établissements d'éducation spéciale

346 Lorsqu'une personne handicapée placée en établissement d'éducation spéciale bénéficie d'un maintien dans celui-ci au-delà de l'âge de vingt ans, la décision conjointe de la CDES et de la COTOREP fixant ce maintien (111) « s'impose à l'organisme ou à la collectivité compétente pour prendre en charge les frais d'hébergement et de soins dans l'établissement pour adultes désigné par la COTOREP » (112) ; concrètement, cette règle signifie que ces frais d'une part ne sauraient ni en totalité ni en partie être mis à la charge de l'État, d'autre part qu'ils doivent être supportés, selon la nature de cet établissement pour adultes, soit par les organismes d'assurance maladie, soit par l'aide sociale départementale (113). Débouchant en pratique sur un transfert de charges des organismes de sécurité sociale vers les départements, cette situation n'est pas sans susciter, de la part de ces derniers, d'indéniables réticences : les départements admettant avec peine d'avoir à assumer des dépenses afférentes à un placement qui, dans les faits, s'accomplit dans un centre ou un institut dont les charges de fonctionnement incombent normalement auxdits organismes. Leurs réticences, au demeurant, sont d'autant plus fortes que les solutions jurisprudentielles se révèlent en l'occurrence divergentes ; si les tribunaux de l'ordre judiciaire ont considéré que sont à la charge du département non seulement les frais d'hébergement mais également les frais de soins se rapportant aux jeunes adultes handicapés maintenus en établissement d'éducation spéciale (114), ceux de l'ordre administratif se sont montrés, en revanche, plus réservés : après avoir considéré dans un premier temps que seuls doivent être supportés par le département les frais d'hébergement et d'entretien, à l'exclusion des autres charges, qu'elles soient de soins ou de toute autre catégorie et que la détermination de ces frais doit s'opérer à partir des comptes des budgets de l'établissement de placement approuvés par le préfet (115), ils ont par la suite maintenu pour l'essentiel leur solution en estimant que la totalité des dépenses afférentes au maintien de l'adulte handicapé incombe au département au titre de l'aide sociale à l'exception, cependant, des frais de soins (personnel médical et para-médical, achat de médicaments et de matériel médical (116)).

Quant à la compétence juridictionnelle, elle varie selon la nature des frais en cause : les litiges qui portent sur la détermination de la personne morale devant assumer la charge des soins dispensés aux adultes maintenus dans les établissements d'éducation

(111) Les recours contre cette décision doivent être portés devant la juridiction du contentieux technique de la sécurité sociale : TC, 5 avril 1993, Président du conseil général de la Marne, *Leb.*, p. 395 ; *D.*, 1994, somm., p. 245, obs. D. CHELLE, X. PRÉTOT.

(112) L. 30 juin 1975, art. 6-I *bis*, mod. L. n° 89-18, 13 janvier 1989, art. 22 ; en toute hypothèse, la contribution de la personne handicapée à ses frais d'hébergement et de soins ne saurait être fixée à un niveau supérieur à celui qui aurait été atteint si elle avait été effectivement placée dans l'établissement désigné par la COTOREP ; de même, les prestations en espèces qui lui sont allouées ne sauraient être réduites que dans la proportion où elles l'auraient été dans ce cas (pour une prise en charge du forfait journalier dû par un adulte maintenu dans un IME, v. Comm. centr., 18 janvier 1996, Dép. Bas-Rhin, req. n° 931960).

(113) En ce sens et sur ce point, v. CE, Avis, 11 juin 1993, *Leb.*, p. 169 et CE, 11 juin 1993, Départ. des Hauts-de-Seine, Départ. des Vosges, *Leb.*, tables, p. 607 (*RDSS*, 1994, p. 121, chr. P. LIGNEAU) ; v. aussi Circ. n° 95-41, 22 janvier 1995.

(114) Cass. soc., 30 mai 1996, *Bull. civ.*, V, n° 220, p. 154.

(115) CAA Paris, 20 juin 1995, CPAM Essonne, *RDSS*, 1995, p. 621, concl. D. BRIN.

(116) CE, 7 mai 1999, CPAM Essonne, *RDSS*, 1999, p. 836, concl. C. MAUGÜE.

spéciale en application de l'« amendement Creton » relèvent de la compétence des tribunaux judiciaires (TASS) alors que ceux qui concernent la personne tenue de prendre en charge les frais d'hébergement relèvent en principe de la compétence des tribunaux administratifs (juridictions de l'aide sociale) (117). Une intervention du législateur venant clarifier les règles de prise en charge apparaît, à cet égard, tôt ou tard inévitable.

347 **Bibliographie.** M. FOUQUET, La prise en charge par l'État des dépenses d'enseignement des enfants handicapés, *RDSS*, 1978, p. 399 ; S. GODET-MONTALESCOT, La politique d'intégration des personnes handicapées : les CDES, interface du milieu ordinaire et du secteur spécialisé, *RFAS*, 1995, n° 2 ; M. LÉVY, La prise en charge des enfants atteints de handicaps associés, *RDSS*, 1986, p. 689 ; La prolongation au-delà de vingt ans du maintien de l'adulte handicapé en établissement d'éducation spéciale, *RDSS*, 1989, p. 568 ; P. MARTIN, C. PAPIER, J. MEYER, *Le handicap en questions : des familles face à la découverte du handicap et à l'accompagnement du jeune enfant à domicile*, 1993, Éd. CTNERHI ; S. MEHIER de MATHUISIEULX, Le handicap et l'autorité parentale, *RDSS*, 1993, p. 187 ; G. PONSOT (Dir.), *Le polyhandicap*, 1995, Éd. CTHERHI ; M. A. PRIGENT, G. IGL, Quelques problèmes de la protection sociale des enfants handicapés : analyse au regard de la situation en France et en RFA, *RDSS*, 1982, p. 137.

SECTION III — L'AIDE AUX ADULTES HANDICAPÉS

348 L'aide aux adultes handicapés revêt globalement trois grandes formes : les aides financières (§ 1) ; les aides à l'insertion professionnelle (§ 2) ; les aides à l'hospitalisation et au placement (§ 3). Mais quelle que soit la forme revêtue par la politique menée en direction de ces personnes, il est ici une institution dont le rôle se révèle en tout état de cause décisif : la COTOREP (paragraphe préliminaire).

PARAGRAPHE PRÉLIMINAIRE — LE RÔLE DE LA COTOREP

349 Instituée par la loi du 30 juin 1975, la Commission technique d'orientation et de reclassement professionnel (COTOREP) joue, à l'égard des adultes handicapés, un rôle aussi décisif que celui joué dans son domaine par la CDES : compétente pour connaître toutes les demandes concernant les personnes handicapées (118) âgées de plus de 20 ans (119), elle constitue en effet un lieu de passage obligé pour quiconque désire bénéficier des dispositions particulières prévues en la matière par les lois et règlements (120).

Implantée dans chaque département (121), elle est composée de 24 membres dont 3 conseillers généraux élus par l'assemblée à laquelle ils appartiennent, 3 désignés

(117) TC, 25 mai 1998, Dép. Meurthe-et-Moselle c/ CPAM Nancy (*Leb.*, à paraître).

(118) Il s'agit des personnes atteintes d'un handicap physique, sensoriel ou mental.

(119) Ou de plus de 16 ans si elles cessent de remplir les conditions exigées pour être considérées comme personnes à charge au sens des prestations familiales.

(120) Sur la COTOREP, v. *C. trav.*, art. L. 323-11 et s., R. 323-32 et s. et D. 323-3-1 et s.

(121) Pour les personnes sans résidence stable (gens du voyage notamment), la Commission compétente est celle du département où est située l'association agréée auprès de laquelle il y a eu domiciliation (Lettre DAS, 20 août 1998, *BO Solid. santé*, n° 98-36, p. 229).

par le président du conseil général en raison de leurs compétences en matière d'action sanitaire et sociale et les autres désignés ou choisis parmi des personnes représentant les administrations, les organismes de sécurité sociale ou les associations, elle est présidée alternativement par le directeur départemental du travail, de l'emploi et de la formation professionnelle (DDTEFP) et le directeur départemental des affaires sanitaires et sociales (DDASS) (122).

Les attributions de la commission, la procédure suivie ainsi que la portée de ses décisions sont globalement les mêmes que celles de la CDES : elle est notamment chargée de reconnaître la qualité de travailleur handicapé ; de se prononcer sur l'orientation de la personne handicapée et les mesures propres à assurer son reclassement ; de désigner les établissements ou les services concourant à la rééducation, au reclassement et à l'accueil des intéressés ; d'apprécier si l'état ou le taux d'incapacité de la personne handicapée justifie l'attribution de certaines prestations. Pour assurer ces missions, la COTOREP est divisée en deux sections spécialisées (123) ; elle se fait assister dans sa tâche par une équipe technique qui étudie chaque cas et lui présente pour décision la synthèse de ses travaux.

Les personnes habilitées à la saisir sont énumérées par les textes (handicapé, personnes qui en ont la charge effective, DDASS, DDTEFP, organisme d'assurance maladie...) ; la décision doit être motivée et préciser le délai dans lequel elle sera révisée (délai qui ne peut excéder 5 ans) ; le secret professionnel est exigé. Les décisions s'imposent, là aussi, à la fois aux organismes de prise en charge (lesquels sont liés sur le plan technique) (124), aux établissements et aux intéressés eux-mêmes ; certes, ces derniers ne sont pas tenus d'accepter l'orientation professionnelle qui a été décidée : ainsi, lorsque la commission a prévu une orientation vers le milieu de travail ordinaire ou vers un atelier de travail protégé, la personne concernée peut repousser l'orientation en question : mais outre que les règles afférentes aux demandeurs d'emploi inscrits refusant les offres qui leur sont faites s'appliquent, elle ne peut plus prétendre, alors, au bénéfice de l'aide sociale (125).

Les décisions peuvent faire l'objet d'un recours gracieux devant le président de la commission et de recours contentieux, lesquels obéissent à des règles fort complexes : les décisions litigieuses doivent être portées en principe devant les juridictions du contentieux technique de la sécurité sociale. Cependant, celles concernant notamment la reconnaissance de la qualité de travailleur handicapé (126), son classement en catégorie (127), son orientation ou reclassement professionnels (128) doivent être portées devant la Commission départementale des travailleurs handicapés qui relève, elle, des juridictions de l'ordre administratif (Conseil d'État compétent en cassation) ; d'autres décisions doivent l'être, pour leur part, devant le tribunal administratif (celles concernant la période d'essai en CAT ou en atelier protégé, la prime de reclassement

(122) D. n° 95-642, 6 mai 1995.

(123) La 2e section, qui comprend au moins 4 personnes élues ou désignées par le conseil général ou son exécutif, apprécie le taux d'invalidité, se prononce sur l'orientation et l'admission de l'intéressé dans un établissement ainsi que sur l'attribution de l'AAH et de l'AC.

(124) Cass. soc., 15 juin 1988, CMSA du Tarn, *RDSS*, 1988, p. 795 ; comp. CE, 30 janvier 1987, Baer, *Leb.*, tables, p. 973 ; v. aussi CE, 16 juin 1989, FEHAP, *RDSS*, 1990, p. 235.

(125) Comm. centr., 29 octobre 1981, *RDSS*, 1984, p. 544.

(126) TC, 14 mars 1988, Préfet de Saône et Loire, *RDSS*, 1988, p. 604, note M. Lévy.

(127) Sur ce classement en catégorie A, B et C, v. *C. trav.*, art. L. 323-12 et R. 323-32.

(128) CE, 14 octobre 1987, *RDSS*, 1988, p. 132 ou CE, 10 juin 1988, *Leb.*, p. 236.

ou encore l'accès aux emplois de la fonction publique par voie de concours (129)) : face à une telle situation et, en particulier, aux difficultés d'identification de la nature de telle ou telle décision, il est clair qu'une simplification portant unification des règles contentieuses serait, en la matière, des plus opportunes...

Le mode de fonctionnement des COTOREP a dès l'origine soulevé des difficultés et suscité des critiques : délai de traitement des dossiers excessif, place trop faible accordée aux représentants du département, coordination insuffisante des activités émanant des deux sections spécialisées, problèmes d'articulation avec les missions confiées à la CDES... Les pouvoirs publics ont cherché à remédier à cette situation : l'accent ayant été surtout mis, par les textes les plus récents, sur l'accélération de l'examen des demandes et l'amélioration de l'accueil, de l'information, de l'organisation interne de la commission et des relations qu'elle entretient avec les autres partenaires de l'insertion professionnelle (130).

350 **Bibliographie.** E. AUBRY, Quelle politique pour les handicapés adultes ?, *Dr. soc.* 1985, p. 508 ; J. M. COMBETTE, Les recours intéressant la COTOREP, *Dr. soc.*, 1988, p. 536 ; COUR DES COMPTES (Rapport), *Les politiques sociales en faveur des personnes handicapées adultes*, 1993 ; M. FARDEAU, M. LE VAILLANT, Pour une analyse de la politique sociale en faveur des handicapés : l'activité des COTOREP, *Cah. du CTN*, 1990, n° 49, p. 1 ; J. L. GILLET, A. TRICLIN, Le contentieux de l'incapacité. Le calme après la tourmente ?, *Rev. jurid. barreaux*, n° 57, 1999, p. 95 ; M. LÉVY, La « réforme » des COTOREP par la circulaire du 25 mai 1984 : adaptation aux besoins ou aux moyens ?, *RDSS*, 1985, p. 240.

§ 1. LES AIDES FINANCIÈRES

351 Outre les allocations de logement et le complément d'allocation versé à celles qui désirent rester à leur domicile (131), les aides financières non contributives (132) susceptibles de bénéficier aux adultes handicapés résident d'une part dans l'allocation aux adultes handicapés (AAH), d'autre part dans l'allocation compensatrice (AC).

A. L'ALLOCATION AUX ADULTES HANDICAPÉS

352 L'allocation aux adultes handicapés résulte de la loi du 30 juin 1975 ; si elle est « servie comme une prestation familiale » (133), elle n'en constitue pas moins une

(129) CE, 9 octobre 1987, M. Pfind, *D.*, 1989, somm., p. 210, obs. D. CHELLE, X. PRÉTOT.

(130) Circ. 25 mai 1984, D. n° 95-642, 6 mai 1995, Note d'orientation DE/DAS n° 94-30, 1er août 1994 ; v. aussi Circ. DGEFP n° 97-50, 4 août 1997 qui met en œuvre un dispositif de pilotage des COTOREP, Instr., n° 94-32, 29 septembre 1994 relative à l'accélération de la procédure devant les COTOREP pour les personnes atteintes du virus du SIDA et Circ. n° 97-574, 25 août 1997 (*BO Solid.-Santé*, n° 97-37, 2 octobre 1997).

(131) Sur les allocations de logement et ce complément, v. *infra*, n° 556 et s. et *supra*, n° 329.

(132) Outre les prestations non contributives servies soit par le régime de la sécurité sociale, soit par l'aide sociale départementale, existent d'autres prestations financières pouvant être accordées aux adultes handicapés ; ces prestations sont attribuées en vertu d'un contrat d'assurance (pensions d'invalidité) ou dans une visée purement réparatrice (pensions militaires d'invalidité et de victimes civiles, allocations résultant d'un accident du travail ou d'une maladie professionnelle ou versées au titre de la réparation de dommages civils) : v. J. J. DUPEYROUX, R. RUELLAN, *Droit de la sécurité sociale*, p. 459 et s. et p. 494 et s., 13e éd., 1998, Dalloz.

(133) *C. séc. soc.*, art. L. 821-5 ; sur l'AAH, v. *C. séc. soc.*, art. L., R. et D. 821-1 et s.

prestation non contributive de la sécurité sociale attribuée sous conditions de ressources et de manière subsidiaire par rapport aux diverses prestations pouvant être accordées par cette dernière ; par ailleurs, si elle est gérée par les CAF, son financement n'en est pas moins assuré, depuis 1983, par l'État lequel rembourse au fonds national relevant de celles-ci le montant total des allocations servies ainsi que de leur complément (134).

1° Les conditions d'attribution

353 Pour bénéficier de l'AAH, le postulant doit remplir plusieurs conditions : être âgé de 20 ans au moins ou de 16 ans si l'intéressé cesse de réunir (car n'étant plus à la charge de ses parents) les conditions requises pour ouvrir droit aux allocations familiales ; être de nationalité française ou justifier, s'il est étranger non communautaire ou non ressortissant d'un État membre de l'EEE, de la régularité de son séjour en France (135). Il doit résider en France (métropole ou DOM-TOM) : étant entendu que cette condition de résidence est opposable aux ressortissants d'un État membre de l'Union (136) ; être atteint d'une incapacité permanente d'au moins 80 % ou d'une incapacité comprise entre 50 % et 80 % en cas d'impossibilité reconnue par la COTOREP de se procurer, compte tenu du handicap, un emploi (137) ; disposer de ressources (allocation comprise) inférieures à un plafond fixé par décret. Ce plafond varie suivant que l'intéressé est marié et a une ou plusieurs personnes à sa charge (138) ; il est évalué selon les mêmes modalités que celles en vigueur pour l'attribution des prestations familiales et ne doit pas excéder le plafond de ressources fixé pour l'octroi de l'AVTS (139) : sont notamment exclues du calcul l'allocation de logement, les prestations familiales, les pensions alimentaires, certaines rentes viagères et l'AC. Si les ressources de l'intéressé excèdent ce plafond, l'AAH est réduite à due concurrence.

De plus, la loi de finances pour 1999 a modifié les règles applicables aux personnes handicapées ayant atteint l'âge de 60 ans ; jusqu'à présent, en effet, il résultait des textes en vigueur d'une part, que l'AAH ne peut se cumuler avec un avantage de vieillesse ou d'invalidité ou une rente d'accident du travail accordés au titre d'un régime de sécurité sociale, de pension de retraite ou d'une législation particulière (140)

(134) L. 83-1179, 29 décembre 1983 (*C. séc. soc.*, art. L. 821-5), les frais de gestion restant cependant à la charge des CAF.

(135) L. nº 98-349, 11 mai 1998, art. 42 (*C. séc. soc.*, art. L. 816-1) : sur ce point, v. *supra*, nº 59.

(136) Le règlement nº 1247/92 du 30 avril 1992 a prévu qu'à partir du 1er juin 1997, les ressortissants d'un État de la CEE doivent résider en France pour bénéficier de l'allocation : celle-ci ne peut donc plus être « exportée ».

(137) Le taux minimum de 50 % ne s'applique qu'aux demandes d'AAH déposées à compter du 1er janvier 1994 : pour celles déposées avant cette date ou pour les demandes de renouvellement, il suffit de justifier, en cas d'incapacité inférieure à 80 %, de l'impossibilité de se procurer un emploi en raison du handicap (*C. séc. soc.*, art. L. 821-2 et D. 821-1) ; par ailleurs, l'activité dans un CAT n'est pas considérée comme un emploi et ne s'oppose donc pas à l'attribution de l'AAH (Cass. soc., 18 mai 1988, Lecocq, *RDSS*, 1988, p. 799, note M. Lévy).

(138) Jusqu'au 30 juin 2000, le plafond est de 42 658 F si la personne est célibataire, de 85 316 F si elle est mariée et est augmenté de 21 329 F par enfant à charge (50 % du plafond).

(139) Les ressources sont appréciées sur la base du revenu net catégoriel retenu pour l'établissement de l'impôt sur le revenu ; quant au plafond de l'AVTS, c'est celui applicable au 1er juillet de l'année de référence (*C. séc. soc.*, art. R. 821-4, R. 631-10 à R. 631-14, D. 821-2).

(140) Le cumul est donc possible avec le versement d'une rente souscrite à titre onéreux auprès d'une compagnie d'assurance privée (Cass. soc., 24 mai 1989, *RDSS*, 1990, p. 222, obs. M. Lévy) ; néanmoins, l'identification des avantages s'opposant au cumul peut se révéler parfois assez problématique (Cass. soc., 11 janvier 1996, *D.*, 1997, p. 99, note Y. Dagorne-Labbe).

lorsque cet avantage ou cette rente ont un montant qui lui est supérieur (141) : une allocation différentielle étant versée, en cas contraire, dans la limite du montant de l'AAH ; d'autre part, que l'avantage doit être servi en priorité (142), qu'il soit d'origine française ou étrangère (143).

Or, le législateur a prévu que désormais, « pour la liquidation des avantages de vieillesse, les bénéficiaires de l'AAH sont réputés inaptes au travail à l'âge minimum auquel s'ouvre le droit à pension de vieillesse ». Concrètement, cela signifie que les intéressés doivent à présent, à l'âge de 60 ans, demander la liquidation de leur pension de retraite, laquelle leur est accordée à taux plein même s'ils ne totalisent pas 160 trimestres d'assurance vieillesse ; si cette pension est inférieure au minimum vieillesse, elle peut être complétée par l'allocation supplémentaire du FSV afin de l'atteindre. Si les intéressés n'ont pas droit à un avantage contributif, ils se voient accorder l'allocation spéciale de vieillesse complétée, le cas échéant, par cette même allocation du FSV. Plusieurs circulaires ont précisé la portée de ces dispositions ; il en ressort que les personnes ayant un taux d'incapacité au moins égal à 80 % peuvent encore cumuler l'AAH, dans la limite de son montant, avec un avantage vieillesse d'un montant inférieur ; si elles continuent de travailler sans demander de pension de vieillesse, il est mis fin au versement de l'AAH ; les personnes ayant un taux d'incapacité compris entre 50 % et 80 % ne peuvent plus travailler après 60 ans, sauf celles placées dans un CAT (l'activité dans ce type de structure n'étant pas considérée par le juge comme correspondant à un emploi) : mais en toute hypothèse, elles ne peuvent plus percevoir l'AAH lorsqu'elles ont atteint cet âge de 60 ans (144).

Cette modification apparaît quelque peu contestable : d'abord, parce qu'elle pérennise une situation pouvant se révéler, le cas échéant, préjudiciable à l'entourage de la personne âgée handicapée : l'AAH ne faisant l'objet d'aucun recours en récupération auprès des descendants alors que l'allocation supplémentaire du FSV donne lieu, elle, à récupération sur succession ; ensuite, parce qu'elle pénalise les personnes atteintes d'un taux d'incapacité compris entre 50 % et 80 % accueillies dans un CAT : la suppression de l'AAH à 60 ans se traduisant par une diminution de leurs ressources qui les contraint en fait à cesser leur activité même si elles désirent la poursuivre ; enfin, parce qu'en postulant que les personnes handicapées sont nécessairement inaptes au travail lorsqu'elles atteignent l'âge de 60 ans, elle n'apparaît conforme ni à leur dignité, ni à l'impératif d'insertion sociale affirmé en 1975...

---

(141) L'allocation spéciale du Fonds national de l'emploi constitue un revenu de remplacement qui n'entre pas dans la catégorie des revenus qui ont pour effet d'interdire le versement de l'AAH ou d'en diminuer le montant : son titulaire peut donc percevoir celle-ci dès lors qu'il en remplit les conditions (Cass. soc., 28 janvier 1999, *RJS*, n° 3, 1999, § 448).

(142) Le contrôle de l'existence ou non de l'avantage doit être préalable à l'évaluation des ressources personnelles ; il en résulte que si le bénéficiaire de l'AAH est amené à percevoir un tel avantage, le versement de celle-ci doit cesser aussitôt (Cass. soc., 27 juin 1996, *LPA*, 1997, n° 44, p. 19, note Y. DAGORNE-LABBE) : solution qui se révèle tout à fait conforme, au demeurant, à la nature de l'AAH, laquelle est une prestation non indemnitaire ayant pour but d'assurer à son bénéficiaire un minimum de ressources (Cass. crim., 28 juin 1988, *Gaz. Pal.*, 1989, 1, p. 295, note Y. DAGORNE-LABBÉ).

(143) Cass. soc., 11 janvier 1996, CAF de Bayonne, *D.*, 1997, p. 99.

(144) Circ. DSS n° 99-06, 7 janvier 1999, *BO Solid.-santé*, n° 99-4, 13 février 1999 ; Circ. DSS n° 99-290, 20 mai 1999, *BO Solid.-santé*, n° 99-22, p. 205.

2° Les modalités et les effets de l'attribution

354 La demande est adressée à la COTOREP ou le cas échéant à la CAF qui la transmet à celle-ci pour décision (145) ; sous réserve que l'intéressé satisfait toujours à la condition de ressources, l'allocation est accordée pour une période de 5 ans ; cette durée peut être supérieure sans pouvoir excéder 10 ans si le demandeur souffre d'une incapacité de 80 % et si son état ne laisse pas prévoir une évolution favorable. Le droit à l'allocation peut toutefois être révisé avant la fin de la période fixée en cas de modification de l'incapacité du bénéficiaire. L'AAH est versée mensuellement à terme échu par la CAF du lieu de résidence de ce dernier, à compter du premier jour du mois suivant celui du dépôt de la demande. En cas de contestation de la décision de la COTOREP, le recours doit être porté devant les juridictions du contentieux de la sécurité sociale.

L'AAH, dont le montant est identique à celui du minimum vieillesse (146), est incessible et insaisissable, sauf pour le paiement des frais d'entretien de l'intéressé : en cas de non paiement de ces frais, la personne physique ou morale qui en assume la charge peut obtenir de l'organisme débiteur que l'allocation (laquelle peut donner lieu à tutelle aux prestations sociales) lui soit versée directement. L'allocataire est affilié gratuitement au régime d'assurance maladie et maternité s'il ne l'est pas déjà à un autre titre (147).

En 1998, l'AAH a été versée à 667 000 bénéficiaires (moins de 200 000 en 1977) pour un montant (complément d'AAH compris) d'environ 22,8 milliards de F ; de 1980 à 1997, le nombre de bénéficiaires a augmenté de plus de 64 % et le montant mensuel de l'allocation a progressé en francs constants (grâce à l'indexation de la prestation sur le minimum vieillesse lui-même réévalué) d'environ 25 % (148) : en ce sens, on peut dire que l'AAH fonctionne comme une minimum garanti en faveur des personnes handicapées justifié par l'« obligation nationale » de solidarité que la collectivité entière a reconnue à leur égard. Néanmoins, elle n'est pas sans connaître certaines dérives : conditions d'attribution de l'AAH plus favorables que celles requises pour les prestations contributives de l'assurance invalidité (149) ; multiplication des AAH différentielles (ce qui a pour effet d'encombrer les COTOREP) ; tendance de ces dernières à attribuer des AAH à des personnes qui souffrent davantage d'exclusion sociale que d'un handicap physique ou sensoriel (ce qui ne se justifie guère depuis

(145) Une procédure de liquidation d'urgence a été prévue pour les personnes affectées par le VIH ou par une maladie évolutive grave : pour ces personnes, le délai maximum pouvant exister entre le signalement par leur médecin traitant et la perception effective des prestations est de 2 mois (Inst. DAS/DSS nº 94-32, 29 septembre 1994 et Circ. nº 97-574, 25 août 1997).

(146) Au 1er janvier 2000, l'AAH s'élève à 3 575,83 F/mois : sur le cumul de l'AAH et de la garantie de ressources ainsi que sur le sort de l'AAH en cas de placement, v. *infra* nº 364 et s.

(147) *C. séc. soc.*, art. L. 381-27 et 28 et R. 381-96 (depuis 1986, les cotisations au régime d'assurance maladie sont à la charge de ce dernier et non plus de l'aide sociale).

(148) CSERC, *Minima sociaux entre protection et insertion*, 1997, La Doc. française ; *Solidarité-Santé*, Les revenus sociaux, nº 3, 1997 ; DREES, *Études et Résultats*, nº 39, 1999.

(149) Situation qui a ici des effets nocifs : d'abord, parce qu'elle aboutit à traiter différemment des personnes souffrant d'une incapacité identique ; ensuite, parce qu'elle détourne l'AAH de son objet et de son but : le fait que cette dernière soit accordée très libéralement ayant pour résultat qu'elle cesse « d'être le minimum de ressources réservé aux personnes handicapées dépourvues d'une couverture sociale pour devenir un complément — voire un substitut — à une pension d'invalidité » ; enfin, parce que ce détournement d'objet profite à ceux qui ont les ressources les plus importantes et donc contrarie le caractère redistributif de l'AAH (COUR DES COMPTES, *Les politiques sociales en faveur des personnes handicapées adultes, op. cit.*, p. 92).

l'institution en 1988 du RMI), grandes disparités régionales... Pour remédier à ces dérives, il conviendrait sans doute d'harmoniser les conditions d'attribution de l'AAH et du minimum d'invalidité et de mettre fin à l'extension du champ d'application de celle-ci au-delà de la population qu'elle vise (150).

B. L'ALLOCATION COMPENSATRICE

355 L'allocation compensatrice a été instituée par la loi du 30 juin 1975 : remplaçant deux autres allocations d'aide sociale (151), elle constitue une prestation en espèces servie, au titre de l'aide sociale départementale, aux personnes handicapées. Elle a pour but de compenser les dépenses résultant pour ces dernières du recours à une tierce personne et/ou de l'exercice d'une profession (152).

1° Les conditions d'attribution

356 Pour en bénéficier, plusieurs conditions doivent être remplies (153) ; en tant tout d'abord que prestation d'aide sociale, l'AC peut être versée à « toute personne résidant en France » (154) sous réserve que les autres conditions d'attribution soient satisfaites ; les étrangers doivent donc justifier, à l'instar des nationaux, d'une résidence sur le sol français (155), résidence qui est cependant soumise à une condition de régularité (156). Par ailleurs, le demandeur doit être âgé d'au moins 16 ans dès lors qu'il cesse de remplir les conditions requises pour ouvrir droit aux allocations familiales : s'il perçoit l'AES, il ne peut se voir attribuer l'AC. Jusqu'en 1997, aucune limite supérieure d'âge n'était requise : les personnes de plus de 60 ans avaient donc pleine vocation à prétendre au bénéfice de cette dernière ; il en était résulté, d'ailleurs, un véritable détournement de l'aide dans la mesure où celle-ci bénéficiait essentiellement, dans les faits, aux personnes âgées dépendantes (en 1994, 70 % des allocataires étaient âgés de plus de 60 ans, près de la moitié avait atteint 75 ans et plus). Mais la loi du 24 janvier 1997 instituant la PSD a mis un terme à cette situation en réservant le bénéfice de l'AC aux seules personnes âgées de moins de 60 ans ; néanmoins, cette loi a ouvert aux personnes s'étant vu reconnaître un droit au versement de l'AC avant l'âge de 60 ans et qui remplissent par ailleurs les conditions pour prétendre à la PSD

---

(150) Sur tous ces points, v. COUR DES COMPTES, *op. cit.*, p. 91-97 ; v. aussi IGAS, Rapport d'enquête sur l'AAH (*TSA*, n° 723, 1999, p. 19).

(151) Il s'agissait de l'allocation de compensation aux grands infimes travailleurs et de la majoration spéciale pour aide constante d'une tierce personne.

(152) *Contra*, v. cependant Cass. soc, 16 novembre 1995 et Cass. soc., 23 novembre 1995 (*JCP* 22706, 1996, note Y. DAGORNE-LABBE) : le juge s'étant fondé — de manière selon nous inopportune et peu conforme à l'esprit même de la loi du 30 juin 1975 — sur le fait que l'AC n'est qu'une simple allocation de subsistance ayant pour objet de garantir un minimum de ressources aux personnes handicapées pour refuser à l'organisme payeur toute voie de recours contre le responsable de l'accident et son assureur (v. aussi *infra*, n° 357).

(153) Sur le régime de l'AC, v. L. 30 juin 1975, art. 39, D. n° 77-1549, 31 décembre 1977, D. n° 95-91, 24 janvier 1995, Circ. n° 61 AS, 18 décembre 1978, Circ. n° 83-2, 15 juin 1983.

(154) *C. famille*, art. 124.

(155) Dès lors qu'ils sont en France en séjour régulier et n'y sont pas entrés dans l'intention de se faire soigner, les ressortissants des pays signataires de la Charte sociale européenne et de la Convention européenne d'assistance sociale et médicale n'ont pas à justifier une telle résidence.

(156) *C. famille*, art. 186 ; v. aussi D. n° 94-294, 15 avril 1994.

la possibilité de choisir, lorsqu'elles atteignent cet âge et à chaque renouvellement de l'AC, entre le maintien de celle-ci ou le bénéfice de celle-là (157).

Le demandeur doit par ailleurs disposer de ressources d'un montant inférieur à un plafond : ces ressources sont appréciées comme pour l'octroi de l'AAH (sont exclus les mêmes revenus) (158) et le plafond est celui applicable à cette dernière majoré de l'AC (159). Toutefois, afin de ne pas décourager l'exercice d'une activité, le quart seulement des ressources provenant du travail est pris en compte dans cette évaluation (160).

L'allocation compensatrice peut se cumuler avec l'AAH ou avec tout avantage de vieillesse ou d'invalidité (161), à l'exception des avantages analogues ayant le même objet servis au titre d'un régime de sécurité sociale : ce qui interdit notamment le cumul avec l'allocation pour assistance d'une tierce personne en complément d'une rente accident du travail ou encore la majoration pour tierce personne (MTP) d'une pension d'invalidité ou de vieillesse (162).

Il doit de plus remplir d'autres conditions concernant son handicap : il doit d'une part présenter une incapacité permanente au moins égale à 80 % ; d'autre part soit être dans un état qui nécessite l'aide constante d'une tierce personne pour les actes essentiels de l'existence, soit exercer une activité professionnelle qui lui impose des frais supplémentaires (163). Le montant de l'allocation est calculé sur la base de la majoration pour tierce personne (MTP) et peut varier de 40 % à 80 % voire 100 % de celle-ci.

S'agissant de la condition relative à l'aide d'une tierce personne, peut prétendre à l'AC au taux de 80 % de la MTP la personne handicapée dont l'état nécessite cette aide pour la plupart des actes essentiels de l'existence et qui justifie que l'aide en question ne peut lui être apportée, compte tenu des conditions où elle vit, que par une ou plusieurs personnes rémunérées, une ou plusieurs personnes de son entourage subissant de ce fait un manque à gagner ou, si elle est placée dans un établissement d'hébergement, que grâce au concours du personnel de cet établissement ou d'un

---

(157) Sur le sort des personnes ayant obtenu le bénéfice de l'AC après 60 ans et avant l'entrée en vigueur de la loi du 24 janvier 1997, v. *supra* n° 269 et s.

(158) En particulier, il n'est pas tenu compte des créances alimentaires (Comm. centr., 16 février 1989, Dép. Dordogne, req. n° 880742), ni des biens, droits ou créances non productifs de revenus (Comm. centr., 5 février 1996, Dép. Aude, req. n° 942252), ni d'une clause d'entretien d'un parent par un enfant figurant dans un acte de donation fait à ce dernier (CE, 10 janvier 1996, Dép. Aude, req. n° 162939).

(159) En cas de dépassement du plafond de ressources, l'AC est réduite à due concurrence.

(160) Lorsque les deux membres d'un couple sont handicapés et peuvent prétendre l'un et l'autre au bénéfice de l'AC, le montant de l'abattement sur les ressources provenant du travail ne peut porter que sur les seules ressources du demandeur qui exerce une activité professionnelle (CE, 25 mars 1998, Dép. Loire-Atlantique, req. n° 169351). Solution quelque peu paradoxale puisque le conjoint qui ne travaille pas voit ses ressources appréciées dans leur intégralité et donc est susceptible de percevoir une allocation moindre que celle perçue par son conjoint disposant de revenus professionnels...

(161) Le cumul est donc autorisé avec une indemnité versée par une compagnie d'assurance (Comm. centr., 30 novembre 1984, *RDSS*, 1985, p. 563) ou accordée par un tribunal (Comm. centr., 18 janvier 1985, *RFAS*, 1985, n ° 4, p. 56), avec l'allocation représentative de services ménagers (Comm. centr., 11 avril 1988, *RFAS*, 1988, cah. jur., n° 2, p. 40) ou avec les rentes pour accident du travail et maladies professionnelles (Comm. centr., 16 janvier 1991, Dép. Haute-Vienne, req. n° 902332 ; CE, 16 juin 1995, M. D, req. n° 100278).

(162) Comm. centr., 22 avril 1988, *RFAS*, 1988, cah. jur., n° 2, p. 39 ; Comm. centr., 16 décembre 1988, *RFAS*, 1988, cah. jur., n° 4, p. 34 (lorsque l'AC est d'un montant supérieur à celui de la MTP, elle peut être versée pour la somme correspondant à leur différence).

(163) Cette seconde éventualité n'est cependant, dans les faits, quasiment jamais utilisée : en ce sens, v. Cour des comptes, *Les politiques sociales... (op. cit.)*, p. 98.

personnel recruté à cet effet ; cependant, les personnes atteintes de cécité sont considérées comme remplissant ces conditions sans qu'il soit nécessaire d'apporter la preuve de leur besoin de tierce personne (164). Peut prétendre à l'AC à un taux compris entre 40 % et 70 % de la MTP la personne handicapée dont l'état nécessite l'aide d'une tierce personne soit seulement pour un ou plusieurs actes essentiels de l'existence, soit pour la plupart des actes essentiels de l'existence mais sans que cela entraîne pour la tierce personne un manque à gagner appréciable, ni que cela justifie l'admission de l'intéressé dans un établissement d'hébergement. S'agissant de la condition relative à l'activité professionnelle, le montant de l'AC est déterminé en fonction des frais supplémentaires, habituels ou exceptionnels, exposés par la personne handicapée au titre de cette activité dans la limite de 80 % de la MTP (165). Lorsque la personne handicapée justifie à la fois de la nécessité d'une tierce personne pour les actes essentiels de l'existence et de frais engagés pour l'exercice de son activité professionnelle, elle bénéficie de l'allocation la plus élevée à laquelle elle pourrait prétendre, augmentée de 20 % de la MTP : dans cette hypothèse, l'AC peut atteindre 100 % de cette dernière.

2° Les modalités et les effets de l'attribution

357 L'allocation est attribuée selon une procédure à double décision : la demande est tout d'abord soumise à l'examen de la COTOREP laquelle se prononce notamment sur le taux d'invalidité, la nécessité d'une tierce personne, l'importance des frais supplémentaires imposés par l'exercice d'une activité professionnelle et fixe le taux de l'allocation et éventuellement sa durée (166) ; puis la demande (167) est transmise au président du conseil général à qui il appartient de prendre la décision d'admission ou de refus : si celui-ci est lié par l'avis technique de la COTOREP, il conserve cependant un pouvoir d'appréciation et de décision concernant le calcul des ressources et le montant de l'allocation (168).

Le service de celle-ci peut être suspendu (169) par le président du conseil général lorsque ce dernier constate que l'allocataire ne reçoit pas l'aide effective d'une tierce personne pour accomplir les actes essentiels de l'existence (170). L'allocation, qui est versée mensuellement à terme échu, est incessible et insaisissable sauf pour le

(164) D. n° 77-1549, 31 décembre 1977, art. 6 ; CE, 31 mars 1995, Dép. Isère, req. n° 120374.

(165) Ces frais supplémentaires sont ceux de toute nature liés à l'exercice d'une activité professionnelle et que n'exposerait pas un travailleur valide exerçant la même activité.

(166) La commission révise périodiquement ses décisions concernant l'allocation, soit à la demande de l'intéressé ou à celle du préfet, soit au terme (5 ans maximum) qu'elle a elle-même fixé.

(167) Comme pour l'AAH, une procédure de liquidation d'urgence (délai d'examen maximal de 2 mois) a été prévue pour les personnes affectées par le VIH ou par une maladie évolutive grave.

(168) En cas de contestation de la mesure retenue soit par la COTOREP, soit par le président du conseil général, le litige doit être porté devant les juridictions du contentieux technique de la sécurité sociale pour ce qui est de la première et devant les juridictions du contentieux de l'aide sociale pour ce qui est de la seconde.

(169) Sur les conditions de cette suspension, v. D. n° 77-1549, 31 décembre 1977, art. 5, mod. D. n° 95-91, 24 janvier 1995 : sur le sort de l'AC en cas de placement, v. *infra*, n° 369 et s.

(170) Aucun texte n'impose que l'aide soit apportée par une personne rémunérée ou par un service d'aide à domicile : il faut et il suffit qu'elle soit effective (Comm. centr., 11 janvier 1991, Dép. Tarn-et-Garonne, 11 janvier 1991, req. n° 902076) ; doit par ailleurs être annulé le refus d'accorder l'AC au motif que le conjoint du postulant bénéficie déjà de l'aide d'une tierce personne (Comm. centr., 9 novembre 1990, Dép. Isère, req. n° 901638).

paiement des frais d'entretien du handicapé (171). L'action du bénéficiaire pour le paiement de l'AC se prescrit par deux ans ; il en va de même pour celle intentée par le président du conseil général en recouvrement de sommes indûment versées, sauf en cas de fraude ou de fausse déclaration.

Dans la mesure où elle constitue une prestation d'aide sociale, l'AC peut donner lieu aux recours en récupération prévus à l'article 146 du Code de la famille et de l'aide sociale. Toutefois, il n'y a pas de recours en récupération contre la succession lorsque les héritiers sont le conjoint, les enfants ou la personne qui a assumé, de façon effective et constante, la charge du handicapé (172) ; de même, il n'y a pas de recours contre les débiteurs d'aliments ni contre l'auteur (ou son assureur) d'un accident à l'origine du versement de l'AC (173).

Enfin, il convient de souligner que les personnes handicapées bénéficiaires de certains avantages antérieurs à la loi de 1975 ne sauraient les voir réduits du fait de l'intervention de celle-ci : si tel est le cas, une *allocation différentielle* doit leur être versée au titre de l'aide sociale. Cette allocation est à la charge de l'État (174).

L'allocation compensatrice a connu ces dernières années un grand succès : le nombre de ses bénéficiaires, qui était de 150 000 en 1984, est passé à 216 000 en 1991, puis à 279 000 en 1994, soit une progression globale de 86 %. Le coût, qui était de 4,4 milliards de F en 1984, s'élevait à 7,1 milliards en 1991 avant d'atteindre environ 9 milliards en 1994, soit un doublement en dix ans. Dans le même temps, les dépenses consacrées aux personnes âgées avaient diminué, en francs constants, de 24,2 % : évolution qui constituait, ainsi qu'on l'avait justement souligné, « le signe manifeste de la dérive de l'allocation compensatrice vers les personnes âgées dont elle (devenait) la prestation prioritaire au détriment des autres formes d'aide prévues » (175). Compte tenu de la loi du 24 janvier 1997 qui a institué une allocation spécifique en faveur des personnes âgées en perte d'autonomie, l'AC est donc appelée à n'être plus accordée, sauf exceptions, qu'aux seules personnes handicapées âgées de moins de 60 ans (176) :

(171) En cas de non paiement de ces frais, la personne ou l'organisme qui en a la charge peut en obtenir le versement direct ; de plus, l'AC peut donner lieu à tutelle aux prestations sociales.

(172) Il été jugé que l'AC devait être regardée, eu égard aux conditions auxquelles sont soumis son attribution et son versement, comme une allocation d'aide à domicile (CE, 29 juillet 1994, Dép. de l'Indre, *RDSS*, 1995, p. 324, concl. J. C. Bonichot ; *RFDA*, 1995, p. 161, concl. J. C. Bonichot) : il en résulte que la récupération n'est possible que sur la partie de l'actif net successoral excédant 300 000 F et non sur l'intégralité (seules les dépenses supérieures à 5 000 F, pour la part excédant ce montant, peuvent donner lieu à recouvrement). Par ailleurs, une récupération est permise sur les biens donnés par l'allocataire moins de 5 ans avant la demande d'AC à ses enfants (Comm. centr., 13 octobre 1989, *RFAS*, 1989, cah. jur., n° 4, p. 12) ; mais les arrérages d'AC dus au décès de l'allocataire doivent être versés aux héritiers et ne donnent pas lieu à récupération (Comm. centr., 12 octobre 1984, *RFAS*, 1985, cah. jur., n° 3, p. 50).

(173) Cass. soc, 16 novembre 1995 et Cass. soc., 23 novembre 1995 (précités) : cette solution est d'autant plus contestable et inopportune qu'elle aboutit d'une part à méconnaître la finalité véritable de l'AC, laquelle n'est pas tant de fournir un minimum de ressources à la personne handicapée que de lui permettre de recourir à l'aide d'une tierce personne ou d'exercer une profession, d'autre part d'établir une discrimination fâcheuse entre les organismes de sécurité sociale et ceux de l'aide sociale : les premiers pouvant — à la différence des seconds — exercer un recours contre le responsable du dommage et son assureur...

(174) Sur cette allocation, v. L. 30 juin 1975, art. 59 et D. n° 78-1210, 26 décembre 1978.

(175) Cour des Comptes, *op. cit.*, p. 98.

(176) Si elle apparaît sans doute beaucoup plus conforme à la destination originelle de l'AC, une telle situation n'en sera pas, pour autant, plus avantageuse pour les personnes concernées : d'abord, parce que la PSD est financée par simple redéploiement des crédits existants (ce qui n'induit donc aucune amélioration du sort réservé aux personnes handicapées de moins de 60 ans) ; d'autre part, parce que certaines personnes âgées de plus de 60 ans qui pouvaient prétendre jusqu'en 1997 à l'AC n'y ont désormais plus droit sans pour autant être assurées (elles peuvent ne pas remplir les conditions requises) de percevoir en remplacement la PSD...

il faut donc s'attendre très rapidement à un reflux sensible du nombre total de personnes la percevant.

§ 2. LES AIDES À L'INSERTION PROFESSIONNELLE

358 L'insertion professionnelle des personnes handicapées apparaît comme une condition essentielle de leur intégration sociale ; reprenant à son compte une idée et des dispositifs déjà en vigueur avant son intervention, le législateur de 1975 ne s'est d'ailleurs pas fait faute de le rappeler : au niveau des principes, il n'a ainsi nullement hésité — outre à promouvoir « la formation et l'orientation professionnelle, l'emploi et la garantie d'un minimum de ressources » au rang d'« obligation nationale » (177) — à préciser que « l'emploi et le reclassement des personnes handicapées constituent un élément de la politique de l'emploi et sont l'objet de concertation notamment avec les organisations représentatives des employeurs et des travailleurs, les organismes ou associations de handicapés et les organismes ou associations spécialisés » (178) ; au niveau des dispositifs mis en place, il a entrepris d'orienter sa politique d'aide aux personnes handicapées à la fois en amont et en aval de l'insertion professionnelle : en amont, il a cherché à favoriser la formation et la réadaptation de l'intéressé, c'est-à-dire son reclassement ; en aval, il s'est surtout attaché à encourager autant que possible l'exercice d'une activité dans un cadre ordinaire du travail tout en prévoyant la mise en place de structures de travail protégé pour les personnes qui ne pourraient pas, de manière temporaire ou définitive, accéder à ce cadre ordinaire.

A. L'AIDE AU RECLASSEMENT

359 Le reclassement des travailleurs handicapés comporte — outre la réadaptation fonctionnelle —, l'orientation, la rééducation ou la formation professionnelle ainsi que le placement dans un centre spécialisé (179) : autant de missions qui incombent à la COTOREP, laquelle intervient pour chacune des formes prises par ledit reclassement (180).

Ainsi, lorsque l'orientation présente des difficultés particulières, il est prévu un accueil de la personne handicapée dans un centre de préorientation (181). L'admission dans ce centre ne peut s'effectuer que sur décision motivée de la COTOREP ; le séjour, dont la durée est en moyenne de 8 semaines sans pouvoir excéder 12 semaines, a pour objectif d'évaluer les capacités des intéressés et de les informer, en liaison avec les services de l'ANPE, des perspectives offertes par telle activité. A l'issue du

(177) L. 30 juin 1975, art. 1er.

(178) *C. trav.*, art. L. 323-9.

(179) *C. trav.*, art. L. 323-10 (« est considéré comme travailleur handicapé toute personne dont les possibilités d'obtenir ou de conserver un emploi sont effectivement réduites par suite d'une insuffisance ou d'une diminution de ses capacités physiques ou mentales »). Le travailleur handicapé, lequel ne peut être reconnu comme tel que par la seule COTOREP (Cass. soc., 19 juin 1991, *D.*, 1991, IR, p. 187 ; *Dr. soc.*, 1991, p. 636), est classé par celle-ci dans la catégorie A, B ou C selon que le handicap est léger, modéré ou grave (*C. trav.*, art. R. 323-32).

(180) V. *supra*, n° 349.

(181) *C. trav.*, art. L. 323-11 et R. 323-33-1 et s.

séjour, le centre (lequel fait l'objet d'un agrément du préfet de région) adresse à la COTOREP un rapport détaillé sur les souhaits et les capacités d'adaptation du handicapé ; la COTOREP se prononce au vu de ce rapport (182).

Par ailleurs, tout travailleur handicapé peut bénéficier d'une réadaptation, d'une rééducation ou d'une formation professionnelle dans différents lieux : soit dans des centres publics de réadaptation, lesquels peuvent être créés par l'État, une collectivité publique ou un établissement public (Office national des anciens combattants...). Soit dans des centres de rééducation privés agréés, lesquels peuvent être institués notamment par les caisses de sécurité sociale ou par des associations et bénéficient de l'assistance technique de l'Agence pour la formation professionnelle des adultes (AFPA). Soit dans des centres collectifs ou d'entreprise créés en vertu de la législation sur la formation professionnelle (183) ou encore dans des centres de réentraînement au travail créés par les entreprises et fonctionnant au profit de leurs salariés malades ou accidentés (184). Soit enfin chez un employeur (185).

Les personnes fréquentant ces centres (186) bénéficient des aides financières accordées aux stagiaires de la formation professionnelle (187) ; elles peuvent également bénéficier d'un contrat de rééducation professionnelle passé entre l'employeur, la sécurité sociale et la DDTE : mais ce type de contrat n'a pas connu jusqu'ici le succès escompté. Les frais de fonctionnement des centres de rééducation professionnelle sont pris intégralement en charge par les régimes d'assurance maladie, à l'exception de la rémunération des stagiaires qui est à la charge de l'État ou des régions (188). Les personnes handicapées se voient accorder le statut d'assuré social du seul fait de leur admission dans le centre. Toutefois, l'aide sociale peut être amenée (de manière il est vrai exceptionnelle), à intervenir notamment pour couvrir, le cas échéant, les frais d'entretien et de formation (189).

La mise en œuvre de la politique de reclassement professionnel souffre de nombreux dysfonctionnements : la formation en entreprise reste dans l'ensemble très marginale ; quant à celle dispensée dans des centres de rééducation professionnelle, elle se trouve affectée par une mauvaise répartition géographique de ces derniers, l'existence de files d'attente excessives, une mauvaise adéquation entre les formations offertes et

(182) Ces centres (en 1996, il y en avait 13 recevant 311 personnes...) souffrent d'une répartition géographique défectueuse (v. COUR DES COMPTES, *Les politiques sociales... op. cit.*, p. 120 ; *Solidarité-Santé*, n° 4, 1997, p. 29).

(183) Il est alors précisé que les conventions conclues entre l'État et ces centres déterminent, s'il y a lieu, les conditions d'admission en fonction des difficultés particulières rencontrées par les diverses catégories de travailleurs handicapés (*C. trav.*, art. L. 323-15).

(184) Sur ces centres, v. *C. trav.*, art. L. 323-17 et R. 323-34 à R. 323-41.

(185) Diverses mesures ont également été prises pour encourager l'apprentissage (âge maximum d'admission porté à 26 ans, primes aux employeurs d'apprentis handicapés...) : v. *C. trav.*, art. L. 119-5, R. 119-72 et s.

(186) En 1995, les centres de rééducation professionnelle (CRP) offraient environ 10 500 places, les centres de l'AFPA environ 4 050 places et 465 organismes de formation (dont 215 centres de formation d'apprentis) environ 2 800 dans le cadre de schémas régionaux établis par l'AGEFIPH et les conseils régionaux avec le partenariat de l'État (M. CHAIX, La politique de l'emploi des personnes handicapées, *RFAS*, n° 1, p. 100, 1998).

(187) *C. trav.*, art. L. 323-16 et L. 961-1 et s.

(188) *C. séc. soc.*, art. L. 321-1, R. 481-1 et s.

(189) La personne handicapée doit participer financièrement à ses frais d'hébergement et d'entretien dans la limite d'un minimum qui doit lui être laissé : l'aide sociale n'intervenant que pour le surplus éventuel (*C. famille*, art. 168).

les capacités des stagiaires ainsi que par une trop grande complexité des procédures d'agrément (190).

B. L'AIDE AU TRAVAIL EN MILIEU ORDINAIRE

360 Cette aide revêt des formes multiples qui, tournées aussi bien vers le travailleur handicapé que vers l'employeur peuvent être soit directes, soit indirectes.

1° Les aides directes

361 Les aides directes sont tournées en priorité vers le travailleur handicapé ; certaines visent à soutenir celui-ci dans sa recherche d'emploi. Mobilisée pour apporter son concours au placement du handicapé (191), l'ANPE dispose ainsi de personnels spécialisés (les conseillers pour les travailleurs handicapés) qui, affectés dans les agences locales de l'emploi, ont un rôle d'information, de coordination des actions et de suivi de l'activité et des résultats. Le travailleur handicapé est également susceptible de bénéficier dans sa recherche d'un accompagnement spécialisé : si celui-ci peut être assuré par des associations ou des collectivités territoriales, il peut l'être surtout par des équipes de préparation et de suite du reclassement (EPSR) ; ces équipes (192), dont les dépenses de fonctionnement sont prises en charge par l'État sous réserve d'une participation financière de l'organisme en cause, ont mission d'apporter « leur soutien aux personnes handicapées, à toutes les étapes du processus de leur réadaptation, en vue de faciliter, compte tenu de leurs aspirations et de leurs aptitudes, leur accès à une vie professionnelle et sociale stable » (193) : dans ce but, elles recherchent des entreprises susceptibles de recruter des personnes handicapées, les conseillent dans la formulation de l'offre, etc. D'autres aides peuvent être encore accordées au travailleur handicapé en vue de favoriser son insertion professionnelle : ainsi celui-ci peut-il bénéficier, à l'issue de son stage de formation, de primes à la charge de l'État destinées à faciliter son reclassement (194) ou de subventions d'installation s'il s'oriente vers une activité indépendante (195).

2° Les aides indirectes

362 **a) L'obligation d'emploi.** Les aides indirectes, elles, sont tournées en priorité vers les employeurs et consistent surtout à les inciter à embaucher des travailleurs handicapés. L'État peut ainsi consentir une aide financière aux organismes et employeurs soumis à l'obligation d'emploi afin de faciliter la mise ou la remise au travail du handicapé ; cette aide peut concerner notamment l'adaptation des machines ou des

(190) Sur ces points, v. COUR DES COMPTES, *Les politiques sociales... (op. cit.)*, p. 20-26.
(191) *C. trav.*, art. R. 311-4-13.
(192) Elles peuvent être publiques ou privées. A l'heure actuelle, il existe plus d'une centaine d'EPSR (70 privées et 36 publiques).
(193) *C. trav.*, art. R. 323-33-12 : sur les EPSR, v. *TSA*, 1995, n° 569, p. 7 ; v. aussi D. n° 97-503, 21 mai 1997 qui supprime la nécessité pour les EPSR d'être agréés par l'État.
(194) *C. trav.*, art. D. 323-4 à 10 (mais le montant maximal de ces primes est de... 1 000 F).
(195) *C. trav.*, art. R. 323-73 (le montant maximal de cette prime est de 25 000 F).

outillages, l'aménagement de postes de travail (y compris l'équipement individuel nécessaire aux travailleurs handicapés pour occuper ces postes) et les accès aux lieux de travail. Elle peut également servir à compenser des charges supplémentaires d'encadrement. L'aide est accordée par le préfet sur devis estimatif et avis du comité d'hygiène, de sécurité et des conditions de travail. Le montant de l'aide ne peut excéder 80 % du coût de l'adaptation ou de l'aménagement envisagé ou 50 % du coût des dépenses d'encadrement supplémentaires exposées pour la période concernée (196).

Mais l'une des mesures les plus importantes prise en faveur des travailleurs handicapés concerne sans conteste l'obligation d'emploi qui pèse sur certaines entreprises (197) ; cette obligation d'emploi qui, apparue au lendemain du premier conflit mondial au profit des mutilés de guerre (198), a vu son régime profondément remanié par la loi du 10 juillet 1987, s'applique de manière quasi uniforme aussi bien au secteur public qu'au secteur privé (199) : désormais, tout employeur occupant au moins 20 salariés est tenu d'employer, à temps plein ou à temps partiel, des bénéficiaires de cette obligation (200) dans la proportion de 6 % de l'effectif total de ses salariés (201) ; néanmoins, certains travailleurs font l'objet d'un décompte particulier (ils sont pris en compte une fois et demi, deux fois voire plus) en fonction de l'âge, de la gravité du handicap, de la formation qu'ils suivent dans l'entreprise ou encore du lieu dans lequel ils travaillaient ou étaient placés antérieurement (202).

Cette obligation d'emploi n'est assortie d'aucun droit corrélatif au profit du travailleur : tout comme n'importe quel demandeur d'emploi ordinaire, celui-ci ne dispose d'aucune voie de recours permettant de contraindre l'employeur à l'embaucher (203). Mais si ce dernier est libre de recruter qui il veut, il est tenu de s'acquitter de son obligation selon diverses modalités. La loi a ainsi prévu que l'employeur pouvait d'une part s'acquitter partiellement de cette obligation en passant des contrats de fournitures de sous-traitance ou de prestations de services avec des ateliers protégés, des centres de distribution de travail à domicile ou des CAT : l'exonération étant proportionnelle au volume de travail fournis à ces derniers ; d'autre part, s'acquitter totalement de cette même obligation en faisant application d'un accord de branche, d'entreprise ou d'établissement prévoyant la mise en œuvre de certaines actions ; enfin, s'acquitter partiellement ou totalement de cette obligation en versant au Fonds

(196) Un montant maximal est fixé par décret, qui peut être dépassé sur décision ministérielle ; ce montant est de 40 000 F (*C. trav.*, art. L. 323-9 et R. 323-116 à R. 323-119).

(197) *C. trav.*, art. L. 323-1 et s. et R. 323-1 à R. 323-11.

(198) Sur l'obligation d'emploi avant la loi n° 87-517 du 17 juillet 1987, v. A. TRIOMPHE et *alii, Les personnes handicapées en France... (op. cit.)*, p. 189-190.

(199) Sont notamment concernés — outre les entreprises du secteur privé —, l'État, les collectivités locales, les établissements publics administratifs et industriels et commerciaux et ceux de l'État autres qu'industriels et commerciaux relevant de la fonction publique hospitalière.

(200) Sur la nature de ces bénéficiaires, v. *C. trav.*, art. L. 323-3.

(201) Pour les entreprises à établissements multiples, l'obligation s'applique établissement par établissement. Par ailleurs, la seule circonstance que le licenciement d'un salarié handicapé ait pour résultat de faire descendre le nombre des travailleurs handicapés occupés dans l'entreprise au-dessous du pourcentage légal de 6 % des effectifs ne saurait aboutir à rendre ce licenciement abusif (Cass. soc., 10 juin 1998, *RJS*, 1998, n° 1093).

(202) *C. trav.*, art. D. 323-2 (ce décompte est par ailleurs différent selon que l'employeur se situe dans le secteur public ou dans le secteur privé).

(203) Cette solution est au demeurant parfaitement logique car conforme au principe du libre choix de ses collaborateurs par l'employeur, principe qui doit s'analyser lui-même comme la conséquence directe d'une liberté de valeur constitutionnelle : la liberté d'entreprendre (en ce sens, v. par exemple CC, décision n° 88-244 DC, 20 juillet 1988, *RCC*, p. 119).

de développement pour l'insertion professionnelle des handicapés (204) une somme variant selon l'effectif de l'entreprise (205).

L'employeur qui ne respecte pas le quota ou qui n'adresse pas la déclaration annuelle qu'il est tenu d'établir (206) subit une sanction financière (207) : il doit alors payer au Trésor public, à titre de pénalité, une somme dont le montant est égal à celui de la contribution qu'il aurait dû verser au Fonds de développement majoré de 25 %. Toutefois — et ceci constitue l'une des lacunes de la législation en vigueur (208) — aucune déclaration annuelle n'est imposée à l'administration de l'État ou des collectivités territoriales et aucune pénalité ne leur est applicable : si bien qu'en pratique l'obligation à laquelle ces instances sont soumises demeure, en cas de violation, sans sanction véritable (209).

363 **b) La garantie de ressources.** L'importance de cette mesure justifie en effet, bien qu'elle bénéficie directement à l'intéressé, qu'on lui réserve un sort particulier (210) : à savoir la garantie de ressources accordée au travailleur handicapé (211). En effet, les personnes handicapées peuvent être embauchées, dans un milieu ordinaire de travail, soit sur un emploi normal, soit sur un emploi protégé ; dans le premier cas, le principe est que la rémunération versée à l'intéressée doit être la même que celle versée à un travailleur valide : mais les pouvoirs publics ont autorisé les employeurs, lorsque le rendement professionnel du handicapé est notoirement diminué, à effectuer une réduction de salaire dans certaines limites (10 % ou 20 % du salaire du travailleur valide accomplissant la même tâche selon que le handicapé est rangé dans la catégorie B ou C) (212) ; dans le second cas, lequel concerne des emplois à mi-temps ou des emplois dits légers, la rémunération du travailleur peut comporter un abattement de 50 % (213). Or, le législateur, soucieux de ne pas décourager le travail, a prévu que le travailleur handicapé devait bénéficier, en toute hypothèse, d'une garantie de

(204) Ce fonds est géré par une association (l'AGEFIPH) administrée par des représentants des salariés, des employeurs, des handicapés ainsi que par des personnalités qualifiées (*C. trav.*, art. L. 323-8-3 et 4 et R. 323-8).

(205) Sur tous ces points, v. *C. trav.*, art. L. 323-8 à L. 323-8-2 et R. 323-1 à R. 323-7.

(206) Sur la procédure à suivre en matière de déclaration, v. D. n° 98-1227, 29 décembre 1998.

(207) Les pénalités encourues par l'employeur ne sauraient cependant être étendues à celui qui a souscrit la déclaration annuelle sans respecter le délai de dépôt mentionné par les textes (CE, 26 mars 1999, Min. Emploi et Solidarité, *RJS*, 1999, n° 876, p. 531).

(208) En 1988, le nombre de salariés handicapés dans les entreprises de plus de 20 salariés s'élevait à 224 000 ; en 1996, à environ 221 000. Ceux embauchés dans les entreprises de moins de 20 salariés se situerait entre 50 000 et 80 000 (faute de statistiques précises). Par ailleurs, seulement 36 % des entreprises atteignent aujourd'hui le seuil légal des 6 %. Enfin, le nombre des demandeurs d'emploi handicapés s'élève à environ 135 000, ce qui correspond à un taux moyen de 4 % des effectifs des entreprises (*TSA*, n° 677, 1998, p. 13 et n° 732, 1999, p. 25).

(209) Compte tenu du taux d'emploi relativement faible relevé dans les entreprises (4 %), des programmes départementaux d'insertion professionnelle des travailleurs handicapées (PDITH) ont été mis en place afin de favoriser une augmentation de ce taux *via* une coordination des initiatives locales (v. Note d'orientation DGEFP n° 99-33, 26 août 1999, *BO Travail* n° 99-21, p. 73).

(210) Sur la garantie de ressources en milieu de travail protégé, v. *infra*, n° 365 et s.

(211) La loi de 1975 (art. 32) avait prévu que la garantie de ressources bénéficierait à tout travailleur handicapé qu'il soit salarié ou non : les conditions d'attribution de cette garantie devant être déterminées dans ce dernier cas par décret ; or, dans la mesure où aucun décret n'a été adopté, la garantie de ressources concerne donc, en pratique, les seuls travailleurs salariés...

(212) *C. trav.*, art. L. 323-6 et D. 323-13.

(213) *C. trav.*, art. R. 323-59 et s. ; le salaire minimum est fixé pour chacun par le DDTE sur avis motivé de la COTOREP : en cas d'abattement décidé sans autorisation, le travailleur handicapé a droit à un rappel de salaires (Cass. soc., 25 février 1988, *Bull. civ.*, V, n° 147).

ressources : s'il occupe un emploi ordinaire tout en subissant un abattement sur salaire, il a droit à un complément de rémunération qui ne peut excéder 20 % du SMIC et ne peut avoir pour effet de porter la rémunération globale au-delà de 130 % du SMIC ; s'il occupe un emploi protégé, il se voit garantir une rémunération égale à 100 % du SMIC : compte tenu de l'abattement sur salaire qu'il est amené à subir, il perçoit donc un complément de rémunération qui ne peut excéder 50 % du SMIC. Le montant de la garantie est acquitté par l'entreprise (214) : mais l'État rembourse à celle-ci la différence entre le salaire dû et le plafond garanti ainsi que les cotisations sociales patronales correspondantes.

C. L'AIDE AU TRAVAIL EN MILIEU PROTÉGÉ

364 Les personnes pour lesquelles le placement dans un milieu ordinaire de travail se révèle impossible peuvent être admises soit dans un atelier protégé, soit dans un centre d'aide par le travail (215).

1° L'atelier protégé

365 L'atelier protégé (216) est une unité économique de production qui offre aux travailleurs handicapés la possibilité d'exercer une activité professionnelle salariée dans des conditions adaptées à leurs capacités ; s'intégrant dans l'économie normale de marché, il a pour objectif de favoriser la promotion de ces derniers ainsi que leur accession à des emplois dans le milieu ordinaire de travail (217). Il ne peut en principe embaucher que des travailleurs handicapés dont la capacité de travail est au moins égale au tiers de la normale (218) ; toutefois, il est autorisé, sur décision de la COTOREP et pour une période d'essai qui ne peut excéder six mois, à embaucher une personne handicapée n'atteignant pas ce seuil ; la période d'essai doit être mise à profit pour rechercher les tâches dans lesquelles l'intéressé peut, compte tenu de son handicap, atteindre le meilleur rendement. A l'expiration de cette période, la COTOREP prend sa décision au vu d'un rapport établi par l'inspecteur du travail et se prononce soit pour l'embauche du handicapé par l'atelier protégé, soit pour le renouvellement d'un essai, soit pour une nouvelle orientation.

L'atelier protégé peut être créé par des collectivités locales, des organismes publics ou privés (associations...) ou encore par des entreprises. Il doit faire l'objet d'un

(214) Toutefois, ce n'est pas celle-ci qui finance celui-là ; jusqu'en 1996, c'était l'État. Depuis le 31 janvier 1997, c'est l'AGEFIPH laquelle rembourse donc à l'entreprise la différence (L. n° 75-534, 30 juin 1975, art. 34, mod. L. n° 96-1181, 30 décembre 1996, art. 139) ; pour un bilan de l'action menée par l'AGEFIPH depuis sa création, v. J. L. SÉGURA (Dir.), *Emploi et handicap. Déjà dix ans... construisons demain*, 1997, L'Harmattan.

(215) *C. trav.*, art. L. 323-30. Il existait en 1996 près de 380 ateliers protégés offrant environ 13 500 places et un peu moins de 1 230 CAT offrant environ 85 000 places (*Infodas*, n° 65, 1999).

(216) *C. trav.*, art. L. 323-31 et s., R. 323-60 et s. et D. 323-25-1 et s.

(217) Les centres de distribution de travail à domicile (dont l'objet est de procurer aux travailleurs handicapés des travaux manuels ou intellectuels à effectuer à domicile) sont assimilés aux ateliers protégés ; ils sont peu nombreux : fin 1992, il en existait une dizaine pour environ une centaine de travailleurs handicapés.

(218) Mais il peut, selon les nécessités de sa production, embaucher des salariés valides dans la limite de 20 % de ses effectifs.

agrément délivré par le préfet de région au vu de la viabilité économique du projet. L'État peut verser des subventions d'investissement et de fonctionnement (219), lesquelles donnent lieu à l'établissement d'une convention ; les subventions de fonctionnement sont calculées au vu des résultats du compte d'exploitation et prennent notamment en considération le surcroît de charges résultant de l'emploi de travailleurs à capacité professionnelle réduite : accordées par le préfet de région, elles ne sont donc pas systématiques. De manière générale, l'atelier protégé doit tendre vers l'équilibre économique, étant entendu que le montant des produits (hors subvention) doit être supérieur au montant (hors garantie de ressources) des charges salariales résultant de l'emploi des travailleurs handicapés (220).

L'organisme gestionnaire d'un atelier protégé est considéré comme employeur et le travailleur handicapé comme salarié pour l'application des dispositions relatives au droit du travail et de la sécurité sociale. La rémunération de ce dernier tient compte de l'emploi qu'il occupe, de sa qualification et de son rendement ; elle ne peut en aucun cas être inférieure à 35 % du SMIC. Le travailleur handicapé bénéficie d'un complément de rémunération versé par l'État (garantie de ressources) qui varie en fonction du salaire (221) ainsi que de bonifications qui tiennent compte de la productivité du travailleur sans toutefois pouvoir avoir pour effet de porter la rémunération à plus de 130 % du SMIC (222).

Par ailleurs, les travailleurs handicapés peuvent, avec leur accord et en vue d'une embauche éventuelle, être mis à la disposition d'un autre employeur ; les conditions de cette mise à disposition sont précisées dans des contrats écrits que l'organisme gestionnaire de l'atelier protégé passe, pour une durée maximale d'un an renouvelable une fois, d'une part avec le travailleur handicapé, d'autre part avec l'employeur utilisateur (223).

2° Le centre d'aide par le travail

366 Le centre d'aide par le travail a pour objet d'offrir « aux adolescents et adultes handicapés qui ne peuvent, momentanément ou durablement, travailler ni dans les entreprises ordinaires ni dans un atelier protégé ou pour le compte d'un centre de distribution de travail à domicile ni exercer une activité professionnelle indépendante, des possibilités d'activités diverses à caractère professionnel, un soutien médico-social et éducatif et un milieu de vie favorisant leur épanouissement personnel et leur intégration sociale » (224) ; il s'agit donc d'une structure qui a une double vocation :

---

(219) Les subventions d'investissement ont notamment pour objet l'achat de matériels adaptés aux besoins des travailleurs handicapés : sur la procédure d'agrément et les subventions versées par l'État, v. Circ. DGEFP n° 99-11, 25 février 1999.

(220) Circ. n° 7-80, 22 janvier 1980 ; v. aussi Circ. CDE n° 91-32, 3 juillet 1991.

(221) Lorsque la convention collective applicable à l'atelier protégé prévoit des primes (ancienneté...), le salaire minimum versé à l'intéressé doit être augmenté de ces dernières comme c'est le cas pour les autres salariés (Cass. soc., 28 janvier 1998, *RJS*, 1998, n° 388, p. 239).

(222) Lorsque le salaire est compris entre 35 % et 45 % du SMIC, le complément de rémunération est fixé forfaitairement à 55 % du SMIC ; lorsque le salaire est supérieur à 45 % du SMIC, l'intéressé perçoit un complément qui porte son salaire à 90 %, somme à laquelle s'ajoutent alors les bonifications (D. n° 91-1275, 18 décembre 1991 et Circ. CDE n° 92-29, 16 juillet 1992).

(223) Sur le contenu de ces contrats, v. *C. trav.*, art. D. 323-35-4 et 5.

(224) *C. famille*, art. 167 ; sur les CAT, v. notamment D. n° 77-1546, 31 décembre 1977, D. n° 86-510, 14 mars 1986, D. 95-714, 9 mai 1995, Circ. n° 60 AS, 8 décembre 1978.

une vocation économique de production de biens ou de services et une vocation sociale d'intégration et d'éducation.

A la différence des ateliers protégés qui sont des entreprises relevant du code du travail, les CAT sont des établissements médico-sociaux relevant de la loi du 30 juin 1975 sur les institutions sociales et médico-sociales et sont soumis au code de la famille et de l'aide sociale. Plusieurs conséquences en résultent : d'abord, les organes susceptibles de les créer (qui peuvent être de droit public ou de droit privé) doivent disposer d'une autorisation donnée par le préfet ; ils doivent de plus passer une convention avec ce dernier, lequel a par ailleurs mission de les habiliter à recevoir des bénéficiaires de l'aide sociale (225) ; ensuite, les travailleurs handicapés n'ont pas le statut de salarié et n'ont pas de contrat de travail : le code du travail ne leur est donc pas applicable (226), ce qui à la fois implique qu'ils ne bénéficient pas des garanties légales en cas de licenciement (227) et explique que les CAT ne soient pas assujettis au versement des cotisations d'assurance chômage (228). Par ailleurs, compte tenu de leur vocation, les CAT ne peuvent recourir à des personnels intérimaires pour accomplir les mêmes tâches que les travailleurs handicapés (229) ; en revanche, les personnes qui y travaillent au-delà de l'âge de 60 ans peuvent percevoir des avantages de retraite dès cet âge : en effet, la règle limitant le cumul d'un emploi et d'une retraite ne leur est pas applicable (230).

Les personnes accueillies dans les CAT doivent être âgées de plus de 20 ans et avoir une capacité de travail inférieure à un tiers de la normale ; mais la COTOREP peut décider l'admission d'un adolescent âgé de plus de 16 ans après avoir pris l'avis de la CDES et, si le profil de l'intéressé le justifie, l'orientation vers un CAT d'une personne dont la capacité de travail est égale ou supérieure à ce seuil. En toute hypothèse, la décision qu'elle prend dans ce cas est provisoire et ne vaut que pour une période d'essai d'une durée maximale de 6 mois renouvelable une fois : ce n'est qu'à l'expiration de ce délai que la COTOREP est amenée à prendre une décision en principe plus durable (231).

Le fonctionnement financier des CAT est assuré essentiellement grâce à une dotation globale arrêtée par le préfet ; cette dotation, qui couvre notamment les dépenses liées à l'activité sociale des CAT (232) est à la charge de l'État au titre de l'aide sociale (233). Les travailleurs handicapés acquittent seulement une participation forfaitaire au prix

(225) D. 31 décembre 1977 (précité), art. 3 et L. n° 75-535, 30 juin 1975, art. 9 et 18.

(226) Les CAT sont cependant soumis à certaines dispositions du code du travail en matière notamment d'hygiène et de sécurité et de médecine du travail.

(227) Cass. soc., 21 juillet 1982, *Bull. civ.*, V, n° 495 ; Cass. soc., 17 décembre 1984, *Bull. civ.*, V, n° 366 ; CA Dijon, 15 janvier 1994, *RDSS*, 1994, p. 513. Par ailleurs, et par voie de conséquence, les litiges opposant les travailleurs handicapés aux CAT ne relèvent pas de la compétence de la juridiction prud'homale (Cass. soc., 18 mars 1997, *Bull. civ.*, V, n° 112 ; *RJS*, 1997, 489, n° 765 ; *Dr. soc.*, 1997, p. 525, obs. P.Y. VERKINDT).

(228) Sur le statut du handicapé travaillant dans un CAT, v. par exemple Cass. civ., 5 octobre 1994, *D.*, 1995, p. 301, note Y. DAGORNE-LABBE.

(229) Lettre DAS-RV 1, 1er décembre 1998, *BO Solid.-santé*, n° 98-52, p. 437.

(230) Circ. DSS n° 99-290 rect. du 20 mai 1999, *BO Solid.-santé*, n° 99-33, p. 271.

(231) Elle se prononce alors, au vu des informations recueillies, soit pour l'admission dans le CAT, soit pour un renouvellement de la période d'essai, soit pour une nouvelle orientation.

(232) Les recettes du CAT provenant de son activité de production servent à couvrir les dépenses liées à celle-ci et notamment les rémunérations versées aux personnes handicapées.

(233) L'exploitation des CAT est retracée au sein de deux budgets distincts (D. 31 décembre 1977, mod. D. n° 95-714, 9 mai 1995) : v. *TSA*, 1995, n° 555, p. 7 et *supra*, n° 182.

de repas lorsque celui-ci est fourni : cette participation, identique pour tous les établissements, est fixée par arrêté du ministre chargé de la santé.

Les travailleurs handicapés peuvent là aussi, avec leur accord, être mis à la disposition d'un autre employeur ; un contrat écrit doit alors être passé entre celui-ci et le directeur du CAT ; l'activité à l'extérieur peut être exercée soit en équipe, soit de manière individuelle : la personne travaillant à l'extérieur demeure inclue dans les effectifs du CAT, qu'elle doit pouvoir réintégrer, si nécessaire, à tout moment (234).

La rémunération des travailleurs handicapés est assortie d'une garantie de ressources : ceux-ci, qui ne peuvent recevoir un salaire inférieur à 5 % du SMIC, perçoivent un complément de rémunération qui ne peut excéder 50 % du SMIC ni porter la rémunération à plus de 70 % du SMIC ; lorsque le salaire est supérieur à 15 % du SMIC, la rémunération globale ne doit pas excéder 110 % du SMIC. Des limites au cumul de la garantie de ressources et de l'AAH ont par ailleurs été posées : le plafond de ressources est égal à 100 % du SMIC lorsque la rémunération directe du travail est inférieure à 15 % du SMIC et à 110 % lorsque la rémunération est supérieure à ce seuil de 15 % (235).

La manière dont fonctionne le système de la garantie de ressources a fait l'objet de nombreuses critiques : ce système se voyant le plus souvent reprocher le fait qu'il n'incite guère au travail ni au passage du handicapé du milieu protégé au milieu ordinaire (236).

367 **Bibliographie.** P. AUVERGNON, L'obligation d'emploi des handicapés, *Dr. soc.*, 1991, p. 596 ; A. BLANC, L'insertion professionnelle des travailleurs handicapés : des interrogations pour aujourd'hui, *RFAS*, 1992, n° 3, p. 35 ; M. L. CROS-COURTIAL, *Travail et handicap en droit français*, 1989, Éd. CTNERHI ; Les obligations patronales à l'égard des handicapés après la loi du 10 juillet 1987, *Dr. soc.*, 1988, p. 598 ; DIVERS, *L'insertion professionnelle des travailleurs handicapés*, Min. Emploi et Solid., 1998, La Doc. française ; J. B. DUMORTIER, H. FELTESSE, Un nouveau champ d'action pour les CAT : le travail à l'extérieur, *RDSS*, 1987, p. 111 ; B. GENDRON, *Handicap et emploi : un pari pour l'entreprise*, 1994, Éd. CTNERHI ; J. du GRANDRUT, Travailleurs handicapés, *Rép. trav.*, 1989, Dalloz ; J. HAUSER, Incapacité juridique et emploi, *Dr. soc.*, 1991, p. 553 ; C. HERNANDEZ (Rapport), *L'insertion des handicapés dans la Fonction publique*, 1983, La Doc. française ; J. P. LABORDE, Santé mentale et emploi, *Dr. soc.*, 1991, p. 563 ; M. J. LÉVY, L'emploi des travailleurs handicapés : l'application de la loi du 10 juillet 1987, *RDSS*, 1988, p. 372 ; P. MÉNÉTRIER, L'emploi des travailleurs handicapés, *RPDS*, 1999, p. 7 ; J. PELISSIER, Inaptitude et modification d'emploi, *Dr. soc.*, 1991, p. 608 ; E. REMBAUD, Travailleurs handicapés et mutilés de guerre, *Jurisc. trav.*, fasc. 8-10, Éd. techniques ; B. RÉMOND (Rapport), *L'accès à la formation professionnelle des travailleurs handicapés*, 1991, La Doc. française ; A. THÉVENET, Travail protégé : sortir du tunnel ?, *RFAS*, 1987, n° 1, p. 131 ; D. VELCHE, Handicap et insertion professionnelle, *Vie sociale*, 1991, n° 5-6, p. 37 ; M. C. VILLEVAL, L'État et l'emploi des handicapés : formation et transformation d'une politique, *Dr. soc.*, 1984, p. 227 ; Le milieu protégé : un pôle croissant d'emploi des handicapés, *Travail et emploi*, 1984, n° 19, p. 47 ; Politique sociale et emploi des personnes handicapées, *RFAS*, 1983, n° 3, p. 6 ; G. ZRIBI, *L'avenir du travail protégé, centres d'aide par le travail et intégration*, 1998, Éd. ENSP.

(234) *C. famille*, art. 168 ; D. n° 86-510, 14 mars 1986.
(235) D. n° 77-1465, 28 décembre 1977, mod. D. n° 90-448, 31 mai 1990 et D. n° 90-534, 29 juin 1990.
(236) C. LASRY, M. GAGNEUX (Rapport), *Bilan de la politique en direction des personnes handicapées*, p. 79 et s., 1983, La Doc. française ; COUR DES COMPTES, *Les politiques sociales... (op. cit.)*, p. 81 et s.

§ 3. LES AIDES A L'HOSPITALISATION ET AU PLACEMENT

368 Si la loi de 1975 a expressément prévu la mise en place d'établissements médico-sociaux spécialisés en leur faveur, les personnes handicapées n'en bénéficient pas moins, aux termes de la loi, des mêmes prestations que celles offertes aux personnes âgées (237) : en cas de maladie ou d'aggravation de leur état, elles peuvent faire l'objet d'une hospitalisation et, en cas de souhait de leur part ou de nécessité exigée par leur situation, elles peuvent faire l'objet d'un placement : se pose alors la question de la prise en charge, sur le plan financier, des frais occasionnés par cette hospitalisation ou ce placement.

A. L'HOSPITALISATION DE LA PERSONNE HANDICAPÉE

369 Les personnes handicapées peuvent être admises dans une unité de soins du système hospitalier dans plusieurs hypothèses. L'hypothèse la plus courante concerne une maladie affectant l'intéressé : le séjour de celui-ci a alors vocation à être limité et à prendre fin avec sa guérison ou sa convalescence. Mais il est également d'autres hypothèses dans lesquelles une personne handicapée peut faire l'objet d'une hospitalisation : par exemple lorsqu'elle souffre de troubles mentaux justifiant un séjour dans un établissement psychiatrique ou encore lorsqu'elle est âgée et en perte plus ou moins rapide d'autonomie ; dans ce cas, leur hospitalisation peut être amenée à se prolonger de manière durable...

Mais si l'hospitalisation des personnes handicapées connaît des durées variables, elle se trouve soumise, dans l'ensemble, à des règles uniformes. La personne handicapée (238) est prise en charge par le régime d'assurance maladie (239).

Par ailleurs, elle peut subir, s'agissant de certaines allocations qu'elle perçoit, diverses réductions ou suspensions. L'AAH se trouve ainsi réduite, lorsque l'hospitalisation dure plus de 60 jours, de 20 % si l'allocataire est marié et de 35 % s'il est célibataire, veuf ou divorcé : mais aucune réduction n'est opérée lorsqu'il a au moins un enfant ou un ascendant à sa charge. Toutefois, la personne astreinte au versement du forfait journalier doit conserver une allocation au moins égale à 17 % du montant maximal de l'AAH : étant entendu qu'elle ne saurait recevoir une allocation plus élevée que celle qu'elle percevrait si elle n'était pas hospitalisée (2409). Le complément d'AAH, pour sa part, est suspendu pendant les périodes de réduction de l'AAH. Quant à l'allocation compensatrice, elle est suspendue après 45 jours d'hospitalisation (241) ; cependant, il a été jugé que cette règle ne s'appliquait pas en cas d'hébergement dans

(237) *C. famille*, art. 166.

(238) On rappellera que les titulaires de l'AAH sont affilés gratuitement au régime général de la sécurité sociale (v. *supra*, n° 354).

(239) Elle doit alors acquitter le forfait journalier (sauf prise en charge de celui-ci par la CMU). Par ailleurs, il peut être fait appel à la contribution des débiteurs d'aliments (Comm. centr., 15 novembre 1985, *RFAS*, 1986, cah. jur., n° 3, p. 41).

(240) *C. séc. soc.*, art. R. 821-8 à 10 ; l'AAH versée à une personne détenue dans un établissement pénitentiaire est réduite à 12 % de son montant après 45 jours (*C. séc. soc.*, art. R. 821-14).

(241) Si l'hospitalisation procède de séjours successifs dont aucun n'a excédé 45 jours, il n'y a pas de suspension (Comm. centr., 13 mars 1995, Dép. Pas-de-Calais, req. n° 933085).

un établissement ou service de soins de longue durée : le régime de l'AC devant suivre alors celui applicable aux structures d'hébergement (242).

B. LE PLACEMENT DE LA PERSONNE HANDICAPÉE

370 Les personnes handicapées ont le choix, en fonction notamment de l'importance de leur handicap, entre plusieurs formules de placement : elles peuvent être placées soit dans des établissements, soit chez une famille. Les règles applicables au placement familial sont les mêmes que celles en vigueur pour les personnes âgées : ce sont celles qui résultent de la loi du 10 juillet 1989 (243). Quant aux établissements d'hébergement, ils se répartissent en deux grandes catégories comprenant l'une des établissements médico-sociaux spécialisés, l'autre des établissements sociaux qui peuvent être soit réservés aux personnes handicapées, soit accessibles à d'autres personnes.

371 **a) Les établissements médico-sociaux spécialisés** — Les établissements médico-sociaux spécialisés, qui entrent dans la dénomination générique de « maisons d'accueil spécialisées » (MAS), ont été prévus par la loi de 1975 ; ils sont destinés à recevoir des personnes « n'ayant pu acquérir un minimum d'autonomie et dont l'état nécessite une surveillance médicale et des soins constants » (244).

Les *maisons d'accueil spécialisées* (245) reçoivent en priorité, sur décision de la COTOREP, des personnes handicapées n'ayant pas atteint l'âge de 60 ans ; elles doivent assurer de manière permanente aux personnes qu'elles accueillent l'hébergement, les soins médicaux et para-médicaux, les aides à la vie courante et les soins d'entretien ainsi que des activités de vie sociale, en particulier d'occupation et d'animation, destinées notamment à préserver et améliorer les acquis et prévenir les régressions de ces personnes. Figurant parmi les établissements visés par la loi du 30 juin 1975 relative aux institutions sociales et médico-sociales (246), elles peuvent également être autorisées à recevoir des personnes soit en accueil permanent, soit en accueil temporaire. La prise en charge est assurée par le régime d'assurance maladie (247), sous réserve du paiement du forfait journalier par l'intéressé (248). Si celui-ci n'est pas assuré social ou si l'établissement n'est pas agréé par l'assurance maladie mais

(242) CE, 20 mars 1985, Deplus, *RDSS*, 1985, p. 408, note M. LÉVY ; v. aussi Comm. centr., 20 novembre 1987, *RFAS*, 1988, cah. jur., n° 1, p. 40, CE, 2 mars 1990, Deplus, *Leb.*, p. 55 ou encore Com. centr., 11 janvier 1991, Dép. Haute-Vienne, req. n° 902077.

(243) Sur ce point, v. *supra*, n° 298 et s. ; les personnes handicapées souffrant de troubles mentaux peuvent bénéficier également d'une forme particulière de placement familial : l'accueil familial thérapeutique (L. 18 juillet 1989, art. 18) : sur ce point, v. M. BORGETTO, Les politiques spécifiques de soutien aux personnes handicapées, fasc. n° 180, § 26, 1998, *in* J. M. AUBY (Dir.), *Traité de Droit médical et hospitalier*, Litec.

(244) L. 30 juin 1975, art. 46.

(245) D. n° 78-1211, 26 décembre 1978. En 1996, il existait 249 MAS (84 en 1985) offrant 10 193 places (3 414 en 1985) : sur ce point, v. SESI (Rapport), *Données sur la situation sanitaire et sociale*, p. 205, 1998.

(246) Les règles posées par cette loi et qui portent sur la création, l'habilitation à l'aide sociale, la coordination, la fermeture, etc. leur sont donc applicables : v. *supra*, n° 174 et s.

(247) Les frais de transport des adultes handicapés résidant dans une MAS ne sont pris en charge par l'assurance maladie que si les intéressés se déplacent pour recevoir des soins ou subir des examens médicaux : les frais occasionnés par un retour dans la famille ne sont donc pas pris en charge (Lettre DAS/TS 2, 23 janvier 1997, *BOAS*, n° 97/8, 30 mars 1997, p. 131).

(248) *C. séc. soc.*, art. R. 821-13.

seulement par l'aide sociale, il peut être pris en charge au titre de cette dernière : il est alors tenu compte de toutes les ressources personnelles du demandeur calculées pour leur montant réel et non fiscal, à l'exception de certaines d'entres elles (créances alimentaires notamment) (249). Les recours en récupération peuvent être mis en œuvre sauf, en cas de succession, lorsque l'héritier est l'enfant, le conjoint ou la personne qui a assumé la charge effective et constante de la personne handicapée (250). Quant aux réductions ou suspensions de l'AAH et de l'AC, elles suivent un régime identique (bien que légèrement différent s'agissant de la première allocation) à celui en vigueur en cas d'hospitalisation : après 45 jours de placement dans une MAS, l'AAH est en effet réduite de façon à laisser à son titulaire, après paiement du forfait journalier, 12 % du montant de l'allocation (251).

372 **b) Les établissements sociaux** — Ils sont destinés en principe à héberger des handicapés : mais, ainsi que c'est le cas pour les établissements pour personnes âgées, ils peuvent également faire l'objet, le cas échéant, d'une médicalisation plus ou moins accentuée : ainsi, ils peuvent recourir à des services de soins infirmiers à domicile ou encore se doter d'une section de cure médicale. Les personnes handicapées vieillissantes peuvent être admises dans certains établissements propres aux personnes âgées (logements-foyers, MAPA, CANTOUS...). Mais certains établissements leur sont plus spécialement réservés :

— les *foyers de vie* ou *« occupationnels »* : créés à l'initiative des départements, ils sont destinés à accueillir des personnes gravement handicapées qui disposent d'une certaine autonomie ne justifiant pas leur admission dans une MAS sans toutefois être aptes à exercer un travail productif (252) ;

— les *foyers d'hébergement pour adultes handicapés* : ils accueillent en fin de journée et en fin de semaine les personnes handicapées travaillant soit en établissement de travail protégé, soit en milieu ordinaire ou encore en centre de rééducation professionnelle ; ils peuvent être annexés à un CAT ou être totalement autonomes (253) ;

— les *foyers à double tarification* (FDT) ont pour objet l'accueil, sur décision de la COTOREP, de personnes lourdement handicapées dont l'état justifie sinon une prise en charge complète par l'assurance maladie, du moins une médicalisation : ont donc vocation à y être admises les personnes qui sont inaptes à la vie professionnelle et qui ont besoin de l'assistance d'une tierce personne pour la plupart des actes essentiels de l'existence ainsi que d'une surveillance médicale et de soins constants (254). Ces établissements voient leurs frais de fonctionnement pris en charge à la fois par la

---

(249) L'absence de prise en compte de l'obligation alimentaire s'applique même lorsque la personne handicapée est hébergée dans un établissement pour personnes âgées (Comm. centr., 30 janvier 1997, Dép. Var, req. n° 960409 et Dép. Haute-Vienne, req. n° 960414).

(250) Cette règle a été étendue par le juge aux petits-enfants de la personne handicapée (Comm. centr., 21 mai 1996, Dép. Hérault, req. n° 950380 ; CE, 9 décembre 1998, Dép. Hérault, req. n° 182623).

(251) Mais la réduction tant de l'AAH que de l'AC n'est opérée que pendant les périodes où l'intéressé est effectivement accueilli dans la MAS (Comm. centr., 18 mars 1992, Dép. Rhône, req. n° 900468, concl. L. Dessaint) ; de plus, il n'y a aucune réduction lorsque le bénéficiaire est marié, sans enfant, si son conjoint ne travaille pas pour un motif reconnu par la COTOREP ou lorsqu'il a un ou plusieurs enfants ou ascendants à sa charge (v. aussi *infra*).

(252) En 1996, il existait 831 foyers de ce type offrant 27 500 places.

(253) Sur la définition de ces établissements, v. *Nomenclatures des établissements sanitaires et sociaux*, *BOAS*, fasc. n° 91-7 *bis*, 1990. En 1996, il existait un peu plus de 1 210 foyers d'hébergement offrant environ 38 600 places.

(254) Circ. n° 86-6, 14 février 1986, 87-MO74, 3 juillet 1987 et n° 243, 22 avril 1988.

sécurité sociale et l'aide sociale : il existe en effet d'une part un forfait soins assumé par l'assurance maladie qui couvre les soins permanents qu'exigent les personnes accueillies, d'autre part un prix de journée d'hébergement assumé par le département et fixé par le président du conseil général en fonction du forfait soins (255). Néanmoins, la pérennité des FDT se trouve aujourd'hui incertaine compte tenu de la position qu'a adoptée récemment le juge administratif : ce dernier ayant considéré que les circulaires qui ont instauré ce type de foyers étaient illégales, ce qui l'a conduit à requalifier un FDT en foyer d'hébergement (256).

Les personnes admises dans ces établissements ont le choix entre deux possibilités : soit elles y entrent sans exciper de leur qualité de personnes handicapées ; prenant en charge l'intégralité des frais d'hébergement, elles n'ont pas à solliciter l'intervention de la COTOREP et de la commission d'admission à l'aide sociale (257). Les allocations qu'elles perçoivent ne peuvent pas, par voie de conséquence, être réduites ou suspendues (258).

Soit elles y entrent en excipant de leur qualité de personnes handicapées afin notamment de bénéficier de l'aide sociale : les règles régissant leur prise en charge sont alors les suivantes. Il faut tout d'abord une décision préalable de la COTOREP (259) puis de la commission d'admission ; ensuite, les frais d'hébergement et d'entretien sont à la charge, à titre principal, de l'intéressé lui-même et, pour le surplus éventuel, de l'aide sociale (260). La contribution de la personne handicapée est fixée par la commission d'admission qui prend en compte, pour ce faire, toutes les ressources de cette dernière. Néanmoins, il n'est pas tenu compte des créances alimentaires (261) et aucun recours en récupération ne peut être exercé lorsque les héritiers du bénéficiaire sont son conjoint, ses enfants ou la personne qui en a assumé la charge de manière effective et constante. Par ailleurs, lorsque l'intéressé perçoit l'allocation compensatrice, le paiement de celle-ci est suspendu à concurrence d'un montant fixé par la commission d'admission en proportion de l'aide qui lui est assurée par le personnel de l'établissement (262) dans la limite maximale de 90 % (263).

(255) En 1996, il existait 149 FDT offrant 4 860 places.

(256) CE, 30 juin 1999, AGI et Dép. Meurthe-et-Moselle (*BO Solid.-santé* n° 99-36, p. 115). Les pouvoirs publics ont néanmoins promis de résoudre ce problème en donnant valeur légale aux FDT.

(257) V. par exemple Comm. centr., 19 février 1988, *RFAS*, 1988, cah. jur., n° 2, p. 37.

(258) V. par exemple Comm. centr., 16 décembre 1988, *RFAS*, 1989, cah. jur., n° 2, p. 47.

(259) En cas d'absence de décision de la COTOREP, il ne saurait y avoir prise en charge par l'aide sociale (Comm. centr., 19 octobre 1984, *RFAS*, 1985, n° 3, p. 53). Mais la commission départementale ne saurait (dans la mesure où cette condition supplémentaire n'est prévue par aucun texte) limiter la prise en charge par l'aide sociale au montant du prix de journée le plus élevé d'un établissement équivalent situé dans le département (Comm. centr., 1er juillet 1988, Dép. Haut-Rhin, req. n° 881553).

(260) Étant entendu qu'aucune participation aux frais d'entretien ne peut être demandée aux personnes accueillies comme externes dans ce type d'établissements (CE, 26 juillet 1996, M. Canciani/Dép. Haute-Garonne, req. n° 125813).

(261) Mais l'époux est tenu de participer aux frais de placement de son conjoint (Comm. centr., 18 mars 1988, *RFAS*, 1989, cah. jur., n° 4, p. 38).

(262) Ainsi, l'AC n'est pas réduite si le bénéficiaire fréquente un centre d'hébergement seulement trois après-midi par semaine et n'y prend aucun repas (Comm. centr., 16 février 1990, Dép. Paris, req. n° 890879).

(263) Cependant, aucune réduction de l'AC n'est possible lorsque la personne handicapée est accueillie dans des centres de rééducation professionnelle ou d'aide par le travail ne fonctionnant pas en internat (Comm. centr., 11 janvier 1991, Dép. Rhône, req. n° 901672) ou accueillie en semi-internat dans un IME à la charge intégrale de la sécurité sociale (Comm. centr., 23 mars 1990, Dép. Haut-Rhin, req. n° 891466).

Enfin, la personne handicapée doit pouvoir conserver en tout état de cause un minimum de ressources dont le montant varie en fonction d'un certain nombre d'éléments (qualité ou non de travailleur, existence ou non de frais d'entretien, externat ou internat, de charges de famille...) (264).

373 **Bibliographie.** V. n° 248, 313, 315, 322 ; *adde* J. CAYET (Rapport), *La prise en charge des personnes vieillissantes handicapées mentales ou souffrant de troubles mentaux*, Cons. écon. et soc., 1998 ; M. J. LÉVY, Allocation compensatrice et personnes âgées, *RDSS*, 1987, p. 130 ; L. MELENNEC, *L'indemnisation du handicap. Pour l'instauration d'un régime unique de l'invalidité ou de la dépendance*, 1997, Desclée de Brouwer.

(264) Sur ce minimum de ressources, v. D. n° 77-1548, 31 décembre 1977 ; pour exemple de contentieux, v. Comm. centr., 17 octobre 1986, *RFAS*, 1987, cah. jur., n° 1, p. 40, concl. M. FORNACCIARI ; Comm. centr., 22 septembre 1989, Dép. Yonne, req. n° 3/87.

CHAPITRE IV
L'AIDE AUX CHÔMEURS

374 Risque social par excellence dans la mesure où il est largement tributaire tant du degré de développement de la société que de la conjoncture économique, le chômage a suscité au fil du temps, ainsi qu'en témoigne l'évolution de la politique suivie à l'égard de ceux qui en sont victimes, des actions et réactions très diverses (Section I).

A l'heure actuelle, les aides publiques instituées en direction des chômeurs s'inscrivent dans le cadre de deux grandes politiques menées simultanément par les gouvernants : d'une part une politique visant à procurer des ressources aux demandeurs d'emploi (Section II), d'autre part une politique visant à favoriser l'insertion professionnelle de ceux qui sont déjà ou qui risquent de se retrouver à terme rapproché en situation de chômage (Section III).

375 **Bibliographie générale.** B. BRUNHES (Rapport), *Choisir l'emploi*, Commissariat général du plan, 1993, La Doc. française ; CSERC, *Inégalités d'emploi et de revenus. Les années 90*, 1996, La Doc. française ; J. DELPY, Chômage, *Juriscl. Travail*, fasc. 50-10 à 50-50, Éd. Techniques ; DIVERS, *Droit de l'emploi*, 1999, Dalloz ; *La politique de l'emploi*, DARES, 1997, La Découverte ; J. P. DOMERGUE, Chômage, *Rép. trav.*, Dalloz ; J. M. FAHY, *Le chômage en France*, 4e éd., 1989, PUF ; B. FRAGONARD (Rapport), *Cohésion sociale et prévention de l'exclusion*, Commissariat général du plan, 1993, La Doc. française ; J. FREYSSINET, *Le chômage*, 4e éd., 1994, La Découverte ; H. GUAINO et *alii* (Rapport), *Chômage : le cas français*, 1997, La Doc. française ; B. GAZIER, *Économie du travail et de l'emploi*, 2e éd., 1992, Dalloz ; R. HOLCMAN, *Le chômage, mécanismes économiques, conséquences sociales et humaines*, 1997, La Doc. française ; M. T. JOIN-LAMBERT (Rapport), *Chômage : mesures d'urgence et minima sociaux*, 1998, La Doc. française ; B. MARCEL, J. TAÏEB, *Le chômage aujourd'hui. Un phénomène pluriel*, 1997, Nathan ; M. MARUANI, E. REYNAUD, *Sociologie de l'emploi*, 1993, La Découverte ; P. NASSE (Rapport), *Exclus et exclusions. Connaître les populations, comprendre les processus*, Commissariat général du plan, 1992, La Doc. française ; S. WUHL, *Du chômage à l'exclusion ? L'état des politiques, l'apport des expériences*, 1991, Syros ; *Les exclus face à l'emploi*, 1992, Syros.

SECTION I — L'ÉVOLUTION DE LA POLITIQUE D'AIDE AUX CHÔMEURS

376 Pour à la fois comprendre cette évolution et en mesurer toute la portée, il convient tout d'abord de resituer la politique d'aide aux chômeurs dans son

environnement social et juridique — ce qui revient à en examiner les sources ou la raison d'être — avant de retracer les grandes étapes ayant marqué depuis un demi-siècle le processus d'élaboration de cette même politique.

§ 1. LES SOURCES DE LA POLITIQUE D'AIDE AUX CHÔMEURS

377 Des divers éléments qui sont à l'origine de la politique d'aide aux chômeurs et qui, au-delà, permettent d'expliquer l'approfondissement continu de celle-ci, il en est deux qui se révèlent décisifs : un élément d'ordre socio-économique qui tient à l'existence d'une population se trouvant provisoirement ou durablement sans emploi et dont l'importance varie selon les époques ; et un élément d'ordre politico-juridique qui tient à la reconnaissance progressive, par les gouvernants, d'un droit essentiel : le droit au travail.

A. LE PHÉNOMÈNE DU CHÔMAGE

378 Si le chômage a vu son importance varier au fil du temps, il a cependant acquis depuis deux décennies une ampleur considérable dont il convient de préciser à la fois les causes et les effets.

1° *L'ampleur du phénomène*

379 Le chômage est un phénomène à la fois ancien et récent : ancien, car il y toujours eu, au cours des siècles, des personnes ne pouvant trouver à s'employer du fait de la conjoncture économique ou de l'état de développement de la société ; et récent, car ce phénomène n'a commencé à acquérir une réelle spécificité qu'à la fin du XVIIIe siècle, lorsque la liberté du travail proclamée par le décret d'Allarde du 17 mars 1791 et l'abolition du corporatisme prononcée par la loi Le Chapelier les 14-17 juin de la même année ont précarisé le statut du travailleur en autorisant les employeurs à se séparer librement de leurs salariés. A partir de cette époque, le chômeur ne sera plus nécessairement rangé, ainsi que cela était le cas sous l'Ancien régime, dans la catégorie générique et indifférenciée des indigents à l'instar des malades, invalides ou vieillards sans ressources ; désormais, on aura de plus en plus tendance à classer les personnes dans le besoin dans des catégories distinctes selon l'origine de leur indigence, ce qui fera ainsi progressivement ressortir la particularité de la situation dans laquelle se trouvent les chômeurs (1).

Selon les normes internationales en vigueur, le chômeur est celui qui, âgé de plus de 15 ans, est à la fois sans travail durant une semaine, disponible pour exercer une activité à court délai (15 jours) et à la recherche effective d'un emploi (2).

(1) Tendance qui ne trouvera son véritable point d'achèvement qu'à la fin du XIXe siècle, lorsque les instruments statistiques seront suffisamment performants pour cerner la réalité du chômage et lorsqu'une définition objective du chômeur sera enfin donnée.

(2) Cette définition est critiquable tant parce qu'elle ne permet pas de connaître avec exactitude le nombre réel de chômeurs (ceux qui sont identifiables étant ceux qui sont inscrits à l'ANPE) que parce qu'elle écarte nombre de personnes qui peuvent être considérées à juste titre comme tels (jeunes en stage, personnes en conversion...) : sur la comptabilisation désormais en vigueur des demandeurs d'emploi, v. A. 5 mai 1995 ; sur l'appréhension juridique du demandeur d'emploi, v. L. CASAUX-LABRUNÉE, Qu'est-ce qu'un chômeur ?, *Dr. soc.*, 1996, p. 577.

Si le chômage a tout au long du XIXe siècle et jusqu'à la seconde guerre mondiale affecté une partie de la population active, son importance a cependant fortement varié au fil du temps : alors que l'on ne recensait au début de ce siècle qu'un peu plus de 300 000 personnes à la recherche d'un emploi, la courbe du chômage s'éleva brusquement avec la crise de 1929 au point d'atteindre plus de 800 000 chômeurs à la veille de la seconde guerre mondiale. De la Libération aux années précédant le premier choc pétrolier de 1973 (les « Trente glorieuses » au cours desquelles il fut procédé à la reconstruction du pays et fait massivement appel, faute de main d'œuvre, à des travailleurs étrangers), le chômage est très faible puisqu'il affecte en moyenne entre 50 000 et 180 000 personnes. Mais des années 1970 jusqu'en 1997-1998, il ne va cesser de croître : 400 000 chômeurs en 1973, 1 million en 1976, 2 millions en 1981, 3 millions en 1992, un peu moins de 3 500 000 en 1997. Qui plus est, ces chiffres ne reflètent qu'une partie seulement de la réalité : si l'on ajoute à ces demandeurs d'emploi les personnes qui ne sont pas inscrites comme tels pour diverses raisons (exemption possible d'inscription des bénéficiaires de l'allocation de solidarité spécifique âgés de plus de 55 ans, non inscription d'un grand nombre de personnes — femmes notamment — ayant perdu l'espoir de retrouver un travail, préretraités, etc.), le nombre de chômeurs ou de personnes directement touchées par les difficultés de l'emploi est alors de l'ordre de 5 à 7 millions...) (3) ; en revanche, si l'on retranche du nombre de ces demandeurs — conformément aux nouvelles règles d'évaluation aujourd'hui en vigueur —, tous ceux qui, bien qu'inscrits au chômage, ont eu une activité de plus de 78 heures dans le mois, ce nombre se trouve alors légèrement inférieur à 3 millions.

Par delà cette controverse classique sur les chiffres, il reste que l'on observe depuis le 1er semestre 1998 un début de reflux tout à fait conséquent ; alors que fin janvier 1997, le taux de chômage atteignait 12,8 % de la population active, il n'était plus que de 12 % un an plus tard et de 10,6 % au 1er janvier 2000 pour atteindre à cette date un peu plus de 2,58 millions de personnes : amélioration d'autant plus sensible que le nombre de chômeurs de longue durée est repassé alors sous la barre du million de personnes (4).

Parmi les personnes spécialement affectées, figurent les jeunes, les femmes ainsi que les chômeurs de longue durée (5). De plus, des sommes croissantes sont dépensées pour faire face au chômage : près de 300 milliards ont été consacrés à la lutte pour l'emploi en 1995-1996 (10 milliards en 1973), somme correspondant à 4 % du produit intérieur brut (0,9 % en 1973). Sur cette somme, 110 à 120 milliards ont été affectés à la seule indemnisation du chômage, soit 40 % de la dépense totale pour l'emploi et 1,5 % du PIB (6).

(3) H. GUAINO et *alii* (Rapport), *Chômage : le cas français*, p. 157 et s., 1997, La Doc. française. Par ailleurs, il faut rappeler que le nombre de chômeurs comptabilisés ne correspond pas au nombre de chômeurs réellement indemnisés : en décembre 1997, par exemple, il n'y avait que 2 396 500 chômeurs indemnisés alors qu'il y avait 3 027 800 demandeurs d'emploi inscrits...

(4) Le nombre de ces chômeurs a connu une baisse d'environ 11,4 % sur un an.

(5) Ces derniers sont les personnes inscrites comme demandeurs d'emploi pendant au moins 12 mois. La part des chômeurs de longue durée dans le chômage de masse qui était de 10 % en 1974, est passée à plus de 30 % en 1990 et à plus de 39 % en 1998.

(6) H. GUAINO et *alii, (op. cit.),* p. 36 et s. ; DARES, *La politique de l'emploi*, p. 28 et s., 1997, La Découverte.

2° L'explicitation du phénomène

380 Les causes de ce phénomène sont multiples ; d'un point de vue économique, elles permettent de déterminer plusieurs formes de chômage : le chômage conjoncturel ou cyclique qui provient d'une crise ou d'une récession économiques ; le chômage structurel ou technologique qui provient d'une inadaptation d'une région ou d'une profession aux progrès de la technologie ; le chômage frictionnel qui provient d'une mobilité insuffisante de la main-d'œuvre ; le chômage saisonnier qui provient d'une réduction ou suspension d'une activité à intervalles réguliers. D'un point de vue strictement juridique, cependant, elles se révèlent sans portée décisive : sur le plan du droit, en effet, il n'y a lieu de distinguer qu'entre le *chômage total*, lequel renvoie à l'absence ou à la rupture de relations contractuelles entre l'employeur et le salarié et le *chômage partiel*, lequel renvoie à une réduction ou à une suspension temporaire du travail avec maintien du lien contractuel existant entre ces mêmes employeur et salarié.

Quant aux effets du chômage, ils sont, on le sait, désastreux ; désastreux, tout d'abord, au regard du système global de protection sociale : la charge indemnitaire augmentant en période de sous-emploi alors que, par hypothèse, les versements des salariés diminuent du fait de la réduction du nombre de cotisants ; désastreux, ensuite, au regard de l'économie : le chômage ou la peur que l'on en a freinant la consommation, donc les investissements et l'emploi ; désastreux, encore, au regard des principes mêmes qui fondent le lien politique et social : le chômage impliquant à la fois la perte de dignité du chômeur de longue durée, le risque corrélatif de marginalisation et d'exclusion de celui-ci ainsi que le risque de désespérance et de révolte de jeunes sans avenir, le danger de dissolution du consensus républicain dans la mesure où il ôte toute perspective à certaines franges de la population et donne corps à l'idée d'un avènement imminent d'une société duale ou encore la menace d'une désagrégation progressive de la collectivité sous l'effet de la misère et de l'exclusion et de leur cortège de fléaux (drogue, alcoolisme, prostitution, délinquance...). Autant de conséquences qui expliquent l'intérêt manifesté par les pouvoirs publics en la matière, intérêt qui se trouve par ailleurs largement conforté, sur le plan juridique, par la reconnaissance dont a fait l'objet dans le texte suprême le droit au travail.

B. LA RECONNAISSANCE DU DROIT AU TRAVAIL

381 Après avoir été longtemps au cœur de la question sociale, le droit au travail a été expressément reconnu par le préambule de la constitution du 27 octobre 1946 avant de se voir à plusieurs reprises précisé dans sa portée par le conseil constitutionnel.

1° Les antécédents historiques

382 L'idée selon laquelle la collectivité est tenue de fournir du travail ou, à défaut, des moyens de subsistance à ceux qui sont sans emploi est fort ancienne : on en trouve trace dès le XVIIIe siècle, aussi bien dans les écrits d'un grand nombre de réformateurs que, surtout, dans les projets de déclaration des droits rédigés ou adoptés

au plus fort de la Révolution française (7). Néanmoins, c'est principalement au siècle suivant, avec le développement de la classe ouvrière et l'essor des doctrines socialistes que cette idée va devenir peu à peu non seulement l'une des exigences fondamentales de tous ceux qui s'affirment partisans d'une réforme en profondeur de la société, mais encore l'une des revendications principales des révolutionnaires de 1848.

Sans doute, et contrairement à ce que l'on affirme souvent, le droit que voulaient voir consacré une partie de ceux qui participèrent au débat constitutionnel avait-il un contenu fort différent de celui qui lui était donné à l'époque par certains socialistes : ce « droit » devant s'analyser beaucoup moins comme un droit véritable au travail (c'est-à-dire comme un droit pour l'individu de prétendre à un emploi conforme à ses aptitudes en échange d'une rémunération comparable à celle du marché) que — dans la mesure où ces deux conditions n'étaient pas exigées — comme un droit à l'assistance par le travail... Mais même sous cette forme édulcorée, le droit revendiqué alors par les républicains réformateurs ne parviendra pas à être sanctionné : le constituant de 1848 n'ayant accepté d'assigner à la société qu'un simple devoir (celui d'assurer l'existence des citoyens nécessiteux « en leur procurant du travail dans la limite de ses ressources ») et qu'un simple engagement (celui de favoriser l'emploi par l'établissement de « travaux publics propres à employer les bras inoccupés ») (8).

Néanmoins, en instaurant le suffrage universel, les hommes de 1848 permirent à la classe ouvrière de faire adopter progressivement un certain nombre de mesures (aides de la puissance publique en matière de recherche d'emploi, instauration d'allocations de chômage) grâce auxquelles le droit au travail connut, à défaut d'une reconnaissance officielle de la part du constituant, un réel début de concrétisation. C'est dire qu'en proclamant de manière solennelle le droit au travail, la 4e République ne fit rien d'autre, finalement, que parachever une évolution en marche depuis plusieurs décennies.

2° Le préambule de la constitution du 27 octobre 1946

383 C'est à l'alinéa 5 du préambule de la constitution de 1946 qu'est expressément affirmé, on le sait, le droit au travail : cet alinéa disposant notamment que « chacun a le devoir de travailler et le droit d'obtenir un emploi » (9). Sans doute, la valeur dernière de cette affirmation ne doit-elle pas être exagérée : en effet, il est ici au moins deux limites qui en restreignent sensiblement la portée. La première limite tient au fait que l'étendue voire l'existence du droit se trouvent étroitement subordonnées, à

(7) On doit cependant souligner — même si certains révolutionnaires n'hésitèrent pas à revendiquer un droit au travail pour tous et non pas seulement pour les indigents (Robespierre) ou un droit au travail à ce point exigeant que chaque chômeur devait toujours pouvoir escompter de l'État qu'il lui fournisse un emploi en tous temps contre une rémunération comparable à celle obtenue sur le marché (Daunou) — qu'à cette époque, un lien très étroit fut établi entre le devoir pour la société de fournir du travail à ceux qui en manquaient et l'affirmation du principe d'assistance (v. le titre I de la constitution de 1791 ou l'art. 21 de la Déclaration du 24 juin 1793) : sur le droit au travail sous la Révolution, v. M. Borgetto, *La notion de fraternité en droit public français (op. cit.)*, p. 144-189 ; Le droit aux secours publics dans les Déclarations de l'an I, p. 145, *in Les Déclarations de l'an I*, 1995, PUF.

(8) Sur la revendication du droit au travail avant et sous la 2e République, v. M. Borgetto, *La notion de fraternité... (op. cit.)*, pp. 245-247 et 280-301 ; Le droit au travail et à l'assistance dans le débat constitutionnel de 1848, *in Les droits de l'homme et le suffrage universel 1848-1998* (Colloque international de Grenoble), 1998 (à paraître).

(9) V. *supra*, n° 54.

l'instar des autres droits-créances, à l'attitude adoptée par le pouvoir législatif ou réglementaire : puisque c'est à ce seul pouvoir qu'il revient de créer les conditions permettant audit droit de prendre corps, le chômeur ne disposant d'aucune action en justice lui offrant la possibilité d'exiger de l'État qu'il en assure la garantie. Quant à la seconde limite, elle tient au fait que le constituant a lui-même formellement prévu — dans la mesure où il a pris la peine, à l'alinéa 11 du préambule, de poser le principe d'une aide apportée aux chômeurs — que le droit d'obtenir un emploi puisse ne pas être pleinement réalisé et effectif.

Pour autant, cet alinéa 5 ne s'en révèle pas moins tout à fait décisif : d'abord, parce qu'en étant pour la première fois nettement distingué du devoir d'assistance, le droit d'obtenir un emploi s'affirme comme un droit à part entière devant s'analyser désormais beaucoup moins comme une contrepartie ou une modalité de l'assistance sociale que comme un droit inhérent à la personne humaine. Ensuite — et ceci découle de cela — parce que si ce droit n'assigne certes pas aux pouvoirs publics une obligation de résultat et, au-delà, ne leur impose certes pas de fournir à tous les chômeurs un emploi — ce qui impliquerait une véritable « organisation du travail » incompatible avec le principe de liberté qui s'attache à ce dernier —, il leur assigne néanmoins une obligation de moyens : en d'autres termes, l'État est juridiquement tenu, dans la mesure où la sauvegarde de l'emploi se présente comme un véritable objectif constitutionnel, de tout mettre en œuvre pour permettre à chacun d'avoir un travail. Enfin, parce que de même que le devoir de travailler est susceptible de justifier certaines dispositions telles que celles visant à réduire ou à supprimer les avantages sociaux des personnes refusant un travail sans motif légitime, de même le droit d'obtenir un emploi est susceptible non seulement de justifier mais aussi d'imposer — dès lors qu'on le couple avec d'autres dispositions de valeur constitutionnelle — un certain nombre de mesures concrètes : couplé avec l'alinéa 11 qui affirme le droit d'obtenir des moyens convenables d'existence, il justifie aussi bien l'institution d'un système d'assurance chômage obligatoire placé sous le contrôle des pouvoirs publics que la mise en place d'un revenu minimal garanti à ceux qui, faute de travail, sont dans une situation de dénuement ; couplé avec l'alinéa 13 qui affirme l'égal accès de l'enfant et de l'adulte à la formation professionnelle, il justifie l'existence des divers dispositifs visant à fournir une formation à tous ceux qui sont menacés ou touchés par le chômage (10).

En conférant de la sorte valeur constitutionnelle à ces diverses applications du droit au travail, le constituant de 1946 a donc fait œuvre novatrice : ces dernières se voyant désormais protégées, grâce à la jurisprudence du Conseil constitutionnel, des atteintes éventuelles du législateur, lequel serait à coup sûr censuré s'il entendait supprimer lesdites applications sans accorder en contrepartie des garanties légales au moins équivalentes (11).

Par ailleurs, on observera que ce même Conseil constitutionnel a été amené à plusieurs reprises à préciser le contenu du droit au travail. Après avoir considéré qu'il appartenait au législateur, en vertu de l'article 34 du texte suprême, « de poser les

(10) Dès lors que la formation professionnelle est un objectif constitutionnel qu'il incombe aux pouvoirs publics de mettre en œuvre, il est clair que la loi ne pourrait la supprimer purement et simplement ni en confier la charge aux seules entreprises privées : en ce sens, v. F. LUCHAIRE, *La protection constitutionnelle des droits et des libertés*, p. 322, 1987, Economica.

(11) Sur cette jurisprudence, v. *supra*, n° 55 et s.

règles propres à assurer au mieux le droit pour chacun d'obtenir un emploi, en vue de permettre l'exercice de ce droit au plus grand nombre possible d'intéressés » (12), il a en effet jugé qu'une loi pouvait valablement interdire le cumul d'une pension de retraite et d'un revenu du travail voire faire contribuer les personnes exerçant une activité professionnelle à l'indemnisation de celles qui en sont privées dès lors que cette contribution n'était pas contraire, eu égard à son montant, au principe d'égalité des citoyens devant les charges publiques (13). De manière plus générale, on observera encore qu'en tant qu'objectif constitutionnel devant être concilié avec d'autres objectifs ou principes de même valeur, le droit d'obtenir un emploi a été amené à limiter certains principes fondamentaux tels que la liberté d'entreprendre ou le principe d'égalité et, par là même, à justifier certaines mesures spécifiques en faveur des jeunes, des handicapés ou des travailleurs de zones particulièrement défavorisées (14).

384 **Bibliographie.** V. n° 53, 57, 61 ; *adde* M. BORGETTO, L'alinéa 5 du préambule, *in* G. CONAC, X. PRÉTOT, G. TEBOUL, *Le préambule de la constitution du 27 octobre 1946*, 2000, Dalloz ; Le droit au travail et à l'assistance dans le débat constitutionnel de 1848, *in Les droits de l'homme et le suffrage universel 1848-1998* (Colloque international de Grenoble), 1998 (à paraître) ; DIVERS, *Les sans-emploi et la loi. Hier et aujourd'hui* (Actes du Colloque de Nantes, juin 1987), 1988, Éd. Calligrammes ; G. LYON-CAEN, La jurisprudence du Conseil constitutionnel intéressant le droit du travail, *D.*, 1989, p. 289 ; R. SALAIS, N. BAVEREZ, B. REYNAUD, *L'invention du chômage*, 1986, PUF ; C. TOPALOV, *Naissance du chômeur (1880-1910)*, 1994, Albin Michel.

§ 2. L'ÉLABORATION DE LA POLITIQUE ACTUELLE D'AIDE AUX CHÔMEURS

385 La politique d'aide aux chômeurs s'est développée pour l'essentiel dans deux directions : elle a tendu d'une part à mettre en place un système d'indemnisation du chômage, d'autre part à mettre en œuvre une politique globale de l'emploi afin de permettre l'insertion des personnes en situation de chômage ou menacées d'y être.

A. LA MISE EN PLACE D'UN SYSTÈME D'INDEMNISATION DU CHÔMAGE

386 La mise en place du système actuel d'indemnisation a été marquée par de nombreuses et durables incertitudes quant à la nature des principes à privilégier : principe d'assurance ou principe d'assistance ? Système dualiste ou système unique ? Après avoir été longtemps hésitant, le système actuel s'est enfin — provisoirement ? — stabilisé en retenant le principe d'un système dualiste recourant à la fois à l'assurance et à l'assistance.

---

(12) Décision n° 83-156 DC, 28 mai 1983, *RCC*, p. 41 ; *AJDA*, 1983, p. 619, note R. F. LE BRIS ; dans le même sens, v. encore la décision n° 64-134 DC du 5 janvier 1982 (*RCC*, p. 15 ; *Dr. soc.*, 1984, p. 159, note L. HAMON ; *Rev. adm.*, 1982, p. 384, note M. de VILLIERS) ou la décision n° 85-200 DC du 16 janvier 1986 (*RCC*, p. 9 ; *Dr. soc.*, 1986, p. 372, note Y. GAUDEMET ; *AIJC*, 1986, chr. B. GENEVOIS, p. 445 ; *RDSS*, 1986, p. 347, note X. PRÉTOT).

(13) Décision n° 85-200 DC, 16 janvier 1986, précitée.

(14) V. par exemple la décision n° 86-207 DC des 25-26 juin 1986, *RCC*, p. 61.

1° La formation du système actuel

387 Après avoir pris naissance, au début du XIXe siècle, au sein du mouvement mutualiste, la protection contre le risque de chômage est longtemps restée cantonnée au cercle étroit des sociétés de secours mutuels ou des syndicats ; il faut attendre la loi du 22 avril 1905 pour que, face au nombre modeste de salariés protégés contre ce risque, l'État se décide à intervenir : il le fera en accordant des subventions aux organismes privés et aux collectivités locales désireux de venir en aide aux chômeurs ; cette loi sera complétée un peu plus tard par la création d'un Fonds national de chômage (20 août 1914) destiné à fournir une aide financière aux départements et aux communes qui délivrent des secours aux chômeurs, puis par diverses mesures visant à indemniser le chômage partiel ou à réaménager les textes existants (15) : un système dualiste de protection du chômeur était ainsi mis en place, qui s'articulait autour de caisses privées fonctionnant principalement — même si elles pouvaient recevoir des subventions — grâce à des cotisations et autour de caisses locales (communales et départementales) fonctionnant exclusivement grâce à des fonds publics. La loi du 11 octobre 1940 transféra à l'État les dépenses prises en charge par ces dernières et établit une liaison entre les opérations de placement des chômeurs et les secours qui leur étaient attribués.

La ratification en 1948 par la France de la Convention n° 44 de 1919 révisée en 1934 du BIT portant sur le chômage conduisit à une refonte des textes, laquelle fut opérée par le décret n° 51-319 du 12 mars 1951 (16). Mais face à la fois à sa conformité douteuse à cette convention, au souci des pouvoirs publics d'harmoniser les systèmes de protection sociale des États membres de la CEE après la signature en 1957 du Traité de Rome et à la crainte subséquente de voir le chômage augmenter, le système fut profondément amendé par les partenaires sociaux qui conclurent le 31 décembre 1958 un accord national. Aux termes de cet accord, était créé un régime d'assurance chômage s'ajoutant à l'aide publique et se caractérisant à la fois par des cotisations et des prestations proportionnelles aux salaires et par une gestion confiée à des organismes paritaires (les ASSEDIC) coiffés par une instance nationale (l'UNEDIC). Les salariés relevant de ce nouveau régime percevaient une allocation d'assurance (35 % du salaire de référence) à laquelle s'ajoutait l'allocation d'assistance, d'un montant forfaitaire et sensiblement inférieur.

Après avoir fait l'objet de diverses retouches (17), le nouveau régime, qui était en butte à des critiques croissantes portant notamment sur les inégalités qu'il consacrait entre les chômeurs ainsi que sur certaines incohérences de son mode de fonctionnement (18) subit, à partir des années 1970, le contrecoup de la crise économique et de l'augmentation rapide du nombre de chômeurs. Pour remédier au déficit qui se creusait et faire face à la mésentente existant entre les parties signataires de la convention de 1958, le législateur intervint en janvier 1979 (19) et posa un certain

(15) D. 10 mars 1931 et 6 mai 1939.

(16) Cette convention imposait à l'État de garantir aux chômeurs une indemnité d'assurance, ou une allocation en contrepartie de travaux, ou encore une combinaison d'indemnités et d'allocations.

(17) L'ordonnance n° 67-580 du 13 juillet 1967 instaura un organisme payeur unique ; les accords des 27 mars 1972, 14 octobre 1974, 13 juin 1977 établirent des garanties de ressources pour les salariés licenciés en raison de leur âge, pour motif économique, puis démissionnaires.

(18) F. MERCEREAU, L'inégalité dans le chômage, *Dr. soc.*, 1977, p. 28 et T. BÉRANGER, Quinze ans d'assurance chômage, *Dr. soc.*, 1975, p. 133.

(19) Loi-cadre n° 79-32, 16 janvier 1979.

nombre de principes novateurs que les partenaires sociaux furent chargés de mettre en œuvre par voie de convention (20) : substitution aux deux régimes antérieurs d'un régime unique financé à la fois par des cotisations et des subventions de l'État ; suppression de l'aide publique et maintien des seules allocations d'assurance ; renforcement du caractère paritaire de la gestion ; instauration, en faveur des chômeurs, d'un interlocuteur unique : les ASSEDIC.

Mais cette réforme, qui marquait une montée en puissance des pouvoirs publics dans l'organisation et le fonctionnement du système, se heurta aussitôt à des difficultés liées en particulier à la hausse continue du chômage : suite à l'échec d'une nouvelle négociation et à la dénonciation de l'accord de 1958 par le CNPF, le gouvernement adopta et fit adopter des mesures drastiques : augmentation des cotisations, diminution des droits reconnus aux chômeurs, institution d'une contribution de solidarité à la charge des fonctionnaires (21). Après plus d'un an de discussions et de tergiversations, les partenaires sociaux parvinrent enfin à un accord duquel allait ressortir notre système actuel d'indemnisation du chômage.

2° Le système actuel

388 Début 1984, plusieurs accords faisant intervenir les partenaires sociaux puis les pouvoirs publics réforment une nouvelle fois, avec le concours de deux ordonnances, le système d'indemnisation du chômage (22). Cette réforme supprime le régime unifié et consacre le retour à une dualité de régimes : un régime fondé sur l'assurance et un régime fondé sur la solidarité. Le premier régime, qui se propose de garantir les salaires, est financé par des cotisations et voit sa réglementation confiée aux partenaires sociaux qui procèdent par voie de convention dans le cadre fixé par la loi ; le second régime, qui se propose d'accorder un revenu minimal (garantie de ressources de caractère alimentaire), est financé par l'État et voit son mode d'organisation et de fonctionnement déterminé par voie de décret. Par ailleurs, cette réforme maintient le système du guichet unique (les ASSEDIC restant compétentes pour servir les prestations des deux régimes) et ne prévoit plus le cumul des allocations (celles-ci étant servies le cas échéant, contrairement à ce qui prévalait avant 1979, de manière successive et non plus simultanée).

Plusieurs fois modifié depuis 1984, notamment en raison des difficultés financières du régime d'assurance chômage, le système alors mis en place est, dans ses grandes lignes, toujours en vigueur aujourd'hui (23). Il se trouve consacré par les articles

(20) Un accord survint le 16 mars 1979 et aboutit à une nouvelle convention (27 mars 1979).

(21) D. n° 82-940, 4 novembre 1982, D. n° 82-991, 24 novembre 1982 et L. n° 82-939, 4 novembre 1982. Cette loi affecte (sauf exceptions concernant les territoires d'outre-mer) l'ensemble des agents des collectivités publiques et institutions assimilées ; quant au produit de la contribution, il est alors versé au Fonds national de solidarité afin de contribuer au financement du régime de solidarité.

(22) V. le protocole du 10 janvier 1984 et l'accord du 9 février 1984 ainsi que les ordonnances n° 84-106 du 16 février 1984 et n° 84-198 du 21 mars 1984.

(23) Parmi les nombreuses modifications du régime d'assurance survenues depuis 1984, il convient notamment de signaler celles résultant de l'accord du 18 juillet 1992 qui substitue une allocation unique dégressive (AUD) aux anciennes allocations de base et de fin de droits, de l'accord du 22 juillet 1993 aux termes duquel l'État s'est engagé, pour contribuer à résorber le déficit de ce régime, à lui apporter un soutien financier de 10 milliards de F par an pendant dix ans et de l'accord du 19 décembre 1996 qui améliore l'indemnisation tout en réduisant le taux des cotisations.

L. 351-1 et L. 351-2 du Code du travail ; le premier article pose à la fois le principe d'une indemnisation et les conditions générales requises pour bénéficier de celle-ci : « en complément des mesures tendant à faciliter leur reclassement ou leur conversion, les travailleurs involontairement privés d'emploi, aptes au travail et recherchant un emploi, ont droit à un revenu de remplacement » ; le second article précise quant à lui les modalités pouvant être revêtues par ledit revenu, lequel peut prendre la forme — outre d'allocations servies par des régimes particuliers (24) — ou bien d'une allocation d'assurance, ou bien d'allocations de solidarité.

Sur le plan administratif, le système est régi assez largement par le droit public : qu'il s'agisse du régime d'assurance chômage, lequel fonctionne sous l'égide d'organismes de droit privé chargés d'une mission de service public ou qu'il s'agisse, bien évidemment, du régime de solidarité, lequel se présente — même s'il ne figure pas, à l'instar de celui d'assurance, dans le Code de la famille et de l'aide sociale mais dans le Code du travail — comme une branche du service public de l'aide sociale ; par ailleurs, son contentieux relève pour une part variable de la compétence des tribunaux administratifs : part qui est certes relativement faible pour ce qui est du régime d'assurance (25) mais qui se révèle en revanche dominante voire exclusive pour ce qui est du régime de solidarité (26).

B. LA MISE EN ŒUVRE D'UNE POLITIQUE GLOBALE DE L'EMPLOI

389 Si la mise en œuvre d'une politique globale de l'emploi apparaît comme un complément nécessaire de la politique d'indemnisation dans la mesure où elle vise à lutter contre le chômage lui-même, elle se heurte, cependant, à un certain nombre d'obstacles dont certains ont pour effet d'en limiter de manière parfois sensible l'efficacité.

1° La lutte contre le chômage

390 Pour venir en aide aux chômeurs et lutter pour l'emploi, les pouvoirs publics peuvent agir de différentes façons. Ils peuvent agir, tout d'abord, en se plaçant en aval du chômage. Leur intervention a alors essentiellement pour but de tenter de remédier aux conséquences néfastes de celui-ci : en l'occurrence, cette intervention prend surtout la forme d'une indemnisation versée au chômeur afin de lui procurer, durant sa période d'inactivité, un « revenu de remplacement ».

Mais pour essentielle qu'elle soit, l'indemnisation du chômage ne constitue cependant nullement une fin en soi ; si l'on ne perd pas de vue qu'elle n'a d'autre but que de permettre aux chômeurs de trouver ou de retrouver à terme une activité, il est clair qu'elle ne saurait s'analyser, en toute logique, que comme une expression

(24) Sur ces régimes particuliers, v. *C. trav.*, art. L. 351-12 à L. 351-15.

(25) Sur la mission de service public assumée par le régime d'assurance et sur le contentieux de ce régime, v. X. PRÉTOT, *Les grands arrêts du droit de la sécurité sociale (op. cit.)*, p. 621 et s.

(26) CE, 13 novembre 1991, Min. Travail c/ M. Schneider, *Dr. soc.*, 1992, p. 405, concl. G. LE CHATELIER ; *RFDA*, 1993, p. 816, note J. P. CHAUCHARD ; sur ce point, v. X. PRÉTOT, La répartition des compétences juridictionnelles en matière d'indemnisation du chômage, *RDSS*, 1988, p. 403.

parmi d'autres, sans doute capitale mais non exclusive, d'une politique beaucoup plus vaste : la politique globale de l'emploi.

C'est dire qu'à côté des interventions visant à procurer un revenu aux chômeurs, il y a place pour d'autres interventions ayant des objets très variés. Certaines sont situées également en aval du chômage : ainsi des aides à la création, par des demandeurs d'emploi, d'une entreprise ; ainsi encore des aides en faveur des chômeurs qui connaissent des difficultés spécifiques d'insertion, aides qui se traduisent notamment par l'organisation de stages collectifs ou individualisés ou de contrats de type particulier tels que les contrats emploi-solidarité, les contrats emploi-consolidé, les contrats initiative-emploi, etc.

Mais d'autres interventions se situent davantage en amont du chômage et visent, elles, beaucoup moins à soigner les conséquences de celui-ci qu'à en prévenir la survenance. Ces aides, qui ont connu depuis plusieurs décennies un essor considérable aussi bien en ce qui concerne leur nombre qu'en ce qui concerne l'étendue de leur champ d'application, peuvent prendre des formes diverses. Certaines ont pour objectif prioritaire d'améliorer la formation des salariés se trouvant au chômage ou qui sont menacés à brève échéance de s'y trouver : ainsi par exemple des aides à la formation professionnelle ou à la conversion, des allocations de formation-reclassement, des conventions du Fonds national de l'emploi, etc. D'autres ont surtout pour objectif de compléter la formation de publics à la recherche d'un premier emploi — c'est-à-dire principalement les jeunes — tout en les familiarisant à la vie en entreprise : ainsi par exemple des aides aux contrats en alternance, aux stages de formation, à l'apprentissage, etc. D'autres, enfin, ont pour but premier de favoriser l'embauche en accordant aux employeurs un certain nombre d'avantages : exonérations de charges sociales ou d'impôts, primes forfaitaires versées à l'entreprise...

Toutes ces mesures, qui relèvent de ce qu'il est convenu d'appeler la politique globale de l'emploi, ne sauraient donc être dissociées, en toute rigueur, de celles consistant à fournir un revenu de remplacement aux personnes touchées par la crise ; ayant à la fois pour but de prévenir ou de lutter contre l'exclusion et pour objet de créer les conditions ou les instruments permettant de s'approcher de ce but, elles font partie intégrante — ce qui justifie qu'elles trouvent tout naturellement place dans cet ouvrage — de la politique d'aide et d'action sociales mise en œuvre par les pouvoirs publics en faveur des personnes affectées par le chômage : politique qui, si elle contribue sans doute à réduire l'ampleur de celui-ci, n'est pas sans connaître cependant un certain nombre de difficultés.

2° Les difficultés rencontrées par la politique de l'emploi

391 Les problèmes posés par la politique d'aide aux chômeurs et, plus globalement, par la politique de l'emploi sont fort nombreux. Parmi ceux qui apparaissent comme les plus préoccupants, on mentionnera tout d'abord — outre les problèmes posés par l'attribution d'un revenu de remplacement aux chômeurs (27) — l'évolution de la

(27) L'attribution de ce revenu pose deux problèmes spécifiques : un problème bien connu de financement dans la mesure où, en période de chômage, la charge indemnitaire augmente alors que, par hypothèse, les versements des salariés diminuent du fait de la réduction du nombre de cotisants. Et un problème classique d'évaluation des indemnités dans la mesure où un montant trop élevé de celles-ci pourrait avoir pour effet de décourager la prise ou la reprise d'une activité.

structure de la population à la recherche d'un emploi. En effet, cette évolution a permis de procéder, au cours des quinze dernières années, à deux constats peu encourageants ; le premier a trait à la hausse rapide du nombre de chômeurs relevant du régime de solidarité : hausse qui s'explique à la fois par l'afflux de demandeurs d'emploi ayant épuisé leurs droits dans le régime d'assurance et par la multiplication des emplois précaires dont la durée est trop brève pour ouvrir droit au bénéfice de ce dernier (28). Le second constat a trait à la présence persistante d'un fort taux de chômage quel que soit l'état de la conjoncture, y compris lorsque celle-ci traduit une reprise de la croissance économique. L'expérience des années 1988-1990 (années de croissance) se révèle à cet égard fort éclairante ; malgré la création au cours de cette période de près de 700 000 emplois, le taux de chômage global n'a que faiblement baissé : seuls 60 000 emplois ont pu être occupés par des chômeurs. Situation qui apparaît, en l'espèce, d'autant plus inquiétante que de nombreuses enquêtes tendent à montrer — outre l'augmentation continue de leur nombre — l'existence d'une « spirale de l'exclusion » concernant les chômeurs de longue durée (29) : ceux-ci éprouvant de grandes difficultés à retrouver un emploi, difficultés qui s'accroissent au fur et à mesure que s'allonge la durée d'inactivité.

On mentionnera également les faiblesses de la politique de formation professionnelle et, plus généralement, les insuffisances de la politique d'insertion des jeunes : ces politiques se caractérisant à la fois, ainsi qu'on l'a souvent souligné, par des circuits financiers inadaptés car générateurs d'inégalités entre les entreprises (lesquelles doivent contribuer à la formation) et d'incohérences dues à la sédimentation des dispositifs en vigueur ; par des systèmes de collecte peu rationnels et par des contrôles trop rares des organismes formateurs de la part des pouvoirs publics (ce qui, en consacrant une inadéquation entre les offres de formation et les besoins réels des publics concernés, est source de gaspillages non négligeables) ; ou encore par une abondance de dispositifs de courte durée, assez mal coordonnés entre eux et changeant très fréquemment (30). On mentionnera enfin (31) la multiplicité des institutions intervenant en matière de lutte contre le chômage, la faiblesse de leurs moyens, l'éclatement des responsabilités entre des organismes chargés de la gestion d'un même dispositif, l'insuffisante coordination entre les politiques d'emploi et les autres politiques publiques : autant de dysfonctionnements qui nécessiteraient à coup sûr une réforme profonde de l'Administration chargée d'intervenir dans ce domaine (32).

Si la politique d'aide aux chômeurs et de lutte pour l'emploi n'est donc pas sans se heurter à un certain nombre de difficultés qui en limitent parfois de manière notable

(28) Un quart des chômeurs est désormais indemnisé au titre de la solidarité, la moitié seulement au titre de l'assurance, le quart restant ne bénéficiant d'aucune indemnité...

(29) Sur le « chômage d'exclusion », v. P. NASSE (Rapport), *Exclus et exclusions. Connaître les populations, comprendre les processus*, p. 49 et s. et p. 84 et s., 1992, La Doc. française ou B. FRAGONARD (Rapport), *Cohésion sociale et prévention de l'exclusion*, p. 109 et s., 1993, La Doc. française (v. aussi *infra*, n° 407 et s.).

(30) V. IGAS, *Rapport 1994*, p. 47, 1995 ou G. DE GAULLE-ANTHONIOZ, *Avis sur la grande pauvreté*, Cons. écon. et soc., p. 20, 1995.

(31) D'autres problèmes pourraient être ici évoqués : montant très faible des allocations du régime de solidarité, baisse sensible des droits ouverts aux bénéficiaires du régime d'assurance, dérives de nombreux dispositifs d'aide à l'insertion aboutissant à privilégier les personnes les plus qualifiées aux dépens des autres ou encore inefficacité patente des diverses aides à l'emploi.

(32) V. J. PICQ, *L'État en France. Servir une nation ouverte sur le monde* (Rapport), p. 91-92, 1995, La Doc. française, M. PÉRICARD et H. NOVELLI (Rapport), *Les aides à l'emploi*, 2 tomes, JOAN, n° 2943, 1996 ou C. DANIEL, Les politiques d'emploi : une révolution silencieuse, *Dr. soc.*, 1998, p. 3.

l'efficacité dernière, elle n'en apparaît pas moins comme l'une des politiques les plus essentielles et les plus indispensables qu'il incombe aux pouvoirs publics de mettre en œuvre : non pas seulement parce que cette politique a jusqu'à présent permis d'éviter — malgré ses lacunes — un nombre accru de chômeurs et, au-delà, a permis et permet d'alléger les souffrances de ceux qui sont en situation de précarité (33) ; mais aussi et surtout parce qu'en étant imposée par plusieurs alinéas de la loi fondamentale, elle apparaît à la fois comme une stricte application du Droit et comme une conséquence logique et nécessaire, car lui étant consubstantielle, de l'idée même de Démocratie.

392 **Bibliographie.** A. ARSEGUEL, Vers un infléchissement des missions du régime d'assurance chômage, *Dr. soc.*, 1996, p. 586 ; M. AUBRY (Dir.), *Relations sociales et emploi*, Commissariat général du Plan, La Doc. française, 1989 ; G. BAPT, *Les aides publiques aux entreprises en matière d'emploi : bilan et perspectives* (Rapport AN, n° 1547 et Rapport Sénat, n° 329), Off. parlem. éval. polit. pub., 1999 ; W. BAUDRILLART, J. F. COLIN, Le nouveau régime de l'indemnisation du chômage : les prémisses de la vraie réforme, *Dr. soc.*, 1979, p. 495 ; T. BÉRANGER, L'unification des systèmes d'aide aux travailleurs privés d'emploi, *Dr. soc.*, 1975, p. 96 ; C. DANIEL, Les politiques d'emploi : une révolution silencieuse, *Dr. soc.*, 1998, p. 3 ; L'indemnisation des chômeurs : de la réduction des droits à une protection sociale éclatée, *Dr. soc.*, 1999, p. 1065 ; C. DANIEL, C. TUCHSZIRER, *L'État face aux chômeurs. L'indemnisation du chômage de 1884 à nos jours*, 1999, Flammarion ; J. L. DAYAN, L'avenir de l'assurance chômage : à nouveaux risques, nouveau régime ?, *Dr. soc.*, 1996, p. 670 ; J. P. DOMERGUE, Le droit du chômage ou du non-emploi, *Dr. soc.*, 1997, p. 463 ; M. ELBAUM, Coût du chômage, dépenses passives, traitement social : quelles significations pour un redéploiement ?, *Dr. soc.*, 1996, p. 451 ; J. B. de FOUCAULD, Une citoyenneté pour les chômeurs, *Dr. soc.*, 1992, p. 653 ; P. GARONNA, Indemnisation du chômage et politiques de l'emploi, *RFAS*, 1990, n° 3, p. 73 ; F. MODERNE, Le nouveau régime de l'indemnisation du chômage et le droit public, *Dr. soc.*, 1979, p. 505 ; B. OUDIN, La convention du 31 décembre 1958 relative à la création de l'allocation-chômage, *Dr. soc.*, 1959, p. 370 ; Y. ROUSSEAU, Le contentieux du non-emploi, *Dr. soc.*, 1999, p. 258 ; C. WILLMANN, *L'identité juridique du chômeur*, 1998, LGDJ.

SECTION II LES AIDES RELEVANT D'UNE POLITIQUE DE RESSOURCES

393 Ces aides qui prennent la forme d'allocations en espèces et qui ne sont attribuées qu'à titre subsidiaire sont variées : la personne privée d'emploi pouvant bénéficier, sous certaines conditions, des allocations versées dans le cadre du régime de solidarité en cas de chômage total (§ 1) ainsi que, le cas échéant, d'autres allocations versées dans le cadre de dispositions différentes (§ 2).

§ 1. LES ALLOCATIONS DU RÉGIME DE SOLIDARITÉ EN CAS DE CHÔMAGE TOTAL

394 Le régime actuel de solidarité comprend deux allocations principales — l'allocation de solidarité spécifique (ASS) et l'allocation d'insertion (AI) —

(33) Même si les « effets d'aubaine » sont importants, on estime généralement à environ 500 000 le nombre d'emplois sauvés grâce à la mise en œuvre de cette politique : politique qui permet par ailleurs d'éviter — et là n'est pas le moindre de ses mérites « que des personnes s'éloignent durablement des processus de socialisation par le travail » (CSERC, *Inégalités d'emploi et de revenus. Les années 90*, p. 13, 1996, La Doc. française).

auxquelles a été ajoutée récemment une allocation spécifique d'attente (ASA) en faveur de certains chômeurs en vue de compléter l'ensemble du dispositif.

A. L'ALLOCATION DE SOLIDARITÉ SPÉCIFIQUE

395 Cette allocation est prévue par les articles L. 351-10 et R. 351-13 et suivants du Code du travail qui précisent les conditions, les modalités et les effets de l'attribution (34). Elle bénéficie principalement (35) à deux grandes catégories de personnes : d'une part celles qui ont épuisé leurs droits à l'allocation d'assurance et qui satisfont à des conditions d'activité antérieure et de ressources ; d'autre part celles qui, âgées de 50 ans au moins et déjà bénéficiaires de cette dernière, optent pour la perception de l'allocation de solidarité (étant entendu que le service de l'allocation d'assurance se trouve alors interrompu).

Les postulants doivent justifier de 5 ans d'activité salariée dans les 10 ans précédant la fin du contrat de travail ayant ouvert leurs droits aux allocations d'assurance (36). Ils doivent être aptes à travailler et rechercher effectivement un emploi (37). Ils doivent justifier à la date de la demande de ressources mensuelles inférieures à un plafond égal à 70 fois le montant journalier de l'allocation pour une personne seule et à 140 ou 110 fois (38) ce montant pour un couple (39). Lorsque les ressources prises en considération — lesquelles comprennent l'allocation de solidarité (40) — excèdent le plafond, il est procédé au versement d'une allocation différentielle à concurrence d'un montant global de ressources égal à ce dernier. La demande d'allocation doit être présentée à l'ASSEDIC dans un délai de deux ans à compter du jour où les conditions requises pour y prétendre sont remplies. L'ASSEDIC instruit le dossier puis le transmet au directeur départemental du travail qui statue par délégation du préfet ; après s'être prononcé sur l'effectivité de la recherche d'emploi, celui-ci informe de sa décision l'ASSEDIC qui la notifie alors à la personne concernée.

L'allocation est attribuée pour une période de six mois qui peut être renouvelée aussi longtemps que les conditions exigées sont remplies (41) jusqu'à l'accès complet

(34) Le décret n° 96-1118 du 20 décembre 1996 a modifié les conditions d'octroi de l'ASS à la fois en diminuant dans certains cas le plafond de ressources exigé pour un couple et en renforçant le contrôle sur lesdites ressources ; v. aussi Circ. CDE n° 96-40, 31 décembre 1996 (*TSA*, 1997, n° 628, p. 3) et D. n° 98-151, 10 mars 1998.

(35) Peuvent également se voir attribuer l'ASS, sous conditions, certains travailleurs qui, âgés d'au moins 18 ans et ne pouvant prétendre au bénéfice des allocations d'assurance, relèvent d'activités particulières (marins pêcheurs, ouvriers dockers occasionnels et artistes non salariés). Dans ce cas, l'ASS est attribuée pour une période maximale de 274 jours qui peut être renouvelée si les conditions requises continuent d'être remplies (*C. trav.*, art. L. 351-13 et R. 351-22 à R. 351-24).

(36) Pour les personnes ayant interrompu leur activité salariée pour élever un enfant, cette durée est réduite d'un an par enfant dans la limite de 3 ans (sur cette condition d'activité antérieure, v. TA Versailles, 29 février 1988, Mme de Condinguy, *RDSS*, 1988, p. 822, note X. PRÉTOT) ; mais ne sont plus prises en compte pour apprécier la durée d'activité salariée les périodes de chômage indemnisé.

(37) Peuvent cependant, à leur demande, être dispensés de cette obligation les allocataires âgés de 55 ans ou plus (*C. trav.*, art. L. 351-16 et R. 351-26).

(38) Ce plafond vise les nouveaux demandeurs à partir du 1er janvier 1997 ; au 1er janvier 2000, le plafond est de 5 884,90 F (personne seule) et de 11 769,80 F (si l'attribution est antérieure au 1er janvier 1997) ou de 9 247,70 F (si l'attribution est postérieure au 31 décembre 1996) pour un couple.

(39) Dans ce cas, les ressources du concubin doivent être prises en compte (D. n° 90-217, 8 mars 1990 ; v. aussi CE, 13 novembre 1991, précité).

(40) Sur la nature de ces ressources, v. *C. trav.*, art. R. 351-13.

(41) L'allocataire peut se déplacer dans la Communauté et continuer à percevoir, le cas échéant, l'allocation (Dir. UNEDIC n° 15-95 du 19 avril 1995).

aux avantages de vieillesse ; toutefois, cette durée est indéterminée pour les personnes dispensées de recherche d'emploi. Le versement n'est soumis à aucun délai de carence : l'allocation peut donc prendre la suite immédiate des allocations de l'assurance chômage (42). L'exercice d'une activité professionnelle peut être cumulé avec ledit versement pendant une durée 12 mois à compter du début de cette activité sous réserve que cette activité n'excède pas 750 heures depuis le début de celui-ci. Dans ce cas, l'allocation n'est réduite, afin de ne pas décourager les efforts éventuels des bénéficiaires que de la moitié du montant du gain professionnel (43). Cette dernière est par ailleurs compatible, sous conditions, avec certaines prestations de sécurité sociale ou d'aide sociale (44). Son montant est fixé par décret.

Une majoration est accordée aux allocataires âgés de 55 ans ou plus justifiant de 20 années d'activité salariée ou assimilée, à ceux âgés de 57 ans et six mois ou plus justifiant de dix années ainsi qu'aux personnes justifiant d'au moins 160 trimestres de cotisations au régime de vieillesse (sans condition d'âge ni de durée minimale d'activité salariée préalable) (45). Aux termes de la loi du 29 juillet 1998, l'allocation est désormais incessible et insaisissable (46). Les sommes indûment perçues ne donnent pas lieu à répétition lorsque leur montant global est inférieur au montant journalier de l'allocation (47). En cas de litige, les tribunaux compétents sont ceux de l'ordre administratif si la contestation porte sur les décisions prises par le directeur départemental, ceux de l'ordre judiciaire demeurant compétents pour connaître des contestations relatives aux agissements des ASSEDIC (48).

B. L'ALLOCATION SPÉCIFIQUE D'ATTENTE

396 L'allocation de solidarité spécifique a été complétée récemment par une *allocation spécifique d'attente* en faveur de certains chômeurs (49).

En effet, le mouvement de protestation qui s'est développé fin 1997 sous l'impulsion de demandeurs d'emploi se trouvant en situation de grande précarité a conduit le législateur à intervenir en faveur de certains d'entre eux. Au terme d'une discussion qui a donné lieu à un vote à l'unanimité à l'Assemblée nationale, une loi a créé une allocation spécifique destinée à une catégorie de chômeurs dont le sort se révélait jusqu'alors particulièrement injuste : peuvent y prétendre, en attendant d'atteindre

(42) Une allocation complémentaire à la charge de l'État peut par ailleurs être servie à titre transitoire et sous conditions de ressources aux personnes âgées de moins de 65 ans afin de leur permettre de percevoir une pension de retraite à taux plein (*C. trav.*, art. L. 351-19).

(43) A noter que ce plafond n'est pas opposable à certaines personnes (chômeurs inscrits depuis plus de trois ans, allocataires du RMI, etc.) et que la déduction partielle est plus élevée (63 %) pour les titulaires d'un CES (*C. trav.*, art. R. 351-35 et R. 351-36).

(44) *C. trav.*, art. L. 351-20. Ce cumul ne vise ici que les prestations en nature de la sécurité sociale : le service de l'allocation étant interrompu en cas de perception de prestations en espèces, notamment celles de l'assurance maladie et de l'assurance maternité (*C. séc. soc.*, art. L. 311-5 et R. 323-11).

(45) Au 1er janvier 2000, le montant journalier de l'allocation s'élève à 84,07 F et celui de la majoration à 36,69 F, ce qui porte l'ASS à 120,76 F.

(46) L. n° 98-657, 29 juillet 1998, art. 127 mod. *C. trav.*, art. L. 351-10 ; sur ce point, v. aussi Dir. UNEDIC n° 49-98, 14 décembre 1998 et n° 36-99, 17 août 1999.

(47) Le délai *amiable* de répétition est de 6 mois (Dir. UNEDIC n° 49-97, 18 décembre 1997).

(48) CE, 21 novembre 1986, M. Osunsammi, *RDSS*, 1987, p. 535, chr. X. PRÉTOT.

(49) L. n° 98-285, 17 avril 1998 ; D. n° 98-455 et 456, 12 juin 1998.

l'âge de 60 ans, les chômeurs bénéficiaires de l'ASS ou du RMI (50) justifiant d'au moins 160 trimestres (40 ans) ou de périodes reconnues équivalentes, validés dans les régimes obligatoires d'assurance vieillesse et acquis avant l'âge de 60 ans (51). Cette allocation, dont le montant, uniforme (52), n'est pas pris en compte dans le calcul de l'ASS et du RMI des intéressés, est versée par l'organisme en charge de l'allocation qu'elle vient compléter : CAF ou caisses de MSA pour les bénéficiaires du RMI ne percevant pas l'ASS et ASSEDIC pour les personnes percevant l'ASS.

Une garantie de ressources est apportée aux bénéficiaires puisqu'il est prévu que ceux-ci disposent en tout état de cause de revenus mensuels d'au moins 5 000 F. Bénéficiant à 20 000 personnes environ, cette allocation (laquelle ne supporte, à l'instar du RMI et de l'ASS, aucun prélèvement à l'exception du remboursement de la dette sociale), est prise en charge financièrement par l'État.

C. L'ALLOCATION D'INSERTION

397 Prévue par l'article L. 351-9 du Code du travail, cette allocation voit son régime précisé par les articles R. 351-6 et suivants de ce même code.

Cette allocation est attribuée à des personnes ne justifiant pas d'une durée de travail suffisante pour pouvoir prétendre au bénéfice des allocations du régime d'assurance. Depuis 1992, elle n'est plus susceptible d'être accordée aux personnes âgées de 16 à 25 ans ainsi qu'aux femmes seules ou chargées d'au moins un enfant. Désormais, deux catégories de personnes sont concernées. Il s'agit d'une part des détenus libérés à l'issue d'une période minimale de détention de 2 mois qui se sont inscrits comme demandeurs d'emploi dans un délai de 12 mois à compter de leur libération (53) ; d'autre part, des personnes en attente de réinsertion ou en instance de reclassement se trouvant, du fait de circonstances indépendantes de leur volonté, dans l'impossibilité de bénéficier de l'allocation d'assurance. Cette seconde catégorie vise les rapatriés (54), les apatrides, réfugiés et bénéficiaires du droit d'asile, les travailleurs salariés expatriés non couverts par le régime d'assurance (55) ainsi que les salariés victimes d'un accident de travail ou de maladies professionnelles dont le contrat de travail est suspendu et qui sont en attente de stage : toutes ces personnes devant être inscrites comme demandeurs d'emploi dans les 12 mois suivant le jour à partir duquel elles sont dans la situation visée par les textes (rapatriement, délivrance de la carte de réfugié...).

---

(50) Les conditions d'attribution de l'ASA ont été précisées tant pour les titulaires de l'ASS (Circ. CDE n° 98-22, 24 juin 1998, *BO travail* n° 98-14, 5 août 1998, p. 97)) que pour les titulaires du RMI (Circ. DSS-4C n° 98-501, 6 août 1998, *BOSS* n° 98-37, 26 septembre 1998, p. 139).

(51) Si le demandeur a droit simultanément à l'ASS et au RMI, il ne peut prétendre qu'à une seule ASA. Le conjoint ou le concubin d'un allocataire du RMI, pris en compte pour la détermination du montant de ce dernier, peut bénéficier de l'ASA s'il satisfait par ailleurs aux conditions d'attribution de cette allocation.

(52) Le montant mensuel minimal de l'allocation s'élève à 1 750 F/mois.

(53) Sont cependant exclus du bénéfice de l'allocation certains d'entre eux : les auteurs de diverses infractions (proxénétisme, enlèvement de mineurs, détournement d'avion, trafic de stupéfiants), les condamnés à deux peines de réclusion criminelle ou les détenus ayant effectué leur peine à l'étranger.

(54) Ces derniers peuvent cumuler l'allocation d'insertion avec la prestation de subsistance instituée par la loi n° 61-1439 du 26 décembre 1961.

(55) Ces personnes doivent justifier, lors de leur retour en France, d'une durée de travail de 182 jours au cours des 12 mois précédant la fin de leur contrat de travail.

Pour bénéficier de l'allocation, les intéressés doivent être à la recherche effective d'un emploi et justifier, à la date de leur demande, de ressources mensuelles inférieures à un plafond correspondant à 90 fois le montant journalier de l'allocation pour une personne seule et 180 fois le même montant pour un couple. Lorsque ces ressources excèdent ce plafond (56), l'allocation est versée alors à titre différentiel.

Les règles relatives à la demande d'allocation, à la décision d'attribution, au cumul d'activité professionnelle, à la répétition de l'indu et aux recours juridictionnels sont les mêmes que celles qui régissent l'ASS. Aucun délai de carence n'est prévu. L'AI est attribuée pour un an, par périodes de 6 mois : ces durées peuvent être fractionnées. Son montant, qui se révèle particulièrement faible, est fixé par décret (57). Le droit à l'allocation ne peut être ouvert qu'une fois au titre de chacun des cas visés par les textes : il est donc possible d'en bénéficier à des titres différents de manière successive. Dans le cas où l'intéressé peut prétendre à une allocation d'assurance, ce n'est qu'à l'expiration de ses droits à celle-ci qu'il pourra percevoir l'allocation d'insertion (58). Aux termes de la loi du 29 juillet 1998, l'allocation est désormais incessible et insaisissable (59).

Le versement de l'allocation est par ailleurs suspendu lorsque le séjour de certains bénéficiaires dans un centre d'hébergement est entièrement pris en charge par l'aide sociale (60). En toute hypothèse, il convient de souligner — et ces règles valent aussi bien pour les allocations du régime d'assurance que pour celles du régime de solidarité — d'une part que sont exclues à titre temporaire ou définitif les personnes qui, soumises à la condition de recherche d'emploi, ne peuvent justifier de l'accomplissement d'actes positifs en ce sens ; d'autre part que les travailleurs étrangers se trouvant en situation régulière au regard des dispositions qui leur sont applicables bénéficient des allocations de chômage dans les mêmes conditions que les travailleurs français (61).

398 **Bibliographie.** V. nº 375 ; *adde* J. M. BELORGEY, L'allocation spécifique d'attente : un accouchement difficile, *Dr. soc.*, 1998, p. 588 ; F. EUVRARD, L'indemnisation du chômage : autres systèmes, autres niveaux d'indemnisation, *Dr. soc.*, 1983, p. 322 ; P. LAFARGE, J. C. AUFRAISE, Le nouveau système d'indemnisation des travailleurs sans emploi, *Gaz. Pal.*, 8-9 juin 1984, p. 3 ; P. LIGNEAU, Les prestations de solidarité pour les chômeurs en fin de droits, *Mél. J. Savatier*, p. 317, 1992, PUF ; I. MARTIN, La protection sociale des chômeurs privés d'emploi, *Dr. soc.*, 1985, p. 769 ; S. MOREL, De l'assurance chômage à l'assistance chômage : la dégradation des statuts, *Revue de l'IRES*, nº 30, 1999, p. 121 ; X. PRÉTOT, A propos d'une réforme : quelques réflexions sur l'indemnisation du chômage, *RDSS*, 1985, p. 105.

---

(56) Sur les ressources prises en considération, v. *C. trav.*, art. R. 351-11 ; au 1er janvier 2000, le plafond des ressources s'établit à 5 329,80 F/mois (personne seule) et à 10 659,60 F/mois (couple).

(57) L'allocation, dont le montant n'avait pas été revalorisé depuis 1986, est passée au 1er janvier 1998 de 43,70 F/jour à 56,37 F/jour (hausse de 29 %) ; au 1er janvier 2000, elle est de 59,22 F/jour.

(58) *C. trav.*, art. R. 351-6.

(59) L. nº 98-657, 29 juillet 1998, art. 127 mod. *C. trav.*, art. L. 351-10 ; sur ce point, v. aussi Dir. UNEDIC nº 49-98, 14 décembre 1998.

(60) *C. trav.*, art. R. 351-10 (à noter que cet article n'évoque une telle suspension qu'à l'égard des seuls apatrides, réfugiés et demandeurs d'asile).

(61) *C. trav.*, art. R. 351-25 et R. 351-28 ; sur la question, v. X. PRÉTOT, L'immigré et son travail, *RDSS*, 1987, p. 254.

§ 2. LES AUTRES ALLOCATIONS

399 En dehors des allocations versées par le régime de solidarité, d'autres aides visant à procurer des ressources aux travailleurs privés d'emploi sont ou peuvent être également attribuées : que ce soit dans le cadre d'un soutien aux personnes se trouvant en situation de chômage partiel ou que ce soit dans le cadre de mesures prises par les autorités intervenant dans le domaine de l'aide et de l'action sociales.

A. LES AIDES ATTRIBUÉES EN CAS DE CHÔMAGE PARTIEL

400 Lorsque, pour diverses raisons, un employeur doit abaisser la durée du travail au-dessous de la durée légale voire à interrompre temporairement l'activité de son entreprise, le salarié subit de ce fait une réduction ou une suspension de sa rémunération alors même — et ceci permet notamment de distinguer le chômage partiel du chômage total — que le contrat qui le lie à son employeur est maintenu. Pour compenser cette perte salariale, un mécanisme spécifique d'indemnisation a été institué aux termes duquel l'État accepte d'aider les intéressés soit en assumant exclusivement et intégralement la charge financière de l'allocation, soit en contribuant dans des proportions variables à son financement (62).

1° Les aides à la charge exclusive de l'État : l'allocation spécifique

401 Ces aides doivent s'entendre non pas comme ayant pour objet ou pour résultat de compenser entièrement la perte de salaire résultant du chômage partiel (63) mais bien plutôt comme ayant pour caractéristique principale (quel que soit par ailleurs leur montant) d'être financées entièrement et exclusivement par l'État. En effet, en cas de chômage partiel proprement dit (64), les salariés peuvent bénéficier de plusieurs types d'allocations qui ont vocation à se compléter : les allocations dites spécifiques, les allocations conventionnelles complémentaires ou encore les allocations de rémunération mensuelle minimale. Or, si l'État est ou peut être amené à participer au financement

(62) Le chômage partiel a connu ces dernières années une forte croissance due à la fois au ralentissement de l'activité économique, à l'essor des emplois de services et aux aides financières accordées au travail à temps partiel : le nombre de journées indemnisées était de 2,5 millions en 1990, de 7,6 en 1991, de 10,7 en 1992 et de 24,1 en 1993 ; quant au nombre de personnes touchées par ce phénomène, il a été multiplié par 10 entre 1990 (430 000 personnes) et 1993 (4,3 millions) : en 1996, 17,3 % des travailleurs salariés étaient concernés.

(63) L'indemnisation du chômage partiel repose sur le principe d'une indemnité couvrant, pour chaque heure de travail perdue, 50 % de la rémunération horaire brute...

(64) Cette hypothèse doit être distinguée de celle du « chômage partiel-total » (*C. trav.*, art. R. 351-51, 4°), laquelle se caractérise par le fait que lorsqu'il y a fermeture temporaire entraînant un arrêt total de travail au-delà de 4 semaines, le salarié est considéré comme étant à la recherche d'un emploi alors même qu'il n'a pas fait l'objet d'une mesure de licenciement : sur ce dispositif, v. J. P. MICHEL, Observations sur le droit et la pratique du chômage partiel total, *Dr. soc.*, 1985, p. 299, D. POLI, Le chômage partiel total ou comment licencier sans s'embarrasser de procédure, *Dr. soc.*, 1985, p. 294 ou F. SIGNORETTO, Le chômage partiel total, *Dr. ouvrier*, 1986, p. 1.

des deux dernières allocations, il assume en revanche exclusivement la charge financière des premières.

Prévues par l'article L. 351-25 du code du travail, les allocations spécifiques ont vu leur régime précisé par les articles R. 351-50 et suivants de ce même code. Pour pouvoir prétendre à ces allocations, il faut que la réduction (ou la suspension) d'activité soit à la fois temporaire et imputable à certains faits ou événements énumérés par les textes (65). Il faut également que l'intéressé ne figure pas dans certaines catégories de salariés exclues de leur champ d'application (66) : peuvent en revanche y prétendre, en cas de fermeture d'un établissement pour mise en congé annuel du personnel, les salariés qui ne remplissent pas les conditions exigées pour bénéficier de la totalité du congé (67).

Les allocations sont forfaitaires et ne sont ni soumises à une condition de ressources, ni majorées pour personne à charge. Elles prennent la forme d'indemnités horaires dont le taux est fixé par décret (68). Elles sont attribuées dans la limite de contingents d'heures indemnisables fixés, pour les différentes branches professionnelles, par arrêté du ministre chargé du travail (69). La demande est formulée par l'employeur auprès du directeur départemental du travail et de l'emploi (DDTE) qui, après avoir instruit le dossier, le transmet au préfet : c'est celui-ci qui prend la décision d'accorder ou non les allocations. Ces dernières sont liquidées mensuellement et doivent être versées aux salariés à la date normale de paie par l'employeur, lequel se fait ensuite rembourser les sommes avancées sur production d'états visés par l'autorité compétente. Toutefois, le préfet peut décider, sur proposition du DDTE, de faire procéder au paiement direct des allocations aux salariés si ceux-ci sont des travailleurs à domicile occupés par plusieurs employeurs ou en cas de règlement judiciaire, de liquidation de biens ou de difficultés financières de l'entreprise (70).

2° Les aides financées partiellement par l'État : les allocations complémentaires

402 Ces aides peuvent prendre notamment la forme d'une allocation versée en complément des indemnités conventionnelles ou encore d'une allocation garantissant au salarié une rémunération mensuelle minimale (71).

(65) L'art. R. 351-50 mentionne la conjoncture économique, des intempéries exceptionnelles, un sinistre, des difficultés d'approvisionnement en matières premières ou en énergie, un sinistre, une transformation, restructuration ou modernisation de l'entreprise ou toute autre circonstance exceptionnelle : n'ouvrent donc pas droit à l'allocation la suspension due à des faits non exceptionnels (travaux d'entretien, inventaires...) ou le chômage dû à la fermeture définitive d'un service (CE, 17 janvier 1990, Sté Ciments d'Origny, *RJS*, 1990, n° 331).

(66) *C. trav.*, art. R. 351-51. Cet article mentionne les personnes qui ne tirent de leur activité qu'une rémunération d'appoint, celles dont le chômage est provoqué par un différend collectif de travail (mais des tempéraments sont apportés à cette règle), celles dont la suspension d'activité se prolonge pendant plus de quatre semaines ainsi que les chômeurs saisonniers (sauf si leur état de chômage revêt un caractère exceptionnel lorsqu'il se produit).

(67) *C. trav.*, art. R. 351-52.

(68) Le taux horaire est actuellement de 16 F (*C. trav.*, art. D. 351-3).

(69) Cette limite peut être dépassée dans des cas exceptionnels par décision conjointe du ministre chargé du travail et du ministre chargé du budget (pour 1999, le contingent annuel est de 600 heures pour l'ensemble des branches professionnelles : v. A. 18 novembre 1999).

(70) Le contentieux relève de la compétence des juridictions de l'ordre administratif (CE, 29 avril 1987, Min. du travail c/ M. Péfaure, *RDSS*, 1987, p. 707, chr. X. Prétot).

(71) La loi du 20 décembre 1993 avait institué un dispositif spécial visant le cas où, loin d'être provisoire et circonstancielle, la réduction d'activité risque au contraire de se prolonger, le retour à la normale ne

403 **a) Les aides relatives aux indemnités conventionnelles.** En principe, la personne qui se trouve affectée par une diminution ou une suspension de son activité bénéficie d'indemnités dites conventionnelles résultant d'un accord interprofessionnel national conclu le 21 février 1968 ou d'accords professionnels particuliers ; celles-ci correspondent (ramenées au taux horaire et déduction faite de l'allocation spécifique) à 50 % de la rémunération brute et sont à la charge de l'employeur.

Néanmoins, la loi n° 75-5 du 3 janvier 1975 a prévu qu'afin « d'éviter des licenciements pour cause économique touchant certaines professions dans certaines régions atteintes ou menacées d'un grave déséquilibre de l'emploi », l'État peut prendre partiellement en charge ces indemnités complémentaires. Cette prise en charge est imputée sur les dépenses du Fonds national de l'emploi et s'effectue par voie de conventions conclues avec les organismes professionnels ou avec les entreprises (72). L'employeur qui désire bénéficier de ces dispositions doit en faire la demande au directeur départemental du travail qui pourra, au vu du dossier, passer une convention avec lui pour une durée maximale de 6 mois, renouvelable une fois. La participation de l'État s'applique, sauf exceptions, aux horaires chômés inférieurs à 36 heures ; elle ne peut dépasser un contingent annuel de 600 heures et est fixée forfaitairement sur la base d'une indemnité horaire minimale périodiquement révisée. Le taux de prise en charge est déterminé en fonction de certains paramètres et ne peut excéder un maximum fixé annuellement par arrêté ministériel (73). L'employeur s'engage pour sa part à maintenir dans leur emploi les salariés concernés pendant une durée au moins équivalente à celle de l'aide publique.

404 **b) Les aides relatives à la rémunération mensuelle minimale.** Elles peuvent prendre la forme d'une allocation complémentaire versée par l'État visant à garantir au salarié une rémunération mensuelle minimale. En effet, aux termes de la loi n° 72-1169 du 23 décembre 1972, tout salarié lié à son employeur par un contrat de travail comportant un horaire au moins égal à la durée légale hebdomadaire du travail perçoit, s'il n'est pas apprenti, une rémunération mensuelle minimale qui est égale au produit du montant du SMIC horaire par le nombre d'heures correspondant à la durée légale du travail pour le mois considéré. Cette rémunération minimale est réduite à due concurrence notamment lorsque la réduction de la durée du travail résulte d'une suspension du contrat de travail consécutive à une maladie, un accident, une maternité ou une grève. Mais lorsque cette diminution est due à d'autres causes, en particulier lorsqu'un salarié a perçu au cours d'un mois, à titre de salaire et d'allocations légales ou conventionnelles pour privation partielle d'emploi, une somme totale inférieure à la rémunération minimale, il perçoit une allocation complémentaire égale à la différence entre la rémunération minimale et la somme effectivement perçue. Cette allocation est à la charge de l'employeur : mais l'État rembourse à ce dernier, sous réserve que le montant cumulé de ce remboursement et de l'allocation spécifique n'excède pas

---

pouvant être espéré qu'au terme d'une période relativement longue (temps réduit indemnisé de longue durée). Mais la convention conclue entre l'État et l'UNEDIC n'ayant pas été renouvelée, les entreprises n'ont plus aujourd'hui la possibilité de recourir au TRILD : sur ce dispositif, v. P. LE COHU, Le temps réduit indemnisé de longue durée, *Dr. soc.*, 1994, p. 186.

(72) *C. trav.*, art. L. 322-11 et D. 322-15.

(73) Sur tous ces points, v. *C. trav.*, art. D. 322-11 à D. 322-16 (à noter que le taux de prise en charge par l'État peut atteindre exceptionnellement 100 % : dans ce cas, l'employeur n'a rien à payer et l'aide de l'État se transforme en une contribution financière totale et exclusive...).

un certain montant, la moitié de cette même allocation. Ce remboursement est effectué par le préfet qui peut faire procéder, en cas de difficultés de l'entreprise, au paiement direct aux salariés de cette allocation complémentaire (74).

B. LES AIDES ACCORDÉES DE MANIÈRE ALTERNATIVE OU FACULTATIVE

405 En dehors des allocations spécifiques susceptibles de leur être attribuées en vertu de dispositions légales ou conventionnelles, les personnes en difficulté du fait du chômage peuvent aussi bénéficier de certaines prestations à caractère alternatif ou facultatif.

Certaines de ces prestations peuvent être qualifiées d'« alternatives » dans la mesure où, bien qu'elles soient accordées dans le cadre de l'aide sociale légale, elles ne sont pas attachées de manière spécifique et exclusive à la qualité de chômeur. Tel est notamment le cas des aides fournies par le service d'aide sociale à l'enfance. En effet, on rappellera ici que ce service peut fournir dans certains cas des prestations d'« aide à domicile » comportant éventuellement des aides financières (75). Ces prestations peuvent bénéficier — outre aux femmes enceintes confrontées à des difficultés médicales ou sociales et financières « lorsque leur santé ou celle de l'enfant l'exige » — d'une part aux mineurs émancipés et aux majeurs âgés de moins de 21 ans qui sont « confrontés à des difficultés sociales », d'autre part aux autres majeurs assumant la charge effective d'un ou de plusieurs enfants « lorsque le demandeur ne dispose pas de ressources suffisantes ». Le chômeur entrant dans l'une de ces catégories peut donc demander à l'autorité compétente — en l'occurrence le président du conseil général — le versement des aides financières prévues par la loi. Ces dernières, qui sont accordées à titre définitif ou sous condition de remboursement, se traduisent soit par l'octroi de secours exceptionnels, soit par l'attribution d'allocations mensuelles (76).

D'autres prestations en espèces sont également susceptibles d'être délivrées aux chômeurs dans le cadre de l'aide sociale facultative. Ces prestations qui, en raison même de leur caractère facultatif, voient leur existence et leur montant subordonnés aux ressources financières des organismes distributeurs, ont des origines diverses ; elles peuvent émaner en particulier des fonds sociaux des ASSEDIC (77), des caisses

(74) Sur tous ces points, v. *C. trav.*, art. L. 141-10 et s. et R. 141-3 et s.

(75) V. *supra*, nº 219.

(76) *C. famille*, art. 41 à 43.

(77) L'UNEDIC a modifié en 1997 le mode d'utilisation des fonds sociaux, ce qui a provoqué une vive protestation des chômeurs. Ces fonds peuvent bénéficier aux personnes en cours d'indemnisation ou qui y prétendent dans l'année qui suit l'interruption ou la fin de leurs droits, aux demandeurs d'emploi affiliés au moins 4 mois dans les 18 mois précédant la demande, ou en formation ou ayant repris une activité depuis moins de 3 mois. Les 3/4 de ces fonds résident dans des aides à la formation et à la recherche d'emploi et dans des aides matérielles telles que les aides au logement, aux frais de transport, les secours d'urgence (5 % maximum), le quart restant servant à aider les allocataires arrivant en fin de droits. Le montant manifestement insuffisant des aides matérielles et d'urgence accordées aux chômeurs a conduit les pouvoirs publics à mettre en place un Fonds d'urgence sociale doté par l'État d'un milliard de F afin « d'apporter des réponses immédiates aux personnes et aux familles en situation de détresse grave qui, malgré les dispositifs existants, sont exposées à des risques sérieux pour le maintien de leurs conditions d'existence » (Circ. MES-DAS nº 98-10, 12 janvier 1998) : sur les premiers résultats obtenus par ce Fonds, v. M. T. JOIN-LAMBERT (Rapport), *Chômage : mesures d'urgence et minima sociaux*, p. 15 et s. et p. 69 et s., 1998, La Doc. française.

d'allocations familiales ou de vieillesse (lesquelles disposent de crédits inscrits à leurs fonds d'action sociale), des collectivités publiques (lesquelles peuvent fournir, par l'intermédiaire notamment des CCAS, une aide urgente et exceptionnelle tirée soit de leurs fonds propres, soit des crédits alloués à cette fin en application des programmes de lutte contre la précarité) ou encore d'institutions spécifiques telles que les Fonds d'aide aux jeunes (FAJ) (78).

406 **Bibliographie.** B. ACAR, Le partage du travail : de la réduction de la durée du travail à l'émergence d'un droit des repos, *Dr. soc.*, 1994, p. 456 ; L. BALART, Les réformes du chômage partiel (1984-1985), *Dr. soc.*, 1985, p. 630 ; G. CETTE (Rapport), *Le temps partiel en France*, Cons. anal. écon., 1999, La Doc. française ; J. J. DUPEYROUX, Réflexions sur l'indemnisation du chômage partiel, *Dr. soc.*, 1975, p. 113 ; F. FAVENNEC-HÉRY, Le travail à temps partiel, *Dr. soc.*, 1994, p. 165 ; *Le travail à temps partiel*, 1997, Litec ; J. NEIDINGER, Le chômage partiel. Évolution de sa réglementation, *Dr. soc.*, 1975, p. 106 ; Le chômage partiel. Les aspects novateurs de l'accord du 23 juin 1975, *Dr. soc.*, 1975, p. 184 ; B. SILHOL, *Le chômage partiel,* 1998, LGDJ.

SECTION III — LES AIDES RELEVANT D'UNE POLITIQUE D'INSERTION PROFESSIONNELLE

407 A la différence des précédentes qui ont pour objet premier de procurer aux chômeurs des ressources leur permettant de faire face aux difficultés résultant de leur inactivité, ces aides ont pour objet prioritaire de faciliter l'insertion ou la réinsertion professionnelles de personnes se trouvant déjà ou risquant de se trouver bientôt en situation de chômage. Elles peuvent être réparties, pour l'essentiel, en trois catégories distinctes : celles qui mettent l'accent sur la formation et le reclassement professionnels, celles qui tendent à favoriser l'insertion de certains chômeurs particulièrement vulnérables et celles qui se proposent, à titre de complément et en liaison avec les mesures susvisées, d'encourager la reprise d'activité ou l'embauche des demandeurs d'emploi.

§ 1. L'AIDE À LA FORMATION ET AU RECLASSEMENT

408 Bibliographie. A. CHEVILLARD, Formation professionnelle continue, *Juriscl. Travail,* fasc. 61-10 et 61-20, Éd. Techniques ; G. COUTURIER, Plans sociaux et exigences de reclassement, *Dr. soc.*, 1994, p. 436 ; M. DEL POL, Le droit des salariés à une formation professionnelle qualifiante : des aspects juridiques classiques, des interrogations renouvelées, *Dr. soc.*, 1994, p. 412 ; DIVERS, *Guide des aides à l'emploi*, 1995, La Doc. française ; G. LYON-CAEN, Le droit et l'emploi, *D.*, 1982, p. 133 ; J. M. LUTTRINGER, Formation professionnelle et reclassement, *Rép. trav.*, Dalloz ; Formation et reclassement, *Dr. soc.*, 1987, p. 234 ; La formation professionnelle : nouveaux chantiers, *Dr. soc.*, 1994, p. 192 ; La réforme du droit de la formation professionnelle (mai 1981-mai 1984), *Dr. soc.*, 1984, p. 355 ; « L'entreprise formatrice » sous le regard des juges, *Dr. soc.*, 1994, p. 283 ; P. RABANNES, Formation et traitement social du chômage. La politique française et les objectifs communautaires, *RFAS*, 1988, n° 4, p. 59 ; J. E. RAY, Partage du travail et plan social, *Dr. soc.*, 1994, p. 444 ; A. TARBY, La démarche « qualité » appliquée à la formation : où est le droit ?, *Dr. soc.*,

(78) Sur les FAJ, v. *infra*, n° 414.

1994, p. 570 ; J. J. TOUATI, Aides à l'emploi, *Juriscl. Travail*, fasc. 40-10 à 40-15, Éd. Techniques ; J. L. TRIBOULET, Les mesures d'accompagnement des licenciements pour motif économique, *Dr. soc.*, 1992, p. 780 ; M. de VIRVILLE (Rapport), *Donner un nouvel élan à la formation professionnelle*, 1997, La Doc. française.

409 L'aide à la formation et au reclassement professionnels des demandeurs d'emploi revêt des formes différentes selon que ces derniers, ayant été déjà salariés, relèvent d'un régime d'assurance chômage ou au contraire se trouvent exclus, à l'instar notamment des jeunes, lesquels n'ont pas ou ont peu d'expérience professionnelle, du bénéfice de ce régime. A ces deux grands types de chômeurs, correspondent donc des aides publiques spécifiques et différenciées, adaptées en principe aux besoins de chacun d'eux.

A. LES AIDES DESTINÉES AUX BÉNÉFICIAIRES DE L'ASSURANCE CHÔMAGE

410 Bien qu'elles soient destinées aux bénéficiaires d'un régime d'assurance chômage, ces aides méritent cependant d'être évoquées dans la mesure où elles sont partiellement voire, parfois, intégralement financées par l'État. Elles peuvent prendre la forme soit d'une allocation de formation-reclassement, soit de mesures spécifiques mises en œuvre dans le cadre de conventions conclues sous l'égide du Fonds national de l'emploi.

1° *L'allocation de formation-reclassement*

411 La participation des institutions gestionnaires de l'assurance chômage aux actions de formation se fonde sur l'article L. 961-1 du Code du travail, lequel dispose que ces institutions peuvent concourir au financement de la rémunération des stagiaires de formation professionnelle « selon des modalités fixées par voie de conventions conclues avec l'État ou les régions ». En application de cet article, une convention nationale conclue en 1988 entre l'État et l'UNEDIC (79) a institué au profit des bénéficiaires de l'assurance chômage deux types de prestations (80) : l'allocation de formation-reclassement qui constitue la clé de voûte du dispositif et l'allocation de formation de fin de stage.

Ont droit à *l'allocation de formation-reclassement* les travailleurs privés d'emploi qui bénéficient de l'allocation unique dégressive (AUD) au titre d'une affiliation au régime d'assurance chômage de 182 jours au moins (81) et qui suivent une formation.

(79) Les actions de formation ont été précisées à plusieurs reprises dans les conventions État-UNEDIC des 26 février 1988, 29 avril 1988 (durée déterminée), 6 juillet 1988 et 26 juin 1990. L'accord du 19 décembre 1996 passé entre les partenaires sociaux a reconduit, sous réserve de quelques modifications, l'essentiel du dispositif existant.

(80) Parallèlement au dispositif conventionnel État-UNEDIC, plusieurs conventions entre l'État, les ASSEDIC et les services déconcentrés du ministère chargé de l'Emploi ont été également conclues afin d'harmoniser et de coordonner les actions menées en matière de réinsertion professionnelle par les différents acteurs sociaux.

(81) Ne sont donc pas concernés les autres demandeurs d'emploi, notamment ceux qui relèvent du régime de solidarité : pour ces derniers, d'autres actions sont prévues (v. *infra*, n° 424 et s.) ; depuis le 1er janvier 1997, les intéressés doivent opter pour l'AFR dans ce délai de 182 jours. De même, ne peuvent prétendre au bénéfice de l'AFR les chômeurs anciennement salariés d'un employeur public qui n'est pas lié par convention au régime d'assurance chômage (CE, 12 mai 1999, EP départ. soins, req. n° 184550, *RDSS*, 1999, p. 846, chr. C. WILLMANN).

Deux catégories de personnes sont prioritaires : d'une part celles qui sont peu ou non qualifiées et notamment celles dont l'âge crée des difficultés spécifiques de reclassement, d'autre part celles qui ont besoin d'une nouvelle qualification et, parmi ces personnes, celles dont les demandes sont présentées dans les meilleurs délais. Afin de faciliter le reclassement des intéressés, la formation doit être en relation avec les capacités du stagiaire et les besoins du marché de l'emploi ; pour cela, a été instituée une procédure d'évaluation-orientation placée sous l'autorité de l'ANPE et à laquelle peuvent être éventuellement associés les organismes professionnels (ASSEDIC) ou administratifs compétents. Le postulant doit se soumettre à cette procédure et suivre une formation conforme aux orientations données par l'ANPE. Le stage doit avoir une durée hebdomadaire au moins égale à 20 heures (ceci afin d'accélérer le reclassement) et une durée totale égale à au moins 40 heures. Sa durée maximale est en principe d'un an mais elle peut excéder ce terme dans une limite de 3 ans dès lors que les personnes justifient de 3 années d'affiliation au régime d'assurance chômage. Le stage doit par ailleurs entrer dans l'une des catégories énoncées dans une annexe à la convention État-UNEDIC du 26 juin 1990.

Le montant de l'allocation est égal à celui de l'AUD dû à la veille du jour de l'entrée en formation et reste fixé à ce niveau (82) jusqu'au terme de la formation entreprise : il ne subit donc pas les réductions affectant tous les 4 mois les prestations d'assurance chômage (83). Sa durée équivaut à celle du stage ; elle varie en fonction de la durée d'affiliation au régime d'assurance chômage et s'impute sur la durée de versement de l'AUD (84). Le service de l'allocation est interrompu dans un certain nombre de cas, en particulier lorsque le bénéficiaire retrouve une activité professionnelle, est pris en charge par la sécurité sociale au titre des prestations en espèces ou encore abandonne sa formation.

L'allocation de formation de fin de stage est versée aux travailleurs privés d'emploi qui, accomplissant un stage de formation professionnelle, sont arrivés au terme de leurs droits aux allocations de chômage : pour leur permettre d'achever leur formation, ils reçoivent une allocation de même nature et de même montant que l'AFR.

Les bénéficiaires de l'une ou l'autre de ces deux allocations peuvent avoir droit, selon le cas, à une indemnité de transport ou à une indemnité d'hébergement visant à dédommager les stagiaires pour les frais occasionnés par la formation suivie. Le financement de ces allocations et indemnités est très largement supporté par l'État : celui-ci prend en effet intégralement en charge l'allocation de formation de fin de stage ; quant à l'allocation de formation-reclassement, elle est financée par le régime d'assurance chômage à raison de 60 % de la partie fixe de l'allocation unique dégressive, le reste l'étant par l'État (85).

(82) Sauf si, lorsque la formation d'une durée inférieure à 1 an est assurée en plusieurs périodes de stages, l'interruption entre ceux-ci excède 91 jours (application, alors, de la dégressivité).

(83) Il ne peut être inférieur à l'allocation dégressive minimale majorée de 2 % (152,94 F/jour au 1er juillet 1999 : mais ce montant est réduit pour les personnes ayant travaillé à temps partiel).

(84) Lorsque le stagiaire abandonne l'action de formation et que cet abandon n'est pas reconnu légitime par l'ASSEDIC, il y a une imputation de la moitié de la durée de la formation qui n'a pas été suivie sur la durée de l'allocation unique dégressive à laquelle l'intéressé peut prétendre.

(85) La participation financière globale de l'État, lequel prend à sa charge certaines cotisations sociales (assurance maladie, invalidité, décès, accident du travail), s'élève environ à 80 %.

2° Les conventions du Fonds national de l'emploi

412 Institué par une loi du 18 décembre 1963, le Fonds national de l'emploi a pour mission de faciliter aux travailleurs salariés la continuité de leur activité face aux transformations résultant du développement économique et de l'évolution technique et en particulier d'adapter les salariés, par des actions de formation et de reclassement, aux contraintes évolutives du marché de l'emploi. Le mode d'intervention privilégié du FNE réside aujourd'hui dans la préparation et la conclusion de conventions passées entre l'État et les entreprises ou organismes professionnels (86).

Ces conventions n'ont cessé de se multiplier au fil du temps. Parmi celles qui ont pour objectif prioritaire d'aider au reclassement professionnel de salariés menacés dans leur emploi ou ayant été licenciés, figurent notamment les *conventions de formation.* Rangées au nombre des actions d'urgence prévues par l'article R. 322-1-1° du Code du travail, lesquelles comportent des mesures temporaires de formation professionnelle, ces conventions voient leur objet et leur contenu précisés par les articles R. 322-2 à R. 322-5 de ce même code. Elles visent à permettre aux entreprises en difficulté qui changent partiellement ou totalement d'activité ou qui procèdent à des licenciements de mener à bien la conversion ou le reclassement de leur personnel. A cette fin, l'État prend en charge une partie de la rémunération des stagiaires en formation : le taux moyen de sa participation, qui est fixée dans la convention, s'élève en général à 45 %, étant entendu qu'il est souvent supérieur pour les PME et inférieur pour les entreprises plus solides financièrement.

Mais d'autres conventions peuvent être également mentionnées.

Ainsi par exemple des *conventions de reclassement* (87) : s'adressant aux salariés licenciés pour motif économique ou menacés de l'être, ces conventions ont pour objet de mettre en place une cellule de reclassement permettant aux salariés concernés de retrouver une activité. L'État participe au financement de cette cellule à hauteur maximale de 50 % voire de la totalité si l'entreprise se révèle incapable de supporter la part qui lui incombe.

Ainsi également des *conventions d'aide à la mobilité géographique* (88), lesquelles s'adressent aux salariés licenciés pour motif économique ou ayant rompu leur contrat de travail en accord avec l'employeur du fait de l'adhésion à une convention de conversion. A condition notamment d'avoir personnellement adhéré à la convention, d'être reclassé dans une entreprise n'appartenant pas au même groupe d'origine et de changer de domicile, le salarié pourra prétendre à une aide financière ; la participation de l'État qui est fixée en pourcentage de la contribution de l'entreprise peut varier dans la limite d'un plafond selon la taille de cette dernière (89).

Ainsi encore des *conventions de congé de conversion* et des *conventions de conversion.* Les premières — les conventions de congé de conversion — ont pour objet de favoriser le reclassement des salariés sur le point d'être licenciés en les faisant

(86) V. *C. trav.*, art. L. 322-1 et R. 322-2 et s. qui rangent plusieurs de ces conventions dans la catégorie des « conventions de coopération » (sur celles-ci, v. *TSA*, n° 546, 1995, p. 7 ; Dir. UNEDIC n° 98-07, 20 février 1998).

(87) *C. trav.*, art. R. 322-1-7°.

(88) *C. trav.*, art. R. 322-1-6° et R. 322-5-1.

(89) Si l'entreprise ne peut assumer sa contribution, l'État finance alors intégralement l'aide à la mobilité dans la limite d'un plafond réduit de moitié par rapport au précédent.

bénéficier d'un congé conversion (90). Celui-ci, qui doit être d'une durée minimale de 4 mois, leur garantit une allocation de conversion égale à 65 % de la rémunération brute moyenne des 12 mois précédant l'entrée en congé avec un plancher égal à 85 % du SMIC. L'État prend en charge une partie de l'allocation. Quant aux secondes — les conventions de conversion —, elles ont été créées à la suite de la suppression de l'autorisation administrative de licenciement survenue en 1986 : résultant de l'accord national interprofessionnel du 20 octobre 1986 sur l'emploi (91), elles ont pour objet de donner une formation aux salariés licenciés pour motif économique (92) afin de faciliter leur reclassement professionnel. Pour bénéficier des prestations qui en découlent, les salariés doivent notamment avoir 2 ans d'ancienneté minimum dans leur emploi, être âgés de moins de 57 ans et être physiquement aptes à l'emploi (93). Ces prestations résident dans le versement d'une allocation spécifique de conversion pendant 6 mois (94) ainsi que dans l'offre d'actions de formation d'une durée ne pouvant excéder en principe 300 heures. L'État participe au financement de cette allocation et de ces actions selon des règles fixées principalement par voie conventionnelle pour celle-ci et par voie réglementaire pour celles-là (95).

413 **Bibliographie.** P. DÉJEAN, Problèmes juridiques posés par le nouveau système de gestion du congé individuel de formation, *Dr. soc.*, 1986, p. 524 ; J. P. DOMERGUE, La convention de conversion, *Dr. soc.*, 1987, p. 250 ; Assurance chômage et aide à la réinsertion, *Dr. soc.*, 1998, p. 912 ; P. ENCLOS, Premier contentieux des conventions de conversion, *Dr. soc.*, 1990, p. 335 ; J. Y. HOCQUET, Les conventions du Fonds national de l'emploi, *Dr. soc.*, 1985, p. 651 ; N. KERSCHEN, A. V. NÉNOT, Délégation à l'emploi et négociation des conventions du Fonds national de l'emploi : la pratique des contreparties, *Dr. soc.*, 1989, p. 17 ; B. LARDY-PELISSIER, L'obligation de reclassement, *Dr. soc.*, 1998, p. 399 ; A. LYON-CAEN, Analyse juridique des congés de conversion, *Dr. soc.*, 1985, p. 660 ; La conversion : nouvelles orientations, *Dr. soc.*, 1987, p. 241 ; L. SAISI, La protection sociale des stagiaires de la formation professionnelle continue, *Dr. soc.*, 1980, p. 48 ; R. M. VAN LERBERGHE, Le nouveau dispositif des congés de conversion, *Dr. soc.*, 1985, p. 672.

B. LES AIDES DESTINÉES À LA FORMATION DES JEUNES

414 Pour lutter contre les insuffisances de la formation initiale d'un grand nombre de jeunes se présentant sur le marché de l'emploi et, au-delà, contre les difficultés

(90) *C. trav.*, art. R. 322-1-5°.

(91) Complété par la loi n° 86-1320 du 30 décembre 1986 relative aux procédures de licenciement, cet accord a été modifié à plusieurs reprises ; le dispositif a été reconduit pour 3 ans à compter du 1er janvier 1997 en même temps que le régime d'assurance chômage (v. *C. trav.*, art. L. 321-4 et s., L. 322-3, L. 353-1 et D. 322-2 et s. ; v. Convention et règlement annexé du 1er janvier 1997 relatifs à l'assurance conversion et A. 5 mars 1997).

(92) L'employeur doit proposer une convention même s'il apparaît que le licenciement est dépourvu de cause économique ; s'il ne le fait pas, il est tenu de réparer le préjudice causé à son employé (Cass. soc., 6 juillet 1999, *RJS*, 1999, n° 1275, p. 786).

(93) Les salariés en congé parental d'éducation et qui sont concernés par un projet de licenciement pour motif économique ne sauraient être privés du bénéfice des conventions de conversion : en ce sens, v. Cass. soc. 6 juillet 1999, *Jurisp. soc. Lamy*, n° 44, 1999, p. 10, obs. M. C. HALLER.

(94) Celle-ci est établie à partir de la rémunération ayant servi de base au calcul des cotisations d'assurance chômage au cours des 12 derniers mois civils précédant l'inactivité.

(95) Outre qu'il peut se substituer à certaines entreprises concernant le financement des actions de formation (*C. trav.*, art. D. 322-4), l'État contribue au dispositif en versant à l'UNEDIC, au titre des dépenses de fonctionnement, une somme forfaitaire par salarié en conversion. Par ailleurs, si l'État ne respecte pas ses engagements, sa responsabilité peut être engagée dès lors qu'une convention a été conclue avec l'entreprise (CE, 19 novembre 1986, Min. travail c/ Le Bouter, *Dr. soc.*, 1987, p. 392, concl. B. LASSERRE ; CE, 23 sep-

d'insertion parfois dramatiques qui en résultent (96), les pouvoirs publics se sont efforcés de promouvoir, à partir des années 1970, les formations en alternance (97).

La mise en place de ces dernières repose sur l'idée qu'une alternance entre une formation théorique dans un centre spécialisé et une formation pratique dans une entreprise présentait l'avantage de faciliter l'insertion professionnelle du demandeur d'emploi tout en mettant un terme au moins provisoire à sa situation de chômage. Expressément prévues par le Code du travail qui en pose à la fois le principe et les objectifs (98), ces formations bénéficient d'aides publiques diverses qui peuvent concerner aussi bien l'accomplissement de stages que la conclusion de contrats de travail spécifiques : les contrats d'insertion en alternance. Étant cependant entendu que d'autres mesures d'accompagnement peuvent être prises également en matière de formation, que ce soit dans le cadre du contrat d'apprentissage ou dans le cadre du « trajet d'accès à l'emploi » (TRACE) mis en place par la loi du 29 juillet 1998 relative à la lutte contre les exclusions.

415 **Bibliographie.** V. n° 408 ; *adde* S. BALLET, Emploi précaire des jeunes ou chômage différé, *Dr. ouvrier*, 1981, p. 82 ; Insertion sociale et professionnelle des jeunes de 16 à 26 ans, *Dr. ouvrier*, 1984, p. 85 ; F. BENTEUX, Les actions de qualification par alternance, *RFAS*, 1989, n° 4, p. 103 ; J. BICHOT, Insertion professionnelle des jeunes : la valse des mesures, *Dr. soc.*, 1987, p. 755 ; G. COUTURIER, L'insertion professionnelle des jeunes. L'expérience du droit français de l'emploi, *RFAS*, 1990, n° 3, p. 89 ; C. LENOIR, A propos des formations par l'alternance, *Dr. soc.*, 1993, p. 411 ; J. M. LUTTRINGER, *Droit de la formation continue*, 1987, Dalloz ; La formation professionnelle continue, l'insertion professionnelle des jeunes, l'information et l'orientation professionnelles, *Dr. soc.*, 1981, p. 425 ; C. NICOLE-DRANCOURT, L. ROULLEAU-BERGER, *L'insertion des jeunes en France*, 1995, PUF ; J. PRIEUR, L'insertion professionnelle des jeunes chômeurs, *Dr. soc.*, 1978, p. 247 ; P. SANTELMANN, Du bon usage de la formation en alternance, *RFAS*, 1993, n° 4, p. 103 ; Insertion et formation professionnelles des jeunes. Quel droit à la qualification ?, *Dr. soc.*, 1993, p. 418 ; D. SCHALCHLI, Les mesures d'insertion des jeunes : juxtaposition ou cohérence, *Dr. soc.*, 1985, p. 317 ; B. SCHWARTZ, *L'insertion professionnelle et sociale des jeunes*, 1981, Doc. française ; F. SIGNORETTO, L'insertion professionnelle des jeunes de seize à dix-huit ans, *RPDS*, 1983, p. 113 ; B. TEYSSIÉ, Les formations professionnelles alternées, *JCP, C.I.*, 1981, 13509.

1° Les stages de formation

416 Ces stages qui, tournés vers un public fortement frappé par les dysfonctionnements du système scolaire et la mauvaise santé du marché de l'emploi, s'adressent essentielle-

tembre 1987, Sté Sadev, *Dr. soc.*, 1988, p. 193, concl. J. de CLAUSADE ; CE, 15 octobre 1990, SA Paris Touraine Automobile, *D.*, 1991, somm., p. 293).

(96) En1995, un million de jeunes de moins de 25 ans n'avaient d'autres ressources financières que celles de leur famille et 540 000 d'entre eux étaient inscrits à l'ANPE sans être indemnisés ; en mars 1997, 1 jeune sur 9 se trouvait au chômage.

(97) Ces formations en alternance ne constituent que l'un des principaux volets de la politique d'aide et d'insertion des jeunes. Outre les aides incitatives à l'embauche (v. *infra*, n° 434), d'autres dispositions ont été prises parmi lesquelles on peut citer — en sus des missions locales d'insertion pour les jeunes et les permanences d'accueil, d'information et d'orientation (Ord. n° 82-273, 26 mars 1982) — les Fonds d'aide aux jeunes (FAJ) : institués par la loi n° 89-905 du 19 décembre 1989 et rendus obligatoires sur l'ensemble du territoire par la loi n° 89-722 du 29 juillet 1992, les FAJ, qui s'adressent aux jeunes majeurs de moins de 25 ans en très « grande difficulté » et sont financés globalement pour moitié par l'État, pour l'autre moitié par les collectivités locales et divers organismes sociaux, ont pour mission à la fois de fournir des secours temporaires pour faire face à des besoins urgents, d'accorder des aides financières pour favoriser la réalisation d'un projet d'insertion et d'accomplir des actions d'accompagnement du jeune : sur ce dispositif, v. P. LIGNEAU, Les fonds d'aide aux jeunes, *RDSS*, 1995, p. 650.

(98) « Tout jeune de 16 à 25 ans peut compléter sa formation initiale dans le cadre de formations alternées. Elles ont pour objectif de permettre aux jeunes d'acquérir une qualification professionnelle, de

ment aux personnes âgées de 16 à 25 ans ne bénéficiant pas des contrats en alternance, ont pour objet principal « l'insertion sociale et professionnelle ou l'aide à l'orientation professionnelle approfondie et l'initiation à la vie professionnelle des jeunes » (99). Pendant une quinzaine d'années, les formules et les dénominations n'ont cessé d'évoluer : pactes pour l'emploi des jeunes en 1977 (100), stages en alternance en 1980 (101), stages d'orientation approfondie et de formation alternée « ayant pour objet l'acquisition d'une qualification, la préparation à un emploi et l'insertion sociale » en 1982 (102), stages d'initiation à la vie professionnelle (SIVP) en 1983 (103), travaux d'utilité collective (TUC) en 1984 (104), etc. Autant de formules qui, reconduites en 1986 lors de la première cohabitation (105), ont donné lieu à d'incontestables abus et suscité de nombreuses critiques (106). De là, le déclin relatif des stages de formation (107) et la montée en puissance concomitante des contrats de travail spécifiques : les contrats emploi solidarité s'étant ainsi substitués, en 1989, aux TUC et les contrats d'orientation substitués, en 1991, aux SIVP.

Néanmoins, les stages de formation en alternance proposés aux jeunes demandeurs d'emploi n'ont pas tous disparu (108) : on peut citer les *actions de formation alternée* (AFA) mises en œuvre dans le cadre du crédit formation individualisé et qui s'adressent aux jeunes de plus de 16 ans et de moins de 26 ans dont la formation est insuffisante ou ne leur permet pas d'obtenir un emploi (109) ou les actions menées dans le cadre des *associations de main-d'œuvre et de formation* (AMOF), lesquelles sont des

---

s'adapter à un emploi ou à un type d'emploi ou de faciliter l'insertion ou l'orientation professionnelles » (*C. trav.*, art. L. 980-1 al. 1 et 2).

(99) *C. trav.*, art. L. 982-1.

(100) V. les lois des 5 juillet 1977, 6 juillet 1978 et 10 juillet 1979 : ces stages (lesquels ne pouvaient déboucher sur une embauche par l'entreprise), étaient pris en charge par l'État. Le premier pacte pour l'emploi (1er juillet 1977-31 mars 1978) bénéficia à 600 000 jeunes.

(101) L. 12 juillet 1980 (« loi Legendre »).

(102) Ord. nº 82-273, 26 mars 1982.

(103) Institué par l'accord interprofessionnel du 26 octobre 1983 et précisé par la loi nº 84-130 du 24 février 1984 (« loi Rigout »), le SIVP a été organisé par le décret nº 85-180 du 7 février 1985. L'employeur, qui bénéficiait d'une exonération de cotisations sociales, recevait une aide de l'État en fonction du nombre d'heures de formation fournies tout en ne versant au stagiaire qu'une indemnité s'élevant à un peu plus du quart ou du tiers, selon l'âge de celui-ci, du SMIC.

(104) D. nº 84-919, 16 octobre 1984, D. nº 84-953, 25 octobre 1984 ; D. nº 85-786, 26 juillet 1985. Les TUC, qui portaient sur le secteur non marchand et concernaient des activités socialement utiles, conféraient à leurs bénéficiaires le statut de stagiaires de la formation professionnelle ; rémunérés grâce à une aide de l'État, ils imposaient à l'organisme utilisateur une obligation de principe (laquelle n'était guère présente dans les faits) de former le stagiaire.

(105) Ord. nº 86-836, 16 juillet 1986.

(106) Abus et critiques qui portaient notamment sur le fait que certains employeurs utilisaient les personnes effectuant ces stages, en particulier les TUC, pour pourvoir — contrairement à la lettre et à l'esprit des textes — à de véritables emplois...

(107) Les stages de formation voient depuis plusieurs années le nombre de leurs bénéficiaires baisser régulièrement ; de 525 000 en 1992, ils sont passés à 416 000 en 1996 : reflux qui affecte davantage les jeunes que les adultes.

(108) Certains dispositifs destinés aux jeunes ont été récemment supprimés ou suspendus : ainsi du Crédit Formation Individualisé des jeunes qui, créé en 1990, était ouvert aux demandeurs d'emploi âgés de 16 à 25 ans n'étant pas titulaires d'un CAP ou d'un BEP (interrompu pour des raisons budgétaires) ; ainsi encore des formations dispensées dans le cadre du programme « préparation active à la qualification et à l'emploi » (PAQUE) qui, succédant au CFI, s'adressaient aux jeunes de 16 à 25 ans ne pouvant bénéficier d'un contrat d'insertion en alternance en raison de difficultés d'ordre psychologique ou de socialisation (suspendu au bout de 18 mois)...

(109) *C. trav.*, art. L. 931-1-1 et L. 982-1 et s. ; la durée des actions va de 200 heures à 1 200 heures auxquelles s'ajoutent 50 % d'heures passées en entreprise.

organismes sans but lucratif se proposant d'élaborer et de mettre en œuvre un plan d'insertion professionnelle alternant des périodes de travail en entreprise et des périodes de formation (110).

Ces différents stages donnent à ceux qui les effectuent la qualité de stagiaires de la formation professionnelle (111) : une convention est passée entre un organisme de formation, une entreprise et l'État. Celui-ci participe au financement du stage, acquitte la rémunération du bénéficiaire et assure sa protection sociale (112). Le stagiaire n'ayant pas le statut de salarié, il n'a pas droit au SMIC.

2° Les contrats d'insertion en alternance

417 Les premiers contrats d'insertion en alternance en faveur des jeunes ont été mis en place au début des années 1980. En application de l'accord interprofessionnel du 26 octobre 1983, le législateur a institué deux contrats — le contrat de qualification et le contrat d'adaptation (113) — auxquels est venu s'ajouter, en 1991, le contrat d'orientation. La loi quinquennale du 20 décembre 1993 entendit substituer à ces deux dernières formules un nouveau contrat : le contrat d'insertion professionnelle (CIP). Mais face à l'hostilité manifestée par les partenaires sociaux et les jeunes (lycéens, étudiants) lors de la parution des décrets d'application (114), le gouvernement décida de revenir sur cette innovation et de maintenir en vigueur l'ancien dispositif jusqu'au 30 juin 1995 : à la suite de l'accord interprofessionnel du 5 juillet 1994, lequel prévoyait un rétablissement des contrats d'adaptation et d'orientation, le législateur consacra officiellement la pérennisation de ceux-ci par la loi n° 95-116 du 4 février 1995.

Si ces trois types de contrats sont soumis à des règles communes fixées par le Code du travail (115) et se proposent tous de faciliter l'insertion professionnelle de leurs bénéficiaires, leur régime varie cependant en fonction des objectifs propres à chacun d'eux (116).

418 **a) Le contrat de qualification** — Il s'adresse aux jeunes de 16 à 25 ans (117) qui ne sont pas titulaires d'un diplôme sanctionnant le second cycle de l'enseignement secondaire général, technologique ou professionnel (à l'exception du CAP, du BEP

(110) *C. trav.*, art. L. 982-5 ; les stagiaires voient leur rémunération varier selon qu'ils sont dans l'une ou l'autre période.

(111) Si le stagiaire ne reçoit pas la formation à laquelle il peut prétendre, il y a lieu à requalification (le stage devant s'analyser alors comme un contrat de travail) : v. P. ENCLOS, La requalification judiciaire des stages d'initiation à la vie professionnelle, *Dr. soc.*, 1991, p. 500.

(112) *C. trav.*, art. L. 982-2, L. 982-3, L. 961-1 et s. et L. 962-1 et s.

(113) L. n° 84-130, 24 février 1984 et D. n° 84-1057 et 1058, 30 novembre 1984.

(114) Le CIP prévoyait que même si une formation ne leur était pas assurée, les jeunes sans diplôme ou titulaires d'un baccalauréat technique ou d'un BTS bénéficieraient d'une rémunération ne pouvant être inférieure à 80 % du SMIC (G. COUTURIER, Le contrat d'insertion professionnelle, *Dr. soc.*, 1994, p. 204).

(115) Parmi ces règles communes, figurent par exemple la possibilité de renouveler une fois les contrats si leur objectif n'a pas été atteint, la non prise en compte des bénéficiaires dans le calcul des effectifs de l'entreprise ou encore l'extension de principe aux intéressés de l'ensemble des dispositions applicables aux autres salariés : v. *C. trav.*, art. L. 981-10 à L. 981-12.

(116) Début mai 1999, 149 000 jeunes étaient en contrat de qualification ; 44 000 en contrat d'adaptation ; 2 900 en contrat d'orientation.

(117) *C. trav.*, art. L. 981-1 et s., R. 980-1 et s. et D. 980-1 et s.

ou d'un titre équivalent) (118) : mais la loi du 29 juillet 1998 relative à la lutte contre les exclusions a étendu son champ d'application à titre expérimental (119) aux personnes âgées de plus de 26 ans inscrites comme demandeurs d'emploi pendant au moins 12 mois pendant les 18 mois qui ont précédé leur embauche (120). Sa durée est comprise entre 6 mois et 2 ans ; l'employeur s'engage, pour la durée prévue, à fournir un emploi au jeune et à lui assurer une formation entrant dans le cadre de l'enseignement technologique ou de la branche professionnelle (121).

Pour ce faire, l'entreprise doit avoir été habilitée par l'autorité administrative (122). Le temps consacré à la formation doit être au minimum égal à 25 % de la durée totale du contrat. L'employeur doit choisir au sein de son entreprise un tuteur chargé d'accueillir, d'aider, d'informer et de guider le jeune bénéficiaire. La rémunération de celui-ci varie en fonction de son âge et de l'ancienneté de son contrat : mais elle est en tout état de cause inférieure au SMIC (123). Si les frais de formation sont à la charge de l'entreprise (124), divers avantages sont cependant prévus afin de l'inciter à contracter : elle bénéficie notamment d'une exonération des cotisations sociales patronales, d'une aide financière par heure de formation (60 F par heure) et d'une aide forfaitaire attribuée par l'État lors de la conclusion du contrat (5 000 F ou 7 000 F pour les contrats d'une durée supérieure à 18 mois) (125).

419 **b) Le contrat d'adaptation à un emploi ou à un type d'emploi** — Il s'adresse (126) à des demandeurs d'emploi (127) âgés de 16 à 25 ans ayant accompli

(118) Cette règle est récente puisque, avant le 15 octobre 1998, le contrat de qualification était ouvert aux jeunes ayant acquis une qualification ne leur ayant pas permis d'obtenir un emploi (D. nº 98-909, 12 octobre 1998 ; v. aussi Circ. DGEFP nº 98-34, 14 octobre 1998).

(119) Cette extension est prévue pour durer jusqu'au 31 décembre 2000.

(120) Le préfet peut faire exception à cette règle afin de prévenir une exclusion professionnelle des intéressés. Le contrat ouvre droit à une aide forfaitaire de l'État de 10 000 F versée à l'employeur ; en fin de contrat, une aide supplémentaire de 10 000 F est versée à ce dernier s'il embauche une personne inscrite comme demandeur d'emploi pendant au moins 2 ans dans les 3 ans qui précèdent l'embauche et conclut avec elle un CDI. La rémunération offerte doit être au minimum égale au SMIC (L. nº 98-657, 29 juillet 1998, art. 25 ; D. nº 98-1036, 18 novembre 1998 et Circ. DGEFP nº 98-41, 1er décembre 1998, *BO Travail* nº 99-1, p. 67).

(121) Il en résulte d'une part que l'employeur qui fait obstacle à la formation théorique du salarié commet une faute grave (Cass. soc., 12 avril 1995, *Bull. civ.*, V, nº 136 ; *Dr. soc.*, 1995, p. 597), d'autre part que la rupture du contrat vaut licenciement si l'employeur n'a pas satisfait à l'obligation de formation à laquelle il est tenu (Cass. soc., 31 mars 1994, *D.* 1996, somm., p. 129, note ESCANDE-VARNIOL, *Dr. soc.*, 1994, p. 511 ; *RJS*, 1994, nº 585).

(122) Sur les conditions requises pour obtenir une habilitation, v. *C. trav.*, art. L. 981-2 et R. 980-2 à R. 980-4 et D. nº 84-1057, 30 novembre 1984 (l'adaptation à un emploi s'entend de l'occupation d'un poste de travail déterminé ; l'adaptation à un type d'emploi s'entend de l'occupation de plusieurs postes de travail au sein d'une même famille de métiers) ; pour exemple de contentieux, v. CE, 7 juillet 1997, *RJS*, 1997, nº 1120 (un refus d'habilitation n'est pas justifié par le fait que la demande d'habilitation a été déposée après conclusion du contrat).

(123) Lorsque la formation est achevée par l'obtention du diplôme, le salarié est en droit d'obtenir le SMIC ou le salaire minimum conventionnel (Cass. soc., 20 octobre 1998, *RJS*, 1999, nº 87, p. 63).

(124) Les frais de déplacement pour les besoins de la formation sont également à la charge de l'employeur (CA Agen, 4 mai 1999, *RJS*, 1999, nº 1271, p. 785).

(125) D. nº 97-278, 24 mars 1997 ; le renouvellement du contrat n'ouvre pas droit au versement de l'aide, laquelle doit être remboursée notamment lorsque l'employeur méconnaît les dispositions légales ou ses engagements (D. nº 95-1034, 19 septembre 1995 et D. nº 98-909, 12 octobre 1998).

(126) Sur ce contrat, v. *C. trav.*, art. L. 981-6 à L. 981-12.

(127) Si un contrat peut être conclu avec une personne qui, seulement titulaire d'un CDD, se trouve ainsi dans une situation précaire (Cass. soc., 9 mai 1996, *RJS*, 1996, 442, nº 698), il ne saurait l'être avec une personne qui n'est pas demandeur d'emploi : le directeur départemental de l'emploi étant alors tenu de refuser l'enregistrement du contrat (CE, 12 février 1997, *RJS*, 1997, nº 579, p. 379).

un cycle de première formation technologique ou ayant une formation générale exigeant d'être complétée (128). Sauf exceptions concernant notamment certains employeurs publics, toutes les entreprises peuvent conclure ce contrat. Celui-ci est à durée indéterminée lorsque le jeune est engagé pour tenir un emploi permanent dans l'entreprise (la période de formation ne peut alors excéder 12 mois). Dans le cas contraire, le contrat peut être à durée déterminée (entre 6 mois et 12 mois) et la durée de formation ne peut être inférieure à 200 heures (129). Le suivi de cette dernière est assuré par un tuteur. La rémunération perçue par le jeune pendant la durée du contrat s'il est à durée déterminée ou pendant la période de formation s'il est à durée indéterminée doit être au moins égale à 80 % du salaire minimum conventionnel pour l'emploi occupé, sous réserve qu'elle ne soit pas inférieure au SMIC. Le souhait manifesté par les partenaires sociaux de voir ce contrat bénéficier d'une exonération des cotisations sociales patronales n'a pas été exaucé : aujourd'hui, les frais de formation sont à la charge de l'employeur et l'État a supprimé l'aide forfaitaire qu'il accordait précédemment (130).

420 **c) Le contrat d'orientation** — Il a été institué par loi n° 91-405 du 31 décembre 1991 (131) ; visant à favoriser l'insertion professionnelle des jeunes qui rencontrent des difficultés spécifiques d'accès à l'emploi, il s'adresse aux personnes de moins de 22 ans ayant au plus achevé un second cycle de l'enseignement secondaire général, technologique ou professionnel sans avoir obtenu le diplôme préparé ou aux personnes de moins de 25 ans titulaires d'un diplôme de niveau IV ou III ; il a une durée maximale de 9 mois pour le premier public et de 6 mois pour le second et n'est pas renouvelable. Conclu après signature d'une convention entre l'État et l'entreprise, il ne peut se substituer à des emplois permanents, temporaires ou saisonniers. L'employeur est tenu de faire participer le jeune à des actions d'orientation et de formation dont la durée ne peut être inférieure à certains planchers (132). Un tuteur doit veiller au bon déroulement de ces actions. Le salarié perçoit une rémunération variant en fonction de son âge et calculée en pourcentage du SMIC. Son embauche ouvre droit à l'exonération des cotisations sociales patronales (assurances sociales, accident du travail, allocations familiales).

3° Les aides à l'apprentissage

421 Dans le sillage de la grande loi du 16 juillet 1971 qui a profondément modifié les règles le régissant, plusieurs textes se sont efforcés de réactualiser l'apprentissage (133)

(128) Les proches parents de l'employeur ainsi que les jeunes effectuant un stage dans le cadre d'un cursus scolaire ou universitaire ou suivant une formation obligatoire pour l'obtention d'un diplôme ne peuvent pas conclure de contrat d'adaptation.

(129) Dans ce cas, le salarié ne bénéficie pas des indemnités de fin de contrat (Cass. soc., 7 octobre 1992, *Bull. civ.*, V, n° 497 ; *D.*, 1993, somm. p. 257, obs. ESCANDE-VARNIOL ; *RJS*, 1992, n° 1236).

(130) L. n° 94-679, 8 août 1994 (à noter cependant que les dépenses de formation engagées par l'employeur s'imputent sur sa participation au financement de la formation en alternance dans la limite d'un forfait horaire de 50 F).

(131) Sur ce contrat qui a été modifié à plusieurs reprises (L. n° 97-940, 16 octobre 1997 et D. n° 98-29, 13 janvier 1998), v. *C. trav.*, art. L. 981-7 à L. 981-12 et D. 980-3 à D. 980-11.

(132) *C. trav.*, art. D. 980-5.

(133) Sur ce contrat, v. *C. trav.*, art. L. 115-1 et s., R. 117-1 et s. et D. 117-1 et s.

en l'adaptant aux nouvelles exigences du marché de l'emploi (134). Défini par le législateur comme une forme d'éducation alternée, l'apprentissage a pour but de donner à des jeunes travailleurs ayant satisfait à l'obligation scolaire une formation générale, théorique et pratique, en vue de l'obtention professionnelle d'un diplôme. Il fait l'objet d'un contrat conclu entre un apprenti (ou son représentant légal) et un employeur. Aux termes de l'article L. 117-1 du Code du travail, ce contrat est un contrat de travail de type particulier par lequel un employeur s'engage, outre à verser un salaire, à assurer à un jeune travailleur une formation professionnelle méthodique et complète. En retour, ce dernier s'engage à travailler pour cet employeur pendant la durée du contrat et à suivre la formation dispensée dans un centre de formation d'apprentis (CFA). Sauf exceptions, il doit être âgé de 16 ans au moins et de 25 ans au plus au début de l'apprentissage (135). L'employeur est tenu de l'inscrire dans un CFA et d'assurer dans l'entreprise sa formation pratique. Pour l'embaucher, il suffit que cet employeur ait fait une déclaration à cette fin auprès de la direction départementale du travail et de l'emploi. L'apprenti, qui bénéficie de l'ensemble de la législation du travail et des prestations de la sécurité sociale, perçoit une rémunération déterminée en pourcentage du SMIC et variant en fonction de son âge.

Soucieux de favoriser l'essor de l'apprentissage afin de réduire le chômage des jeunes, les pouvoirs publics avaient adopté au fil du temps diverses mesures financières incitatives (exonération sous certaines conditions et dans certaines limites de la taxe d'apprentissage, crédit d'impôt accordé aux employeurs, versement par l'État d'aides directes forfaitaires...). Afin de répondre aux problèmes de financement posés par le développement de l'apprentissage, le législateur a décidé en 1996 de simplifier les aides versées jusqu'alors par l'État et de les remplacer par une prime unique : l'indemnité compensatrice forfaitaire. Celle-ci comprend deux éléments : une aide à l'embauche qui s'élève à 6 000 F ; et une aide à l'effort de formation réalisé par l'employeur : cette aide, d'un montant annuel de 10 000 F pour les apprentis n'ayant pas atteint l'âge de 18 ans, est portée à 12 000 F s'ils ont atteint cet âge et peut être majorée en cas de formation longue (136). Par ailleurs, les employeurs bénéficient d'exonérations de charges patronales et salariales dont l'intensité varie selon le nombre de salariés qu'ils emploient : autant de mesures qui témoignent de la place éminente désormais reconnue à l'apprentissage comme moyen de qualification et de réinsertion professionnelles des jeunes à la recherche d'un premier emploi (137).

4° Le dispositif « Trajet d'accès à l'emploi »

422 La loi du 29 juillet 1998 relative à la lutte contre les exclusions a mis en place un dispositif spécifique intitulé « Trajet d'accès à l'emploi » (TRACE) en direction

(134) L. n° 87-572, 23 juillet 1987, L. n° 92-675, 17 juillet 1992, L. 20 décembre 1993, L. n° 96-376, 6 mai 1996.

(135) En principe, la durée du contrat est de 2 ans (mais elle peut aussi être d'1 an ou de 3 ans).

(136) La majoration est de 50 F par heure de formation au-delà de 600 heures et dans la limite de 200 heures supplémentaires (majoration de 5 F à 10 000 F/an) : sur ces points, v. D. 96-670 et 671, 26 juillet 1996 et Circ. DFP n° 96-9, 13 juin 1996.

(137) Les aides à l'apprentissage ont été étendues au secteur public non industriel et commercial (v. L. n° 92-675, 12 juillet 1992, D. n° 92-1258, 30 novembre 1992, D. n° 93-162, 2 février 1993 et D. n° 98-888, 5 octobre 1998) ; début mai 1999, 336 000 jeunes étaient en contrat d'apprentissage.

de certains jeunes (138). Selon les textes, il s'adresse aux jeunes âgés de 16 à 25 ans en difficulté et confrontés à un risque d'exclusion professionnelle, et plus précisément aux « jeunes issus des quartiers en difficulté ou des zones rurales défavorisées, particulièrement ceux qui sont sortis du système scolaire sans aucun diplôme ou qualification, et ne peuvent accéder directement à l'emploi » (139) ainsi qu'à ceux qui, en situation d'échec récurrent, « ont besoin d'un accompagnement renforcé pour s'orienter, reconnaître leurs compétences, apprendre la réalité du travail en entreprise, et pour résoudre leurs problèmes immédiats (santé, logement, mobilité... » (140). Plus de 5 milliards de F doivent lui être consacrés sur trois ans (de 1998 à 2000) et il devrait concerner, en 2000, environ 60 000 jeunes.

Le dispositif s'organise autour de deux types de conventions : d'une part, une convention-cadre conclue pour 3 ans entre l'État et la région, laquelle agit dans le cadre de ses compétences en matière de formation professionnelle continue des jeunes ; d'autre part, des contrats ou conventions d'objectifs signés entre l'État et différents intervenants : missions locales, PAIO et ANPE qui agissent à titre principal et prioritaire ; opérateurs externes (foyers de jeunes travailleurs, organismes d'insertion professionnelle...) qui agissent à titre subsidiaire et de complément (141). L'organisation du dispositif est confiée au préfet de région, en concertation avec les préfets des départements et les présidents de conseils régionaux ; outre qu'ils doivent procéder à un repérage des jeunes susceptibles d'être concernés, tous les intervenants sont tenus de se conformer à un cahier des charges unique qui leur impose de conduire au moins 50 % de ces jeunes à un emploi durable (CDI, emploi-jeune, contrat d'apprentissage...) à l'issue de leur parcours. Le préfet de région désigne, au sein des missions locales et des PAIO et sur chaque zone où le dispositif est mis en œuvre, un organisme pilote qui assure, dans le cadre d'un comité de pilotage local réunissant tous les intervenants, la coordination et le suivi des actions engagées.

Les jeunes bénéficient d'actions d'accompagnement personnalisé et renforcé qui comprennent notamment des mesures en matière de lutte contre l'illettrisme, d'acquisition accélérée d'une expérience professionnelle, d'orientation et de qualification ; ces actions sont assorties, si nécessaire, de toute autre action, en particulier culturelle ou sportive ; elles doivent également être organisées de telle sorte qu'elles assurent l'égalité d'accès des jeunes gens et jeunes filles ainsi que la mixité des emplois. Concrètement, cet accompagnement doit permettre à l'opérateur chargé du suivi du jeune de repérer les difficultés qu'il rencontre : un bilan professionnel et psychosocial de l'intéressé est d'emblée réalisé. Le jeune est confié à un accompagnateur référent ; celui-ci ne peut assurer le suivi de plus de 30 personnes à la fois. Le parcours d'accompagnement s'étend sur 18 mois au maximum : le jeune pouvant sortir à tout moment du dispositif si sa réinsertion professionnelle est envisageable avant ce terme.

Si, pendant ce parcours, il ne bénéficie pas d'un stage, d'un contrat ou d'une formation lui assurant une rémunération, il peut bénéficier, dès l'âge de 16 ans, d'une

(138) L. n° 98-657, 29 juillet 1998, art. 5 ; D. n° 98-908, 12 octobre 1998 ; Circ. 1er juillet 1998, *TSA*, Bull. lég. n° 49, 1998, p. 11 ; Circ. DGEFP n° 98-33, 23 octobre 1998, *BO Travail* n° 98-23, p. 105 ; Circ. CNAM n° 16-99, 28 avril 1999 ; Circ. DAS n° 99-291, 20 mai 1999, *BO Solid.-santé* n° 99-25, p. 253 ; Circ. DGEFP n° 99-30, 3 août 1999, *BO Travail* n° 99-14, p. 77 ; v. aussi *TSA*, 1998, n° 710, p. 7.

(139) Circ. 1er juillet 1998.

(140) Circ. DGEFP n° 98-33, 22 octobre 1998.

(141) Ces opérateurs externes reçoivent 12 000 F/an par jeune sous réserve que la prestation d'accompagnement soit réalisée.

aide accordée par les FAJ (142). De plus, il est affilié automatiquement au régime général de la sécurité sociale au titre de son intégration au dispositif TRACE.

Un bilan des actions engagées dans chaque région est réalisé chaque année. D'après les premières constatations effectuées, il semble que ce nouveau dispositif ne bénéficie qu'aux jeunes les plus « employables » et se révèle assez inefficient pour les autres (143).

423 **Bibliographie.** V. n° 415 ; *adde* E. ALFANDARI, Les travaux d'utilité collective et les associations sanitaires et sociales : une action sociale à « ricochet », *RDSS*, 1985, p. 82 ; S. BALLET, La réforme de l'apprentissage : nouvelle étape vers la précarisation de l'emploi, *Dr. ouvrier*, 1988, p. 493 ; TUC, SIVP : chômage-emploi en alternance pour les jeunes, *Dr. ouvrier*, 1992, p. 123 ; W. BAUDRILLART, J. F. COLIN, Les emplois d'utilité collective. Quelques enseignements de l'expérience française, *Dr. soc.*, 1981, p. 466 ; B. BOUBLI, Formation professionnelle, *Juriscl. Travail*, fasc. 60-10 à 60-30 ; Les contrats permettant une formation en alternance. Analyse comparative, *Dr. soc.*, 1982, p. 141 ; M. CRÉMIEUX, Le contrat d'apprentissage, *D.* 1972, chr., p. 236 ; DIVERS, *Les orientations du droit pour l'insertion professionnelle des jeunes* (Colloque de Poitiers), 1996, PUF ; P. ENCLOS, Le contentieux de l'insuffisance professionnelle dans les contrats de formation en alternance, *Dr. soc.*, 1990, p. 896 ; F. FAVENNEC-HÉRY, SIVP et déclin du contrat de travail, *Dr. soc.*, 1988, p. 511 ; J. GAUTIÉ, Insertion professionnelle et chômage des jeunes en France, *Regards sur l'actualité*, 1997, n° 233, p. 12 ; F. LEBOUTEUX, Les TUC... et après ?, *Dr. soc.*, 1985, p. 313 ; A. LYON-CAEN, Stage et travail, *Dr. soc.*, 1982, p. 164 ; J. MONTALESCOT, Les stages : un nouveau moyen d'insertion professionnelle, *Dr. soc.*, 1977, p. 367 ; E. MOURET, La place des stages dans la formation : jalons historiques et méthodologiques, *Dr. soc.*, 1982, p. 101 ; G. POULAIN, Stage et précarité d'emploi, *Dr. soc.*, 1982, p. 155 ; J. C. SCIBERAS, Le stagiaire dans l'œil du cyclone, *Dr. soc.*, 1988, p. 795 ; Y. SELLIER, Apprentissage, *Rép. trav.*, Dalloz ; R. VATINET, La combinaison d'un emploi et d'une formation : le contrat d'apprentissage et le contrat emploi-formation, *Dr. soc.*, 1979, p. 223.

§ 2. L'AIDE AUX CHÔMEURS CONNAISSANT DES DIFFICULTÉS D'INSERTION

424 Face aux difficultés rencontrées par un nombre croissant de chômeurs, notamment les chômeurs de longue durée, pour s'insérer ou se réinsérer dans la vie sociale et professionnelle (144), des mesures spécifiques ont été adoptées par les pouvoirs publics à partir des années 1980. Dès l'origine, ces mesures ont pris deux formes principales : stages d'insertion et contrats de travail de type particulier.

A l'heure actuelle, ce sont toujours ces deux grandes formules qui sont privilégiées. Certes, elles ont subi, au fil du temps, certains ajustements ; depuis les contrats emploi-formation et les programmes d'insertion locale créés en 1975 (145) et 1987 (146), ont été instituées diverses formes de contrats dont plusieurs ont disparu, remplacées par d'autres : ainsi, par exemple, le contrat de retour à l'emploi et le contrat pour l'emploi des bénéficiaires du RMI ont-ils fait place en 1995 au contrat initiative-

(142) Cette disposition est dérogatoire aux règles applicables aux FAJ puisque ceux-ci sont destinés en principe aux jeunes de 18 à 25 ans.

(143) *TSA*, 1999, n° 737, p. 19.

(144) Sur la notion d'insertion et les liens qu'elle entretient avec le RMI, v. *infra*, n° 453 et s.

(145) D. n° 75-437, 4 juin 1975 et D. n° 82-804, 22 septembre 1982 : ces contrats, d'une durée limitée, visaient à favoriser l'insertion professionnelle des chômeurs en difficulté.

(146) D. 87-236 et 237, 3 avril 1987 : destinés aux chômeurs de longue durée âgés de 25 ans au moins, les PIL devaient offrir à leurs bénéficiaires (stagiaires) des activités répondant à des besoins collectifs non satisfaits.

emploi. Mais ces ajustements et adaptations ont porté, en réalité, beaucoup moins sur le principe même des stages et des contrats que sur le contenu susceptible de leur être donné : en dehors de la pétition de principe figurant à l'article 4 de la loi du 29 juillet 1998 relative à la lutte contre les exclusions selon laquelle certains chômeurs rencontrant des difficultés particulières d'insertion ont droit à un « nouveau départ » (147), la principale innovation a consisté à prévoir, à côté des contrats ayant vocation à être passés avec des entreprises, des contrats qui, visant avant tout à démarginaliser certains chômeurs en leur proposant d'effectuer des tâches d'intérêt général, sont destinés à être conclus avec des employeurs du secteur non marchand (collectivités locales, associations à but non lucratif, etc.). Si bien que l'aide publique aux chômeurs (148) rencontrant des difficultés particulières d'accès à l'emploi s'organise aujourd'hui, pour l'essentiel, autour de trois grands types de mesures (149) : les contrats emploi-solidarité et emploi-consolidé qui s'appliquent dans le secteur non marchand, les contrats initiative-emploi qui s'appliquent dans le secteur marchand et les stages d'insertion qui viennent parachever l'ensemble du dispositif.

A. LES CONTRATS EMPLOI-SOLIDARITÉ ET EMPLOI-CONSOLIDÉ

425 Institués par la loi du 19 décembre 1989, les contrats emploi-solidarité ont été complétés par la loi du 29 juillet 1992 qui a créé les contrats emploi-consolidé en faveur des chômeurs n'ayant pu trouver un emploi à l'issue d'un CES (150). Ces dispositifs ont été modifiés en dernier lieu par la loi du 29 juillet 1998 relative à la lutte contre les exclusions, laquelle en a réaménagé à la fois le champ d'application et le régime juridique.

1° Les contrats emploi-solidarité

426 Les contrats emploi-solidarité (151) se sont substitués à la fois aux travaux d'utilité collective (TUC) destinés aux jeunes, aux programmes d'insertion locale (PIL) destinés à certains chômeurs et aux activités d'intérêt général (AIG) destinées aux titulaires du RMI (152). Ayant pour but de « faciliter l'insertion de personnes rencontrant des

(147) « Tout chômeur âgé de 16 à 25 ans ou tout chômeur de longue durée ou rencontrant des difficultés d'insertion professionnelle a le droit à un accueil, un bilan de compétences et une action d'orientation professionnelle afin de bénéficier d'un nouveau départ sous forme d'une formation, d'un appui individualisé ou d'un parcours vers l'emploi ou la création ou la reprise d'entreprise ».

(148) D'autres dispositifs pourraient être encore évoqués ; ainsi de l'appui social individualisé (ASI) : l'État passant une convention avec des organismes compétents en vertu de laquelle ceux-ci accompagnent des personnes en difficulté dans leur démarche d'insertion (Circ. CDE n° 92-19 et DAS n° 92-10, 30 mars 1992 ; Circ. DAS n° 95/17 et CDE n° 95/25, 5 mai 1995, *TSA*, Bull. législ., 1995, n° 14, p. 11 ; v. aussi Circ. 11 décembre 1998).

(149) Réserve faite, ici, des jeunes qui, s'ils peuvent bénéficier des contrats en question, se voient offrir d'autres formules qui leur sont spécialement destinées : v. *supra*, n° 414 et s.

(150) Sur le règlement des litiges occasionnés par ces contrats, v. F. DUQUESNE, Le contentieux des contrats aidés, *Dr. soc.*, 1999, p. 134.

(151) *C. trav.*, art. L. 322-4-7 et s. ; en 1996, on recensait un peu moins de 546 000 CES (en recul de 16,3 % par rapport à 1995) ; en 1998, 446 000 et en 1999, 425 000.

(152) Cependant, les titulaires d'un CES ont le statut de salarié alors que les bénéficiaires de ces dispositifs avaient le statut de stagiaires de la formation professionnelle...

difficultés d'accès à l'emploi », ils s'adressent plus précisément « aux personnes qui ne sont pas susceptibles d'occuper un emploi ordinaire, aidé ou non, ou de suivre une formation qualifiante » (153) : chômeurs de longue durée ou âgés de plus de 50 ans, allocataires du RMI (ainsi que le conjoint ou concubin), de l'ASS, de l'API, personnes handicapées, jeunes de plus de 18 ans et de moins de 26 ans connaissant des problèmes spécifiques d'insertion et personnes rencontrant des difficultés particulières d'accès à l'emploi (154). Néanmoins, les bénéficiaires du RMI et les chômeurs de très longue durée (plus de 3 ans de chômage) devraient représenter 75 % des personnes recrutées en CES en 1999 (155).

Ils peuvent être passés par des personnes morales du secteur public ou du secteur privé non lucratif, à l'exclusion toutefois des services de l'État. L'employeur doit avoir conclu à cet effet, au préalable et pour chaque bénéficiaire, une convention avec ce dernier (156) : le préfet pouvant subordonner la conclusion de cette convention à l'adhésion de l'employeur à une charte de qualité. Ce sont les tâches décrites dans la convention et non dans le contrat de travail que le bénéficiaire du CES est tenu d'accomplir.

Portant sur des activités qui répondent à des besoins collectifs non satisfaits, les CES doivent prévoir des actions d'orientation et de formation professionnelle destinées à faciliter le retour à l'emploi. Pour éviter des effets de substitution, il a été prévu que dans les collectivités territoriales et autres personnes morales de droit public, un CES ne peut être renouvelé sur un même poste de travail que s'il s'accompagne d'une formation visant à faciliter l'insertion professionnelle du bénéficiaire à l'issue du contrat ; en cas de non renouvellement du CES pour cause d'absence d'une telle formation, il ne peut être recouru à un nouveau CES pour pourvoir un même poste avant l'expiration d'un délai de 6 mois. Les CES sont des contrats de travail de droit privé (157) à durée déterminée et à temps partiel. Ils sont conclus pour une durée de 3 à 12 mois ; ils peuvent être renouvelés deux fois sans que la durée totale puisse excéder 12 mois ou 24 mois selon les cas (158) et peuvent être rompus avant leur terme dans les conditions du droit commun ou dans certaines hypothèses particulières (159). La durée hebdomadaire de travail est en principe de 20 heures et est calculée, pour conférer au contrat une certaine souplesse, sur une moyenne de 4 semaines consécutives (cette durée ne peut être inférieure à 10 heures). Sauf clauses contractuelles plus favorables, la rémunération est égale au produit du montant du SMIC par

(153) Circ. MES/CAB/98, 31 décembre 1997, *TSA*, Bull. lég., n° 42, 1998, p. 15.

(154) *C. trav.*, art. L. 322-4-7.

(155) Circ. DGEFP n° 98-44, 16 décembre 1998, *BO Travail* n° 99-3, p. 97.

(156) Cass. soc., 25 mars 1997, *D.*, 1997, p. 285, note J. SAVATIER ; par ailleurs, un CES ne peut être rompu avant son terme qu'en cas de faute grave ou de force majeure (Cass. soc., 20 mai 1997, *Dr. soc.*, 1997, p. 739, obs. C. ROY-LOUSTAUNAU).

(157) Leur contentieux relève de la compétence des tribunaux judiciaires et ce, même lorsqu'ils sont passés avec un exploitant public (CA Paris, 20 novembre 1996, Lancelot et Brunhammer c/ France Télécom, *Dr. soc.*, 1998, p. 73, note C. ROY-LOUSTAUNAU ; dans le même sens, v. aussi Cass. soc., 9 décembre 1998, *RJS*, 1999, n° 91, p. 65 ; Cass. soc., 16 mars 1999, *RJS*, 1999, n° 563, p. 345). Néanmoins, le juge administratif est seul compétent, au cas où le litige porte sur la légalité de la convention passée entre l'État et l'employeur, pour se prononcer sur la question préjudicielle ainsi soulevée ; de même, est-il seul compétent pour tirer les conséquences d'une éventuelle requalification d'un contrat (TC, 7 juin 1999, Zaoui et Cass. soc., 8 juillet 1999, *RJS*, 1999, n° 1120, p. 698).

(158) La prolongation à 24 mois n'est plus automatique : elle est accordée sur décision du préfet.

(159) *C. trav.*, art. L. 322-4-10 (il s'agit notamment de l'hypothèse où la rupture du contrat a pour objet de permettre au salarié d'occuper un autre emploi ou de suivre une formation qualifiante).

le nombre d'heures de travail effectuées ; elle peut se cumuler avec les minima sociaux et l'assurance chômage à certaines conditions particulières (160). Par ailleurs, les bénéficiaires d'un CES (161) peuvent, à l'issue d'une période de 3 mois et pour une durée limitée à un an, être autorisés à exercer une activité professionnelle complémentaire dans la limite d'un mi-temps (162).

L'employeur désigne un tuteur afin d'assurer un suivi effectif du salarié. Une formation, qui est dans ce cas prévue dans la convention initiale ou dans un avenant ultérieur, peut être dispensée au salarié (163). La loi d'orientation relative à la lutte contre les exclusions a affirmé le droit, pour les bénéficiaires d'un CES, à un accompagnement vers l'emploi ; cette mesure, destinée à fournir conseils et méthodes pour se réinscrire dans le marché du travail, est financée par le Fonds social européen (164).

L'État apporte une aide à la conclusion des CES en prenant en charge certaines dépenses liées à leur fonctionnement : il assume le coût du salaire versé au titulaire du contrat à hauteur de 65 % ou 85 % de son montant voire plus selon les cas (165) ; il accorde pour toute la durée du contrat une exonération de la plupart des cotisations sociales patronales (166) ; enfin, si une formation est dispensée au salarié, l'État verse à l'employeur une aide forfaitaire de 22 F par heure de formation dans la limite de 400 heures.

2° Les contrats emploi-consolidé

427 Créés en 1992 (167), ces contrats (168) qui avaient initialement pour but de favoriser l'embauche des personnes ne pouvant trouver un emploi ou bénéficier d'une formation à l'issue d'un CES, ont vu leur régime réaménagé par la loi du 29 juillet 1998 relative à la lutte contre les exclusions (169). La conclusion des CEC doit à la fois correspondre à un besoin collectif non satisfait, ne pas se substituer à un emploi permanent et

(160) Des règles particulières de cumul sont en effet prévues en faveur des bénéficiaires du régime de solidarité, du RMI et de l'API ; quant aux bénéficiaires d'une allocation d'assurance chômage, les règles de droit commun concernant les activités réduites s'appliquent (v. L. n° 98-657, 29 juillet 1998, art. 9 ; D. n° 98-1070, 27 novembre 1998).

(161) Cette possibilité est désormais ouverte aux bénéficiaires du contrat d'insertion par l'activité (CIA). Celui-ci est un contrat réservé aux bénéficiaires du RMI résidant dans les DOM ; ses titulaires sont affectés à l'exécution de tâches d'utilité sociale (sur ce contrat, v. L. n° 88-1088, 1er décembre 1988, art. 42-8).

(162) sur ce point, v. *C. trav.*, art. L. 322-4-10.

(163) Cette formation doit être dispensée dans le cadre d'une convention avec un organisme de formation agréé ; sur l'accompagnement jusqu'à présent insuffisant des salariés par les employeurs, v. Circ. CDE n° 95-29, 4 août 1995 (*TSA*, Bull. législ., n° 16, p. 5-6, octobre 1995).

(164) Des organismes de formation spécialisés assurent cet accompagnement et dressent un bilan d'insertion des bénéficiaires à la fin de l'action. Celle-ci dure 4 mois en moyenne et est menée à partir du 4e mois du CES (Circ. DGEFP n° 98-30, 27 août 1998, *BO Travail*, n° 98-18, p. 73 ; Circ. DGEFP n° 99-38, 17 décembre 1999).

(165) La prise en charge est de 65 % si le salarié ne figure pas parmi les personnes prioritaires ; sinon, elle est de 85 % et peut aller jusqu'à 90 % ou 95 % dans certains cas (Circ. DGEFP n° 98-44, 16 décembre 1998, *BO Travail* n° 99-3, p. 97 ; Note DGEFP, 2 avril 1999, *BOEN*, n° 20, 1999, p. 972).

(166) Restent dues notamment les cotisations patronales et salariales de chômage (mais celles-ci peuvent être assumées par l'État dans certains cas) et les cotisations salariales de sécurité sociale.

(167) L. n° 92-722, 29 juillet 1992 ; D. n° 92-1076, 2 octobre 1992 ; D. n° 94-265, 5 avril 1994.

(168) Le nombre de personnes ayant signé un CEC a crû sensiblement au cours des dernières années : 5 000 en 1993, 25 000 en 1994, 60 000 en 1999 (200 000 bénéficiaires entre 1998 et 2000 pour un coût cumulé, sur ces trois années, de 8,5 milliards de F).

(169) L. n° 98-657, 29 juillet 1998 (art. 8), mod. *C. trav.*, art. L. 322-4-8-1 et s. ; v. aussi D. n° 98-1109, 9 décembre 1998 et Circ. DGEFP n° 98-44, 16 décembre 1998 (*BO Travail* n° 99-3, p. 97).

favoriser l'acquisition par le bénéficiaire d'une expérience professionnelle réelle. Le public auquel il s'adresse a été élargi : désormais, peuvent conclure ces contrats, sans passage préalable par un CES (170), plusieurs catégories de personnes rencontrant des difficultés particulières d'insertion : ce sont pour l'essentiel les mêmes personnes que celles pouvant passer un CES auxquelles s'ajoutent celles qui ne peuvent trouver un emploi ou une formation à l'issue de ce dernier contrat, d'un contrat d'insertion par l'activité ou d'un contrat passé avec une entreprise d'insertion ou une entreprise de travail temporaire d'insertion (171).

Les employeurs susceptibles de conclure un CEC sont les mêmes que ceux habilités à passer des CES. Ils doivent avoir préalablement passé, pour chaque bénéficiaire, une convention avec l'État (172). Le contrat de travail conclu en vertu de cette convention est un contrat de droit privé, à durée indéterminée ou déterminée. Dans ce dernier cas, sa durée initiale est de 12 mois mais peut être prolongée chaque année par avenant dans la limite maximale de 5 ans. La durée hebdomadaire du travail ne peut être inférieure à 30 heures ; néanmoins, si la convention le prévoit, cette durée hebdomadaire peut être en deçà dans la limite d'un minimum hebdomadaire de 10 heures afin de répondre aux difficultés particulières de la personne embauchée : cette dérogation est annuelle et est renouvelable en cas de persistance de ces difficultés. Le titulaire d'un CEC peut cumuler celui-ci avec une activité professionnelle ou une formation rémunérée ; il doit en informer le Direction départementale du travail : en cas de non respect des règles de cumul, le préfet peut annuler la convention de CEC. Les dispositions de droit commun du Code du travail lui sont applicables (congés payés, rupture du contrat, etc.).

L'État supporte partiellement le coût afférent aux CEC. Il prend ainsi en charge une partie de la rémunération du salarié selon des modalités variant en fonction de la gravité des difficultés d'accès à l'emploi ; en principe, l'aide est dégressive sur 5 ans et est établie la première année à 60 % du salaire brut (173) pour descendre la dernière année à 20 % ; néanmoins, l'aide peut être accordée à un taux constant sur 5 ans de 80 % lorsque les difficultés rencontrées par l'intéressé sont particulièrement importantes (174).

L'État assume également tout ou partie des frais engagés au titre de la formation professionnelle selon les mêmes modalités que celles applicables aux CES. Quant à

(170) La loi n° 96-376 du 6 mai 1996 avait déjà assoupli le régime des CEC puisqu'elle avait prévu que les jeunes âgés de 18 ans à moins de 26 ans résidant dans les grands ensembles et quartiers d'habitat dégradé, rencontrant des difficultés particulières d'accès à l'emploi et ayant au plus achevé un 2e cycle de l'enseignement secondaire général, technologique ou professionnel pouvaient être embauchés directement en CEC, sans passage préalable par un CES. Le contrat, dénommé *emploi-ville*, obéissait au même régime que le CEC : seul le montant de l'aide apportée par l'État (laquelle ne peut excéder 5 ans) étant plus élevé (v. D. n° 96-454 et 455, 28 mai 1996, Circ. CDE n° 96-16, 28 mai 1996 et Circ. CDE n° 96-32, 4 décembre 1996). Mais depuis lors, les emplois-ville ont été supprimés à compter du 1er janvier 1998 car destinés à être remplacés par les emplois-jeunes (v. *infra*, n° 436 et s.) : ne subsistent donc plus à l'heure actuelle que les contrats signés avant cette date (v. L. finances pour 1998 et Circ. DGEFP n° 97-30, 26 décembre 1997).

(171) *C. trav.*, art. L. 322-4-8-1.

(172) La durée de la convention ne peut excéder 12 mois renouvelables dans la limite maximale de 5 ans. Sauf en cas de non respect de ses engagements par l'employeur, ce renouvellement est de droit.

(173) Sur ce salaire brut et sur le montant de l'aide, v. D. n° 98-1109, 9 décembre 1998.

(174) Les prises en charge au taux de 80 % ont été limitées à 10 % du nombre total des entrées en 1999. Par ailleurs, lorsque l'employeur embauche une personne qu'il a déjà employée plus de trois mois dans les deux années précédentes dans le cadre d'un CES ou d'un CIA, la durée de ce contrat est déduite de la durée de prise en charge du CEC par l'État.

l'employeur, il bénéficie, au cours des 5 premières années du contrat, d'une exonération de certaines cotisations sociales (dans la limite du salaire n'excédant pas 120 % du SMIC pour une durée hebdomadaire de travail de 30 heures maximum) et de certaines taxes (taxes sur les salaires, d'apprentissage...). Enfin, la loi du 29 juillet 1998 a fait obligation à l'employeur de prévoir, dans la convention, des actions d'orientation professionnelle et de validation d'acquis en vue de construire et de faciliter la réalisation de leur projet professionnel. Si celui-ci n'aboutit pas avant la fin du 24e mois, l'employeur doit effectuer à ses frais un bilan de compétences afin de le préciser.

B. LES CONTRATS INITIATIVE-EMPLOI

428 Institué par la loi n° 95-881 du 4 août 1995, le CIE (175) a remplacé, à compter du 1er juillet 1995, les contrats de retour à l'emploi institués par la loi n° 89-905 du 19 décembre 1989 (176) ainsi que les contrats pour l'emploi des bénéficiaires du RMI institués par la loi n° 95-116 du 4 février 1995 (177). Ce contrat (178) est très proche, s'agissant tant du public auquel il s'adresse que de son mode de fonctionnement, des deux formules auxquelles il s'est substitué (179). De juillet à décembre 1995, le CIE a concerné 150 000 personnes ; après s'être vu assigner un objectif, en année pleine, de 350 000 personnes, il a vu ses ambitions sensiblement réduites par la suite (280 000 personnes en 1997) (180).

Selon la loi, le contrat a pour but de « faciliter l'insertion professionnelle durable » de certaines personnes se trouvant ou risquant de se trouver en situation d'exclusion. Sont concernés les chômeurs de longue durée et les allocataires du RMI ; les bénéficiaires de l'obligation d'emploi (personnes handicapées), de l'allocation de solidarité spécifique versée par le régime de solidarité et de l'allocation d'assurance veuvage ; les femmes isolées assumant ou ayant assumé des charges de famille ; les Français ayant perdu leur emploi à l'étranger dès leur retour en France ; les personnes âgées de plus de 50 ans soit privées d'emploi, soit en congé ou en convention de conversion ;

---

(175) *C. trav.*, art. L. 332-4-2 et s. ; v. aussi D. n° 95-925, 19 août 1995 ; D. n° 98-1107, 8 décembre 1998 ; Circ. DGEFP n° 99-14, 8 mars 1999, *BO Travail*, n° 99-8, p. 109.

(176) Sur ces contrats, v. X. Prétot, Le contrat de retour à l'emploi, *RDSS*, 1989, p. 598.

(177) Sur ces contrats institués à titre expérimental, v. D. n° 95-320, 22 mars 1995.

(178) A côté de ce contrat, existent d'autres formules ayant pour but l'insertion des personnes en difficulté. Parmi elles, on doit signaler les contrats en entreprise d'insertion (lesquels ont pour principale caractéristique d'être passés avec des employeurs dont l'activité a pour objet propre l'insertion : sur ces contrats, v. *C. trav.*, art. L. 322-4-16) et, plus généralement, l'institution en 1987 des associations intermédiaires (lesquelles ont pour objet d'embaucher des personnes sans emploi rencontrant des difficultés particulières pour les mettre, à titre onéreux, à la disposition de personnes physiques ou morales pour des activités qui ne sont pas déjà assurées, au niveau local, par l'initiative privée ou publique : sur ces associations qui jouent un rôle croissant dans la « gestion » de la précarité, v. *C. trav.*, art. L. 128) ; sur ce point, v. *infra*, n° 499 et s.

(179) Il est également très proche du contrat d'accès à l'emploi (CAE) institué dans les DOM en juillet 1994 (sur ce contrat, v. L. n° 94-638, 25 juillet 1994 et D. n° 95-340 et 341, 29 mars 1995) ; la loi du 4 août 1995 a modifié ces textes afin d'harmoniser les régimes du CIE et du CAE (*C. trav.*, art. L. 832-2 et D. n° 96-13, 8 janvier 1996 et D. n° 96-19, 10 janvier 1996) ; v. aussi D. n° 97-409, 25 avril 1997 qui a étendu le bénéfice du CAE à certaines personnes (jeunes de 18 à 26 ans, détenus libérés...) et D. n° 99-135, 23 février 1999 qui a aligné le montant de l'aide sur celui du CIE.

(180) D'après les premières enquêtes du Ministère du Travail, l'institution du CIE n'a entraîné que peu de créations d'emploi (16 % seulement d'entre eux ont débouché sur une création nette d'emploi, 56 % auraient permis un effet d'aubaine).

certains jeunes âgés de 18 à 26 ans en difficulté (181) ; enfin, les détenus libérés présentant des difficultés particulières d'accès à l'emploi (182).

Le contrat peut être conclu par tout employeur de métropole relevant de l'assurance chômage à l'exception cependant des particuliers, de l'État, des collectivités locales et de leurs établissements publics administratifs (183). L'employeur doit passer au moment de l'embauche une convention avec l'ANPE agissant au nom de l'État. Cette convention peut prévoir une formation liée à l'activité de l'entreprise qui est fixée au minimum à 200 heures et au maximum à 400 heures par bénéficiaire. Elle est dispensée pendant le temps de travail par un organisme de formation agréé et peut être complétée par la mise en place, pour les chômeurs de plus de 2 ans, d'un tutorat.

Le CIE est un contrat de travail qui peut être soit à durée indéterminée, soit à durée déterminée. Dans ce dernier cas, il est conclu pour une durée minimale de 12 mois et maximale de 24 mois et peut être renouvelé une fois dans la limite de cette durée maximale. Il ne peut par ailleurs revêtir la forme d'un contrat temporaire. Il peut également être à temps plein ou à temps partiel. La durée du travail ne peut être inférieure à 16 heures par semaine (sauf s'il s'agit de certaines personnes handicapées).

L'État finance une partie du dispositif. Il accorde à l'employeur une aide forfaitaire de 1 000 F ou 2 000 F par mois (184) lorsque la durée du travail prévue par le contrat est égale à la durée légale du travail (39 heures) ou à celle fixée conventionnellement par la branche ou l'entreprise ; lorsque la durée du travail prévue par le contrat est inférieure, l'aide est réduite en proportion. L'employeur bénéficie par ailleurs d'une exonération de ses cotisations de sécurité sociale dues au titre des assurances sociales, des accidents du travail et des allocations familiales sur la partie du salaire n'excédant pas le SMIC ; l'exonération est accordée en principe pour 24 mois suivant la date d'embauche mais peut aller au-delà et être pérenne dans certains cas (185). Si le salarié bénéficie d'une formation, l'État peut accorder une aide calculée sur une base forfaitaire dont le montant est fixé à 50 F par heure de formation ainsi que, sous certaines conditions (186), une aide au tutorat.

---

(181) Sur ce point, v. D. n° 96-435, 22 mai 1996 et D. n° 98-1107, 8 décembre 1998.

(182) Les personnes ayant conclu un CES, un CEC ou un contrat en entreprise d'insertion peuvent bénéficier d'un CIE à condition d'avoir appartenu, au début du premier contrat, à l'une des catégories de personnes visées par la loi de 1995.

(183) Sont exclus également du dispositif les employeurs ayant procédé à un licenciement économique dans les 6 mois précédant la date d'effet du contrat ainsi que les embauches résultant du licenciement d'un salarié sous contrat à durée indéterminée.

(184) L'aide est fixée à 1 000 F si la personne embauchée a été inscrite comme demandeur d'emploi pendant au moins 24 mois durant les 36 derniers mois ; elle s'élève à 2 000 F pour d'autres catégories de bénéficiaires (titulaires du RMI, de l'ASS, travailleurs handicapés...) et n'est pas versée dans les autres cas (D. n° 96-702, 7 août 1996) ; en cas de rupture du contrat à l'initiative de l'employeur (avant le terme pour un CDD et avant le 24e mois pour un CDI), ce dernier doit reverser cette aide intégralement sauf exceptions (sur ces exceptions, v. D. n° 95-925, 19 août 1995 et D. n° 97-1216, 26 décembre 1997).

(185) Sur ce point, v. *C. trav.*, art. L. 322-4-6 et Note NDE n° 96-34, 11 décembre 1996, *BO Travail*, n° 97-6, 5 avril 1997, p. 257.

(186) L'aide au tutorat est accordée pour l'embauche d'une personne inscrite comme demandeur d'emploi depuis au moins 2 ans ou d'une personne bénéficiaire du RMI sans emploi depuis 2 ans (son montant forfaitaire est fixé à 3 500 F par bénéficiaire du tutorat) ainsi que pour l'embauche d'un jeune en grande difficulté (remboursement d'une partie des frais par les organismes paritaires collecteurs agréés, dans la limite de 1 500 F par mois et par jeune pendant 6 mois).

C. LES STAGES D'INSERTION ET DE FORMATION À L'EMPLOI

429 En dehors des stages de formation destinés aux jeunes demandeurs d'emploi, les pouvoirs publics ont prévu la possibilité de mettre en place et de financer en partie certains stages destinés plus particulièrement à des chômeurs en situation d'exclusion.

Depuis la loi quinquennale du 20 décembre 1993, certains de ces stages ont été supprimés à l'instar notamment des actions de formation et d'insertion (AIF), des stages de reclassement professionnel ou des stages du FNE pour les femmes isolées et se sont vu substituer un stage unique : le stage d'insertion et de formation à l'emploi (SIFE).

Seul, le stage d'accès à l'emploi a été maintenu par la loi de 1993 sous une dénomination nouvelle : le *stage d'accès à l'entreprise*. Mais celui-ci, qui a été mis en place par la loi n° 91-1 du 3 janvier 1991, n'a pas pour vocation exclusive la lutte contre l'exclusion affectant les chômeurs. S'adressant aussi bien aux demandeurs d'emploi qu'aux salariés désireux de suivre une formation permettant à la fois leur promotion dans l'entreprise et l'embauche d'un chômeur sur le poste libéré (187), il propose une formation qui est dispensée dans l'entreprise ou dans un organisme sélectionné par l'ANPE. Cette formation a une durée pouvant varier de 40 à 500 heures voire 750 heures pour les chômeurs de longue durée et est financée, pour l'essentiel, par l'État.

Le *stage d'insertion et de formation à l'emploi* apparaît donc comme un outil beaucoup plus adapté — car telle est sa vocation première — pour « faciliter l'insertion professionnelle des demandeurs d'emploi, en particulier des chômeurs de longue durée et des chômeurs cumulant les situations de précarité les plus graves » (188).

Mis en œuvre dans le cadre de conventions conclues entre l'État et des organismes de formation, le SIFE peut être collectif (95 % des cas) ou individuel. L'accès à un stage collectif est réservé en priorité aux chômeurs de longue durée ou en difficulté âgés de plus de 26 ans : un soutien particulier devant être apporté aux chômeurs inscrits depuis au moins 3 ans à l'ANPE, aux chômeurs de longue durée âgés de 50 ans et plus, aux femmes isolées ainsi qu'aux allocataires du RMI sans emploi depuis plus d'un an, qu'ils soient ou non inscrits à l'ANPE. Un suivi de stage a été prévu afin d'apporter un soutien particulier pour la recherche d'un emploi (189). L'accès à un stage individuel est réservé en priorité aux chômeurs âgés de plus de 26 ans inscrits depuis plus de 3 mois à l'ANPE, ayant une expérience professionnelle et présentant des caractéristiques permettant de diagnostiquer des risques importants d'entrée en chômage de longue durée, en particulier des difficultés de réinsertion du fait d'une qualification faible ou étroite ou d'une spécialisation obsolète.

Les stages doivent avoir lieu autant que possible, pour tout ou partie, en milieu de travail et leur durée doit être comprise entre 40 et 1 200 heures. La personne concernée perçoit soit la rémunération forfaitaire versée par l'État aux stagiaires de la

(187) Sont cependant exclus de son bénéfice les travailleurs handicapés ainsi que les bénéficiaires du RMI non inscrits à l'ANPE.

(188) *C. trav.*, art. L. 322-4-1.

(189) Cet accompagnement dure en moyenne 3 mois et est assuré par les organismes conventionnés pour les SIFE ou par d'autres organismes extérieurs sélectionnés pour leurs compétences. Représentant un coût d'environ 2 000 F en moyenne par bénéficiaire, il est financé par des crédits du FNE (Circ. DGEFP n° 98-31, 27 août 1998, *BO Travail*, n° 98-18, p. 87).

formation professionnelle soit, si les conditions sont remplies, l'allocation de formation-reclassement versée par le régime d'assurance chômage (190).

430 **Bibliographie.** M. BADEL, J. P. LABORDE, R. LAFORE, La loi quinquennale sur l'emploi du 20 décembre 1993 et l'insertion, *RDSS*, 1994, p. 533 ; D. DEMAZIÈRE, Le chômage de longue durée : placement ou assistance, *RFAS*, 1989, n° 2, p. 103 ; *Le chômage de longue durée*, 1994, PUF ; F. DUQUESNE, Le contentieux des contrats aidés, *Dr. soc.*, 1999, p. 134 ; M. ELBAUM, Petits boulots, stages, emplois précaires : quelle « flexibilité » pour quelle insertion ?, *Dr. soc.*, 1988, p. 311 ; E. FAURE-MURET, Les raisons d'une précarité, *Dr. soc.*, 1989, p. 677 ; R. FOUDI, F. STANKIEWICZ, La lutte contre le chômage de longue durée ou l'émergence d'une politique autonome, 1987, *RFAS*, n° 3, p. 31 ; J. FREYSSINET, Nouvelles formes d'emploi et précarité : comparaisons internationales, *Dr. soc.*, 1989, p. 293 ; N. HANTALI, Le volet emploi de la loi du 29 juillet 1998, *RDSS*, 1999, p. 325 ; G. LACHAISE, Les contrats à durée déterminée successifs, *Dr. soc.*, 1989, p. 652 ; M. POIRIER, L'accession au travail : insertion ou formation, *Dr. soc.*, 1993, p. 257 ; J. SAVATIER, La requalification des contrats à durée déterminée irréguliers, *Dr. soc.*, 1987, p. 407 ; Les contrats initiative-emploi, *Dr. soc.*, 1995, p. 965 ; Les contrats emploi-solidarité, contrats à durée déterminée et à temps partiel, *Dr. soc.*, 1996, p. 920 ; P. TALBOT, Le contentieux administratif des aides destinées aux demandeurs d'emploi, *JCP*, éd. E, I, 1993, p. 216.

§ 3. LES AUTRES DISPOSITIFS D'AIDE À L'EMPLOI

431 Ces dispositifs, qui visent tous à lutter contre le chômage, peuvent revêtir différentes formes (191) : si certains ont pour objectif d'encourager les chômeurs à créer ou à reprendre une entreprise ou d'inciter à l'embauche en accordant des exonérations ou allégements de charges sociales, d'autres se proposent de favoriser directement l'emploi des jeunes en accordant divers avantages à ceux qui embauchent ces derniers (192).

A. LES AIDES AUX CHÔMEURS CRÉANT OU REPRENANT UNE ENTREPRISE

432 Créée en 1977 à titre expérimental, l'aide à la création ou à la reprise d'une entreprise a été étendue deux ans plus tard à l'ensemble des chômeurs puis réformée depuis lors par de nombreux textes (193).

---

(190) Le nombre de places offertes pour ces différents stages est en diminution constante : 190 000 SIFE collectifs en 1995, 160 000 en 1996, 100 000 en 1997 ; 35 000 SIFE individuels en 1995, 30 000 en 1996 et 1997 ; 45 000 stages d'accès à l'entreprise en 1995, 40 000 en 1996 et 1997 (Circ. CDE n° 97-02, 7 février 1997) ; sur ces différents stages, v. Circ. DGEFP n° 99-08, 17 février 1999, *BO Travail*, n° 99-7, p. 171.

(191) On n'évoquera pas ici, bien qu'elles aient notamment pour objectif de lutter contre le chômage en accordant encore certains avantages aux entreprises concernées, les dispositions des lois dites « Aubry I et II » (13 juin 1998 et janvier/février 2000) : en effet, à la différence de la loi n° 96-502 du 11 juin 1996 (loi « Robien ») qui avait pour but principal de créer et de maintenir des emplois avec des aides de l'État — ce qui justifiait sa prise en compte dans le présent ouvrage —, la réduction du temps de travail opérée par ces nouveaux textes est une mesure générale qui, concernant tous les salariés, relève naturellement, de ce fait, du droit commun du travail.

(192) A côté de ces dispositifs, prennent place également d'autres mesures visant à faciliter l'embauche par des particuliers : ainsi notamment du « chèque-service » institué par la loi du 20 décembre 1993, dont l'intérêt est surtout de faciliter les démarches des employeurs potentiels : sur ce point, v. A. Lyon-Caen, Le chèque-service, *Dr. soc.*, 1994, p. 109.

(193) L. n° 79-10, 3 janvier 1979, L. 20 décembre 1993, L. n° 95-885, 4 août 1995, L. n° 96-1181, 30 décembre 1996, L. n° 97-940, 16 octobre 1997 : sur ce dispositif, v. D. n° 96-301, 9 avril 1996, D. n° 97-637, 31 mai 1997 et *C. travail*, art. L. 351-24 et R. 351-41 et s.

Face à l'augmentation sensible, depuis le début des années 1990, des fonds consacrés à l'aide aux créateurs d'entreprise (194), les pouvoirs publics ont décidé de restreindre tant les conditions d'attribution que le contenu même de l'aide (195). Revenant sur le dispositif résultant de la loi quinquennale de 1993, lequel n'exigeait des chômeurs indemnisés aucune durée minimale d'inscription comme demandeurs d'emploi, les lois du 4 août 1995 et du 30 décembre 1996 ont prévu que désormais ne pouvaient prétendre à la prestation que les allocataires du RMI, les demandeurs d'emploi inscrits depuis plus de 6 mois au cours des 18 derniers mois, les demandeurs d'emploi indemnisés au titre de l'allocation unique dégressive (AUD), de l'allocation d'insertion, de l'ASS (196), de l'allocation de conversion ainsi que les personnes remplissant les conditions pour bénéficier de l'AUD et de l'allocation de conversion ; celle du 16 octobre 1997 a ajouté à cette liste les personnes remplissant les conditions pour bénéficier d'un emploi-jeunes ainsi que celles titulaires d'un contrat emploi-jeunes rompu avant le terme de l'aide versée par l'État. Par ailleurs, cette loi a prévu qu'outre les avantages accordés aux autres bénéficiaires du dispositif, ces personnes (environ 20 000) peuvent avoir droit à une aide financée par l'État susceptible de prendre la forme d'une avance remboursable sans intérêt et financée par l'État, prétendre à des exonérations temporaires de cotisations sociales ainsi qu'à un accompagnement personnalisé pendant 3 ans et garder le bénéfice pendant 6 mois de leur ancien régime de protection sociale. Enfin, la loi du 29 juillet 1998 relative à la lutte contre les exclusions a ouvert l'accès du dispositif aux titulaires de l'allocation de parent isolé (API) et aux salariés désireux de reprendre leur entreprise en cas de liquidation ou de redressement judiciaire tout en prévoyant l'extension de l'avance remboursable et de l'accompagnement personnalisé aux titulaires des minima sociaux (RMI, ASS, API...) dès lors que la création d'entreprise correspond pour eux à une perspective d'insertion durable : la gestion de l'ACCRE pouvant être déléguée, à titre expérimental, à certains organismes habilités (197).

Tout chômeur qui crée ou reprend une entreprise industrielle, commerciale, artisanale ou agricole à titre individuel ou sous la forme d'une société (198) ou qui entreprend l'exercice d'une autre profession non salariée peut prétendre au bénéfice de l'aide. Mais celle-ci ne constitue pas un droit pour celui qui répond à ces conditions : outre qu'elle est accordée par un comité départemental qui se prononce en fonction de la viabilité économique du projet, elle peut voir son attribution soumise — à défaut d'une compétence reconnue du chômeur — à une formation en gestion préalable de

(194) Si l'aide concernait 49 300 personnes en 1990 et 53 500 en 1993, elle connut en 1994 une augmentation du nombre de ses bénéficiaires supérieure à 50 % puisqu'elle était versée, cette année-là, à plus de 80 000 personnes.

(195) Il s'agit là d'une mesure qui, justifiée par le souci de réduire le déficit budgétaire (la charge financière de ce dispositif, qui représentait 50 000 F par chômeur, est passée de 2 milliards de F en 1995 à 900 millions en 1996), apparaît néanmoins contestable lorsqu'on sait que le coût moyen du chômeur (formation et indemnisation) avoisine 120 000 F...

(196) Dans ce dernier cas, l'État verse une aide d'un montant égal à celui de l'ASS à temps plein : cette aide est versée durant 6 mois à compter de la date de création ou de reprise de l'entreprise.

(197) L. n° 98-657, 29 juillet 1998, art. 21 et 22 ; D. n° 98-1228 et A., 29 décembre 1998 ; Lettre-circ. ACOSS n° 1998-114, 29 décembre 1998 ; Circ. DGEFP n° 99-18, 6 avril 1999, *BO Travail* n° 99-10, p. 37.

(198) Dans ce dernier cas, il faut que le chômeur exerce effectivement le contrôle de la société (*C. trav.*, art. L. 351-24) : sur les conditions requises pour conclure à l'exercice effectif du contrôle, v. *C. trav.*, art. R. 351-42 ; v. aussi CE, 21 octobre 1991, Fatoux et Conesa, *AJDA*, 1992, p. 298, note J. L. Rey ou CE, 8 novembre 1993, Machado, *Leb.*, tables, p. 1071.

ce dernier. La demande doit être préalable à la création ou à la reprise d'une entreprise ou à l'exercice d'une nouvelle profession sous peine d'être rejetée par l'autorité compétente. Une fois la décision notifiée, le bénéficiaire doit commencer son activité dans les 3 mois qui suivent la réception de celle-ci.

Jusqu'en 1997, le postulant pouvait recevoir des aides financières forfaitaires de l'État dont le montant variait en fonction des caractères du projet présenté. La loi de finances du 30 décembre 1996 a supprimé à compter du 1er janvier 1997 lesdites aides. Désormais, l'ACCRE se réduit aux prestations suivantes : d'une part, à la délivrance individuelle de chéquiers-conseil (199) ; d'autre part, à une exonération temporaire (12 mois) des cotisations sociales à l'exception de celles relatives à l'assurance-chômage et à la retraite complémentaire ainsi qu'un maintien (12 mois) des prestations de sécurité sociale et des allocations familiales du régime dont il relevait au titre de sa dernière activité (200). Enfin, pour certaines catégories de bénéficiaires seulement, à une avance remboursable dans un délai maximum de 5 ans qui, attribuée après expertise du projet de création ou de reprise, est subordonnée à l'obtention d'un financement complémentaire au moins égal à la moitié du montant de l'avance. Le montant maximal de celle-ci est établi à 40 000 F (mais il peut être porté le cas échéant à 60 000 F) dans le cas général et à 500 000 F pour les salariés qui reprennent leur entreprise en difficulté (201).

Si, avant la création ou la reprise d'une entreprise, il ne bénéficiait pas d'une protection sociale, il se voit écarté de ces dispositions : il doit donc s'affilier et cotiser dans les conditions du droit commun. L'aide doit être exclusivement utilisée pour des dépenses directement liées à la nouvelle activité : en cas contraire ou s'il est établi qu'elle a été obtenue grâce à de fausses déclarations, le bénéficiaire devra la rembourser (202). Enfin, si, à la suite d'un échec, le bénéficiaire s'inscrit à nouveau comme demandeur d'emploi, il peut prétendre au bénéfice des droits qui étaient les siens au moment de l'attribution de l'aide quel que soit le temps écoulé entre cette attribution et cette réinscription (203).

433 **Bibliographie.** Y. Mauguen, La création d'entreprise par les demandeurs d'emploi, *RFAS*, 1984, nº 3, p. 97 ; ; M. Péricard, H. Novelli (Rapport), *Les aides à l'emploi*, 2 tomes, JOAN, nº 2943, 1996 ; H. Perker, Les aides à la création d'entreprises par les demandeurs d'emploi, *Dr. soc.*, 1981, p. 473 ; J. L. Rey, L'aide aux chômeurs créateurs ou repreneurs d'entreprise, *AJDA*, 1996, p. 91.

(199) Ces derniers permettent de consulter des organismes spécialisés sur les problèmes rencontrés et sont accordés avant la création ou la reprise effective de l'entreprise ainsi que dans l'année qui suit. Pris en charge par l'État, ils ne peuvent être utilisés qu'auprès des organismes habilités par lui.

(200) Le demandeur ne perçoit plus ses indemnités de chômage à compter du début de son activité. C'est la reprise effective d'une activité salariée qui est retenue et non la demande d'immatriculation au registre du commerce (Cass. soc., 18 mars 1997, *Dr. soc.*, 1997, p. 550, obs. P. Y. Verkindt).

(201) Les bénéficiaires de l'ACCRE peuvent cumuler pendant 6 mois leurs revenus d'activité avec le versement de l'API, de l'ASS, du RMI, de l'allocation d'insertion ou de l'allocation d'assurance veuvage (sur les conditions de cumul avec ces deux dernières allocations, v. Dir. UNEDIC nº 15-99, 12 mars 1999 et D. nº 99-286, 13 avril 1999).

(202) Néanmoins, faute d'un décret subordonnant l'octroi de l'aide à la régularité de la situation du demandeur au regard des organismes de sécurité sociale et des services fiscaux, l'aide ne saurait être refusée à une personne qui n'est pas à jour de ses impôts (CE, 1er mars 1996, Min. Travail c/ Guillet, *D.* 1996, p. 568, note J. P. Markus ; *LPA*, nº 47, 1996, p. 5, concl. J. C. Bonichot).

(203) Sur le contentieux, v. CE, 20 avril 1992, Min. Travail c/ Mazet, *Leb.*, tables, p. 1252 ; CE, 8 septembre 1995 (4 arrêts), *LPA*, 27 décembre 1995, concl. J. C. Bonichot.

B. LES AIDES À L'EMBAUCHE

434 Pour lutter contre la croissance du chômage, les pouvoirs publics ont adopté diverses mesures tendant à alléger le coût global du travail et, par là même, à favoriser l'emploi (204) : mesures qui se traduisent essentiellement par des exonérations (ou allégements) de charges en faveur de ceux qui embauchent (205).

Constituant l'un des instruments les plus souvent utilisés par les pouvoirs publics dans la mise en œuvre de leur politique de l'emploi, ces dispositifs, qui reposent sur l'idée que le coût de la main-d'œuvre est excessif et qu'il convient donc de le réduire en abaissant les charges, se sont multipliés et diversifiés au fil du temps. A l'heure actuelle, ils concernent notamment les bas salaires, l'embauche d'un premier salarié, l'emploi des jeunes expatriés.

Les *allégements sur les bas salaires* ont été institués par la loi n° 93-953 du 27 juillet 1993 (206) qui a prévu une exonération des cotisations patronales d'allocations familiales dues sur les salaires proches du SMIC. Par la suite, le législateur compléta le dispositif en accordant une réduction dégressive des cotisations patronales de sécurité sociale (207) avant de décider la fusion, d'abord à titre expérimental (208), puis de manière pérenne (209), des deux types de mesures. Bénéficiant à l'ensemble des employeurs du secteur privé soumis à l'obligation d'assurance contre le risque de privation d'emploi (210), la réduction dégressive porte sur les salaires inférieurs à 1,3 fois le SMIC ; sauf exceptions (211), elle ne peut être cumulée avec une autre exonération de cotisations patronales de sécurité sociale. En cas de travail à temps partiel, la réduction est calculée au prorata de la durée du travail.

L'État prend directement en charge le coût de ces réductions en en remboursant le montant aux organismes de sécurité sociale (212).

Les *exonérations liées à l'embauche du premier salarié* portent sur les cotisations qui sont à la charge de l'employeur au titre des assurances sociales, des accidents

---

(204) Ces aides, ainsi d'ailleurs que toutes celles concernant les divers avantages accordés aux entreprises pour favoriser l'insertion des chômeurs, sont aujourd'hui très controversées : de nombreux observateurs soulignant leur relative inefficacité ainsi que les « effets d'aubaine » qui les accompagnent ; à l'évidence, il conviendrait de simplifier le dispositif et, surtout, de le rendre beaucoup plus strict et contraignant pour l'employeur.

(205) D'autres mesures pourraient être évoquées qui, bien qu'ayant pour but prioritaire non pas tant de lutter contre le chômage que de revitaliser le tissu urbain ou rural, se traduisent elles aussi par des allègements ou exonérations de charges sociales tout en favorisant l'emploi : tel est le cas notamment de plusieurs dispositions prévues dans le cadre du Plan de relance pour la Ville présenté le 18 janvier 1996 qui confèrent divers avantages sociaux et fiscaux aux entreprises installées ou s'installant dans les zones franches urbaines ou les zones de revitalisation rurale ou de redynamisation urbaine (dans ce dernier cas, exonération sous conditions et dans certaines limites de la taxe professionnelle pendant 5 ans et exonération dans certaines limites des cotisations de sécurité sociale pendant 12 mois du 1er au 50e salarié : v. L. 96-987, 14 novembre 1996 et D. n° 97-125 à 127, 12 février 1997). Dans un ordre voisin, peut être encore évoqué l'avantage fiscal accordé par la loi de finances pour 1998 aux entreprises soumises à l'impôt sur les sociétés (10 000 F par emploi créé dans la limite de 500 000 F par exercice fiscal pour les années 1998 à 2000 : v. D. n° 98-322, 23 avril 1998).

(206) *C. séc. soc.*, art. L. 241-13 et 14, art. R. 241-5 à R. 241-9 et art. D. 241-7 à D. 241-11.

(207) L. n° 95-882, 4 août 1995 et D. n° 95-942 et 943, 25 août 1995.

(208) L. n° 95-1346, 30 décembre 1995, art. 113.

(209) L. n° 97-1269, 30 décembre 1997, art. 115 et 116 ; v. aussi D. n° 97-1130, 31 décembre 1997, Circ. DSS/FGSS/5 B n° 98-134, 25 février 1998 et D. n° 98-1002, 2 novembre 1998.

(210) Sont cependant exclus les particuliers employant des salariés à leur domicile.

(211) Ces exceptions concernent l'hypothèse des CDI à temps partiel.

(212) En 1995, 4,5 millions d'emplois ont été concernés par ces mesures qui ont représenté pour l'État un coût global de 20,7 milliards de F (36,5 milliards en 1996).

du travail et des allocations familiales (213). Instituées par la loi n° 89-18 du 13 janvier 1989 (214), ces exonérations bénéficient sous certaines conditions aux employeurs non salariés (215) travaillant, à la date de l'embauche, sans salarié et n'ayant pas employé, dans les 12 derniers mois, des personnes considérées par les textes comme salariées (216). La durée d'exonération, qui est de 24 mois pour les contrats à durée indéterminée et de la durée initiale du contrat pour les CDD (maximum de 18 mois), s'applique à toute personne nouvellement embauchée, sans condition d'âge ou d'inscription comme demandeur d'emploi (217). Les contrats de travail de type particulier tels que le contrat d'adaptation peuvent donner lieu à exonération. Lorsqu'il existe un régime spécifique d'exonération pour un type de contrat, l'employeur ne peut cumuler plusieurs exonérations pour un même salarié : il doit donc opter pour celle attachée au contrat ou pour celle attachée à la première embauche (218).

Les *allégements de cotisations pour les jeunes expatriés à l'étranger* ont été institués par la loi quinquennale du 20 décembre 1993 ; celle-ci a en effet prévu, pour les entreprises créant des postes à l'étranger, des allégements de charges pour l'emploi de jeunes de nationalité française ; initialement fixée à 26 ans, la limite d'âge requise pour accéder au dispositif a été portée ultérieurement à 30 ans. Les allégements se traduisent d'une part par une exonération des cotisations d'assurance volontaire maladie, maternité, invalidité, d'autre part par un abattement de 60 % sur les cotisations accidents du travail et maladies professionnelles pendant la moitié du contrat (maximum 12 mois) (219).

435 **Bibliographie.** J. P. PROBST, L'exonération des cotisations d'allocations familiales pour favoriser l'emploi, *Dr. soc.*, 1994, p. 105 ; P. Y. VERKINDT, Les exonérations de charges sociales : un outil pour la politique de la ville ?, *RDSS*, 1997, p. 596 ; D. WELCOMME, Les exonérations de cotisations sociales, *Dr. soc.*, 1994, p. 95.

---

(213) Le législateur avait également prévu, dans le prolongement du dispositif mis en place en 1989, un système d'exonération des charges patronales en cas d'embauche du deuxième et du troisième salarié : mais ce système a été abrogé par la loi n° 96-987 du 14 novembre 1996 relative à la mise en œuvre du Pacte de relance pour la Ville. Par ailleurs, l'exonération des cotisations est limitée, pour les embauches réalisées à compter du 1er janvier 1999, à la fraction de la rémunération qui n'excède pas le SMIC (LFSS n° 98-1184, 23 décembre 1998).

(214) Aux termes de la loi quinquennale du 20 décembre 1993, ce dispositif ne devait plus être applicable aux embauches réalisées à partir du 1er janvier 1999 ; mais il a été prorogé jusqu'au 31 décembre 2001 (LFSS n° 98-1184, 23 décembre 1998).

(215) Pour exemple, v. Cass. soc., 26 novembre 1998, *Dr. soc.* 1999, p. 205, obs. J. SAVATIER.

(216) Cette exonération a été notamment étendue en 1993 aux entreprises de moins de 50 salariés en redressement ou en liquidation judiciaire dont la reprise a pour effet de maintenir l'emploi durant la période d'exonération.

(217) L'exonération s'applique également au stagiaire dans l'entreprise lorsqu'il bénéficie d'une embauche sous contrat de travail à l'issue de son stage et au premier apprenti et au premier bénéficiaire d'un contrat de qualification lorsqu'il est le premier salarié embauché sous contrat à durée indéterminée (à noter que la loi quinquennale de 1993 ouvre le bénéfice de l'exonération au premier salarié embauché sous contrat de travail à durée déterminée).

(218) Sur ce régime, v. D. n° 89-392, 14 juin 1989, Circ. CDE n° 89/4, 3 février 1989, Circ. CDE n° 91/6, 12 février 1991, Circ. CDE n° 92/15, 10 mars 1992, Circ. CDE n° 94/12, 10 mars 1994 (Ministère du travail, *Les exonérations et allègements de charges*, n° 1656, 1994, p. 27 et s.) et Lettre-circ. ACOSS n° 1998-15, 30 décembre 1998.

(219) Sur ce dispositif, v. L. n° 93-1313, 20 décembre 1993, art. 13, L. n° 95-882, 4 août 1995 et *C. séc. soc.*, art. D. 762-2 et D. 762-3.

C. L'AIDE AUX EMPLOIS-JEUNES

436 La situation des jeunes dépourvus d'emploi est apparue au fil du temps suffisamment préoccupante pour que les pouvoirs publics décident d'adopter des mesures spécifiques en faveur de cette catégorie de la population. Outre les divers stages ou contrats d'insertion en alternance créés à leur profit, les jeunes avaient pu ainsi bénéficier, à partir de 1994, d'un dispositif particulier destiné à faciliter leur insertion (qu'ils soient ou non diplômés) car incitant les employeurs à leur offrir un contrat de travail d'une durée assez longue pour qu'ils acquièrent une première expérience professionnelle : le dispositif d'aide au premier emploi des jeunes (220). Mais cette mesure, qui se traduisait par une aide forfaitaire versée par l'État, fut supprimée au 1er septembre 1996 : le gouvernement de l'époque ayant néanmoins promis, en remplacement, l'adoption d'autres dispositions en faveur des jeunes. Les élections législatives de 1997 ayant envoyé à l'Assemblée nationale une nouvelle majorité, c'est à cette dernière qu'il revint finalement d'intervenir : ce qu'elle fit au demeurant d'autant plus aisément qu'elle s'était engagée lors de la campagne des élections à favoriser par des mesures appropriées l'embauche d'un grand nombre de jeunes.

La loi du 16 octobre 1997 relative au développement d'activités pour l'emploi des jeunes consacre ainsi à la fois la promesse électorale de l'actuel gouvernement et un nouveau dispositif en faveur de cette catégorie particulière de la population (221).

Entendant rompre avec les formules antérieures qui n'offraient le plus souvent que des « petits boulots » (lesquels étaient caractérisés par un temps partiel subi et, eu égard à leur courte durée, par une assez grande précarité), cette loi s'est fixé pour objectif de créer 350 000 emplois permettant aux jeunes d'entrer durablement dans la vie active.

437 **a) Les conditions d'attribution** — Les activités entrant dans le champ d'application du nouveau dispositif doivent remplir plusieurs conditions (222). Elles doivent d'abord être créatrices d'emplois ; ensuite présenter un caractère d'utilité sociale « notamment dans les domaines sportif, culturel , éducatif, de l'environnement et des actions de proximité » ; enfin répondre — ce qui, avec la condition précédente, interdit par là même de concurrencer le secteur privé concurrentiel — à des besoins émergents ou non satisfaits.

Peuvent être recrutés les jeunes de 18 à moins de 26 ans lors de leur embauche, y compris les titulaires d'un CES, d'un CEC ou d'un emploi-ville (223) : aucune autre condition (qualification...) n'est exigée ; les personnes de 26 à moins de 30 ans n'ayant pas droit à une allocation d'assurance chômage ; les personnes handicapées de moins de 30 ans.

Peuvent conclure ces contrats les personnes du secteur non marchand : les collectivités territoriales et leurs établissements publics ainsi que les autres personnes morales

(220) D. 94-281, 11 avril 1994, D. n° 95-921, 16 août 1995 et Circ. CDE n° 95-30, 23 août 1995.
(221) L. n° 97-940, 16 octobre 1997, D. n° 97-954, 17 octobre 1997 et Circ. DGEFP n° 97-25, 24 octobre 1997 ; v. aussi *C. trav.*, art. L. 322-4-18 à 21.
(222) *C. trav.*, art. L. 322-4-18.
(223) Sur la mise en œuvre des emplois-jeunes dans les quartiers en difficulté, v. Circ. interm. n° 99001, 15 mars 1999.

de droit public (224) ; les organismes de droit privé à but non lucratif (associations, fondations, comités d'entreprise...) (225) ; les personnes morales chargées de la gestion d'un service public (organismes de sécurité sociale et de prévoyance, sociétés anonymes d'HLM, sociétés d'économie mixte de transports publics...) (226). Pour éviter les effets d'aubaine et de substitution, plusieurs précautions ont été prises : s'agissant des personnes morales de droit public ou chargées de la gestion d'un service public, les emplois-jeunes ne peuvent s'appliquer qu'à des activités non assurées jusqu'alors par celles-ci ; quant aux collectivités locales et à leurs établissements, ils ne peuvent accéder au dispositif que pour les emplois autres que ceux relevant de leurs compétences traditionnelles (227). De plus, se trouvent exclues les associations assurant des services aux personnes physiques à leur domicile (228).

Le bénéfice de l'aide étatique est subordonné à la signature, entre l'organisme concerné et l'État, d'une convention pluriannuelle contenant diverses précisions relatives à la nature du projet (description des activités prévues, nombre de postes et nature des contrats de travail...) (229) : projet qui doit être par ailleurs conforme au cahier des charges prévu par la loi et explicitant divers paramètres (caractéristiques de l'activité envisagée, public visé par le recrutement, perspectives de pérennisation des emplois...) (230).

Le préfet joue en la matière un rôle décisif ; les futurs employeurs peuvent tout d'abord signer avec le représentant de l'État une « convention de promotion de l'emploi » (CPE) afin que celui-ci prenne en charge tout ou partie des coûts d'études du projet (231) ; ensuite, l'instruction, la conclusion et le suivi de la convention État-employeur relèvent, sauf exception (232), de la seule compétence du préfet : la demande doit lui être adressée à fin d'instruction par la DDTEFP ; c'est lui qui signe la convention et qui en contrôle l'exécution : en cas de non-respect de ses clauses par l'employeur, il peut résilier la convention et demander le reversement des sommes indûment perçues (233).

(224) Sont ici concernés les établissements publics de toute nature (EPA et EPIC nationaux ou locaux), les établissements d'hospitalisation publics, les CCAS, les lycées et collèges.

(225) Sur les emplois-jeunes dans le secteur sanitaire et social, v. Circ. DAS n° 98-90, 12 février 1998 (*TSA*, n° 679, p. 9, 1998).

(226) Sauf si elles sont chargées de la gestion d'un service public, les entreprises privées ne peuvent donc pas conclure des contrats emplois-jeunes ; il en va de même pour les services de l'État sauf pour la mission d'adjoint de sécurité : l'État pouvant recruter pour une durée maximale de 5 ans non renouvelable des agents de 18 à moins de 26 ans (contractuels de droit public).

(227) La loi a voulu ainsi éviter que des collectivités locales ne bénéficient d'une aide pour un emploi qu'elles auraient dû normalement créer tout en ne pénalisant pas celles ayant déjà créé des emplois à titre expérimental pour satisfaire des besoins nouveaux.

(228) Cette exclusion vise les services individuels à domicile (aide ménagère...) et non les services collectifs au domicile (portage de repas...) ; de même, elle ne vise pas les activités favorisant le développement et l'animation de services aux personnes répondant à des besoins émergents et non satisfaits (J. C. BOULARD, Rapport, *Emplois-jeunes : mode d'emploi,* JOAN, n° 337, p. 29, 1997).

(229) Sur le contenu de cette convention, v. D. n° 97-954, 17 octobre 1997, art. 2.

(230) Sur le contenu de ce cahier des charges, v. D. n° 97-954, 17 octobre 1997, art. 1er.

(231) La participation de l'État peut être supérieure à 150 000 F voire, exceptionnellement, à 300 000 F (Note de service DGEFP n° 97-28, 28 novembre 1997). Les CPE conclues avec des organismes de conseil, lesquelles ouvrent un droit de tirage au bénéfice des porteurs de projets, semblent n'avoir obtenu qu'un succès mitigé puisque les crédits accordés par l'État sont restés « dans la plupart des départements sous-utilisés » (Circ. DGEFP, n° 98-16, 16 avril 1998, *BO Travail*, n° 98-11, 20 juin 1998, p. 75).

(232) L'exception vise les conventions conclues avec les établissements d'enseignement, lesquelles sont du ressort des autorités académiques.

(233) Cette faculté devient une obligation lorsque l'aide est obtenue grâce à de fausses déclarations ou lorsque la convention est détournée de son objet.

438 **b) Les modalités et les effets de l'attribution** — Les contrats de travail sont, par détermination de la loi, des contrats de droit privé soumis de ce fait au Code du travail et ce, quelle que soit la nature (publique ou non) de l'employeur (234). Sauf exception, ce sont des contrats à temps plein (235) ; ils sont obligatoirement à durée déterminée lorsqu'ils sont conclus par les collectivités territoriales et les autres personnes morales de droit public, à l'exclusion des établissements publics à caractère industriel et commercial ; lorsqu'ils sont conclus par ces derniers ou par des employeurs de droit privé, ils peuvent être à durée déterminée (CDD) ou indéterminée (CDI) (236). Les CDD sont conclus pour une période de 60 mois, avec une période d'essai d'un mois renouvelable une fois. Néanmoins, les contrats peuvent prendre fin avant 5 ans sous certaines conditions ; s'il s'agit d'un CDI, ce sont les règles de droit commun prévues par le Code du travail qui s'appliquent en cas de démission et de licenciement. S'il s'agit d'un CDD, des mécanismes spécifiques de rupture ont été prévus : le contrat peut être rompu non seulement dans les conditions du droit commun (faute grave, force majeure, accord amiable des parties) mais encore une fois par an à la date anniversaire de sa conclusion soit à l'initiative du salarié, moyennant le respect d'un préavis de 2 semaines, soit à celle de l'employeur si celui-ci justifie d'une cause réelle et sérieuse (237). Si le CDD est rompu avant terme, l'employeur peut conclure, pour le même poste, un nouveau CDD dont la durée sera égale à celle restant à courir pour le versement de l'aide (238).

Chaque poste créé ouvre droit à une aide forfaitaire de l'État versée à l'employeur chaque mois et par avance pendant 5 ans. Cette aide, qui est revalorisée chaque année en fonction de l'évolution du SMIC (239), ne donne lieu à aucune charge fiscale ou parafiscale ; elle ne peut se cumuler, pour un même poste de travail, avec une autre aide de l'État à l'emploi, avec une exonération totale ou partielle des cotisations patronales de sécurité sociale ou avec tout autre avantage concernant les cotisations de sécurité sociale. Néanmoins, l'employeur peut recevoir, pour la part de financement restant à sa charge, des cofinancements provenant notamment des collectivités territo-

(234) Le caractère privé de ces contrats ne pouvait que découler, en l'espèce, du pouvoir législatif car le juge administratif aurait à coup sûr conclu, s'il avait été saisi et avait appliqué les critères jurisprudentiels classiques, au caractère public du contrat : en ce sens et sur ce point, v. S. TRAORE, Les « contrats emplois-jeunes » de la loi du 16 octobre 1997, *Dr. adm.*, n° 2, p. 6 et s., janvier 1998 ; Les « contrats emplois-jeunes » de la loi n° 97-940 du 16 octobre 1997 et les critères jurisprudentiels des contrats de l'Administration, *RDP*, 1998, p. 228.

(235) Ils sont en principe conclus pour la durée légale du travail (39 heures/semaine) ou pour la durée collective du travail applicable à l'employeur lorsque cette durée est inférieure à 39 heures. Le temps partiel n'est possible qu'à la condition que la nature de l'emploi ou le volume de l'activité ne permettent pas l'emploi d'un salarié à temps plein, que la durée du travail soit au moins égale au mi-temps et que le préfet autorise expressément ce type de recrutement.

(236) Mais le CDD doit être privilégié et constituer la « règle générale » (Circ. 24 octobre 1997, précitée).

(237) Dans cette hypothèse, le salarié perçoit une indemnité à la charge de l'employeur égale à 6 % du total des rémunérations des 18 derniers mois d'exécution du contrat. Mais en tout état de cause, aucune indemnité n'est due en fin de contrat lorsque celui-ci arrive au terme des 5 ans.

(238) De plus, le contrat peut — quelle que soit sa nature — être suspendu à l'initiative du bénéficiaire de l'emploi-jeunes et avec l'accord de l'employeur afin de lui permettre d'effectuer une période d'essai relative à une offre d'emploi ; en cas d'embauche à l'issue de cette période d'essai, le contrat est rompu sans préavis.

(239) L'aide s'élève à 92 000 F/an par poste de travail pour une durée hebdomadaire d'au moins 35 heures de travail ; si cette durée est inférieure, le montant de l'aide est proratisé. La revalorisation intervient au 1er juillet de chaque année. La gestion de l'aide est confiée au Centre national pour l'aménagement des structures des exploitations agricoles (CNASEA), auquel l'employeur doit adresser sa demande pour percevoir l'aide.

riales, des établissements publics locaux ou territoriaux ainsi que de toute autre personne morale de droit public ou de droit privé. En particulier, la loi a prévu, dans son article 8, que les départements peuvent imputer sur les crédits qu'ils doivent affecter à l'insertion des titulaires du RMI (240), la contribution qu'ils apportent au financement d'un poste de travail occupé par un jeune qui, à la date de l'embauche, bénéficie dudit RMI (241).

Le salarié perçoit une rémunération au moins égale au SMIC, mais l'employeur est libre de fixer un montant supérieur. Le contrat étant un contrat de droit privé, employeur et salarié cotisent aux ASSEDIC ; en cas de perte involontaire d'emploi, le salarié peut donc être indemnisé par l'assurance chômage s'il remplit les conditions requises (recherche d'emploi, durée minimale de cotisations...) (242).

Enfin, un accent particulier a été mis sur la professionnalisation des emplois créés : outre que doivent figurer, dans la convention État-employeur et dans le cahier des charges, les actions envisagées ainsi que les objectifs fixés pour assurer la professionnalisation des activités y compris, le cas échéant, les actions de formation et de qualification professionnelle des salariés, les pouvoirs publics ont prévu une mobilisation des services de l'État à tous les niveaux (local et national) afin de permettre — *via* cette formation et cette qualification — une pérennisation des emplois (243).

439 **Bibliographie.** J. C. BOULARD, *Emplois-jeunes : mode d'emploi,* (Rapport d'information), AN, n° 337, 1997 ; *Emplois-jeunes : 25 propositions pour une deuxième vague* (Rapport d'information), AN, n° 1211, 1998 ; J. SAVATIER, L'aide aux emplois-jeunes, *Dr. soc.*, 1997, p. 908 ; G. SÉRAUD, Le contrat jeune : l'invention du contrat de travail à durée indéterminée affectée d'un terme ?, *Dr. ouvrier*, 1999, p. 179 ; S. TRAORE, Les « contrats emplois-jeunes » de la loi du 16 octobre 1997, *Dr. adm.*, n° 2, janvier 1998 ; Les « contrats emplois-jeunes » de la loi n° 97-940 du 16 octobre 1997 et les critères jurisprudentiels des contrats de l'Administration, *RDP*, 1998, p. 225.

---

(240) Sur ce point, v. *infra*, n° 456.

(241) Cette imputation est limitée à une durée d'un an à compter de la signature du contrat emploi-jeunes ; quant au montant de l'aide, il ne peut excéder un cinquième de l'aide forfaitaire (18 400 F) versée par l'État (v. aussi D. n° 96-126, 3 mars 1998). De plus, la loi a prévu que les partenaires sociaux peuvent activer leurs dépenses d'assurance chômage afin de contribuer au financement des postes d'encadrement des emplois-jeunes : une convention de coopération est alors signée entre l'ASSEDIC et l'employeur au terme de laquelle celui-ci reçoit de celle-là pendant un an le montant des indemnités qui auraient dû être versées au demandeur d'emploi recruté en emploi-jeunes.

(242) Les personnes remplissant les conditions pour bénéficier d'un emploi-jeunes ou titulaires d'un contrat rompu avant terme peuvent prétendre à l'ACCRE (v. *supra*, n° 432). Par ailleurs, si les EPA de l'État peuvent adhérer à l'assurance chômage pour les personnes recrutées en emplois-jeunes, les autres personnes morales de droit public doivent soit s'auto-assurer, soit adhérer à l'assurance chômage pour l'ensemble de leurs agents.

(243) Sur ce point, v. Circ. 24 octobre 1997 (précitée). Au 31 janvier 1998, près de 40 000 jeunes avaient été embauchés dans le cadre du nouveau dispositif (50 000 au 31 mars 1998 ; 107 000 au 31 juillet ; 138 000 au 30 septembre ; 200 000 au 30 juin 1999). L'objectif actuel est de créer 250 000 emplois à la fin 1999 (Circ. DGEFP n° 99-19, 12 avril 1999, *BO Travail* n° 99-10, p. 77).

TITRE II
LES POLITIQUES TRANSVERSALES

440 Les politiques d'aide et d'action sociales relatives à l'enfance et à la famille, aux personnes âgées, aux handicapés, aux chômeurs, se sont construites en découpant dans la réalité sociale des catégories de personnes réunies par un problème similaire : chômage, handicap, âge, charge d'enfants. Cette logique correspond à l'approche la plus classique des problèmes sociaux, celle-là même qui a notamment prévalu dans l'organisation du système de sécurité sociale, avec la protection de risques bien précis par les branches vieillesse et famille.

Mais il est une autre façon d'aborder les difficultés que rencontrent certains groupes ou certaines personnes ; elle réside dans l'identification de biens ou de prestations qui apparaissent indispensables pour assurer à chacun une place dans la vie de la collectivité : la politique sociale ayant pour finalité l'accès à ces biens, services ou ressources. Il s'agit alors de politiques qui, loin d'être conçues en considération des catégories d'individus susceptibles d'en bénéficier, se centrent au contraire sur la construction et la mise en œuvre de droits d'accès au profit de toute personne ne pouvant, par ses seules ressources ou par les seules modalités d'attribution de droit commun, utiliser effectivement certains services ou prestations. Sans doute, une telle conception n'est-elle pas totalement nouvelle (1) : mais elle tend aujourd'hui à se développer, sous la poussée notamment des logiques d'insertion qui sont apparues peu à peu pour contrer les phénomènes d'exclusion générés par l'essor du chômage et de la grande pauvreté.

Quatre principaux champs d'action sociale se sont ainsi ouverts dans cette perspective transversale ; d'abord, c'est un dispositif global de lutte contre les exclusions qui a été défini : dispositif qui, au travers en particulier du Revenu minimum d'insertion, apparaît en quelque sorte comme la matrice conceptuelle et programmatique de tous les autres « droits d'accès » (Chapitre I). Dans le même sens, ce sont aussi l'accès aux soins (Chapitre II), l'accès au logement (Chapitre III) et, bien que cette institution soit un peu plus ancienne, l'accès au système judiciaire (Chapitre IV) qui ont suscité la mise en œuvre de politiques transversales.

(1) En effet, les politiques d'équipements collectifs ont été de ce point de vue des politiques transversales puisque s'adressant à une population composite uniquement référée à un critère de résidence dans un quartier ou une commune : pour un exemple de politique sociale transversale appliquée au niveau local (développement social des quartiers), v. *Les politiques sociales transversales : une méthodologie d'évaluation de leurs effets locaux* (Commissariat général du Plan), 1985, La Doc. française.

CHAPITRE I
LA POLITIQUE DE LUTTE CONTRE LES EXCLUSIONS

441 L'institution, en 1988, du Revenu minimum d'insertion a sans aucun doute constitué, pour l'aide et l'action sociales classiques, une véritable révolution. Jusqu'alors, le système de protection sociale non seulement ne comportait aucun dispositif global de solvabilisation qui soit à la fois universel, non contributif et non spécialisé, mais il s'ordonnait essentiellement en prestations en nature et en espèces qui visaient à prendre en charge des personnes dans une perspective réparatrice : il s'agissait alors, pour des catégories limitativement définies, d'assurer des prestations spécialisées d'hébergement ou de soins. Certes, dans une perspective plus globale, plusieurs minima de ressources avaient été institués progressivement ; mais à l'exception des allocations de fin de droits dans le domaine de la protection contre le chômage, ils ne concernaient que des groupes d'inaptes au travail, personnes âgées (« minimum vieillesse »), handicapés (allocation adulte handicapé), mères seules et en charge d'enfant (allocation de parent isolé).

C'est la résurgence de la pauvreté, dans un premier temps appelée « nouvelle pauvreté », puis le rattachement du phénomène à la thématique de « l'exclusion » qui créèrent les conditions tout à la fois concrètes, idéologiques et politiques de cette novation. Dans une société fortement intégrée par le salariat dans le cadre du plein emploi et engagée dans la modernisation et la promotion sociale par le développement de la consommation de masse, chacun se trouvait protégé face aux aléas de la vie collective par une sécurité sociale dont on escomptait une prochaine généralisation ; pour la frange incompressible de ceux qui ne pouvaient provisoirement ou durablement entrer dans les protections attachées au statut salarial, les dispositifs d'aide sociale légale et l'action sociale assuraient un minimum de garanties. Voilà que, dans un entre-deux énigmatique, nombre d'individus ne bénéficiaient ni des promesses de l'intégration par le travail, ni de la protection *a minima* conçue pour les espaces marginaux de la société. Bien que mal cernée et surtout mal comprise (1), cette nouvelle réalité, liée en première approximation aux recompositions technologiques et au développement corrélatif d'un chômage massif, appelait une réponse que les

(1) Pour un aperçu des débats suscités par la notion « d'exclusion », v. par exemple S. Paugam (Dir.), *L'exclusion, l'état des savoirs,* 1996, La Découverte ou J. N. Chopart, S. Roy (Dir.), Y a-t-il vraiment des exclus ? L'exclusion en débat, *Lien social et politiques*, n° 34, 1995.

pouvoirs publics, fraîchement convertis à une telle solution, allèrent chercher dans la construction d'un dispositif inédit, le Revenu minimum d'insertion.

Cette prestation, traditionnelle par certains de ses aspects mais très novatrice par d'autres, va constituer la matrice d'une nouvelle forme d'action publique en direction de populations à la fois en difficulté et non intégrables dans les catégories antérieures d'inaptes au travail. S'attaquant ainsi non plus à des stocks de pauvres et de marginaux qu'il convient de circonscrire et de protéger mais à des flux complexes de marginalisation traversant des groupes sociaux jusque là intégrés par le travail, le RMI va se construire sur une tension entre un mécanisme protecteur (revenu garanti) et un dispositif dynamique visant à réinsérer ses bénéficiaires dans la société (programmes d'insertion sociale et professionnelle). De la sorte, et sans que cela ait été voulu par ses promoteurs, il ouvrait un double débat relatif à la protection : sur son versant de garantie d'un minimum de ressources, il allait amener à poser la question de l'institution d'un revenu de base garanti à chaque personne en lieu et place, non seulement de l'allocation RMI mais, plus largement, de l'ensemble des prestations contributives constitutives de ce que l'on va dénommer dans les années 95 les « minima sociaux » ; avec son volet insertion, il allait constituer une sorte de modèle d'action publique que l'on va tenter d'élargir et de systématiser peu à peu autour de la thématique de l'accès au droits conçus comme l'antidote des phénomènes d'exclusion sociale.

C'est pourquoi il convient d'analyser tout d'abord le RMI (Section I) avant d'étudier ses effets (et ses prolongements) sur la politique sociale à travers d'une part la question d'un éventuel revenu minimum garanti (Section II), d'autre part la mise sur pied, dans le cadre de la loi du 29 juillet 1998, des programmes de lutte contre les exclusions (Section III).

442 **Bibliographie générale**. V. n° 53, 67, 72, 84, 375, 392, 408, 415, 423, 430 ; *adde* J. AFFICHARD, J. B. DE FOUCAULD (Dir.), *Justice sociale et inégalités*, 1994, Éd. Esprit ; T. ATKINSON et *alii, Pauvreté et exclusion*, Cons. anal. écon., 1998, La Doc. française ; M. AUTES, *Travail social et pauvreté*, 1992, Syros ; C. F. BARRAT, *La pauvreté*, PUF, 1998 ; ; A. BIHR, R. PFEFFERKORN, *Déchiffrer les inégalités*, Syros, 1999 ; J. DAMON, Les sans-domicile fixe, *Regards sur l'actualité*, n° 250, 1999, p. 43 ; DIVERS, *Démocratie et pauvreté. Du quatrième ordre au quart monde*, 1991, Éd. Quart Monde/A. Michel ; *Politiques de lutte contre le chômage et l'exclusion sociale et mutations de l'action sociale* (ENA), 1994, La Doc. française ; Pauvreté et exclusion, *Solid. Santé*, n° 1, 1997 ; J. FIERENS, *Droit et pauvreté, Sécurité sociale, Aide sociale*, 1992, Bruylant, Bruxelles ; A. FRACASSI, M. F. MARQUES (Dir.), *La pauvreté, une approche plurielle*, 1994, ESF ; G. DE GAULLE-ANTHONIOZ, *La grande pauvreté* (Avis), Cons. écon. et soc., 1995 ; F. X. MERRIEN (Dir.), *Face à la pauvreté, l'Occident et les pauvres hier et aujourd'hui*, 1994, Éd. Ouvrières ; M. MESSU, *Les assistés sociaux*, 1991, Privat ; S. MILANO, *La pauvreté absolue*, 1988, Hachette ; *La pauvreté dans les pays riches*, 1994, Nathan ; S. PAUGAM, *La disqualification sociale, essai sur la nouvelle pauvreté*, 1991, PUF ; J. ROMAN, *Ville, exclusion et citoyenneté*, 1992, Éd. Esprit ; J. WREZINSKI, *Grande pauvreté et précarité économique et sociale* (Rapport), Cons. écon. et soc., La Doc. française, 1987.

SECTION I — LE REVENU MINIMUM D'INSERTION

443 On a donc institué en France, par la loi du 1er décembre 1988 (2) et dans le prolongement de diverses expérience locales (3), une forme spécifique de

(2) L. n° 88-1088, 1er décembre 1988, mod. L. n° 92-762, 29 juillet 1992.

(3) H. DELEECK, B. CANTILLON, Le minimum garanti, *Dr. soc.*, 1986, p. 479 ; CERC, *Protection sociale et pauvreté, protection légale et expériences locales du revenu minimum garanti*, n° 88, 1988, La Doc.

revenu minimum garanti, dont la caractéristique essentielle est de lier la perception d'une allocation de type universel avec l'engagement du bénéficiaire dans une démarche d'insertion sociale et professionnelle. En cela, le RMI a anticipé les débats sur le revenu garanti et, surtout, tracé le cadre d'une nouvelle forme de politique sociale : l'action sociale d'insertion.

Ainsi, organisant une tension entre la réalisation d'un droit — celui à un minimum de moyens d'existence — et l'affirmation de la nécessité pour les personnes concernées et la collectivité de s'engager dans une dynamique dont la finalité est la réintégration des premiers dans le mode de vie de droit commun, ce nouveau dispositif revêt une certaine complexité, tant dans ses principes que dans le cadre général de sa mise en œuvre.

Loin de se fonder sur la proclamation d'un droit individuel à percevoir une allocation de subsistance, le RMI s'organise au contraire autour d'un ensemble de droits et d'obligations liés dont l'équilibre, d'ailleurs, n'a pas été trouvé sans débats au moment de son institution et qui ne manquent pas de soulever des difficultés dans la réalisation. Le rapporteur du projet devant l'Assemblée nationale posait clairement les termes du problème : « le RMI définit une position médiane encore floue : ce n'est certainement pas une allocation universelle qui laisserait aux individus le choix entre le travail et le non travail ; en revanche (...), nous nous situons bien au-delà de la logique de la contrepartie » ; et plus loin d'ajouter : « le RMI a un double vocation : assurer à ceux qui n'ont rien un minimum de ressources (...), se préoccuper de leur insertion professionnelle, à tout le moins sociale, les deux objectifs sont concomitants » (4).

Aussi, la loi définit-elle une articulation inédite entre d'une part l'affirmation que l'allocation est un droit pour toute personne qui a des ressources insuffisantes et est dans l'incapacité de travailler du fait de la situation économique, d'autre part l'affirmation que l'insertion sociale et professionnelle des bénéficiaires est un « impératif national », ce qui doit s'entendre comme l'obligation pour la puissance publique d'organiser et de fournir des moyens divers d'insertion, et enfin une obligation à la charge du bénéficiaire de « s'engager à participer aux actions et activités » définies avec lui et qui ont pour but de le réinsérer. Ainsi, rompant avec l'architecture traditionnelle des droits sociaux (définition d'une prestation, de ses ayants droits et des critères et procédures d'accès, aménagement d'un « guichet » d'accès), le RMI se présente dans l'idéal comme un droit finalisé : s'il constitue bien une véritable dette pesant sur la collectivité (allocation et services publics d'insertion), il exige aussi du bénéficiaire qu'il s'engage dans une dynamique d'intégration sociale et de qualification professionnelle pour retrouver une place dans la société.

Mais le dispositif RMI se révèle encore plus original puisqu'il apparaît comme un « panier de droits ». En effet, la loi du 1er décembre 1988 l'a tout d'abord posé comme « l'un des éléments d'un dispositif global de lutte contre la pauvreté tendant à supprimer toute forme d'exclusion, notamment dans les domaines de l'emploi, de l'éducation,

française ; C. EUZEBY, Le revenu minimum garanti, expériences et propositions, *Rev. int. trav.*, 1987, p. 281 ; M. KERGOAT, Le complément local de ressources, bilan d'une politique d'insertion sociale et professionnelle, *RFAS*, 1988, n° 4, p. 37 ; J. P. LABORDE, R. LAFORE, *Les problèmes juridiques de la mise en œuvre d'un revenu minimum garanti* (Rapport au Congrès international de droit du travail d'Athènes), T. III, 1991, p. 217.

(4) J. M. BELORGEY, Rapport fait un nom de la Commission des affaires culturelles, familiales et sociales, *JOAN*, Doc. n° 161, 1988, p. 145.

de la formation, de la santé, du logement ». Ainsi, en matière d'accès aux soins et au logement ou de protection contre les coupures d'énergie et d'eau, plusieurs textes ont prolongé l'impératif d'insertion en instaurant des dispositifs spécifiques dans ces divers domaines (5) : il faut voir dans cette affirmation le fondement des projets divers (6) qui ont précédé la loi du 29 juillet 1998 et qui appréhendent les phénomènes d'exclusion sociale et professionnelle dans leur intégralité en voulant leur apporter des remèdes cohérents et globaux. Ensuite, la loi a assorti la perception de l'allocation d'un ensemble de droits liés à la volonté d'arracher les bénéficiaires à leur situation d'exclusion et de précarité : les bénéficiaires du RMI sont automatiquement affiliés à l'assurance personnelle du régime maladie (7), cette couverture s'étendant aux membres de leur famille ; la perception de l'allocation de logement sociale (8) leur est ouverte à défaut de droit à une autre aide au logement.

Ainsi, ordonné à un objectif spécifique — l'insertion — et constitué en un dispositif complexe de droits et d'obligations liant la société et les bénéficiaires, le RMI comporte deux mécanismes solidaires : le versement d'une allocation monétaire (§ 1) ; et l'accès à un ensemble d'actions et d'activités d'insertion qui ont généré des structures spécifiques de mise en œuvre et s'organisent sur la base du « contrat d'insertion » (§ 2).

444 **Bibliographie**. V. n° 442 ; *adde* M. A. BARTHE, Les formes de pauvreté dans la société française, *RFAS*, 1987, n° 2, p. 113 ; J. M. BELORGEY, La fracture sociale : le mot et la chose ou du slogan au concept, *Recherche sociale*, n° 146, 1998, p. 3 ; J. N. CHOPART, Le classement des pauvres, traitement social et postures scientifiques, *RFAS*, n° 2, 1991 ; J. DAMON, *Vagabondage et mendicité*, Flammarion, 1998 ; D. DEBORDEAUX, Désaffiliation, disqualification, désinsertion, *Recherches et prévisions*, n° 38, 1993 ; J. GUILLOU, *Les jeunes sans-domicile-fixe et la rue*, L'Harmattan, 1998 ; R. LAFORE, Exclusion, insertion, intégration, fracture sociale, cohésion sociale : le poids des maux, *RDSS*, 1996 (n° spécial), p. 803 ; Le droit social et la marginalité, *Informations sociales*, n° 68, 1998, p. 24 ; G. LAMARQUE, *L'exclusion*, 1996, PUF ; C. PASSAL, J. JAMET (Dir.), *L'insertion en questions*, 1995, L'Harmattan ; S. PAUGAM, Les formes contemporaines de la pauvreté et de l'exclusion. Le point de vue sociologique, *Genèses*, n° 31, 1998, p. 138 ; D. SCHNAPPER, Rapport à l'emploi, protection sociale et statuts sociaux, *Rev. franç. soc.*, 1989, 30, p. 3 ; G. SIMMEL, *Les pauvres*, 1998, PUF ; L. STOLERU, Quelle justice sociale pour les années 1990 ?, *Dr. soc.*, 1990, p. 301 ; A. VEXLIARD, *Le clochard*, Desclée de Brouwer, 1998 ; S. WUHL, *Insertion : les politiques en crise*, 1996, PUF.

§ 1. L'ALLOCATION

445 L'allocation du RMI n'est pas plus une nouvelle prestation d'aide sociale légale qu'elle n'est une prestation de sécurité sociale ou un nouveau programme d'action sociale. C'est un dispositif novateur, une prestation de « troisième type » (9) qui, tout en empruntant certains de ses caractères à l'aide sociale et bien que confiée

(5) Sur l'accès aux soins, v. *infra*, n° 508 et s. ; sur le logement, v. *infra*, n° 545 et s. ; sur la prévention des coupures d'énergie et d'eau, v. L. n° 92-722, 29 juillet 1992 (précitée).

(6) R. LAFORE, Exclusion, insertion, intégration, fracture sociale, cohésion sociale : le poids des maux, *RDSS*, 1997, p. 803.

(7) Depuis la loi du 27 juillet 1999, ils sont automatiquement affiliés à la CMU (v. *infra*, n° 520 et s.).

(8) V. *infra*, n° 562.

(9) M. LAROQUE, Le RMI, droit révolutionnaire ou prestation sociale d'un nouveau type ?, *Dr. soc.*, 1989, p. 597.

dans sa gestion aux organismes de sécurité sociale, présente des traits tout à fait spécifiques.

A. LA NATURE DE L'ALLOCATION

446 L'allocation du RMI peut tout à la fois être présentée comme un mécanisme fondamentalement novateur et comme un dispositif reprenant pour l'essentiel la logique traditionnelle de l'assistance (10). L'une et l'autre de ces affirmations sont vraies, selon que l'on insiste soit sur le fait qu'il s'agit, ce qui est inédit, d'une prestation quasiment universelle, soit au contraire sur le fait que c'est une prestation différentielle et subsidiaire, ce qui renvoie à des caractéristiques classiques de l'aide sociale (11).

1° Une prestation universelle

447 Le droit à l'allocation de RMI est quasi-universel. L'article 2 de la loi du 1er décembre 1988 indique en effet que « toute personne résidant en France, dont les ressources (...) n'atteignent pas le montant du revenu minimum (...), a droit à un revenu minimum d'insertion ». Le principe posé, qui ne fait d'ailleurs que renchérir sur l'affirmation contenue à l'article 1er (12), implique que c'est l'ensemble de la population qui est potentiellement concernée, à la différence des prestations classiques qui sont ou bien spécialisées, ou bien catégorielles lorsqu'il s'agit de minima sociaux (AAH pour les seuls adultes handicapés, API pour les ménages monoparentaux...). Ainsi, que ce soit dans son champ territorial (France métropolitaine mais aussi départements d'outre-mer) ou dans son champ personnel (salariés, professions artisanales et agricoles ou toute autre catégorie), l'allocation ne connaît en principe aucune restriction.

Cette affirmation doit cependant être nuancée en raison de l'existence de trois exceptions qui ont d'ailleurs donné lieu à de longs débats lors de la préparation des textes. La première tient au fait que le bénéfice du RMI est réservé aux personnes ayant atteint l'âge de vingt-cinq ans, sauf pour celles qui, bien que ne remplissant pas cette condition, ont en charge des enfants (13). La seconde exception concerne les étrangers, puisque ces derniers doivent résider en France depuis au moins trois ans et ce, de façon régulière : ils doivent disposer de titres de séjour (carte de résident ou de séjour) ; de plus, leurs enfants ne sont pris en compte pour le calcul du montant de la prestation qu'à la condition d'être nés en France, d'y être rentrés avant la publication de la loi « RMI » ou d'y séjourner régulièrement si leur entrée est posté-

(10) R. Lafore, Les trois défis du RMI *(op. cit.)*, p. 574 et s.

(11) R. Lafore, L'allocation d'un revenu minimum, *RDSS*, 1989, p. 661.

(12) L'art. 1er de la loi dispose que « toute personne qui (...) se trouve dans l'incapacité de travailler a le droit d'obtenir de la collectivité des moyens convenables d'existence ».

(13) L. 1er décembre 1988, art. 2 ; cette exclusion des moins de 25 ans du bénéfice du RMI tient à la volonté de faire prévaloir, jusqu'à cet âge, les mécanismes de solidarité familiale et d'éviter ainsi un glissement massif de la charge des jeunes des familles vers la puissance publique... Toutefois, pour ne pas méconnaître totalement les problèmes spécifiques des jeunes qui subissent pour beaucoup des situations d'exclusion sociale et professionnelle, un dispositif à leur intention à été créé en 1992 (L. 1er décembre 1988, art. 43-2 et s., mod. L. n° 92-722, 29 juillet 1992) : le « Fonds d'aide aux jeunes » (sur l'insertion des jeunes, v. *supra*, n° 414 et s.). Cette question est revenue avec force dans le débat sur les minima sociaux à l'occasion du mouvement des chômeurs de la fin 1997 : les pouvoirs publics, suivant ainsi le rapport Join-Lambert, se sont refusé à élargir la perception du RMI aux moins de 25 ans.

rieure à la publication de cette même loi (14). Enfin, les personnes qui ont la qualité d'élève, d'étudiant ou de stagiaire ne peuvent bénéficier de l'allocation, sauf si cette qualité est liée à une activité d'insertion mise en œuvre dans le cadre même du RMI (15).

Le caractère universel de la prestation tient aussi à une seconde caractéristique : son bénéfice est uniquement lié à un niveau de ressources objectivement défini qui doit être inférieur à un certain plancher déterminé deux fois par an par décret. Ainsi, à la différence de l'aide sociale légale, le RMI n'est plus conditionné par un « état de besoin » qu'aurait à établir le demandeur (16). Même si le critère des ressources est bien implicitement révélateur d'un état global de besoin, c'est sa situation économique objective qui est seule prise en compte (17). Enfin, l'universalité de l'allocation peut se lire dans le fait qu'il s'agit d'une prestation de solvabilisation globale, non affectée à la satisfaction de tel ou tel besoin, et dont le but est de fournir une ressource de base aux individus ou familles bénéficiaires.

2° Une prestation différentielle et subsidiaire

448 Sur un tout un autre versant, l'allocation du RMI reste dans la mouvance du modèle assistanciel et de l'aide sociale. Les débats parlementaires ont clairement montré (18) que le revenu minimum ne devait ni désorganiser le marché du travail et les dispositifs de formation vers l'emploi, ni perturber les mécanismes de protection sociale existants ; il s'agit bien, du point de vue de l'allocation, d'un revenu garanti complétif, jouant *a priori* le rôle de palliatif aux carences tant des mécanismes d'intégration sociale et professionnelle de droit commun que des garanties et protections existantes. C'est ce qui a conduit à situer l'allocation à un niveau relativement bas (19), établi à partir d'un seuil de survie en dessous duquel l'entretien physique minimal des personnes devient problématique (20) ; en la matière, la barre du SMIC a joué un rôle considérable, la prestation ne devant pas être fixée à un montant tel qu'il découragerait l'exercice d'une activité professionnelle. Ce caractère minimaliste de la prestation est donc fondé

(14) Pour exemples, v. Comm. centr., 24 janvier 1990, Dép. Var, req. n° 892832 (les enfants non nés en France ou y étant entrés irrégulièrement ne peuvent être pris en compte) ; Comm. centr., 28 octobre 1994, Dép. Puy-de-Dôme, req. n° 931807, concl. L. Dessaint (une autorisation provisoire de séjour renouvelée tous les 3 mois ne permet pas de remplir les conditions légales) ; Comm. centr., 30 janvier 1991, Dép. Val-d'Oise et Paris, req. n° 901100 et 901097, 2 espèces (même solution pour un récépissé de demande d'asile politique) ; Comm. centr., 22 avril 1996, Dép. Vaucluse, req. n° 950564 (un étranger dont un descendant s'est engagé à subvenir aux besoins est réputé disposer de moyens convenables d'existence).

(15) Pour exemples, v. Comm. centr., 1er juin 1995, Dép. Belfort, req. n° 931292 ; Comm. centr., 6 novembre 1991, Dép. Paris, req. n° 900417 ; Comm. centr., 29 janvier 1992, Dép. Nord, req. n° 911233 ; Comm. centr., 12 mars 1993, Dép. Bouches-du-Rhône, req. n° 911211.

(16) Min. Solidarité, *Le RMI, 52 fiches de commentaires de la loi*, 1989 (non publié) ; v. aussi Circ. 14 décembre 1988.

(17) Les circonstances à l'origine du besoin sont ici sans influence : dès lors qu'elle remplit les conditions légales, une personne peut prétendre au RMI alors même qu'elle aurait démissionné de son emploi (Comm. centr., 1er juin 1995, Dép. Corrèze, req. n° 931784) ou serait, en tant que fonctionnaire, en position de disponibilité (Comm. centr., 30 octobre 1991, Dép. Réunion, req. n° 910676).

(18) J. M. Belorgey, *Rapport... (op. cit.)*, p. 31-64.

(19) Fixée au départ à 2 000 F/mois à taux plein, l'allocation du RMI s'établit au 1er janvier 2000 à 2 552,35 F pour un isolé, à 3 828,52 F pour un ménage sans enfants ou encore à 4 594,22 F pour un ménage avec un enfant.

(20) J. P. Laborde, Le droit au RMI dans la loi du 1er décembre 1988, *Dr. soc.*, 1989, p. 589.

sur la volonté, à l'instar de tous les mécanismes d'aide sociale, de n'en faire qu'un palliatif au fonctionnement normal de l'économie et de la société.

Cette dimension substitutive de l'allocation est manifeste si on considère les modalités de son calcul et, au-delà, les types de ressources qui sont prises en compte pour ce faire.

Le montant théorique de l'allocation est déterminé par décret, deux fois par an, en fonction de l'évolution des prix ; il est augmenté en fonction des autres personnes à charge composant le ménage, conjoint ou concubin et enfants de moins de 25 ans (21). La somme effectivement versée au bénéficiaire constitue une allocation différentielle dont le montant correspond à la différence entre le montant maximum fixé par le décret et tenant compte du nombre de personnes à la charge de l'allocataire et les ressources du ménage.

Pour le calcul de l'allocation différentielle, l'ensemble des ressources de l'allocataire est en principe pris en compte, ce qui intègre tous les revenus professionnels et toutes les prestations sociales, y compris les allocations familiales, les allocations d'aide sociale et l'hébergement gratuit (22). Seule une fraction des allocations en faveur du logement (aide personnalisée au logement et allocation de logement sociale) définie forfaitairement est cumulable avec la prestation, de façon à assurer un certain niveau de revenu après paiement du logement (lequel constitue la charge la plus lourde) ; de même, certaines prestations sociales à objet spécialisé (allocation d'éducation spéciale, allocation de rentrée scolaire et allocation compensatrice) ne sont pas intégrées dans le calcul des ressources ; un texte récent a encore élargi le champ des prestations exclues dans le calcul des ressources du ménage en l'étendant à l'allocation pour jeune enfant due pendant la période de grossesse ainsi qu'à la majoration pour âge des prestations familiales (23) ; enfin, pour soutenir l'effort d'insertion de l'allocataire, une partie des gains liés soit à une activité professionnelle, soit à un stage effectué pendant la perception de l'allocation du RMI n'est, là aussi, pas prise en compte ; ce mécanisme, qui a été introduit dès 1988 pour le RMI (24), a fait récemment l'objet d'une systématisation par la loi du 29 juillet 1998 qui l'a élargi à plusieurs minima sociaux (25). Cependant, globalement, en faisant jouer la logique d'une prestation différentielle intégrant aussi largement les ressources, et en partant d'un niveau théorique de prestation relativement bas, on veut maintenir l'allocation dans une configuration telle qu'elle ne puisse jamais être supérieure à un revenu d'activité (26).

(21) Le montant est majoré de 50 % pour la première personne au foyer, de 30 % pour chaque personne complémentaire et de 40 % à partir du 3ᵉ enfant.

(22) Sur ce point, v. D. nº 96-989, 7 octobre 1996 et D. nº 96-630, 16 juillet 1996 ; v. aussi *RDSS*, 1997, p. 177, chr. M. BADEL.

(23) D. nº 98-950, 26 octobre 1998.

(24) Cette dernière disposition est appelée « l'intéressement » ; sur ces exceptions à la règle de prise en compte de toutes les ressources, v. L. 1er décembre 1988, art. 9, al. 2.

(25) En ce qui concerne l'allocation de RMI mais aussi, dorénavant, l'API, le cumul de ces prestations avec un revenu d'activité est autorisé pendant une durée de 12 mois (3 mois de cumul intégral, puis abattement de 50 % pendant les 9 mois qui suivent) ; il en est de même en ce qui concerne l'ASS et l'allocation d'insertion (L. nº 98-657, 29 juillet 1998, art. 9 ; D. 98-1070, 27 novembre 1998 ; Circ. DIRMI et DSS, 22 janvier 1999) : v. J. P. DOMERGUE, Assurance chômage et aide à la réinsertion, *Dr. soc.*, 1998, p. 912 ; N. HANTALI, Le volet emploi de la loi du 29 juillet 1998, *RDSS*, 1999, p. 326 ; v. aussi *supra*, nº 395 et s. et *infra*, nº 469.

(26) Il s'agit ici de ne pas « désinciter » les bénéficiaires du RMI à reprendre un emploi. Le rapport entre RMI et SMIC est au demeurant souvent débattu (v. ODAS, *Du RMI au SMIC, étude sur l'apport financier de l'accès à l'emploi par type de ménage*, 1997, ODAS-Éditions ; v. aussi CSERC, *Les minima sociaux*, p. 103 et s., 1997, La Doc. française).

Accusant encore cette logique substitutive de la prestation, l'allocation du RMI est, à l'instar de l'aide sociale légale, subsidiaire. Les demandeurs doivent en effet faire valoir les droits qu'ils détiennent au titre soit des prestations sociales légales (minimum vieillesse par exemple), soit de dispositions conventionnelles (indemnités de chômage), soit de créances alimentaires nées du mariage ou de sa rupture (pensions compensatoires ou alimentaires) (27) ou encore liées au devoir d'entretien des parents envers leurs enfants (28).

B. LE FONCTIONNEMENT DE L'ALLOCATION

449 Dans son fonctionnement, l'allocation porte la trace de son caractère de prestation de survie. En effet, par les choix opérés tant en matière d'accès à la prestation qu'en matière de garanties attachées à son versement, on note une volonté à la fois de souplesse et de protection du droit des allocataires. C'est ce qui explique, d'ailleurs, le constat massif de réussite de la prestation dans son objectif spécifique : apporter une sécurité économique réelle aux bénéficiaires, même si elle est très limitée (29).

1° Un accès souple à la prestation

450 L'allocation de RMI étant un droit dont la finalité immédiate est de mettre fin à des situations d'extrême précarité, les circuits administratifs et les modalités de versement ont été rendus les plus souples et rapides possibles. La loi a d'abord prévu une pluralité des lieux de dépôt de la demande de RMI : les antennes locales du service départemental d'action sociale, les CCAS ou des associations ou organismes agréés par le préfet peuvent, au choix du demandeur, recevoir les dossiers (30). De plus, ce sont les organismes ayant reçu la demande qui effectuent « l'instruction administrative et sociale » (31), laquelle réside dans une aide apportée au demandeur pour remplir les formulaires et fournir les pièces justificatives relatives à l'établissement de ses ressources (32).

---

(27) Ce qui a notamment pour résultat que la pension alimentaire reçue (Comm. centr., 2 mai 1990, Dép. Saône-et-Loire, req. n° 292238) ou versée (Comm. centr., 3 septembre 1993, Dép. Yonne, req. n° 921562) par le demandeur doit être prise en compte dans le calcul des ressources.

(28) Cette obligation alimentaire est cependant atténuée par rapport à l'aide sociale légale puisque celle qui pèse sur les enfants envers les parents et celles existant entre gendre et belle-fille, beau-père et belle-mère ont été supprimées : sur la mise en jeu des créances alimentaires, v. Circ. DIRMI/DSS, n° 95-66, 10 août 1995 (*RDSS*, 1996, p. 81, chr. P. LIGNEAU) ; de même, les libéralités, qui sont accordées spontanément par une personne privée à un allocataire (famille ou amis), qui sont discrétionnaires et peuvent donc cesser à tout moment, ne doivent pas être prises en compte pour le calcul de l'allocation (Lettre DIRMI, 27 juillet 1999, *BO Solid.-santé*, n° 99/33, p. 205).

(29) P. VANLERENBERGHE (Dir.), *RMI, le pari de l'insertion*, 1992, La Doc. française ; CERC, *Atouts et difficultés des bénéficiaires du RMI*, 1992, La Doc. française.

(30) L. 1er décembre 1988, art. 12 ; D. n° 89-73, 3 février 1989.

(31) Art. 12, al. 3 ; il ne s'agit pas d'une « instruction » au sens de l'aide sociale puisque l'organisme n'a pas à apprécier l'état de besoin du demandeur et n'opère aucune vérification des déclarations du demandeur ni d'appréciation quelconque du bien-fondé de la demande.

(32) Cependant, la loi prévoit (art. 12, al. 2) que les demandes sont aussitôt enregistrées au secrétariat de la Commission locale d'insertion (v. *infra*, n° 455) et transmises au CCAS dont dépend le demandeur, pour qu'il puisse éventuellement faire connaître au préfet tous les éléments d'information dont il dispose sur les ressources de l'intéressé et sur sa situation de famille.

La demande est transmise aux organismes payeurs, qui sont en l'occurrence les Caisses d'allocations familiales et les Caisses de mutualité sociale agricole. Le choix de ces deux institutions, qui peut apparaître curieux puisqu'il fait intervenir des structures relevant de la sécurité sociale pour la gestion d'une prestation qui n'en relève pas, tient à la volonté de donner la plus grande efficacité possible au dispositif. Ce sont elles qui calculent le montant de l'allocation différentielle en faisant des propositions relatives aux dispenses ou neutralisations de revenus, après éventuellement avoir procédé à des vérifications.

La décision d'octroi de la prestation appartient au préfet ; celui-ci apprécie le montant des revenus à prendre en compte, statue sur les neutralisations et les dispenses et fixe le montant de l'allocation différentielle (33). Lors de la première attribution de la prestation, qui est valable pour trois mois, le préfet n'a pas à consulter la Commission locale d'insertion. Le paiement, organisé pour favoriser autant que possible une attribution rapide, intervient à compter du premier jour du mois de la demande et est effectué par les CAF et les caisses de MSA.

En alliant ainsi multiplicité et souplesse des lieux de réception et d'instruction de la demande, rapidité dans la préliquidation grâce aux moyens et à l'expérience des organismes d'allocations familiales, rapidité dans la prise de décision préfectorale, avec en plus un paiement rétroactif, on est parvenu à une mise en œuvre très efficiente de la prestation (34) ; le juge a été conduit d'ailleurs à renforcer les droits de l'allocataire au paiement de la prestation en accordant à ce dernier le versement d'intérêts moratoires lorsqu'elle fait l'objet d'un versement manifestement tardif (35).

2° Le versement de la prestation

451 De façon générale, l'allocation du RMI est incessible et insaisissable, à l'instar de toutes les prestations d'aide sociale. Toutefois elle peut être versée à des tiers, soit dans les cas de tutelle exercée sur le bénéficiaire (tutelle aux incapables majeurs ou tutelle aux prestations familiales), soit lorsque ce dernier désigne une personne ou un organisme agréé (36). Cela constitue donc un ensemble de protections et d'aménagements favorables aux bénéficiaires. En sens inverse, il est procédé à une réévaluation périodique du montant de l'allocation de façon à tenir compte de l'évolution des ressources de l'allocataire.

Outre ces éléments généraux, le cadre juridique du versement de la prestation ainsi que les conditions de son maintien et de sa suspension portent la trace de la tension entre d'une part la volonté de protéger le droit reconnu au bénéficiaire et d'autre part la volonté de relier la prestation à l'insertion pour en faire non une finalité, mais un moyen.

---

(33) La décision de refus émanant du préfet ou de la commission départementale d'aide sociale (en cas de recours) doit être motivée ; celle qui s'est bornée à indiquer que les ressources du demandeur dépassaient le plafond sans être assortie de considérations de fait ou de droit la justifiant doit être annulée (Comm. centr., 10 novembre 1995, Dép. Aisne, req. n° 950429).

(34) MIRE, *Le RMI à l'épreuve des faits*, 1991, Syros.

(35) CE, 17 juin 1998, req. n° 168991 et 174188 (v. *RDSS*, 1999, p. 221, chr. M. BADEL).

(36) Le bénéficiaire peut désigner une personne ou un organisme agréé par le préfet pour percevoir le RMI et le lui reverser, par fractions ou non (D. n° 88-1115, 12 décembre 1988).

L'allocation différentielle est initialement attribuée pour une durée de trois mois, ce qui correspond au délai considéré comme indispensable pour que le bénéficiaire établisse avec les services compétents un « contrat d'insertion » (37). Dès lors, le rythme de versement de la prestation est attaché au contrat d'insertion, selon l'évolution et la nature de son contenu. Ainsi l'allocation ne peut être attribuée par le préfet que pour des périodes de trois à douze mois, au vu de l'avis de la Commission locale d'insertion (CLI) qui est le cocontractant : ceci en vue d'éviter tout à la fois une chronicisation de la situation et le maintien d'un contrat initial sans qu'il soit régulièrement réadapté (38). Ensuite, lorsque la mise en œuvre du contrat d'insertion n'est pas satisfaisante et que la responsabilité en incombe au bénéficiaire, on doit envisager d'abord une révision du contrat, à la suite de quoi et en cas d'insuccès, une suspension de l'allocation différentielle est possible ; la procédure de suspension est très fortement liée d'une part au comportement de l'intéressé (39), d'autre part à l'appréciation de la CLI, une procédure contradictoire étant de plus prévue (40). L'équilibre cherché entre la protection du droit à l'allocation et la volonté d'en faire un tremplin pour l'insertion ressort clairement des dispositions relatives à la suspension de la prestation : on tente d'inciter l'allocataire à s'inscrire dans la logique du contrat, en faisant courir un risque de suspension si manifestement il ne « joue pas le jeu ».

Des voies de recours contentieux ont été prévues (41). Ce sont les Commissions départementales d'aide sociale (42) qui sont compétentes, leur composition étant dans ce cas modifiée puisque deux représentants du Conseil départemental d'insertion désignés l'un par le préfet, l'autre par le président du conseil général y sont adjoints (43).

452 **Bibliographie**. V. n° 444 ; *adde* A. ARRIVABENE, R. DHOQUOIS, Le RMI : la dignité humaine est-elle devenue un concept juridique ?, *Actes*, 1988, n° 65, p. 30 ; I. ASTIER, *Revenu minimum et souci d'insertion*, Desclée de Brouwer, 1997 ; M. AUTES, M. BRESSON, B. DELAVAL, B. VERNON, *L'insertion,*

(37) V. *infra*, n° 457 et s.

(38) Il est à noter cependant que si l'allocataire ne dispose pas de contrat d'insertion et que la responsabilité en incombe aux acteurs publics, le versement de la prestation doit être assuré (L. 1er décembre 1988, art. 13). De nombreux allocataires ont pu rester ainsi, pendant des périodes excédant largement les 3 mois légaux, sans contrat, du fait des difficultés diverses rencontrées pour établir des contrats ou pour les modifier : v. Commission nationale d'évaluation du RMI, *Une dynamique d'insertion encore insuffisante*, rapport de synthèse, La Doc. française, 1992 ; v. aussi CERC, *Atouts et difficultés des allocataires du RMI (op. cit.)*, p. 47 et s.

(39) Ainsi, le postulant qui se borne à alléguer qu'il ne trouve pas d'emploi en relation avec ses diplômes, sans entendre participer à la définition d'actions ou d'activités nécessaires à son insertion sociale et professionnelle et sans apporter la preuve que sur telle période il n'a disposé d'aucunes ressources ne saurait bénéficier de l'allocation (Comm. centr., 24 janvier 1990, Dép. Gironde, req. n° 892825) ; il en va de même de la personne qui, quelles que soient les difficultés qu'elle invoque, a refusé de signer tous les contrats d'insertion lui ayant été proposés (Comm. centr., 12 mars 1993, Dép. Seine-Saint-Denis, req. n° 920904) ou encore de celle qui, par son attitude, a « manifesté son manque d'intérêt à l'établissement d'un contrat d'insertion » (Comm. centr., 21 octobre 1994, Dép. Dordogne, req. n° 931266, concl. L. DESSAINT).

(40) L'intéressé peut faire des observations et se faire assister de la personne de son choix ; s'il n'a pas été mis en mesure de formuler des remarques en défense, la décision de suspension doit être annulée (Comm. centr., 21 octobre 1994, Dép. Dordogne, req. n° 931266).

(41) Des recours contentieux peuvent en effet être formés par toute personne qui y a intérêt ; dans la mesure où il finance les actions d'insertion, le département peut donc contester une décision d'attribution (Comm. centr., 21 octobre 1994, Dép. Dordogne, précité).

(42) *C. famille*, art. 128.

(43) Au demeurant, la compétence des commissions départementales est large puisqu'elle s'étend aux litiges nés du refus de remise gracieuse d'un trop perçu de versement du RMI : CE, 27 avril 1998, BOUKARYATA, *RDSS*, 1998, p. 852, concl. J. D. COMBREXELLE.

un moment éternel, Rapport MIRE (Ifresi-Lille), 1997 ; J. M. BELORGEY, J. DONZELOT, Le RMI : une loi sans qualité ?, *Esprit*, décembre 1988, p. 38 ; E. BORLA, Le RMI entre « assistance » et « nouvelles solidarités », p. 136, in *La solidarité : un sentiment républicain ?* (CURAPP), 1992, PUF ; O. BRACHET, Le RMI, combat pour une prospective du passé, *Éco-Humanisme*, 1988, n° 101, p. 64 ; B. FRAGONARD, Le RMI, une grande ambition, *Dr. soc.*, 1989, p. 573 ; J. P. LABORDE, Le droit au RMI dans la loi du 1er décembre 1988, *Dr. soc.*, 1989, p. 589 ; RMI et liberté, éléments pour une première approche, *Dr. soc.*, 1990, p. 33 ; R. LAFORE, Les trois défis du RMI, à propos de la loi du 1er décembre 1988, *AJDA*, 1989, p. 563 ; A. LANGLOIS, Le RMI, *ASH* (n° hors série), 1999 ; M. LAROQUE, Le RMI, droit révolutionnaire ou prestation sociale d'un nouveau type ?, *Dr. soc.*, 1989, p. 597 ; G. MARTIN, Pour une nouvelle stratégie de l'insertion, *RFAS*, 1989, n° 2, p. 9 ; S. MATHIEU-CABOUAT, Le RMI, allocation ou contrat, un choix nécessaire, *Dr. soc.*, 1988, p. 611 ; S. PAUGAM, *La société française et ses pauvres, l'expérience du revenu minimum d'insertion*, PUF, 1993 ; J. ROMAN, L'exclusion : le mot et la chose, *Esprit*, n° 12, 1996 ; X. PRÉTOT, L'institution d'un RMI, *ALD*, 1989, p. 129 ; La modification du RMI (loi n° 92-722 du 29 juillet 1992), *RDSS*, 1993, p. 198 ; G. DE RIDDER, C. LEGRAND, J. L. OUTIN, Le RMI et l'archipel de l'emploi, *RFAS*, 1991, n° 2, p. 27 ; P. VANLERENBERGHE et *alii*, *RMI, le pari de l'insertion*, La Doc. française, 1993 ; D. VUILLAUME, Le RMI entre l'opportunité et la discrimination, *RFAS*, 1991, n° 2, p. 43.

§ 2. L'INSERTION

453 La finalité du RMI est donc d'aider ses bénéficiaires à se réinsérer durablement dans le fonctionnement social, à la fois en accédant à une autonomie économique liée dans l'idéal à une insertion professionnelle et en se réinscrivant dans des liens d'échange et de solidarité familiale et sociale : c'est d'ailleurs la grande originalité de ce dispositif par rapport aux autres revenus garantis que de constituer un droit finalisé dont la perspective ultime est l'institution d'un sujet reconnu. A cette fin, le droit à l'allocation a été assorti de deux types d'obligations complémentaires : l'une à la charge de la collectivité et résidant dans la fourniture de moyens et de services d'insertion ; l'autre à la charge du bénéficiaire et se traduisant par l'engagement de ce dernier à réaliser des actions d'insertion. C'est pourquoi l'insertion peut s'analyser comme un service public spécifique lié à un instrument — le « contrat d'insertion » — qui en définit les conditions pour chaque allocataire.

A. LE SERVICE PUBLIC DE L'INSERTION

454 La logique sous-tendue par la notion d'insertion est complexe : pour l'essentiel, il est apparu que la logique sectorielle qui présidait jusque là à la gestion des politiques sociales était inadaptée à des actions qui doivent être à la fois partenariales, transversales et construites selon les contraintes liées à chaque territoire (44). C'est ce qui a poussé à la création d'un ensemble institutionnel inédit qui comprend des instances nouvelles ayant pour mission d'élaborer et de mettre en œuvre une politique locale de l'insertion.

1° Les instances

455 Le chômage et plus largement l'exclusion sociale sont probablement les domaines où l'échec du management public structuré selon la logique sectorielle est le plus

(44) R. LAFORE, Les trois défis du RMI *(op. cit.)*, p. 577 et s. ; Insertion et collectivités locales, le territoire de l'insertion, *in* J. P. LABORDE, I. DAUGAREILH (Dir.), *Insertions et solitudes*, p. 203, 1993, MSHA.

flagrant. Il s'agit en effet de problèmes qui, si l'on veut en attaquer les causes, ne peuvent se traiter par l'aménagement de dispositifs prestataires verticaux mais nécessitent au contraire une approche globale, évolutive et adaptée à chaque contexte singulier. C'est la raison pour laquelle la mission d'insertion contenue dans le RMI ne pouvait être confiée à une administration spécialisée ou à une des collectivités locales. Il convenait de trouver les moyens de mobiliser l'ensemble des acteurs publics et privés (action sociale, éducation, emploi, formation, logement...) pour les engager dans la construction d'actions transversales. Ceci a justifié l'institution d'un dispositif *ad hoc* pour mettre en place le RMI, dont la responsabilité est partagée, pour l'organiser et le faire fonctionner, entre le préfet et le président du conseil général (45) : le pilotage du dispositif au niveau national étant confié à une structure interministérielle, la *Délégation interministérielle au revenu minimum d'insertion* (DIRMI) (46) ainsi qu'à une structure consultative nationale, le *Conseil national des politiques de lutte contre la pauvreté et l'exclusion sociale* (47). Dans son souci de décloisonner l'ensemble des interventions de lutte contre les exclusions, la loi du 29 juillet 1998 a institué, au niveau départemental, un *Comité départemental de coordination des politiques de prévention et de lutte contre les exclusions* dans lequel les instances plus anciennes créées pour la mise en œuvre du RMI doivent s'impliquer (48).

La première structure spécifique au RMI est le *Conseil départemental d'insertion* (CDI) (49). Instance de coopération interinstitutionnelle au niveau du département, elle est composée de divers représentants des services extérieurs de l'État, des collectivités locales, d'entreprises, d'organismes intervenant dans le domaine économique et social. Il revient au préfet et au président du conseil général d'en fixer la composition effective en fonction des singularités locales. Sa mission essentielle est d'élaborer le document dans lequel s'exprime la politique d'insertion : le Plan départemental d'insertion (PDI).

La seconde structure mise en place est la *Commission locale d'insertion* (CLI) (50). Il s'agit d'une instance qui, composée d'élus départementaux et communaux et de représentants de l'État, d'institutions et organismes des secteurs économique, social, éducatif (tous nommés conjointement par le préfet et le président du conseil général), apparaît comme la cheville ouvrière du dispositif d'insertion. Plusieurs CLI sont organisées dans chaque département, selon des découpages spatiaux relevant là encore du préfet et du président du conseil général. La CLI est chargée de deux missions : l'une, introduite à la suite de l'évaluation du RMI (51), réside dans l'étude des besoins en matière d'insertion sociale et professionnelle dans son ressort territorial, dans le recensement de l'offre existante, dans l'élaboration de propositions en la matière pour le CDI et dans l'élaboration d'un Programme local d'insertion (PLI) ; l'autre, centrale,

(45) L. 1er décembre 1988, art. 34 : « le représentant de l'État dans le département et le président du conseil général conduisent ensemble et contractuellement l'action d'insertion sociale et professionnelle des bénéficiaires du RMI, avec le concours des autres collectivités territoriales et des autres personnes morales de droit public ou privé, notamment les associations, concourant à l'insertion et à la lutte contre la pauvreté et l'exclusion ».

(46) V. *supra*, n° 102.

(47) V. *supra*, n° 104. Ce Conseil a été complété par un *Observatoire national de la pauvreté et de l'exclusion sociale* créé par la loi du 29 juillet 1998 (art. 153).

(48) L. n° 98-657, 29 juillet 1998, art. 155.

(49) L. 1er décembre 1988, art. 35 ; D. n° 89-40, 26 janvier 1989.

(50) L. 1er décembre 1988, art. 42-1 et s.

(51) L. 1er décembre 1988, mod. L. 29 juillet 1992, art. 42.

réside dans l'approbation des contrats d'insertion élaborés en face à face par des travailleurs sociaux et le bénéficiaire du RMI (52).

Formant un dispositif inédit, de nature partenariale, ces structures (CDI et CLI) ne sont que des instances consultatives puisqu'elles préparent des programmes d'insertion (le PDI est approuvé par les deux autorités départementales). Seule, la CLI est, pour une part de son activité, une instance décisionnelle puisqu'elle approuve les contrats d'insertion dont on a vu l'importance de principe dans le versement de l'allocation.

2° La politique locale d'insertion

456 Le service public de l'insertion (CDI et CLI) et les autorités locales dotées des pouvoirs décisionnels (préfet et président du conseil général) ont donc reçu mission d'élaborer une politique locale d'insertion qui consiste dans une offre de moyens adaptés aux bénéficiaires de l'allocation pour leur permettre d'accéder tant à une autonomie économique qu'à une vie sociale satisfaisante.

Une telle politique repose d'abord sur les instruments programmatiques déjà évoqués, le plan départemental et les programmes locaux d'insertion. Ces documents, qui procèdent d'une négociation entre tous les acteurs concernés par les phénomènes d'exclusion, veulent surtout permettre de jeter les bases d'une coopération locale à partir d'une analyse des besoins et moyens existants et d'une projection des dispositifs à utiliser, à développer ou à créer. Plan départemental et programmes locaux sont mis en compatibilité du fait de l'obligation faite aux CLI de transmettre leurs programmes au Conseil départemental qui en vérifie la cohérence avec le Plan. Il s'agit d'instruments prospectifs, producteurs de consensus en même temps que fruit d'un consensus qui, comme la plupart des mécanismes de ce type, ne sont pas juridiquement opposables (53).

Leur mise en œuvre a cependant été renforcée par deux types de dispositions légales ; d'une part, le département, partenaire contraint (54), est tenu d'engager une somme égale au moins, en métropole, à 17 % (16,5 % dans les DOM) des crédits affectés par l'État au paiement de l'allocation dans le département (55) : ce qui garantit un minimum de moyens financiers pour réaliser le plan départemental et les programmes locaux (56). D'autre part, sur la base d'une convention devant être passée entre

---

(52) Ces instances sont dotées d'un personnel technique (travailleurs sociaux, personnels détachés de l'ANPE, des services de l'État...) qui élabore les programmes départementaux et en surveille l'application (« cellules » départementales RMI) et qui travaille auprès des CLI pour en préparer les délibérations et en suivre la mise en œuvre : ceci dans des configurations qui sont variables selon les départements. L'art. 42-2 modifié de la loi du 1er décembre 1988 prévoit l'institution dans chaque CLI d'un bureau qui prépare les délibérations, notamment le Programme local d'insertion, et qui peut, par délégation, approuver des contrats d'insertion.

(53) V. *supra*, n° 157 et s.

(54) R. LAFORE, Insertion et collectivités locales, le territoire de l'insertion *(op. cit.)*, p. 206.

(55) Cette somme était fixée initialement à 20 % : la suppression de l'aide médicale opérée par la loi du 27 juillet 1999 créant la CMU a pour effet de la ramener à un pourcentage inférieur : v. *supra*, n° 169 et *infra*, n° 530.

(56) Ceci, sans préjudice des fonds engagés par l'État notamment dans les politiques de l'emploi et des moyens que peuvent ajouter les autres acteurs locaux (régions, communes...).

département et État (convention principale) (57), c'est toute une série de conventions complémentaires qui peuvent être établies entre ces deux autorités publiques et tous les autres partenaires (autres collectivités locales, associations, autres personnes morales de droit public ou privé) concourant à la mise en œuvre des programmes d'insertion.

Au travers de la réalisation d'instruments consensuels obligatoires (58), par le jeu de conventions liant État, département et autres partenaires (qui, pour la plupart, sont représentés dans le CDI et les CLI) et par la contrainte financière pesant sur le département pour contribuer au financement, la loi construit donc un cadre pour que s'élabore de façon négociée et consensuelle une politique locale apte à offrir des services et prestations d'insertion. Le droit étatique d'essence procédurale tente ainsi de faire produire des principes et des normes d'action adaptés aux spécificités locales : l'insertion ne pouvant résulter que d'une mobilisation pragmatique et évolutive de moyens publics et privés.

Ces instruments locaux d'insertion (PDI et PLI) ont supposé et supposent un réel apprentissage des divers partenaires concernés afin que leur contenu manifeste une qualité suffisante à la fois pour répondre à la demande complexe des personnes en insertion et faire preuve d'une bonne adaptation aux moyens disponibles dans l'espace départemental. Aussi, sont-ils périodiquement redéfinis dans leurs contenu et leurs fonctions bien que, les enquêtes le montrent, l'efficacité du volet « insertion » du RMI ne soit pas satisfaisante (59).

B. LE CONTRAT D'INSERTION

457 C'est la même logique qui a conduit à faire reposer l'insertion, prise dans sa dimension individuelle, sur un instrument nouveau, le « contrat d'insertion ». Le contrat apparaît en effet comme un cadre, obligatoirement formé, dans lequel les singularités de chaque personne peuvent s'exprimer pour construire une démarche individualisée. Mais l'introduction de la technique contractuelle dans un dispositif d'intervention sociale a posé des problèmes en ce qui concerne tant sa nature que sa portée (60).

1° La nature du contrat d'insertion

458 La loi fait obligation d'établir, au plus tard trois mois après la mise en paiement de la prestation, un contrat d'insertion liant le bénéficiaire à la Commission locale d'insertion dont il dépend géographiquement. Cette novation, qui vise à faire du

(57) Cette convention-cadre liant État et département a été récemment redéfinie et complétée d'une convention financière annuelle qui doit se généraliser à tous les départements (Circ. DIRMI/DGCL/DAS, n° 99-468, 10 août 1999, *BO Solid.-santé*, n° 99/34, p. 305).

(58) L'art. 40 modifié prévoit en effet un mécanisme permettant de pallier les carences locales (non mise en œuvre de leurs compétences par le préfet et le président du conseil général, non élaboration des PDI et PLI) : un arrêté conjoint des ministres des affaires sociales, de l'intérieur et de l'emploi peut adopter un PDI et prendre les autres décisions.

(59) Circ. 31 décembre 1997 (*TSA*, n° 673, 1998, p. 11) ; Lettre du ministre de l'emploi de la solidarité, 30 janvier 1998 (*BO Solid.-santé*, n° 98/7, p. 275).

(60) M. BADEL, *Le droit social à l'épreuve du RMI (op. cit.)*, p. 227 et s.

bénéficiaire non un simple ayant droit, mais un acteur de sa propre insertion renouvelle largement les méthodes d'intervention sociale (61) : ce qui n'a pas manqué de susciter des débats au moment de son institution ainsi que des interrogations quant à sa nature.

Le problème porte essentiellement sur le point de savoir si cet instrument est un véritable contrat, juridiquement formé, ou une simple technique d'intervention sociale (62). L'enjeu de cette question tient au fait que, si le contrat d'insertion est un véritable contrat, se trouve consacré un véritable engagement, juridiquement sanctionnable, du bénéficiaire : situation qui vient alors minimiser la portée du droit à l'allocation en le conditionnant.

On peut douter de l'existence de ce contrat pour un ensemble de raisons qui tiennent tout d'abord à l'indétermination des parties au contrat (si l'on considère que le bénéficiaire engage non seulement sa personne, mais aussi les membres de sa famille et que la CLI, signataire public du contrat, n'a pas la personnalité juridique) ; ensuite, au flou quant à la nature des prestations prévues (le bénéficiaire n'exprime au fond que des « promesses » et il n'est pas sûr que la puissance publique prenne des engagements clairs concernant les prestations d'insertion qu'elle doit fournir) ; enfin, aux incertitudes quant à la portée de ce contrat (le lien entre inexécution du contrat et suspension de l'allocation différentielle pour le bénéficiaire est distendu, l'hypothèse de carence des pouvoirs publics en matière de prestation d'insertion ne semble pas trouver de solution juridique), le contentieux du contrat est incertain car seuls les recours relatifs à l'allocation ont été prévus.

Mais en sens contraire, il reste aussi que, bien qu'énigmatique, l'instrument contractuel est institué par les textes et qu'il s'insère dans la procédure d'attribution du RMI, ce qui lui confère indéniablement des effets (63) ; aussi, même si le contenu et la portée d'un tel contrat ne pourront être précisés que par la jurisprudence, il est clair que les juges ne pourront pas l'ignorer et devront donc lui conférer une valeur juridique. Pour le reste, sa nature juridique précise (contrat de droit privé ou de droit public) et, par là même, la nature des principes et règles applicables en cas de litige dans sa mise en œuvre se préciseront au gré des recours (64).

---

(61) R. Lafore, Les trois défis du RMI *(op. cit.)*, p. 580 et s ; P. Ligneau, Travail social et contrat avec l'usager dans le nouveau service public du RMI, *RDSS*, 1991, p. 175.

(62) Il est à signaler que le terme de « contrat » a fait l'objet de débats au Parlement, certains ayant avancé l'idée de l'intituler « projet d'insertion » (*JOAN, Déb. parl.*, 11 octobre 1988, p. 754) ; de plus, on doit constater que la notion de « contrat » était déjà utilisée dans les rapports entre services sociaux et usagers sans que cela revête la moindre portée juridique.

(63) Sur ce point, v. M. Badel, *Le droit social... (op. cit.)*, p. 236.

(64) S. Mathieu-Cabouat, Le RMI, allocation ou contrat : un choix nécessaire, *Dr. soc.*, 1989, p. 611 ; F. Monéger, *Liberté contractuelle et réalité des engagements* (Colloque ADICOD), p. 21, 1991, Éd. CNFPT ; Les sujets de l'insertion, *RDSS*, 1989, p. 780 ; X. Prétot, L'institution du RMI, *ALD*, 1989, p. 121 ; *Quel contentieux, pour quels juges ?* (Colloque ADICOD), p. 39 ; J. L. Rey, Approche contentieuse de la place du contrat d'insertion dans le dispositif RMI, *RDSS*, 1996, p. 432 (saisi d'une demande d'annulation d'un refus de « validation » d'un contrat RMI par un sous-préfet, le TA de Pau conclut qu'un tel acte n'est qu'une mesure préparatoire à la décision préfectorale de suspendre éventuellement la perception de l'allocation : cette dernière seule constituant une décision susceptible d'un recours devant le juge de l'aide sociale ; de là, un potentiel basculement de tout le contentieux du contrat dans celui de l'allocation, le contrat n'étant alors dans son entier qu'un acte préparatoire aux actes d'attribution ou de suspension de l'allocation, TA Pau, 11 janvier 1996, Maurier et Larrieu, req. nº 950556).

2° Le contenu et les effets du contrat d'insertion

459 L'établissement et la signature d'un contrat entre le bénéficiaire du RMI et la CLI constituent donc une obligation légale (65). Même s'il comporte des effets juridiques (notamment suspension de l'allocation), il faut bien voir que le contrat d'insertion, dans sa perspective idéale, est un instrument fondé sur la reconnaissance du bénéficiaire comme partenaire et sur la confiance en ses potentialités ; il doit donc procéder d'une véritable négociation égalitaire et définir des engagements crédibles dans un cadre de responsabilité réciproque (66). Ce principe établi, la réalité impose cependant, pour tenir compte des difficultés de certains allocataires, de s'engager dans des logiques tutélaires comme le montre la montée en puissance de la thématique de « l'accompagnement social » (67).

La première caractéristique du contrat tient aux parties qui peuvent y être engagées. En effet, si le bénéficiaire du RMI en est le signataire incontournable, la loi précise clairement qu'il concerne aussi « les personnes prises en compte pour la détermination du montant de l'allocation » (68), à savoir les autres membres de sa famille. Il s'agit donc d'un instrument qui envisage l'insertion non pas individuellement, mais pour un ensemble de personnes concrètement solidaires. Le contractant, médiatisé par la CLI, est en fait l'ensemble du service public d'insertion qui s'engage réciproquement à fournir des moyens ou services adaptés aux besoins de l'allocataire et de ses proches.

L'objet du contrat est par définition indéterminé, puisqu'il s'agit de l'insertion du bénéficiaire, dont la nature est indéfinissable par hypothèse (qu'est-ce qu'être inséré ?). C'est bien pourquoi le contrat d'insertion doit être régulièrement révisé pour l'adapter à la situation effective de l'allocataire. En revanche, son contenu, qui concerne les moyens à mettre en œuvre en vue de l'insertion, se doit d'être le plus précis possible, sous les deux contraintes suivantes : d'une part, le principe même de contractualisation impose que ces moyens soient liés à la situation individuelle de chaque allocataire et constituent ainsi un itinéraire adapté à chacun (l'insertion ne peut se concevoir qu'à « la carte »...) ; d'autre part, les moyens d'insertion ne peuvent recouvrir qu'un très large éventail de services, de prestations et d'actions. Aussi, la loi et la réglementation se sont-elles contentées de cadrer de façon très large ce contenu sous un double aspect. D'un côté, il est indiqué quels sont les éléments généraux que doit faire apparaître tout contrat : la nature du projet d'insertion individuel et familial, la nature des facilités offertes pour le réaliser, la nature des engagements réciproques et le calendrier de réalisation ainsi que les conditions d'évaluation des résultats obtenus. De l'autre, les diverses formes que peut prendre l'insertion sont évoquées de façon non limitative : actions d'évaluation, d'orientation et de remobilisation, actions d'intérêt général ou d'emploi, actions pour retrouver une autonomie sociale, accès au logement, activités de formation, accès aux soins. On retrouve là la distinction entre « insertion sociale »

---

(65) Dans les faits, on a observé de très grandes variations selon les départements en ce qui concerne le nombre de contrats effectivement établis et le contenu de ces derniers. Lors de l'évaluation, de nombreux bénéficiaires (souvent près de la moitié) n'avaient pas de contrat d'insertion : v. CERC, *Atouts et difficultés des allocataires du RMI (op. cit.)*, p. 147.

(66) R. LAFORE, Les trois défis du RMI *(op. cit.)*, p. 583 ; B. FRAGONARD, Le RMI, une grande ambition, *Dr. soc.*, 1989, p. 573.

(67) L'accompagnement social est en effet devenu un thème transversal, repris par la loi du 29 juillet 1998 relative à la lutte contre les exclusions. En matière de RMI, il fait l'objet d'un encadrement spécifique (Lettre DIRMI, 9 juillet 1997, *BO Solid.-santé*, n° 97/48, p. 105).

(68) L. 1er décembre 1988, art. 42-4.

dont l'objet est plutôt la réintégration de l'allocataire et de ses proches dans les relations et réseaux de solidarité qui structurent le fonctionnement social et « insertion professionnelle » dont la perspective est le retour à l'emploi et à l'autonomie économique. Mais les observations conduites montrent qu'il n'y a ni hiérarchie, ni priorité entre ces deux dimensions liées de la lutte contre l'exclusion individuelle (69).

La nature des engagements réciproques entre le bénéficiaire et sa famille et le service public de l'insertion est fortement déterminée par ce contenu. On notera tout d'abord qu'il s'agit d'obligations de moyen et non de résultat, chacun s'engageant à fournir ou à utiliser des instruments et prestations d'insertion. Pour le bénéficiaire, cependant, l'absence de contrat ou le non respect des engagements pris, lorsque la responsabilité lui en incombe manifestement, peut entraîner suspension de l'allocation au moment de sa prorogation (70) ; mais une telle hypothèse, qui peut en outre être précédée d'une révision du contrat non respecté, ne doit logiquement jouer que comme ultime recours, afin de ne pas réintroduire un lien trop direct et automatique entre allocation et contrat. Quant aux engagements de la puissance publique, ils sont encore plus flous puisque d'une part la nature et les caractères des services et actions d'insertion inscrits au contrat sont dans la totale dépendance de contextes locaux, faits de rapports interinstitutionnels complexes et évolutifs qui rendent aléatoire toute identification précise des obligations correspondantes (qui est responsable de quoi ?...) ; et d'autre part, aucun mécanisme de sanction pour non respect des engagements n'existe (carence de l'action publique, non respect des obligations légales, etc.) (71).

La logique strictement juridique, qui peut reprendre ses droits en cas de contentieux, s'épuise cependant à rendre compte d'un instrument qui, dans la pratique, s'insère dans des régulations politiques et sociales ayant pour objectif de susciter une mobilisation contre l'exclusion aussi bien des bénéficiaires (dont il est attendu qu'ils s'engagent dans une démarche pour s'instituer en acteurs) que des acteurs publics et privés (lesquels doivent réinventer les conditions d'une solidarité concrète à l'échelle des territoires et des populations concernés) (72).

460 **Bibliographie**. V. n° 452 ; *adde* D. ALLAIN, Les contrats d'insertion du RMI, *Solidarité-santé*, 1990, n° 5, p. 77 ; J. M. BELORGEY, Le contrat d'insertion, p. 171, *in* S. ERBÈS-SEGUIN (Dir.), *Le contrat. Usages et abus d'une notion*, Desclée de Brouwer, 1999 ; J. DAMON, *Les politiques d'insertion*, 1998, La Doc. Française ; C. GIRARD, *Le RMI : bilan, perspectives et propositions* (Rapport d'information), JOAN, n° 2657, 1996 ; P. ISSALYS, R. AUCLAIR, Le revenu minimum garanti et les problèmes juridiques de sa mise en œuvre, *Les cahiers du droit*, 1991, vol. 32, n° 3, p. 643 ; B. JAÏN, Dix clefs pour comprendre les difficultés des dispositifs d'insertion, *RFAS*, 1992, n° 3, p. 11 ; J. P. LABORDE, R. LAFORE, *Les problèmes juridiques de la mise en œuvre d'un Revenu minimum garanti* (Rapport au colloque international de droit du travail), 1991, p. 217, T. III, Athènes ; R. LAFORE, Insertion et collectivités locales, *in* J. P. LABORDE, I. DAUGAREILH, *Insertions et solitudes*, 1993, p. 203, Éd. MSHA, Bordeaux ; M. LEGROS, B. SIMONIN, Le RMI et l'accès à l'emploi, *Travail et société*, 1991, 16/2, p. 213 ; P. LIGNEAU, Les collectivités locales et le RMI, *Dr. soc.*, 1989, p. 601 ; Travail social et contrat avec l'usager dans le nouveau service public du RMI, *RDSS*, 1991, p. 175.

---

(69) MIRE, *Le RMI dans les faits (op. cit.)*, p. 217 et s.

(70) Celle-ci doit intervenir au plus tard tous les 12 mois après chaque prorogation.

(71) M. BADEL, *op. cit.*, p. 265.

(72) Depuis la mise en place du RMI, de nombreuses enquêtes ont été réalisées sur ses résultats, notamment en matière d'insertion professionnelle ; la dernière en date fait état d'effets contrastés : si les 2/3 des bénéficiaires sortent du dispositif avant 18 mois, un tiers y séjourne 4 ans et plus... ; l'accès à l'emploi concerne 61 % des cas, mais c'est souvent un emploi précaire, à temps partiel, et les contrats aidés jouent un rôle primordial (v. *INSEE Première*, n° 632, février 1999).

SECTION II LA QUESTION DU REVENU GARANTI

461 Le RMI inaugure, dans le système de protection sociale, une nouvelle logique jusque là soigneusement écartée : l'établissement d'une allocation représentant, pour toute personne qui n'atteint pas un plancher de revenu, un minimum de ressources.

En effet, du point du vue des divers transferts de ressources organisés par la protection sociale française, le RMI ouvre indubitablement une brèche en s'écartant de la logique, dominante jusque-là, des prestations spécialisées ou, à défaut, catégorielles pour s'engager dans une dynamique de garantie de ressources uniquement conditionnée par le faible niveau de revenus des bénéficiaires. Certes, le dispositif mis en place en 1988 revêt un caractère subsidiaire qui consacre sa vocation à n'intervenir que de façon palliative lorsque, en l'absence de revenus directs ou de droits à des revenus de remplacement, les personnes ou les ménages sont en dessous du seuil de pauvreté.

Face à la résistance des phénomènes liés au chômage de masse, le Revenu minimum garanti devait conduire à un renouvellement des débats : comment ne pas envisager purement et simplement l'établissement d'un mécanisme unifié de garantie de ressources en lieu et place de la mosaïque de transferts monétaires manifestement incapables de faire face à la situation inédite créée par l'exclusion ?

Cette question devait engager la réflexion collective dans deux voies, d'ailleurs liées : le RMI venant s'ajouter à diverses prestations de subsistance introduites peu à peu dans la protection sociale, ne convient-il pas d'harmoniser ou au moins de mettre en cohérence ces dispositifs ? Ce problème, posé dès les travaux d'évaluation du RMI en 1990-92 (73), devait rebondir et s'imposer peu à peu, notamment à l'occasion du « mouvement des chômeurs » de l'hiver 98. Au-delà, quittant le terrain des multiples transferts existants et de leur possible réforme, ne convient-il pas d'établir un dispositif unique et global de sécurité économique pour toute personne en difficultés en instituant un « revenu garanti » ou « universel » à moins que ce ne soit une « allocation universelle » ?

Ainsi, la convergence entre le maintien des difficultés sociales dénommées « exclusion » d'un côté, et de l'autre l'expérience insuffisante mais significative de l'allocation du RMI ont ouvert un véritable débat sur l'opportunité d'une réforme fondamentale de la protection sociale qui aurait en dénominateur commun d'aménager des transferts de ressources systématiques sur le seul fondement de l'insuffisance de revenus. Ce débat comporte deux aspects, dont les effets sont certes convergents, mais dont la portée, notamment sur les principes et les institutions de la protection sociale, est différente : d'une part, la question des « minima sociaux » et de leur éventuelle évolution (§ 1), d'autre part le problème de l'établissement d'un revenu universel garanti (§ 2).

§ 1. LES MINIMA SOCIAUX

462 L'allocation du RMI est donc venue se surajouter à un ensemble de dispositifs de transferts de ressources qui ont été peu à peu institués pour assurer

(73) P. Vanlerengerghe et *alii*, *RMI, le pari de l'insertion*, La Doc. française, 1993.

un minimum de sécurité économique à divers groupes : aussi convient-il de prendre la mesure de leur hétérogénéité afin de mieux situer les termes du débat dont ils sont depuis quelques années l'objet.

A. DES ORIGINES HÉTÉROGÈNES

463 Ce que l'on nomme les « minima sociaux » forme un ensemble de huit prestations de ressources : le minimum vieillesse, le minimum invalidité de l'assurance maladie, l'allocation aux adultes handicapés, l'allocation de parent isolé, l'allocation veuvage, les allocations pour chômeurs relevant du régime de solidarité (allocation d'insertion et allocation de solidarité) et enfin, dans une logique plus complexe, le RMI (74).

Ces prestations ont été créées à des époques différentes pour répondre à des problèmes spécifiques. Leur réunion récente sous une appellation unique, celle de « minima sociaux », ne doit donc pas masquer cette diversité dans les principes et les finalités qui ont conduit à leur mise en place. Loin de vouloir retracer l'histoire singulière de chacun d'eux, on peut tout au moins faire état des clivages fondamentaux qui permettent de les distinguer en trois ensembles : il y a d'abord (et ce sont les plus anciens) les « minima » qui correspondent à la période de généralisation de la protection sociale et que l'on a dénommés antérieurement les « prestations non contributives de la sécurité sociale ». Il y a ensuite un certain nombre de prestations de sécurité sociale constituant pour des assurés sociaux ou leurs ayants droit des garanties minimales de ressources. Il y a enfin, et ils sont le fruit des années 80 et des politiques de lutte contre les effets du chômage de masse, les transferts dont le but a été de constituer des « prestations de subsistance » pour les exclus du travail et de la protection sociale de droit commun.

1° Les prestations non contributives de la sécurité sociale

464 Le modèle français de sécurité sociale institué en 1945 a pour particularité de définir un objectif de couverture universelle de la population (tout individu, par sa simple appartenance au groupe social, doit en bénéficier), mais en retenant les techniques assurantielles attachées essentiellement au statut salarial (la protection est fondée sur l'insertion dans le travail et élargie par la technique des droits dérivés) (75). Ainsi conçue, la protection sociale ne pouvait que laisser de côté certaines catégories de personnes : celles qui n'avaient pas suffisamment cotisé pour s'ouvrir le droit aux prestations ou encore les groupes durablement ou définitivement exclus du travail du fait d'incapacités diverses. C'est ainsi que, faute de pouvoir parvenir à une universalisation (76) de la protection sociale, notamment du fait de sa logique essentiellement

(74) CSERC, *Minima sociaux entre protection et insertion*, 1997, La Doc. française.

(75) Le système français définit une finalité propre à la conception « beveridgienne » de la sécurité sociale, tout en voulant la mettre en œuvre avec les techniques « bismarckiennes » de sécurité sociale.

(76) Outre l'impossible universalité de la protection, il apparut vite impossible d'assurer son unité dans le régime général de la sécurité sociale : les régimes spéciaux et autonomes ainsi que les régimes complémentaires se développèrent, ce qui constitue un aspect essentiel de la politique de généralisation de la couverture sociale.

professionnelle, on dut la compléter par des dispositifs assurant une garantie de ressources aux personnes qui ne sont pas rattachées au travail. Pour ces personnes, les minima remplissent donc une fonction de garantie de base en permettant non un maintien relatif du revenu antérieur selon la logique des assurances socio-professionnelles, mais un certain niveau de ressources.

Diverses catégories, échappant à la couverture attachée au statut salarial, ont été identifiées et se sont vu affecter une prestation monétaire spécifique. Les personnes âgées n'ayant jamais cotisé ou dont les cotisations aux régimes vieillesse sont insuffisantes pour leur ouvrir des droits satisfaisants, ont bénéficié les premières du plus ancien de ces dispositifs, le « minimum vieillesse » : créé en 1941, plusieurs fois réformé depuis, il est aujourd'hui supporté par le Fonds de solidarité vieillesse et est servi par les caisses de retraite (77). Les handicapés, du fait de la loi du 30 juin 1975, bénéficient de l'allocation pour adulte handicapé (AAH) (78) qui constitue aussi, à défaut de tout revenu direct ou indirect, une garantie de ressources. Les personnes isolées en charge d'enfant et dont les revenus sont inexistants ou situés en deçà d'un certain plancher bénéficient enfin depuis 1976 de l'allocation de parent isolé (API). On a donc là trois prestations non contributives, à savoir non établies sur le versement de cotisations préalables, mises en œuvre pour assurer un minimum de sécurité économique à des personnes exclues du travail et non rattachées à un assuré social. Ce qui réunit cependant ces trois catégories, par delà leur hétérogénéité, c'est la légitimité de leur retrait du travail, soit du fait de l'âge, soit du fait d'incapacités physiques et/ou mentales, soit enfin du fait de la charge d'enfants.

2° Les garanties de ressources minimales pour les assurés sociaux et leurs ayants droit

465 La protection sociale de type assurantiel veut garantir, à côté des prestations en nature, un maintien relatif du revenu lorsque, définitivement ou temporairement, un assuré social n'exerce plus d'activité professionnelle : le vaste dispositif des retraites ou encore celui de l'assurance chômage ont été établis dans cette perspective. Mais notre système a introduit, certes marginalement (79) mais de façon significative, des prestations qui opèrent non comme une garantie du revenu antérieur mais comme une allocation de ressources minimales. La première, l'assurance invalidité, permet de verser à un assuré social reconnu incapable au travail une prestation constituant un minimum de survie. La seconde, l'assurance veuvage, a pour but d'assurer aussi un minimum de ressources au veuf et veuve d'un assuré social en charge d'enfants et qui ne dispose pas de revenus suffisants (80). On est donc en présence de minima de ressources assis sur des cotisations préalables liées à l'activité professionnelle d'un assuré social. Elles sont en quelque sorte des « doubles » des prestations non

(77) V. *supra*, n° 258 et s.

(78) V. *supra*, n° 352 et s.

(79) Les deux prestations de sécurité sociale concernées renvoient l'une, à l'assurance invalidité (environ 85 000 personnes) et l'autre, à l'allocation veuvage (environ 15 000 personnes) ; v. SESI, *Solidarité-santé*, n° 3, 1997.

(80) V. *supra*, n° 239 ; L'assurance veuvage, créée en 1980, a été récemment réformée par la loi de financement de la sécurité sociale pour 1999 (L. n° 98-1194, 23 décembre 1998, art. 38. ; *TSA*, n° 761, 1999, p. 7).

contributives : la pension d'invalidité concernant, à l'instar de l'AAH, un dispositif de garantie pour des inaptes au travail et l'allocation veuvage visant des personnes en charge d'enfants comme l'API. Leur légitimité est fondée aussi sur un retrait de l'activité professionnelle, soit pour cause d'incapacité, soit pour cause de charge de famille.

3° Les prestations de subsistance pour les exclus du travail

466 Tout autre est la logique qui prévaut dans les années 80. Non pas parce que les « minima » institués pendant cette période auraient une finalité différente des deux générations précédentes : il entendent aussi assurer des ressources minimales à des personnes qui sont sans revenus directs ou indirects. Mais ils s'en distinguent radicalement parce que, ne s'adressant pas à des catégories légitimement exclues de l'activité professionnelle du fait de leur incapacité (handicap et invalidité), de leur âge (personnes âgées) ou de la charge d'enfants (personnes isolées ou veufs), ils prennent en compte au contraire des individus aptes mais que le marché du travail rejette durablement en les laissant sans moyens de subsistance. Loin de correspondre à une volonté de consolidation d'un éloignement définitif ou provisoire mais légitime de l'activité professionnelle, ces nouveaux mécanismes s'inscrivent dans un tout autre contexte et en portent la marque : ils s'adressent à des populations théoriquement actives et en capacité de travailler mais qui soit n'ont que des activités épisodiques et faiblement rémunérées, soit sont désadaptées par rapport à l'offre de travail. Il en résulte pour ces personnes un décrochage durable dont le symptôme le plus manifeste est la situation de pauvreté globale. Il fallait donc infléchir la protection sociale en y introduisant des dispositifs fondés sur un constat d'insuffisance de ressources et sur une logique de dernier recours par l'établissement de planchers de revenus incompressibles. C'est d'abord sur le terrain de l'indemnisation du chômage que des innovations dans ce sens vont se révéler nécessaires ; le chômage de masse, concentrant ses effets sur les catégories les plus faibles et les moins qualifiées (jeunes, femmes, travailleurs âgés) produisit un allongement spectaculaire de la durée d'inactivité pour ces groupes, tout en créant des difficultés financières pour le régime d'assurance ; en 1984, en séparant le régime d'assurance du régime dit de « solidarité », on organisa ce dernier sur l'allocation de solidarité spécifique (81) qui n'était ni plus ni moins qu'un revenu minimum pour subvenir aux besoins des personnes ayant épuisé leurs droits à indemnisation ; de même, une allocation d'insertion avait préalablement été instituée (1979) pour diverses catégories de demandeurs d'emploi n'ayant jamais cotisé et se trouvant exclus du marché du travail. Face aux effets limités de ces deux premiers dispositifs puisque aucune amélioration de la conjoncture ne parvenait à résorber les conséquences des mutations économiques et sociales, fut créé en 1988 le RMI qui, minimum social lui aussi, a reçu mission de pallier toutes les lacunes des mécanismes antérieurs : sur son versant de garantie de ressources, il s'agit en effet d'une sorte de « prestation balai », dernier filet de protection destiné à couvrir toutes les personnes ne pouvant bénéficier des autres prestations (82).

---

(81) V. *supra*, n° 395 et s.
(82) V. *supra*, n° 445 et s.

On le voit, les minima sociaux occupent dans notre système de protection sociale des fonctions différenciées (83). Un premier groupe (qui comprend les minima les plus anciens) est ordonné à la protection de catégories qui, légitimement, sont considérées comme définitivement ou temporairement éloignées du marché du travail ; les montants de ces minima, bien que relativement bas, sont assez voisins et situés à environ deux tiers du SMIC (environ 3 500 F/mois). Un second groupe (qui comprend les minima plus récents se situant dans la mouvance de la protection contre le chômage) repose au contraire sur l'idée d'un nécessaire retour vers l'emploi de droit commun : le montant de ces minima en porte d'ailleurs la trace puisqu'il est inférieur à un demi-SMIC pour l'allocation de solidarité et l'allocation du RMI et encore plus faible pour l'allocation d'insertion (environ 1 690 F/mois) ; dans ce groupe, le RMI tient une place singulière : si le montant de l'allocation est aligné sur l'autre minimum de ce groupe qu'est l'allocation de solidarité, ce minimum se présente comme l'ultime mécanisme placé en aval de tous les autres tout en reposant sur une finalité d'insertion sociale et professionnelle.

C'est sur cette base qu'il faut apprécier le débat (réactualisé par le mouvement des chômeurs de l'hiver 97-98) relatif à une éventuelle réforme des minima sociaux.

B. LES MINIMA SOCIAUX EN DÉBAT

467 Même si les premiers « minima sociaux » poursuivaient au fond une finalité de minimum vital car institués soit pour des assurés sociaux légitimement mis à l'écart de l'activité professionnelle (pension d'invalidité et allocation veuvage), soit pour des incapables au travail (prestations non contributives de sécurité sociale), leur caractère catégoriel et leur légitimité par rapport à la contrainte d'activité les constituaient en dispositifs marginaux et complémentaires de la protection sociale de droit commun. Il n'en va pas de même avec les minima de subsistance que sont l'allocation d'insertion, l'allocation de solidarité spécifique et surtout le RMI : ils introduisent pour la première fois dans la politique sociale des mécanismes de solvabilisation globale, peu (ASS) ou pas du tout déterminés (RMI) selon une logique catégorielle, mais à l'inverse largement ouverts parce que ne reposant que sur un critère d'insuffisance de ressources ; surtout, ils s'adressent à des personnes théoriquement aptes au travail.

Or, le franchissement de ces seuils (prestations non spécialisées, à caractère universel pour le RMI et assurant une solvabilisation minimale pour des personnes aptes au travail) couplé à la persistance du chômage de masse et à l'exclusion qui en découle, devait inéluctablement conduire à une remise en cause des différences, notamment d'ordre financier, entre les prestations non contributives et les garanties de ressources pour les assurés sociaux et leurs ayants droit d'un côté, et les prestations de subsistance pour les exclus du travail de l'autre. C'est d'ailleurs pourquoi le vocable englobant de « minima sociaux », qui fait fi des différences juridiques et politiques héritées, s'est imposé. Une pression forte s'est fait sentir pour procéder à un alignement de ces minima, ce que les pouvoirs publics se refusent à faire en maintenant délibérément les dispositifs en cause dans leurs logiques antérieures.

(83) CERC-Association, *Les minima sociaux, vingt-cinq ans de transformation*, Les dossiers de CERC-Association, n° 2, 1997.

1° La poussée vers l'alignement des minima sociaux

468 Ce qu'il est convenu d'appeler le « mouvement des chômeurs et des exclus », lancé à l'hiver 97-98 et récurrent depuis, a ramené sur le devant de la scène politique les questions de fond relatives à l'exclusion sociale, aux problèmes des inégalités et de la justice et, partant, aux principes, aux finalités et à l'organisation du système de protection sociale. Le mouvement, enclenché à l'origine pour contester des réformes introduites par les institutions gérant l'assurance chômage en matière de répartition des fonds d'action sociale pour les chômeurs (« prime de Noël »), en vint rapidement à la mise en question des divers minima de ressources, en contestant le niveau de ceux de la seconde génération destinés à solvabiliser les « fins de droits » et les victimes du chômage de masse.

Outre la proposition resurgie, à l'occasion, visant à instituer un revenu minimum universel, la question de fond soulevée est celle d'une possible unification ou, à tout le moins, mise en cohérence de l'ensemble de ces minima de ressources aux logiques disparates. Le mouvement exprime trois types de revendications : un alignement de tous les minima sociaux sur ceux dont les montants sont les plus favorables ; un élargissement de certains d'entre eux, notamment du RMI, à des groupes nouveaux tels que les jeunes de moins de 25 ans de façon à faire face à des situations de grande précarité non prises en charge par les protections existantes ; enfin, une augmentation générale des minima pour remédier définitivement à la pauvreté (84).

Cet ensemble de demandes s'articule autour de plusieurs enjeux fondamentaux (85) : tout d'abord, convient-il ou non, par un alignement de tous les minima, de faire disparaître la distinction fortement structurante entre l'aide apportée à des personnes légitimement éloignées du travail et celle offerte à des personnes en capacité théorique de travailler ? Ensuite, et par voie de conséquence, convient-il d'abolir la distinction entre les droits articulés au travail et ceux construits sur un non-travail considéré comme légitime ? Enfin, en élargissant et en augmentant les minima, faut-il accepter une déconnexion entre le travail et le revenu, ce qui reviendrait à promouvoir un espace assistanciel très élargi du point de vue des bénéficiaires à côté du champ de la protection attachée au travail et ce qui ramènerait aux thématiques du revenu universel ou encore de l'impôt négatif ?

Toutes ces questions sont évidemment interdépendantes, et l'enjeu ultime, qui est considérable, est bien celui de l'éventuelle émergence d'une garantie universelle de ressources, déconnectée de toute activité et uniquement liée à la résidence sur le territoire national. En question subsidiaire se pose aussi, au travers notamment de la

(84) V. *Rev. Partage*, n° 120, février 1998 ; v. aussi P. Concialdi, Faut-il attendre la fin du chômage pour relever les minima sociaux ?, *Dr. soc.*, 1998, p. 252.

(85) Nous excluons volontairement de l'analyse le problème, lui aussi fondamental, de la représentation des chômeurs : le choix se situant entre une représentation autonome par rapport au syndicalisme salarié, ce qui renforce leur déconnexion du champ du travail, et une représentation par les organisations de salariés qui reste à construire concrètement : sur ce point, v. *Options* (journal des cadres de la CGT), n° 342, 1998 ; *TSA*, n° 680, 1998, p. 23. La question a été partiellement prise en compte par la loi n° 98-657 du 29 juillet 1998, puisqu'elle introduit (art. 2) une représentation des chômeurs au sein d'une nouvelle instance créée pour l'occasion, le Comité de liaison local ; ce comité, mis en place dans chaque département par le préfet et les organismes chargés du placement et de la formation des demandeurs d'emploi a pour mission d'améliorer l'information des chômeurs ainsi que l'accès à leurs droits ; il comprend notamment des demandeurs d'emploi représentant les organisations syndicales de salariés ainsi que des représentants d'organisations ayant spécifiquement pour objet la défense des intérêts ou l'insertion des personnes privées d'emploi (v. *C. trav.*, art. L. 353-3).

demande relative aux ressources minimales des jeunes, et au-delà du rapport entre travail et revenu, le problème du rôle des solidarités primaires, notamment familiales, par rapport aux responsabilités de la collectivité ; plus largement, convient-t-il de ne prendre en compte que des individus déliés pour lesquels les appartenances familiales sont totalement neutralisées, ou au contraire faut-il conserver les obligations attachées aux solidarités familiales ? (86)

2° Le maintien des logiques antérieures

469 La voie choisie par les pouvoirs publics, à la suite du rapport demandé à Mme Join-Lambert (87), a consisté à ne pas modifier fondamentalement le dispositif des minima sociaux, ni dans un sens d'alignement et d'augmentation systématique et généralisée, ni dans un sens d'élargissement vers les jeunes de moins de 25 ans.

Dans un premier temps, des mesures ponctuelles de revalorisation et d'indexation (allocation de solidarité spécifique) ou d'intéressement à la reprise d'une activité professionnelle ont été appliquées (allocation d'insertion). Mais le rapport indiquait explicitement qu'il y avait nécessité de débattre du maintien des minima sociaux dans leurs logiques antérieures ou au contraire de la mutation profonde que ne pouvaient manquer de susciter leur alignement et leur augmentation. Le problème était en fait renvoyé à la loi de lutte contre les exclusions, alors en discussion.

Le texte promulgué le 29 juillet 1998 a effectivement repris la question, dans le cadre d'un chapitre un peu hétéroclite intitulé « Moyens d'existence » (88) et a défini une solution qui emprunte deux directions. La première a résidé, suivant la voie ouverte empiriquement début 98 pour faire face au mécontentement des chômeurs, dans des mesures d'amélioration de prestations existantes : outre leur insaisissabilité et leur incessibilité (qui s'étend aussi à l'ensemble des prestations familiales et aux prestations de l'assurance maladie), la loi prévoit une indexation sur l'évolution des prix de l'ASS et de l'AI, ceci sans préjudice de mesures de rattrapage décidées fin 1998 pour l'ASS, l'AI et le RMI (89). Mais c'est la seconde direction empruntée qui est la plus significative car loin de procéder à une revalorisation et à un alignement de tous les minima sur les plus élevés, le texte les articule avec les mécanismes d'insertion vers l'emploi. Dans le premier chapitre de la loi (90), sont tout d'abord

(86) A. M. GILLES, *Le couple en droit social*, Economica, 1997.

(87) M. T. JOIN-LAMBERT, *Sur les problèmes soulevés par le mouvement des chômeurs en France fin 1997-début 1998*, La Doc. française, 1998 ; v. aussi *Rev. Partage*, n° 121, mars 1998, p. 3.

(88) L. n° 98-657, 29 juillet 1998, art. 127 et s, mod. *C. trav.*, art. L. 351-9 et s. Ce chapitre comporte en effet, outre les mesures d'insaisissabilité et d'incessibilité de minima sociaux (ASS et AI) et de prestations de sécurité sociale (prestations familiales et assurance maladie), des dispositions relatives à la garantie de fourniture d'eau et d'électricité (en aménageant les dispositions de la loi RMI sur ce point), à des aménagements des tarifs des services publics en fonction des revenus, à la PSD (montants plancher de PSD) et enfin créé le « chèque d'accompagnement personnalisé », dispositif permettant à des personnes en difficulté d'acquérir des biens ou des services contre des « chèques » distribués par les services sociaux : v. A. BASCHENIS, Le droit à des ressources minimales, *RDSS*, 1999, p. 375.

(89) Le Premier ministre a décidé, à compter du 1er janvier 1999 et avec effet rétroactif jusqu'au 1er janvier 1998, d'augmenter ces divers minima sociaux de 3 % pour rattraper l'érosion progressive de leur montant ces dernières années par rapport au coût de la vie. Il reste qu'ils se situent aux alentours de 2 500 F/mois pour l'ASS et le RMI, et à 1 764 F/mois pour l'AI.

(90) Dans le titre premier du texte « L'accès aux droits », il s'agit du chapitre 1er intitulé « L'accès à l'emploi » ; L. n° 98-657, 29 juillet 1998, art. 3 et s. ; v. N. HANTALI, Le volet emploi du la loi du 29 juillet 1998, *RDSS*, 1999, p. 325.

prévues des modalités d'accès privilégié, pour les titulaires de minima sociaux, aux divers dispositifs d'insertion vers l'emploi (CES, CEC, ou encore les stages de formation, SAE et SIFE) ; dans le même sens, l'État peut favoriser l'embauche des bénéficiaires de minima sociaux en passant avec les employeurs des conventions organisant des actions d'orientation ou de validation des acquis ; de même l'accès à l'aide aux chômeurs créateurs ou repreneurs d'entreprises (ACCRE) est facilité pour ces mêmes personnes (91). Ensuite le texte réorganise et systématise les mesures dites « d'intéressement » qui permettent de cumuler pendant un temps une prestation sociale et les revenus d'une activité (92) ; cela a bien évidemment pour finalité d'éviter une régression brutale du revenu au moment de la reprise d'une activité, avec les effets de « désincitation » que cela génère.

Cette stratégie législative, on le voit, ne répond que très imparfaitement aux attentes des bénéficiaires de minima sociaux. Disons-le même nettement : elle est totalement décalée par rapport à la demande d'alignement et de revalorisation des minima sociaux. C'est que l'on se situe dans une logique de refus de déconnexion entre activité et revenu : loin d'envisager les minima comme une solution à l'exclusion, en les considérant comme un moyen autonome de solvabilisation susceptible de constituer une solution durable établie au nom du droit de chacun d'obtenir ses moyens d'existence de la collectivité, la législation les construit comme de simples palliatifs devant permettre une survie en attendant une sortie, la plus rapide possible, vers l'emploi. Dans cette perspective, il convient alors, certes avec aménagements, de conserver la différence de nature entre des prestations catégorielles destinées à des personnes légitimement en retrait du travail, du fait de l'âge, du handicap ou de la charge d'enfants, et les allocations de subsistance prévues pour des personnes aptes au travail et considérées par là même comme devant se réinsérer dans l'emploi.

Si telle est bien, pour l'heure, la réponse des pouvoirs publics, il n'en reste pas moins que des questions de fond ont été ouvertes : dans l'hypothèse, retenue donc pour l'instant, où le lien entre travail et revenu n'est pas remis en cause, il convient de réenvisager la place des minima sociaux organisés pour les personnes aptes à travailler, leur montant et leur financement, afin d'éviter la dérive constatée qui fait supporter chichement par l'assistance des aléas liés en fait à de « nouveaux risques » imputables aux évolutions de l'économie (travail précaire, temps partiel, obsolescence rapide des compétences et des qualifications) ; dans cette logique, il faudrait répartir de façon nouvelle entre l'assistance, les systèmes de formation et de qualification et les entreprises elles-mêmes (*via* l'assurance chômage) la charge des effets sociaux des mutations économiques ; selon le principe, jusqu'ici central dans notre protection sociale, que c'est le travail qui doit prendre en charge le hors-travail au travers du salaire socialisé que sont les cotisations sociales, il importe de redéfinir les limites de ce « hors-travail » en stoppant cette dérive, parfois présentée comme inéluctable, qui voudrait que tous les coûts sociaux imputables aux évolutions du système de production soit externalisés et tombent à la charge de la collectivité (93).

Si cette voie consistant à repenser la répartition de la charge de risques sociaux liés aux mutations de la production et du travail était impraticable, et si les arrangements

(91) Sur ces points, v. *supra*, n° 432.

(92) L. n° 98-657, 29 juillet 1998, art. 9 ; D. n° 98-1070, 27 novembre 1998.

(93) V. *supra*, n° 83 ; v. aussi B. Friot, Le régime de la contrepartie dans la logique salariale, *RFAS*, n° 3, 1996, p. 65 ; *Puissances du salariat, emploi et protection sociale à la française*, 1998, La Dispute.

issus de la loi du 29 juillet 1998 qui parient sur une possible insertion des exclus dans l'emploi se révèlent à terme inefficaces, reste toujours en arrière-fond la proposition radicale du « revenu minimum universel ».

470 **Bibliographie**. V. n° 460 ; *adde* D. BÉLAND, R. A. HANSEN, La question de la citoyenneté sociale au Royaume-Uni : vers une réflexion européenne ?, *Dr. soc.*, 1998, p. 918 ; B. BRUNHES, L'Europe de l'emploi : réflexions sur les cas de la Grande-Bretagne et des Pays-Bas, *Dr. soc.*, 1999, p. 655 ; Y. CHASSARD, Assistance sociale et emploi : les leçons de l'expérience britannique, *Dr. soc.*, 1998, p. 269 ; CSERC, *Minima sociaux, entre protection et insertion*, 1997, La Doc. française ; DIVERS, Les revenus sociaux, *Solid. Santé*, n° 3, 1997 ; Éclairages sur les minima sociaux, *Recherches et prévisions* (n° spécial), n° 50-51, 1997-1998 ; M. DOLLÉ, Minima sociaux, plus de cohérence pour plus de justice ?, *Dr. soc.*, 1998, p. 257 ; J. J. DUPEYROUX, Après la révolte des chômeurs, *Dr. soc.*, 1998, p. 254 ; B. EME, J. L. LAVILLE, L'intégration sociale entre conditionnalité et inconditionnalité, *RFAS*, 1996, n° 3, p. 27 ; B. ENJOLRAS, Fondements de la contrepartie et régimes de l'État-Providence, *RFAS*, 1996, n° 3, p. 55 ; B. FRAGONARD, La lutte contre la pauvreté et l'exclusion : les minima sociaux, *Échanges Santé*, 1993, n° 69 ; B. FRIOT, Le régime de la contrepartie dans la logique salariale, *RFAS*, n° 3, 1996, p. 65 ; R. HOLCMAN, Le régime d'incapacité au travail aux Pays-Bas. Quels enseignements en tirer ?, *RFAS*, n° 3, 1998, p. 173 ; G. LATTÈS, La protection sociale : entre partage des risques et partage des revenus, *Écon. et stat.*, 1996, n° 291-292, p. 13.

§ 2. LES CONTROVERSES AUTOUR DU REVENU MINIMUM UNIVERSEL

471 Avec l'institution du RMI, le système de protection sociale inaugure une logique jusque là inédite : une allocation universelle, fondée uniquement sur une insuffisance de ressources, vient solvabiliser toute personne ou ménage dont les revenus sont inférieurs à un plancher prédéfini ; mais il ne s'agit encore — du fait de sa place de simple complément et d'ultime protection, sans parler de son montant et du volet « insertion » qui lui est attaché —, que d'un compromis entre logiques contradictoires. Or, la revendication d'un alignement et d'une augmentation de tous les minima de ressources, y compris de l'allocation du RMI, avec sa potentielle ouverture à des populations plus jeunes, revient de fait à instituer un revenu universel garanti à toute personne en deçà d'un certain niveau de ressources, quelles qu'en soient les raisons. C'est pourquoi, comme en 1988, le débat se déplace à nouveau sur le terrain de « l'allocation universelle », encore dénommée « revenu de citoyenneté » ou « allocation inconditionnelle ». Aussi convient-il, en ce domaine passablement complexe, de démêler ce qui relève des débats de principe quant à l'institution d'un tel dispositif et ce qui concerne les diverses conceptions relatives à ce type de mécanisme.

A. LE PRINCIPE DU REVENU MINIMUM UNIVERSEL

472 Jusqu'à la seconde guerre mondiale, l'idée même de la création d'un revenu garanti pour tous les membres de la société apparaît comme une utopie, notamment dans sa version radicale de minimum garanti pour tous, de la naissance à la mort, indépendamment de tout travail (94). Avec le plein-emploi et l'avènement subséquent des assuran-

(94) S. MILANO, *Le revenu minimum garanti,* 1989, PUF.

ces sociales, la question se dissipe pour renaître dans les années 70 avec la crise économique et financière qui s'ouvre et surtout dans les années 80 (95) avec l'émergence du phénomène d'exclusion sociale (96). Il convient tout d'abord d'envisager les divers fondements de cette idée pour, en second lieu, décrire les différentes perspectives qui s'ouvrent.

1° Les fondements

473 **a) La pluralité des justifications** — La proposition d'instituer un revenu minimum universel est intimement liée, on le sait, au contexte de crise que notre société traverse à partir des années 1975-80. Elle doit donc tout d'abord être comprise comme une réponse aux difficultés que rencontre la protection sociale mais aussi, plus largement, l'ensemble des institutions collectives qui structurent l'existence de chacun et organisent les solidarités entre tous.

Ainsi, cette idée est en premier lieu avancée comme une alternative globale à l'inefficacité des dispositifs de protection et de prise en charge des groupes et des individus. La protection sociale héritée du développement de la société salariale et de la période du plein-emploi apparaît non seulement complexe et coûteuse, mais elle ne parvient pas à protéger toute une partie, importante, de la population. Coûteuse, complexe et opaque, elle ne parvient pas, surtout, à atteindre les finalités qui sont les siennes. C'est bien d'ailleurs en se situant sur ce versant critique des politiques sociales que les libéraux s'emparent de l'idée de revenu garanti et la présentent dans les années 70-80 sous la forme de « l'impôt négatif » (97). Le revenu minimum garanti serait donc une solution à la crise de la protection sociale, en substituant aux dispositifs existants considérés comme inopérants un mécanisme unique de solvabilisation des individus.

Le revenu universel s'inscrit également dans une analyse des évolutions de la production économique et du travail qui met en évidence la diminution supposée de la quantité de travail nécessaire pour produire une masse de richesses qui est en revanche en augmentation. Du fait des innovations technologiques et de l'accroissement de la productivité du travail, on irait donc vers un allégement constant des activités contraintes par la production collective et vers une augmentation corrélative du « temps libéré » pour des activités personnelles et/ou collectives non directement productives. Aussi, la « disparition » progressive du travail, plutôt que de générer l'exclusion de certains pour assurer l'emploi des autres, pourrait permettre d'étaler les activités productives sur tous, notamment en assurant à chacun une garantie de ressources totalement déconnectées de son inscription dans les secteurs productifs.

Enfin, l'idée de revenu garanti est fortement liée au sentiment d'injustice qui apparaît au spectacle d'individus ou de groupes dont le niveau de revenus est si faible qu'ils

(95) Plusieurs rapports ont fait état, à l'époque, de la montée alarmante de la grande pauvreté : v. notamment H. PÉQUIGNOT, *La lutte contre la pauvreté*, Cons. écon. et soc., 1979 ; G. OHEIX, *Contre la peuvreté et la précarité, 60 propositions* (ronéo), 1981 ; J. WRESINSKI, *Grande pauvreté et précarité économique et sociale*, Cons. écon. et soc., 1987.

(96) S. PAUGAM, *La disqualification sociale, essai sur la nouvelle pauvreté*, p. 49 et s., 1991, PUF ; R. CASTEL, De l'exclusion comme état à la vulnérabilité comme processus, *in* J. Affichard, J. B. de FOUCAULD (Dir.), *Justice sociale et inégalités*, p. 135, 1992, Éd. Esprit.

(97) L. STOLERU, *Vaincre la pauvreté dans les pays riches*, Flammarion, 1997 ; pour une lecture critique, v. X. GREFFE, *L'impôt négatif, nouvelle stratégie de la politique sociale*, 1978, Dunod.

ne peuvent accéder aux biens et aux services de première nécessité comme l'alimentation, le logement et les soins médicaux. La dignité de la personne humaine (98) et plus largement les droits de l'homme sont alors invoqués, ce qui conduit, ainsi que l'attestent d'ailleurs les revendications du mouvement des chômeurs et des précaires, à réclamer l'institution d'un dispositif global et universel de solvabilisation des personnes qui soit situé au dessus du seuil de pauvreté.

474 **b) La diversité des conceptions** — Évidemment, selon les courants idéologiques auxquels on appartient, la prise en compte de ces divers niveaux d'analyse et leur contenu varient pour composer, à l'égard du revenu universel, un prisme d'opinions dont il faut bien reconnaître qu'elles sont, au final, plutôt défavorables, en tous cas aux versions les plus radicales.

Pour l'opinion politique libérale-conservatrice, il convient de voir dans la société un ensemble d'individus libres et responsables qui doivent subvenir eux-mêmes à leurs besoins et contribuer ainsi à la prospérité générale ; dans cette perspective, le pauvre ne peut être considéré que comme responsable de sa situation, sauf s'il souffre d'affections ou de handicaps limitant ses capacités ; le fait de reconnaître un tel droit à ceux qui, capables de subvenir à leurs besoins, ne le font pas, ne peut donc avoir que deux effets également néfastes : inciter le pauvre à se complaire dans une situation d'assisté, ce qui le ravale au rang d'individu de seconde zone et nie sa liberté et sa responsabilité ; et entraver gravement le fonctionnement global de la société en décourageant les membres actifs, en alourdissant les coûts d'organisation et en portant atteinte aux principes de liberté et de responsabilité par la nécessaire croissance des prélèvements et des contrôles publics. Sur ce fond d'hostilité de principe à tout mécanisme universel de solvabilisation sans contrepartie, les libéraux vont néanmoins se convertir à certains types de transferts en direction des populations marginalisées, à condition que cela constitue un dispositif transitoire facilitant un retour rapide des bénéficiaires au statut de membre intégré dans l'espace de la production ; notamment et nous l'avons évoqué, ils vont prôner, dans les années 70, « l'impôt négatif » qui se présente comme une technique fiscale permettant de verser aux individus ou ménages situés au-dessous d'un certain seuil de revenus une allocation ramenant leurs ressources à ce seuil ; plus récemment, s'ils se convertissent à l'idée de revenu garanti, c'est dans une version minimaliste qui ne le constitue qu'en mesure palliative et provisoire liée à des mécanismes de contraintes pour forcer à la reprise d'une activité (99).

L'opinion de gauche est, elle aussi, longtemps hostile au revenu minimum (100). Voyant dans la société libérale un système de domination entre classes sociales et dans la pauvreté une conséquence de cette domination, les partis de gauche considèrent traditionnellement le pauvre comme la victime d'un ordre social injuste ; il convient alors de réformer voire de changer la société par des réformes de structures dans l'espace de la production, de la formation, de la consommation ; tout mécanisme d'allocation, surtout « minimum », ne peut apparaître que comme un palliatif destiné à masquer les responsabilités du système économique dans la production de la pauvreté. Si la gauche, notamment en France, se convertit à l'idée de revenu garanti, c'est

(98) M. L. PAVIA, T. REVET (Dir.), *La dignité de la personne humaine*, 1999, Economica.
(99) C'est cette logique que l'on a englobé sous la dénomination de « Workfare » ; v. S. MOREL, La contrepartie dans la protection sociale américaine, *RFAS*, n° 4, 1996, p. 61.
(100) J. M. BELORGEY, *La gauche et les pauvres*, p. 19 et s., 1988, Syros.

nous l'avons constaté, dans une version très atténuée qui n'en fait aussi qu'un pis-aller, simple moyen pour se réinsérer.

A ces deux représentations dominantes s'ajoute une conception plus marginale qui s'enracine dans les vieilles utopies du « minimum social garanti » tout en les réactualisant compte tenu du chômage massif qui affecte durablement le pays. La pauvreté est présentée comme le signe de la faillite du système économique et social tout entier qui fait du travail salarié la seule source du revenu et le seul fondement de l'identité individuelle. La société n'étant plus en mesure de fournir du travail à tous, un clivage s'introduit entre les « productifs » et les « inemployables », société « duale » dans laquelle s'opère une ségrégation de fait entre ceux qui sont dotés d'un statut social et une masse de citoyens de seconde zone dont les pauvres sont en quelque sorte le prototype. La solution passe alors non par l'institution d'une allocation *a minima*, mais par une redistribution des richesses sociales : ceci en aménageant un revenu de citoyenneté indépendant de toute activité, en promouvant de nouvelles activités collectives, en partageant le travail disponible et en libérant chacun le plus possible des contraintes que celui-ci impose.

Ces divers courants, favorables, hostiles ou plus récemment prudents par rapport au revenu garanti, vont en fait évoluer sous la pression des événements pour proposer des montages qui ont en commun d'admettre une redistribution de ce type en faveur des populations marginalisées, mais dans des arrangements très différents où l'on retrouve les partages idéologiques originaires.

2° Les perspectives

475 Selon quels principes peut-on penser le revenu garanti ? Partant de leur matrice idéologique, chacune des familles de pensée a pu évoluer pour accepter, sous la pression des nécessités, un revenu garanti, mais dans des configurations où se lisent les conceptions de départ. Les libéraux, *a priori* hostiles, ont accepté l'idée d'un mécanisme ultime de protection à condition qu'il ne soit qu'un palliatif temporaire et ne « désincite » pas au travail ; la gauche de gouvernement tente de concilier, dans son acceptation, la nécessaire redistribution au nom de la justice sociale et des droits de l'homme tout en évitant un enfermement dans l'assistance : cela dans des stratégies qui allient politiques de retour à l'emploi (action sur les structures) et renforcement des protections (politiques de protection et d'insertion sociale) ; une gauche « libertaire » ou « radicale », reprenant les traditions utopiques du revenu inconditionnel, parie au contraire sur un recul définitif du travail et propose d'aménager une redistribution déconnectant le revenu et l'activité professionnelle (101).

Les propositions les plus radicales s'avancent sous les formes de « l'allocation universelle » (102) ou encore du « revenu d'existence » (103). Il s'agit, par delà les différences de leur substrat théorique, d'assurer un socle à l'ensemble des revenus par le versement, à toute personne et dès sa naissance, d'une allocation inconditionnelle

(101) T. Coutrot, Après le rapport Join-Lambert, le débat continue, *Dr. soc.*, 1998, p. 388.

(102) J. M. Ferry, *L'allocation universelle, pour un revenu de citoyenneté*, Éd. du Cerf, 1995 ; P. Van Parijs, *Sauver la solidarité*, 1995, Éd. du Cerf ; A. Caillé, Note sur le revenu inconditionnel garanti, *La Revue du MAUSS*, n° 7, 1996.

(103) Y. Bresson, Garantir le revenu, *Transversales*, Doc. n° 3, 1992, p. 129 ; Le revenu d'existence, réponse aux objections, *La Revue du MAUSS*, n° 7, 1996, p. 107.

qui soit entièrement déconnectée de tout travail ou même activité. Les promoteurs de ces propositions mettent en avant le fait que ces dispositifs, non seulement éviteraient les effets pervers et les limites des politiques de redistribution existantes, mais surtout renverseraient les logiques à l'œuvre en instaurant un véritable « droit au travail » : en effet, assurant un revenu de base, indépendamment de la situation familiale et de l'inscription dans une quelconque activité contrainte, de tels transferts aboutiraient à refondre les liens entre distribution du travail et distribution du revenu dans le sens d'une liberté la plus grande totale pour les individus.

Les propositions réformistes de « revenu garanti » se situent largement en deçà de l'allocation universelle ou du revenu d'existence. Elles peuvent certes leur ressembler lorsqu'elles résident dans le versement d'un revenu pour toute personne en deçà d'un certain niveau de ressources... Mais l'abandon de l'universalité absolue au profit d'un ciblage, même large, change tout : un tel dispositif ne peut revêtir qu'un caractère subsidiaire en maintenant le principe de revenus attachés au travail et à ses dérivés. La distance entre allocation universelle et revenu garanti s'accroît encore lorsqu'au ciblage on ajoute une certaine conditionnalité, comme l'obligation d'insertion et à plus forte raison la contrainte d'activité.

Fondamentalement, c'est bien le partage entre « allocation universelle » et « revenu d'existence » d'un côté, et « revenu garanti » de l'autre qui commande ensuite les grands principes d'aménagement du revenu minimum.

B. LES AMÉNAGEMENTS DU REVENU MINIMUM UNIVERSEL

476 Sur ces bases générales, diverses solutions peuvent être envisagées pour aménager un revenu minimum universel. Deux choix fondamentaux commandent en la matière, et ils ne se superposent pas exactement : une première alternative réside dans le choix entre le « revenu substitutif » et le « revenu complétif » (104) ; une seconde série de possibilités s'ouvrent selon que l'on introduit ou non une conditionnalité au revenu garanti (105).

1° La distinction revenu substitutif/revenu complétif

477 L'établissement d'un revenu garanti doit se penser tout d'abord par rapport à la protection sociale existante, ce choix revêtant une portée décisive : soit on entend lui faire jouer un rôle de substitut à l'ensemble des prestations d'indemnisation ou de solvabilisation en vigueur, soit on le conçoit comme un complément destiné à en pallier les insuffisances.

L'idée de « revenu substitutif » correspond essentiellement aux conceptions les plus radicales aboutissant aux projets de « revenu universel ». Dans cette première version, il se présente comme une allocation versée à toute personne, sans condition de ressources et sans limitation de durée, de façon à assurer un niveau de vie suffisant

(104) H. Guery, *Les perspectives du revenu minimum*, p. 17 et s., 1992, Éd. TSA.
(105) A. Caillé et A. Insel, Note sur le revenu minimum inconditionnel, *Revue du MAUSS*, 1996, p. 159 et s.

pour permettre à chacun d'arbitrer librement entre travail rémunéré ou toute autre activité. La caractéristique de ce modèle est qu'il opère un double décrochage : décrochage entre revenu et travail, en profilant dans sa version idéale une société du « temps libéré » et des « activités autonomes » (106) et en permettant aux travailleurs, puisque la contrainte du travail a disparu, de peser efficacement sur les conditions d'embauche et de rémunération ; et décrochage par rapport au système de protection sociale dans la mesure où « l'allocation universelle » supprime la plupart des transferts monétaires de redistribution actuels. Mais l'idée de « revenu substitutif » peut aussi s'incarner dans « l'impôt négatif » des libéraux qui se propose, en éliminant tous les autres transferts sociaux, d'assurer un minimum de ressources aux individus. La différence tient ici à ce qu'il s'agit d'un « minimum », calculé au plus juste pour assurer la survie et obliger ainsi à un retour vers l'emploi ; « l'impôt négatif » est conçu, contrairement à l'allocation inconditionnelle, pour conforter la contrainte de l'emploi tout en permettant de libéraliser le marché du travail : l'existence du revenu garanti autorisant une suppression de toutes les entraves (réglementations et protections) à l'utilisation des travailleurs aux strictes conditions du marché.

Le « revenu complétif » se présente au contraire comme un instrument complémentaire, tant par rapport à l'activité salariée que par rapport à la protection sociale de droit commun, visant à faire face aux évolutions de l'économie et à leurs conséquences sociales. Il se présente, selon les finalités que l'on veut lui attribuer, comme un *continuum* de montages pratiques. A une extrémité, proche du revenu universel, il peut être conçu comme une allocation universelle complétive venant s'ajouter aux revenus de toute personne dont les ressources sont situées en deçà d'un plancher : à condition de fixer ce dernier à un niveau élevé pour permettre une insertion normale dans le mode de vie commun, il opère alors comme un dispositif ouvrant lui aussi à un choix véritable entre travail salarié et autres activités et comme un instrument de pression sur l'économie pour une amélioration généralisée des conditions d'emploi. A l'autre extrémité, il se propose aussi de compléter les revenus, mais ici de façon à les ramener à un niveau permettant la subsistance : il importe de ne pas « désinciter » les travailleurs à accepter des emplois, dont on pense par ailleurs qu'ils doivent être, sous les contraintes des évolutions économiques, de plus en plus flexibles et au plus proches du coût du travail tel que l'établirait un marché véritablement libre ; à défaut d'une suppression du salaire minimum (SMIC), une telle allocation complétive permettrait une baisse des cotisations et un transfert de la protection sociale vers la fiscalité (pour les plus défavorisés) et vers le marché (pour les autres) (107).

Entre ces deux pôles, l'idée de revenu garanti complétif peut donc osciller selon qu'il se présente plutôt comme un mécanisme adaptatif, en direction des plus pauvres, pour gérer les conséquences des évolution inéluctables de l'économie et, au-delà, de la protection sociale (version libérale-conservatrice) ou se propose plutôt de modifier

(106) Y. Bresson, *L'après-salariat*, 1984, Economica ; *Réconcilier l'économique et le social*, Chotard Éd., 1986 ; Collectif Charles Fourier, L'allocation universelle, une idée pour vivre autrement, *La revue nouvelle*, n° 4, 1985, p. 5 ; P. Van Parijs, *Qu'est-ce qu'une société juste ?*, 1992, Seuil ; L'allocation universelle contre le chômage, de la trappe au socle, *RFAS*, 1996, p. 111 ; A. Gorz, *Métamorphose du travail, quête du sens*, 1989, Éd. Galilée ; J. M. Ferry, *L'allocation universelle*, 1995, Éd. du Cerf ; C. Leleux, *Travail ou revenu ? Pour un revenu inconditionnel*, 1998, Éd. du Cerf.

(107) M. Dollé, Créons une allocation dégressive selon les revenus du foyer, *in* Quelle réforme pour les minima sociaux ?, *Liais. soc. Mensuel*, n° 3, 1998 ; Minima sociaux, plus de cohérence pour plus de justice, *Dr. soc.*, 1998, p. 255.

fortement les principes de distribution du revenu national (version libertaire ou d'extrême gauche).

2° La distinction revenu conditionnel/revenu inconditionnel

478 L'autre choix décisif en matière de revenu minimum, qui est commandé par l'alternative précédente mais qui ne la recouvre pas exactement, réside dans le degré de conditionnalité introduit dans le dispositif.

Dans la version de l'allocation universelle, le caractère inconditionnel de la redistribution est fortement revendiqué : il s'agit de verser à chaque citoyen, du seul fait de son appartenance à la société et sans condition de ressources ni contrepartie, une allocation de base de la naissance à la mort. Dans sa perspective idéale, la finalité est double : l'inconditionnalité totale et l'universalité subséquente du dispositif font disparaître les clivages et catégorisations de la protection sociale en homogénéisant la situation de l'ensemble des citoyens face aux redistributions collectives ; elles mettent chacun à l'abri des besoins fondamentaux de l'existence et permettent alors un arbitrage de chaque individu entre les diverses activités auxquelles il entend consacrer son temps et son énergie, notamment à l'égard du travail rémunéré. Mais ce dernier avantage attendu dépend évidemment du niveau de l'allocation (108) : selon ce dernier, la garantie d'accès aux biens et services fondamentaux est plus ou moins assurée (la configuration des ménages ayant alors sur ce point un effet très important) et les possibilités de choix en matière de travail salarié sont plus ou moins réelles ; sans parler des effets différenciés, déjà exposés, sur le marché du travail et le niveau de rémunération selon que l'allocation est à haut ou bas niveau.

Tout autre est le choix en faveur de la conditionnalité de la prestation. Cela peut prendre deux formes distinctes et potentiellement cumulables. Les conditions peuvent tenir aux caractéristiques des bénéficiaires (ciblage sur des catégories définies en considération de l'âge, de la situation par rapport à l'emploi...) ou encore à un niveau de ressources ; c'est là la voie classique de la protection sociale d'essence catégorielle ainsi, d'ailleurs, que des revenus minimum existants qui « s'universalisent » dans la mesure où ils se réfèrent à un niveau de ressources tout en délimitant une population bénéficiaire. Mais on peut aussi y ajouter une condition de contrepartie (109), soit faible (obligation de « chercher un emploi » dans l'assurance chômage classique ou obligation de contracter en matière d'itinéraire d'insertion dans le RMI), soit plus forte lorsqu'on entend contraindre les bénéficiaires à s'engager dans une activité (formation, activité dite d'insertion) ou, au-delà, dans un travail (suspension de l'allocation à terme en cas de refus d'emplois proposés).

En pratique, c'est une voie moyenne que l'on tente d'esquisser et ce, depuis l'institution du RMI qui en est une sorte de préfiguration (110). En effet, celui-ci fonctionne bien comme un revenu complétif par rapport à la protection sociale puisque, loin de s'y substituer, il constitue en réalité un mécanisme complémentaire palliant

(108) Les propositions de Y. Bresson et de l'Association pour l'instauration d'un revenu minimum l'établissent à environ 1 600 F/mois ; P. Van Parijs en évalue le montant à 1 500 F/mois et J. M. Ferry défend l'idée d'une allocation de 300 F/mois.

(109) Divers, La contrepartie : entre droits et créances, *RFAS*, n° 3, 1996.

(110) R. Lafore, Les trois défis du RMI, *AJDA*, 1989, p. 563.

les limites des mécanismes de droit commun à l'égard desquels il est subsidiaire (111). De plus, la conditionnalité y est présente, d'une part du fait du ciblage de la prestation, même si elle ne se construit plus qu'en considération du seul niveau de ressources, et d'autre part avec l'introduction de l'insertion. En effet, loin de se réduire à un transfert monétaire laissant la charge adaptative reposer sur le bénéficiaire et/ou le marché, il est articulé, dans son épure théorique, à la thématique d'insertion qui ne peut se réduire à une logique de contrepartie parce qu'elle devrait comporter deux séries de conséquences : bien sûr, l'engagement de l'allocataire dans une dynamique d'insertion par la restauration de ses liens sociaux et la requalification de ses compétences professionnelles ; mais aussi, l'adaptation, sous l'impulsion de la collectivité, des divers espaces que sont le marché du travail (politiques d'accès à l'emploi), la formation (politiques de requalification), les structures économiques (intervention sur le temps et les conditions de travail, création et soutien d'activités diverses, adaptation des réglementations...) et plus largement l'ensemble des domaines influant sur les modes de vie et l'intégration sociale (logement et habitat, soins, éducation...). C'est bien pourquoi, et depuis l'institution du RMI, un droit de l'insertion tente de construire, en parallèle aux divers transferts monétaires, des programmes publics de lutte contre l'exclusion dont on attend à la fois des effets individualisés (l'insertion des « exclus ») et aussi, bien que de façon moins lisible, des adaptations structurelles pour protéger la cohésion de la collectivité. C'est cette logique qui, à la suite de débats et de projets avortés, a conduit à l'adoption de la loi du 29 juillet 1998 relative à la lutte contre les exclusions.

479 **Bibliographie**. V. n° 442 ; *adde* C. ARNSPERGER, Le lien travail-revenu, problème d'interprétation, *Projet*, n° 259, 1999, p. 77 ; A. BASCHENIS, Le droit à des ressources minimales, *RDSS*, 1999, p. 375 ; Le droit au travail face à la revendication d'une allocation universelle, *Dr. ouvrier*, 1999, p. 148 ; C. EUZEBY, Le revenu minimum garanti, une formule en gestation, *Dr. soc.*, 1988, p. 262 ; *Le revenu minimum garanti*, 1991, La Découverte ; B. GAZIER, Fondements de la protection sociale et revenu minimum garanti, *RFAS*, n° 4, 1988, p. 7 ; A. GORZ, Qui ne travaille pas mangera quand même, *Futuribles*, juillet-août 1986, p. 56 ; H. GUITTON, Revenu d'existence et revenu d'activité, *Futuribles*, septembre 1988, p. 43 ; P. KOSONEN, Activation, incitations au travail et workfare dans quatre pays scandinaves, *Travail et emploi*, n° 79, 2/99, p. 1 ; J. P. LABORDE, Le revenu social garanti est-il un droit ?, *Projet*, n° 208, 1987, p. 23 ; E. MAUREL, Revenu minimum, les termes du débat, *Éco-Humanisme*, 1988, n° 301, p. 61 ; S. MILANO, Du nord au sud : la question du revenu minimum en Europe, *RFAS* (n° hors série), novembre 1989.

SECTION III — LES PROGRAMMES DE LUTTE CONTRE LES EXCLUSIONS

480 Le RMI, outre le débat qu'il a ouvert quant à l'opportunité d'instituer un revenu minimum garanti, est le premier dispositif qui lie une prestation monétaire à un dispositif d'insertion, c'est-à-dire à un ensemble de prestations matérielles dont la finalité est de permettre à chacun de ses bénéficiaires de retrouver une place dans le fonctionnement social. A l'origine, il prévoyait d'ailleurs que les diverses

(111) Cette subsidiarité est évidemment théorique : l'institution du RMI ayant permis en fait un affaiblissement de la protection de droit commun, notamment en matière d'assurance chômage.

politiques publiques d'accès aux soins et au logement soient réformées dans ce sens, ce qui fut fait d'une part avec l'adoption de la loi relative au logement des personnes défavorisées (« loi Besson » du 30 mai 1990) (112), d'autre part avec la réforme de l'aide médicale (loi du 29 juillet 1992) (113). Mais, que ce soit sa conséquence directe ou au contraire l'effet de sa relative inefficacité sur son versant d'insertion sociale et surtout professionnelle (114), une nouvelle logique s'est imposée à partir de 1995 : la lutte contre les exclusions *via* l'élaboration de politiques d'insertion.

Logique qui repose à la fois sur une nouvelle représentation de la politique sociale (§ 1) et sur l'établissement d'un nouveau cadre juridique global : le « droit de l'insertion » (§ 2).

481 **Bibliographie**. V. nº 460, 479, 481 ; *adde* L. DANALIS, La loi d'orientation sur les exclusions, *Regards sur l'actualité*, nº 245, 1998, p. 35 ; DIVERS, La lutte contre les exclusions, *Échanges santé-social*, nº 92, 1998 ; *Le programme et la loi de prévention et de lutte contre les exclusions* (Min. emploi et solid.), JO, 1999 ; Les institutions face au débordement du social, *Informations sociales*, nº 76 (nº spécial), 1999 ; C. GIVERDON, Loi nº 98-657 du 29 juillet 1998 d'orientation relative à la lutte contre les exclusions, *Administrer*, nº 307, 1999, p. 27 ; R. LAFORE, Services publics sociaux et cohésion sociale, p. 369, *in* S. DECRETON (Dir.), *Service public et lien social*, 1999, L'Harmattan ; Les nouvelles modalités de régulation juridique, l'exemple des politiques d'insertion, *in* P. AUVERGNON, P. MARTIN et *alii* (Dir.), *L'État à l'épreuve du social*, 1998, Éd. Syllepse ; J. LE GARREC, A. CACHEUX, V. NEIERTZ, *Contre l'exclusion : une loi, 43 mesures concrètes*, Rapport d'information AN, nº 1062, 1998 ; F. MONÉGER (Dir.), La lutte contre les exclusions, *RDSS*, nº 2, 1999 ; O. PUJOLAR, Présentation générale de la loi d'orientation du 29 juillet 1998, *RDSS*, 1999, p. 255 ; P. Y. VERKINDT, Un autre regard sur l'exclusion, *Dr. soc.*, 1999, p. 211.

§ 1. UNE REPRÉSENTATION NOUVELLE DE LA POLITIQUE SOCIALE : EXCLUSION ET INSERTION

482 Le couple « exclusion-insertion » s'est peu à peu imposé, dans les représentations fondatrices des interventions sociales, en substitution de vocables antérieurs tels que ceux d'indigence et de pauvreté pour les plus anciens, ou encore d'inadaptations et de handicaps sociaux pour les années 70. Cette évolution dans le vocabulaire n'est pas innocente ou fortuite ; elle manifeste des changements dans les problèmes affrontés et, de là, des inflexions dans leurs représentations : loin de se ramener à une carence ou à une déviance par rapport à la normalité (« inadaptation ») ou à des déficits individuels face aux normes de socialisation (« handicap »), les problèmes sociaux liés au chômage de masse et à la désaffiliation corrélative de catégories antérieurement incluses dans le monde du travail appellent un traitement nouveau. C'est ce que tente de consacrer la notion d'insertion.

(112) V. *infra*, nº 567 et s.
(113) V. *infra*, nº 513 et s.
(114) L'efficacité insuffisante du volet insertion du RMI est régulièrement soulignée ; de même, l'exclusion de certaines populations en matière d'accès aux soins et de logement ne cesse d'être mentionnée par tous les rapports et études.

A. LA NOTION D'INSERTION

483 La notion d'insertion apparaît au cours des années 80 dans les politiques d'accès à l'emploi en direction des jeunes et de certains chômeurs (115). Le RMI se construit sous cet emblème et, par son truchement, ce sont toutes les politiques sociales qui se trouvent aujourd'hui concernées par cette notion (116).

1° L'apparition de la notion

484 La nouvelle thématique de l'insertion apparaît lorsque s'impose une nouvelle lecture des problèmes sociaux ramenés à la notion d'exclusion (117).

Les politiques sociales, héritées de la construction républicaine de la fin du XIXe et du XXe siècles, se construisent comme un dispositif à double logique : nées des phénomènes de domination et d'exploitation liés à la situation salariale, elles s'établissent comme un dispositif de protection contre des risques sociaux portant atteinte aux capacités de gain des travailleurs ; pour les personnes inaptes au travail ou légitimement tenues à l'écart de l'emploi (invalides, personnes âgées, enfants), elles assurent sous forme de prestations en nature ou de garanties de ressources un minimum de survie en lieu et place des solidarités familiales lorsqu'elles sont défaillantes. Logique indemnitaire pour le monde des travailleurs et de leurs ayants droit et dispositifs assistanciels et tutélaires pour les incapables au travail, tels sont les deux ensembles distincts des interventions sociales constituées dans le cadre solidariste. Or, dans les années 80, une « nouvelle question sociale » (118) émerge. L'intégration et donc la protection du plus grand nombre au travers des collectifs de travail n'opèrent plus de la même façon. Le chômage massif et la précarisation de la condition salariale mettent en difficulté quantité de personnes, des « gens normaux » ne pouvant relever des statuts assistanciels et qui pourtant soit ne peuvent accéder à l'emploi, soit y accèdent dans des conditions précaires et instables.

Jusqu'alors, tout était construit comme s'il y avait dans la société deux espaces distincts : celui des « pauvres », « marginaux » ou « indigents », non intégrés socialement du fait notamment de leur distance à l'emploi et donc enfermés dans des statuts dévalorisés ; et celui des « travailleurs » qui se prennent en charge par leur travail et qui, en l'absence en principe provisoire de revenus directement liés au travail, peuvent être inscrits dans des dispositifs leur assurant une sécurité matérielle de compensation. Voilà qu'émerge un « entre-deux » qui brouille la distinction ancienne entre ceux qui relèvent de l'assistance et ceux qui peuvent bénéficier des dispositifs de protection du revenu liés à l'emploi. Un processus fluide de mise « hors-jeu » (119), engageant de façon cumulative les solidarités de base notamment familiales, l'accès

(115) E. Alfandari, Conceptions de l'insertion, *in* J. P. Laborde, I. Daugareilh (Dir.), *Insertions et solitudes,* p. 215, 1993, Éd. MSHA, Bordeaux ; v. aussi *supra,* n° 414 et s.

(116) P. Maclouf, L'insertion, un nouveau concept opératoire des politiques sociales, *in* R. Castel, J. F. Lae, *Le RMI, une dette sociale*, p. 121, 1992, L'Harmattan ; M. Autes, Les paradoxes de l'insertion, in *Le RMI, une dette sociale (op. cit.)*, p. 93.

(117) Divers, Les mots pour le dire, les mots pour le faire : le nouveau vocabulaire du social, *Lien social et politiques,* n° 41, 1999.

(118) P. Rosanvallon, *La nouvelle question sociale,* Le Seuil, 1994.

(119) C. Guitton, N. Kerschen, La règle du hors-jeu, l'insertion au carrefour de la sécurité sociale, des politiques de l'emploi et du RMI, *Annales de Vaucresson*, 1990, n° 32-33, p. 11.

à l'emploi et plus largement l'identité sociale des individus se développe et touche potentiellement tous les groupes sociaux ; l'inscription dans des statuts protecteurs fondés sur l'ouverture de droits standardisés se montre incapable d'y répondre efficacement. Le fonctionnement social est tendanciellement « excluant » pour tous, et le niveau des capacités requises de chacun pour trouver une place dans l'organisation sociale et s'y maintenir augmente (120).

2° La signification de la notion

485 Fondamentalement, la notion d'insertion, qui est donc le pendant réactif de celle d'exclusion, renvoie à la nécessité de repenser les problèmes d'inadaptation non plus en termes de statut — lequel fait correspondre à une situation objective (maladie, chômage, handicap) une prestation —, mais en termes de processus : l'exclusion tient à une fragilité sociale aux contours fluides qui se rapporte à la fois à la sphère du travail et à celle de la famille et, plus spécifiquement, aux mécanismes d'intégration collective et de socialisation des individus. Les dispositifs de protection sociale classique raisonnent en termes de stocks, d'états (les pauvres, les malades, les handicapés, les chômeurs) que la construction juridique tente de saisir par l'aménagement d'un statut à la fois ségrégatif et protecteur (121). Le phénomène d'exclusion sociale concerne, lui, des flux d'échanges complexes, individuels et collectifs et s'explique par la vulnérabilité de certains face aux contraintes de la vie collective (122). Aussi, la solution ne peut-elle résider dans la prise en charge administrative de personnes « exclues », objectivement identifiables à partir de critères juridiques, et avec lesquelles on pourrait encore échanger l'obtention d'un droit (souvent une prestation monétaire) contre l'acceptation d'un statut dévalorisé. Il faut au contraire aménager un soutien plus large, évolutif et adapté à chaque situation, pour que les individus n'ayant pas ou plus les capacités de se positionner dans l'échange social comme acteurs reconnus puissent s'y insérer. La notion d'insertion tente de nommer ce nouveau cadre conceptuel qui, s'il ne fait pas disparaître les droits sociaux classiques, les réinscrit dans une finalité qui les oriente et les instrumentalise : constituer les « exclus » en acteurs reconnus à la fois à leur propres yeux et dans leurs relations avec les autres. Cette nouvelle logique n'est pas sans déterminer des inflexions dans la construction des interventions sociales.

B. LES POLITIQUES D'INSERTION

486 L'inscription des interventions sociales dans cette nouvelle représentation que constitue « l'insertion » a des conséquences décisives sur la politique sociale (123). Les

(120) R. LAFORE, *Les trois défis du RMI, (op. cit.),* p. 564 et s.
(121) R. LAFORE, Le droit social et la marginalité, *Inform. soc.*, n° 68, 1998, p. 24.
(122) R. CASTEL, De l'exclusion comme état à la vulnérabilité comme processus, in J. AFFICHARD, J. B. de FOUCAULD (Dir.), *Justice et inégalités (op. cit.)* ; Les pièges de l'exclusion, *in* Y a-t-il vraiment des exclus, l'exclusion en débat, *Lien social et politiques*, n° 34, 1995 ; M. AUTES, Genèse d'une nouvelle question sociale, l'exclusion, *in* Y a-t-il vraiment des exclus, l'exclusion en débat *(op. cit)*, p. 43 ; M. T. JOIN-LAMBERT, « Exclusion » : pour une plus grande rigueur d'analyse, *Dr. soc.*, 1995, p. 215.
(123) R. LAFORE, Services publics sociaux et cohésion sociale, *in* S. DECRETON (Dir.), *Service public et lien social*, p. 369, L'Harmattan.

politiques d'insertion se décalent nettement par rapport aux politiques antérieures en se construisant sur des principes et des modalités d'action spécifiques.

1° La construction des politiques d'insertion

487 Initiées de façon empirique au début des années 80, dans le domaine des politiques urbaines (opérations de développement social des quartiers issues du rapport Dubedout), de l'insertion professionnelle des jeunes (rapport Schwartz) ou encore de la lutte contre la délinquance juvénile (rapport Bonnemaison), ces formes d'action vont progressivement se développer, le RMI ayant joué en la matière un rôle important en obligeant, avec son volet « insertion », à une prise en charge systématique de publics nombreux et très diversifiés. Les caractéristiques les plus évidentes se situent à trois niveaux.

Tout d'abord, la conception même de « droit social » en est affectée. Les droits sociaux classiques, fondés sur des critères objectifs, renvoient à un ensemble de prestations, chacune ayant un objet spécialisé et étant censée prendre en charge soit un besoin (aide sociale), soit un risque ou une charge (sécurité sociale) spécifiques. Ils s'établissent dans une logique statutaire qui articule donc l'obtention d'un droit à la définition de conditions réglementaires qui en organisent l'accès. Ces droits sociaux classiques sont en réalités immergés dans les conceptions solidaristes qui réfèrent les individus concrets à des groupes d'appartenance (travailleurs, invalides, personnes âgées) dont les droits et obligations corrélatives sont négociés au travers des grandes médiations collectives que constituent notamment les partenaires sociaux. Du fait de la relative érosion de ces formes d'intégration, les individus se retrouvent davantage isolés tout aussi bien dans les relations de travail que dans la vie quotidienne. Il n'y a donc rien d'étonnant à constater la résurgence de l'individu conçu comme un sujet de droits et dont les rapports avec la collectivité nécessitent une refondation. De là, donc, la redécouverte des grands textes fondateurs de l'ordre politique et social (Déclarations nationales et internationales de droits individuels) et la volonté de leur faire jouer un rôle de mise en ordre des régulations et des partages concrets de la vie sociale. Ainsi, dans les modèles d'insertion, le cadre juridique s'appuie sur l'invocation de « droits fondamentaux » (droit à la santé, au logement...) tant dans la lutte sociale et politique (voir la place qu'ils occupent dans les mouvements sociaux défendant les droits des immigrés, le droit à la santé ou encore le droit au logement) que dans le droit positif où ils sont présents à la fois comme référence des grandes politiques publiques (c'est là l'impact fondamental du contrôle de constitutionnalité des lois) que dans les textes législatifs eux-mêmes qui ne manquent pas de les invoquer comme principes axiologiques de l'action publique.

Ensuite, et à partir de là, les interventions se bâtissent comme des ensembles d'actions liées, qui n'ont pas leurs finalités en elles-mêmes, mais qui doivent s'ordonner à un objectif beaucoup plus large : instituer chacun comme acteur social. Aussi, l'action publique s'y déploie sous forme d'interventions « à la carte », individualisées et ordonnées à un projet dans lequel le bénéficiaire doit jouer un rôle central. D'où l'émergence du « contrat » comme support de l'action. Au fond, loin des prestations segmentées de la protection sociale, c'est le triomphe de l'individu concret qui doit être pris en compte dans l'épaisseur de sa situation réelle.

Enfin, au niveau des structures d'action publique, l'insertion impose une transversalité et une territorialisation de l'action (124) qui rompent avec les logiques verticales et sectorielles antérieures. Il convient, dans des contextes singuliers, de construire des interventions qui soient adaptées à la fois aux réalités sociales dans lesquelles elles s'inscrivent et aux spécificités des individus et des groupes qui en sont les bénéficiaires. Ainsi, se développent les thématiques du « partenariat », du « territoire » et du « projet », qui constituent d'ailleurs autant de problèmes complexes pour les administrations publiques et les acteurs privés qui doivent en inventer les conditions de mise en œuvre (125).

On voit donc émerger un modèle dans lequel l'action sociale, entendue comme une logique d'intervention globale, cohérente et adaptée aux bénéficiaires, s'impose et instrumentalise les divers dispositifs de prestations, d'aides et de prises en charge qui étaient antérieurement premiers et qui avaient en eux-mêmes leurs propres fins. La puissance publique, organisée autour de dispositifs prestataires spécialisés, doit s'effacer et laisser la place à un « État animateur » (126) capable de mobiliser une pluralité d'acteurs pour réinstituer des dynamiques individuelles et collectives.

2° La portée des politiques d'insertion

488 Rompant avec les logiques antérieures d'indemnisation ou de prise en charge tutélaire, les politiques d'insertion prétendent rétablir la cohésion sociale en dotant chacun, et surtout les personnes en difficulté, de moyens aptes à les intégrer dans l'échange collectif et à restaurer leur identité. Elles n'éliminent pas les prestations distributives, mais elles tentent de les inclure dans des politiques globales de socialisation. Ce faisant, elles charrient nombre de tensions contradictoires : comment concilier les droits individuels qui en sont le fondement avec la nécessaire implication de chacun dans le fonctionnement collectif ? Comment viser une égalité en droit alors que l'on multiplie dans le même temps les traitements différenciés et des discriminations et que l'on s'appuie davantage sur les appartenance « naturelles » de la communauté de vie, de l'ethnie et du quartier ? Vieilles questions qui se posent depuis toujours en matière de politique sociale, mais que ces évolutions rendent plus prégnantes.

Il est évident tout d'abord que les politiques d'insertion apparaissent dans un contexte de perte d'efficacité, mais aussi de légitimité des logiques indemnitaires et prestataires stabilisées au lendemain de la seconde guerre mondiale. Dans une perspective idéale, elles peuvent se saisir comme une antidote face aux risques de démantèlement de la protection sociale assurantielle et de renforcement des politiques de relégation et de ségrégation qui pourraient résulter d'un pur et simple renforcement de l'assistance. Plutôt que de se satisfaire d'une montée en puissance d'aides chichement comptées et articulées à des logiques répressives de contraintes pour les plus défavorisés (perspective du « workfare »), ces politiques reposent sur une toute autre stratégie : refus d'entériner la coupure entre les « exclus » et les autres, volonté au contraire de

(124) R. Lafore, Les nouveaux modes de régulation juridique, l'exemple des politiques d'insertion, *in* P. Auvergnon, P. Martin et *alii* (Dir.), *L'État à l'épreuve du social*, 1998, Éd. Syllepse.

(125) Cette notion d'insertion, appliquée ici plutôt dans sa logique individuelle, détermine aussi les nouvelles actions territorialisées de l'État, notamment dans la « politique de la ville » qui veut insérer non des personnes, mais des espaces considérés aussi comme « exclus ».

(126) J. Donzelot, P. Estebe, *L'État animateur*, 1994, Éd. Esprit.

maintenir des mécanismes d'intégration dont l'État est le garant, centrage non sur des groupes déviants à circonvenir mais sur des processus sociaux collectifs, mobilisation de l'ensemble des acteurs dans des dispositifs articulant l'éducatif, l'économique, le logement, la santé....

Mais cet idéal n'est bien sûr nullement établi comme un devenir assuré... Deux séries de difficultés assaillent les politiques d'insertion. D'une part, elles s'élaborent dans un contexte de forte autonomisation des logiques économiques par rapport à l'État, alors que la politique sociale classique s'est structurée au contraire dans une logique d'intégration de finalités proprement politiques (protection des travailleurs et cohésion de la collectivité) dans la sphère de la production des biens et des services. La grande question est alors celle de la capacité pour ces politiques de mordre sur les logiques économiques, à défaut de quoi l'insertion, notamment professionnelle, ne serait jamais qu'une course perdue d'avance entre une économie de plus en plus compétitive et des défavorisés qui, malgré leurs efforts, seraient à jamais « inemployables ». D'autre part, et cela découle du point précédent, les politiques d'insertion peuvent s'infléchir vers une nouvelle forme d'assistance. Leur logique discriminatoire et ségrégative recèle en effet une pente régressive car, à multiplier et à sophistiquer les dispositifs, on peut générer de véritables espaces dérogatoires qui enferment leurs bénéficiaires et les condamnent à vivre sous la coupe d'institutions tutélaires, mêlant prises en charge médicalisées et/ou psychologisantes, accompagnements en matière de vie quotidienne et solvabilisation constante par des transferts sociaux...

489 **Bibliographie**. V. n° 481 ; *adde* E. ALFANDARI, Conceptions de l'insertion, *in* J. P. LABORDE, I. DAUGAREILH (Dir.), *Insertion et solitudes*, p. 215, 1993, MSHA, Bordeaux ; R. CASTEL, De l'exclusion comme état à la vulnérabilité comme processus, *in* J. AFFICHARD, J. B. DE FOUCAULD (Dir.), *Justice et inégalités*, 1994, Éd. Esprit ; J. BERGHMAN, La résurgence de la pauvreté et la lutte contre l'exclusion, *Rev. int. séc. soc.*, 1997/1, p. 3 ; J. N. CHOPART, S. ROY (Dir.), Y a-t-il vraiment des exclus, l'exclusion en débat, *Lien social et politiques*, n° 34, 1995 ; J. DONZELOT, M. C. JAILLET, Europe, États-Unis : convergences et divergences des politiques d'insertion, *Esprit*, n° 5, 1997 ; N. GILBERT, Du droit aux prestations aux mesures d'incitation, l'évolution de la philosophie de la protection sociale, *Rev. int. séc. soc.*, 1992, n° 3, p. 5 ; C. GUITTON, N. KERSCHEN, La règle du hors-jeu, l'insertion au carrefour de la sécurité sociale, des politiques de l'emploi et du RMI, *Annales de Vaucresson*, n° 32-33, 1990, p. 11 ; L. POVIE, Le défi communautaire de la lutte contre l'exclusion sociale : la voie des droits sociaux fondamentaux, *RDSS*, 1997, p. 715 et *Rev. belge séc. soc.*, 1998, p. 805 ; M. XIBERRAS, *Les théories de l'exclusion, pour une construction de l'imaginaire de la déviance*, 1993, Klincksieck.

§ 2. LE DROIT DE LA LUTTE CONTRE LES EXCLUSIONS

490 Confrontés à la résistance des problèmes sociaux que les premières politiques d'insertion devaient affronter et après la popularisation, dans le cadre de la campagne présidentielle de 1995, du thème de la « fracture sociale », les pouvoirs publics vont s'orienter vers des projets plus ambitieux de mise en place d'une législation globale prenant en compte tous les aspects des processus sociaux et économiques qui conduisent à l'exclusion sociale.

Le premier, le Gouvernement Juppé entreprit, non sans difficultés, d'élaborer un « projet de loi relatif au renforcement de la cohésion sociale » complété par « le programme d'action pour le renforcement de la cohésion sociale ». Ce projet (127), mis en discussion devant l'Assemblée nationale en avril 1997, devait être abandonné de fait, à la suite de la dissolution du printemps de la même année et du changement de majorité parlementaire qui en fut la conséquence. Le Gouvernement Jospin reprit le travail et parvint à l'adoption d'un « projet de loi relatif à la lutte contre les exclusions » qui, après discussion au Parlement, devint la loi d'orientation du 29 juillet 1998 relative à la lutte contre les exclusions (128). Bien que substantiellement différents sur plusieurs points, les divers projets et le texte législatif qui en est finalement sorti ont en commun de procéder d'une philosophie identique, d'ailleurs largement influencée par les divers mouvements de lutte contre l'exclusion, et de définir des grands axes d'action publique largement similaires (129).

A. LE DROIT DE « L'ACCÈS AU DROIT »

491 Le texte de loi ainsi que les projets qui l'ont précédé s'articulent autour d'un diagnostic commun en matière d'exclusion et d'une conception identique en matière d'insertion : si elle ne s'y réduit pas, l'insertion des personnes en difficultés, des « exclus » de toutes natures, passe par l'accès à un certain nombre de droits fondamentaux en matière de moyens minimaux d'existence, de logement, de santé, d'accès à la formation et à l'emploi.... La collectivité a donc l'obligation de mettre en œuvre les moyens nécessaires pour qu'il en soit ainsi. « L'accès aux droits » est donc institué comme le nouveau socle des politiques d'insertion, et il marque en même temps un retour de la problématique de l'égalité en général, de l'égalité des chances en particulier.

1° Le nouveau socle des politiques d'insertion

492 Reprenant les analyses du rapport sur l'évaluation des politiques publiques de lutte contre la grande pauvreté établi par le Conseil économique et social (130), le premier projet du printemps 1997 reposait sur l'idée que la lutte contre les exclusions passe par la volonté de promouvoir et de garantir les droits fondamentaux des personnes ; dans cette approche, c'est surtout un déficit dans l'accès à des droits (droit au logement, aux soins, à la formation, à la citoyenneté...) qui est censé former le fond des difficultés dans lesquelles s'enfoncent les personnes et les ménages : dans son exposé des motifs, le projet indiquait en conséquence que ce texte « ne crée pas un droit des exclus, mais organise au contraire l'accès de tous aux droits (afin) de garantir une égalité réelle des chances à tous les citoyens ».

---

(127) R. LAFORE, Exclusion, insertion, intégration, fracture sociale, cohésion sociale, le poids des maux, *RDSS*, 1996, p. 803.
(128) Cons. Const., décision nº 98-403 DC du 29 juillet 1998, *D.*, 1999, p. 269, note W. SABETE ; *AJDA*, 1998, p. 705, obs. J. E. SCHOETTL ; *RFDC*, nº 36, 1998, p. 765, obs. J. TRÉMEAU.
(129) Les différences portent sur l'ampleur des moyens mobilisés, plus importants dans la loi du 29 juillet, ainsi que sur les modalités d'action prévues par celle-ci, qui apparaissent plus volontaristes (définition d'un programme d'action sur 3 ans, mobilisation prévue de 50 milliards de francs, renforcement des moyens juridiques d'action : v. *TSA,* nº 681, 1998, p. 15). Ajoutons que les débats parlementaires ont imposé un renforcement de certains moyens d'intervention, notamment en matière de logement.
(130) G. DE GAULLE-ANTHONIOZ, *Rapport sur l'évaluation des politiques publiques de lutte contre la grande pauvreté,* Cons. écon. et soc., 1995, La Doc. française.

Le projet du printemps 1998 et la loi relative à la lutte contres les exclusions qui en est sortie s'appuient sur la même philosophie ; il est indiqué dans le projet que la politique de lutte contre les exclusions « tend à favoriser l'accès effectif de tous aux droits individuels et collectifs fondamentaux dans les domaines de l'emploi, du logement, de la protection de la santé, de l'éducation, de la formation et de la culture et de la vie familiale ». La finalité « n'est pas d'affirmer des droits nouveaux, mais de donner une réalité à ceux qui existent déjà dans notre arsenal juridique ». La loi d'orientation reprend les mêmes orientations puisqu'elle précise dans son article premier qu'elle veut « garantir sur l'ensemble du territoire l'accès effectif de tous aux droits fondamentaux dans les domaines de l'emploi, du logement, de la protection de la santé, de la justice, de l'éducation, de la formation et de la culture, de la protection de la famille et de l'enfance ».

Cette finalité générale assignée aux programmes de lutte contre les exclusions repose sur un diagnostic qui réactualise quelque peu la vieille conception de l'inadaptation en terme d'écart, en l'occurrence l'écart entre certains individus et les dispositifs de prestations publique d'accès à l'emploi (formation), au logement ou à la santé (131).

On peut tout au moins voir dans ce diagnostic, et à travers lui dans la stratégie d'action publique qui en sort, tout à la fois un recentrage et une mise en cohérence des politiques d'insertion, et aussi une forme de réalisme. Recentrage et mise en cohérence puisque, loin des finalités très générales et largement énigmatiques de l'insertion, l'accès au droits ramène l'action publique à des objets, certes nombreux, mais précis : il convient d'assurer le bénéfice de prestations de base délivrées par divers services publics (santé, accès à la justice, éducation), de garantir les biens fondamentaux (logement, ressources minimales) et de donner accès aux divers instruments d'intégration notamment vers l'emploi. On est donc loin du cadre général et nécessairement flou de l'insertion sociale et professionnelle, pour s'attacher aux éléments les plus tangibles qui la conditionnent. Et par là même, aussi, effort de réalisme qui concentre les politiques publiques sur les populations les plus défavorisées en voulant leur garantir l'accès à un socle de biens et de services considérés comme indispensables à l'intégration sociale.

2° La problématique de l'égalité

493 La thématique de « l'accès au droits » renoue au fond avec les deux principes fondamentaux de la construction démocratique : l'égalité en droit et l'égalité des chances qui les constituent (132). L'égalité en droit, centrée essentiellement sur le terrain des droits civiques (insertion et participation à la communauté politique) et des droits civils (droits personnels et droits réels), se joue désormais sur le terrain des droits économiques et sociaux ; ces derniers, réalisés de façon pragmatique avec la construction progressive de la société salariale au travers des grandes médiations

(131) Le risque ici est que l'on n'appréhende que les marges de la société (ce que naturellement les associations de lutte contre l'exclusion aperçoivent prioritairement), en les constituant en nouvelle cible, sans prendre en compte les processus complexes qui fragilisent l'ensemble des groupes sociaux et font que les exclus sont souvent des « gens normaux » qui ont été un temps intégrés ; sur ce point, v. J. DONZELOT, Les transformations de l'intervention sociale face à l'exclusion, *in* S. PAUGAM (Dir.), *L'exclusion, l'état des savoirs,* p. 88, 1996, La Découverte.

(132) R. LAFORE, Le droit aux droits, *Informations sociales*, nº 81, 2000, p. 80.

collectives aménagées par l'État et les partenaires sociaux, doivent être maintenant réaffirmés pour chacun en particulier, dans une société où les formes antérieures de mobilisation et de protection par les institutions fonctionnent moins bien et laissent de côté nombre de personnes. L'intégration individuelle n'opère plus essentiellement par des appartenances préétablies mais par une négociation permanente entre la collectivité et chaque individu : la première doit garantir au second un ensemble de moyens de socialisation et de participation, quand ce dernier est tenu de concilier ses aspirations individuelles avec les contraintes de la vie collective.

Quant à l'égalité des chances, elle se joue sur le terrain de l'égalité d'accès individuel aux droits sociaux, que les grandes institutions et notamment les services publics doivent réaliser en modifiant des pratiques essentiellement ordonnées jusque là à des logiques impersonnelles et réifiées (133). L'accès aux droits se propose donc de fournir à chacun un viatique pour affronter la compétition sociale. Cette logique et, par là, le texte qui lui donne son contenu, manifeste à la fois une extension des politiques de socialisation qui, antérieurement, s'ordonnaient pour l'essentiel dans le système éducatif et une relance des grands services publics d'intégration collective qui trouvent ici un terrain solide à la fois pour se relégitimer et se réformer. Car l'accès aux droits nécessite la mise sur pied de grands programmes d'action publique dans tous les domaines, depuis les dispositifs de formation et d'insertion vers l'emploi jusqu'à la justice.

B. LES PROGRAMMES D'ACCÈS AUX DROITS

494 La loi d'orientation relative à la lutte contre les exclusions du 29 juillet 1998, en 3 titres et 159 articles, réenvisage les droits des personnes en difficultés en matière d'emploi, de logement, de ressources, de soins, d'éducation et de culture (134). Les grandes lignes de force qui traversent le texte peuvent s'appréhender en considérant sa structure générale : le titre premier concerne les dispositifs d'accès aux droits (emploi, logement, santé, exercice de la citoyenneté), et le second est relatif à la « prévention des exclusions » (traitement du surendettement, saisies immobilières et interdictions bancaires, maintien dans le logement, moyens d'existence et droit à l'éducation et à la culture). En ne s'attardant ici que sur les domaines qui ne font pas l'objet d'une analyse spécifique dans les développements qui leur sont consacrés par ailleurs (135), on peut alors analyser les divers programmes publics organisés par la loi en distinguant d'une part ceux qui se présentent dans une logique de garantie des droits fondamentaux et d'autre part ceux qui sont destinés à prévenir les phénomènes d'exclusion : une place à part étant cependant réservée à ceux qui viennent s'inscrire dans le cadre spécifique de « l'insertion par l'économique ».

---

(133) R. LAFORE, *Services publics sociaux et cohésion sociale* (précité) ; pour une prise en compte par le juge de cette évolution, v. CE, Sect., 29 décembre 1997, Cnes de Gennevilliers et de Nanterre (précité), *RDP*, 1998, p. 899, note M. BORGETTO (légalité d'une discrimination tarifaire fondée sur les ressources des usagers dans le domaine des services publics culturels).

(134) Le titre III concerne les institutions sociales (centres de formation au travail social, structures d'urgence sociale, création d'un observatoire national de la pauvreté et de l'exclusion sociale) : v. *supra*, nº 173 et s.

(135) La plupart des dispositions de la loi sont en effet analysées dans les chapitres du présent ouvrage (emploi, santé, logement, moyens d'existence, accès à la justice, etc.).

1° La garantie des droits sociaux fondamentaux

495 **a) L'accès à l'emploi**. « L'emploi reste la seule alternative à une démarche d'assistance »... Telle est la formule par laquelle le Ministre de l'emploi et de la Solidarité à ouvert les ultimes débats devant l'Assemblée nationale sur la loi relative à la lutte contre les exclusions (136). Tel est donc le premier droit que le texte entend garantir, priorité attestée d'ailleurs par le fait que le « volet emploi » (137) figure dans les toutes premières dispositions adoptées (138). A l'instar de l'ensemble de la loi, la partie « emploi » se présente comme un ensemble de mesures, pour la plupart améliorant des dispositifs existants, pour quelques unes constituant des innovations.

Au rang des secondes, on peut noter la mise en place d'instances de représentation des chômeurs (139) : il s'agit de « comités de liaison locaux », constitués des pouvoirs publics et de représentants de chômeurs issus d'organisations syndicales ou d'organisations ayant pour objet la défense des intérêts ou l'insertion des personnes privées d'emploi. Les compétences de ces comités sont limitées à « l'amélioration de l'information des demandeurs d'emploi et de leur capacité à exercer leurs droits ». Objet limité certes, mais novation réelle qui reprend la logique de la représentation collective dont on connaît le rôle dans la formation et le développement du système de protection sociale (140).

En ce qui concerne les dispositions améliorant des institutions existantes, on peut les ranger sous trois rubriques dont une seule retiendra plus longuement notre attention.

Sont tout d'abord pris en compte et réorganisés des dispositifs d'accompagnement de personnes en difficultés pour qu'elles s'insèrent dans l'emploi, le programme « nouveau départ » et le « programme TRACE » (trajet d'accès à l'emploi) (141) ; le premier, qui s'inscrit dans le cadre des lignes directrices pour l'emploi fixées en 1998 par le Conseil de l'Union européenne (142), veut lutter contre le chômage de longue durée en offrant aux chômeurs un diagnostic et un suivi individualisés et adaptés à chaque demandeur d'emploi de façon à l'inscrire dans un projet professionnel réaliste ; le second, destiné aux jeunes, se propose d'organiser une logique cohérente pour chaque personne prise en charge, en articulant formation, stages, emplois divers pour aboutir à une stabilité professionnelle à terme ; les jeunes peuvent en outre bénéficier du Fonds d'aide au jeunes pour faire face à leurs difficultés matérielles. Ces deux dispositifs se rejoignent en s'attachant à construire en fait des parcours individualisés d'insertion vers l'emploi grâce à l'accompagnement des bénéficiaires et à la mise en cohérence de l'ensemble des actions que cela permet ; cette logique d'accompagnement global s'incarne dans un nouvel instrument, « l'appui social individualisé » (ASI), dont l'objectif est d'organiser un suivi individuel coordonné de l'insertion tant sur

(136) *JOAN*, Déb. parl., séance du 9 juillet 1998.

(137) N. Hantali, Le volet emploi de la loi du 29 juillet 1998, *RDSS*, 1999, p. 325.

(138) « L'emploi » constitue le premier chapitre du titre I ; ce chapitre comptait 15 articles dans le projet gouvernemental, et il en comporte 29 à l'issue du débat parlementaire, ce qui atteste du caractère stratégique de ce domaine dans la lutte contre les exclusions.

(139) La mesure a été adoptée sur amendement gouvernemental présenté en première lecture devant l'Assemblée nationale et fait suite à un engagement du Premier ministre en réponse au « mouvement des chômeurs » de l'hiver 1998.

(140) R. Lafore, Du droit individuel à l'action collective, *La lettre de l'insertion par l''économique*, n° 46, 1999, p. 12.

(141) V. *supra*, n° 422.

(142) Résolution du Conseil de l'Union européenne, 15 décembre 1998.

son versant professionnel que sur son versant social, et qui se présente comme un cadre méthodologique systématisé (143).

Ensuite, et on en a déjà fait état (144), la loi d'orientation réaménage les divers contrats (CES, CEC) et stages (SAE, SIFE) de façon à intégrer dans leur champ d'application les personnes les plus en difficultés et à leur en réserver le bénéfice. Dans le même sens, sont ouverts des droits au cumul de minima sociaux (RMI, ASS, AI, API et allocation veuvage) avec des revenus d'activités.

496 **b) L'accès au logement**. Parmi les droits fondamentaux qu'elle entend voir protéger, la loi du 29 juillet 1998 retient évidemment le droit au logement et lui accorde même une place prééminente puisque le tiers des articles et la moitié des dispositions lui sont consacrées si l'on ajoute au chapitre relatif à « l'accès au logement » (145) celui qui concerne le « maintien dans le logement ».

Le dispositif mis en place par la loi n° 90-449 du 31 mai 1990 relative à la mise en œuvre du droit au logement pour les personnes défavorisées n'est pas remis en cause, mais la loi entend à la fois l'améliorer et le compléter (146).

En ce qui concerne les améliorations, le texte réforme les instruments de planification de l'action publique d'une part en les encadrant de façon plus précise (meilleure définition des objectifs à poursuivre et ciblage plus stricte des bénéficiaires), d'autre part en renforçant la procédure d'élaboration, d'adoption et de mise en œuvre des plans départementaux. Il était apparu en effet, à l'expérience, que de grandes différences quant à la définition des besoins et des populations à prendre en compte se constataient dans la planification départementale. La loi veut aussi rendre plus efficaces les mécanismes de médiation entre les bailleurs et les personnes en difficulté : dans ce sens, les aides existantes pour les associations qui jouent ce rôle sont améliorées (notamment l'ALT), des avantages fiscaux leur sont consentis, une nouvelle aide est créée (aide à la médiation locative) et le « bail à réhabilitation » fait l'objet de mesures fiscales favorables. Enfin, l'accès au parc locatif social, dont le rôle est central pour l'insertion des personnes en difficultés dans un logement durable, est profondément modifié : contractualisation entre l'État et les bailleurs sociaux assortie de sanctions, création de conférences intercommunales du logement, modification des procédures d'attribution des logements sociaux (constitution de commissions d'attributions) et mise en transparence du traitement des demandes notamment par la création d'un enregistrement départemental unique. Il s'agit donc, avec ce premier volet de mesures, d'encadrer davantage les acteurs locaux pour une prise en compte des populations les plus en difficulté, de doter les structures associatives qui servent d'intermédiaire entre les bénéficiaires et les bailleurs de moyens accrus et d'assurer une plus grande efficience du secteur social en direction des personnes rencontrant de sérieux problèmes en matière de logement.

Au rang des innovations, la loi institue des mécanismes plus contraignants pour que les logements disponibles soient effectivement mis à disposition. La mesure la plus spectaculaire et la plus discutée tient sans doute dans l'institution d'une nouvelle

(143) V. *supra*, n° 424.
(144) V. *supra*, n° 426 et s.
(145) R. Lafore, L'accès à un logement, *RDSS*, 1999, p. 284.
(146) Pour une analyse complète de ces dispositifs et des apports de la loi du 29 juillet 1998 en matière d'accès au logement des populations défavorisées, v. *infra*, n° 564 et s.

« taxe sur les logements vacants ». Mais il convient d'y adjoindre une autre novation : la création d'un mécanisme de « réquisition avec attributaire » qui veut améliorer et, par là, rendre effectif le droit de réquisition qui existe dans la législation depuis 1945 mais qui se révélait largement inutilisable dans sa forme antérieure.

Ainsi, ce volet d'accès au logement, lequel entend garantir un droit au logement que le juge constitutionnel a peu à peu stabilisé comme un « objectif à valeur constitutionnelle » voudrait, en tirant parti de presque dix ans de mise en œuvre d'une législation spécifique destinée à assurer un logement aux personnes défavorisées, essentiellement améliorer les dispositifs existants en leur adjoignant quelques mécanismes complémentaires.

497 **c) La citoyenneté et l'accès au droit**. Toujours dans sa perspective de garantie des droits fondamentaux, la loi du 29 juillet 1998 comporte enfin plusieurs dispositions relatives à la citoyenneté et à l'accès au droit (147).

S'agissant du second aspect, dont le contenu sera détaillé dans le chapitre qui lui est consacré (148), le texte se centre sur l'ouverture large et systématique de l'aide juridictionnelle à un ensemble de personnes qui en étaient antérieurement exclues pour diverses raisons (absence de domicile essentiellement).

En matière de citoyenneté, la loi garantit la possibilité d'obtenir une carte nationale d'identité et modifie le code électoral pour permettre à toutes les personnes une inscription effective sur les listes électorales. De plus, elle met en place, en direction notamment des populations immigrées victimes de discriminations diverses, une Commission départementale d'accès à la citoyenneté (149).

498 **Bibliographie**. V. n° 489 ; *adde* M. BADEL, La lutte contre les exclusions et la construction de la citoyenneté, *RDSS*, 1999, p. 431 ; R. LAFORE, L'accès à un logement, *RDSS*, 1999, p. 283 ; F. MAGNIN, Le volet immobilier de la loi du 29 juillet 1998 relative à la lutte contre les exclusions, *LPA*, n° 116, 1998, p. 4 ; N. MONACHON-DUCHENE, Prévenir l'expulsion locative pour lutter contre l'exclusion, *JCP* I, 1998, p. 174 ; B. VIAL-PEDROLETTI, La loi sur l'exclusion : les dispositions relatives au logement, *JCP*, éd. N, n° 48, 1998. 1687 ; B. WERTENSCHLAG, Le logement social après la loi relative à la lutte contre les exclusions, *AJDI*, 1998, p. 903.

2° Le renforcement du secteur de l'insertion par l'économique

499 La loi du 29 juillet 1998 a voulu assurer à ce secteur — et c'est là l'un de ses apports importants — une reconnaissance qui lui faisait défaut ; pour cela, elle s'est attachée à la fois à lui donner une cohérence d'ensemble en identifiant clairement ses diverses composantes et en réorganisant chacune de ses structures (150).

500 **a) L'institution d'un cadre juridique homogène**. L'insertion par l'économique a pour objet de permettre à des personnes sans emploi, rencontrant des difficultés sociales et professionnelles particulières, de bénéficier de contrats de travail dans un

(147) M. BADEL, La lutte contre les exclusions et la construction de la citoyenneté, *RDSS*, 1999, p. 431.
(148) V. *infra*, n° 593 et s.
(149) Circ. Min. Int., n° NOR INTA 9900013C, 18 janvier 1999, *TSA*, Bull. lég., n° 57, 1999.
(150) L. n° 98-657, 29 juillet 1998, art. 11 à 20 (*C. trav.*, art. L. 322-4-16 et s. ; D. 99-105 et 99-109, 12 avril 1999 ; A., 23 mars 1999 et 5 août 1999 ; Circ. MES/CAB/DGEFP n° 99-17, 26 mars 1999 (*TSA*, Bull. lég., n° 56, 1999, p. 3).

cadre qui doit permettre de faciliter à terme une insertion sociale et professionnelle durable. Ce secteur recouvre différentes structures qui se sont organisées de façon empirique au long des années 80 et ont été encadrées peu à peu par la réglementation : les associations intermédiaires (151), les entreprises d'insertion (152), les entreprises d'intérim d'insertion (153) devenues dans le texte « entreprises de travail temporaire d'insertion » ; au-delà de ces « entreprises », le secteur compte aussi des dispositifs ne disposant pas de la personnalité juridique mais mis en place par divers opérateurs : les « régies de quartiers », les « chantiers d'insertion », les « centres d'adaptation à la vie active » (CAVA) ou les « chantiers » qui sont, pour ces deux dernières formules, organisés par les Centres d'hébergement et de réinsertion sociale (CHRS) (154).

La loi de lutte contre les exclusions s'est donc fixé pour but de fournir à ce secteur un cadre juridique homogène lui permettant d'acquérir la cohérence d'ensemble qui lui manquait jusqu'alors : cohérence qui provient notamment de la définition unifiée qui a été donnée à l'ensemble du secteur. Pour le législateur (155), l'insertion par l'économique a pour principales caractéristiques d'abord de viser l'insertion de personnes sans emploi rencontrant des difficultés sociales et professionnelles particulières ; ensuite, de faire bénéficier ces personnes de contrats de travail, ce qui signifie qu'elle ne se borne pas à procurer de « simples occupations » ; enfin, de mettre en œuvre des modalités spécifiques d'accueil et d'accompagnement. Le nouveau cadre juridique repose sur trois piliers : un conventionnement systématique avec l'État de toutes les structures quel que soit leur type d'activité ; un agrément préalable des bénéficiaires par l'ANPE afin de garantir « que ces structures recrutent effectivement les personnes les plus éloignées du marché du travail » (156) ; un pilotage local sous la responsabilité du préfet pour procéder au conventionnement de l'ensemble des structures et vérifier la cohérence globale du dispositif.

A cette fin, la loi a entrepris de mieux cerner chacune des composantes du secteur. Les employeurs sont ainsi clairement identifiés : produisant soit des biens et services dans le secteur marchand, soit des activités d'utilité sociale, les structures se répartissent logiquement d'une part en un secteur marchand — entreprises d'insertion (EI), entreprises de travail temporaire d'insertion (ETTI), associations intermédiaires (AI) —, d'autre part en un secteur d'utilité sociale (associations gérant des chantiers d'insertion ou des chantiers écoles, CHRS, associations gérant des régies de quartier, associations de prévention spécialisée, associations d'animation et de développement local), enfin en un secteur mixte qui concerne les associations (à but premier d'utilité sociale) mais qui réalisent cependant secondairement des activités commerciales. De même, les bénéficiaires sont identifiés dans leurs caractéristiques de départ (personnes sans emploi, cumulant des difficultés de tous ordres dont par définition les bénéficiaires du RMI, de l'ASS, les personnes relevant des COTOREP, de la Protection judiciaire

(151) L. n° 87-39, 22 janvier 1987, L. n° 89-905, 19 décembre 1989, Loi n° 95-116, 4 février 1995 ; pour une étude détaillée de leur régime antérieur, v. *TSA*, n° 550, 19 mai 1995, p. 11 ; sur l'impact de la loi de 1998, v. Les associations intermédiaires, *ASH*, n° 2124, 1999, p. 15.

(152) Ce type d'entreprise a été institué légalement en 1991 (L. n° 91-1, 3 janvier 1991).

(153) Ce type d'entreprise (qui a été remplacée par l'entreprise de travail temporaire d'insertion) a été créé en 1991 (L. n° 91-1405, 31 décembre1991, mod. *C. trav.*, art. L. 322-4-16).

(154) V. *infra*, n° 548 et s.

(155) J. LE GARREC, Rapport au nom de la commission spéciale chargée d'examiner le projet de loi relatif à la lutte contre les exclusions de l'Assemblée nationale, *Doc. AN*, n° 856, T. II, p. 53.

(156) Circ. DGEFP n° 99/25 du 2 juin 1999, Bull. lég. *TSA*, n° 58, 1999, p. 13.

de la jeunesse...) ; les missions des structures concernées se voient précisées en ce qui concerne notamment les types de contrats liant l'entreprise et le bénéficiaire ainsi que la mise en œuvre d'un accompagnement spécifique (apparition de « conventions de coopération » entre les structures et l'ANPE qui organisent leurs responsabilité respectives dans l'accueil et le suivi des personnes).

De plus, la loi impose et organise un dispositif de tri des bénéficiaires : ces derniers doivent faire l'objet d'un agrément délivré par l'ANPE pour pouvoir être pris en charge par les structures d'insertion par l'économique, agrément qui a pour fonction de sélectionner les personnes les plus en difficulté et de les orienter vers les types d'activités les mieux adaptées à leur cas (diagnostic individualisé, prise en compte des propositions venant des structures et adaptation de la réponse aux besoins individuels) ; il organise aussi un conventionnement, désormais unifié (157), entre les diverses structures et l'État.

Enfin, la loi organise un pilotage au niveau local et une coordination de l'ensemble des structures d'insertion par l'économique. Sous la responsabilité du préfet, et s'appuyant sur le conventionnement, le pilotage local du dispositif se réalise au travers de trois nouveaux instruments : un Conseil départemental de l'insertion par l'activité économique (CDIAE) qui est investi d'une mission d'animation et de proposition, un Fonds départemental pour l'insertion (FDI) chargé de financer le développement et la consolidation des initiatives locales prises dans le secteur, et enfin le tout est surdéterminé par l'établissement d'un Plan pluriannuel pour l'insertion et l'emploi (PLIE), au niveau communal ou intercommunal, à vocation large certes puisqu'il doit prendre en compte l'ensemble des mécanismes d'insertion vers l'emploi pour les populations en difficultés, mais qui concerne aussi au premier chef les structures d'insertion par l'économique (158).

501 **b) La prise en compte de la spécificité de chaque intervenant**. Au-delà de ce cadre général structurant l'ensemble du secteur, la loi du 29 juillet 1998 a prévu une réorganisation de chaque type de structures (159). Ainsi, les diverses catégories d'entreprises, celles du secteur marchand (EI, ETTI et AI), celles du secteur non-marchand et celles du secteur dit « mixte », se voient enfermer dans une réglementation spécifique qui définit leurs formes juridiques, les statuts de leurs salariés, les aides auxquelles elles peuvent prétendre et enfin les relations, notamment conventionnelles, qu'elles doivent nouer avec l'État. Ainsi, chaque institution est-elle établie de façon claire dans ses missions, ses règles de fonctionnement et ses liens avec la puissance publique. C'est là un des apports les plus significatifs de la loi relative à la lutte contre les exclusions que d'avoir ainsi fondé juridiquement et mis en cohérence un secteur qui s'était structuré jusqu'alors dans une logique sédimentaire et empirique, sans perspective d'ensemble. Cela représente aussi une consécration forte de ces activités qui se trouvent reconnues dans leur mission d'insertion professionnelle des personnes les plus éloignées de l'emploi de droit commun.

(157) Dans la réglementation antérieure, les EI et les anciennes entreprises d'intérim d'insertion devaient conclure une convention ave l'État, les AI étant pour leur part assujetties à une procédure d'agrément.
(158) Circ. 26 mars 1999, précitée et Circ. DGEFP n° 99-40, 21 décembre 1999 (*TSA*, n° 751, 1999, p. 11 et n° 769, 2000, p. 5).
(159) L. n° 98-657, 29 juillet 1998, art. 13 (v. *TSA*, n° 757, p. 7 et n° 758, p. 9, 1999).

L'enjeu essentiel réside cependant dans la capacité que manifestera ce nouveau cadre légal d'une part à assurer une véritable cohérence et coordination entre les structures concernées, d'autre part et surtout à réaliser dans les faits ce qui demeure une représentation idéale : acheminer, au travers d'un parcours ascendant, des personnes très éloignées du travail vers un emploi de droit commun.

502 **Bibliographie**. E. ALFANDARI, Associations et entreprises intermédiaires, *RDSS*, 1986, p. 119 ; Du nouveau pour les associations dans la loi du 29 juillet 1998 d'orientation relative à la lutte contre l'exclusion, *RDSS*, 1998, p. 869 ; S. HENNION-MOREAU, La mobilisation des institutions sociales, *RDSS*, 1999, p. 342.

3° La prévention des exclusions

503 A côté des programmes destinés à garantir l'accès aux droits fondamentaux, la loi du 29 juillet 1998 comporte un second titre concernant « la prévention des exclusions ». L'idée, frappée au coin du bon sens, est que, s'il convient de réintégrer les personnes exclues du fait de leur non accès aux biens et services conditionnant *a minima* un mode de vie un tant soit peu « normal » (santé, logement, formation et emploi...), il faut aussi éviter que, par décrochages successifs de ces mêmes droits, des personnes encore « insérées » ne s'engagent dans une logique d'exclusion progressive. A ce titre, des dispositions sont prises dans divers domaines que réunit un souci commun : protéger les personnes défavorisées dans leur sécurité économique en garantissant un minimum de moyens d'existence, en organisant autant que possible le maintien dans leur logement de ceux qui en disposent et en aménageant des mécanismes spécifiques pour gérer les situations de surendettement (160).

504 **a) La garantie de moyens d'existence** — Avec en objectif la volonté de protéger les ressources, surtout lorsqu'elles sont minimales, des personnes en difficulté, la loi du 29 juillet 1998 s'engage dans trois directions.

Tout d'abord, la loi impose dorénavant l'insaisissabilité et l'incessibilité d'un certain nombre de prestations, notamment des minima sociaux. Ainsi, à l'instar du RMI, l'allocation spécifique de solidarité et l'allocation d'insertion sont incessibles et insaisissables ; il en est de même pour une fraction fixée par décret des allocations familiales ; la même protection est assurée pour les prestations en nature de l'assurance maladie. Dans le même sens, la loi établit l'indexation de l'ASS et de l'AI sur l'évolution des prix, avec une révision annuelle par voie réglementaire.

Ensuite, comme cela avait été établi en 1992 au bénéfice des allocataires du RMI, mais avec extension et réorganisation, un certain nombre de prestations de service sont maintenant légalement garanties : en matière de fourniture d'eau, d'énergie et de téléphone (161), la collectivité doit à toute personne une fourniture minimale, y compris en éliminant les coupures d'eau, d'électricité et de gaz en cas d'impayés grâce à la relance du dispositif national d'aide et de prévention qui avait été institué

(160) Sur le droit à des moyens d'existence, v. aussi *supra*, n° 461 et s. ; sur le maintien dans un logement, v. aussi *infra* n° 589 et s.

(161) D. n° 99-162, 8 mars 1999 ; Circ. 10 juin 1999 (*TSA*, Bull. lég., n° 60, 1999, p. 3).

en 1992 (162) ; un « droit au transport » est affirmé au profit des chômeurs en fin de droits et des demandeurs d'emploi de moins de 26 ans de façon à leur permettre l'accès aux transports collectifs ; ce droit passe par une mise en place concertée au niveau local entre État, collectivités territoriales, Assedic et sociétés de transport ; enfin, l'accès aux banques et aux comptes bancaires est garanti ; le pouvoir réglementaire devant en définir la nature (quelles prestations bancaires minimales sont garanties ?) et les modalités de mise en œuvre.

Enfin, la loi établit un cadre à la délivrance et à l'utilisation par des personnes en difficulté de « chèques d'accompagnement personnalisé » (CAP) (163), sorte de « titres-services » qui peuvent être distribués par les services sociaux (collectivités publiques et associations) et représenter une certaine valeur de biens et de services (alimentation, hygiène, habillement, transports, actions éducatives, culturelles, sportives ou de loisirs...) que l'on peut ainsi se procurer auprès d'un réseau de commerçants ou de prestataires.

505 **b) Le maintien dans le logement** — La prévention des exclusions passe aussi, dans la loi du 29 juillet 1998, par la définition de moyens juridiques destinés à assurer le maintien dans un logement de personnes menacées d'en être privées (164). Cette préoccupation prend deux directions essentielles.

La première concerne, *via* une réforme de la procédure des saisies immobilières, les propriétaires de logements menacés d'expulsion du fait de la vente de leur patrimoine consécutive à une situation de surendettement ; ces modifications législatives, non directement liées, dans le texte, au maintien dans le logement (165), sont cependant clairement ordonnées à la volonté d'atténuer les effets, que l'on sait dramatiques, des changements de situation familiale ou professionnelle (séparations et/ou chômage essentiellement) qui mettent en difficulté des accédants à la propriété rendus incapables de faire face au remboursement de leurs crédits immobiliers. La réglementation des saisies immobilières a longtemps protégé en priorité (166) les intérêts des créanciers, sans prendre en compte les conséquences de la perte du logement pour les débiteurs. Pour inverser cette logique, en tout cas lorsque l'immeuble à saisir constitue la résidence principale du propriétaire, la loi de 1998 a introduit deux séries de mesures dans la législation : d'une part un droit de préemption est institué au profit des

(162) La loi réformant le RMI en 1992 avait introduit un nouvel article 43-6 dans la loi n° 88-1088 du 1er décembre 1988 relatif à la création d'un dispositif national d'aide et de prévention ; cet article devait permettre à toute personne en difficulté d'accéder ou de préserver son accès à une fourniture d'électricité et de gaz ; la loi du 29 juillet 1998 (art. 136) modifie cet article en prévoyant qu'est visée dorénavant la fourniture d'eau, d'électricité et de gaz et que ce dispositif fait l'objet de conventions nationales passées entre l'État, EDF-GDF et les distributeurs d'eau aux termes desquelles sont définis notamment le montant et les modalités de leur aide ; ces conventions nationales doivent s'appliquer au travers de conventions départementales qui intègrent, outre l'État et les fournisseurs, les acteurs locaux de l'action sociale.

(163) L. n° 98-657, 29 juillet 1998, art. 138 ; D. n° 99-862, 6 octobre 1999.

(164) F. BARKAT, Le maintien dans un logement, *RDSS*, 1999, p. 305.

(165) Ces dispositions figurant aux art. 105 et s. de la loi du 29 juillet 1998 sont liées aux dispositions visant à prévenir et à traiter le surendettement ; mais elles doivent évidemment être rangées, vu leur objet (la protection du logement principal en cas de saisie), dans le nouvel arsenal concourant au maintien dans le logement. Il convient de signaler que les art. 107, 109 et 110 concernant les saisies immobilières ont été déclarés contraires à la constitution (décision Cons. const. n° 98-403, précitée).

(166) En la matière, ce sont les dispositions du décret-loi du 28 février 1852 qui régissaient les saisies immobilières lorsqu'elles étaient diligentées par les sociétés de crédit foncier, ces dernières jouissant d'un régime privilégié pour le recouvrement de leurs créances. Mais les droits du saisi avaient déjà été renforcés (L. n° 98-46, 23 janvier 1998).

communes (droit qui s'intègre dans le droit de préemption urbain de droit commun), permettant ainsi à la collectivité (sous condition de ressources de l'ancien propriétaire) de se porter acquéreur de l'immeuble de façon à assurer le maintien dans le logement de ce dernier ; d'autre part, les règles d'adjudication sont modifiées (publicité plus large) de façon à améliorer les chances du débiteur de voir son bien adjugé à meilleur prix et donc de maintenir sa situation économique à meilleur niveau.

La seconde direction concerne les locataires menacés d'expulsion pour accumulation de dettes de loyers et de charges (167).

L'apport le plus important tient dans une réforme profonde des procédures d'expulsion telles qu'elles ont été établies par le droit des procédures civiles d'exécution (168). L'ensemble est inspiré par une logique : il s'agit de prévenir et par là d'éviter les expulsions en facilitant la recherche de solutions en amont. Ainsi, et en ce qui concerne le parc social, avant toute procédure contentieuse, le propriétaire doit s'adresser à la section départementale des aides au logement pour que soient recherchées les solutions d'apurement de la dette (notamment par recours au FSL) ; au-delà, le préfet doit être saisi si nécessaire soit pour trouver une solution de maintien dans les lieux, soit à défaut pour envisager un relogement (on recourt dans ce cas aux dispositions prises dans le cadre du Plan départemental) (169) ; lorsque, faute de solution en amont, on doit recourir à la procédure judiciaire, le suivi par les services préfectoraux est maintenu pour assurer une protection minimale des locataires ; si la phase précontentieuse n'est pas applicable aux locataires du secteur libre, les garanties au cours de l'instance judiciaire leur sont accordées.

La loi organise enfin des protections spécifiques pour les locataires de logement meublés et les sous-locataires dont on connaît la situation souvent fragile. Pour les premiers, le texte impose l'établissement d'un contrat dont le régime juridique (conditions de renouvellement, durée, contenu) est aménagé de façon à protéger les droits du locataire ; pour les seconds, le texte clarifie le statut de sous-locataire en les assimilant désormais à des locataires au regard notamment de l'APL. Dans les deux cas, une certaine précarité, inhérente à ces dispositifs, doit néanmoins être acceptée, sauf à rendre, par excès des contraintes juridiques, leur fonctionnement impossible.

506 **c) Le traitement des situations de surendettement** — Le traitement du surendettement est lui aussi revu avec modification des textes antérieurement en vigueur (170). La loi du 31 décembre 1989 a introduit dans notre législation un dispositif, situé en amont de la phase judiciaire et dont la finalité est d'aménager un plan d'apurement progressif des dettes et de redressement de la situation des débiteurs : pour ce faire, ont été institués d'une part un organe, la commission de surendettement, et d'autre part une procédure amiable devant cette commission devant faciliter l'établissement d'un accord entre créanciers et débiteurs. Les nouvelles mesures introduites dans ce dispositif par la loi du 29 juillet 1998 sont justifiées par l'apparition de phénomènes d'endettements passifs qui sont souvent la conséquence, non plus de comportements

---

(167) L. n° 98-657, 29 juillet 1998, art. 114 et s. ; Circ. 9 février 1999 relative à la prévention des expulsions locatives pour impayés (*JO.*, 17 février 1999, p. 2506).
(168) L. n° 91-650, 9 juillet 1991 et D. 92-755, 31 juillet 1992.
(169) Sur touts ces aspects, v. *infra*, n° 586 et s.
(170) Il s'agit de la « loi Neiertz » (L. n° 89-1010, 31 décembre 1989), modifiée en 1995 (L. n° 95-125, 8 février 1995) ; sur l'ensemble des procédures de traitement du surendettement des particuliers, dans leur cadre législatif antérieur, v. *TSA*, n° 563, n° 567 et n° 568, 1995.

de consommation erratiques comme par le passé, mais tout simplement d'une perte subite de ressources. Outre des modifications dans les procédures (caractère contradictoire de la procédure, procédure d'urgence), l'allongement de la durée maximale de rééchelonnement des dettes (qui passe de 5 à 8 ans) et l'inscription plus précoce des difficultés des personnes sur le fichier des incidents de crédit aux particuliers, les ajouts et modifications les plus importantes concernent d'une part l'établissement d'un « reste à vivre », d'autre part l'adoption d'un moratoire suivi éventuellement d'un effacement des dettes (171).

Il est en effet institué ce que les débats parlementaires ont amené à dénommer un « reste à vivre », c'est-à-dire une somme qui, quelle que soit la situation débitrice, doit rester au ménage pour assumer ses dépenses de base. Il a été décidé d'en situer le niveau au montant du RMI, calculé lui aussi en prenant en compte la composition familiale de l'intéressé. Ce « reste à vivre » est applicable, au-delà des personnes concernées par la procédure de surendettement (et quelle qu'en soit la phase, amiable ou coercitive), aux personnes qui sont astreintes à des remboursements de dettes suite à des cautionnements ainsi qu'à l'ensemble des salariés lorsqu'ils font l'objet de procédures de saisies sur salaire. En revanche, ces dispositions ne sont pas applicables aux créances de pensions alimentaires qui ne laissent actuellement au minimum que le montant du RMI pour une personne seule (172).

La loi du 29 juillet 1998 franchit un seuil en introduisant un mécanisme de moratoire et surtout d'effacement total des dettes. Cette mesure est une réponse, et probablement la seule, au constat que près du tiers des personnes concernées par les procédures de surendettement sont dépourvues de toutes ressources et que leurs dettes sont liées non à des emprunts d'investissement (logement, équipements divers), mais tout simplement à des dépenses courantes auxquelles elles ne peuvent plus faire face (loyer, électricité, gaz...). Le cadre législatif existant était particulièrement inadapté à ces problèmes car, en l'absence totale de ressources, il est vain de vouloir faire négocier par l'intéressé un plan de redressement avec la commission de surendettement. Aussi est prévue la possibilité pour la commission de proposer, sous contrôle du juge d'instance, un moratoire des dettes pendant une durée maximale de trois ans (173). La commission devra constater d'une part l'insolvabilité du débiteur caractérisée par l'absence de ressources ou de biens saisissables de nature à permettre un apurement total ou partiel des dettes, d'autre part que cette insolvabilité rend impossible l'établissement d'un plan de redressement. C'est le juge qui donne force obligatoire à ce moratoire après en avoir constaté la régularité. Au terme des trois années de moratoire, la loi ouvre deux solutions : soit la situation du débiteur s'est améliorée, et la commission de surendettement peut alors recommander des mesures de redressement auquel le juge devra donner force exécutoire ; soit l'insolvabilité demeure, et la commission peut alors recommander, avec motivation, l'effacement total ou partiel des créances autres qu'alimentaires et fiscales ; le juge donne force exécutoire à cette proposition qu'il peut amender s'il y a contestation. Pendant une durée de huit ans, aucun nouvel effacement de dette ne pourra intervenir au profit du même débiteur.

(171) *TSA*, n° 742, p. 9 et n° 743, p. 11, 1999.
(172) *TSA*, n° 688, 24 avril 1998, p. 7.
(173) Les dettes alimentaires et les dettes fiscales ne peuvent faire l'objet du moratoire : ce, bien que le Livre des procédures fiscales (art. 247) donne la possibilité à l'administration d'accorder une remise totale ou partielle de ces dettes.

507 **Bibliographie**. V. n° 356, 365 ; *adde* F. BARKAT, Le maintien dans le logement, *RDSS*, 1999, p. 305 ; A. CERLES, Incidences bancaires de la loi relative à la lutte contre les exclusions. Incidences sur le cautionnement des personnes physiques, *Banque et Droit*, n° 64, 1999, p. 3 ; F. J. CREDOT, La prévention du surendettement et la réforme du cautionnement. Loi du 29 juillet 1998, *Banque et Droit*, n° 62, 1998, p. 3 ; DIVERS, Le surendettement des particuliers (après la loi du 29 juillet 1998 relative à la lutte contre l'exclusion), *PA*, n° 101, 1999 (n° spécial) ; A. GOURIO, Réforme du droit du surendettement des particuliers, *JCP*, éd. N, n° 42, 1998 ; D. LEGEAIS, La réforme du cautionnement par la loi du 29 juillet 1998 relative à la lutte contre l'exclusion, *JCP*, éd. N, n° 53, 1998 ; R. MARTIN, Surendettement, exclusion et saisie immobilière, *D.*, 1999, p. 205 ; P. MOZAS, La lutte contre les exclusions et l'endettement, *RDSS*, 1999, p. 388 ; G. PAISANT, La réforme de la procédure de traitement du surendettement par la loi du 29 juillet 1998 relative à la lutte contre les exclusions, *Rev. tr. dr. com.*, 1998. 743 ; S. PIEDELIÈVRE, Le cautionnement dans la loi relative à la lutte contre l'exclusion, *JCP*, 1998 I, p. 170 ; G. PIGNARRE, Surendettement et dette d'aliments, *JCP*, 1998, I, p. 150 ; T. SAMIN, Observations sur l'article 137 de la loi relative à la lutte contre les exclusions, *Banque et Droit*, n° 63, 1999, p. 3 ; A. SINAY-CITERMANN, La réforme du surendettement. Les innovations de la loi du 29 juillet 1998 de lutte contre les exclusions, *JCP*, 1999, I, p. 106.

CHAPITRE II
LA POLITIQUE D'ACCÈS AUX SOINS

508 Beaucoup plus peut-être que celle d'un logement (lequel ne saurait être, dans les faits, le même pour tous), la revendication d'un accès aux soins égal et universel apparaît sans doute, à l'heure actuelle, comme la « dernière utopie égalitariste » (1) secrétée par la Démocratie sociale : cet accès pouvant se saisir non pas seulement comme la condition de l'insertion sociale et professionnelle des plus démunis et comme la conséquence d'un droit reconnu à chacun mais aussi comme un préalable nécessaire au maintien d'une égalité maximale de tous face à la vie et à la mort.

Pour être effectif, l'accès aux soins des personnes confrontées à des difficultés sociales suppose que soient satisfaites deux grandes exigences ; d'abord, que ces personnes puissent bénéficier des prestations offertes par le système global de santé : exigence qui désormais a vocation à être remplie au moyen de la Couverture Maladie Universelle (Section I) ; ensuite, que des actions diverses de dépistage, de conseil et d'accompagnement soient menées en collaboration avec tous les acteurs de l'insertion en vue à la fois de prévenir la maladie, d'identifier les besoins et de permettre aux intéressés d'accéder à la protection à laquelle ils peuvent prétendre : exigence qui est susceptible d'être remplie, quant à elle, par la mise en oeuvre d'actions sanitaires adaptées aux populations concernées (Section II).

509 **Bibliographie.** DIVERS, *Les nouveaux enjeux des politiques de santé* (ENA), 1995, La Doc. française ; Santé et démocratie, *Informations sociales*, 1993, n° 26 (n° spécial) ; E. DOUAT (Dir.), *La maîtrise des dépenses de santé en Europe et en Amérique du Nord*, 1996, éd. LCF, Bordeaux ; C. EL HAYEK (Dir.), *Santé et apprentissages*, 1994, La Doc. française ; *Santé, savoirs et insertion*, 1995, La Doc. française ; HAUT COMITÉ DE LA SANTÉ PUBLIQUE, *La santé en France* (Rapport), 1996, La Doc. française ; *La progression de la précarité en France et ses effets sur la santé* (Rapport), 1998, Éd. ENSP ; *Allocation régionale des ressources et réduction des inégalités de santé* (Rapport), 1998, Éd. ENSP ; B. MARROT, *L'administration de la santé en France*, 1995, l'Harmattan ; M. MOUGEOT, *Régulation du système de santé*, Cons. anal. écon., 1999, La Doc. française ; J. REVOL, H. STROHL, *L'accès aux soins des personnes en situation de précarité*, 1988, IGAS ; R. ROCHEFORT (Dir.), *Les inégalités sociales de santé*, Commissariat général du Plan, 1993, La Doc. française ; C. SCHNEIDER-BUNNER, *Santé et justice sociale*, 1997, Economica.

(1) H. STROHL, Le mythe de l'accès aux soins, *Dr. soc.*, 1995, p. 791.

SECTION I LA COUVERTURE MALADIE UNIVERSELLE

510 Instituée par la loi du 27 juillet 1999, la Couverture maladie universelle (CMU) a pour objet de fournir à une partie de la population disposant de ressources insuffisantes un accès effectif aux soins ; se substituant au régime ancien de l'aide médicale (§ 1) — lequel ne subsiste plus que de manière résiduelle au profit de certaines catégories de personnes —, le nouveau dispositif est entré en application au 1er janvier 2000 (§ 2).

§ 1. L'ACCÈS AUX SOINS DANS LE CADRE ANCIEN DE L'AIDE MÉDICALE

511 Mise en place dès la fin du XIXe siècle, lorsque le principe d'assistance a commencé à s'institutionnaliser et à être promu au rang d'obligation stricte pour la société, l'aide médicale a constitué jusqu'à aujourd'hui le principal instrument permettant aux plus défavorisés d'accéder aux soins. Néanmoins, les limites et lacunes qui la caractérisaient sont apparues aux pouvoirs publics suffisamment importantes pour qu'ils décident non plus d'en réaménager les règles de fonctionnement mais bien plutôt de la remplacer par un nouveau dispositif davantage susceptible, à leurs yeux, de satisfaire les besoins de soins exprimés par une partie importante de la population.

A. L'ÉVOLUTION DE L'AIDE MÉDICALE JUSQU'À LA LOI DU 27 JUILLET 1999

512 Les règles régissant l'exercice du droit à l'aide médicale sont restées globalement inchangées pendant près d'un siècle ; devenues, au fil du temps, très largement désuètes et inadaptées, elles avaient donné lieu en 1992 à une réforme substantielle qui s'est révélée néanmoins insuffisante pour garantir à tous un accès effectif aux soins.

1° Le droit en vigueur avant la réforme du 29 juillet 1992

513 L'aide apportée aux personnes malades dépourvues de ressources apparaît sans aucun doute comme l'une des manifestations les plus anciennes du principe d'aide et d'assistance : dès le Moyen-Age, l'Église et de nombreux ordres religieux mettent en place un réseau plus ou moins dense d'établissements (hospices, Hôtels-Dieu, léproseries...) destinés à recueillir et à soigner gratuitement ces personnes ; sous la Révolution française, cette mission séculaire d'assistance sociale est réaffirmée avec force : plusieurs textes sont alors votés qui, après avoir proclamé solennellement l'existence d'une obligation stricte de la société en la matière, entreprennent, il est vrai sans véritablement y parvenir, de concrétiser cette obligation (2). Au milieu du XIXe siècle, le législateur républicain se penche à nouveau sur la question : aux termes

(2) Sur ces points, v. *supra* n° 13, 17 et 19.

de la loi du 7 août 1851, les communes pourvues d'un hôpital sont désormais tenues d'accueillir les malades indigents qui y sont domiciliés : mais cette loi a cependant une portée limitée dans la mesure où, en ne prévoyant aucun accueil pour les indigents ressortissants d'une commune dépourvue d'hôpital et en subordonnant l'admission dans celui-ci à l'existence de lits vacants, elle ne reconnaît et ne consacre aucun droit au profit de l'indigent malade (3).

Il faut attendre la grande loi du 15 juillet 1893 pour voir le principe de l'assistance médicale gratuite être érigé au rang d'obligation stricte pour la société. En l'occurrence, cette loi se révèle, à trois égards au moins, décisive : d'abord, parce que tous les indigents remplissant les conditions requises ont désormais le droit d'obtenir les prestations prévues par le texte ; ensuite, parce qu'en faisant supporter par la collectivité locale les soins dispensés dans l'hôpital, le législateur transforme l'assisté en malade payant : ce qui va faire perdre à cette institution son statut d'établissement d'assistance pour lui conférer celui d'établissement de soins ; enfin, parce que les grandes orientations de cette loi (laquelle ne sera abrogée qu'en 1953) (4) vont subsister pendant près d'un siècle, certains de ses principes directeurs étant même toujours en vigueur à l'heure actuelle : accent mis sur l'aide à domicile plutôt que sur l'hospitalisation (la première présentant l'avantage d'être à la fois moins coûteuse et plus respectueuse du confort de la personne que la seconde) ; principe du libre choix par le malade de son médecin ; principe de la liberté thérapeutique...

La réforme de l'aide sociale intervenue en 1953 renforce le dispositif d'aide à domicile : elle encourage la mise en place d'un service de soins comprenant des visites médicales, l'assistance d'un personnel infirmier, le recours à une aide ménagère ; de plus, elle crée une allocation en espèces (allocation d'aide médicale) en vue de permettre aux intéressés de demeurer à leur domicile en cas de maladie. Par la suite, le régime de l'aide médicale connaîtra encore quelques aménagements : il se verra ainsi confier la prise en charge, sous certaines conditions (notamment de ressources), des frais consécutifs à une interruption volontaire de grossesse (5) ; de même qu'il se verra confier la prise en charge d'une part des cotisations d'assurance volontaire puis personnelle prévus par des textes de 1967 et 1978 (6), d'autre part du forfait journalier prévu par une loi de 1983 (7). Évolution au terme de laquelle l'aide médicale peut être, pour ses bénéficiaires, soit totale, soit complémentaire : elle est totale à l'égard des personnes sans aucune couverture sociale ; et elle est complémentaire à l'égard de celles qui, bien que disposant d'une telle couverture, ont besoin néanmoins de recourir à elle pour assumer le montant du ticket modérateur, le prix du forfait journalier ainsi que, le cas échéant, les cotisations d'assurance personnelle.

La loi du 29 juillet 1992 constituera la dernière tentative de réforme de l'aide médicale traditionnelle avant que les pouvoirs publics décident de remplacer celle-ci par une Couverture maladie universelle.

---

(3) Sur cette loi, v. M. BORGETTO, *La notion de fraternité... (op. cit.)*, p. 322-323.

(4) D. 29 novembre 1953, art. 76.

(5) L. n° 75-17, 17 janvier 1975. L'IVG qui, à l'origine, ne pouvait être assumée que par l'aide médicale au profit des femmes démunies de ressources, a été prise en charge ensuite par les caisses de sécurité sociale dans la limite des forfaits autorisés (L. n° 82-1172, 31 décembre 1982) : les dépenses d'IVG étant cependant supportées financièrement par l'État ; quant à la gestion même de l'aide médicale au titre de l'IVG, elle s'est trouvée confiée en 1995 aux organismes d'assurance maladie relevant des caisses signataires.

(6) Ord. 21 août 1967, L. n° 72-4, 2 janvier 1978 et D. n° 79-606-607, 3 juillet 1979.

(7) L. n° 83-25, 19 janvier 1983 ; v. aussi D. n° 83-260, 31 mars 1983.

2° Le droit en vigueur depuis la réforme du 29 juillet 1992

514 Préconisée par certains rapports rédigés quelque temps auparavant (8), la réforme de l'aide médicale initiée par la loi du 29 juillet 1992 a modifié de manière non négligeable le dispositif alors en vigueur : assouplissement des conditions d'accès au droit (9) ; extension sensible du droit lui-même (10) ; simplification de la procédure d'admission (11) ; harmonisation des régimes d'aide médicale et d'assurance maladie et renforcement du rôle des organismes d'assurance maladie (12).

Pour pouvoir prétendre à l'aide médicale, deux conditions doivent être remplies : une condition de ressources (13) et une condition de résidence en France (14). En sus de celles pouvant l'être en application d'un barème, plusieurs catégories de personnes (titulaires du RMI et de l'allocation de veuvage) sont admissibles de plein droit à l'aide médicale en vertu de la loi. L'aide est accordée de manière soit totale soit partielle ; elle est totale pour les titulaires du RMI et de l'allocation de veuvage (15) et partielle pour les jeunes âgés de 17 à 25 ans (l'admission de plein droit étant limitée à la prise en charge des cotisations d'assurance personnelle) ; les personnes admises de plein droit en vertu d'un barème bénéficient, s'agissant du barème relatif à l'État, d'une aide médicale totale et, s'agissant du barème départemental, d'une aide médicale qui peut être, selon les cas, soit totale, soit partielle.

Le dispositif prend en charge les prestations d'assurance maladie visées par le Code de la sécurité sociale (frais de médecine générale et spéciale, d'hospitalisation, d'analyses et d'examens de laboratoires, frais pharmaceutiques, etc.) ; le forfait journalier et le ticket modérateur (prise en charge de plein droit pour les bénéficiaires du RMI ou de l'allocation veuvage) ; les cotisations à l'assurance personnelle : étant entendu que les personnes non couvertes par un régime obligatoire de sécurité sociale et à qui a été reconnu un droit à l'aide médicale sont obligatoirement affiliées au régime de l'assurance personnelle.

Les prestations accordées le sont sous l'égide du système de tiers payant. Elles sont assumées, sur le plan financier, par le département ou par l'État : le département

---

(8) V. les rapports de G. Oheix (1987) et de J. Revol (1988) ; v. aussi P. Vanlerenberghe (Dir.), *RMI, Le pari de l'insertion (op. cit.)*, p. 700-701 et p. 723-724, T. II.

(9) Droit accordé sans qu'il soit nécessaire d'être malade ; admission automatique pour certaines catégories de personnes ; affiliation à l'assurance personnelle et prise en charge totale des cotisations afférentes par l'aide médicale rendues obligatoires pour tous les bénéficiaires de celle-ci.

(10) Élargissement du nombre de personnes considérées comme ayants droit ; admission globale couvrant la totalité des prestations d'aide médicale ; suppression de la distinction antérieure entre aide médicale hospitalière et aide médicale à domicile ; prise en charge des soins dispensés en milieu hospitalier ; instauration d'une durée d'admission relativement longue (1 an).

(11) Multiplication des instances auprès desquelles le postulant peut déposer sa demande ; réduction appréciable des délais d'instruction du fait du changement opéré dans le processus décisionnel.

(12) Suppression du champ de l'aide médicale des prestations sans lien direct avec les soins (allocation d'aide à domicile) ; possibilité pour ces derniers de payer des prestations pour le compte du département ou de l'État et d'assumer, par des conventions, la gestion directe de l'aide médicale.

(13) Cette condition s'apprécie en tenant compte à la fois des revenus du foyer (mais certains en sont exclus) et de ses charges : mais le département et l'État peuvent définir un barème fixant les ressources en deçà desquelles le demandeur est admis de plein droit.

(14) Les règles relatives à la résidence ont surtout un impact sur les étrangers : elles ont été pour l'essentiel reprises par la loi créant la CMU (sur ce point, v. *infra*, n° 518).

(15) Ce qui couvre les dépenses de soins ambulatoires ou d'hospitalisation laissées à leur charge par l'assurance maladie ainsi que les cotisations d'assurance personnelle lorsque ces personnes ne relèvent pas d'un régime obligatoire d'assurance maladie.

étant celui où réside l'intéressé au moment de la demande d'admission à l'aide médicale ou, en cas d'admission dans un établissement, celui où il résidait antérieurement ; l'État supportant quant à lui les dépenses afférentes d'une part aux personnes dépourvues de résidence stable et ayant fait élection de domicile auprès d'un organisme agréé, d'autre part à une IVG.

A l'exception de certaines catégories de bénéficiaires (bénéficiaires de plein droit, chômeurs en fin de droit...), ces collectivités peuvent le cas échéant recouvrer tout ou partie des dépenses engagées auprès des personnes tenues à l'obligation alimentaire (16).

Pour faciliter la gestion du dispositif, des avances sur recettes d'aide médicale peuvent être accordées par le département aux établissements de santé de court et moyen séjour lorsque les recettes attendues au titre de l'aide en question dépassent un certain seuil. De même, les organismes d'assurance maladie ont la possibilité d'avancer aux prestataires de services la part incombant aux collectivités d'aide sociale : ce qui a à la fois pour objet et pour effet directs de légaliser la pratique des départements ayant mis en place un système de carte de santé en faveur des assurés sociaux bénéficiaires de l'aide médicale (17). Par ailleurs, l'État et les départements peuvent conclure avec les URSSAF et les CPAM une convention aux termes de laquelle les cotisations d'assurance personnelle prises en charge au titre de l'aide sociale sont payées sous forme d'une dotation globale annuelle, forfaitaire et proportionnelle au nombre d'assurés (18). Enfin, des conventions peuvent être passées entre le département et les CPAM qui confient à ces dernières, pour les bénéficiaires de plein droit, la gestion entière de l'aide médicale (réception des demandes, contrôle des ressources, instruction des dossiers, décision d'admission ou de refus) : une convention nationale concernant les mêmes bénéficiaires et ayant le même objet pouvant être aussi passée par l'État dans son champ de compétence (19).

515 **Bibliographie.** J. S. CAYLA, Les nouvelles dispositions législatives relatives à la régulation des naissances, *RDSS*, 1975, p. 1 ; DIVERS, IVG. État de droit, état de fait, *Vie sociale*, 1992, n° 11-12 (n° spécial) ; N. FLOREAL, Les généralisations inachevées, *Dr. soc.*, 1981, p. 35 ; C. LEFÈVRE, Couverture maladie et RMI : perceptions et réalités. Des résultats d'enquête, *RFAS*, n° 2, 1999, p. 77 ; P. LIGNEAU, La réforme de l'aide médicale, *RDSS*. 1993, p. 99 ; L'aide médicale moribonde, *Mélanges E. Alfandari*, p. 389, 1999, Dalloz ; P. PEDROT, L'accès aux soins des personnes les plus démunies, *RDSS*, 1995, p. 394 ; Y. SAINT-JOURS, L'assurance personnelle en matière de maladie et de maternité ou l'assurance labyrinthe, *RDSS*, 1980, p. 453 ; G. VIMONT, L'aide sociale et la lutte contre la maladie et les formes diverses d'inadaptation, *Dr. soc.*, 1967, p. 192.

(16) *C. famille*, art. 145. De même, les recours en récupération sur la succession, le donataire ou le légataire s'appliquaient (sur la partie nette de l'actif successoral excédant 300 000 F pour les dépenses supérieures à 5 000 F) ainsi, d'ailleurs, que la prise d'hypothèque légale (*C. famille*, art. 146 et 148).

(17) *C. séc. soc.*, art. L. 182-1 ; la carte de santé, qui résulte d'une convention passée entre le département et les organismes liquidateurs de sécurité sociale, permet à son titulaire qui est le plus souvent à la fois assuré social (*via* l'assurance personnelle) et bénéficiaire de l'aide sociale (laquelle prend en charge tout ou partie du ticket modérateur) de consulter tous les praticiens ayant signé une convention avec l'aide sociale sans avoir à faire l'avance des frais.

(18) *C. séc. soc.*, art. L. 741-4-2 ; sur ces conventions, v. *C. séc. soc.*, art. R. 741-28-1 et 2.

(19) *C. séc. soc.*, art. L. 182-3 et 4 ; la convention nationale a été passée le 9 mai 1995.

B. L'ÉLABORATION DE LA LOI DU 27 JUILLET 1999

516 Malgré son importance, la réforme substantielle intervenue en 1992 ne parvint qu'incomplètement à remédier aux insuffisances et lacunes de l'aide médicale ; soucieux de rendre l'accès aux soins véritablement effectif pour tous, les pouvoirs publics ont donc entrepris, mettant ainsi un terme à une évolution amorcée depuis plusieurs années, de substituer au dispositif institué il y a plus d'un siècle un nouveau dispositif visant à étendre l'assurance maladie à la quasi-totalité de la population : un régime d'aide médicale d'État continuant cependant de s'appliquer à certaines catégories résiduelles de personnes.

1° Les insuffisances de l'aide médicale

517 La volonté de modifier une fois encore les règles applicables aux populations les plus défavorisées s'explique en particulier par les lacunes et insuffisances mêmes revêtues par le dispositif en vigueur. *A priori*, il est vrai, celui-ci était censé garantir un maillage serré de la population ; à la loi du 29 juillet 1992 réformant en profondeur l'aide médicale, s'était ajoutée celle du 25 juillet 1994 visant à rattacher provisoirement à l'assurance personnelle toute personne non affiliée à un régime obligatoire d'assurance maladie : si bien qu'en principe, à partir de 1994, tout individu était censé avoir vocation à accéder aux soins *via* l'assurance personnelle et/ou l'aide médicale.

En réalité, il n'en était rien : sur les 700 000 personnes n'ayant pas accès à un régime de base obligatoire fondé sur les critères socio-professionnels classiques, seules 550 000 disposaient, *via* une cotisation à l'assurance personnelle, des prestations en nature de l'assurance maladie (20). Pour diverses raisons (accès à l'assurance personnelle trop coûteux, démarches complexes ou stigmatisantes et surtout méconnaissance ou absence de droits), les autres — environ 150 000 personnes — ne bénéficiaient d'aucune protection sociale : jeunes de moins de 25 ans en situation de rupture familiale n'ayant pas accès à l'aide médicale, personnes sortant du RMI sans pouvoir relever d'un autre système de protection, certaines femmes séparées de leur mari vivant seules avec des enfants, personnes n'ayant pas demandé le bénéfice du RMI, Français venant de l'étranger et n'ayant pas cotisé, etc. (21). C'est dire que les mécanismes de l'assurance personnelle se révélaient fort peu satisfaisants : d'une part, parce qu'en s'étant développée, ainsi que c'est souvent le cas en matière d'aide sociale, par sédimentation (c'est-à-dire par empilement de textes successifs), cette dernière avait contribué à rendre son mode de fonctionnement difficilement lisible aussi bien pour ses bénéficiaires que pour les professionnels concernés ; et d'autre part, parce qu'en comportant plusieurs dispositions peu réalistes sur le plan technique (ainsi, par exemple, la demande de renouvellement de prise en charge des cotisations incombait-elle à ses bénéficiaires...), elle aboutissait souvent à produire des ruptures de droits tout à fait

(20) Parmi ces personnes, seules 50 000 acquittaient personnellement leurs cotisations ; les autres les voyaient prises en charge au titre de l'aide médicale soit par la CNAF (si elles étaient bénéficiaires d'une prestation familiale), soit par le FSV (si elles percevaient l'allocation spéciale de vieillesse), soit surtout par l'aide sociale (départements, pour l'essentiel).

(21) Sur ce point, v. HAUT COMITÉ DE LA SANTÉ PUBLIQUE, *La progression de la précarité en France et ses effets sur la santé*, p. 130, 1998, Éd. ENSP ; J. C. BOULARD, Rapport, *JOAN, Doc. parl.*, n° 1518, p. 13, T. 1 ; *JOAN, Déb. parl.*, séance du 28 avril 1999, intervention de M. AUBRY, p. 3650.

fâcheuses pour les intéressés. De plus, le régime en vigueur comportait encore de nombreuses imperfections et insuffisances : disparités importantes selon les départements tant dans l'accès au bénéfice de l'aide que dans le taux de prise en charge des dépenses de soins ; multiplicité des acteurs compétents et complexité des procédures qui faisaient de l'accès à ce dispositif un véritable « parcours du combattant » ; difficultés fréquentes pour obtenir la prise en charge des cotisations d'assurance personnelle, etc. : autant d'éléments qui permettent non seulement d'expliquer la situation désastreuse dans laquelle se trouvait encore, il y a peu, une fraction résiduelle de la population mais encore de comprendre, au-delà, pourquoi le législateur a décidé d'intervenir.

Cette intervention, au demeurant, était à l'ordre du jour depuis plusieurs années : outre que l'analyse des principes régissant depuis 1992 l'aide médicale traduisait clairement la volonté des pouvoirs publics d'aligner autant que possible cette dernière sur le régime de l'assurance maladie, le principe d'une généralisation de celle-ci à la quasi-totalité de la population avait été préconisé par plusieurs rapports (22) avant d'être expressément prévu par le plan de réforme présenté en 1995 par Alain Juppé (23) ; d'après les auteurs de ce plan, cette innovation présentait en effet trois grands avantages : celui, tout d'abord, d'harmoniser les droits et les efforts contributifs de chacun « afin de faire une réalité de l'égalité devant les soins » ; celui, ensuite, de déboucher sur un accès automatique à la couverture maladie pour toute personne âgée de plus de 18 ans résidant régulièrement sur le territoire français, quelle que soit son activité ; celui, enfin, de demeurer parfaitement compatible avec l'organisation actuelle de l'assurance maladie puisque la gestion du système aurait continué d'être confiée aux caisses existantes (24).

Or, bien qu'elle ait été sujette à controverses — certaines organisations syndicales y étant favorables (CFDT), d'autres y étant opposées (FO) (25) —, cette orientation n'en a pas moins été reprise à son compte par le nouveau Gouvernement constitué en 1997. Annoncée par la loi du 29 juillet 1998 relative à la lutte contre les exclusions, laquelle avait affirmé son souci de « garantir sur l'ensemble du territoire l'accès effectif de tous aux droits fondamentaux dans les domaines (...) de la protection de la santé » (art. 1er) avant de préciser que « l'accès à la prévention et aux soins des personnes les plus démunies constitue un objectif prioritaire de la politique de santé » (art. 67), la consécration de ce principe est apparue d'autant plus urgente et nécessaire qu'elle ne faisait que concrétiser, sur le plan juridique, une stricte exigence constitutionnelle : l'alinéa 11 du Préambule de 1946 disposant en effet que la Nation « garantit à tous (...) la protection de la santé ».

Aux termes de la loi du 29 juillet 1999, l'aide médicale départementale a donc été supprimée et a fait place à un nouveau dispositif : la Couverture maladie universelle. Pour autant, cette loi n'a pas fait totalement table rase des anciennes règles en vigueur : une aide médicale d'État étant maintenue, à titre, il est vrai, résiduel, pour certaines

(22) J. B. de Foucauld, *Le financement de la protection sociale (op. cit.)*, p. 56 et p. 145-146.

(23) Sur ce point, v. Le Plan Juppé I, *Dr. social* (n° spécial), 1996 ; pour un premier commentaire de ce qu'Alain Juppé dénommait « projet universel d'assurance maladie », v. C. Zaidman, Le régime universel : les objectifs et les difficultés de sa mise en place, *Dr. social*, 1996, p. 333.

(24) V. le discours d'A. Juppé et les fiches techniques du « Plan Juppé », *Dr. soc.*, 1996, p. 221.

(25) En ce sens, v. J. C. Mallet, L'assurance maladie de demain dépend des choix que nous ferons aujourd'hui, *Dr. soc.*, 1995, p. 785 ; *contra*, v. J. M. Spaeth, Rénover la Sécu pour qu'elle reste elle-même, *Dr. soc.*, 1996, p. 246 ou *Social Actualité*, n° 135, 1998.

catégories de personnes n'ayant pas accès au système de protection désormais en place.

2° Le maintien résiduel d'une aide médicale d'État

518 En effet, la suppression de l'aide médicale départementale ne s'est pas traduite par une disparition totale de l'aide médicale ; sans doute, la plupart des personnes qui relevaient jusqu'alors soit de l'aide médicale à la charge des départements, soit de l'aide médicale à la charge de l'État (personnes sans domicile fixe) relèvent-elles désormais de la CMU. Néanmoins, certaines de celles qui bénéficiaient de ce régime continuent d'y être soumises puisqu'elles sont régies dorénavant par une aide médicale unique dépendant exclusivement de l'État (26).

Deux catégories de personnes se trouvent concernées par ces dispositions ; ce sont d'une part celles de nationalité étrangère résidant en France sans remplir les conditions d'affiliation au régime général sur la base du critère de résidence stable et régulière et dont les ressources sont inférieures au plafond requis pour bénéficier de la protection complémentaire prévue par la loi (27) : concrètement, il s'agit des étrangers en situation irrégulière et des personnes à leur charge ; et d'autre part celles qui, présentes sur le territoire national bien que ne résidant pas en France, ont un état de santé qui justifie, sur décision individuelle du Ministre chargé de l'action sociale, une prise en charge par l'État : il s'agit par exemple des personnes malades ou blessées à la suite de conflits et accueillies en France pour des raisons humanitaires. Dans ce dernier cas, si aucune condition de ressources n'est exigée, la prise en charge peut cependant n'être que partielle.

Pour l'essentiel, les règles applicables à ces deux catégories de personnes sont très largement similaires (voire identiques) à celles jusqu'alors en vigueur en matière d'aide médicale. La demande doit être déposée auprès d'un CCAS ou CIAS, d'une association ou d'un organisme agréé à cet effet par le préfet, d'un organisme d'assurance maladie ou des services sociaux du département : les étrangers en situation irrégulière sans domicile fixe doivent élire domicile auprès d'un organisme agréé, d'un CCAS ou CIAS. L'organisme où a été déposé la demande établit un dossier qu'il adresse sous 8 jours à la CPAM qui l'instruit sur délégation de l'État : ce dernier assurant cependant lui-même l'instruction des demandes présentées par les personnes accueillies en France pour des raisons humanitaires. La décision d'admission des étrangers en situation irrégulière incombe au préfet, lequel peut déléguer ce pouvoir au directeur de la CPAM. Elle est prononcée pour un an mais, en cas de soins urgents, les demandeurs sont admis immédiatement au bénéfice de l'aide. Le coût des prestations peut être recouvré auprès des personnes tenues à l'obligation alimentaire (les demandeurs doivent être informés de cette possibilité). Quant à leur gestion, elle est assurée, pour le compte de l'État, par les CPAM : les dépenses étant payées directement aux prestataires de soins ou de services selon la règle du tiers-payant.

---

(26) L. n° 99-641, 27 juillet 1999, art. 32, mod. *C. famille*, art. 187-1 à 190 ; Circ. DAS n° 2000-14, 10 janvier 2000.

(27) Le demandeur peut justifier de sa résidence habituelle (3 mois au moins) et de ses ressources par tous moyens et, au besoin, par une déclaration sur l'honneur ; néanmoins, certaines personnes n'ont pas à justifier d'une résidence stable (demandeurs d'asile notamment).

La prise en charge des prestations est assortie de la dispense d'avance de frais ; elle concerne les frais de soins, le ticket modérateur et le forfait journalier. Les règles applicables aux étrangers en situation irrégulière ont dans l'ensemble été maintenues avec quelques aménagements. Selon la loi, ces personnes bénéficient tout d'abord de l'aide médicale en cas de soins dispensés par un établissement de santé ou de prescriptions ordonnées à cette occasion, y compris en cas de consultation externe : aucune condition de durée de résidence n'est alors exigée. Ils bénéficient ensuite des soins de ville (et non plus seulement, comme dans le droit antérieur, de l'aide médicale à domicile) mais sous réserve qu'ils justifient d'une résidence ininterrompue en France depuis au moins trois ans : étant entendu que le ministre chargé de l'action sociale peut déroger à cette condition afin de tenir compte de situations exceptionnelles. Au vu de ces dispositions, on se bornera à formuler deux séries d'observations (28) ; en premier lieu, que le maintien de conditions d'admission différentes selon la nature des prestations (aide médicale hospitalière et aide médicale extra-hospitalière) n'est pas sans se heurter à un problème de cohérence : puisque l'alternative qui s'offre à l'étranger malade en situation irrégulière résidant en France depuis moins de trois ans a pour effet (si son état ne lui permet pas ou s'il refuse, par crainte d'être identifié, de bénéficier d'une consultation externe) soit de le laisser sans aucune prise en charge (ce qui risque d'aggraver sa maladie s'il est sans ressources), soit de le conduire, précisément, à attendre une détérioration de son état de santé afin de bénéficier de l'aide médicale hospitalière : ce qui, tant sur le plan humain (atteinte à l'éminente dignité de tout homme) que sur les plans sanitaire et financier (coût très élevé de l'hospitalisation), ne se révèle rien moins que satisfaisant... Et en second lieu, qu'il peut paraître pour le moins choquant de constater que les ayants droit des personnes en situation irrégulière, notamment leurs enfants qui n'ont pas fait le choix de se trouver en France, ne peuvent pas, en tout état de cause, bénéficier de la CMU : à l'évidence, il conviendrait que le législateur se penche sur la question et accorde, au moins aux enfants concernés, le bénéfice des prestations consenties par le nouveau dispositif de CMU.

519 **Bibliographie.** M. BÉLANGER, L'accès aux soins de santé en France des étrangers ressortissants non communautaires, *RDSS*, 1994, p. 422 ; J. BORDELOUP, Réflexions sur les conditions d'accès aux soins des personnes en situation de précarité, *Dr. soc.*, 1988, p. 340 ; L. DESSAINT, C. FOURNIER, Égalité des droits, égalité des chances : l'accès aux soins, *RFAS*, n° 2, 1998, p. 43 ; G. JOHANNET, L'égalité d'accès aux soins, *Rapport public du Conseil d'État*, 1998, p. 429 ; G. KOUBI, Réflexions sur la gratuité dans le droit de la santé, *RDSS* 1999, p. 1 ; S. LE ROUX (Rapport), *Les inégalités devant la santé*, 1985, La Doc. française ; P. LIGNEAU, L'aide médicale moribonde, *Mélanges E. Alfandari*, p. 389, 1999, Dalloz ; J. MOREAU, Le droit à la santé, *AJDA* (juill./août, n° spécial), 1998, p. 185 ; P. L. RÉMY, Points de repère pour une réflexion sur notre système de soins, *Dr. soc.*, 1999, p. 362 ; J. REVOL, H. STROHL (Rapport), *L'accès aux soins des personnes en situation de précarité*, 1988, IGAS ; H. STROHL, Le mythe de l'accès aux soins, *Dr. soc.*, 1995, p. 789 ; D. TABUTEAU, Le droit à la santé : quelques éléments d'actualité, *Dr. soc.*, 1991, p. 332 ; C. ZAIDMAN, Le régime universel : les objectifs et les difficultés de sa mise en place, *Dr. soc.*, 1996, p. 333.

(28) On pourrait encore signaler la contradiction existant entre l'article L. 162-11 du Code de la santé publique qui subordonne l'accès à l'IVG des femmes étrangères à une condition de résidence régulière en France depuis plus de 3 mois et l'art. 197-1 du CFAS résultant de la loi du 27 juillet 1999 qui admet la prise en charge des frais d'IVG pour les étrangères en situation irrégulière résidant de façon habituelle en France (Circ. DAS n° 2000-14, 10 janvier 2000) : c'est dire qu'il conviendrait au plus tôt de mettre un terme à cette contradiction en abrogeant l'art. L. 162-11...

§ 2. L'ACCÈS AUX SOINS DANS LE CADRE NOUVEAU DE LA CMU

520 Prenant acte à la fois des lacunes et dysfonctionnements de l'aide médicale et de l'impossibilité dans laquelle se trouvait une fraction importante de la population d'accéder effectivement aux soins faute de disposer de ressources suffisantes pour faire l'avance des frais et supporter financièrement le poids du ticket modérateur et du forfait hospitalier, le législateur a mis en place un dispositif novateur et original baptisé « Couverture maladie universelle ». Ce dispositif prévoit en effet non seulement d'affilier l'ensemble de la population à un régime de base d'assurance maladie mais encore de lui accorder le bénéfice d'une protection complémentaire destinée à couvrir les frais non pris en charge par ledit régime : ce qui, compte tenu du mode de financement et des modalités de gestion retenus, a pour effet d'accentuer de manière substantielle la présence — et l'importance — des principes de l'aide sociale au sein du système global de sécurité sociale (29).

A. L'AFFILIATION À UN RÉGIME DE BASE

521 L'affiliation à un régime de base de sécurité sociale constitue le premier volet du dispositif mis en place par la loi du 27 juillet 1999 (30) : sous réserve que certaines conditions de fond et de procédure soient satisfaites, chacun a maintenant vocation à bénéficier d'une telle affiliation et donc des avantages qui en résultent.

1° Les conditions de l'affiliation

522 Dorénavant, ce n'est plus seulement le critère socio-professionnel (ou le cas échéant l'assurance personnelle) qui détermine l'affiliation à un régime de base de sécurité sociale ; à ce critère classique, le législateur en a ajouté un autre qui tient tout entier dans la notion de *résidence stable et régulière* : aux termes de l'article 3 de la loi, « toute personne résidant en France métropolitaine ou dans un département d'outre-mer de façon stable et régulière relève du régime général lorsqu'elle n'a droit à aucun autre titre aux prestations en nature d'un régime d'assurance maladie et maternité » (31). En conséquence, l'assurance personnelle devenue inutile est supprimée, de même que l'aide médicale départementale.

(29) L. n° 99-641, 27 juillet 1999 ; D. n° 1004 à 1006, 1er décembre 1999 ; D. n° 99-1012 et 1013, 2 décembre 1999 ; D. n° 99-1028, 9 décembre 1999 ; D. n° 99-1049, 15 décembre 1999 ; D. n° 99-1079, 21 décembre 1999 ; A. 24 et 27 décembre 1999 (*JO*, 31 décembre 1999, p. 20029 et s.) ; A. 31 décembre 1999 (*JO*, 1er janvier 2000, p. 30 et s.) ; Circ. DSS/2A n° 99-701, 17 décembre 1999, *BO Solid.-santé*, n° 99-52, p. 303.

(30) Sur cette loi, v. décision n° 99-416 DC du 23 juillet 1999, *AJDA*, 1999, p. 700, obs. J. E. SCHOETTL ; *LPA*, n° 209, 1999, p. 23, chr. B. MATHIEU.

(31) Ce principe de portée générale souffre cependant quelques exceptions ; bien que résidant ou séjournant en France, certaines personnes ne peuvent en effet bénéficier de l'affiliation en vertu du critère de résidence : celles venues en France pour suivre un traitement médical ou une cure ; membres du personnel diplomatique et consulaire en poste en France et fonctionnaires d'un État étranger ainsi que les membres de leur famille les accompagnant ; certains agents retraités d'une organisation internationale ; certains travailleurs frontaliers... (*C. séc. soc.*, art. L. 380-3) ; il en va de même pour les ministres du culte et les membres des congrégations religieuses ainsi que, sauf exception, les étudiants lesquels sont obligatoirement affiliés au régime de sécurité sociale étudiante.

Outre la personne qui remplit la condition de résidence, le bénéfice de l'affiliation est accordé également à ses ayants droit (32). Soucieux d'étendre l'accès aux soins au plus grand nombre, le législateur s'est efforcé de couvrir, *via* la création de catégories particulières d'« ayants droits autonomes », diverses personnes se trouvant antérieurement sans protection ; c'est le cas des jeunes mineurs âgés de plus de 16 ans : la qualité d'ayant droit autonome ayant été accordée à celui qui, ayant atteint l'âge de 16 ans, en fait la demande (33) ; c'est le cas des enfants mineurs pris en charge par les services de l'Aide sociale à l'enfance : l'identification autonome de ces enfants au sein du régime de l'assuré ayant pour objectif de permettre aux intervenants du service de pourvoir sans délai aux besoins de soins requis par ces enfants (34) ; c'est le cas de toute une série d'autres personnes qui, sauf refus exprès de leur part, se voient automatiquement conférer la même qualité (conjoint de l'assuré, concubin à la charge effective, totale et permanente de celui-ci...) (35) et perçoivent donc à titre personnel les prestations en nature des assurances maladie et maternité (36).

A défaut d'avoir été définie par la loi, la condition liée à la résidence stable et régulière l'a été par les textes d'application (37) ; est considéré comme satisfaisant la condition de stabilité celui qui justifie qu'il réside en France ou dans un DOM de manière ininterrompue depuis plus de 3 mois : étant cependant entendu qu'un certain nombre de personnes déjà bien identifiées sont dispensées de justifier de cette résidence ininterrompue (personnes inscrites dans un établissement d'enseignement ; personnes reconnues réfugiées, admises au titre de l'asile ou ayant demandé le statut de réfugié ; bénéficiaires d'une prestation familiale, d'une aide au logement, d'une aide à la garde d'enfant, d'un avantage de vieillesse non contributif, du RMI, des prestations d'aide sociale servies aux familles et aux personnes âgées et handicapées). Quant à la condition de régularité, elle est considérée comme remplie si la personne de nationalité étrangère peut fournir, au moment de sa demande, un titre de séjour en cours de validité, un récépissé de demande de renouvellement de titre de séjour ou encore tout document prouvant qu'elle est en situation régulière au regard de la législation sur le séjour des étrangers en France (38).

2° Les modalités et les effets de l'affiliation

523 Outre celui d'universalité, plusieurs principes importants ont été consacrés par le législateur dans le cadre de la protection offerte par le régime de base.

(32) Les pupilles de l'État, qui relevaient jusqu'à présent de l'aide médicale, relèvent désormais du régime général sur critère de résidence (*C. séc. soc.*, art. L. 380-4).

(33) Solution qui, destinée à mettre un terme aux difficultés rencontrées en matière de soins par certains jeunes âgés de 16 ans à 18 ans en situation de rupture familiale, permet à l'intéressé de bénéficier des prestations en nature des assurances maladie et maternité en son nom propre, donc sans passer par le compte de l'assuré dont il est ayant droit.

(34) La qualité d'ayant droit autonome est obtenue à la diligence et sur demande des personnes ou des établissements qui en assurent l'accueil ou la garde ; ces derniers percevant alors pour le compte de l'assuré les prestations en nature des assurances maladie et maternité.

(35) Sur ces personnes, v. *C. séc. soc.*, art. L. 161-14-1.

(36) Disposition importante puisqu'elle permettra à la femme victime de violences conjugales, ayant droit de son conjoint, d'être remboursée personnellement des frais de soins qu'elle a engagés.

(37) D. n° 99-1005, 1er décembre 1999.

(38) *C. séc. soc.*, art. L. 115-6.

Le principe, tout d'abord, d'*immédiateté* : dès lors que la personne en fait la demande auprès d'une CPAM, l'affiliation est immédiate sur simple justification de son identité (ou, s'il s'agit d'un étranger, de son titre de séjour) et de sa résidence stable et régulière : étant entendu que les personnes sans domicile fixe au moment de leur demande doivent élire domicile auprès soit d'un organisme agréé à cet effet, soit d'un CCAS ou d'un CIAS (39). Ce n'est qu'après avoir effectué cette affiliation que la caisse pressentie recherche si le demandeur n'a pas droit, à un autre titre, aux prestations en nature d'un régime obligatoire ; si tel est le cas, elle saisit l'organisme compétent pour affilier l'intéressé au régime dont il relève (40). Le principe, également, d'*automaticité* : sitôt l'affiliation réalisée, le demandeur bénéficie immédiatement et donc sans délai des prestations en nature de l'assurance maladie et maternité du régime général. Le principe, encore, de *continuité des droits* : si l'assuré relève en fait d'un autre régime d'assurance maladie que celui qui verse les prestations, ce dernier doit continuer à lui servir celles-ci tant que le régime compétent ne l'a pas pris effectivement en charge ; par ailleurs, tout assuré ne peut perdre le bénéfice des prestations que s'il est présumé absent (41) ou cesse de remplir la condition de résidence stable et régulière : mais dans ce dernier cas, il continue de bénéficier, ainsi que ses ayants droit, des prestations en nature pendant un an (42).

Et le principe, enfin, de *gratuité sous conditions de ressources* : les personnes disposant d'une résidence stable ne sont redevables d'aucune cotisation dès lors que leurs revenus ne dépassent pas un certain plafond fixé par décret (43). Celles qui sont bénéficiaires de la protection complémentaire sont dispensées de toute cotisation.

Les ressources prises en considération sont les revenus nets catégoriels retenus pour l'établissement de l'impôt sur le revenu. La cotisation est égale à 8 % de la fraction des revenus excédant le plafond. Elle est calculée chaque année pour la période allant du 1er octobre au 30 septembre de l'année suivante sur la base des revenus perçus l'année civile précédente. Elle est payable tous les 3 mois et est due à compter du premier jour du trimestre qui suit la date d'effet de l'affiliation ou, le cas échéant, de la fin du droit à la protection complémentaire. Elle est liquidée par les CPAM et recouvrée par les URSSAF : en cas de non paiement dans les délais, des majorations sont effectuées (10 % augmentés de 3 % lorsque le retard excède un trimestre) par

(39) Cette disposition est susceptible de soulever des difficultés pratiques non négligeables, notamment dans l'hypothèse où un demandeur français (qu'il soit ou non sans résidence stable) aura perdu ses papiers d'identité : lorsqu'on connaît les délais souvent très longs exigés pour établir de tels papiers, il y a fort à craindre que le sort des personnes se trouvant dans cette situation ne se révèle à l'expérience guère plus satisfaisant qu'auparavant.

(40) Si l'intéressé avait préféré antérieurement souscrire un contrat d'assurance privée plutôt que cotiser pour l'assurance personnelle, il peut alors, au cas où il remplit les conditions pour être affilié au régime général sur critère de résidence, résilier son contrat de plein droit et bénéficier d'un remboursement au prorata de la durée du contrat restant à courir. Si la protection offerte par ce contrat se révèle supérieure à celle garantie par le régime général, ce contrat peut être maintenu moyennant une réduction de prime.

(41) *C. civil*, art. 112.

(42) *C. séc. soc.*, art. L. 161-8 ; en ce qui concerne les prestations en nature, il a été prévu que les assurés dont le maintien des droits arrivait à échéance avant le 1er janvier 2000, continuent, à titre transitoire et à condition de toujours résider en métropole ou dans un DOM, de bénéficier de leurs droits pendant 3 ans à compter de cette échéance ; ceux qui, à compter du 1er janvier 2000, ne rempliront plus les conditions pour relever d'un régime obligatoire de sécurité sociale, bénéficieront d'un maintien de leurs droits pendant 4 ans (D. nº 99-1049, 15 décembre 1999 et Circ. DSS/2 A nº 99-701, 17 décembre 1999, précitée).

(43) Du 1er janvier 2000 au 30 septembre 2001, le plafond de ressources, revalorisé chaque année en fonction de l'évolution des prix, a été fixé à 42 000 F/an : il sera donc revalorisé au 1er octobre 2001 (A. 4 janvier 2000, *JO*, 6 janvier 2000, p. 233).

l'URSSAF laquelle peut, si l'intéressé refuse de payer après mise en demeure, délivrer une astreinte.

Par ailleurs, et en toute hypothèse, le versement des prestations en nature n'est plus subordonné à l'acquittement des cotisations ; sauf mauvaise foi (auquel cas il pourra être suspendu au détriment du seul bénéficiaire et non de ses ayants droit), ledit versement continuera d'être effectué à tous les assurés sociaux concernés (44).

B. LE BÉNÉFICE D'UNE PROTECTION COMPLÉMENTAIRE

524 La loi du 27 juillet 1999 ne s'est nullement contentée, à l'instar de ce que prévoyait le projet d'assurance maladie universelle envisagé par le « Plan Juppé », de procéder à une simple généralisation de la couverture de base en vue d'intégrer au système de sécurité sociale la population résiduelle demeurant en pratique sans aucune protection. Pour indispensable qu'elle soit, une telle mesure n'était en effet nullement suffisante si l'on voulait permettre à tous d'accéder effectivement aux soins : une fraction importante de la population assurée sociale étant souvent amenée à renoncer aux soins (45) faute de disposer de ressources nécessaires soit pour adhérer à un régime complémentaire destiné à couvrir tout ou partie des sommes non remboursées par la sécurité sociale, soit encore pour faire l'avance des frais en cas de consultations, d'examens et d'achat de médicaments.

Aussi la loi de 1999 a-t-elle prévu deux mesures tout à fait essentielles : d'une part, le bénéfice, pour les personnes remplissant certaines conditions, d'une protection complémentaire gratuite en matière de santé ; d'autre part, la dispense de l'avance de frais pour ces personnes, lesquelles se voient ainsi offrir les avantages d'un système de tiers payant : disposition que le législateur a considérée comme « fondamentale pour permettre un accès aux soins effectif des personnes les plus modestes, pour lesquelles l'avance des frais est très souvent un obstacle majeur à l'exercice de leur droit à la santé » (46).

1° Les conditions d'admission

525 Pour bénéficier d'une protection complémentaire gratuite en matière de santé, les personnes intéressées doivent remplir plusieurs conditions.

Elles doivent tout d'abord justifier qu'elles résident en France ou dans un DOM de manière ininterrompue depuis plus de 3 mois, selon les mêmes critères que ceux en vigueur pour l'affiliation à un régime de base ; néanmoins, ce délai de 3 mois ne

(44) Le paiement des prestations en espèces continue d'être subordonné, pour sa part, au paiement préalable des cotisations.

(45) Constat qui a été maintes fois rappelé lors des débats parlementaires : « garantir l'affiliation à un régime de sécurité sociale ne suffit pas (...) à garantir l'accès aux soins. L'assurance maladie laisse 25 % des dépenses de santé à la charge des ménages (...) ; alors que 84 % de la population dispose d'une couverture complémentaire (...), cette proportion tombe à 45 % dans la tranche des revenus inférieurs à 2 000 F par mois » (M. AUBRY, *in* J. C. BOULARD, *Rapport, op. cit.*, p. 30).

(46) J. C. BOULARD, *Rapport (op. cit.)*, p. 137.

s'applique pas à certaines catégories de demandeurs limitativement énumérées (47) ; de plus, la protection complémentaire est accordée de manière automatique aux bénéficiaires du RMI et de plein droit à ceux qui sont titulaires de l'aide médicale au 1er janvier 2000 jusqu'à l'expiration de la période pour laquelle cette dernière a été attribuée : les jeunes âgés d'au moins 16 ans en situation de rupture familiale pouvant également en bénéficier à titre personnel et sur décision de l'autorité administrative s'ils en font la demande (48). Quant aux étrangers, ils doivent justifier, outre de la stabilité de leur résidence, qu'ils sont en situation régulière au regard de la législation applicable à leur séjour en France. De manière plus générale, on soulignera que les personnes affiliées au régime général sur critère de résidence sont expressément exonérées de cotisation.

Elles doivent ensuite disposer de ressources inférieures à un plafond ; révisé chaque année en fonction de l'évolution des prix, celui-ci varie selon la composition du foyer et le nombre de personnes à charge. Le foyer comprend le demandeur ; son conjoint (sauf s'il n'est pas soumis à une imposition commune), son concubin ou son partenaire au titre d'un pacte civil de solidarité (PACS) ; des enfants et personnes à charge de moins de 25 ans rattachées au foyer fiscal du demandeur (ou de son conjoint, concubin, partenaire PACS), des enfants de moins de 25 ans du demandeur (ou de son conjoint, concubin, partenaire PACS) vivant sous le même toit que lui mais ayant établi une déclaration fiscale en leur nom propre ; des enfants majeurs de moins de 25 ans du demandeur (ou de son conjoint, concubin, partenaire PACS) ne vivant pas sous le même toit que lui mais recevant de sa part une pension qu'il déduit à l'occasion de sa déclaration annuelle de revenus et dont le versement ne fait pas suite à une décision judiciaire (49) : les personnes considérées comme étant à charge n'étant cependant prises en compte que si elles sont à la charge réelle et continue du demandeur, de son conjoint, concubin ou partenaire PACS.

Le plafond de ressources a été fixé au 1er janvier 2000 à 3 500 F/mois (50) ; il est majoré de 50 % pour la 2e personne au foyer (5 250 F/mois), de 30 % pour les 3e (6 300 F/mois) et 4e personnes du foyer (7 350 F/mois) et de 40 % par personne supplémentaire. Les ressources du foyer sont appréciées selon des modalités très proches de celles concernant le RMI. Toutes les ressources des membres composant le foyer, de quelque nature qu'elles soient, sont en principe prises en compte et doivent être considérées nettes de prélèvements sociaux obligatoires, de CSG et de CRDS (51). Ces ressources sont celles qui sont effectivement perçues au cours des 12 mois précédant la

(47) Il s'agit des personnes affiliées à un régime obligatoire de sécurité sociale au titre d'une activité professionnelle qui doit durer plus de 3 mois ; des personnes inscrites à un stage de formation professionnelle pour une durée supérieure à 3 mois ; des bénéficiaires de l'AAH ou d'une allocation de chômage (régime d'assurance et régime de solidarité).

(48) Dans ce cas, afin d'éviter les fraudes, l'organisme prestataire peut exercer un recours en récupération à l'encontre des parents qui disposent de ressources supérieures au plafond.

(49) Les jeunes de moins de 25 ans ne peuvent bénéficier automatiquement de la CMU complémentaire en tant que demandeurs du RMI (le droit n'étant ouvert qu'à partir de 25 ans) : mais ils peuvent en bénéficier s'ils appartiennent au foyer, au sens de la CMU, d'un demandeur de RMI. Dans ce cas, leurs ressources propres ne seront pas examinées.

(50) Les personnes seules titulaires du minimum vieillesse sont donc exclues du bénéfice de la complémentaire gratuite.

(51) Viennent cependant en déduction les versements de pensions et d'obligations alimentaires.

demande (52). Néanmoins, des aménagements ont été prévus par les textes (53) ; d'abord, certaines prestations à objet spécialisé sont exclues du calcul des ressources (AES, APJE, AGED, ACTP, PSD, MTP...). Ensuite, certaines ressources sont évaluées forfaitairement : ainsi, l'avantage en nature procuré par un logement occupé par son propriétaire qui ne dispose pas d'une aide personnelle au logement ou occupé à titre gratuit par les membres du foyer de même que les aides personnelles au logement (ALS, ALF et APL) ne sont pris en compte qu'à concurrence de 12 % du montant du RMI fixé pour un allocataire lorsque le foyer comprend une personne (306 F/mois), 14 % du montant du RMI fixé pour 2 personnes lorsque le foyer comprend 2 personnes (536 F/mois) et 14 % du montant du RMI lorsque le foyer comprend 3 personnes ou plus (643 F/mois) ; en aucune façon, l'hébergement précaire chez un membre de la famille ou un tiers ne peut entraîner l'application du forfait (54). Enfin, dans l'hypothèse de chômage notamment, il est procédé à un abattement de 30 % (comme pour les prestations familiales sous condition de ressources) sur les revenus d'activité déclarés pour chacun des membres du foyer. Cet abattement est pratiqué en cas d'interruption de travail supérieure à 6 mois pour longue maladie ; de chômage partiel ou total avec perception d'allocations ; de perception de l'allocation spécifique de solidarité, de l'allocation d'insertion ou d'une rémunération de stage de formation professionnelle (55).

2° Les modalités et les effets de l'admission

526 **a) Les modalités** — Pour obtenir le bénéfice des prestations de la protection complémentaire, l'intéressé peut choisir soit l'organisme d'assurance maladie auquel il est affilié qui gère ces prestations pour le compte de l'État (CPAM, caisse de MSA, caisse des travailleurs non salariés des professions non agricoles) ; soit une mutuelle à laquelle il a adhéré ou une institution de prévoyance ou une société d'assurance auprès de laquelle il a souscrit un contrat (56) parmi celles qui ont accepté par déclaration officielle de participer à la protection complémentaire en matière de santé.

Si le bénéficiaire a opté en faveur de sa caisse d'affiliation, celle-ci ne peut refuser de le prendre en charge ; il en va de même pour les organismes de protection complémentaire, lesquels ne peuvent ni refuser l'adhésion ou la souscription d'un

---

(52) Les CPAM peuvent contrôler le montant des ressources du demandeur auprès des ASSEDIC, lesquelles sont obligées de leur communiquer les informations dont elles disposent.

(53) En aucun cas, il ne peut cependant être tenu compte des revenus d'une personne qui a quitté le foyer du demandeur dans les 12 mois précédant la demande.

(54) D'autres ressources font également l'objet d'une évaluation forfaitaire (certaines prestations familiales, biens mobiliers et immobiliers non exploités et capitaux non placés).

(55) Sur le calcul des ressources des personnes non salariées des professions non agricoles, v. D. n° 99-1004, 1er décembre 1999 ; A. 29 décembre 1999 (*JO*, 31 décembre 1999, p. 20033) ; v. aussi D. n° 99-1166, 29 décembre 1999.

(56) Les personnes qui, avant d'accéder à la protection complémentaire, bénéficiaient d'une protection complémentaire de droit commun, peuvent obtenir de plein droit soit la résiliation totale de la garantie initialement souscrite si l'organisme assureur ne désire pas couvrir les bénéficiaires de la CMU, soit la modification de cette garantie conformément à ce qui prévaut en matière de protection complémentaire de CMU. Si la garantie initiale s'appliquait à des risques différents de ceux couverts par cette dernière, l'organisme assureur est tenu de proposer à l'intéressé, pour la partie de son contrat initial excédant cette protection, un contrat correspondant à des conditions tarifaires de droit commun. Les cotisations ou primes afférentes aux contrats ou parties de contrat initiaux sont remboursées par les organismes qui les ont perçues au prorata de la durée du contrat restant à courir.

contrat, ni subordonner l'entrée en vigueur de cette adhésion ou de ce contrat à aucune formalité ou condition autre que la réception du document attestant l'ouverture des droits (57) : en cas de manquement à ses obligations (refus d'inscrire un individu, etc.), l'organisme en cause peut être retiré de la liste des participants à la CMU par l'autorité administrative.

La demande doit être déposée auprès de la caisse de sécurité sociale d'affiliation du postulant et doit notamment indiquer l'organisme choisi en matière de protection complémentaire ; le demandeur peut se faire aider dans sa démarche par les services sociaux, les associations ou organismes à but non lucratif agréés par le préfet ainsi que par les établissements de santé : toutes ces instances sont habilitées, avec l'accord de l'intéressé, à transmettre la demande et les documents correspondants à la caisse de sécurité sociale compétente. La décision d'attribution est prise par le préfet, lequel peut déléguer ce pouvoir au directeur de la caisse (58) ; elle doit être notifiée dans un délai de 2 mois à compter de la réception par celle-ci du dossier complet de demande : passé ce délai, elle est réputée acceptée. En cas de contestation, elle peut faire l'objet d'un recours contentieux devant la commission départementale d'aide sociale. Lorsque la situation du demandeur l'exige (59), la protection complémentaire est attribuée dès le dépôt de la demande s'il est présumé remplir les conditions requises ; si la vérification de sa situation démontre qu'il ne satisfait pas lesdites conditions, le bénéfice de cette protection est alors interrompu.

Le droit à la protection complémentaire est attribué pour une période d'un an renouvelable à compter de la date de la décision d'admission et ce, quelle que soit l'évolution des revenus du bénéficiaire au cours de cette période. Si, au terme de cette période, les revenus de l'intéressé sont supérieurs au plafond, les règles applicables diffèrent selon la nature de l'organisme de protection complémentaire initialement choisi ; dans l'hypothèse où cet organisme n'est pas la caisse d'affiliation, le bénéficiaire doit se voir proposer la possibilité de prolonger son adhésion ou son contrat pour une période d'un an, avec les mêmes prestations et pour un tarif n'excédant pas un montant fixé par arrêté ; mais dans l'hypothèse contraire (l'organisme de prise en charge étant la caisse d'affiliation), aucun prolongement de la protection complémentaire n'est prévu par la loi.

527 **b) Les effets** — La protection complémentaire ouvre droit, sans contrepartie contributive (donc gratuitement), à deux séries de prestations ou d'avantages : d'une part, la prise en charge de la fraction des dépenses de santé non remboursées par la sécurité sociale ; d'autre part, la dispense d'avance de frais.

S'agissant d'abord des dépenses de santé, le bénéficiaire se voit accorder la prise en charge du ticket modérateur ; du forfait journalier sans limitation de durée ; des frais exposés au delà des tarifs de responsabilité de la sécurité sociale et dans les

(57) En pratique, et pour éviter que les organismes concernés ne procèdent insidieusement à une sélection des personnes prises en charge, le dossier de chaque bénéficiaire est appelé à être traité par courrier entre la caisse et l'organisme choisi.

(58) Sur la délégation de compétence aux directeurs de caisses ainsi que sur l'agrément des organismes apportant leur concours aux demandeurs, v. Circ. DSS/2A n° 99-681, 8 décembre 1999, *BO Solid.-santé*, n° 99-51, p. 257.

(59) Sur ces conditions (nécessité de soins immédiats ou programmés, etc.), v. Circ. DSS/2A n° 99-701, 17 décembre 1999 (précitée).

limites fixées par un arrêté ministériel (60) pour les soins dentaires prothétiques ou d'orthopédie dento-faciale ainsi que pour les dispositifs médicaux. Ceci vaut sur tout le territoire (métropole et DOM), contrairement à l'aide médicale qui était généralement limitée au cadre départemental. Néanmoins, la prise en charge des dépenses n'intervient que de manière subsidiaire, à savoir sous réserve des dispositions plus favorables dont certaines personnes pourraient bénéficier (régimes spéciaux, certains accords obligatoires de prévoyance d'entreprise, régime local d'Alsace-Moselle, régime des affections de longue durée...).

Les organismes concernés (CPAM, mutuelles, institutions de prévoyance et sociétés d'assurance) peuvent conclure des accords nationaux ou locaux avec les distributeurs de dispositifs médicaux, lesquels doivent prévoir l'obligation pour ces derniers de fixer des prix correspondant au niveau de remboursement défini par l'arrêté ou prévoir un montant maximal applicable aux bénéficiaires de la protection complémentaire ; en l'absence d'accord, l'État peut fixer les prix ou le plafond de manière unilatérale par voie d'arrêté (61).

Les médecins ont l'obligation d'appliquer les tarifs du secteur 1 à tout bénéficiaire de la CMU complémentaire, sauf cas d'exigence particulière du patient (visite de nuit alors qu'il n'y a pas d'urgence, etc.).

S'agissant ensuite de la dispense d'avance de frais, le bénéficiaire se voit appliquer le système du tiers-payant : les praticiens et établissements de santé étant ultérieurement remboursés de leurs prestations par les organismes de prise en charge. Cette mesure étant motivée par le souci de rendre l'accès aux soins effectif pour les personnes les plus modestes, elle a été étendue, sous certaines conditions, à tous les assurés sociaux : aux termes de la loi, ceux qui auront souscrit un acte d'adhésion formalisant leur engagement auprès d'un médecin référent pourront désormais bénéficier d'une dispense d'avance de frais concernant les actes de ce médecin ou ceux des spécialistes qui se seront déclarés « correspondants » de ce dernier (62).

C. LA GESTION DU DISPOSITIF

528 Si la loi du 27 juillet 1999 a prévu, pour assurer la gestion du dispositif, un mécanisme original de financement qui met notamment à contribution les organismes de protection complémentaire, elle comporte néanmoins, dans son économie générale, un certain nombre de dispositions qui en limitent de manière plus ou moins sensible la portée dernière.

---

(60) Ces dispositifs concernent les produits destinés à des fins de diagnostic, de prévention ou de traitement d'une maladie, d'une blessure ou d'un handicap (lunettes, prothèses, etc.) : sur ces limites, v. A. 31 décembre 1999 (*JO*, 1er janvier 2000, p. 30 et s. et *JO*, 15 janvier 2000, p. 715-716).

(61) Les plafonds des remboursements complémentaires ont été fixés, au 1er janvier 2000, à 2 600 F sur 2 ans pour les soins dentaires (sauf prothèses mobiles), à 1 600 F sur 2 ans pour les prothèses auditives, à 358 F/an pour les lunettes, etc. ; de plus, pour les soins dentaires prothétiques ou d'orthopédie dento-faciale, les praticiens doivent appliquer un tarif maximal fixé dans la convention nationale des chirurgiens dentistes ou à défaut par arrêté ministériel.

(62) D. no 99-1079, 21 décembre 1999 et Circ. CNAM-CABDIR no 15-99, 21 décembre 1999.

1° Le financement du dispositif

529 Le financement du dispositif est assuré d'une part par un certain nombre de transferts financiers destinés à financer la couverture maladie de base, d'autre part à la création d'un fonds spécial destiné à financer la protection complémentaire.

530 **a) Le financement de la couverture de base** — Divers transferts financiers ont été opérés par le législateur en vue de financer la couverture maladie de base.

Ces transferts sont consécutifs tout d'abord à la suppression de l'assurance personnelle ; en effet, cette dernière était financée jusqu'alors par des cotisations versées à la CNAM par les particuliers, l'État, les départements, le FSV et la CNAF. Pour maintenir les recettes de la CNAM, la loi a prévu plusieurs transferts : ainsi, la part du produit des droits de consommation sur les alcools perçus par le FSV passe de 60 % à 55 %, la différence de 5 % étant versée à la CNAM ; de même, la part du produit des prélèvements sociaux opérés sur les revenus du patrimoine et de placement et affectée à la CNAF est abaissée de 50 % à 22 %, la différence de 28 % étant versée à la CNAM ; de plus, la part des droits sur le tabac revenant à cette dernière est augmentée ; enfin, la cotisation due par les particuliers assurant leur véhicule automobile est désormais perçue au seul profit de la CNAM.

Ces transferts sont liés ensuite à la suppression de l'aide sociale départementale ; dans la mesure où les départements n'ont plus à supporter la charge de l'aide médicale, la dotation générale de décentralisation (DGD) est diminuée d'un montant égal à l'allègement de charges provenant des dépenses d'aide médicale réalisées en 1997, réduit de 5 % pour tenir compte de certaines charges indues. La réduction de la DGD est individualisée par département, après avis de la commission consultative sur l'évaluation des charges résultant des transferts de compétences (63). Par ailleurs, du fait de l'inscription dans la CMU des crédits correspondants à l'aide médicale des bénéficiaires du RMI, les sommes que les départements doivent consacrer à l'insertion des allocataires du RMI passent en métropole de 20 % à 17 % (16,5 % dan les DOM) du montant des crédits versés par l'État au titre de l'allocation dans le département.

Enfin, il convient ici de rappeler que les contingents communaux d'aide sociale qui représentaient la participation des communes aux dépenses d'aide sociale des départements ont été supprimés du fait du transfert à l'État des compétences de ces derniers en matière d'aide médicale ; en contrepartie de cette suppression, la loi a prévu une diminution de la dotation forfaitaire de chaque commune qui vient abonder la DGF (64).

531 **b) Le financement de la protection complémentaire** — La loi a notamment prévu la création d'un « Fonds de financement de la protection complémentaire de la couverture universelle du risque maladie ». Institué sous la forme d'un établissement public à caractère administratif, ce Fonds comprend un conseil d'administration, où siègent des représentants de l'État, ainsi qu'un conseil de surveillance. Ce dernier est composé notamment de représentants du Parlement, d'associations œuvrant dans le domaine économique et social en faveur des populations les plus démunies, des

(63) *C. gén. coll. terr.*, art. L. 1614-3. Il convient cependant de noter qu'une partie des sommes ainsi récupérées doivent servir au financement de la protection complémentaire.

(64) Sur les modalités de cette suppression, v. Circ. 3 août 1999, *BO Intér.*, n° 99-3, 3e trimestre 1999, p. 8 : ce point, v. aussi *supra*, n° 169.

régimes obligatoires d'assurance maladie et des organismes de protection sociale complémentaire.

Les dépenses du fonds correspondent d'une part au remboursement intégral aux organismes de sécurité sociale des prestations versées au titre de la couverture complémentaire ; d'autre part, au remboursement, dans la limite de 1 500 F par an et par assuré, aux organismes de protection complémentaire des sommes qu'ils consacrent à la prise en charge des bénéficiaires de la couverture complémentaire ; enfin, aux frais de gestion administrative du fonds.

Les recettes de ce dernier sont constituées d'une part par une dotation budgétaire de l'État destinée à équilibrer le fonds ; d'autre part par une contribution financière des organismes de protection complémentaire (mutuelles, institutions de prévoyance, assureurs). Cette contribution est assise sur le montant hors taxes des cotisations et primes afférentes à la protection complémentaire en matière de frais de soins de santé ; son taux est fixé à 1,75 % de ce montant (65)... Le montant net versé au fonds par chaque organisme est égal à la différence entre la contribution due de 1,75 % et un montant correspondant au produit des adhésions ou contrats souscrits au titre de la CMU par le nombre de personnes prises en charge (66). Dans l'hypothèse où ce montant se révèlerait supérieur à celui de la contribution due, l'organisme concerné demande au fonds le remboursement de la différence. Le fonds y procède au plus tard le dernier jour du mois suivant.

De plus, afin de permettre aux personnes situées juste au-dessus du seuil ouvrant droit à la protection complémentaire d'accéder néanmoins aux soins, la loi a prévu la possibilité de voir créer un fonds d'accompagnement à la protection complémentaire alimenté par des contributions volontaires des organismes complémentaires (67).

2° La portée et les limites du dispositif

532 La loi du 27 juillet 1999 constitue sans aucun doute l'une des lois les plus importantes votées en matière d'aide et d'action sociales depuis une dizaine d'années. Dans son économie générale comme dans nombre de ses aspects, elle marque indéniablement « une réforme fondamentale » devant se saisir comme « une avancée sociale majeure » (68) ; d'abord, parce qu'elle met un terme définitif au processus de généralisation de l'assurance maladie engagé et poursuivi depuis de nombreuses années par les gouvernements successifs (69) : dorénavant, toute personne résidant en France de manière stable et régulière est en principe assurée, dans tous les sens du terme, de bénéficier des prestations en nature de l'assurance maladie : l'affiliation au régime comme l'accès aux prestations sont immédiats ; la continuité des droits ainsi que la gratuité de la couverture sont garanties.

(65) Cette contribution couvrira environ 20 % du coût de la CMU, lequel avoisine 9 milliards F.

(66) Les sommes dues au titre de la contribution sont versées au plus tard le dernier jour du premier mois de chaque trimestre civil au titre des cotisations et primes recouvrées au cours du trimestre précédent aux URSSAF territorialement compétentes.

(67) Art. 27, mod. *C. séc. soc.*, art. L. 862-1.

(68) M. AUBRY, Conseil des ministres du 3 mars 1999 ; dans le même sens, v. encore H. FELTESSE, B. GROUES, La CMU, une grande avancée sociale, *Union sociale*, n° 125, avril 1999, p. 3.

(69) R. LAFORE, La CMU, un nouvel îlot dans l'archipel de l'assurance maladie, *Dr. soc.*, 2000, p. 21.

Ensuite et surtout, parce qu'en s'étant attachée à favoriser l'adhésion d'un grand nombre de personnes dotées de faibles ressources à un régime de protection complémentaire en matière de santé, elle s'est efforcée — ce qui constitue une réelle innovation — de rendre effectif l'accès de tous aux soins. En effet, le nouveau dispositif a vocation à déborder notablement le champ strict des personnes les plus démunies : le seuil de 3 500 F de ressources mensuelles retenu par les pouvoirs publics (personne seule) ayant été fixé de telle sorte que la prise en charge de la protection complémentaire bénéficie en fait à près de 10 % de la population, c'est-à-dire à un certain nombre de personnes dont les ressources se situent nettement au-dessus de l'allocation du RMI (70). De plus, s'agissant aussi bien des prestations prises en charge que des droits et obligations des bénéficiaires, il convient également de souligner à la fois l'étendue des premières et la souplesse des seconds : ainsi, les bénéficiaires de la CMU non seulement se voient accorder une prise en charge intégrale du ticket modérateur et du forfait hospitalier mais encore bénéficient de tarifs de remboursement supérieurs au droit commun pour certains frais, notamment ceux d'optique et de prothèses dentaires ; de même, se voient-ils reconnaître la possibilité de désigner librement l'organisme de protection complémentaire ayant accepté de participer à la CMU, lequel organisme ne peut en aucun cas procéder à une sélection des candidats qui l'ont choisi : autant de dispositions qui vont incontestablement dans le sens voulu par le législateur : à savoir rendre l'accès aux soins effectif pour tous.

Mais pour capitale qu'elle soit, cette loi n'en souffre pas moins certaines limites ou lacunes qui sont de nature à en restreindre quelque peu la portée. Outre celles relatives à l'aide médicale d'État (71), la plus importante de ces limites (72) réside sans conteste dans le seuil institué pour bénéficier de la protection complémentaire ; au lieu en effet d'avoir été « lissé » comme c'est souvent le cas s'agissant de prestations sociales attribuées sous conditions de ressources, ce seuil a été au contraire conçu comme un « seuil couperet » générateur en fait de graves inégalités : au-dessous de 3 500 F, une personne remplissant les conditions légales bénéficiera — outre de l'affiliation gratuite à un régime de base — d'une couverture complémentaire entièrement gratuite. Au-dessus de ce seuil, elle devra acquitter — outre une cotisation proportionnelle à ses revenus pour bénéficier des prestations en espèces de l'assurance maladie et maternité du régime de base — une cotisation volontaire à un organisme de protection complémentaire, laquelle se fera au premier franc... De plus, elle sera contrainte, pour pouvoir bénéficier du système de tiers-payant, de choisir un médecin référent : obligation d'application d'autant plus problématique que le nombre de praticiens ayant accepté jusqu'à présent d'être « référents » se révèle des plus réduit. Aussi, apparaît-il éminemment souhaitable, pour éviter cet effet de seuil, de revenir à la

(70) Situation qui n'a pas manqué d'être constamment rappelée au cours des débats par les promoteurs du projet : « la CMU n'est pas seulement destinée aux exclus. Elle permet à ceux dont l'accès aux soins est particulièrement restreint, pour des raisons qui tiennent à leur revenu, de bénéficier de cette couverture complémentaire complète. Il y aura, bien sûr (...) des chômeurs, des exclus, des personnes en fins de droits, mais il y aura aussi des salariés à faible revenu, des artisans, des commerçants, qui ont de faibles revenus et ne peuvent aujourd'hui accéder aux soins (...). La CMU permettra à 6 millions de personnes de bénéficier d'une couverture complémentaire complète », *JOAN*, Déb. parl., 2e séance du 27 avril 1999, intervention de M. AUBRY, p. 3649 ; dans le même sens, v. *JO, Sénat*, Déb. parl., séance du 2 juin 1999, intervention de M. AUBRY, p. 3450.

(71) V. *supra*, n° 518.

(72) Sur ce point, v. M. BORGETTO, Brèves réflexions sur les apports et les limites de la loi créant une CMU, *Dr. soc.*, 2000, p. 33 et s.

solution envisagée initialement par le rapporteur J. C. Boulard (73) avant d'être reprise par les membres de l'opposition, en particulier par les sénateurs (74) : solution consistant à instaurer une « allocation personnalisée santé » dégressive afin de permettre la solvabilisation de l'adhésion à un régime complémentaire.

533 **Bibliographie.** V. n° 509, 515, 519 ; *adde* M. BORGETTO, Brèves réflexions sur les apports et les limites de la loi créant une CMU, *Dr. soc.*, 2000, p. 30 ; J. C. BOULARD, *CMU : mode d'emploi*, Rapport d'information AN n° 1787, 1999 ; DIVERS, CMU : éviter le bogue social (Dossier), *JAS*, 1999, n° 42, p. 19 ; J. J. DUPEYROUX, La fin et les moyens, *Dr. soc.*, 2000, p. 4 ; C. HÉLARY-OLIVIER, La CMU : impact sur les mutuelles et sur l'organisation de la protection sociale en France, *Dr. soc.*, 2000, p. 41 ; P. HOURCADE, Mutualité gestionnaire ou partenaire : il faut choisir !, *Dr. soc.*, 2000, p. 39 ; R. LAFORE, La CMU, un nouvel îlot dans l'archipel de l'assurance maladie, *Dr. soc.*, 2000, p. 21 ; C. LÉVY, P. MONY, P. VOLOVITCH, La CMU : ce qui doit changer, *Dr. soc.*, 2000, p. 57 ; R. MARIÉ, La CMU, *Dr. soc.*, 2000, p. 7 ; A. RENAUDIN, La CMU : l'engagement des assureurs, *Dr. soc.*, 2000, p. 46 ; H. SÉNÉQUIER, La CMU, *Regards sur l'actualité*, n° 255, 1999, p. 3 ; P. VOLOVITCH, Égalité devant les soins, égalité devant la santé : quel rôle pour l'assurance-maladie ?, *Revue de l'IRES*, n° 30, 1999, p. 149.

SECTION II — L'ACTION SANITAIRE

534 Pour essentielle qu'elle soit, la CMU ne saurait constituer que l'un des moyens permettant de rendre effectif l'accès aux soins de tous, en particulier des plus démunis ; en effet, pour être totalement efficace, cette dernière suppose à tout le moins non seulement que les publics concernés soient informés de leurs droits, sensibilisés aux problèmes de santé, conseillés et orientés par tous ceux qui sont chargés de leur protection sanitaire, mais encore que ceux-ci les connaissent et leur permettent concrètement de faire valoir leurs droits : autant de conditions qui, si elles font défaut, risquent de rendre l'accès aux soins largement illusoire. De là, la nécessité, pour garantir ce dernier, de prolonger l'effort sanitaire de la Nation au-delà de la simple reconnaissance d'un droit à la CMU. Depuis quelques années, cet effort s'est orienté dans deux directions complémentaires : il a consisté d'une part à mettre en œuvre des actions ciblées en faveur de certains publics (§ 1), d'autre part à mettre en place divers dispositifs adaptés destinés à favoriser un accès réel aux soins de la partie la plus fragilisée de la population (§ 2).

§ 1. LA MISE EN ŒUVRE D'ACTIONS CIBLÉES

535 La mise en œuvre de ces actions vise des publics spécifiques parmi lesquels un accent particulier a été mis sur les jeunes en difficulté ainsi que sur les personnes détenues.

(73) V. notamment *Espace social européen*, 18-24 septembre 1998, p. 15 et s.
(74) Sur ce point, v. C. DESCOURS, Rapport, *JO, Sénat, Doc. parl.*, n° 376, p. 103 et s.

A. L'ACTION EN FAVEUR DES JEUNES EN DIFFICULTÉ

536 Les mesures prises en la matière s'adressent aux jeunes de 16 à 25 ans en difficulté d'insertion : en effet, les jeunes constituent la classe d'âge qui émarge le moins au budget de la santé ; de plus, cette population méconnaît souvent ses droits ainsi que l'offre de soins et de prévention existante tout en étant exposée à des situations de prise de risque (accidents, toxicomanie, MST...). Ces mesures prennent deux grandes formes.

Elles prennent la forme, tout d'abord, d'actions de santé élaborées au niveau local ; ces actions ont pour objectif d'une part de mobiliser les jeunes sur leur santé et de les inciter à la prendre eux-mêmes en charge en participant aux actions qui les concernent, d'autre part de sensibiliser l'ensemble des professionnels en contact avec eux aux problèmes et difficultés qu'ils rencontrent pour accéder aux soins. Financées sur des crédits déconcentrés (DDASS) tout en associant, sur le plan financier, différents partenaires (publics ou privés), ces actions doivent promouvoir tout ce qui est de nature à favoriser l'accès des jeunes au système de soins ; elles s'appuient sur les acteurs locaux : missions locales, professionnels de santé, associations, permanences d'accueil, d'information et d'orientation (PAIO), CPAM... Elles donnent lieu à convention passée entre les services déconcentrés et l'organisme (public ou privé) chargé de mener l'action (75).

Elles prennent la forme, ensuite, de visites médicales organisées en faveur des jeunes (missions locales, PAIO) qui s'engagent dans un processus d'insertion professionnelle, à l'exclusion, par conséquent, de ceux qui ont le statut de salarié. Ces visites qui sont, sauf exception, facultatives, permettent, s'agissant de jeunes ne bénéficiant ni de la santé scolaire ni de la médecine du travail, de dépister les maladies, de vérifier les vaccinations ainsi que l'aptitude des intéressés à initier telle ou telle formation professionnelle, de leur rappeler l'importance des pratiques préventives. Ces visites médicales, qui constituent en fait de véritables bilans de santé, sont particulièrement utiles lorsqu'elles sont assorties d'actions collectives de promotion de la santé, notamment de nature préventive (contraception, lutte contre les dépressions et tentatives de suicide, dents, vue...). Un suivi est prévu pour les jeunes le plus en difficulté, après la visite elle-même (76).

Dans le prolongement de ces mesures, sont encouragées les actions favorisant la formation en commun des partenaires de l'insertion et de la santé ainsi que les missions d'accompagnement personnalisé dans le domaine tant de l'accès aux droits sociaux que de la santé physique ou mentale : il s'agit, en même temps que l'on recherche et clarifie leurs droits à une couverture sociale, d'accompagner ces jeunes dans leurs démarches vers les professionnels de santé de droit commun et de vérifier qu'ils se font réellement soigner (77).

---

(75) Circ. n° 34, 20 avril 1993.

(76) Circ. DFP n° 92-02, 29 janvier 1992, Circ. DGS n° 49, 19 juillet 1993, Circ. DGS n° 38, 9 juin 1994, Circ. DGS n° 88, 1er décembre 1994.

(77) Circ. DAS n° 95-08, 21 mars 1995 relative à l'accès aux soins des personnes les plus démunies. Il convient par ailleurs de souligner que ces actions de prévention et de protection sanitaires peuvent être aussi prises en charge, le cas échéant, par l'action sociale privée (v. par exemple le centre ouvert à Paris en 1995 par l'association MSF qui offre des prestations de prévention et de soins gratuits aux personnes de 6-25 ans exclues du système de santé).

B. L'ACTION EN FAVEUR DES DÉTENUS

537 A côté de ces interventions, prennent place d'autres mesures tournées, elles aussi, vers certains publics spécifiques clairement identifiés : ainsi notamment de l'action menée en faveur des détenus (78). En effet, la population carcérale s'est de tout temps caractérisée par l'état alarmant de sa situation sanitaire : le fait qu'elle soit plus spécialement touchée par le tabagisme, la tuberculose, la toxicomanie ou le SIDA attestant amplement, à cet égard, les difficultés rencontrées par les intéressés pour accéder avant leur incarcération au système de soins (79). Or, le législateur est intervenu en 1994 pour tenter de remédier, de manière il est vrai bien imparfaite, aux carences du système de soins jusqu'alors en vigueur (80).

L'organisation et la mise en œuvre de la prise en charge sanitaire des détenus ont été tout d'abord transférées du service public pénitentiaire au service public hospitalier. Celui-ci s'est vu confier une mission étendue consistant à la fois à procéder à des examens de diagnostic, à dispenser des soins et à concourir aux actions de prévention et d'éducation pour la santé organisées dans les établissements pénitentiaires ; pour ce faire, chacun de ces derniers doit être jumelé avec un établissement public de santé. Ensuite, l'ensemble des détenus (sauf ceux en régime de semi liberté) sont désormais obligatoirement affiliés au régime général de la sécurité sociale dès leur incarcération et bénéficient notamment, pour eux-mêmes et leurs ayants droit, des prestations en nature de l'assurance maladie et maternité : les détenus de nationalité étrangère étant également affiliés, contrairement aux règles du droit commun, même s'ils sont en situation irrégulière (81). Cette disposition, qui peut paraître *a priori* paradoxale (puisqu'elle est plus favorable aux étrangers détenus en situation irrégulière qu'aux autres dans la même situation mais qui travaillent) (82), s'explique en réalité par le souci des pouvoirs publics d'assurer aux détenus (dont le nombre, en 1994, avoisinait 58 000) une qualité et une continuité des soins « équivalents à ceux offerts à l'ensemble de la population » (83). Le détenu bénéficie du maintien de ses droits durant un an à compter de sa libération ainsi que d'un suivi médical (84).

Le financement du nouveau système est assuré à la fois par l'État et les organismes d'assurance maladie (85) : l'État finance les cotisations afférentes à l'affiliation des

(78) L. n° 94-43, 18 janvier 1994, D. n° 94-229, 27 octobre 1994, Circ. DH n° 45, 8 décembre 1994 et Circ. DH n° 94-30, 24 août 1994 ; sur le régime désormais applicable, v. *C. santé pub.*, art. L. 711-3 et R. 711-7 à R. 711-30 et *C. séc. soc.*, art. L. 981-30 et s.

(79) HAUT COMITÉ DE LA SANTÉ PUBLIQUE (Rapport), *Santé en milieu carcéral*, 1993.

(80) A noter que le législateur est intervenu en 1998 afin de mettre en place un suivi socio-judiciaire des auteurs de délits ou de crimes sexuels : le juge peut enjoindre l'administration de soins (en prison ou après la sortie de prison) sous réserve que l'intéressé y consente : v. J. CASTAGNÈDE, Le suivi socio-judiciaire applicable aux délinquants sexuels, ou la dialectique sanction-traitement, *D.*, 1999, p. 23 ; J. S. CAYLA, L'injonction de soins dans le suivi socio-judiciaire (loi n° 98-468 du 17 juin 1998), *RDSS*, 1998, p. 751.

(81) Cependant, les détenus étrangers en situation irrégulière ne bénéficient de prestations que pour eux-mêmes et non pour leurs ayants droit : les ayants droit de ceux se trouvant en situation régulière bénéficiant desdites prestations dès lors qu'ils sont eux-mêmes en situation régulière.

(82) Il convient néanmoins de rappeler que les étrangers (non détenus) en situation irrégulière peuvent bénéficier de l'aide médicale d'État.

(83) Circ. 8 décembre 1994 (précitée).

(84) Cependant, cette disposition ne s'applique pas aux étrangers détenus en situation irrégulière ; après leur libération, ceux-ci se trouvent donc sans protection légale : mesure qui, si elle peut sans doute se comprendre si l'on se place sur le terrain de la logique juridique, n'apparaît cependant guère cohérente si l'on se place sur un plan strictement sanitaire...

(85) Le détenu peut cependant être conduit à prendre une partie des dépenses à sa charge pour certains soins (frais dentaires, d'optique...) ; par ailleurs, la cotisation à la charge du détenu sur le produit brut de

détenus, le ticket modérateur et, le cas échéant, le forfait journalier hospitalier (86) ; il finance également d'autres dépenses (frais d'aménagement et d'entretien des locaux recevant des détenus dans les établissements de santé, frais de transport notamment). Les organismes d'assurance maladie financent quant à eux la prise en charge sanitaire des détenus dans les établissements de santé et les établissements pénitentiaires (87).

538 **Bibliographie.** V. nº 533 ; *adde* DIVERS, La santé des jeunes en difficulté, *Échanges santé,* 1995, nº 77 ; La santé en prison : un enjeu de santé publique, *RFAS,* 1997, nº 1 ; La prévention sanitaire en France, *RDSS*, 1983, nº 2 (nº spécial) ; E. PÉCHILLON, *Sécurité et droit du service public pénitentiaire*, 1999, LGDJ ; P. PEDROT, G. REBECQ, La protection sociale des détenus, *RDSS*, 1995, p. 829.

§ 2. LA MISE EN PLACE DE DISPOSITIFS ADAPTÉS

539 Pour rendre effectif l'accès aux soins des plus démunis, les pouvoirs publics ont prévu et encouragé la mise en place de divers dispositifs qui ont tendu, pour l'essentiel, d'une part à fondre la politique sanitaire dans une politique plus globale d'insertion, d'autre part à ouvrir de manière plus large le système hospitalier.

A. LA GLOBALISATION DE L'ACTION SANITAIRE

540 Face à la fois à la nécessité de mener une politique efficace de prévention sanitaire et à la prise de conscience que les difficultés rencontrées par les plus démunis en matière de santé ne constituent en réalité qu'un aspect parmi d'autres d'un problème beaucoup plus large qui est celui de la pauvreté et de la précarité, les pouvoirs publics ont cherché en effet à promouvoir certains dispositifs prenant place dans une politique globale de lutte contre l'exclusion. Aux dispositifs anciens déjà en vigueur, la loi du 29 juillet 1998 a ajouté récemment un nouvel instrument destiné à encadrer les initiatives prises en la matière — les programmes régionaux pour l'accès à la prévention et aux soins — tout en prévoyant la mise en œuvre de mesures sanitaires spécifiques en direction des plus démunis.

1° Les programmes régionaux pour l'accès à la prévention et aux soins

541 C'est la loi de 1998 relative à la lutte contre les exclusions qui, s'inscrivant dans le droit fil des politiques publiques menées depuis quelque temps, est à l'origine immédiate de ce dispositif. Jusqu'alors, les gouvernements successifs n'étaient pas restés inertes, il est vrai, face aux difficultés d'accès aux soins rencontrées par les populations les plus défavorisées.

---

son travail a été supprimée suite à l'augmentation de la CSG (L. nº 97-1164, 19 décembre 1997 et D. nº 98-613, 15 juillet 1998).

(86) L'État verse pour chaque détenu une cotisation calculée sur la base d'une assiette forfaitaire qui tient compte de l'évolution des dépenses de santé de la population carcérale : l'ensemble des cotisations donne lieu à un versement mensuel à l'ACOSS.

(87) Sur le mode de financement, v. *C. séc. soc.*, art. L. 381-30-6 à 7 et *C. santé pub.*, art. R. 711-15 et R. 741-20 ; v. aussi Circ. DH/DGS/DSS/DAP/98 nº 105, 17 février 1998.

Dans le domaine de la prévention, des crédits avaient été dégagés pour financer au niveau régional diverses mesures ; bien qu'ayant en principe vocation à s'adresser à toute la population, celles-ci étaient le plus souvent mises en œuvre, en pratique, au profit de publics prioritaires (personnes en voie d'insertion sociale ou professionnelle connues grâce à leur présence dans des CHRS, des foyers de jeunes travailleurs...) ou encore dans le cadre de la politique plus globale de développement social des quartiers (DSQ) (88). De même, plusieurs programmes financés par les DRASS avaient été développés, s'agissant de périnatalité, en direction de personnes ou de sites en difficulté (89) ; à ces actions, s'ajoutaient celles plus anciennes menées par les services de PMI ou de santé scolaire, par les centres de santé ou encore par les centres préventifs (90).

De plus, partant du triple constat que l'accès aux soins des plus démunis nécessite la mobilisation de tous les acteurs du système de santé, que l'action à mener dans ce domaine doit s'appuyer sur une bonne connaissance des publics concernés et qu'il importe d'aller au devant des populations les plus fragiles et d'ouvrir l'offre de soins (91), les pouvoirs publics avaient arrêté le principe d'un *« plan d'action départemental pour l'accès aux soins des plus démunis »*. Ce plan d'action dont l'élaboration, l'animation et la coordination étaient confiées aux services déconcentrés de l'État se proposait de mettre en cohérence l'ensemble des actions et dispositifs existants : actions en faveur des jeunes, ouverture de l'hôpital, campagnes de prévention, interventions menées de concert avec les CHRS et les CLI...

C'est dans le prolongement de ce plan, d'ailleurs, qu'un autre dispositif avait été institué en 1993 lors du comité interministériel qui décida de lancer un Plan santé-ville : les *« réseaux de santé de proximité »* (92). Mis en place dès l'année suivante, ces réseaux (93), qui sont aujourd'hui toujours en vigueur, ont pour objectif d'offrir des réponses adaptées en matière d'accès à la santé, d'assurer un suivi social et d'élaborer une démarche de santé publique territorialisée ; de manière plus précise, leur mission essentielle consiste à partir des structures existantes pour les articuler en « mettant en réseau » les professionnels du champ sanitaire et social, hospitalier, libéral ainsi que les professionnels chargés de l'insertion afin d'offrir aux publics défavorisés des lieux d'accueil, d'information, de prévention, voire de premiers soins (94).

---

(88) Circ. DGS n° 1, 20 janvier 1992 ou Circ. DGS n° 18, 4 mars 1993.

(89) Circ. DGS n° 17, 10 mars 1994.

(90) Sur ces actions menées par les services de PMI et de santé scolaire, v. *supra*, n° 206 et s.

(91) Circ. n° 95-08, 21 mars 1995.

(92) Circ. n° 74 *bis*, 2 décembre 1993, Circ. DGS n° 88, 1er décembre 1994, Circ. n° 95-08, 21 mars 1995 (précitée), Circ. DGS/DAS/DIV, n° 96-379, 19 juin 1996, Circ. DGS/SP 2, n° 664, 25 octobre 1996, Circ. DGS/DAS/DIRMI, n° 97-568, 19 août 1997.

(93) Il convient également de signaler la mise en place, par l'ordonnance du 24 avril 1996 relative à la maîtrise médicalisée des dépenses, d'actions expérimentales (sur une durée de 5 ans) prenant la forme de filières ou de réseaux de soins expérimentaux ; bien que n'étant pas spécifiquement destinés aux plus démunis, ces réseaux participent eux aussi de la volonté de rendre l'accès aux soins effectif pour tous (Circ. CNAM n° 8-98, 15 octobre 1998 ; v. aussi Circ. DGS n° 99-648, 25 novembre 1999, *BO Solid.-santé* n° 99-49, p. 125).

(94) Dans la mesure où les situations de précarité engendrent une souffrance psychique importante, une réflexion spécifique devait être menée dans le secteur psychiatrique : les actions entreprises s'insérant en priorité dans la politique urbaine et, plus spécialement, dans l'élaboration et la mise en œuvre des contrats de ville.

Si elle n'a donc pas innové de manière radicale en matière de prévention et de protection sanitaires, la loi du 29 juillet 1998 n'en a pas moins fortement rationalisé et consolidé les dispositifs existants ; après avoir indiqué que « l'accès à la prévention et aux soins des personnes les plus démunies constitue un objectif prioritaire de la politique de santé » (95), elle a en effet prévu l'institution dans chaque région (et en Corse) d'un programme régional dont l'élaboration et la mise en œuvre sont coordonnées par le préfet de région (96). Ce programme, intitulé *« Programme régional pour l'accès à la prévention et aux soins des personnes les plus démunies »* est établi à partir d'une analyse préalable, dans chaque département, de la situation existante ; le plan départemental institué il y a quelques années se voit ainsi coiffé par ce programme dont il met en application les orientations au niveau du département.

Ayant pour objectif de mettre en réseau les professionnels du champ sanitaire et social, hospitalier, libéral ainsi que ceux en charge de l'insertion, le PRAPS peut prévoir diverses mesures résidant notamment dans des actions d'accompagnement des publics précaires ou difficiles à appréhender (SDF, gens du voyage...) au moyen d'accueils de jour et de nuit et de lieux d'écoute ; des actions d'éducation pour la santé se traduisant, dans 50 départements pilotes, par des « ateliers santé » ; des actions visant à lutter contre les pathologies aggravées par la précarité ou l'exclusion, notamment les maladies chroniques, les dépendances à l'alcool ou à la drogue, les souffrances psychiques, les troubles de comportements et les déséquilibres nutritionnels...

Le PRAPS est établi pour 3 ans après consultation d'un comité présidé par le préfet de région, réunissant des représentants des services de l'État et de l'agence régionale d'hospitalisation, des collectivités territoriales et des organismes de sécurité sociale. Chaque année, il est rendu compte de la réalisation du programme à la conférence régionale de santé (97).

2° Les mesures sanitaires spécifiques en faveur des plus démunis

542 La loi du 29 juillet 1998 a prévu également des mesures spécifiques visant à lutter contre certaines affections plus spécialement liées à la pauvreté (98). Trois domaines concernant l'alcoolisme, la tuberculose et le saturnisme ont été ainsi identifiés comme justifiant une attention particulière de la part des pouvoirs publics.

Partant de l'idée que l'alcoolisme était à la fois une cause et une conséquence de la précarité et touchait plus durement les personnes les plus démunies, le législateur a donné tout d'abord valeur légale aux centres d'hygiène alimentaire et d'alcoologie désormais dénommés « centres de cure ambulatoire en alcoologie » : l'existence de ces centres, qui étaient financés par des subventions de l'État, ne reposant jusqu'alors que sur de simples circulaires. Intégrés aux structures relevant de la loi du 30 juin 1975 sur les institutions sociales et médico-sociales, ils ont mission d'assurer « des

(95) L. n° 98-657, 29 juillet 1998, art. 67.

(96) L. n° 98-657, 29 juillet 1998, art. 71 ; D. n° 98-1216, 29 décembre 1998 ; Circ. Min. Emploi et Solid. n° 98-568, 8 septembre 1998 ; Circ. DGS/SP 2 n° 99-110, 23 février 1999, *BO Solid.-santé*, n° 99-10, p. 131.

(97) Sur cette conférence, v. *C. santé pub.*, art. L. 767.

(98) L. n° 98-657, 29 juillet 1998, art. 72, 77 et 123 ; Circ. n° 98-674, 17 novembre 1998, *BO Solid.-santé*, n° 98-48, p. 95 ; Circ. n° 98-736, 17 décembre 1998, *BO Solid.-santé*, n° 99-1, p. 201.

soins ambulatoires et des actions d'accompagnement social et de réinsertion en faveur des personnes présentant une consommation d'alcool à risque ou nocive, ou atteintes de dépendance alcoolique ainsi qu'en faveur de leur famille » (99). Leur financement est pris en charge par l'assurance maladie ; les assurés sociaux sont exonérés de toute participation aux frais pour les soins assurés dans ces centres (100).

S'agissant ensuite de la lutte contre la tuberculose, la loi de 1998 a renforcé le rôle de l'administration centrale en la matière puisqu'elle a imposé au gouvernement de réfléchir sur l'opportunité et les modalités d'un transfert de compétence des départements vers l'État.

S'agissant enfin de la lutte contre le saturnisme, cette même loi a également renforcé les mesures existantes en mettant en place une procédure spécifique destinée à dépister, à prévenir et à supprimer les causes du risque saturnin : l'idée sous-jacente à cette intervention étant que ce risque affectait plus particulièrement les enfants des familles défavorisées vivant dans des logements anciens à la limite de l'insalubrité. C'est pourquoi tout médecin qui diagnostique un cas de saturnisme infantile doit aussitôt en informer le médecin de la DDASS ou, le cas échéant, celui responsable du service de PMI. Le préfet doit alors faire procéder à un diagnostic de l'immeuble et, si ce risque est confirmé, engager le propriétaire à effectuer les travaux nécessaires dans le délai d'un mois (101)... Si les locataires doivent libérer les locaux pendant les travaux, le préfet doit leur trouver un relogement temporaire, lequel est à la charge du propriétaire.

B. L'OUVERTURE DE L'HÔPITAL

543 En principe, les personnes les plus démunies devraient pouvoir accéder au système hospitalier en cas de besoin : pourtant, il est un certain nombre d'entre elles qui, pour diverses raisons (absence de document attestant une prise en charge, attitude parfois réticente de la part de certains services hospitaliers, absence de demande pour cause de perte d'estime de soi...) (102) se heurtent encore à des difficultés d'accès (103).

Aussi les pouvoirs publics ont-ils à plusieurs reprises insisté sur la nécessité impérieuse, pour l'hôpital, d'accueillir ces personnes pour lesquelles, bien souvent, il constitue précisément le seul recours pour accéder aux soins. En effet, selon la loi, les établissements participant au service public hospitalier « garantissent l'égal accès de tous aux soins qu'ils dispensent » : à ce titre, « ils sont ouverts à toutes les personnes dont l'état requiert leurs services » (104). Dès lors, les établissements de santé concer-

(99) L. n° 75-535, 30 juin 1975, art. 1er et 3 et *C. santé pub.*, art. L. 355-1-1.

(100) Sur le fonctionnement de ces centres, v. A. 18 novembre 1999 ; Circ. CNAM DGR n° 02-99, 7 janvier 1999 ; Note service n° 99-556, 1er octobre 1999, *BO Solid.-santé*, n° 99-42, p. 133.

(101) Le propriétaire peut cependant, à certaines conditions et dans certaines limites, bénéficier d'une aide de l'État (D. n° 98-1175, 21 décembre 1998) ; sur la mise en oeuvre de ces dispositions, v. aussi A. 12 juillet 1999 et Circ. UHC/QC/18 n° 99-58, 30 août 1999, *BO Équip. Log.* n° 17, p. 84.

(102) G. DE GAULLE-ANTHONIOZ, *La grande pauvreté... (op. cit.)*, p. 22 et s.

(103) En ce sens, v. Circ. n° 95-08, 21 mars 1995 (précitée).

(104) *C. santé pub.*, art. 711-4.

nés doivent se soumettre aux obligations suivantes : en cas d'urgence, il appartient à leur directeur de prononcer l'admission après constatation de l'état du malade par un médecin ou interne de l'établissement et ce, même en l'absence de toute pièce d'état civil ou de tout renseignement relatif aux modalités de prise en charge des frais de séjour ; hors cas d'urgence, le patient doit être examiné par un médecin ou un interne qui lui prescrira les soins qui lui sont nécessaires même s'il est dépourvu de toutes pièces justificatives autorisant sa prise en charge ou de tous moyens financiers. En tout état de cause, il ne saurait appartenir aux membres du corps médical de refuser de donner les soins que requiert l'état d'un patient lorsque celui-ci se présente sans prise en charge : en revanche, il leur incombe, autant que possible, de le diriger vers les services administratifs plus aptes à guider les intéressés dans leurs démarches et à les aider à faire valoir leurs droits (105).

S'inscrivant dans le droit fil de ces obligations, la loi du 29 juillet 1998 est venue à la fois confirmer la mission sociale de l'hôpital et préciser la portée de deux dispositifs adaptés aux publics les plus défavorisés. La mission sociale de l'hôpital résulte ici de l'affirmation selon laquelle le service public hospitalier concourt « à la lutte contre l'exclusion sociale, en relation avec les autres professions et institutions compétentes en ce domaine, ainsi que les associations qui œuvrent dans le domaine de l'insertion et de la lutte contre l'exclusion, dans une dynamique de réseaux » (106).

Le premier de ces dispositifs réside pour sa part dans la création et l'implantation, dans les établissements publics de santé et dans les établissements de santé privés participant au service public hospitalier, d'une cellule d'accueil spécialisée : la *« permanence d'accès aux soins de santé » (PASS)*. Instituées dans le cadre des programmes régionaux (PRAPS), ces permanences « sont adaptées aux personnes en situation de précarité (et visent) à faciliter leur accès au système de santé (...), à les accompagner dans les démarches nécessaires à la reconnaissance de leurs droits » (107) et à répondre à toutes les demandes de jeunes femmes en matière de contraception, d'IVG et d'accueil de leur enfant ; situées à proximité ou dans les services d'urgence, les PASS fonctionnent soit avec des travailleurs sociaux qui leur sont affectés, soit avec des personnels du service social de l'hôpital qui assurent une permanence (108). Quant au second dispositif, il réside dans l'élaboration de conventions passées entre les préfets et les établissements aux termes desquelles sont délivrés des produits pharmaceutiques ainsi que des soins en consultations externes aux populations très mouvantes dont l'instabilité sociale et géographique rend vaine toute perspective d'une gestion suivie de leurs soins (les dépenses engagées à ce titre étant alors prises en charge par l'aide médicale de l'État) (109) : conventions qui, compte tenu de la création de la CMU, devraient cependant n'avoir, dorénavant, qu'une portée finalement assez limitée...

---

(105) Circ. 17 septembre 1993 (précitée).

(106) L. n° 98-657, 29 juillet 1998, art. 73, mod. *C. santé pub.*, art. L. 711-3.

(107) L. n° 98-657, 29 juillet 1998, art. 76, mod. *C. santé pub.*, art. L. 711-7-1.

(108) Fin 1999, environ 300 PASS étaient mises en places ; sur ces instances, v. Circ. n° 98-736, 17 décembre 1998 (précitée) ; v. aussi Circ. DGS n° 99-627, 16 novembre 1999.

(109) L. n° 98-657, 29 juillet 1998, art. 73, mod. *C. santé pub.*, art. L. 711-3 ; v. aussi Circ. 17 septembre 1993, Circ. 9 mars 1993 et Circ. 21 mars 1995 (précitées).

544 **Bibliographie.** V. n° 538 ; *adde* J. S. CAYLA, L'accès aux soins et la politique de santé publique, *RDSS*, 1999, p. 409 ; DIVERS, Plan Santé Ville, réseaux de Santé de Proximité, *Échanges santé* (n° hors-série), septembre 1995 ; C. ESPER, La coopération entre acteurs de santé : le droit est-il à la hauteur de la pratique ?, *Rapport public du Conseil d'État*, 1998, p. 441 ; A. LABOURDETTE, La prévention dans le domaine de la santé, *RFAS*, 1996, n° 2, p. 141 ; P. LAUDOYER, J. C. GUYOT, La santé des exclus au risque d'une politique de la ville, *RFAS*, 1998, n° 3, p. 141 ; J. M. LEMOYNE DE FORGES, L'intervention de l'État en matière sanitaire. Quelques rappels historiques, *Rapport public du Conseil d'État*, 1998, p. 489 ; A. STEG, *L'urgence à l'hôpital* (Rapport), 1989, Cons. écon. et soc. ; P. Y. VERKINDT, La santé des personnes les plus démunies et le rôle des organismes sociaux, *RDSS*, 1999, p. 416 ; n° 411.

CHAPITRE III
LA POLITIQUE D'ACCÈS AU LOGEMENT

545 L'intervention publique en matière d'accès au logement n'est pas nouvelle. Depuis les débuts de l'industrialisation au XIXe siècle, le logement urbain est en crise chronique, connaissant de façon constante des pénuries, des inadaptations entre offre et demande, des inégalités fortes selon les groupes sociaux.

Les autorités publiques, centrales et souvent locales, sans oublier le rôle décisif d'acteurs privés (notamment les entreprises dans le logement ouvrier), vont donc très tôt déployer un ensemble d'interventions ordonnées à trois objectifs liés (1) : orienter le fonctionnement du marché du logement (construction, accession à la propriété, location) par des interventions légales et réglementaires concernant les normes de construction et d'habitabilité, le régime juridique de la promotion immobilière, les rapports entre bailleurs et locataires, le régime des copropriétés, parfois même en limitant le niveau des loyers ; accroître le parc de logements disponibles, notamment en faveur des groupes sociaux défavorisés, par l'organisation d'un secteur public de financement et de construction ; enfin, solvabiliser certaines catégories de demandeurs par la distribution d'aides, soit à la construction, soit à la location, ou par l'incitation à l'épargne en vue du logement. Tout ceci a progressivement constitué un « droit du logement » qui jouxte d'un côté les règles publiques concernant la maîtrise et l'utilisation du sol (droit de l'urbanisme et de la construction), et de l'autre les mécanismes de redistribution et de protection des défavorisés ou inadaptés (droit de l'aide et de l'action sociales).

C'est sur ce second versant que ce droit mérite ici de retenir l'attention : en effet, s'il constitue pour chacun un problème important, l'accès au logement devient cependant une question vitale pour certains individus ou groupes sociaux qui se trouvent dans des situations telles que ce minimum — avoir un abri — n'est pas assuré ou l'est dans des conditions d'extrême précarité. Ce problème constant a la particularité de se poser avec une plus forte acuité depuis une dizaine d'années, du fait des phénomènes d'exclusion sociale liés au chômage de masse et à la vulnérabilité accrue qu'engendre notre société.

(1) R. H. GUERRAND, *Propriétaires et locataires. Les origines du logement social en France (1850-1914)*, 1987, Éd. Quintette ; G. GROUX, C. LÉVY, *La possession ouvrière. Du taudis à la propriété (XIXe-XXe s.)*, 1993, Éd. de l'Atelier.

C'est pourquoi, après avoir analysé les formes plus classiques d'aide et d'action sociales en faveur du logement (Section I), seront exposés les dispositifs novateurs qui, dans le cadre de la politique globale de lutte contre l'exclusion sociale, tentent d'aménager un accès au logement pour les personnes défavorisées articulé à un véritable « droit au logement » (Section II).

546 **Bibliographie générale.** J. M. DELARUE, *Banlieues en difficultés, la relégation*, 1992, Syros ; F. DUBET, D. LAPEYRONNIE, *Les quartiers d'exil*, 1992, Le Seuil ; D. DUPREZ, M. HEDDLI, *Le mal des banlieues, sentiment d'insécurité et crise identitaire*, 1992, L'Harmattan ; F. GEINDRE (Rapport), *Ville, démocratie, solidarité, le pari d'une politique*, 1993, La Doc. française ; F. GEINDRE, P. LANCO, *Le logement, une priorité pour le XIe Plan* (Rapport), La Doc. française, 1993 ; L. GHEKIERE, *Les politiques du logement dans l'Europe de demain*, 1992, La Doc. française ; R. H. GUERRAND, R. QUILLIOT, *Cent ans d'habitat social, une utopie réaliste*, 1989, A. Michel ; M. LALLAOUI, *Du bidonville aux HLM*, 1993, Syros ; E. LELIÈVRE, C. LÉVY-VROELANT, *La ville en mouvement, habitat et habitants*, 1992, L'Harmattan ; H. LIPIETZ, R. ROUQUETTE, *Droit du logement social*, 1991, Éd. du Moniteur ; P. MERLIN, *La famille éclate, le logement s'adapte*, 1990, Syros ; J. REMY, L. VOYE, *La ville, vers une nouvelle définition*, 1992, L'Harmattan ; R. VALLAIN, C. JACQUIER, *Politique française en faveur des mal-logés*, 1987, MELTM ; Q. WODON, *Logement, le droit des exclus*, 1992, Éd. Ouvrières.

SECTION I — LES MÉCANISMES CLASSIQUES D'AIDE ET D'ACTION SOCIALES EN FAVEUR DU LOGEMENT

547 Les interventions publiques progressivement mises en place pour permettre un meilleur accès au logement se répartissent traditionnellement en deux catégories répondant à deux logiques distinctes : l'aide dite « à la pierre » par laquelle la puissance publique soutient un secteur de financement et de construction spécifiques afin de fournir des logements à des coûts de production adaptés aux possibilités des populations les plus défavorisées ne pouvant accéder au marché libre ; l'aide dite « à la personne » qui se tourne, pour sa part, vers la demande de logement et fournit des aides financières pour solvabiliser les personnes ou groupes aux ressources limitées. Ces deux logiques, loin de s'exclure l'une l'autre, se combinent au contraire et ce, même si, selon le contexte économique et politique d'ensemble, l'accent peut être mis plutôt sur l'une ou sur l'autre (2).

En ce qui concerne les interventions instituées en faveur des populations les plus défavorisées dans le champ de l'aide et de l'action sociales, deux séries de mécanismes existent, qui procèdent de chacune des deux logiques. Dans le champ de l'aide sociale légale, complétée par des mesures relevant de l'action sociale, ont été créées des structures d'accueil offrant un hébergement allié à des prestations diverses qui se sont développées récemment dans un but d'insertion : il s'agit de l'aide à l'hébergement et à la réinsertion sociale (3) (§ 1). Dans le cadre du système d'allocations familiales,

(2) Ainsi, après la mise en œuvre d'une politique forte de construction publique, notamment au travers du réseau HLM, la grande réforme de 1977 a rééquilibré les politiques publiques vers un renforcement de la logique « aide à la personne », avec la création de l'APL.

(3) Le terme de « réinsertion sociale » s'impose dorénavant en lieu et place de celui de « réadaptation sociale » : la loi n° 98-657 du 29 juillet 1998 ayant en effet rebaptisé le « Centre d'hébergement et de réadaptation sociale » en « Centre d'hébergement et de réinsertion sociale ».

des aides personnelles, attribuées sous conditions de ressources, tentent quant à elles de solvabiliser des personnes ou des ménages pour leur permettre d'accéder à un logement (§ 2).

§ 1. L'AIDE À L'HÉBERGEMENT ET À LA RÉINSERTION SOCIALE

548 L'aide à l'hébergement est une forme récente d'aide sociale légale puisqu'elle n'a été introduite que lors des réformes de 1953-1954 (4). Elle n'en est pas moins l'héritière d'une forme très ancienne d'intervention sociale, celle qui réside dans la prise en charge d'une « pauvreté marginale » (5), constituée par des populations qui sont à la fois hors travail et détachées des réseaux de solidarité. Dans cet ensemble de populations « désaffiliées », et à côté de ceux qui sont exonérés de l'exigence de travailler pour des raisons légitimes (les « invalides »), il y a ceux qui pourraient avoir une activité et pour lesquels le droit au secours se révèle plus problématique. En matière de logement, dont ils sont souvent dépourvus, on tente d'apporter — tardivement — une réponse dont on comprend bien qu'elle articule deux dimensions : d'une part, fournir un gîte au moins provisoire, d'autre part soumettre le bénéficiaire à des mesures de « réadaptation » (au travail notamment) (6). Dans cette forme d'aide sociale, s'inscrit donc clairement la tension entre droit à l'assistance et mise au travail pour cette frange de la population qu'on a circonscrite initialement aux personnes sortant d'établissements hospitaliers, de cure ou de rééducation, qui sont libérées de prison, qui sortent de la prostitution, enfin à la catégorie plus floue des « vagabonds estimés aptes à un reclassement social ». Comme les autres formes d'aide sociale, l'aide à l'hébergement est subsidiaire, limitée dans le temps, soumise à l'appréciation d'un état de besoin et spécialisée (les catégories concernées sont à l'origine limitativement énumérées par les textes). Son originalité tient cependant au fait qu'elle recouvre, outre la prestation principale constituée par l'hébergement, une globalité de prestations répondant à la finalité de « reclassement » ou de « réadaptation » (accompagnement social, actions éducatives, orientation professionnelle, aide à la recherche d'emploi, insertion par le travail...).

C'est pourquoi, sur cette base, et à la faveur des transformations des politiques d'action sociale dans les années 70, une nouvelle législation (7) va réformer l'aide à l'hébergement en s'efforçant d'une part d'élargir les catégories de personnes pouvant être prises en charge pour mieux répondre à l'exclusion sociale, d'autre part de renforcer l'aspect « réadaptation » pour faire de l'accueil matériel un tremplin vers

(4) Un nouveau chapitre intitulé « Aide sociale en matière de logement et d'hébergement » est créé (D. n° 53-1186, 29 novembre 1953).

(5) R. CASTEL, *Les métamorphoses de la question sociale (op. cit.)*, p. 184 ; antérieurement, avant que l'aide sociale légale n'intègre des mécanismes d'accueil et d'hébergement, ce sont à la fois les institutions hospitalières (l'hôpital général) et la bienfaisance privée (congrégations caritatives notamment) qui hébergent les mendiants, les vagabonds et autres pauvres....

(6) Ainsi, était-il prévu que le bénéficiaire « doit accepter les mesures qui lui sont proposées » et qu'il « est astreint à travailler », en précisant toutefois que ce dernier ne peut être admis à cette forme de prise en charge que « sur sa demande » (*C. famille*, art. 185) ; dans le même sens, v. D. n° 54-883, 2 septembre 1954 et A. 20 décembre 1954 qui prévoient une « participation obligatoire » du bénéficiaire soit sous forme d'un travail, soit à tout le moins sous la forme d'une participation aux tâches matérielles de fonctionnement des établissements.

(7) L. n° 74-955, 19 novembre 1974 (*C. famille*, art. 185 et s. ; D. n° 76-526, 15 juin 1976).

la réinsertion sociale (8). On est donc passé peu à peu d'un dispositif marqué par la tradition asilaire et la mise au travail de populations précisément définies (prostituées, personnes sortant de prison ou d'institutions sanitaires) à une offre démultipliée de services visant à favoriser l'insertion sociale et professionnelle de populations plus ouvertes. L'émergence et l'extension des politiques d'insertion, liées au RMI, fournissent à cette forme d'aide sociale, qui les a anticipées, une occasion de stabiliser son rôle à la fois dans les dispositifs en faveur du logement et dans les politiques d'insertion sociale et professionnelle ; le paradoxe est que ces évolutions récentes mettent cette forme d'aide sociale au cœur du dispositif d'insertion alors que celle-ci n'a ni les moyens ni le cadre juridique adapté pour assumer cette mission (9).

A. LES BÉNÉFICIAIRES DE L'AIDE À L'HÉBERGEMENT ET À LA RÉINSERTION SOCIALE

549 L'aide à l'hébergement et à la réinsertion sociale s'est d'abord construite comme un dispositif d'accueil temporaire qui, réservé à des populations spécifiques, était conçu comme un « sas » entre des situations d'enfermement (maladie, incarcération) ou d'exclusion (vagabondage, prostitution) et le retour à une vie autonome. Il s'agissait de populations définies selon des critères soit médicaux (personnes sortant d'hospitalisation, de cure et de rééducation), soit pénaux (vagabonds, personnes libérées de prison ou en danger de prostitution) (10). A partir de la loi du 19 novembre 1974, on ouvre un champ personnel considérable à l'aide sociale à l'hébergement pour tenir compte à la fois de la variété des formes d'exclusion sociale et de l'évolution des conceptions relatives à l'inadaptation (11) : ce qui génère alors une extension des bénéficiaires potentiels et un élargissement des conditions de prise en charge.

1° Les catégories de bénéficiaires

550 S'agissant des bénéficiaires de l'aide à l'hébergement et à la réinsertion sociale, il y a donc eu passage d'une définition restrictive, limitée à des catégories précises, à un champ personnel étendu intégrant des groupes aux frontières plus floues. Cette extension s'explique d'une part par le fait que le concept « d'inadaptation » permet d'englober dans un même ensemble ceux dont les difficultés sont imputables à des déficits physiques ou mentaux et ceux qui, bien que valides, se situent dans la marginalité, d'autre part par le fait que la notion de « handicap », réservée *a priori*

(8) Si le *C. famille* utilise le terme de « réadaptation sociale », une circulaire de 1991 parle, elle, de « Centre d'hébergement et de *réinsertion sociale* » (Circ. DAS n° 91-19, 14 mai 1991)...

(9) D. BALLET, Les centres d'hébergement et de réadaptation sociale, *RDSS*, 1989, p. 742 ; E. MAUREL, L'aide sociale à l'hébergement, origine et évolution, *in* E. ALFANDARI, E. MAUREL (Dir.), Hébergement et réadaptation sociale, *RDSS*, 1996, p. 3.

(10) D. n° 53-1186, 29 novembre 1953, art. 55 : la catégorie des « vagabonds estimés aptes au reclassement » ayant été ajoutée par la suite (D. n° 59-143, 7 janvier 1959).

(11) M. HOUILLON, Les personnes concernées par l'aide à l'hébergement et à la réadaptation sociale, p. 54, *in* E. ALFANDARI, E. MAUREL (Dir.), Hébergement et réadaptation sociale, *RDSS*, 1996 : les populations, antérieurement considérées comme délinquantes ou « irrégulières », sont perçues de plus en plus comme victimes de processus sociaux et psychologiques multiples dont ils ne sont pas responsables et qui justifient un « traitement ».

aux affections physiques et mentales, en vient à recouvrir les autres types de déviance, dénommées « handicap social » (12).

La loi du 19 novembre 1974 (13) donne une définition très large des personnes pouvant prétendre à cette forme d'aide sociale (14) : « bénéficient, sur leur demande, de l'aide sociale (...) les personnes et les familles dont les ressources sont insuffisantes, qui éprouvent des difficultés pour reprendre ou mener une vie normale notamment en raison du manque ou de conditions défectueuses de logement et qui ont besoin d'un soutien matériel et psychologique et, le cas échéant, d'une action éducative temporaire ». Il ne s'agit donc plus de groupes précis et circonscrits : il s'agit potentiellement de l'ensemble des « personnes et des familles » qui, ayant des ressources trop faibles, éprouvent en outre des difficultés pour mener une « vie normale », en raison de leurs « conditions défectueuses de logement ». Aucun caractère spécifique de cette population n'est fourni, aucun seuil de ressources n'est fixé, et la nature des difficultés pouvant conduire à une prise en charge est indéterminée.

Les textes d'application vont préciser les bénéficiaires concernés. D'abord, un décret de 1976 (15) reprend la logique consistant à définir des catégories plus objectives : aux quatre groupes retenus par les textes antérieurs (personnes sans logement sortant d'établissements hospitaliers, de cure ou de rééducation ou sociaux ou médico-sociaux hébergeant des handicapés ; personnes libérées de prison ; personnes en danger de prostitution ou s'y livrant ; vagabonds « ayant accepté les mesures qui leur sont proposées en vue de leur reclassement »), le décret va ajouter cinq catégories nouvelles : mis en examen placés sous contrôle judiciaire et condamnés soumis au sursis avec mise à l'épreuve ; personnes et familles se trouvant privées de logement par suite de circonstances indépendantes de leur volonté et qui ont besoin d'être momentanément hébergées ; personnes et familles sans logement, de nationalité française, rapatriées de l'étranger ; personnes et familles sans logement en instance d'attribution du statut de réfugié ; personnes et familles se trouvant hors d'état d'assumer leurs responsabilités sociales et familiales. Sur ces neuf catégories, huit se définissent par des situations ou des statuts objectifs (sortie d'établissement, de prison, prostitution, vagabonds, mis en examen et condamnés, personnes momentanément sans logement, Français rapatriés, étrangers en attente de statut) ; mais la dernière catégorie ouvre à nouveau un grand potentiel d'accueil du fait de sa totale indétermination (personnes se trouvant hors d'état d'assumer leurs responsabilités sociales et familiales).

La circulaire du 15 juin 1976 (16) tentera de mieux cerner cette dernière catégorie en indiquant qu'il s'agit « de familles généralement marginales, exclues ou du quart-monde qui se révèlent incapables de résoudre les problèmes auxquels elles sont confrontées » : mais cette caractérisation ne saurait passer pour une définition juridique-

(12) D'ailleurs, sur le fondement d'un texte de 1974 qui étend l'aide à l'hébergement à de nouvelles catégories de bénéficiaires (L. n° 74-955, 19 novembre 1974), les usagers des CHRS sont assimilés, sur le plan du travail, à des handicapés : ce texte ayant créé dans le Code du travail une section spécifique pour l'emploi des « handicapés sociaux » (*C. trav.*, art. L. 232-29 et s. ; c'est en 1976 que l'on distinguera traitement du handicap physique et traitement du handicap social en considérant que les structures prévues pour le premier ne sont pas spontanément adaptées au second (Circ. n° 76-181, 15 juin 1976).

(13) L. n° 74-955, 19 novembre 1974 (*C. famille*, art. 185).

(14) M. Lévy, Des centres d'hébergement aux centres d'hébergement et de réadaptation sociale, *RDSS*, 1976, p. 512.

(15) D. n° 76-526, 15 juin 1976.

(16) Circ. min., 15 juin 1976.

ment opératoire. Aussi, en ajoutant à la variété des catégories plus objectives (réfugiés, rapatriés, sortants de prison...) la référence à un groupe indéterminé qui renvoie à un très large spectre de formes d'exclusion, l'aide à l'hébergement et à la réinsertion sociale apparaît comme un outil très souple pour faire face à de multiples situations, dont les difficultés de logement sont certes un dénominateur commun, mais qui recouvrent toutes sortes d'inadaptations.

2° Les conditions d'accès

551 Pour accéder aux formes d'aide sociale classique, il faut à la fois appartenir à l'une des catégories pouvant bénéficier de l'aide, être dans un état de besoin et ne pas pouvoir y satisfaire faute de ressources suffisantes. En matière d'aide à l'hébergement et à la réinsertion sociale, ces conditions sont largement assouplies.

Tout d'abord, la condition d'appartenance à l'une des catégories visées par la loi est très atténuée dans la mesure où ces catégories sont pour la plupart très ouvertes et où il existe une catégorie indéterminée qui peut recouvrir en fait un très large spectre de situations concrètes. Ce sont alors les organes d'admission qui apprécient de façon discrétionnaire s'il y a ou non inadaptation justifiant une prise en charge. Ensuite, la condition de ressources est très souple. Elle n'a été introduite qu'en 1974 : le texte faisant référence à des personnes dont « les ressources sont insuffisantes » sans qu'aient été précisés ni mode de calcul, ni plafond. Le décret du 15 juin 1976 indique que le préfet « tiendra compte des ressources » pour fixer l'éventuelle participation du bénéficiaire aux frais de prise en charge. Enfin, l'admission à l'aide à l'hébergement est prononcée par le préfet (17), selon la procédure d'urgence (elle doit donc être ratifiée par la commission d'admission saisie dans un délai d'un mois) (18), et pour une durée qui ne peut excéder six mois (la prise en charge peut cependant être prolongée au delà selon la situation du demandeur). Il ne peut y avoir admission que si l'intéressé en fait la demande (19) bien que, pour certaines personnes, la demande puisse s'accompagner de la proposition d'une autorité (juge d'application des peines pour les sursitaires avec mise à l'épreuve ou les libérés conditionnels, ou juge d'instruction pour les personnes mises en examen et sous contrôle judiciaire).

L'accès à l'aide à l'hébergement et à la réadaptation sociale se caractérise donc par un certain nombre d'éléments spécifiques (admission en urgence, état des ressources apprécié de façon très souple par l'autorité publique, appréciation ouverte de la situation pouvant justifier la prise en charge) qui font de cette forme d'aide un moyen très flexible pour répondre à de multiples situations d'inadaptation sociale.

(17) Si elle est prononcée par la commission d'admission, elle doit donc être annulée car prise par une autorité incompétente (Comm. centr., 11 janvier 1991, Dép. Vosges, req. n° 902078).

(18) V. *supra*, n° 168.

(19) Ce principe très important fait échapper cette forme d'aide sociale aux logiques anciennes « d'enfermement » qui consistaient à placer certaines personnes dans un but de police.

B. LE CONTENU DE L'AIDE À L'HÉBERGEMENT ET À LA RÉINSERTION SOCIALE

552 La dénomination même de cette forme d'aide au logement qu'est l'aide à l'hébergement et à la réinsertion sociale manifeste la forte originalité de ce dispositif. L'article 185 du Code de la famille et de l'aide sociale a été réécrit par la loi du 29 juillet 1998 pour en redéfinir les contours : « bénéficient (...) de l'aide sociale pour être accueillies dans les centres d'hébergement et de réinsertion sociale publics ou privés, les personnes ou familles qui connaissent de graves difficultés, notamment économiques, familiales, de logement, de santé ou d'insertion, en vue de les aider à accéder ou à recouvrer leur autonomie personnelle et sociale ». Il s'agit donc, certes, d'offrir un gîte à des personnes ou des familles en difficulté ; mais cet hébergement, qui constitue dans la plupart des cas un préalable incontournable, est ordonné à une finalité de « réinsertion sociale », mise en œuvre dans le cadre de structures spécifiques : les « Centres d'hébergement et de réinsertion sociale » (CHRS).

1° L'hébergement

553 L'action d'accueil dans cette forme d'aide sociale a donc été qualifiée et ce, dès l'origine, « d'hébergement ». Ce terme revêt indiscutablement une double connotation qui le distingue de la notion de « logement » : il renvoie plutôt à un accueil collectif, souvent dans une structure ; il comporte un caractère provisoire et temporaire (20).

Initialement, cette aide s'organise surtout comme dispositif d'accueil (souvent en collectivité) visant à faire face à une situation d'urgence, accueil qui est conçu comme palliatif et limité dans le temps : c'est la logique du « sas », transition entre l'exclusion et un mode de vie qui deviendra normal, notamment par l'accès à un logement. Si cet aspect n'a pas disparu, l'action d'hébergement a considérablement évolué, en raison notamment de l'introduction de finalités plus ambitieuses d'insertion sociale qui appellent des durées de prise en charge plus longues et des modalités diversifiées.

Aussi, la fonction d'hébergement présente une gamme de prestations qui ont généré des formes diverses de prise en charge. La circulaire du 14 mai 1991 (21) distingue quatre grands types :

— *l'asile de nuit*, qui est la forme la plus ancienne d'accueil et dont on souligne aujourd'hui à la fois le caractère irremplaçable dans les situations d'urgence et les profondes limites : ce qui doit en faire une formule palliative articulée à une prise en charge mieux adaptée au but d'insertion ;

— *l'hébergement de plus longue durée* (6 mois) qui apparaît indispensable pour entreprendre des actions de resocialisation et, notamment, de recherche effective d'un logement de droit commun ;

(20) A l'inverse, la notion de logement renvoie d'une part à une forme individuelle et autonome d'habitat, d'autre part à une idée de stabilité dans le temps (L. n° 90-449, 31 mai 1990 relative au logement des personnes défavorisées, art. 1 : « toute personne éprouvant des difficultés particulières en raison notamment de l'inadaptation de ses ressources ou de ses conditions d'existence a droit à une aide de la collectivité (...) pour accéder à un *logement décent et indépendant* ou s'y maintenir »)...

(21) Circ. DAS, n° 91-19, 14 mai 1991.

— *l'hébergement des familles*, lorsque ces dernières connaissent une situation de détresse (expulsion, rupture familiale) (22) ;

— *l'hébergement des réfugiés et des demandeurs d'asile* qui fait l'objet d'un dispositif spécifique (centres de transit et centres provisoires d'hébergement).

Les missions en matière d'hébergement se caractérisent par une combinaison toujours complexe entre la réponse à une urgence et la volonté d'en faire le fondement d'une réinsertion. C'est pourquoi le contenu concret de l'hébergement a été diversifié ; à côté de l'accueil dans une structure collective, sont apparues des formules d'appartements individuels gérés par la structure d'accueil ainsi que, au delà, des mécanismes permettant d'offrir au bénéficiaire un logement de droit commun. Chaque bénéficiaire peut, selon sa situation, ses besoins et ses possibilités, se voir proposer une de ces formes d'accueil et passer de l'une à l'autre selon la dynamique de son insertion. Il en résulte, pour les bénéficiaires de l'aide à l'hébergement, une diversité de statuts à l'égard du logement (23) ; il peut être « hébergé ponctuel » en cas d'accueil de courte durée ou dans l'hypothèse d'une première étape dans la prise en charge : il est bénéficiaire de l'aide sociale, en situation légale et réglementaire, tenu aux obligations liées (participer aux frais ou fournir son travail) et soumis au règlement intérieur ; ou bénéficiaire d'un « bail glissant » (24) dans un logement de droit commun : il est lié dans les mêmes termes qu'antérieurement à la structure d'accueil tant que le bail ne lui a pas été cédé ; ou « hébergé sous-locataire » : il est logé dans un logement « normal » mais est lié juridiquement (contrat de sous-location) à l'organisme de l'aide sociale qui, lui, dispose d'un bail avec le propriétaire (ces dispositifs étant réglés par le Code civil) ; enfin, il peut être un « locataire » de droit commun, lié par contrat avec un propriétaire : sa relation avec l'organisme d'aide sociale ne subsistant plus que sur le terrain de l'accompagnement social et de l'insertion.

La grande variété des statuts répond donc à la volonté d'offrir, en matière d'hébergement et une fois réglé l'accueil en urgence, une diversité de modalités qui réponde à la situation propre de chaque bénéficiaire et lui fournisse des perspectives d'évolution vers une prise en charge autonome dans son logement.

2° La réinsertion sociale

554 Le terme de « réinsertion sociale » est venu se substituer, dans les textes et du fait de l'adoption de la loi du 29 juillet 1998 relative à lutte contre les exclusions, à celui de « réadaptation » ou encore de « reclassement » qui renvoyaient à une conception « normalisatrice » de l'action sociale, lorsque dominaient les approches médico-psychologiques liées à la notion de « handicap ». Face à la fluidité accrue des phénomènes

(22) Se pose ici un problème d'articulation des compétences puisque l'enfance et la famille relèvent, dans le cadre de l'ASE (v. *supra*, n° 204 et s.), de la compétence du département, alors que l'aide à l'hébergement relève de la compétence de l'État. Ainsi, les structures d'aide sociale à l'hébergement qui accueillent des enfants et des familles doivent obtenir une double habilitation, celle de l'État et celle du département.

(23) H. PÉRINET-MARQUET, L'hébergement, p. 68, *in* E. ALFANDARI, E. MAUREL, *Hébergement... (op. cit.)*.

(24) Le « bail glissant » consiste à transférer à un bénéficiaire de l'action sociale un bail conclu à l'origine entre un organisme social et un bailleur public ou privé, ce dernier devant en avoir accepté le principe dès le départ. Il s'agit d'une technique de réinsertion dans le logement qui permet de ne faire supporter à une personne les obligations de locataire qu'au terme d'un parcours d'insertion.

d'inadaptation et à l'émergence de processus complexes d'exclusion, on a préféré à ces dénominations l'idée de « réinsertion » qui, bien qu'énigmatique, comporte une vision plus ouverte et dynamique du traitement des problèmes sociaux (25).

Il faut repartir du fait (et c'était là une approche novatrice) que cette forme d'aide sociale a été pensée dès l'origine comme un dispositif dont l'hébergement ne constituait qu'un aspect : la finalité ultime de l'action étant de conduire les personnes accueillies à la plus grande autonomie personnelle possible. C'est pourquoi l'aide sociale à l'hébergement et à la réinsertion sociale propose un ensemble de prestations d'insertion qui renouvellent ses fonctions traditionnelles. On peut les ramener à trois types d'actions que la circulaire du 14 mai 1991 (26) avait déjà définies en les articulant avec les grandes politiques globales d'action sociale en matière d'insertion professionnelle et de logement, rattachement que la loi du 29 juillet 1998 consacre en prenant en compte explicitement l'aide sociale à l'hébergement et à la réinsertion sociale (27).

— Le premier type d'action d'insertion réside dans des fonctions d'accueil, d'écoute, d'information et d'orientation des personnes en difficulté, puis dans l'aménagement d'un suivi social de plus longue durée. Pour la population concernée par cette forme d'aide sociale, les solutions immédiates qui sont proposées (le plus souvent dans l'urgence) sont un support à l'établissement de relations de confiance qui se révèlent décisives pour entreprendre et surtout continuer une véritable démarche individuelle. Sur ce fondement, diverses actions peuvent être entreprises par le bénéficiaire : renouer des liens de toutes natures, recouvrer un état de santé physique et psychologique satisfaisant, entreprendre l'acquisition de savoirs et savoir-faire indispensables.

— Le second type d'action d'insertion a trait au logement. En matière d'hébergement, en effet, la proposition immédiate d'un gîte, souvent dans une structure collective, n'est que le premier pas d'une démarche vers l'accès à un logement autonome et assumé par la personne ou la famille prises en charge. Les organismes délivrant l'aide sociale à l'hébergement et à la réinsertion sociale définissent donc avec chaque bénéficiaire ses besoins en logement ainsi que les étapes apparaissant nécessaires pour y parvenir et engagent avec lui une action continue qui doit aller du statut d'hébergé vers celui de locataire dans des locaux extérieurs. Ils sont, de plus, des opérateurs agréés en matière d'accès au logement pour les personnes défavorisées dans la mesure où ils participent aux instances prévues par le loi du 31 mai 1990 (28) et où ils servent de médiateurs entre les propriétaires-bailleurs et les bénéficiaires (sous-location, baux glissants, systèmes de garantie et de cautionnement). L'aide sociale à l'hébergement s'intègre donc fortement dans le dispositif plus large qui aménage l'accès au logement des populations défavorisées.

— Le troisième type d'action d'insertion concerne la formation professionnelle et l'accès à l'emploi (29). De tout temps, on a eu recours, dans les structures d'aide à l'hébergement, à la mise au travail des bénéficiaires, au départ dans une logique de

(25) V. *supra*, n° 367 et s.
(26) Circ. n° 91-19, 14 mai 1991 (précitée).
(27) L. n° 98-657, article 157.
(28) L. n° 90-449, 31 mai 1990 (v. *infra*, n° 564 et s.).
(29) Par la voix de leurs organisations nationales (FNARS notamment), les organismes gérant les activités d'hébergement et de réadaptation sociale affirment en effet leur conviction que l'insertion professionnelle est indispensable à la réalisation de leurs missions, lesquelles ne sauraient se réduire à des prises en charge matérielle sans que soit prévu et mis en place un retour des bénéficiaires à la vie normale (v. *Cahiers de la FNARS*, n° 2, juillet 1997).

participation et de contrepartie pour la prise en charge matérielle. Si cette finalité n'a pas disparu, elle a été totalement réinscrite dans une autre logique : faire des activités productives un moyen de favoriser l'insertion professionnelle des bénéficiaires (30). De plus, les organismes de prise en charge peuvent créer et gérer, à destination des bénéficiaires, des structures d'insertion par l'économique qui viennent compléter leur action dans ce domaine (31). A l'intérieur même des centres d'hébergement, on trouve deux types de services (non dotés de la personnalité morale) qui organisent des activités productives : les « centres de vie », pour les personnes les plus éloignées de l'emploi et qui ont en fait une finalité d'accompagnement et une logique occupationnelle ; et les « ateliers de réentraînement au travail et à l'effort », le plus souvent appelés « centres d'adaptation à la vie active » (CAVA) ; dans ces structures, les intéressés n'ont pas le statut de salariés (ils ne perçoivent pas un salaire, mais un « pécule ») et ne bénéficient pas de la protection sociale, bien qu'elles aient pour vocation de constituer une transition vers la vie active permettant de passer d'un travail assisté à une véritable expérience professionnelle. Mais à côté des centres d'hébergement, l'insertion s'organise dans des structures spécifiques, créées ou gérées par ces derniers ou émanant d'autres initiateurs, juridiquement autonomes, dans lesquelles les bénéficiaires ont le statut de salariés, perçoivent un salaire et bénéficient d'une protection sociale (32).

Il s'agit des diverses structures d'insertion par l'économique (entreprises d'insertion, entreprises d'intérim d'insertion et associations intermédiaires) qui, reconnues et réorganisées dans un cadre législatif unique et cohérent par le loi du 29 juillet 1998, veulent assurer un accès à l'emploi à des personnes éloignées de toute activité professionnelle (33).

Ainsi, des CAVA internes aux organismes de l'aide à l'hébergement et à la réinsertion sociale jusqu'aux diverses structures d'insertion par l'économique qu'elles ont souvent créées, un ensemble complet de moyens est mis à la disposition des bénéficiaires de cette forme d'aide pour les conduire d'une prise en charge ponctuelle en matière d'hébergement vers une autonomie assurée par une activité professionnelle et organisée dans le cadre d'un logement de droit commun.

3° Les centres d'hébergement et de réinsertion sociale

555 L'aide à l'hébergement et à la réinsertion sociale se réalise dans des structures spécifiques : les centres d'hébergement et de réinsertion sociale (CHRS). C'est d'ailleurs, en fait, l'admission dans un CHRS qui vaut admission à cette forme d'aide sociale constituée d'une prise en charge matérielle, prolongée par diverses prestations d'insertion ou de réinsertion. Ces centres sont gérés, dans leur immense majorité, par des personnes privées (associations loi de 1901 pour la plupart) (34). La situation

(30) Circ. AS, n° 44, 10 septembre 1979 sur l'organisation du travail des handicapés sociaux.

(31) R. LAFORE, L'insertion par l'économique dans l'aide à l'hébergement et à la réadaptation sociale, p. 74, *in* E. ALFANDARI, E. MAUREL, *Hébergement... (op. cit.)*.

(32) L. n° 94-43, 18 janvier 1994 (art. 87 et 88) ; A. 31 mars 1994, A. 1er avril 1994, Circ. DSS n° 94-30, 13 avril 1994 (*Liaisons sociales*, n° 7068, 6 juillet 1994).

(33) V. *supra*, n° 499 et s.

(34) On a recensé 772 établissements considérés comme des CHRS (asiles de nuit et de court séjour, internat de réadaptation sociale, cités de transit ou de promotion familiale, à quoi s'ajoutent des services divers, autonomisés juridiquement ou non, tels que les « services de suite », entreprises d'insertion ou associations intermédiaires...) ; sur ce nombre, 714 sont privés : soit 92 %. On doit ajouter à ces structures des établissements aux missions voisines ou connexes : les Centres provisoires d'hébergement (CPH) destinés

juridique des CHRS (35) est déterminée par l'existence de deux types de liens établis avec la puissance publique : leur inscription dans la liste des établissements soumis à la loi du 30 juin 1975 et l'obligation qui leur est faite de passer convention avec l'État.

En mentionnant parmi les établissements ou services soumis aux procédures de la loi du 30 juin 1975 (36) « les structures d'hébergement en vue de la réadaptation sociale », la loi du 6 janvier 1986 (37) avait clairement entendu y soumettre les CHRS dans leur activité la plus ancienne, à savoir l'accueil en vue d'un hébergement. Mais pour tenir compte tout à la fois de l'élargissement de leurs missions (38) et de la nécessaire rationalisation de l'offre en matière de réinsertion sociale, la loi du 29 juillet 1998 a étendu le champ d'application de l'article 1er de la loi de 1975 pour y inclure toutes les activités de réinsertion sociale et professionnelle, depuis les structures qui pratiquent l'accueil et l'orientation des personnes jusqu'à celles qui réalisent l'accompagnement social en passant par les structures d'insertion par l'économique. Il en résulte que la création ou l'extension des services affectés à toutes ces activités sont soumises à la procédure d'autorisation préfectorale (du fait de la compétence de l'État en ce qui concerne cette forme d'aide sociale légale) (39) précédée de l'avis donnée par le Comité régional d'organisation sanitaire et sociale. De plus, les CHRS doivent, pour recevoir le financement émanant de l'État, être habilités à recevoir les bénéficiaires de l'aide sociale par le préfet : l'habilitation devant être conjointe avec celle délivrée par le président du conseil général lorsqu'ils reçoivent des familles qui relèvent en fait de l'aide sociale à l'enfance (40). Enfin, en matière de fermeture ou de retrait d'habilitation, ce sont encore les dispositions de la loi du 30 juin 1975 qui jouent avec les règles de procédure protectrices et uniquement en considération des motifs de fond prévus (ordre public, évolution des besoins, disproportion des coûts, charge financière excessive pour les budgets publics).

Ensuite, le CFAS (41) rend obligatoire la passation d'une convention entre les CHRS et l'État. Cet instrument, très contraignant dans la pratique qui en est faite, permet un net renforcement des pouvoirs de la puissance publique qui essaye ainsi de définir l'ensemble des missions, moyens et caractéristiques de chaque établissement (42). A la suite du rapport de l'IGAS sur les CHRS et les CAT (43) et face au souci d'inscrire chaque structure dans un schéma départemental des centres d'héber-

---

à assurer l'insertion des réfugiés et demandeurs d'asile (A. 25 août 1993, mod. A. 19 septembre 1983) : pour une présentation des caractéristiques des CHRS, v. *Infodas*, n° 61, juin 1997.

(35) J. M. L'HUILLIER, Le statut juridique des centres d'hébergement et de réadaptation sociale, p. 95, *in* E. ALFANDARI, E. MAUREL, *Hébergement... (op. cit.)*.

(36) Loi n° 75-535, 30 juin 1975 (précitée) : v. *supra*, n° 174 et s.

(37) L. n° 86-17, 6 janvier 1986 (précitée).

(38) La loi n° 98-657 du 29 juillet 1998 consacre en effet l'extension des missions des CHRS en modifiant dans ce sens l'article 3, 8° de la loi n° 75-535 du 30 juin 1975 qui inclut les missions d'accueil, notamment en urgence, le soutien, l'accompagnement social, l'adaptation à la vie active et l'insertion sociale et professionnelle.

(39) En ajoutant que c'est le préfet de région qui est compétent pour délivrer l'autorisation (D. n° 91-331, 4 avril 1991) ; v. Circ. 7 mars 1994, *RDSS*, 1995, p. 224, obs. J. M. L'HUILLIER.

(40) La Circ. 91-19, 14 mai 1991 (précitée) voulait imposer cette double habilitation de façon à engager financièrement le département dans la prise en charge de personnes qui relèvent de sa compétence (femmes enceintes, femmes isolées avec enfants de moins de trois ans).

(41) *C. famille*, art. 185-3.

(42) Sur cette convention, v. D. 2 septembre 1954, art. 46-1 et Circ. 91-19, 14 mai 1991.

(43) *RDSS*, 1994, p. 314.

gement, ces conventions sont invitées à mettre en cohérence l'ensemble desdites structures en clarifiant les missions de chacune d'entre elles.

L'aide à l'hébergement et à la réinsertion sociale et les CHRS qui la mettent en œuvre sont aujourd'hui confrontés à plusieurs défis : faire face à la multiplicité des missions qui leur reviennent, depuis la prise en charge en urgence de personnes en grandes difficultés jusqu'à la gestion d'activités d'insertion par l'économique ; s'adresser à une multiplicité de publics divers ; gérer des financements qui ne sont pas établis sur des principes très clairs, ni pour les bénéficiaires, ni pour les centres. Partis d'une fonction autrefois résiduelle d'accueil des populations les plus marginales, ils doivent désormais s'intégrer dans des dispositifs complexes d'accès au logement et d'insertion professionnelle, harmoniser leurs actions sur le plan horizontal et s'intégrer dans des politiques locales d'insertion sur le plan vertical : toute la question est de savoir s'il faut maintenir cette forme originale d'aide sociale, éventuellement en la réorientant (par exemple en la concentrant sur les fonctions d'accueil d'urgence) ou s'il ne conviendrait pas de la fondre dans une « allocation d'insertion » dans la logique du RMI (44).

§ 2. LES AIDES PERSONNELLES AU LOGEMENT

556 A côté de l'aide sociale à l'hébergement qui est une prestation de service offerte par des structures financées par l'aide sociale, il existe des aides en espèces qui opèrent comme des compléments de ressources alloués à des personnes ou des ménages, et spécialement affectés au logement. Il s'agit donc de dispositifs de solvabilisation ayant pour but de permettre de se loger aux conditions du marché soit dans le secteur privé, soit dans le secteur public. Ce sont, dans tous les cas, des prestations non contributives servies sous conditions de ressources et gérées par les caisses d'allocations familiales, mais qui, malgré ce rattachement organique, fonctionnent en fait comme des transferts de ressources fondés sur la solidarité nationale (45).

On peut distinguer deux types d'aide personnelles au logement : d'une part, l'aide personnalisée au logement ; d'autre part, les allocations de logement (allocation de logement familiale et allocation de logement sociale) (46).

A. L'AIDE PERSONNALISÉE AU LOGEMENT

557 L'aide personnalisée au logement (APL) est un dispositif qui avait vocation à se généraliser pour constituer la forme de droit commun de redistribution de ressources

(44) E. ALFANDARI, L'avenir de l'aide à l'hébergement et à la réadaptation sociale, p. 139, *in* E. ALFANDARI, E. MAUREL, *Hébergement... (op. cit.)*.

(45) Les aides au logement constituent un transfert très important tant en valeur absolue (73 milliards de francs qui bénéficient à 6 millions de ménages) qu'en valeur relative (56 % de ces aides vont à des ménages qui disposent de revenus inférieurs au SMIC), ce qui leur donne un effet redistributif important : v. Circ. CNAF n° 25, 25 août 1997.

(46) Parmi ces trois prestations (APL, ALF et ALS), seule l'ALF est une prestation familiale (*C. séc. soc.*, art. L. 511-1). Il convient encore de noter que, en plus de ces prestations, il existe une autre aide annexe liée au logement : la « prime de déménagement » (*C. séc. soc.*, art. L. 542-8) ainsi qu'un prêt : le « prêt à l'amélioration de l'habitat » (*C. séc. soc.*, art. L. 542-9). Les barèmes et modes de calcul de ces aides sont fixés par décret ; sur les conditions actuelles de leur attribution, v. A. et D. n° 97-831, 10 septembre 1997 et R. LAFORE, *RDSS*, 1997, p. 917.

dans ce domaine, reléguant progressivement les anciennes allocations de logement à la marge. Même si cet objectif n'a pas été atteint, il s'agit néanmoins d'un dispositif spécifique ainsi que le montrent aussi bien ses principales caractéristiques que son régime.

1° Les caractéristiques de l'APL

558 Instituée par la loi du 3 janvier 1977, l'APL (47) s'inscrit dans une recomposition d'ensemble de la politique du logement : elle se voulait l'instrument essentiel pour opérer le passage d'une aide à la pierre (essentiellement sous forme d'aménagement d'un secteur public de la construction aidé par l'État) à une aide à la personne, jugée moins ségrégative, plus efficiente économiquement et plus juste.

Les effets attendus de cette prestation se situaient sur plusieurs plans ; d'une part, en considération des conditions de production du logement et de la gestion du parc, elle devait favoriser l'accession à la propriété et promouvoir une rapide amélioration de la qualité technique ; d'autre part, en ce qui concerne ses objectifs sociaux, elle devait adapter au mieux l'aide de la collectivité aux capacités contributives de chaque ménage (le taux d'effort) en conciliant ainsi justice sociale (on aide à proportion des ressources), efficacité de l'aide (on aide à proportion des besoins et pas au delà) et liberté du choix (l'aide permet de se loger dans tous les secteurs, publics ou privés...). En conséquence, et c'est là son originalité, l'aide personnalisée au logement repose sur des critères qui tiennent d'abord au logement (et non à la situation familiale et professionnelle du demandeur), puis aux ressources du demandeur ; c'est d'ailleurs en raison de l'existence de cet élément personnel qu'elle est dite « personnalisée »... Ce sont là les deux seuls critères pris en compte.

Tout d'abord, l'APL est attribuée en considération du logement occupé, la condition étant que le logement ait fait l'objet d'un conventionnement entre le bailleur et l'État. Ce conventionnement est un instrument que la puissance publique peut utiliser en fonction des objectifs de la politique du logement : ainsi, notamment dans le but de relancer la construction de logements sociaux destinés à satisfaire la demande des ménages les plus défavorisés, l'État a pu par exemple assortir la signature de la convention de conditions tenant à l'accueil d'un certain pourcentage de personnes défavorisées (48).

Jusqu'en 1988, la prestation était réservée aux locataires de logements neufs ou réhabilités avec l'aide de l'État ou aux accédants à la propriété bénéficiant d'un prêt conventionné (PC) ou d'un prêt accession à la propriété (PAP). Ayant vocation à se substituer aux autres allocations de logement, le « bouclage de l'APL » (c'est-à-dire son extension à l'ensemble des logements) fut entrepris à partir de 1988. La prestation fut étendue aux personnes occupant des logements conventionnés sans travaux et aux personnes occupant des logements conventionnés à l'occasion de travaux à compter de 1988, ces occupants relevant antérieurement des allocations de logement. Il en a résulté jusqu'à une date récente un morcellement du régime de l'APL, puisqu'il y avait lieu de distinguer « l'APL 1 » et « l'APL 2 ». Depuis le 1er avril 1997, ces deux

(47) *C. const. et hab.*, art. L. 351 à L. 351-14.
(48) D. nº 99-864 et 865, 7 octobre 1999.

régimes ont été fusionnés en un barème unique applicable à l'ensemble des ménages bénéficiaires (49).

L'APL est financée par le Fonds national de l'habitat (FNH) dont les recettes proviennent de l'État, des régimes de prestations familiales et des bailleurs qui ont passé une convention. Les organismes payeurs en sont les caisses d'allocations familiales pour le régime général et les caisses de MSA pour le régime agricole.

2° Le régime de l'APL

559 Les conditions d'attribution de l'aide personnalisée au logement sont de deux sortes : elles sont relatives d'une part au logement occupé, d'autre part aux ressources du demandeur. La première condition se réalise au moment du conventionnement du logement qui lie le bailleur et l'État. C'est à ce stade que les normes de confort, de superficie et d'habitabilité sont contrôlées (les conventions n'ayant concerné qu'un certain nombre d'immeubles dans un premier temps). Au stade de l'attribution de l'aide, il faut impérativement que le logement pour lequel la prestation est demandée ait fait l'objet d'une convention (50). S'ajoute cependant une autre condition : le logement doit constituer la résidence principale de l'accédant ou du locataire, ce qui suppose une occupation effective pendant au moins huit mois de l'année : l'inoccupation prolongée pour cas de force majeure permettant néanmoins le maintien de l'APL pendant un an au plus.

S'agissant du demandeur, aucune condition de nationalité, d'activité professionnelle, d'enfants ou d'autre personne à charge n'est requise ; il peut s'agir d'une personne seule ou de l'un des deux membres d'un couple, légitime ou non.

Le droit à l'APL et le calcul de son montant sont fixés par une barème défini par voie réglementaire (51). Le barème prend en compte les ressources du demandeur, le nombre de personnes à charge vivant habituellement au foyer et le montant du loyer ou des charges de remboursement. La méthode de calcul (52) est établie dans l'objectif de maintenir le taux d'effort du ménage à un certain niveau en intégrant montant du loyer, ressources et nombre de personnes à charge. Enfin, et c'est là une originalité supplémentaire du dispositif, l'APL est versée directement au bailleur ou, en cas d'accession à la propriété, à l'établissement financier prêteur : ce qui constitue une garantie absolue de l'affectation de l'aide et une grande sécurité pour les bailleurs ou établissements de crédit (53).

---

(49) A. et D. n° 97-289, 28 mars 1997 : v. R. LAFORE, *RDSS*, 1997, p. 692.

(50) Sont éligibles à l'APL : les logements donnés en location s'il y a eu une convention entre le bailleur et l'État ; les logements faisant l'objet soit d'une accession à la propriété neuve, soit d'une acquisition en vue de l'amélioration (prêt aidé ou conventionné), soit d'une acquisition dans l'ancien (sans conditions de travaux) à l'aide d'un prêt conventionné (PC) ; les logements améliorés par leurs propriétaires occupants et bénéficiant pour cette opération d'un PC ; les logements faisant l'objet d'un contrat de location-accession et construits ou acquis à l'aide d'un PAP ou d'un PC ; les logements-foyers faisant l'objet d'un conventionnement.

(51) Pour l'année 2000, v. D. n° 99-537 à 539 et 541 et A. 28 juin 1999 (*TSA*, n° 745, 1999, p. 5 et n° 749, p. 7, 1999 ; *ASH*, n° 2131 et 2133, 1999).

(52) Sur ce barème et sur ce calcul, v. *C. const. et hab.*, art. L. 351-3 et R. 351-18.

(53) En 1997, 2 844 000 ménages percevaient l'APL, ce qui correspondait à une dépense de 37,67 milliards de F (50,6 % du total des aides au logement) : sur ce point, v. DREES, *Données sur la situation sanitaire et sociale*, p. 213, 1999, La Doc. française.

B. LES ALLOCATIONS DE LOGEMENT

560 Les allocations de logement ont deux sources distinctes : d'une part, la loi du 1er septembre 1948 sur les loyers a institué une « allocation de logement » (54) ; réservée d'abord aux familles avec plusieurs enfants à charge, elle a été ensuite étendue (55) aux ménages ou personnes n'ayant qu'un enfant à charge, aux jeunes ménages sans enfant pendant les cinq premières années du mariage, aux ménages ou personnes ayant une personne âgée ou infirme à charge ; malgré ces extensions, elle constitue toujours une prestation familiale au sens du Code et est souvent dénommée « allocation de logement familiale » ; d'autre part, une loi du 16 juillet 1971 a créé d'autres allocations dites « de logement » destinées à des personnes âgées, à des infirmes, à des jeunes salariés de moins de 25 ans, puis à d'autres catégories ; ces allocations, regroupées dans le Livre VIII du Code de la Sécurité sociale, entrent dans la catégorie générique « allocation de logement sociale » (56).

1° L'allocation de logement familiale

561 L'allocation de logement familiale (ALF), qui figure dans l'énumération légale des prestations familiales (57), présente cependant des caractères originaux par rapport à elles.

En effet, si on retrouve la finalité générale de tous ces dispositifs consistant à compenser des charges supplémentaires (ici de logement) impliquées par l'existence d'une famille et notamment la présence d'enfants, cette allocation est aussi utilisée comme instrument d'une politique de l'habitat : on a voulu, par sa médiation, encourager les ménages à se loger de façon convenable, par location ou accession à la propriété, et à consacrer en conséquence une part plus importante du revenu au logement ; indirectement, la prestation solvabilisait ainsi une demande pour le marché du neuf, notamment public.

En conséquence, les conditions d'attribution tiennent autant aux familles bénéficiaires qu'aux caractéristiques du logement pour lequel la prestation est demandée.

— S'agissant des familles bénéficiaires, les textes définissent 5 catégories de personnes ouvrant droit à l'allocation : les bénéficiaires d'une prestation familiale, les ménages ou personnes ayant à leur charge un seul enfant et ne pouvant prétendre à aucune prestation familiale, les chefs de famille sans enfant pendant 5 ans à compter de leur mariage (à condition qu'aucun des conjoints n'ait atteint 40 ans au moment du mariage), les ménages ou personnes ayant à charge un ascendant de plus de 65 ans, les ménages ou personnes ayant à leur charge un ascendant, un descendant ou un collatéral infirme ou inapte au travail (incapacité égale au moins à 80 % ou reconnu inapte au travail par la COTOREP).

---

(54) *C. séc. soc.*, art. L. 542-1 à 542-9.
(55) L. 3 janvier 1972.
(56) L'action des allocataires pour le paiement de ces deux allocations se prescrit par deux ans ; il en va de même de l'action en recouvrement de la prestation indûment payée intentée par l'organisme payeur, sauf cas de fraude ou de fausse déclaration (*C. séc. soc.*, art. L. 553-1 et art. L. 835-3) : pour exemple, v. Cass. soc., 6 mai 1999, Mme Landault, *Dr. soc.*, 1999, p. 752, obs. B. GAURIAU.
(57) *C. séc. soc.*, art. L. 511-1.

L'ouverture du droit à l'allocation suppose en outre que l'allocataire affecte au logement un pourcentage de ses ressources : la réglementation établit un loyer minimum, tenant compte de la composition du ménage et du revenu dont il dispose, et l'allocation ne sera ouverte que si le coût réel du loyer (ou des remboursements) excède ce minimum. Toutes les ressources du ménage sont prises en compte avec abattements dans deux cas : double activité (pour ne pas pénaliser le second revenu) ou personne seule (58).

— S'agissant du logement, il doit remplir des conditions qui sont de deux ordres. Les premières concernent la qualité du logement : il doit répondre à des normes de peuplement (superficie minimale compte tenu du nombre de personnes) et de confort (chauffage, eau, toilettes...). Les secondes ont trait à la nature de l'occupation : il faut que le logement constitue la résidence principale de l'intéressé et que l'occupation se fasse à titre onéreux (versement d'un loyer ou remboursement de prêt) : ce qui renforce la spécialité de l'aide (ce n'est en aucun cas une prestation de complément du revenu global) (59).

— Le montant de l'ALF est égal à une fraction de la différence entre le loyer réellement versé et le loyer fictif minimum, cette différence se voyant appliquer un coefficient construit en fonction des ressources et de la composition de la famille. Ce système a pour but, en tenant compte des charges de famille et du montant du loyer, de faire progresser le taux d'effort pour se loger avec le revenu. L'ALF est versée chaque mois par les CAF et pouvait, dans certains cas, être directement payée au bailleur ou au prêteur (60) ; la loi du 29 juillet 1998 relative à la lutte contre l'exclusion a élargi ce mécanisme de « tiers-payant » en prévoyant que l'ALF est automatiquement versée au bailleur lorsque le locataire est logé dans un patrimoine d'au moins dix logements appartenant à un organisme HLM ou géré par lui, dans le secteur non conventionné.

2° L'allocation de logement sociale

562 Les deux allocations précédentes — APL et ALF — ont des caractéristiques telles que nombre de personnes ne pouvaient en bénéficier : centrée surtout sur des critères tenant au logement (obligation d'un conventionnement), l'APL ne prend pas en compte, par définition, la situation personnelle de certains ménages, notamment les plus défavorisés (et ce malgré la volonté de « bouclage » de l'allocation) ; construite autour du critère de charges de famille, l'ALF laissait de côté des ménages en difficulté à l'égard du logement.

C'est pourquoi, en strates successives, et par extension à de nouvelles catégories, une allocation spécifique a été mise en place au bénéfice de personnes disposant de faibles revenus, ayant une charge de logement et ne pouvant bénéficier des deux autres aides.

(58) D. nº 99-536 à 99-539, 28 juin 1999.

(59) Sur ces conditions d'attribution, v. R. LAFORE, Les contrôles préalables à l'attribution des prestations familiales, logique protectrice ou logique intégratrice, *RDSS*, 1994, p. 640.

(60) En 1997, 1 094 000 ménages percevaient l'ALF, ce qui correspondait à une dépense de 16 milliards de F (21,5 % du total des aides au logement).

Dans un premier temps, la loi du 16 juillet 1971 a créé une allocation nouvelle (61) réservée à trois catégories de bénéficiaires : les personnes âgées de plus de 65 ans (ou 60 en cas d'inaptitude au travail), les personnes atteintes d'une infirmité entraînant une incapacité permanente au moins égale à 80 % ou qui sont reconnues inaptes à l'emploi par la COTOREP, les jeunes salariés qui occupent un logement indépendant du logement de leurs parents. A partir de 1986, le bénéfice de l'ALS a été progressivement étendu à de nouvelles catégories : chômeurs de longue durée (1986), bénéficiaires du RMI (1989), bénéficiaires de l'allocation d'insertion (1990). Depuis la loi de finances pour 1991, l'ALS a vocation à occuper, à côté de l'APL qui doit continuer à s'étendre par conventionnement avec les bailleurs, une place complémentaire en constituant une prestation versée non en considération principalement du logement occupé, mais sous seules conditions de ressources et de charge du logement. On pense ainsi réaliser une généralisation des aides personnelles au logement en articulant aide en considération du logement (APL) et aide en considération de la personne (niveau de ressources en fonction de la charge, ALS).

S'agissant des conditions d'attribution, l'ALS reprend, avec quelques aménagements, celles de l'ALF : le logement doit répondre à des normes de peuplement, de salubrité et de confort ; le montant du loyer doit être supérieur à un montant minimum fixé réglementairement ; le bénéficiaire doit être locataire ou accédant à la propriété (y compris en logement-foyer) (62). Le montant de l'allocation s'établit lui aussi par le versement de la différence entre le loyer effectivement payé et le loyer minimum, cette différence se voyant affecter un coefficient de prise en charge qui tient compte des ressources de l'allocataire et de ses charges familiales (le coefficient peut atteindre au maximum 0,90, soit une prise en charge presque totale). L'ALS dispose d'un financement émanant de l'État (60 % du coût total) et des employeurs (qui doivent acquitter une cotisation établie à 0,30 % de la masse salariale) : ces recettes étant gérées par le Fonds national d'aide au logement (63).

563 **Bibliographie.** F. ABALLÉA, I. BENJAMIN, *Les centres d'hébergement et de réadaptation sociale, évaluation d'expériences innovantes*, Rapport FORS, 1987 ; E. ALFANDARI, E. MAUREL (Dir.), Hébergement et réadaptation sociale, *RDSS*, 1996 ; F. AUVIGNE, M. YAHIEL, *Rapport d'enquête sur la situation financière des CAT et des CHRS*, IGF/IGAS, 1993 ; D. BALLET, Les CHRS, *Les cahiers de l'habitat*, 1992, n° 17 ; O. CHARRIER, M. LEGROS, État des lieux d'insertion, 1993, CREDOC ; M. LAIR, *Évaluation de l'efficacité économique et sociale des aides publiques au logement* (Avis), Cons. écon. et soc., 1994 ; E. MAUREL, *Activités économiques d'insertion*, GREFOS, 1995, IEP Grenoble ; C. PADIEU, L'hébergement et la réadaptation sociale en 1985, *Solidarité santé, Ét. stat.*, 1986, n° 1, p. 77 ; R. ROUQUETTE, Les politiques publiques en faveur du logement, *Vie sociale*, n° 5-6, 1993, p. 25 ; F. VILLEROY de GALHAU, *Rapport d'enquête sur les centres d'hébergement*, 1995, Min. Econ. et Finances.

---

(61) *C. séc. soc.*, art. L. 831-1 et s.

(62) Même s'ils occupent à deux une chambre dans une maison de retraite, des époux peuvent cumuler le bénéfice de l'ALS — laquelle est ainsi versée deux fois — dès lors qu'ils remplissent l'un et l'autre les conditions pour y prétendre (Cass. soc., 9 mai 1996, arrêt n° 2091 P) ; par ailleurs, et dès lors qu'elle remplit les conditions légales pour y prétendre, une personne ne saurait se voir refuser le bénéfice de l'ALS au motif que le propriétaire de l'appartement dont elle est régulièrement le locataire n'est autre que le père de son épouse (Cass. soc., 1er avril 1999, *RJS*, 1999, n° 744, p. 451).

(63) En 1997, 2 120 000 ménages percevaient l'ALS, ce qui correspondait à une dépense de 20,73 milliards de F (27,9 % du total des aides au logement).

SECTION II L'ACCÈS AU LOGEMENT DES PERSONNES DÉFAVORISÉES

564 Les dispositifs précédents — aide à l'hébergement et à la réadaptation sociale ainsi que les allocations de logement — contribuent, par définition, à l'accès au logement, notamment des personnes les plus défavorisées. Mais, dans les années 80, les phénomènes d'exclusion sociale, qui ont débouché directement sur l'institution d'un revenu minimum garanti (64), ont débouché aussi sur des difficultés considérables dans le domaine de l'habitat et plus largement dans celui de l'aménagement urbain.

On a assisté en effet — même si l'énorme effort consenti à partir des années 60 en matière de construction publique a pu faire croire, un moment, que « la crise du logement » était résolue —, à la montée et à l'extension de difficultés sociales et économiques mettant en cause l'action publique dans ce secteur : précarisation accrue d'individus ou de familles venant grossir la masse des mal-logés ou des sans-logis ; difficultés du logement social qui, pris en tenaille entre la montée des impayés, l'augmentation des coûts de construction et de gestion, la vétusté et l'inadaptation de nombre d'ensembles HLM où se concentrent les populations les plus en difficulté, est sous le coup d'une perte de légitimité et de tensions contradictoires ; hausse du prix de l'immobilier, surtout dans les agglomérations, qui fragilise les populations dont les revenus sont les plus modestes ; freinage de la construction dans les secteurs où pourtant l'offre est déficitaire. Ce tableau, en lui-même inquiétant, s'inscrit en outre dans des problématiques plus larges au terme desquelles le logement n'apparaît que comme un des éléments d'une logique de précarisation et d'exclusion tout à la fois de groupes et d'espaces : la pauvreté, le chômage, les tensions sociales dans certains quartiers, tout cela va nécessiter une réponse élargie, qui va se composer autour des thématiques de l'insertion et du développement social.

En matière de logement, et en parallèle avec les politiques d'insertion du RMI (65) et la « politique de la ville » (66) qui se développe au même moment, on assiste à une recomposition de l'action publique qui procède d'un double mouvement : fonder à nouveau la légitimité de cette politique par l'affirmation d'un « droit au logement » qui, reposant sur la construction d'une politique partenariale, trace le cadre général de l'action publique en la matière (§ 1) ; aménager un ensemble d'instruments de mise en œuvre de façon à articuler offre et demande et à protéger les personnes menacées de perdre leur logement (§ 2).

§ 1. LE CADRE GÉNÉRAL

565 Pour faire face aux difficultés que connaissent un grand nombre de personnes, l'innovation en matière de logement va essentiellement consister dans

(64) V. *supra*, n° 441 et s.

(65) Il convient de rappeler que les réformes en matière d'accès au logement pour les populations défavorisées font partie de l'ensemble des mesures de lutte contre la pauvreté et l'exclusion sociale appelées par le RMI (L. n° 88-1088, 1er décembre 1988, art. 1er).

(66) J. DONZELOT, P. ESTÈBE, *Le développement social urbain, constitution d'une politique*, Com. d'évaluation de la politique de la ville, DIV, 1992.

la définition d'une politique globale et coordonnée d'action, là où antérieurement régnaient une grande diversité et hétérogénéité de mesures (construction et gestion d'un parc public, systèmes d'aides personnelles, structures d'accueil pour certaines catégories). Pour ce faire, le législateur va refonder l'action publique par l'affirmation d'un « droit au logement » qui émerge peu à peu à partir du début des années 80 dans diverses formulations législatives et qui s'épanouit lorsque, au travers de plusieurs décisions successives, le Conseil constitutionnel en tracera les contours. Il convient donc de reprendre la question pour envisager tout d'abord les conditions ayant conduit à la reconnaissance du « droit au logement » pour ensuite en situer la portée effective dans le droit positif.

A. LE « DROIT AU LOGEMENT »

566 De façon explicite, à compter de 1982, la puissance publique va proclamer un « droit au logement » ainsi qu'un certain nombre de droits connexes pour fonder les grandes réformes introduites à compter de cette époque dans le droit du logement.

1° La proclamation d'un « droit au logement »

567 Un ensemble de textes législatifs vont recomposer peu à peu le droit du logement à compter de 1982 ; au plus large, en liaison avec les politiques d'urbanisme et d'aménagement, ils vont réformer les rapports locatifs ; au plus près, en rapport étroit avec les politiques d'action sociale, ils vont se préoccuper de l'accès au logement des populations les plus fragiles : étant entendu que tous ces textes, qui vont déboucher sur la loi du 29 juillet 1998 relative à la lutte contre l'exclusion, se réfèrent expressément à différents droits fondamentaux.

568 **a) La reconnaissance législative** — Le premier texte à fonder l'action publique en matière de logement par la proclamation d'un droit qui en constitue la finalité est la « loi Quilliot » du 22 juin 1982 (67) qui s'ouvre, dans son article premier, par la proclamation suivante : « le droit à l'habitat est un droit fondamental ; il s'exerce dans le cadre des lois qui le régissent ». De même, la « loi Mermaz » du 6 juillet 1989 (68) innove en fondant son dispositif sur la volonté de mettre en œuvre un « droit au logement ». La « loi Delebarre » du 13 juillet 1991, dite « loi d'orientation pour la ville » (69), introduit, elle, un nouveau droit fondateur, le « droit à la ville » ainsi que le « droit à la diversité de l'habitat ». Dans le domaine plus précis de l'aide et de l'action sociales, la « loi Besson » du 31 mai 1990 affirme que « garantir le droit au logement constitue un devoir de solidarité pour l'ensemble de la nation » et que « les personnes qui connaissent des difficultés particulières pour se loger ont droit à une aide de la collectivité pour accéder à un logement décent et indépendant

(67) L. nº 82-526, 22 juin 1982 relative aux rapports locatifs.
(68) L. nº 89-462, 6 juillet 1989 tendant à améliorer les rapports locatifs, mod. L. nº 86-1290, 23 décembre 1986.
(69) L. nº 91-662, 13 juillet 1991 d'orientation pour la ville.

et s'y maintenir » (70). La « loi habitat » du 21 juillet 1994 (71) vient compléter ce premier texte en intégrant de nouvelles dispositions pour l'hébergement d'urgence des personnes sans-abri, élargissant ainsi les mesures d'application du droit proclamé par la loi du 31 mai 1990. La loi du 21 janvier 1995 (72), en adoptant de nouvelles mesures, apparaît aussi comme un dispositif ordonné à la mise en œuvre de ce même droit.

On le voit, en déclinant « droit à l'habitat », « droit à la diversité de l'habitat », « droit à la ville » et enfin « droit au logement », la puissance publique a fondé un dispositif législatif complexe qui, en cercles concentriques, tente de réguler l'accès au logement et de résorber les dysfonctionnements qu'il connaît. Au centre du dispositif, les lois « Quilliot » puis « Mermaz » organisent les rapports entre bailleurs et locataires en améliorant la protection des seconds contre les logiques déstabilisatrices du marché. En un premier cercle, la loi « Besson » et les textes de 1994 et 1995 s'attachent à résorber les populations qui ne sont pas logées ou ont des difficultés d'accès au logement. En un second cercle, la loi « Delebarre », dépassant la gestion du parc existant, veut intervenir dans les logiques mêmes de production, de localisation et de répartition sociale des logements dans la ville. Ces trois niveaux d'action constituent bien une politique globale qui s'inscrit dans un statut de l'habitat (73) et qui veut concourir à concilier l'accès à un logement pour tous et les « lois » économiques et sociales qui prévalent dans la production et la répartition de l'habitat.

569 **b) L'apport de la loi relative à la lutte contre l'exclusion** — La loi du 29 juillet 1998, on le sait, se propose d'engager de façon cohérente l'ensemble des politiques publiques dans une stratégie désireuse d'assurer aux personnes qui connaissent des difficultés de toutes natures un accès effectif aux droits de tous en matière de santé, de formation, d'accès à l'emploi, et naturellement en matière de logement. Aménageant et réformant l'ensemble des programmes d'action publique dans tous ces domaines, lesquels doivent se conjuguer pour assurer l'insertion ou la réinsertion des personnes « exclues », ce texte revêt donc une ampleur considérable (74). La question du logement y occupe une place quantitativement considérable (plus du tiers des articles de la loi lui sont consacrés), cela ne faisant que manifester l'importance décisive que revêtent, pour l'intégration sociale des personnes concernées, aussi bien l'accès que le maintien dans le logement.

La loi n° 98-657 ne bouleverse pas, en matière d'accès au logement, les dispositifs antérieurs, en particulier ceux institués par la loi n° 90-449 du 31 mai 1990 (dite « loi Besson »). Ainsi, les principaux éléments en sont conservés, qu'il s'agisse de la planification de l'action publique (plans départementaux) ou qu'il s'agisse de la plupart des instruments juridiques de mobilisation de l'offre de logements (médiations entre bailleurs et locataires, accès au secteur social) ou d'aide et de soutien aux ménages bénéficiaires.

---

(70) L. n° 90-449, 31 mai 1990 relative à la mise en œuvre du droit au logement (art. 1er) : v. F. BENGUIGUI, La loi Besson dans l'histoire de la politique du logement, in R. BALLAIN, F. BENGUIGUI (Dir.), *Loger les personnes défavorisées*, p. 25, 1995, La Doc. française.
(71) L. n° 94-624, 21 juillet 1994 relative à l'habitat.
(72) L. n° 95-74, 21 janvier 1995 relative à la diversité de l'habitat.
(73) R. LAFORE, Droit au logement et mutations sociales, à la recherche des concepts, *Vie sociale*, n° 5-6, 1993, p. 5.
(74) R. LAFORE, L'accès au logement, *RDSS*, 1999, p. 283.

Mais on note cependant quelques novations destinées à rendre plus efficace l'ensemble, notamment la création d'une nouvelle taxe pesant sur les logements inoccupés, l'invention d'un nouveau mécanisme de réquisition de logements ou encore le renforcement des systèmes de répartition des logements sociaux. Les dispositifs antérieurement existants, tels la planification ou le Fonds de solidarité logement, sont réaménagés pour assurer une plus grande efficacité de leur mise en œuvre.

Surtout, un nouveau volet de la politique d'aide au logement des populations défavorisées est introduit ; il s'agit des mécanismes assurant dans toute la mesure du possible un maintien dans le logement de ménages menacés d'expulsion : on le sait, la perte du logement, sans solution satisfaisante de remplacement, est souvent le premier stade d'une logique d'exclusion et de précarisation progressives des personnes.

Au fond, assumant l'héritage, essentiellement celui de la « loi Besson », mais le réorganisant et lui adjoignant des compléments qu'elle voudrait efficaces, la nouvelle législation trace un cadre complet et cohérent en matière d'accès au logement pour les personnes défavorisées.

2° La portée du « droit au logement »

570 Proclamer un « droit au logement », articulé à d'autres droits et principes connexes, et en faire corrélativement « un devoir de solidarité pour l'ensemble de la nation » pose la question de la portée d'un tel droit (75). Le Conseil constitutionnel, en plusieurs décisions successives rendues à l'occasion des textes de 1990, 1994 et 1995, a été amené à en préciser à la fois la nature, le fondement constitutionnel et la portée. Saisi en 1990 pour apprécier la constitutionnalité de la loi relative à la mise en œuvre du droit au logement, le Conseil — se penchant il est vrai sur un grief décalé par rapport à la question de la nature du droit (76) — a alors indiqué que « promouvoir le logement des personnes défavorisées répond à une exigence d'intérêt national » (77). Cependant, la formule restait ambiguë et, s'il apparaissait que ce droit avait une valeur constitutionnelle, sa nature exacte et sa place dans l'ensemble des principe et règles restaient floues (78).

Saisi d'un recours contre la loi du 21 janvier 1995 relative à la diversité de l'habitat, le juge constitutionnel va aller plus loin, sans toutefois aboutir à la consécration pure et simple d'un « droit au logement » (79) : il indique que « la possibilité pour toute personne de disposer d'un "logement décent" est un objectif de valeur constitutionnelle ». Double restriction, donc, par rapport à la reconnaissance d'un véritable droit :

---

(75) Sur la L. n° 90-449, 31 mai 1990, v. S. C. Bouzely, *Quot. jur.*, 1990, n° 82 ; F. Monéger, La mise en oeuvre du droit au logement, *RDSS*, 1990, p. 709 ; R. Rouquette, Le droit au logement, *AJPI*, 1990, p. 761.

(76) Les requérants ne contestaient pas le « droit au logement » en tant que tel, mais mettaient en avant une contradiction entre les conditions de sa mise en œuvre (imposition de charges nouvelles aux départements) et le principe de libre administration des collectivités locales.

(77) Décision n° 90-274 DC, 29 mai 1990, *RCC*, p. 61 ; *RDSS*, 1990, p. 711, note X. Prétot.

(78) V. D. Rousseau, *RDP*, 1992, chron., p. 46.

(79) Décision n° 94-359 DC, 19 janvier 1995, *RFDC*, 1995, p. 404 et p. 582, note P. Gaïa ; *AJDA*, 1995, p. 455, note B. Jorion ; *RDP*, 1996, p. 21, chron. D. Rousseau ; *LPA*, 1995, n° 68, p. 9, chr. B. Mathieu ; F. Zitouni, Le Conseil constitutionnel et le logement des plus démunis, *LPA*, 1996, n° 6, p. 14 ; H. Pauliat, L'objectif constitutionnel de droit à un logement décent, vers le constat de décès du droit de propriété, *D.* 1995, p. 283 ; v. aussi décision n° 95-371 DC, 29 décembre 1995, *RCC*, p. 265 ; *RFFP*, n° 54, 1996, p. 191, obs. X. Prétot.

il s'agit de garantir un « logement décent », ce qui limite l'action publique dans son champ et ses objectifs, le logement ne devant être garanti par la collectivité que pour ceux qui ne disposent pas de minimum en la matière (ce qui exclut un droit général et inconditionnel pour tous les citoyens...) ; ce n'est pas un « droit » mais un « objectif de valeur constitutionnelle » : ce qui atténue largement son caractère impératif pour constituer, à la différence des règles et des principes constitutionnels, un mécanisme canalisant l'action des pouvoirs publics vers la réalisation de finalités en laissant une grande latitude dans le choix des moyens (80).

Cette qualification « d'objectif à valeur constitutionnelle » ne fait pas obstacle à ce que la garantie d'un logement décent constitue une véritable obligation pour les pouvoirs publics. Tout d'abord, et alors même qu'il n'est pas expressément cité dans la constitution (le préambule ne comporte aucune disposition relative au logement), cet objectif est aux yeux du juge, d'une part, le corollaire des alinéas 10 et 11 du préambule de la Constitution de 1946 (81), d'autre part la conséquence du « droit à la dignité de la personne humaine » que, dans cette décision, le juge consacre comme principe à valeur constitutionnelle (82). Ensuite, et après avoir précisé qu'il incombait « tant au législateur qu'au gouvernement de déterminer (...) les modalités de mise en œuvre de cet objectif à valeur constitutionnelle » et que « le législateur pouvait modifier, compléter ou abroger les dispositions législatives antérieurement promulguées », le Conseil restreint aussitôt ce pouvoir en posant une condition : « ne pas priver de garanties légales des principes à valeur constitutionnelle » que ces dispositions législatives « avaient pour effet de mettre en œuvre » ; cette jurisprudence, dite du « cliquet anti-retour », implique que si les pouvoirs publics peuvent toujours aménager des dispositifs dans un but d'adaptation à des conditions nouvelles ou d'amélioration de leur efficacité, ils ne peuvent en aucun cas revenir en arrière et passer à une garantie sensiblement moindre que celle assurée précédemment (83).

571 **Bibliographie.** V. n° 546, 563 ; *adde* R. BALLAIN, F. BENGUIGUI, *Loger les personnes défavorisées*, 1995, La Doc. française ; G. CARRÈRE et G. SALMONA (Rapport), *La formation des fonctionnaires de l'État et la politique de la ville*, 1991, La Doc. française ; L. CHAPEAUX, M. MOUILLART, Le logement des jeunes, *Regards sur l'actualité*, n° 237, 1998, p. 25 ; M. CHAUVIÈRE (Dir.), La bataille des squatters et l'invention du droit au logement, *Cahiers du Groupement de recherche sur les mouvements familiaux*, 1992, n° 7 ; DIVERS, *Comment loger les plus démunis* (Rapport), FNPACT,

(80) La notion « d'objectifs de valeur constitutionnelle » est apparue dans quelques décisions : décision n° 82-141 DC, 27 juillet 1982 (la sauvegarde de l'ordre public, le respect de la liberté d'autrui, la préservation du caractère pluraliste des courants d'expression socio-culturels sont des objectifs à valeur constitutionnelle) ; décision n° 84-141 DC, 10 et 11 octobre 1984 (« l'objectif du pluralisme » doit être assuré dans la régulation des entreprises de presse) : sur ce point, v. B. FAURE, Les objectifs de valeur constitutionnelle : une nouvelle catégorie juridique ?, *RFDC*, 1995, p. 47. A l'occasion d'un recours contre une décision préfectorale accordant le concours de la force publique pour expulser un locataire du logement qu'il occupait et ce, en application d'une décision de justice, le TA de Versailles a dû se prononcer sur la portée du droit au logement ; reprenant celle donnée par le juge constitutionnel (objectif à valeur constitutionnelle), il en a déduit que ce droit revêtait un caractère purement programmatique pour la puissance publique, ce qui lui confère une double limite : d'une part, il ne saurait recevoir d'application que dans le cadre des lois adoptées par le Parlement en vue de pourvoir à sa mise en œuvre, d'autre part, il doit être concilié avec les exigences du droit de propriété et de l'indépendance de l'autorité judiciaire qui ont aussi valeur constitutionnelle (TA Versailles, 31 mai 1996, Mialebama c/ Préfet du Val-d'Oise) : v. R. LAFORE, *RDSS*, 1997, p. 452.

(81) Sur les alinéas 10 et 11, v. *supra*, n° 54 et s.

(82) Aucun texte constitutionnel français n'énonce ce droit explicitement, alors qu'il est consacré par des textes internationaux (Déclaration universelle des Droits de l'homme).

(83) Sur ce point, v. *supra*, n° 55.

UNFHLM, 1989 ; *Les cahiers de l'habitat*, n° 6, 1989 ; *Promouvoir le droit au logement, contribution à l'évaluation de la loi du 31 mai 1990*, La Doc. Française, 1998 ; Nouvelle crise du logement, *Informations sociales*, n° 77, 1999 ; G. GROUX, C. LÉVY, *La possession ouvrière. Du taudis à la propriété (XIXe-XXe s.)*, 1993, Éd. de l'Atelier ; R. H. GUERRAND, *Propriétaires et locataires. Les origines du logement social en France (1850-1914)*, 1987, Éd. Quintette ; GUYARD, *Rapport d'information sur les difficultés d'accès au logement social*, AN, n° 684, 1989 ; HAUT COMITÉ POUR LE LOGEMENT DES PERSONNES DÉFAVORISÉES, Le besoin de cohérence dans la politique du logement, 5e Rapport, ronéo, 1999 ; J. P. LACAZE, *Les Français et leur logement*, École nation. Ponts et Chaussées, 1990 ; B. LÉGÉ, *Le droit au logement en question*, 1991, Syros alternatives.

B. LA PLANIFICATION EN MATIÈRE DE LOGEMENT DES PERSONNES DÉFAVORISÉES

572 La proclamation du droit au logement et sa consécration constitutionnelle ne constituent que le premier élément du mécanisme enserrant la politique d'accès au logement des personnes défavorisées. Cette dernière se caractérise aussi par la mise en place d'un dispositif partenarial centré sur l'établissement d'une planification encadrant l'action collective. A l'instar de ce qui a prévalu pour le RMI, l'application du droit au logement a en effet exigé, pour contourner les logiques sectorielles et verticales à l'œuvre dans le droit du logement traditionnel, de construire des dispositifs d'action spécifiques.

Cela consiste tout d'abord dans l'aménagement d'un partenariat, tant au niveau national qu'au niveau local ; cela se concrétise ensuite dans l'élaboration du Plan départemental pour le logement des personnes défavorisées.

1° Le dispositif partenarial

573 Toutes les politiques d'insertion sont par nature des politiques transversales et territorialisées (84). L'accès au logement des personnes défavorisées, pour satisfaire à l'objectif de fournir à chacun un logement décent, repose aussi sur une approche interinstitutionnelle et partenariale de l'action publique : ainsi, une mobilisation de divers acteurs a été suscitée tant au niveau national qu'à l'échelon départemental, avec en outre un équilibre qui veut faire du niveau local non seulement un espace opérationnel mais aussi un lieu de délibération, de consensus et d'élaboration de principes et normes d'action.

574 **a) Le niveau national.** Au niveau national, ont été créés, parallèlement aux services ministériels chargés du logement, plusieurs structures consultatives qui doivent élaborer et proposer les orientations de l'action publique et procéder à une évaluation régulière de sa mise en œuvre.

A côté de l'instance à large compétence que constitue le *Conseil national des politiques de lutte contre la pauvreté et l'exclusion sociale* (CNLE) (85), a été créé le *Haut comité pour le logement des personnes défavorisées* (86), composé de neuf membres assistés d'un secrétaire général et nommés par le Président de la République

(84) V. *supra*, n° 454 et s.
(85) L. n° 88-1088, 1er décembre 1988, mod. L. n° 92-722 (précitée) : v. *supra*, n° 104 et 454 et s.
(86) D. n° 92-1339, 22 décembre 1992, art. 1 à 6.

pour trois ans ; le Haut comité doit faire toute proposition utile sur les questions touchant à l'accès au logement des personnes défavorisées, donner des avis lorsqu'il est saisi par le gouvernement et surtout élaborer un rapport annuel sur le fonctionnement de la politique publique en la matière.

Dans le même sens, et toujours au plan national, des dispositifs ont été mis en place de façon à créer les conditions d'une concertation entre les multiples acteurs et à les engager dans des logiques convergentes. Ainsi, suite à une collaboration informelle initiée en 1990 entre les divers acteurs (État, secteur HLM, Caisse des dépôts et consignations), on a pu institutionnaliser ce dispositif sous la forme d'une « Charte Ouvrir la ville », signée par l'État (avec les différents ministères concernés), la Délégation interministérielle à la ville (DIV) et l'ensemble des partenaires associatifs nationaux (87). Aux termes de cette charte, chacun est tenu de promouvoir des actions communes dans les directions suivantes : faire progresser la connaissance en matière d'accès au logement, développer les coopérations entre acteurs sur le terrain, travailler avec les collectivités locales pour améliorer l'offre de logements adaptés. Un comité de pilotage national suit le déroulement de ce programme dont le financement vient de la CDC et de l'État (les autres partenaires finançant le fonctionnement du dispositif). Ensuite, et vu l'importance du secteur HLM dans l'accès au logement des personnes défavorisées, l'État et le mouvement HLM ont signé une convention nationale qui engage les organismes de logement social dans un certain nombre d'orientations avec l'aide de la puissance publique (88).

575 **b) Le niveau local** — C'est le département qui a été choisi comme espace pertinent pour la mise en œuvre de la politique du logement en faveur des personnes défavorisées. La responsabilité en est attribuée conjointement au préfet et au président de conseil général. Mais doivent y être associés les collectivités locales autres que le département, leurs groupements ainsi que les personnes morales concernées. Il s'agit bien d'une « association » et non d'une simple « délégation d'actions » : tous les acteurs doivent participer tant à l'élaboration de la politique locale qu'à son exécution (89). Le préfet et le président du conseil général dressent la liste des personnes associées. Mais d'une part, la loi de 1990 énumère ces personnes (associations dont l'un des objets est l'insertion ou le logement, CAF, bailleurs publics et privés, collecteurs de la participation des employeurs) de manière non limitative ; d'autre part des textes ultérieurs ont élargi cette liste (90) (CDC, MSA, ANPE, missions locales pour l'insertion des jeunes, Association départementale d'information sur le logement) et ont invité les préfets à mobiliser, de façon large et selon le contexte, tous les acteurs qui peuvent œuvrer

(87) Il s'agit de l'Union nationale des fédérations d'organismes HLM, de la Fédération nationale des associations d'accueil et de réadaptation sociale (FNARS), de la Fédération nationale des PACT-ARIM, de l'Union des foyers et services pour jeunes travailleurs (UNFJT) et de la Fédération nationale des associations d'insertion par le logement.

(88) La convention aujourd'hui en vigueur (celle du 17 janvier 1995) a pour principaux objectifs de développer l'offre de logements pour les personnes défavorisées par une utilisation plus forte de prêts « PLA très social », d'aménager les procédures d'attribution, de développer des formules adaptées aux populations en difficulté (sous-location, baux-glissants), de s'engager davantage dans les dispositifs de prévention des impayés et dans l'accompagnement social, de poursuivre la réhabilitation du parc, de moderniser l'organisation et la gestion du secteur.

(89) D'ailleurs, l'art. 7 les qualifie de « partenaires ».

(90) Circ. n° 90-89, 7 décembre 1990.

directement ou indirectement pour l'insertion dans le logement (91). Cette mobilisation doit se concrétiser dans l'élaboration de plans départementaux pour le logement des personnes défavorisées, lesquels conduisent ultérieurement à la conclusion d'un ensemble de conventions entre les divers partenaires (92) et à la constitution d'une instance partenariale — le Comité responsable du plan départemental — et d'une structure technique elle-même interinstitutionnelle : l'équipe technique de suivi-animation.

2° Les plans départementaux pour le logement des personnes défavorisées

576 La loi du 31 mai 1990 prévoit l'établissement, dans chaque département, d'un Plan départemental d'action pour le logement des personnes défavorisées (PDA) (93). La loi « habitat » du 21 juillet 1994 a ajouté un second instrument : le Plan départemental d'urgence des personnes sans-abri (PDU) (94) qui été intégré par la suite dans le Plan départemental. Défini déjà tant dans ses conditions d'élaboration que dans son contenu par la loi du 31 mai 1990, le PDA a fait l'objet d'adaptations par la loi du 29 juillet 1998 relative à la lutte contre les exclusions (95).

577 **a) Le contenu du PDA** — Le PDA doit tout d'abord déterminer les publics visés par les actions qu'il élabore ainsi que les objectifs à atteindre. La loi du 31 mai 1990 se bornait à indiquer que le Plan départemental devait définir les personnes concernées sans plus de précision. Il s'en est suivi d'extrêmes différences selon les départements. La loi du 29 juillet 1998 a entendu remédier à ces incohérences : il est expressément prévu que chaque plan doit s'appuyer sur une évaluation quantitative et qualitative des besoins locaux à satisfaire ; elle impose aussi de distinguer entre les personnes dont les difficultés de logement sont liées uniquement à des problèmes financiers et celles qui connaissent un cumul de problèmes, chacune de ces catégories ne justifiant pas des traitements identiques. Par ailleurs, la notion de « personnes prioritaires » introduite par la « loi Besson » demeure : les personnes sans logement, les personnes expulsées de leur logement, celles qui occupent des taudis ou des logements insalubres, précaires ou de fortune doivent être prioritairement prises en compte par le Plan départemental, lequel doit prévoir les moyens destinés à faire face à ces situations.

Pour ce qui est des objectifs que le plan se doit de poursuivre, la loi du 29 juillet 1998 a entendu ajouter la nécessité d'une part d'offrir des solutions « durables » en matière de logement, d'autre part de rechercher la « mixité sociale » : ceci, de façon à éviter les écueils observés antérieurement (mise en place de solutions temporaires sans suites véritables et tendance à reléguer les populations en difficulté dans certains ensembles pouvant constituer alors des « ghettos »).

Le contenu concret du PDA (96) est double : partant d'une analyse des besoins en logement et d'une typologie de ces besoins par bassin d'habitat, et en dehors de la

(91) Circ. n° 93-23, 11 mars 1993.
(92) Circ. n° 90-89, 7 décembre 1990.
(93) L. n° 90-449, 31 mai 1990, art. 2 et s. et D. n° 90-794, 7 septembre 1990.
(94) L. n° 94-624, 21 juillet 1994, art. 21 et s.
(95) D. n° 99-897, 22 octobre 1999.
(96) L. n° 90-449, 31 mai 1990, art. 4 et D. n° 90-794, art. 1er.

catégorie prioritaire visée par la loi (personnes non ou mal logées), le plan doit définir les catégories de personnes qu'il prendra en charge en déterminant leurs caractéristiques, en les hiérarchisant par ordre de priorité et en prévoyant les moyens nécessaires (recueil et traitement des demandes, création d'une offre supplémentaire si nécessaire, octroi d'aides financières, institution de mesures d'accompagnement social) ; en outre, il doit mettre en place et organiser l'instrument financier de sa mise en œuvre : le *Fonds de solidarité logement* (97).

578 **b) L'élaboration du PDA.** Le Plan départemental d'action pour le logement des personnes défavorisées a été enfermé dans un cadre procédural assez strict afin de garantir son adoption rapide. Un délai impératif de 12 mois a été fixé pour leur élaboration et leur signature. La procédure a été définie : création avec l'État, le département et tous les acteurs associés d'une commission d'élaboration qui peut organiser des groupes de travail thématiques ; rédaction d'un projet de plan ; soumission de ce projet pour avis au Conseil départemental de l'habitat et au Conseil départemental d'insertion pour l'articuler avec le PDI (98). Après obtention de ces avis, le préfet et le président du conseil général disposent d'un délai d'un mois pour modifier le cas échéant le projet de plan (l'assemblée départementale devant être en outre saisie du document) (99), lequel est arrêté conjointement par ces deux autorités. A défaut d'accord dans les délais entre ces dernières, l'État l'arrête unilatéralement par décision conjointe des ministres chargés du logement, des collectivités locales et des affaires sociales (100).

Les PDA ayant été adoptés dans l'ensemble des départements, notamment du fait de ce cadre procédural relativement contraignant, la loi du 29 juillet 1998 a entendu fixer plus strictement les conditions de leur renouvellement. Alors que la durée de vie de chaque plan était laissée à la discrétion des acteurs locaux, elle est maintenant établie à trois ans minimum. De même, l'intervention de l'État en cas de carence des partenaires locaux au moment du renouvellement du plan a été expressément prévue par les textes.

Dans un souci d'efficacité, la loi de 1998 a assigné aux partenaires une obligation dans l'élaboration et la mise en œuvre du plan : ils doivent prévoir des instances locales chargées à la fois d'identifier les besoins dans un espace plus restreint et d'assurer la réalisation des actions prévues. Ces instances peuvent être soit les nouvelles « conférences intercommunales du logement » (101), soit toute structure de coopération intercommunale en matière d'urbanisme et de logement existante.

Enfin, la nouvelle législation ajoute expressément à la liste des personnes morales obligatoirement associées à l'élaboration du PDA, les associations de défense des personnes en situation d'exclusion.

---

(97) V. *infra*, n° 586 et s.
(98) V. *supra*, n° 454 et s.
(99) Circ. n° 90-897 décembre 1990 (précitée).
(100) Le Conseil constitutionnel ayant estimé que ce pouvoir d'évocation de l'État ne nécessitait pas un décret pour s'exercer (décision n° 90-274 DC, précitée).
(101) V. *infra*, n° 585 ; ces structures nouvelles ont été introduites par la loi du 29 juillet 1998 dans le Code de la construction et de l'habitat (art. L. 441-1-4).

§ 2. LA MISE EN ŒUVRE

579 Fondée sur un droit au logement et organisée dans un dispositif d'action qui intègre l'ensemble des acteurs publics et privés pour l'élaboration d'une planification destinée à orienter l'action collective, la politique d'accès au logement pour les personnes défavorisées se déploie logiquement en un ensemble d'instruments d'action qui empruntent trois directions : il convient tout d'abord de mobiliser une offre de logements adaptés aux besoins et aux capacités des ménages concernés ; il est nécessaire ensuite d'assurer à ces mêmes personnes un suivi et de leur fournir aides et accompagnement pour qu'il puissent accéder peu à peu à un logement de droit commun ; enfin, dans une logique préventive, il faut protéger les personnes qui, disposant d'un logement, sont menacées d'en être privées.

A. LA MOBILISATION D'UNE OFFRE DE LOGEMENTS ADAPTÉE

580 On sait de longue date que la politique d'aide à l'accès au logement pour les populations connaissant diverses difficultés ne peut reposer uniquement sur des aides en direction des personnes concernées. Encore faut-il agir sur l'offre de logements dans la mesure où les difficultés en la matière relèvent largement des logiques ségrégatives qui tiennent aux conditions du marché, et notamment aux stratégies des bailleurs privés mais aussi publics.

Aussi la loi du 31 mai 1990 comportait-elle des dispositions dans ce sens qui empruntaient deux directions : pour mobiliser l'offre existante dans le secteur privé, elle instituait divers mécanismes pour inciter les propriétaires à mettre à disposition les logements disponibles ; en direction du parc public, elle aménageait les mécanismes d'attribution de ces logements.

La loi du 29 juillet 1998 reprend ces axes d'action et renforce leur mise en œuvre en améliorant les mécanismes existants et en introduisant de nouveaux instruments juridiques.

1° Les moyens d'action en direction du parc privé

581 Les difficultés de nombreux ménages en matière de logement tiennent fortement — même si, à l'évidence, elles sont liées à des caractéristiques propres à ces derniers aux logiques qui commandent les mécanismes de production et d'attribution des logements, notamment dans le secteur privé. Autant dire qu'une politique voulant garantir un « droit au logement » ne peut le faire sans une action sur l'offre.

Aussi, la loi de 1990 contient-elle un ensemble de dispositifs permettant de mobiliser une offre, le plus possible adaptée, pour des personnes se trouvant exclues du fait des équilibres qui s'établissent spontanément dans le secteur du logement. La loi du 29 juillet 1998 a entendu les renforcer, notamment en introduisant de nouveaux instruments d'incitation pour amener les propriétaires privés à offrir les logements aux personnes prises en compte par les Plans départementaux. A côté des incitations fiscales à la construction, dont les « programmes Périssol » ont fourni un exemple récent en encourageant des investisseurs à s'engager dans la construction de logements pour les populations défavorisées en contrepartie d'avantages fiscaux, ces dispositifs prennent trois directions essentielles : tout d'abord, ils accordent des aides aux propriétaires pour les soutenir dans la mise sur le marché de logements inoccupés ; ensuite, ils aménagent diverses médiations entre bailleurs et locataires pour faciliter l'accès au parc privé ; enfin, ils instituent des mécanismes de contrainte pesant sur les propriétaires pour les convertir en bailleurs.

582 **a) Les mesures incitatives** — La première direction empruntée réside donc dans la mise ou la remise sur le marché d'immeubles locatifs privés pouvant être mis à disposition de personnes défavorisées. Cet objectif a rendu nécessaire l'ouverture, pour les bailleurs privés, d'aides financières pour l'amélioration de leurs immeubles de façon à restituer un parc important et inutilisé. D'une part, les aides de l'Agence nationale pour l'amélioration de l'habitat (ANAH) ont été majorées pour les propriétaires s'engageant à louer à des ménages bénéficiaires du dispositif public (102) ; les propriétaires ne se mobilisant pas spontanément, une procédure contractuelle appelée *« programme social thématique »* (PST) liant État, ANAH, collectivités locales et un opérateur agréé définit les modalités de recherche de logements privés et de mobilisation-assistance aux propriétaires pour les amener à procéder à la réhabilitation de leur immeuble pour le louer à un ménage en difficulté (103). D'autre part, la subvention à l'amélioration des logements locatifs sociaux (PALULOS) dont peuvent bénéficier les organismes HLM et les sociétés d'économie mixte a été étendue aux organismes dont l'objet est de contribuer au logement des personnes défavorisées et qui sont agréés à cette fin par le préfet.

583 **b) Les médiations entre bailleurs et locataires** — La seconde direction empruntée vise l'amélioration des relations entre bailleurs et locataires : on connaît les effets dissuasifs que les seconds peuvent avoir sur les premiers lorsqu'ils sont en difficulté ou « à problèmes ». L'idée générale en la matière réside dans l'institution de médiations, de tiers qui, agissant au bénéfice des personnes en difficulté, peuvent néanmoins garantir au bailleur une bonne exécution des obligations du preneur.

Tout d'abord, un dispositif novateur a été institué par la loi du 31 mai 1990 : le *« bail à réhabilitation »* (104) ; il s'agit d'un contrat par lequel le preneur « s'engage à réaliser dans un délai déterminé des travaux d'amélioration sur l'immeuble du bailleur et de réparation de toute nature, et à le conserver en bon état d'entretien en vue de louer cet immeuble à usage d'habitation pendant la durée du bail ». Cet instrument permet à des opérateurs sociaux de se voir confier la gestion d'immeubles privés pour les louer après les avoir réhabilités sans avoir à supporter l'investissement initial et à des propriétaires d'améliorer leur immeuble sans en assumer le coût et de le louer sans avoir la charge de gestion locative.

Ensuite, et pour mobiliser une offre de logements pour les populations défavorisées, il existe diverses formules de médiation entre bailleur et locataire qui permettent au

(102) Circ. n° 90-28, 30 mars 1990, Inst. ANAH n° 93-02, 23 novembre 1993.
(103) Circ. ANAH n° 94-08, 13 décembre 1994.
(104) L. n° 90-449, 31 janvier 1990, art. 11 (*C. const. et hab.*, art. L. 252-1 à L. 252-4) ; L. n° 90-1169, 29 décembre 1990, art. 39 ; Circ. n° 91-09, 28 janvier 1991. Il convient d'indiquer que le régime fiscal du « bail à réhabilitation », antérieurement défavorable pour les propriétaires, a été modifié par la loi du 29 juillet 1998 : les revenus générés par les travaux de réhabilitation sont exonérés d'impôts (R. LAFORE, *L'accès au logement (op. cit.)*, p. 295).

bailleur de se voir offrir des garanties tant financières que sociales. Il s'agit essentiellement de techniques donnant la possibilité à des organismes associatifs spécialisés dans l'insertion ou le logement des défavorisés ou autres de louer des logements pour ensuite les céder en location aux ménages concernés. Ce sont en principe des formules transitoires soit parce qu'à terme le sous-locataire aura accès à un autre logement dans le cadre du droit commun, soit parce que jouera le mécanisme du « bail glissant » par lequel bailleur et occupant se voient liés à terme par un bail direct (cession du bail). Les organismes HLM, des associations agréées, des organismes divers (SONACOTRA pour le logement des étrangers, CROUS pour les jeunes, CCAS) (105) peuvent ainsi jouer le rôle d'intermédiaires en faveur de personnes qui ne peuvent directement accéder à un logement autonome. La loi du 29 juillet 1998 a considérablement renforcé les moyens d'action des organismes jouant un tel rôle d'interface entre bailleur et locataire ; d'une part, l'aide spécifique créée par la loi du 31 décembre 1991, dénommée *« ALT »* (106) et qui était versée antérieurement à des associations ayant passé une convention avec le préfet, a été étendue à un nombre accru de bénéficiaires : CCAS et CIAS ; d'autre part, la loi a voulu aller plus loin en reconnaissant et donc en finançant les activités de gestion locative qui sont indispensables pour médiatiser le face à face bailleur/locataire lorsqu'il s'agit de personnes en grandes difficultés ; a donc été créée une *« Aide à la médiation locative »* (107) attribuée aux organismes agréés, aux CCAS et aux unions d'économie sociale intervenant dans le logement.

584 **c) Les mesures contraignantes** — Enfin, et c'est là une troisième direction fortement débattue, la loi du 29 juillet 1998 institue des instruments de contrainte destinés à pousser les propriétaires de logements vacants à les mettre à disposition (108). Il a été établi en premier lieu une « taxe sur les logements vacants » qui, limitée à certaines zones (agglomérations de plus de 200 000 habitants où l'on constate de forts déséquilibres entre offre et demande), est due par tout propriétaire de logement vacant (109). En second lieu, le droit de réquisition, qui existait déjà dans la législation mais était pratiquement inutilisable, a été complété par un nouveau dispositif : « la réquisition avec attributaire (110) » ; ce nouvel instrument permet de prononcer la réquisition d'immeubles au profit d'un intermédiaire, l'attributaire (État, collectivités locales, organismes HLM ou sociétés d'économie mixte, organismes privés agréés), dont on attend qu'il serve d'interface entre le propriétaire et l'occupant ; le champ d'application de ce nouvel instrument ainsi que sa procédure de mise en œuvre ont été aménagés avec soin.

2° L'amélioration de l'accès au parc locatif social

585 On le sait, du fait de contraintes diverses qui pèsent sur leur gestion, les organismes de logement social n'accueillent pas toujours les populations les plus en difficultés

(105) *C. const. et hab.*, art. L. 442-8 et s.

(106) Il s'agit de « l'aide aux associations logeant à titre temporaire des personnes défavorisées » (ALT) ; L. n° 91-1406, 31 décembre 1991 (*C. séc. soc.*, art. L. 851-1 et s.) ; *TSA*, n° 392, 1992, p. 8 ; pour une analyse détaillée de l'ALT, prenant en compte les modifications apportées par la loi du 29 juillet 1998, v. *TSA*, n° 626 et 627, 1999.

(107) L. n° 98-657, 29 juillet 1998, art. 40.

(108) L. n° 98-657, 29 juillet 1998, art. 51 et s. ; R. LAFORE, *L'accès au logement (op. cit.)*, p. 290.

(109) Assise sur la valeur locative de l'immeuble, elle a été établie à 10 % la première année, 12,5 % la seconde et 15 % la troisième.

(110) L. n° 98-657, 29 juillet 1998, art. 52 (*C. const. et hab.*, art. L. 642-1 à L. 642-28).

ou, si celles-ci sont accueillies, elles sont souvent concentrées dans certains ensembles qui accumulent alors d'énormes problèmes sociaux. La grande difficulté dans le parc social est donc d'offrir des logements aux ménages qui n'en disposent pas et, surtout, de le faire dans les conditions les plus favorables pour permettre leur insertion sociale. Tout tourne autour d'un seul problème : celui de l'accès au parc social, autrement dit des procédures d'attribution des logements.

La législation antérieure s'était déjà engagée sur cette question, notamment avec l'institution des « Protocoles d'occupation du patrimoine social » (POPS) (111) ou encore les « Conférences » et « Chartes » du logement instituées par le Pacte de relance pour la ville.

Mais la loi du 29 juillet 1998 a entendu opérer une refonte complète de la réglementation en la matière (112). Elle a tout d'abord institué un nouveau cadre contractuel entre l'État et les organismes gestionnaires du logement social : au niveau national, des accords nationaux doivent fixer les conditions générales d'attribution des logements dans le parc public ; dans chaque département, un « accord collectif » doit être signé tous les trois ans et il doit définir, pour chaque organisme HLM, un engagement quantifié d'accueil des populations prises en compte par le PDA. Elle a ensuite créé un dispositif infra-départemental dont le but est de réaliser l'adaptation la plus efficiente possible entre les demandes et les offres de logements sociaux au niveau de zones d'habitat ; pour ce faire, sont instituées des « Conférences intercommunales du logement » qui ont mission de définir par bassin d'habitat les conditions d'accueil des ménages considérés comme prioritaires par l'accord départemental. Elle a enfin modifié la réglementation en matière de procédures d'attribution des logements sociaux : les commissions d'attribution, obligatoirement mises en place au sein de chaque organisme, sont complétées par un représentant du préfet ; les procédures de traitement des demandes sont rendues beaucoup plus transparentes du fait de l'organisation d'un serveur départemental unique et de l'attribution à chaque demandeur d'un numéro départemental obligatoire ; les demandeurs sont mieux protégés à la fois par l'obligation de motivation des reports d'attribution, par la création d'une « commission de médiation » placée auprès du préfet et par l'obligation faite aux bailleurs de fournir des informations précises et régulières sur l'occupation de leur parc et sur les attributions.

B. L'ACCOMPAGNEMENT DES DEMANDEURS : LE FONDS DE SOLIDARITÉ LOGEMENT

586 Au-delà de la mobilisation d'une offre de logements, la législation encadrant la politique d'accès au logement pour les personnes défavorisées a institué un mécanisme spécifique d'aide et d'accompagnement dont la vocation est d'aider et de suivre ces personnes dans leur insertion vers un logement de droit commun. Ainsi, la loi du 31 mai 1990 a créé dans chaque département un Fonds de solidarité pour le logement (FSL). Cet instrument systématisait et amplifiait des mécanismes anciens : les Fonds d'aide aux impayés de loyer (FAIL) et les Fonds d'aide au relogement et de garantie

(111) L. n° 90-449, 31 mai 1990, art. 15 (*C. const. et hab.*, art. L. 441-2).
(112) L. n° 98-657, 29 juillet 1998, art. 55 et 56 (*C. const. et hab.*, art. L. 441-1 et s.) ; v. R. LAFORE, *L'accès au logement (op. cit.)*, p. 296.

(FARG) (113). Constatant les grandes disparités selon les départements dans les conditions d'accès aux FSL ainsi que dans la nature des aides consenties par eux, les pouvoirs publics leur ont apporté un certain nombre de modifications avec la loi du 29 juillet 1998 relative à la lutte contre les exclusions (114).

1° Les modalités d'intervention du FSL

587 Les Fonds de solidarité logement ont été institués pour délivrer diverses aides aux ménages qui éprouvent des difficultés pour accéder à un logement de droit commun ou pour s'y maintenir. Ces aides, dans leur nature ainsi que dans les conditions posées pour y accéder, sont définies par les acteurs locaux dans le Plan départemental. Mais, partant d'indications larges et peu contraignantes dans la loi du 31 mai 1990, on a constaté que les pratiques locales présentaient de grandes disparités qui mettaient notamment en question le principe d'égalité devant le service public. La loi de 1998 a donc défini de façon plus stricte la nature des aides ainsi que les populations ayant vocation à en bénéficier.

Adoptant une liste limitative, la nouvelle réglementation prévoit que les FSL doivent désormais délivrer trois types d'aides. Il s'agit tout d'abord des aides financières aux personnes en difficultés : cautionnement du paiement du loyer et des charges locatives, prêts sans intérêts ou subventions en vue du paiement du dépôt de garantie, du premier loyer, des frais d'agence, des frais de déménagement ou d'aménagement (assurance, ouverture des compteurs, achat du mobilier de première nécessité) ; dans le même sens, les mêmes types d'aides (prêts sans intérêts, subventions) peuvent concourir au maintien dans le logement en assurant la couverture des dettes locatives, de charges ou les frais de procédures engagées pour se maintenir dans le logement ; ces aides financières peuvent aller aussi aux propriétaires en difficulté (prêts, subvention, cautionnement des emprunts) dans certaines zones (115). Sont prévues aussi des mesures d'accompagnement social, individuelles ou collectives, lorsqu'elles sont nécessaires à l'installation ou au maintien dans un logement des familles prises en compte par le Plan départemental (définition d'un projet logement, suivi dans l'installation au niveau des démarches administratives, de l'aménagement des lieux, de leur entretien, de la gestion budgétaire, etc.). Le FSL peut enfin délivrer des aides aux associations qui mettent à disposition des logements pour des personnes en difficultés, sous forme de garanties financières.

(113) Fondés sur une série de circulaires prises entre 1982 et 1990, les FAIL et les FARG sont des instances constituées par convention entre l'État, les collectivités locales, les CAF et les bailleurs publics qui visent à éviter des expulsions en accordant des aides à des ménages en difficulté afin de leur permettre de se maintenir dans leur logement ou de se reloger si nécessaire. Ils n'ont pas été supprimés par la loi du 31 mai 1990 : ils peuvent théoriquement subsister, même si l'État ne peut plus y contribuer et même s'il a été recommandé aux préfets de transférer leurs avoirs éventuels aux FSL (Circ. 7 décembre 1990).

(114) L. n° 98-657, 29 juillet 1998, art. 37 et 38 ; D. n° 99-897, 22 octobre 1999 (v. R. LAFORE, *L'accès au logement (op. cit.)*, p. 300 ; *TSA*, n° 759, p. 7, 1999).

(115) Ces mesures en faveur de propriétaires occupants ont été introduites par le loi relative à la mise en œuvre du Pacte de relance pour la ville ; elles sont possibles dans les zones urbaines sensibles et dans le périmètre des Opérations programmées d'amélioration de l'habitat.

Si c'est le Plan départemental qui doit définir les critères d'éligibilité à ces aides financières, la loi impose cependant des priorités : elles concernent les personnes sans aucun logement ou menacées d'expulsion sans relogement, les personnes logées dans des taudis, des habitations insalubres, précaires ou de fortune, enfin les personnes confrontées à un cumul de difficultés financières et d'insertion sociale.

2° Les modalités de gestion du FSL

588 Dans le cadre défini par la loi du 31 mai 1990, la gestion du FSL pouvait être confiée soit à une CAF, soit à un organisme agréé par le préfet, soit à un groupement d'intérêt public (GIP). Cette diversité des modes de gestion est apparue néfaste à l'expérience. C'est pourquoi la loi du 29 juillet 1998 a voulu clarifier les formes juridiques du FSL. Il peut être tout d'abord constitué sous la forme d'un GIP, l'État et le département en étant membres de droit et devant disposer de la majorité des voix à l'assemblée générale et au conseil d'administration. Les autres personnes participant au financement du FSL sont membres du groupement. Ainsi constitué, le FSL a donc la personnalité morale et la capacité juridique qui en découle. Le GIP peut déléguer sa gestion financière et comptable à la CAF par la biais d'une convention passée entre l'État, le département et la CAF.

Si les partenaires locaux écartent la solution du GIP, le Plan départemental doit alors l'organiser selon un schéma unifié : création d'une instance de décision, dénommée « Comité directeur », dont la composition et le fonctionnement sont prédéterminés ; désignation d'un gestionnaire (CAF, association agréée par le préfet) et passation avec cet organisme d'une convention de mandat fixant la mission, les délais d'exécution des tâches, la rémunération du gestionnaire et les conditions de reconduction et de résiliation du mandat.

Enfin, le financement du FSL est évidemment défini par la législation. L'État et le département doivent obligatoirement l'abonder, ce dernier devant assurer une participation au moins égale à celle de l'État. D'autres institutions peuvent volontairement y contribuer : autres collectivités locales, CAF, associations intervenant dans le secteur du logement, bailleurs publics ou privés, organismes collecteurs de la participation des employeurs à l'effort de construction (1% logement).

C. LE MAINTIEN DANS LE LOGEMENT

589 Si le droit au logement se décline dans cet ensemble de mécanismes orientés vers l'accès au logement lorsqu'on en est dépourvu, il nécessite aussi la mise en œuvre d'instruments pour éviter de perdre son logement, situation dont on connaît les effets très lourds pour les personnes qui en sont victimes.

C'est pourquoi, dans son titre II relatif à la prévention des exclusions, la loi du 29 juillet 1999 a introduit dans notre législation un ensemble de dispositions relatives, les unes aux saisies immobilières, les autres au « maintien dans le logement » (116). Ce sont là les deux versants de la prévention de l'exclusion en matière de protection de l'occupant du logement.

1° Les modifications du droit des saisies immobilières

590 En ce qui concerne les saisies immobilières, on sait de longue date que la politique généralisée d'aide à l'accession à la propriété met en difficulté un certain nombre de ménages qui, souvent à la suite d'une rupture familiale ou de la perte de l'emploi, se trouvent dans l'incapacité de faire face à leurs remboursements d'emprunts ; la perte du logement, devenue inéluctable, est pour beaucoup le point de départ d'un engrenage vers l'exclusion, notamment parce que le droit des saisies immobilières, construit pour protéger les intérêts des créanciers, aboutit souvent à plonger le débiteur dans une situation économique désastreuse.

En la matière, la législation ancienne s'appliquait dans le cadre d'une procédure expéditive dite « crédit foncier », qui réglait directement à l'audience d'adjudication le conflit au profit exclusif de la société de crédit immobilier, sans que le débiteur puisse contester notamment le montant de la mise à prix (117). Déjà, des dispositions protectrices du débiteur dont l'immeuble saisi constitue la résidence principale avaient été introduites par la loi du 23 janvier 1998 (118), en lui permettant notamment de contester la mise à prix.

La loi relative à la lutte contre les exclusions entend aller plus loin, et ne pas s'en tenir au rééquilibre relatif établi par la législation entre les intérêts du créancier et ceux du débiteur. Pour assurer le maintien dans le logement d'un propriétaire en voie de saisie de son immeuble, ce qui inéluctablement conduit à une expulsion de ce dernier, a été institué un droit de préemption au profit de la commune sur le territoire de laquelle se situe le logement. Ce droit s'exerce conformément aux règles fixées en matière de droit de préemption urbain par le code de l'urbanisme. Il convient évidemment que le propriétaire remplisse un certain nombre de conditions pour que le mécanisme puisse jouer, notamment des conditions de niveau de ressources.

Dans le même sens, la loi réforme le code de procédure civile de façon à assurer une meilleure protection des intérêts du saisi. Une plus large publicité de l'adjudication est imposée, pour ouvrir le nombre des enchérisseurs et permettre ainsi une mise à prix plus favorable.

2° La prévention des expulsions

591 En matière d'expulsions, qui concernent non plus les propriétaires mais les locataires, la loi du 29 juillet 1998 a voulu substituer à « une logique d'ordre et de sécurité publique » caractérisant la législation antérieure, une philosophie « de travail social

(116) L. n° 98-657, 29 juillet 1998, art. 105 à 122 (v. F. Barkat, Le maintien dans un logement, *RDSS*, 1999, p. 305).

(117) Déjà, la Cour de cassation avait critiqué cette procédure « qui ne ménage pas suffisamment les intérêts de la défense et ne répond plus aux exigences actuelles » ; v. *Rapport de la Cour de cassation*, p. 25, 1997, La Doc. Française.

(118) L. n° 98-46, 23 janvier 1998 ; v. J. Rubellin-Devichi, La famille et le droit au logement, *Rev. tr. dr. civ.*, 1998, p. 245.

et de prévention » (119). L'objectif des mesures relatives au maintien dans le logement est d'assurer une protection efficace des locataires de bonne foi, et de garantir leur maintien dans le logement toutes les fois que cela est possible.

Pour ce faire, la loi réforme la procédure d'expulsion, en visant essentiellement les expulsions consécutives à des impayés de loyers ou de charges, dont on sait qu'elles sont les plus nombreuses.

Tout d'abord, l'article 115 de la loi du 29 juillet 1998 améliore, pour les cas concernant le parc social, la phase pré-contentieuse préalable à toute procédure d'expulsion. Ainsi, les bailleurs sociaux doivent saisir obligatoirement la section départementale des aides publiques au logement (SDAPL) du Conseil départemental de l'habitat (si le locataire bénéficie de l'APL) ou tout organisme versant les prestations d'aide au logement. Cette saisine doit permettre d'établir que le bailleur a pris tous les contacts utiles avec son locataire pour rechercher une solution amiable. La SDAPL, une fois saisie, statue sur le maintien des aides au logement et surtout peut faciliter la conclusion d'un plan entre bailleur et locataire pour le paiement des dettes. Elles peut, dans les cas les plus difficiles, rechercher très rapidement une solution de relogement.

Ensuite, le préfet est largement impliqué dans la procédure d'expulsion (art. 114). Les assignations tendant au constat de la résiliation du bail doivent être, sous peine d'irrecevabilité, transmises au préfet par les huissiers de justice. Ainsi, entre la date de cette transmission et la date de l'audience ayant à connaître de la demande d'expulsion, le préfet est en mesure de rechercher les solutions les plus adaptées pour faire face à la situation du ménage concerné : enquête sociale en urgence, mise en place des aides éventuelles, information du juge sur la situation de la famille, recherche de toutes les solutions possibles telles que l'apurement des dettes, la mise en place d'aides financières, la saisine du FSL, l'élaboration de mesures d'accompagnement social.

Dans le même sens, la loi relative à la lutte contre l'exclusion donne de nouveaux pouvoirs aux juges (art. 114 et 117). Alors que dans le cadre législatif antérieur, il ne pouvait accorder de délais de paiement ayant pour effet de suspendre l'application de la clause résolutoire du bail (à condition en sus que le locataire l'ait saisi d'une telle demande dans les deux mois), le juge peut désormais accorder des délais à tout moment, et même d'office s'il estime que le locataire est en situation de régler sa dette. De plus, informé par le préfet, le juge peut mieux apprécier les éléments du dossier avant de constater ou non la résiliation du bail.

Ces diverses dispositions se veulent donc davantage protectrices. Les propriétaires peuvent trouver, grâce à la mobilisation précoce de la collectivité, leur intérêt au travers de mesures transitoires qui ne les lèsent pas mais visent au contraire à rétablir positivement la situation. Les locataires, s'ils sont de bonne foi, doivent prioritairement être maintenus dans leur logement, ce que les modifications apportées à la procédure d'expulsion, en favorisant une action plus précoce, rendent plus probable : étant entendu que si l'expulsion est inévitable, le dispositif est censé permettre de trouver en temps utile une solution de relogement.

(119) A. CACHEUX, Rapport fait au nom de la commission spéciale chargée d'examiner le projet de loi relative à la lutte contre l'exclusion, *JOAN, Doc. parl.*, n° 856, T. III, p. 211.

592 **Bibliographie.** V. n° 498, 502, 507 ; *adde* F. GEINDRE (Rapport au MELT), *L'attribution des logements sociaux*, 1989 ; S. LAUSSINOTTE, *L'expulsion (de la reconnaissance du droit au logement à la réalité des sans-logis)*, 1994, TSA Éd. ; F. MAGNIN, Le volet immobilier de la loi du 29 juillet 1998 relative à la lutte contre les exclusions, *LPA*, n° 116, 1998, p. 4 ; MELTM, *Guide du bail à réhabilitation*, 1992 ; *Mettre en œuvre le droit au logement, Guide des procédures et des outils*, 1990 ; *Guide du protocole d'occupation du patrimoine social*, 1991 ; N. MONACHON-DUCHENE, Prévenir l'expulsion locative pour lutter contre l'exclusion, *JCP* I, 1998, p. 174 ; G. RENAUDIN, I. FERRÉ, P. Y. MATHIEU, *Le social dans l'habitat, guide pratique des réalisations et ressources*, 1989, UNFOHLM ; B. VIAL-PEDROLETTI, La loi sur l'exclusion : les dispositions relatives au logement, *JCP*, éd. N, n° 48, 1998, p. 1687 ; B. WERTENSCHLAG, Le logement social après la loi relative à la lutte contre les exclusions, *AJDI*, 1998, p. 903.

CHAPITRE IV

LA POLITIQUE D'ACCÈS AU DROIT ET À LA JUSTICE

593 **Bibliographie générale.** CONSEIL D'ÉTAT, *La réforme de l'aide judiciaire*, La Doc. française, 1991 ; J. FAGET, L'accès au droit : logiques de marché et enjeux sociaux, *Droit et société*, nº 30-31, 1995, p. 367 ; M. A. FRISON-ROCHE, Principes et intendance dans l'accès au droit et l'accès à la justice, *JCP*, 1997, I, 4051 ; J. LEROY, Aide juridique, aide sociale et action sociale, *RDSS*, 1992, p. 223 ; B. OPPETIT, L'aide judiciaire, *D.*, 1972, chr., p. 41 ; T. RENOUX, Le droit au recours juridictionnel, *JCP*, 1993, I, 3675 ; A. RIALS, *L'accès à la justice*, 1993, PUF ; J. RIBS, L'accès au droit, *Mél. Jacques Robert*, 1998, p. 415, LGDJ ; B. SCHNAPPER, De la charité à la solidarité, l'assistance judiciaire française (1851-1972), *Rev. d'histoire du droit*, 1984, t. 52, p. 105 ; F. SIMONET, Réflexions sur l'assistance judiciaire, *RDSS*, 1967, p. 128.

594 Le principe d'égalité devant la loi affirmé par tous les textes constitutionnels depuis la Révolution ne peut qu'entraîner une égalité d'accès à la Justice. Dans une société démocratique, la Justice constitue un des mécanismes centraux permettant à chacun de bénéficier des procédures et des institutions qui équilibrent les antagonismes, stabilisent les coopérations et protègent les faibles. L'égalité d'accès au juge suppose la gratuité. Or, si la gratuité est bien effective en ce qui concerne la rémunération des juges, assurée par l'État, ce sont les plaideurs qui ont toujours en charge les honoraires des auxiliaires de justice (du fait de leur insertion dans un cadre de professions libérales) ainsi que les taxes fiscales, parfois lourdes, qui frappent les actes de procédure et les jugements. Il en résulte que la finalité d'égalité de tous devant la Justice ne peut être réalisée que par l'aménagement de mécanismes d'accès, fondés sur la « fraternité » et la « solidarité » (1), au bénéfice de ceux qui, faute de moyens, ne peuvent y avoir recours.

C'est la loi du 22 janvier 1851 qui définit, pour la première fois de façon cohérente, les conditions pour venir en aide à tous « ceux qu'une indigence réelle met dans l'impossibilité de faire valoir leurs droits » (2). Texte très moderne dans son inspiration, cette loi se révéla en fait très restrictive dans son contenu : d'abord, parce que l'assistance judiciaire y apparaît davantage comme un « bénéfice légal » que comme un droit véritable ; ensuite, parce qu'on laisse aux bureaux chargés de l'accorder un

(1) M. BORGETTO, *La notion de fraternité en droit public français... (op. cit.)*, p. 324 et p. 327.
(2) ROUHER, Exposé des motifs et projet de loi sur l'assistance judiciaire, Ass. Lég., an, 11 juin 1850, p. 90, T. 8.

pouvoir quasi-discrétionnaire ; enfin, parce qu'on en limite l'accès aux indigents au sens strict (3).

Bien qu'elle devînt de plus en plus anachronique dans son contenu au fur et à mesure que les mécanismes assistanciels s'élargissaient et se construisaient en véritables droits subjectifs (4), il fallut attendre 1972 pour voir se réaliser une réelle modernisation du régime de l'aide judiciaire (5). En effet, ce texte organise un droit véritable pour les justiciables dépourvus de ressources et introduit une indemnisation pour les auxiliaires de justice ; complété par une loi de 1982, il vise alors les actions à la fois pénales, civiles et administratives. Mais le dispositif demeure néanmoins insuffisant : les conditions de ressources pour y avoir accès sont trop restrictives ; les indemnités versées aux auxiliaires sont trop faibles compte tenu de la charge que cela suppose ; le système est lourd et coûteux pour l'État ; enfin, il ne prend pas en compte le domaine pré-contentieux (conseil juridique, protection des personnes dans les procédures de police judiciaire).

Reposant sur un effort financier substantiel de l'État, la loi du 10 juillet 1991 (6) a réformé et élargi l'aide judiciaire devenue, du fait de cet élargissement, l'aide juridique : cette loi améliore l'accès au dispositif, accroît le nombre potentiel des bénéficiaires et revalorise sensiblement la rétribution des auxiliaires de justice qui le mettent en œuvre ; surtout, ne s'en tenant plus à une assistance limitée à l'accès aux tribunaux, elle prend en compte des situations pré-contentieuses et extra-juridictionnelles.

Devant les phénomènes accrus de « judiciarisation » des rapports sociaux, qui amènent des citoyens en nombre croissant devant les tribunaux pour régler des conflits qui antérieurement empruntaient d'autres voies de règlement, un projet de loi relatif à l'accès au droit a été élaboré (7) : partant de l'idée que, si nos sociétés sont de plus en plus dominées par le droit, cette situation ne signifie pas forcément régulation par le juge, ce projet se propose principalement d'améliorer les réponses juridiques de prévention et de règlement alternatif des conflits telles que la médiation et la conciliation. Préparé en parallèle avec la loi du 29 juillet 1998 relative aux exclusions, ce projet a abouti au vote de la loi n° 98-1163 du 18 décembre 1998 relative à l'accès au droit et à la résolution amiable des conflits (8).

Ce texte de loi peut apparaître comme le terme, au moins sur le plan conceptuel, de toute une évolution de la vieille aide juridique, devenue « judiciaire », puis « juridictionnelle », chacun des termes marquant une extension de son objet. Axé essentiellement au départ sur l'accès au juge, ce dispositif a vu son centre de gravité se déplacer

(3) On ajoutera que l'aide était supportée en fait moins par l'État, qui n'abandonnait que les droits de timbre, que par les auxiliaires de justice qui, eux, s'engageaient à ne pas percevoir leurs honoraires et émoluments : v. M. BORGETTO, *La notion de fraternité... (op. cit.)*, p. 326.

(4) V. *supra*, n° 88.

(5) L. n° 72-11, 3 janvier 1972 et D. n° 72-809, 1er septembre 1972.

(6) L. n° 91-647, 10 juillet 1991, mod. L. n° 93-1013, 24 août 1993 ; D. n° 91-1369, 30 décembre 1991 ; pour les TOM et Mayotte, ce sont plusieurs ordonnances qui déterminent les conditions spécifiques d'organisation de l'aide juridique (Ord. n° 92-1143 et 92-1147, 12 octobre 1992 : v. aussi D. n° 93-1425, 31 décembre 1993).

(7) Projet de loi sur l'accès au droit, adopté par le Conseil des ministres le 3 juin 1998.

(8) L. n° 98-1163, 18 décembre 1998 relative à l'accès au droit et à la résolution amiable des conflits : v. R. MARTIN, *JCP*, 1999, p. 121 ; S. GUINCHARD, L'ambition d'une justice sociale rénovée : commentaire du décret n° 98-1231 du 28 décembre 1998 et de quelques aspects de la loi n° 98-1163 du 18 décembre 1998, *D.*, 1999, p. 65 ; T. REVET, *Rev. tr. dr. civ.*, 1999, p. 220.

peu à peu dans une conception de plus en plus large : aujourd'hui, c'est moins le juge qui importe que la possibilité de connaître ses droits et de les faire valoir au travers d'instances et de techniques variées dans lesquelles le « procès » n'occupe plus qu'une place terminale que l'on voudrait en outre limitée aux cas les plus graves.

Aussi, alors que l'on pouvait antérieurement, sur le fondement de la loi du 10 juillet 1991, distinguer une aide proprement juridictionnelle se préoccupant de l'accès au juge et un aide pré-contentieuse limitée à la consultation juridique et à l'assistance au cours de quelques procédures non juridictionnelles, le nouveau dispositif bouleverse cette architecture en instituant un dispositif cohérent d'accès au droit et de protection des justiciables (Section I) et en élargissant sensiblement l'aide juridictionnelle (Section II).

SECTION I L'ACCÈS AU DROIT ET LA PROTECTION DU JUSTICIABLE

595 Les lois de 1851 et de 1972 n'avaient jamais pris en compte cet aspect pourtant décisif de l'égalité d'accès à la justice : la connaissance du droit grâce à la possibilité de mobiliser une information et des conseils juridiques. Par ailleurs, face à la multiplication d'instances non juridictionnelles attribuant des aides et des prestations diverses, la possibilité de bénéficier d'une défense devant ces organes était devenue peu à peu un impératif pour ménager un égal accès de tous à nombre de dispositifs de protection sociale. Enfin, dans le prolongement de la réforme de la procédure pénale qui a institué le principe de l'intervention d'un avocat au cours de la garde à vue, le problème de l'égalité de tous devant ce nouveau droit de la défense a été posé.

Tenant compte de ces graves lacunes, la loi du 10 juillet 1991 avait déjà élargi le dispositif d'aide à certaines procédures non juridictionnelles et, du fait des compléments apportés par la loi du 24 août 1993, avait pris en compte la nécessaire protection du justiciable dans le cadre des procédures pénales.

La loi du 18 décembre 1998 va plus loin sur le premier volet relatif à l'information et à l'assistance des personnes pour faire valoir leurs droits, sans toucher au dispositif de protection institué en 1993 en matière pénale. C'est pourquoi il convient d'envisager d'abord la nouvelle définition donnée à « l'accès au droit » (§ 1) pour reprendre ensuite le dispositif « d'aide à l'intervention de l'avocat au cours de la garde à vue » (§ 2).

§ 1. L'AIDE À L'ACCÈS AU DROIT

596 L'aide juridique comporte depuis 1991 un premier dispositif consistant à permettre aux personnes qui n'ont pas les ressources nécessaires de bénéficier d'une part d'une information juridique adaptée de façon à connaître leurs droits et à engager des actions en justice, d'autre part de l'assistance d'une personne compétente devant diverses instances administratives qui attribuent des aides et prestations, notamment dans le champ de l'aide et de l'action sociales. Ce dispositif, qui

passait pour un élément très novateur, bien que facultatif parce que relevant de l'action sociale, a cependant produit des résultats très décevants (9).

Considérant que cette situation était le résultat à la fois du caractère trop restrictif du champ d'application du dispositif et de l'inadaptation des instances en charge de le faire fonctionner, la loi du 18 décembre 1998 s'est donc engagée dans une redéfinition du contenu de l'accès au droit ainsi que dans une réorganisation de ses structures.

A. LE CONTENU DE L'ACCÈS AU DROIT

597 Nombre de difficultés rencontrées par les citoyens tiennent à la méconnaissance du droit et au fait que, dans les nombreuses procédures organisées pour délivrer divers avantages et prestations, ces mêmes citoyens ne disposent pas des informations et des savoirs adaptés pour faire valoir leurs prérogatives.

L'article 53 de la loi du 10 juillet 1991 proposait une définition très limitée de l'accès au droit : « l'aide à l'accès au droit comprend l'aide à la consultation et à l'assistance au cours de procédures non-contentieuses ». Le dispositif comportait en fait uniquement deux volets : une aide à la consultation recouvrant toute information sur l'étendue des droits et des obligations des personnes, ainsi qu'un appui pour l'établissement des actes juridiques ; une assistance au cours de procédures non juridictionnelles devant des autorités et commissions administratives. Mais ce soutien était en principe limité à la protection des droits fondamentaux et aux conditions essentielles de vie du demandeur (libertés individuelles et publiques, relations familiales, logement, formation et emploi, assurances sociales). C'est dire, ainsi que l'a souligné le Ministre de la justice, qu'il « n'englobait pas toutes les missions susceptibles d'être menées au titre de l'accès au droit qui doit notamment répondre aux attentes des femmes et des hommes les plus en difficultés dans leur existence quotidienne. Une assistance et un accompagnement personnalisé doivent leur être assurés dans les démarches administratives les plus élémentaires de la vie courante de même que l'orientation vers les organismes chargés de la mise des droits dont, le plus souvent, ils sont ignorants » (10).

C'est donc une nouvelle définition de l'accès au droit, beaucoup plus ambitieuse, qu'apporte la nouvelle législation.

Remodelant les anciens articles 53 et 60 de la loi de 1991, le texte redéfinit l'aide à l'accès au droit et en élargit le champ. Celle-ci comporte tout d'abord « l'information générale des personnes sur leurs droits et obligations ainsi que leur orientation vers les organismes chargés de la mise en œuvre de ces droits ». Elle implique ensuite « l'aide à l'accomplissement de toute démarche en vue de l'exercice d'un droit ou de l'exécution d'une obligation de nature juridique et l'assistance au cours des procédures non juridictionnelles ». Elle comprend également « la consultation en matière juridique ». Elle prévoit enfin « l'assistance à la rédaction et à la conclusion des actes juridiques ».

L'accès au droit quitte donc l'espace limité des instances et institutions habilitées à ouvrir ou reconnaître des droits (préoccupation centrale de la loi de 1991) pour

(9) J. Ribs, L'accès au droit, *Mélanges Jacques Robert*, p. 415, 1998, Montchrestien.
(10) *JOAN, Déb. parl.*, 10 décembre 1998, p. 10251.

s'élargir à des activités situées largement en amont, activités d'information, d'orientation, d'aide et de soutien dans l'accomplissement des démarches. Cela ne fait qu'entériner et conforter le développement de tout un secteur (notamment associatif) qui s'est engagé dans l'accompagnement social de personnes démunies, non pas tant pour les faire directement accéder à la justice que pour mieux les intégrer dans le tissu de droits et d'obligations constitutif de la vie collective.

Certes, des questions sont restées en suspens : problèmes du financement de ces actions qui relèvent de l'engagement non obligatoire de la puissance publique ; problèmes de construction cohérente d'un dispositif d'acteurs, avec notamment les nécessaires partages entre les professions juridiques et les divers acteurs de l'action sociale, même si, sur ce point, la loi s'en remet au nouveau « Conseil départemental de l'accès au droit » (11).

B. LA MISE EN ŒUVRE DE L'ACCÈS AU DROIT

598 Pour assurer et donc organiser cet accès au droit, la loi de 1991 a pris le parti d'en confier la mise en œuvre à une instance décentralisée : le Conseil départemental de l'aide juridique (CDAJ) (12). Cette structure a été chargée d'évaluer les besoins en matière d'accès au droit, de déterminer et de mettre en œuvre une politique départementale, notamment en recherchant les fonds nécessaires. Elle n'avait pas vocation à se substituer aux différentes initiatives prises en la matière par les barreaux, les associations, les collectivités publiques, mais de les coordonner et éventuellement d'en susciter d'autres.

Or, à l'expérience, ces structures ont connu d'importantes limites dont un symptôme peut être trouvé dans le nombre limité de CDAJ effectivement mis en place à ce jour (13). Aussi, le législateur a entendu apporter des modifications de façon à ce que ces instances soient généralisées et remplissent effectivement leur rôle en matière d'accès au droit.

Tout d'abord, en cohérence avec les orientations générales de la loi du 18 décembre 1998, la structure a été rebaptisée en « Conseil départemental de l'accès au droit » (CDAD). La définition de ses missions n'a guère été modifiée. Outre « la définition de la politique locale » qui leur revient, ces conseils sont chargés de recenser les besoins, de dresser et de diffuser un inventaire de l'ensemble des actions menées dans le département, de procéder à l'évaluation de la qualité et de l'efficacité des dispositifs auxquels ils apportent leur concours. Ils doivent être saisis pour information de tout projet d'action en la matière et pour avis de toute demande de financement adressée à l'État. Il peuvent aussi participer au financement d'actions dans ce domaine. Il doivent enfin établir chaque année un rapport sur leurs activités.

A côté de ces missions générales d'organisation du dispositif départemental, le CDAD a des compétences en matière de conditions d'accès : il établit un barème

(11) Sur tous ce points, v. S. LEBRETON, Le volet social de la réforme de la justice : la loi n° 98-1163 du 18 décembre 1998 relative à l'accès au droit et à la résolution amiable des conflits, *RDSS*, 1999, p. 664.
(12) L. 10 juillet 1991, art. 54 et s. ; D. 19 décembre 1991, art. 141 et s.
(13) Seulement vingt-huit CDJA ont été constitués, en raison surtout de la lourdeur du processus de création et des difficultés à créer des consensus entre tous les acteurs locaux concernés ; v. Rapport fait par M. DEJOIE au nom de la commission des lois, *Sénat, Doc. parl.*, n° 41, p. 12.

décidant du montant des frais de consultation et indiquant la part demeurant à la charge du demandeur en fonction de ses ressources (14) ; il détermine les conditions générales dans lesquelles s'exerce l'aide à la consultation en matière juridique, en tenant compte notamment des règles de déontologie et de compétences professionnelles requises.

Enfin, le CDAD doit accomplir ses activités sous l'emprise de quelques principes directeurs (15) : Il doit conduire les actions d'accès au droit de manière à favoriser le règlement amiable des conflits ; il doit adapter les modalités de l'aide à l'accès au droit aux besoins des personnes en situation de grande précarité ; il doit mener des campagnes de sensibilisation et de formation auprès des personnes qui peuvent être chargées de mettre en œuvre l'accès au droit.

C'est surtout sur le terrain de la composition et du statut du CDAD que la loi du 18 décembre 1998 a introduit les modifications les plus substantielles. Les Conseils — et sur ce point il n'y a pas de changement — sont créés sous la forme d'un groupement d'intérêt public. Mais les novations concernent la constitution et la composition du GIP. Pour éviter le principal écueil antérieur, à savoir la difficulté à réunir dans cette structure un nombre trop important d'acteurs locaux, le projet de loi avait réduit sa composition à un « noyau dur » de membres fondateurs en conservant uniquement les membres les plus impliqués dans l'accès au droit et ceux en mesure de financer et de faire fonctionner l'institution : l'État, le département, l'ordre des avocats du département, la caisse des règlements pécuniaires des avocats (CARPA), auxquels s'ajoute une association impliquée dans le domaine de l'accès au droit. Le débat parlementaire a conduit à l'élargir sensiblement en adjoignant comme membres de droit les chambres départementales des notaires et des huissiers de justice, l'association départementale des maires. La loi prévoit évidemment que la convention constitutive du GIP peut l'étendre à d'autres membres ; de même, elle indique que peuvent être appelés à siéger au Conseil, avec voix consultative, des représentants des communes ou groupements de communes ainsi que des personnes physiques ou morales qualifiées.

Le CDAD est présidé par le président du TGI, qui a désormais voix prépondérante en cas de partage égal des voix. Il est doté d'un commissaire du gouvernement, dont les fonctions sont exercées par le Procureur de la République du TGI.

§ 2. L'AIDE À L'INTERVENTION DE L'AVOCAT AU COURS DE LA GARDE À VUE

599 Dans le cadre de la réforme du code de procédure pénale, et dans un but de protection des libertés individuelles, il a été prévu qu'un avocat assiste obligatoirement toute personne gardée à vue au cours d'une procédure de police judiciaire. Pour les personnes qui n'ont pas d'avocat et qui ne peuvent elles-mêmes en contacter ni en faire contacter, il est apparu indispensable qu'un avocat soit alors désigné d'office pour assurer cette mission et que le coût de son intervention soit

(14) En revanche, la tarification des actes et la rétribution des personnes assurant les consultations doivent faire l'objet d'un décret.

(15) Inscrits dans le projet du Gouvernement, ces principes n'ont pas été expressément repris dans la loi, bien que ce dernier les ait constamment rappelés (*TSA*, n° 686, p. 15, 1998 et n° 722, p. 9, 1999).

pris en charge par la puissance publique. Aussi, une loi de 1993 (16) a-t-elle ajouté aux autres dispositifs de l'aide juridique l'aide à l'intervention d'un avocat au cours de la garde à vue.

Mais du fait des conditions d'urgence dans lesquelles se réalisent cette protection individuelle, la loi a entendu ne pas l'enfermer dans des conditions très strictes et a donc organisé des modalités assez simples de mise en œuvre.

A. LES CONDITIONS

600 Contrairement au principe admis dans le cadre de l'aide juridictionnelle ou en matière d'aide à l'accès au droit, le bénéfice de l'intervention d'un avocat au cours de la garde à vue n'est enfermé dans aucune condition de ressources ; de même, aucune condition de résidence ni de nationalité n'est prise en compte : il suffit qu'une personne soit gardée à vue dans le cadre d'une enquête de police judiciaire, qu'elle en fasse ou non la demande, pour qu'un avocat soit désigné d'office afin de l'assister à défaut d'en désigner un elle-même. L'absence de toute condition, hormis le fait de se trouver en garde à vue, garantit un respect absolu des droits individuels et notamment de la défense dans des procédures dont on sait qu'elles sont décisives pour le déroulement ultérieur de l'action pénale.

B. LA MISE EN ŒUVRE

601 Il incombe à chaque barreau de déterminer les modalités d'organisation pratique, à savoir essentiellement les conditions de désignation des professionnels commis d'office. L'avocat est rémunéré pour ce travail selon un forfait par intervention dont le montant a été établi par l'État (17). L'aide est prise intégralement en charge par le budget de celui-ci, lequel affecte chaque année et à chaque barreau une dotation pour le financement des missions des avocats ; le montant de cette dotation est établi en fonction du nombre de missions effectuées ; le barreau peut éventuellement s'engager par convention avec l'État à atteindre des objectifs assortis de mécanismes d'évaluation, ce qui a pour effet de majorer la dotation étatique. Ces sommes sont gérées, sur un compte spécifique, par la caisse de règlements pécuniaires des avocats, avec un contrôle d'un commissaire aux comptes.

SECTION II LA RESOLUTION AMIABLE DES CONFLITS ET L'AIDE JURIDICTIONNELLE

602 Outre la passage d'une aide pré-contentieuse limitée vers un dispositif largement ouvert d'accueil, d'orientation et de conseil pour permettre l'accès au

(16) L. n° 93-1013, 24 août 1993, art. 47-I et 47-II.
(17) D. n° 94-117, 4 février 1994, art 1-II ; ce montant s'élève à 300 F par mission, majorée si elle a lieu de nuit (200 F) ou si elle a lieu hors des limites de la commune du siège du TGI (100 F).

droit, la loi du 18 décembre 1998 a élargi l'aide juridictionnelle, antérieurement cantonnée à l'accès au juge, à des dispositifs de résolution amiable des conflits (§ 1), tout en améliorant ses conditions de fonctionnement (§ 2).

§ 1. LE CONTENU ÉLARGI DE L'AIDE JURIDICTIONNELLE

603 L'aide juridictionnelle permet aux personnes dont les ressources sont insuffisantes pour faire valoir leurs droits d'agir en justice. Jusqu'à la loi de 1991, le dispositif public se focalisait sur l'accès au juge, en se préoccupant essentiellement de couvrir les frais occasionnés par une action en justice. La loi du 18 décembre 1998, sans abandonner cette finalité, y adjoint un autre objectif : proposer des voies non-contentieuses de règlement des conflits de façon à éviter l'engorgement de juridictions de plus en plus en difficulté, que ce soit sur le terrain civil ou surtout le terrain pénal, pour réguler de façon satisfaisante les problèmes sociaux qui ont tout à la fois une dimension individuelle (il y va souvent du pur et simple déni de justice) et une dimension collective (il en va du respect de l'État de droit).

La loi définit le contenu de l'aide juridictionnelle d'un double point de vue : elle détermine quelles sont les procédures qui peuvent ouvrir ce droit et prévoit les effets qu'il peut avoir sur les prestations judiciaires prise en charge.

A. LES PROCÉDURES CONCERNÉES

604 La loi du 10 juillet 1991 a envisagé essentiellement un dispositif d'aide conditionné par la saisine d'une juridiction : cela reste acquis. Mais, avec la loi du 18 décembre 1998, s'ouvre un champ très large d'intervention de l'aide publique, puisqu'il englobe diverses procédures qui peuvent s'engager, avant tout recours à une juridiction, aussi bien en matière civile qu'en matière pénale.

1° Les procédures juridictionnelles

605 En ce qui concerne tout d'abord les juridictions devant lesquelles l'introduction d'une action peut donner droit à l'aide juridictionnelle, il s'agit indifféremment des juridictions civiles, pénales et administratives (18). A été ajoutée la procédure d'audition du mineur devant le juge prévue par l'article 388-1 du Code civil (19).

(18) En principe, le dépôt d'une demande d'aide juridictionnelle à l'occasion d'une instance devant une juridiction administrative interrompt le délai de recours contentieux et fait courir un nouveau délai à compter du jour de réception de la notification de la décision du bureau d'aide juridictionnelle ou, si un auxiliaire de justice a été désigné, à compter du jour de sa désignation (D. n° 91-1266, 19 décembre 1991, art. 39). Face aux difficultés soulevées par cette règle en matière administrative, il a été jugé que si la désignation de l'auxiliaire était antérieure à la notification de la décision, c'était non pas à partir de cette désignation que courait le nouveau délai de recours mais à partir de la réception de la notification (CAA Paris, 30 décembre 1996, Mme Helleu, *LPA*, 1997, n° 27, p. 11, concl. M. HEERS).

(19) Cette procédure a été instituée par la loi n° 93-22 du 8 janvier 1993 : cette procédure est celle par laquelle le mineur capable de discernement peut être entendu, dans toute affaire le concernant, par le juge ou la personne désignée par lui ; cette disposition permet en fait à un mineur d'être assisté s'il le souhaite par un avocat.

L'aide peut être accordée pour tout ou partie de l'instance, tant dans les actions non fondées sur un litige (procédures gracieuses comme l'émancipation ou le changement de régime matrimonial) que dans celles qui procèdent d'un litige (procédures contentieuses). De même, l'aide peut être accordée au demandeur à l'instance comme au défendeur.

Au cours d'un procès, lorsque s'exercent les droits de recours en appel, le bénéficiaire de l'aide juridique la conserve de plein droit s'il s'agit de se défendre face à un recours exercé contre une première décision qui lui était favorable ; en revanche, pour interjeter appel d'une décision défavorable en première instance, il doit présenter une nouvelle demande d'aide. Si la juridiction saisie d'un litige pour lequel avait été obtenue l'aide se déclare incompétente, le bénéfice subsiste pour introduire une instance devant une autre juridiction : il n'est donc pas nécessaire de formuler une nouvelle demande. Enfin, l'aide juridictionnelle peut être accordée pour obtenir l'exécution d'une décision de justice ou d'un titre exécutoire. Au delà, l'aide est offerte de plein droit pour les procédures, actes ou mesures d'exécutions qui sont la conséquence d'une décision de justice ou sont liés à elle.

2° Les modes de règlement alternatifs des conflits

606 On connaît divers modes de règlement alternatifs des conflits, dont la finalité générale est justement d'éviter un recours au juge, grâce à des dispositifs considérés souvent comme plus efficaces pour rétablir la paix sociale et restaurer les équilibres familiaux.

En matière civile, on peut en distinguer trois sortes : la médiation qui permet au juge, avant engagement de la procédure judiciaire, de désigner une tierce personne, avec l'accord des parties, pour les entendre et rechercher avec elles une solution aux fins de conciliation ; la conciliation, qui est une phase préalable à certains procès, et qui permet au juge de tenter d'amener les plaideurs à un règlement amiable, cette faculté du juge pouvant intervenir à tout moment de la procédure ; la transaction, qui est un contrat par lequel les parties préviennent un litige ou le terminent en consentant des concessions réciproques et qui a la même valeur qu'une décision de justice.

En matière pénale, existe la médiation pénale, procédure décidée par le procureur de la République avant l'engagement des poursuites, avec l'accord de l'auteur et de la victime de l'infraction, et dont l'objet est de rechercher une modalité négociée de réparation du dommage subi, de mettre fin au trouble né de l'infraction et contribuer ainsi au reclassement du délinquant.

En matière civile, la législation antérieure n'autorisait à prendre en charge par l'aide juridictionnelle que les modes de règlement amiable inscrits dans la procédure judiciaire et ordonnés par le juge. Ainsi, paradoxalement, cette situation « incitait les personnes démunies à saisir la justice pour bénéficier de l'aide juridictionnelle, alors même qu'elles souhaitaient conclure leur différend par une transaction » (20). Aussi la loi de 1998 a-t-elle prévu d'accorder cette aide lorsque les parties veulent parvenir à une transaction avant l'introduction de l'instance devant une juridiction.

(20) J. Brunhes, Rapport fait au nom de la Commission des lois, *JOAN, Doc. parl.*, n° 1019, p. 21 ; v. aussi *TSA*, n° 722, p. 10, 1999.

En matière pénale, alors qu'on ne pouvait bénéficier de l'aide que si les poursuites étaient engagées devant une juridiction, ce qui privait les justiciables démunis de toute assistance onéreuse en amont, le texte de loi institue un mécanisme d'aide à l'intervention d'un avocat en matière de médiation pénale qui s'aligne sur le dispositif initié par la loi de 1993 relatif à l'intervention de l'avocat au cours de la garde à vue. Cette aide est également accordée aux mineurs qui font l'objet d'une mesure de réparation décidée par le procureur avant l'engagement des poursuites. L'aide à la médiation pénale bénéficie tout autant à l'auteur de l'infraction qu'à la victime.

B. LES PRESTATIONS PRISES EN CHARGE

607 L'analyse des prestations prises en charge dans le cadre de l'aide juridictionnelle conduit à nouveau à distinguer le champ délimité par la loi du 10 juillet 1991, champ qui concerne les procédures ouvertes devant des juridictions, et l'extension qui a été opérée par la loi du 18 décembre 1998, ce qui inclut maintenant des modes de règlement alternatifs au traitement judiciaire des litiges.

1° La prise en charge des procédures juridictionnelles

608 Le premier objet de l'aide juridictionnelle, fondée sur la loi de 1991, est de financer, en totalité ou en partie, au bénéfice d'une personne dont les ressources sont insuffisantes, l'assistance d'un avocat et plus largement de tous les auxiliaires de justice, dans les actions en justice qu'elle entreprend pour faire valoir ses droits. Deux problèmes se posent à cet égard qui ont trait aux modalités de choix de l'auxiliaire de justice et aux modalités de sa rémunération.

Concernant le premier point — le choix de l'auxiliaire de justice —, la loi affirme le droit à l'assistance non seulement d'un avocat, mais de tous les officiers publics ou ministériels dont le concours est imposé par la procédure : elle pose donc le principe du libre choix par le justiciable. L'avocat choisi doit poursuivre son assistance tout au long de la procédure judiciaire sauf si le bénéficiaire souhaite en changer (mais il doit alors en informer les instances en charge de l'aide juridictionnelle) ou si l'avocat estime ne pas pouvoir continuer son mandat (lorsqu'il juge les rétributions allouées trop faibles par rapport à la charge). Lorsque le bénéficiaire de l'aide ne choisit pas les auxiliaires de justice, diverses dispositions organisent leur désignation : elle peut être le fait soit des instances en charge de l'aide juridictionnelle, ce qui garantit une certaine rapidité ; soit, à défaut, des responsables des organismes professionnels (21). La loi autorise l'auxiliaire de justice le premier choisi ou désigné à choisir lui-même les autres auxiliaires intervenant dans la procédure en informant les instances de l'aide juridictionnelle.

Pour ce qui est du second point — les modalités de rémunération —, elles apparaissent comme l'élément principal du dispositif d'aide juridictionnelle. Le bénéficiaire, disposant d'un conseil et de professionnels pour mener une action ou répondre en

(21) La Commission des recours des réfugiés, pour des raisons liées à l'urgence des procédures en la matière, a conçu un dispositif spécifique caractérisé par sa souplesse et sa rapidité, fondé sur l'établissement de listes d'avocats par les bâtonniers des barreaux.

justice, voit les frais occasionnés par leur intervention et par le déroulement de la procédure pris en charge par l'État. La prise en charge peut être totale ou partielle, selon les ressources de l'intéressé. Mais elle est calculée de telle sorte que le bénéficiaire est dispensé des avances ou des consignations relatives aux différents frais liés à l'instance ; de même, les actes ou les copies d'actes délivrés par les officiers publics dont il pourrait avoir besoin pour conduire la procédure sont établis gratuitement.

Le principe de gratuité comporte cependant des limites, puisqu'il est des cas où la loi prévoit un droit de recouvrement au profit de l'État ou une prise en charge d'une partie des frais de l'instance par le bénéficiaire. Il en est ainsi, tout d'abord, lorsque ce dernier est condamné aux dépens ou perd son procès, les dépens d'instance devant être remboursés ; cette mesure vise à faire supporter à l'intéressé les sommes que son adversaire a dû engager du fait de l'action entreprise (22). De même, l'adversaire du bénéficiaire de l'aide peut demander au juge de le condamner à lui rembourser les frais non compris dans les dépens (honoraires d'avocat principalement). Le bénéficiaire peut aussi être obligé de rembourser les sommes engagées par l'État lorsque le procès lui a procuré des ressources telles qu'elles auraient supprimé l'aide s'il en avait bénéficié à l'ouverture de l'instance. De plus, le juge tient de la loi la possibilité, lorsqu'il estime la procédure dilatoire ou abusive, de condamner le bénéficiaire à rembourser tout ou partie des sommes engagées. Enfin, la gratuité de l'instance est assurée au profit de celui-ci grâce à l'établissement de modalités de règlement des frais de procédure et des rétributions des auxiliaires de justice par l'État (23).

La rétribution des avocats est effectuée par l'intermédiaire des barreaux et des CARPA. L'une des principales innovations de la loi de 1991 a été de décentraliser le financement en affectant à chaque barreau une dotation globale, à charge pour lui de répartir et de gérer cette dotation dans des conditions fixées par un règlement intérieur. La détermination du montant de la dotation se fait en référence au nombre d'aides juridictionnelles prises en charge et d'un coefficient par type de procédure, ce avec des majorations diverses (procédures exigeant une diligence exceptionnelle, charges fortes de certains barreaux en matière correctionnelle, poids important de l'aide juridictionnelle...).

La rétribution des autres auxiliaires de justice (avocats au Conseil d'État ou à la Cour de cassation, avoués près la cour d'appel, notaires, commissaires-priseur, huissiers de justice, greffiers...) est assurée directement par l'État (Trésorier-payeur-général). Le montant de chaque intervention est établi par décret en Conseil d'État, sous la forme d'un barème qui définit une rémunération forfaitaire par type d'acte ou par procédure.

2° La prise en charge des modes de règlement alternatifs des conflits

609 La loi du 18 décembre 1998 ayant élargi le domaine de l'aide juridictionnelle, il était indispensable qu'une prise en charge des procédures désormais ouvertes aux

(22) La loi entend ainsi décourager les instances abusives, le remboursement pouvant de plus ne pas être demandé à un bénéficiaire trop démuni ; dans le même sens, le juge a la faculté de tenir compte des circonstances de la cause et décharger totalement ou partiellement le bénéficiaire de l'aide juridictionnelle du remboursement.

(23) L. 10 juillet 1991, art. 27 à 34.

personnes démunies de ressources soit prévue. Or, comme le montrent les débats préalables à l'adoption du texte, la présence d'un avocat dans ces procédures non-contentieuses a été maintes fois souhaitée de façon à garantir, notamment en matière civile, un bon équilibre entre les parties (24).

En matière civile, la loi prévoit que l'avocat qui concourt à une transaction avant toute instance juridictionnelle perçoit une rémunération. Si la transaction réussit, cette rétribution est égale au montant de l'aide juridictionnelle due par l'État lorsque l'instance donne lieu à jugement. Si la transaction est un échec, et de façon à ne pas décourager le recours à ce type de procédure, l'avocat perçoit tout de même une rétribution dont le montant doit être fixé par décret en Conseil d'État ; cependant, la perception de cette rétribution est suspendue à la justification de l'importance et du sérieux des actions entreprises pour parvenir à un accord (25).

En matière pénale, l'avocat qui intervient dans une médiation pénale et assiste une personne qui remplit les conditions pour bénéficier de l'aide juridictionnelle, perçoit aussi une rétribution dont le montant est fixé par un décret en Conseil d'État. Cette mesure est apparue nécessaire pour faire jouer à ces procédures alternatives le rôle qui leur est imparti, notamment à l'égard des populations les plus en difficultés pour lesquelles la médiation pénale permet d'apporter des réponses rapides à cette masse de petits délits, souvent classés par les parquets, et qui néanmoins perturbent gravement la vie sociale.

§ 2. LA MISE EN ŒUVRE DE L'AIDE JURIDICTIONNELLE

610 La loi du 10 juillet 1991 a défini deux séries de dispositions commandant l'accès à l'aide juridictionnelle : d'une part, les conditions d'admission à cette aide ; d'autre part, les instances qui la gèrent : « les bureaux d'aide juridictionnelle ». Sans apporter de modifications de fond à ce dispositif, la loi du 18 décembre 1998 a consenti cependant un ensemble d'améliorations.

A. L'ADMISSION

611 L'admission au bénéfice de l'aide juridictionnelle est suspendue à trois types de conditions relatives à la nationalité du demandeur, à ses ressources et au caractère sérieux du droit ou de l'action pour lesquels l'aide est demandée.

En principe, pour bénéficier de l'aide, il faut être de nationalité française ou être ressortissant d'un État membre de l'Union européenne. Les étrangers qui résident habituellement et régulièrement en France tout en étant non ressortissants d'un État

(24) J. BRUNHES, *Rapport... (op. cit.)*, p. 59.
(25) Il faut ajouter que, dans le cas où l'échec de la transaction est suivi de l'ouverture d'une instance juridictionnelles, cette rétribution s'imputera sur les honoraires dus à l'avocat pour l'instance juridictionnelle, « celui-ci n'ayant pas à faire une nouvelle analyse du dossier » (Exposé des motifs, *JOAN, Doc. parl.*, n° 956, p. 4).

de l'Union peuvent aussi y prétendre (26). La condition de résidence en France est écartée lorsque l'étranger est mineur, témoin assisté, mis en examen, prévenu, accusé, condamné ou partie civile, ou lorsqu'il fait l'objet d'une des procédures prévues par l'ordonnance du 2 novembre 1945 relative aux conditions d'entrée et de séjour des étrangers en France (27). Innovation introduite par la loi du 10 juillet 1991 : certaines personnes morales (celles qui ne poursuivent pas un but lucratif) peuvent bénéficier de l'aide juridictionnelle lorsqu'elles ne disposent pas de ressources suffisantes.

Le bénéfice de l'aide juridictionnelle est suspendu à une insuffisance de ressources. La loi de 1991 a établi un plafond de ressources en deçà duquel l'aide prend en charge la totalité des frais, et un second plafond en deçà duquel l'aide peut être partielle. Les plafonds sont revalorisés chaque année de façon automatique, le critère choisi étant la tranche la plus basse de l'impôt sur le revenu fixée par la loi de finances. Il est prévu en outre une majoration du plafond pour charges de familles (28). Ce dispositif a permis une extension de l'aide par rapport aux règles antérieures qui étaient plus restrictives. Il existe une exception à cette prise en compte des ressources : il s'agit du mineur devant la juridiction des enfants, pour lequel l'aide est un droit non suspendu à une insuffisance de ressources.

Les ressources prises en compte incluent tous les revenus, de quelque nature qu'ils soient, dont le demandeur a directement ou indirectement la jouissance ou la libre disposition. Cela comprend les ressources du conjoint (29) et de toute personne vivant habituellement à son domicile ; les instances qui délivrent l'aide doivent également prendre en compte le train de vie du demandeur ainsi que tous les biens meubles ou immeubles, productifs de revenus ou non, en écartant cependant les biens qui, s'ils étaient aliénés ou donnés en gage, entraîneraient un trouble grave pour l'intéressé (c'est le cas notamment de la résidence principale) ; enfin, les prestations familiales telles qu'énoncées par le Code de la sécurité sociale ainsi que certaines prestations sociales à objet spécialisé (primes de déménagement, majorations pour tierce personne et allocation compensatrice, prestations en nature de l'assurance maladie, indemnité en capital suite à un accident du travail, aide à la famille pour l'emploi d'une assistante maternelle, bourses d'études, capital décès servi par un régime de sécurité sociale) ne sont pas prises en compte dans les revenus.

La troisième condition concerne la nature de l'action en justice envisagée par le demandeur. L'aide juridictionnelle n'est accordée en effet que si elle est demandée pour faire valoir un droit ou introduire une requête qui ont un caractère sérieux. Cela signifie que les instances habilitées à la délivrer apprécient d'une part si l'action est bien recevable (qualité pour agir, compétence de la juridiction), d'autre part si elle est juridiquement fondée. Pour éviter l'appréciation par trop discrétionnaire du système

(26) Dans certains cas exceptionnels, la condition de résidence « habituelle et régulière » peut ne pas être prise en compte lorsque la situation de l'étranger apparaît particulièrement digne d'intérêt du fait de l'objet du litige ou des charges financières qu'il va entraîner ; ce sont les bureaux d'aide juridictionnelle qui apprécient au cas par cas.

(27) Refus de délivrance ou de renouvellement d'un titre de séjour, reconduite à la frontière, expulsion, prolongation du maintien dans les locaux administratifs d'étrangers en voie d'expulsion ou de reconduite à la frontière, prolongation du maintien dans une zone d'attente des ports ou aéroports.

(28) Au 1er janvier 2000, le plafond de ressources mensuel pour bénéficier de l'aide totale s'élevait à 4 965 F et, pour bénéficier de l'aide partielle, à 7 449 F. Ces deux plafonds sont augmentés de 565 F par personne à charge.

(29) Les ressources du conjoint ne sont pas prises en compte lorsque les deux conjoints sont opposés entre eux ou s'il existe entre eux, à l'égard du litige, une divergence d'intérêt.

antérieur, le bureau d'aide juridictionnelle doit limiter son contrôle à la plausibilité de la demande et à son caractère sérieux (30). Logiquement, certains demandeurs n'ont pas à justifier ce caractère sérieux : c'est le cas du défendeur à l'action, de la personne civilement responsable, des personnes concernées par des procédures pénales. Enfin, sur ce terrain mettant en jeu une appréciation plus subjective, la loi a institué un verrou : lorsque une demande d'aide à été refusée pour ce motif, et que le demandeur ayant néanmoins intenté l'action obtient gain de cause, il pourra être rétroactivement procédé à un remboursement des frais engagés par lui dans la limite de l'aide à laquelle il aurait pu prétendre compte tenu de ses ressources.

Plusieurs dispositions de la loi du 10 juillet 1991 permettaient à l'État d'exiger le remboursement des sommes exposées au titre de l'aide juridictionnelle, lorsque cela ne se justifiait pas. Ainsi, deux cas étaient prévus : lorsque la décision de justice procurait au bénéficiaire des ressources telles que, si elles avaient existé au jour de la demande, l'aide n'aurait pas été accordée ; lorsque le juge estimait que la procédure engagée par le demandeur était dilatoire ou abusive. Ces dispositions, complexes et donc difficilement applicables dans la pratique, ont été simplifiées ; la loi les a regroupées en une procédure unique de retrait décidé par le Bureau de l'aide juridictionnelle en identifiant quatre cas : déclarations fausses ou fourniture de pièces inexactes ; perception par le bénéficiaire de ressources en cours d'instance, dont le montant aurait conduit à un refus de l'aide juridictionnelle ; perception par le bénéficiaire de ressources du fait du jugement, dont le montant aurait de même conduit à un refus ; procédure dilatoire ou abusive.

B. LES BUREAUX D'AIDE JURIDICTIONNELLE

612 L'admission à l'aide juridictionnelle est prononcée, comme l'ancienne aide judiciaire, par des instances spécifiques qui ont changé de dénomination en 1991 : les bureaux d'aide juridictionnelle. A la différence du dispositif antérieur qui comportait une pluralité d'instances (bureaux institués près les cours d'appel, les tribunaux administratifs et les cours administratives d'appel), la loi a confié à une seule structure le soin de se prononcer sur les demandes d'admission à l'aide juridictionnelle pour toutes les instances portées devant les juridictions des premier et second degré des ordres judiciaire et administratif. Le bureau d'aide juridictionnelle est établi près chaque tribunal de grande instance (TGI) ; mais les bureaux établis près la Cour de cassation et le Conseil d'État sont maintenus et un bureau a été créé près la Commission des recours des réfugiés.

Les bureaux d'aide juridictionnelle sont organisés en sections et en divisions. Les sections sont aménagées lorsqu'existent, dans le ressort du TGI auprès duquel se trouve le bureau, une cour d'appel, un tribunal administratif et/ou une cour administrative d'appel ; a été instituée une section spécialisée pour examiner les demandes d'aide juridictionnelle orientées vers chacune de ces juridictions (31). Lorsqu'il y a conflit de compétence entre deux sections, l'une et l'autre s'étant déclarées incompétentes pour connaître d'une demande, c'est alors le bureau établi près le Conseil d'État,

(30) Cette limitation a été prolongée pour les recours en cassation contrairement à ce qui prévoyait la loi de 1972 : il convient que les moyens du recours soient sérieux.
(31) D. 19 décembre 1991, art. 6.

complété du Président du bureau près la Cour de cassation, qui statue. Les bureaux et les sections peuvent de plus comporter des divisions : il ne s'agit que d'un aménagement pratique puisqu'il n'intervient que lorsque le nombre des demandes l'exige. Les divisions ont donc les mêmes compétences et la même composition que le bureau et les sections dont elles sont issues.

Les bureaux d'aide juridictionnelle sont composés de six membres (ainsi que les sections lorsqu'il y en a) (32). Tous les bureaux et sections comportent un membre désigné au titre des usagers qui ne peut être ni agent public, ni membre d'une profession juridique ou judiciaire ; il est désigné par le Conseil départemental de l'aide juridique (33). La loi du 8 février 1995 a donné aux greffiers en chef des différentes juridictions le titre de vice-président du bureau d'aide juridictionnelle. Les présidents de bureaux ou de sections ont une responsabilité générale d'organisation et de fonctionnement, à laquelle s'ajoute le droit de rejeter seuls les demandes manifestement irrecevables ou dénuées de fondements, ou encore celles qui émanent de personnes dont les ressources excèdent manifestement les plafonds requis pour l'admission.

La loi du 18 décembre 1998 a introduit dans le fonctionnement du Bureau d'aide juridictionnelle quelques aménagements dont la finalité est d'accélérer le traitement des demandes, jugé trop long. Ainsi, elle permet au président (le greffier en chef) de statuer seul sur les demandes d'aide juridictionnelle ne présentant pas de difficultés sérieuses (soit parce que le rejet est évident, soit au contraire parce que l'admission ne fait aucun doute). De plus, le président ou le vice-président peuvent procéder à des mesures d'investigation, notamment en matière de contrôle rigoureux des ressources du demandeur.

613 **Bibliographie.** V. n° 447 et 593 ; *adde* B. BRUNET, Les modes alternatifs de règlement des litiges, quelques propos sur la réforme de la justice et la régulation par le droit, *Gaz. Pal.*, 21-23 décembre 1997, p. 2 ; L. CADIET, Premières et brèves vues sur le nouveau droit de l'aide juridictionnelle, *Rev. jur. Ouest*, 1991, p. 323 ; Solution judiciaire et règlement amiable des litiges, de la contradiction à la conciliation, *Mélanges Cl. Champeaud*, p. 123, 1997, Dalloz ; D. CHABANOL, Feu l'article R. 222 du Code des tribunaux administratifs et des cours administratives d'appel, *Gaz. Pal.*, n° 314 à 318, 10-14 novembre 1991 ; G. CORNU, Les modes alternatifs de règlement des conflits, Rapport de synthèse, *RIDC*, 1997/2, p. 313 ; P. LAROCHE de ROUSSANE, Commentaire de la loi n° 91-647 du 10 juillet 1991 relative à l'aide juridique, *ALD*, 1er et 2e cahiers, 1992, p. 1 ; Modalités d'application de la loi n° 91-647 du 10 juillet 1991, *ALD*, 10e et 11e cahiers, 1992, p. 97 ; S. LEBRETON, Le volet social de la réforme de la justice : la loi n° 98-1163 du 18 décembre 1998 relative à l'accès au droit et à la résolution amiable des conflits, *RDSS*, 1999, p. 664 ; A. WYVEKENS, Le traitement de la délinquance urbaine dans les maisons de la justice, *D.*, 1995, p. 93.

(32) Le bureau près la Cour de cassation et le Conseil d'État comportent 8 membres, celui près la Commission des recours des réfugiés 5 membres. Ces personnes sont choisies ou désignées parmi les groupes professionnels ou institutions suivants : avocats, huissiers de justice, Direction départementale des services fiscaux, DDASS ; la pondération de ces groupes varie selon les bureaux (bureau près le TGI, la Cour de cassation ou le Conseil d'État) et les sections (section compétente pour les juridictions administratives ou pour la cour d'appel).

(33) V. *supra*, n° 598.

INDEX

(Les chiffres renvoient aux numéros et non aux pages)

A

D

E

F

G

H

I

J

L

M

O

P

R

S

T

U

V

TABLE DES MATIÈRES

COLLECTION DOMAT

DROIT PRIVÉ

Jean-Bernard AUBY et Hugues PERINET-MARQUET	**DROIT DE L'URBANISME ET DE LA CONSTRUCTION** ▪ (5e éd.).
Alain BÉNABENT	**DROIT CIVIL** Les obligations ▪ (7e éd.).
Alain BÉNABENT	**DROIT CIVIL** Les contrats spéciaux ▪ (4e éd.).
Thierry BONNEAU	**DROIT BANCAIRE** ▪ (3e éd.).
Rémy CABRILLAC	**DROIT CIVIL** Les régimes matrimoniaux ▪ (2e éd.).
Gérard CORNU	**DROIT CIVIL. TOME 1** Introduction ▪ Personnes ▪ Biens ▪ (9e éd.).
Gérard CORNU	**DROIT CIVIL. TOME 2** La famille ▪ (6e éd.).
Gérard CORNU	**LINGUISTIQUE JURIDIQUE**
Françoise DEKEUWER-DÉFOSSEZ et Édith BLARY-CLÉMENT	**DROIT COMMERCIAL** Actes de commerce ▪ Commerçants ▪ Fonds de commerce ▪ Consommation ▪ Concurrence ▪ (6e éd.).
Jean DEVÈZE et Philippe PÉTEL	**DROIT COMMERCIAL** Instruments de paiement et de crédit.
Jean GAUDEMET	**DROIT PRIVÉ ROMAIN**
Michel JEANTIN	**DROIT DES SOCIÉTÉS** ▪ (3e éd.).

Pierre MAYER	**DROIT INTERNATIONAL PRIVÉ** ▪ (6e éd.).
Antoine MAZEAUD	**DROIT DU TRAVAIL**
Roger PERROT	**INSTITUTIONS JUDICIAIRES** ▪ (8e éd.).
Frédéric POLLAND-DULIAN	**DROIT DE LA PROPRIÉTÉ INDUSTRIELLE**
Corinne SAINT-ALARY-HOUIN	**LE DROIT DES ENTREPRISES EN DIFFICULTÉ** ▪ (3e éd.).
Romuald SZRAMKIEWICZ	**HISTOIRE DU DROIT DES AFFAIRES**

DROIT PUBLIC

Pierre AVRIL et Jean GICQUEL	**DROIT PARLEMENTAIRE** ▪ (2e éd.).
Michel BORGETTO et Robert LAFORE	**DROIT DE L'AIDE ET DE L'ACTION SOCIALES** ▪ (3e éd.).
Jean BOULOUIS	**DROIT INSTITUTIONNEL DE L'UNION EUROPÉENNE** ▪ (6e éd.).
François BURDEAU	**HISTOIRE DE L'ADMINISTRATION FRANÇAISE** 18e-20e siècles ▪ (2e éd.).
René CHAPUS	**DROIT ADMINISTRATIF GÉNÉRAL.** **T. 1.** (13e éd.) Service public ▪ Police ▪ Responsabilité ▪ Actes ▪ Organisation et justice administratives ▪ Séparation des autorités administratives et judiciaires ▪ Conflits d'attribution. **T. 2** (12e éd.) Fonction publique ▪ Domaine public ▪ Travaux publics ▪ Expropriation.
René CHAPUS	**DROIT DU CONTENTIEUX ADMINISTRATIF** ▪ (8e éd.).
Jean COMBACAU Serge SUR	**DROIT INTERNATIONAL PUBLIC** ▪ (4e éd.).
Louis DUBOUIS et Claude BLUMANN	**DROIT COMMUNAUTAIRE MATÉRIEL**
Jean GAUDEMET	**LES INSTITUTIONS DE L'ANTIQUITÉ** ▪ (5e éd.).
Jean GAUDEMET	**LES NAISSANCES DU DROIT** ▪ (2e éd.).

Jean GAUDEMET	**SOCIOLOGIE HISTORIQUE** Les maîtres du pouvoir.
Paul-Marie GAUDEMET et Joël MOLINIER	**FINANCES PUBLIQUES** **T. 1** (7e éd.) Politique financière ▪ Budget et Trésor. **T. 2** (6e éd.) Fiscalité.
Jean GICQUEL	**DROIT CONSTITUTIONNEL ET INSTITUTIONS POLITIQUES** ▪ (16e éd.).
Marcel MORABITO et Daniel BOURMAUD	**HISTOIRE CONSTITUTIONNELLE ET POLITIQUE DE LA FRANCE, 1789-1958** ▪ (5e éd.).
Jacques ROBERT et Jean DUFFAR	**DROITS DE L'HOMME ET LIBERTÉS FONDAMENTALES** ▪ (7e éd.).
Raphaël ROMI	**DROIT ET ADMINISTRATION DE L'ENVIRONNEMENT** ▪ (3e éd.).
Dominique ROUSSEAU	**DROIT DU CONTENTIEUX CONSTITUTIONNEL** ▪ (5e éd.).
Jacques ZILLER	**ADMINISTRATIONS COMPARÉES**

POLITIQUE

Francis BALLE	**MÉDIAS ET SOCIÉTÉS** ▪ (9e éd.).
Philippe BRAUD et François BURDEAU	**HISTOIRE DES IDÉES POLITIQUES DEPUIS LA RÉVOLUTION** ▪ (2e éd.).
Yves MÉNY	**POLITIQUE COMPARÉE** ▪ (5e éd.).
Roger-Gérard SCHWARTZENBERG	**SOCIOLOGIE POLITIQUE** ▪ (5e éd.).
Serge SUR	**RELATIONS INTERNATIONALES**

GESTION

Jérôme CABY, Alain COURET et Gérard HIRIGOYEN	**INITIATION À LA GESTION** ▪ (3e éd.).

Traitement informatique, impression, façonnage par

IMPRIMERIE
FRANCE QUERCY
CAHORS

D'après Montages et Gravure Numériques
(Computer To Plate)
Dépôt légal : avril 2000
Numéro d'impression : 00491 L

Montchrestien-E.J.A.
N° éditeur : 1541